제2판

성공창업과 금융

김흥수

SUCCESS STARTUP
AND FINANCE

박영사

제2판 머리글

한국은 1960년대부터 30여 년 동안 거의 매년 약 10%씩 세계에서 유례없는 성장을 했다. 국내총생산(GDP) 세계 순위는 1960년 39위에서 작년 13위로 뛰었고, 1인당 GDP는 79달러에서 3만 2409달러로 410배 급증했다. 같은 기간 글로벌 수출 점유율은 88위에서 6위가 됐다. 하지만, 경제가 급랭하면서 20년 동안의 부작용들이 나타나고 있다. 한편, 4차 산업혁명 확산으로 AI, 빅데이터 등 산업 간의 융복합을 통한 시너지도 급속하게 진행되고 있다.

한국경제가 이러한 변화 속에서 다시 세계시장의 선도적인 역할을 하기 위해서는 혁신우위의 창업벤처기업을 육성하는 전략이 무엇보다 필요하다. 전체적으로 위기이기도 하지만 혁신기업에게는 기회로 작용할 수 있다.

따라서 대학의 교과과정도 창업가정신 확산을 반영하는 정부의 선도적인 지원과 역할이 필요하고, 대학교육도 창업가정신을 발휘할 수 있는 커리큘럼의 운영은 물론이고 창업을 성공적으로 이끌기 위한 창업생태계를 발전시키는 고도화된 역할을 해야 한다.

변화하는 창업환경에 맞추어 이번에 개정된 제2판은 기존의 체계를 유지하면서 전체적인 내용을 최근 자료로 수정·보완하였다. 지식재산권, 비즈니스모델링, 글로벌마케팅, 창업자금을 추가하였고, 심화학습에 필요한 확대보기를 보완하였다. 그리고 워크시트를 이용한 실습사례를 구성하였고, 실무이해를 돕기 위해 최신 언론보도로 정리하였다. 따라서 창업의 기본개념, 사업계획 수립, 창업금융, 재무분석을 위한 학습서로서 독자들에게 큰 도움이 될 것으로 기대한다.

개정판에서도 창업학 관련 강의 및 연구, 관련 기관들의 자료, 선학들의 선행 연구 등이 귀중한 힘이 되었다. 그리고 개정 기획과 편집에 열정을 쏟아주신 박영사의 정연환 과장, 탁종민 대리께 특히 고마운 마음을 표하고 싶다.

2024년 5월
저자 드림

목차

Chapter 13 **재무제표 분석**   **435**

※ 이 QR코드를 스캔하시면 참고문헌을 이용할 수 있습니다.

CHAPTER

01

창업일반

학습목표

◎ 창업의 정의를 폭넓게 이해할 수 있다.

◎ 성공적인 창업을 위한 핵심 요소들을 이해할 수 있다.

◎ 개인적일 뿐만 아니라 국가, 사회적인 역할을 하는 창업의 중요성을 알 수 있다.

◎ 창업에 영향을 주는 내, 외부적 환경요인을 파악하고, 창업환경의 변화를 파악할
수 있다.

Chapter 01 창업일반

① 창업의 정의

　창업이란 사업의 기초를 세워 회사를 설립하는 일로서 SOHO(Small Office Home Office: 조그만 사무실이나 작업장에서 혼자 일하는 1인 기업)나 벤처기업(Venture Business)의 설립뿐만 아니라 새로운 기업을 조직하고 설립하는 일체의 행위를 일컫는다. 인적·물적 자원을 적절히 결합하여 미리 설정된 기업목표를 달성하기 위하여 상품이나 서비스를 생산, 조달, 판매하거나 그에 부수된 활동을 수행하는 것이다. 따라서 취급하는 상품이나 서비스 유형 또는 자금의 크기에 관계없이 기존 사업체를 인수하거나 완전히 새로운 사업을 시작하는 것 모두 창업이라 할 수 있다.

　창업의 정의는 학자에 따라 다소 차이는 있으나 근본적으로는 동일한 개념으로 설명되고 있다. Schumpeter는 창업을 새로운 상품, 새로운 서비스, 새로운 자원, 새로운 생산방법, 새로운 시장, 새로운 조직으로 회사형태의 조직을 탄생시키는 것이라고 설명하고 있으며, Vesper는 자원, 노동, 재료 그리고 자산을 결합시켜 이전보다 가치있는 조직으로 변화시키는 것이 창업이며, 변화와 혁신, 새로운 질서를 수반한다고 하였고, Ronstadt는 창업이란 부가적 부를 창출하는 역동적 과정으로 자산, 시간, 작업에 대한 헌신 등의 위험을 감수하는 개인에 의해서만 부의 창출이 가능하다고 주장하였다.

　결국 창업이란 제품 또는 용역을 생산하거나 판매하는 사업을 시작하기 위해 이제까지 존재하지 않았던 새로운 기업조직을 설립하는 행위라고 할 수 있으며, 창업가의 능력을 갖춘 개인 또는 단체가 기존의 사업체를 인수하거나 사업 아이디어를 지니고 사업 목표를 수립하여 적절한 시기에 자본, 인원, 설비, 원자재 등 경영자원을 확보하고 결합하여 제품 혹은 서비스 생산과 용역을 제공하는 기업을 새로이 설립하는 것이라고 할 수 있다. 또한 창업은 경영철학과 신념을 바탕으로 이루어져야 하는 것으로, 단지 돈벌이만을 위해 창업을 하는 것은 단순히 일하는 것에 지나지 않는다. 그러므로 창업은 개인에게는 자아실현의 기회가 되고 국가와 지역사회에 공헌하는 등의 참다운 의미가 있어야 되기 때문에 명확한 기업이념과 투철한 기업가정신, 확고한 기업윤리를 기반으로 이루어져야 한다.

② 창업의 요소

창업을 하기 위해서는 많은 요소들의 투입이 필요하다. 멋진 건축물의 신축, 빛나는 예술품의 창작과 마찬가지로 훌륭한 기업의 탄생은 우수한 투입요소들의 합리적이고 효율적인 결합에 의해서 가능하게 된다. 따라서 창업을 하는 데는 많고 우수한 인적·물적 자원의 투입과 배치가 필요하게 된다. 일반적으로 창업의 요소로는 창업자, 사업 아이디어, 자본 그리고 사업장, 네 가지로 설명할 수 있으며, 이 중 창업자, 사업 아이디어, 자본을 창업의 기본적 3요소로 설명하기도 한다. 결국 이러한 핵심요소들은 성공적인 창업의 기본요건으로 이들 중 하나에 심각한 결함이나 취약점이 있는 경우 성공적인 창업은 불가능하다.

2.1 창업자

신규 창업자가 사업을 구상하는 경우 요구되는 핵심적인 요소는 인적요소, 즉 창업자 혹은 기업가 본인이라고 할 수 있다. 그러나 인적요소인 창업자는 창업의 주체인 창업자를 위시하여 생산, 판매, 일반관리업무 등 조직의 각 기능을 담당할 인적자원을 총칭하는 넓은 의미로 이해되기도 한다. 창업자는 창업의 주도자로서 창업 아이디어의 확보, 사업성 분석, 사업계획 수립, 계획의 실행 등을 주도하고 책임진다. 그렇기 때문에 창업의 성공과 실패는 창업자의 사업가로서의 자질, 사업계획 수행능력에 의해 결정된다고 할 수 있다. 성공적 창업을 위해서는 창업자 본인의 경험이나 지식, 성공에 대한 열정과 집념, 리더십, 의지력, 성격, 체력 등이 뒷받침되어야 하기 때문이다. 아무리 좋은 사업 아이디어일지라도 그 기회가 사업능력과 경영기술을 갖춘 탁월한 사람에 의해 발전되지 않는 한 그 사업은 성공하기 힘들다. 따라서 창업자는 창업분야에 대한 자신의 지식 및 정보, 장·단점 등을 스스로 체크하고 평가하여 자신의 능력에 맞는 창업을 해야 할 것이다.

이와 함께 창업자는 기업설립에 필요한 유·무형의 자원을 동원하고 적절히 결합하여 기업이라는 시스템을 만들고, 설립된 기업이 의도한 대로 기능을 발휘할 수 있도록 관리하는 역할을 수행해야 한다. 그러므로 성공적인 창업을 위해서는 이러한 역할을 수행할 수 있도록 창업자 본인이 유능한 창업자가 되려는 노력을 지속적으로 해야 하며, 사회적 또는 국가적으로 그러한 창업자의 양성을 위한 배려와 지원 노력도 필요하다고 할 수 있다.

2.2 사업 아이디어

사업 아이디어란 설립되는 기업이 무엇을 생산할 것인가 또는 어떤 서비스를 제공할 것인가를 의미하는 것이다. 따라서 생산품은 구체적인 형태를 가진 재화일 수도 있고, 형태의 정의가 어려운 무형의 서비스일 수도 있다. 사업 아이디어의 원천은 창업자 자신일 수도 있고, 창업팀의 구성원으로부터 얻어지거나, 전혀 다른 제3자로부터 얻어진 것일 수도 있다. 이러한 사업 아이디어는 사업기회 포착의 첫 단계이며 창업자가 사업을 추진하기 위해 필요로 하는 기본 도구이다. 하지만 아이디어 자체만으로는 실질적인 창업을 수행하기가 어렵다. 좋은 아이디어가 반드시 좋은 사업기회를 의미하는 것은 아니기 때문이다. 아이디어가 좋은 사업기회가 되기 위해서는 사업상 매력도가 높아야 하며, 지속적인 수익성을 보장할 수 있어야 한다. 무엇보다도 중요한 것은 고객에게 새로운 가치를 창출할 수 있는 제품이나 서비스를 제공하는 것이다.

사업 아이디어가 돈이 되게 하기 위해서는 많은 중간 과정이 필요하다. 이러한 중간 과정에 해당하는 활동 중 선행되어야 할 것은 사업 아이디어의 타당성 분석이다. 즉, 구상 중인 사업 아이디어를 기반으로 사업을 진행할 때 이윤 창출이라는 사업 목표를 달성할 수 있을지를 조사하여야 한다. 이 사업성 분석의 결과가 효과적이고 긍정적이라고 판단되면 비로소 사업을 추진할 수 있다.

꿈에서 현실로 ▶▶▶▶

당신의 사업 아이디어를 바탕으로 아래의 빈칸을 채운다.

 사업 아이디어

단계	설명	세부설명
상상	비현실적이지만 가장 이상적으로 바라는 기업의 미래상	
꿈	성취 가능하나 긍정적이 측면만 고려할 때의 기업의 미래상	
콘셉트	비용과 한계점, 선행 조건, 성공 확률을 구체적으로 고려할 때의 기업의 미래상	
목표	당신이 바라는 것에 대해 현실적으로 평가할 때의 기업의 미래상	

 사업 기회 발견

이용 가능한 사업 기회를 발견하기 위해 다음 질문에 답한다. 당신이 떠올릴 수 있는 평범한 아이디어와 특이한 아이디어를 모두 이용한다.

1. 당신이 관심을 두는 산업/목표시장/동호회 집단:

2. 해당 산업/목표 시장/동호회 집단에서의 주된 트렌드:

3. 새로 생기면 좋을 제품 또는 서비스:

4. 사람들이 원하는 CRM:

5. 특정 분야를 더 발전시킬 수 있는 제품 또는 서비스:

6. 내가 개인적으로 필요하거나 원하는 제품 또는 서비스:

7. 지난해에 내가 개인적으로 필요했거나 원했던 제품 또는 서비스:

8. 가족 중 한 명이 필요로 하거나 원하는 제품 또는 서비스:

9. 내가 아는 사람이 필요로 하거나 원하는 제품 또는 서비스:

10. 개선이 필요한 제품 또는 서비스:

11. 특정 산업이나 거래에는 존재하지 않는 원하는 제품 또는 서비스:

12. 다른 지역에는 존재하지만 내가 사는 지역에는 없는 제품 또는 서비스:

13. 인구의 추세 때문에 필요성이 증가하는 제품 또는 서비스:

14. 내가 좋아할 것 같은 사업 또는 서비스:

15. 내가 잘할 것 같은 사업 또는 서비스:

16. 친구나 가족이 내가 잘할 것이라고 추천하는 사업 또는 서비스:

17. 내가 잘 다루는 것을 이용하는 사업 또는 서비스:

18. 내가 즐겨 머무르는 지역의 사업 또는 서비스:

19. 기타 사업 아이디어:

당신의 첫 사업 ▶▶▶▶ 아이디어

당신의 첫 사업 아이디어를 아래에 기록한다. 그리고 이것을 사업 콘셉트의 출발점으로 활용한다.

> 1. 당신의 사업 아이디어는 무엇인가?

2. 이 아이디어를 어떻게 떠올렸는가?

3. 이 아이디어의 어떤 점이 흥미로운가?

기본적인 사업 ▶▶▶▶ 콘셉트

다음의 내용을 이용하여 현재 당신의 사업 콘셉트를 요약한다.

1. 당신의 사업은 소매, 서비스, 제조, 유통, 또는 인터넷 사업인가?
2. 어떤 산업에 속하는가?
3. 어떤 제품 또는 서비스를 판매하는가?
4. 당신의 잠재적 고객은 누구라고 생각하는가?
5. 당신의 대략적이고 기본적인 마케팅과 판매 전략은 무엇인가?
6. 당신의 경쟁 기업은 누구인가?

당신의 경쟁 우위를 다음의 항목에 따라 기술하시오.

1. 새로운 제품 또는 서비스
2. 개선된 형태, 서비스 또는 부가가치
3. 간과되었거나 새로운 시장
4. 유통 또는 배송 수단에서의 새롭거나 개선된 점
5. 통합의 수준을 높이는 수단

2.3 자본

자본이란 창업에 필요한 금전적 자원뿐만 아니라 자본을 이용하여 동원할 수 있는 토지, 기계, 원재료, 기술자 등을 포괄적으로 의미한다. 이때 자본은 창업자 자신이 출자한 것일 수도 있고, 창업팀에 속한 여러 구성원이 제공한 것일 수도 있다. 또 자본은 창업과 경영에 직접 참여하지 않는 제3자로부터 조달될 수도 있다.

창업을 하기 위해서는 사업규모에 맞는 자금이 필요하며, 대개의 경우 실제 많은 창업자들이 창업과정에서 자금문제로 애로를 겪게 된다. 초기 창업자금은 본인의 능력에 맞게 최소화하는 것이 필요하다. 필요자금의 산정도 개업 준비자금, 운영자금, 시설자금 등으로 구분하여 계획하는 것이 좋다. 왜냐하면 시설자금과 같이 장기적으로 투자할 필요가 있는 자금은 자기자본이나 장기차입금으로 충당하여야만 일시적 유동성 부족으로 인한 자금곤란 현상을 방지할 수 있기 때문이다.

창업을 위한 자금공급은 개인적인 차원뿐만 아니라 공익적인 차원에서도 중요하다. 이러한 이유로 원활한 창업자금 공급을 위해 여러 가지 제도가 운영되고 있다. 예를 들면 창업자금 제공을 주 업무로 하는 기업인 벤처캐피털 회사가 있다. 물론 창업자금 제공회사로부터 자금을 지원받기 위해서는 까다로운 심사과정을 거쳐야 한다. 창업자금의 조달은 여전히 쉽지 않지만 창업자의 유능함과 경쟁력 있는 사업 아이디어를 확신시킬 수 있다면 창업자금을 지원받기 훨씬 수월할 것이다. 또한 안정적인 창업자본의 조달과 이용을 위한 정부나 관계기관의 지원제도 등도 성공적인 창업을 위해 중요하다고 할 수 있다.

2.4 사업장

사업장은 창업자의 주력 상품이나 서비스를 판매하기 쉬운 장소일수록 좋다. 즉, 업종과 점포의 위치가 조화를 이룰 때 성공할 수 있는 것이다. 따라서 준비단계에서 정확하게 상권을 분석하고 입지선정을 해야 실패의 확률을 줄일 수 있다.

특히 소자본 창업의 경우 점포의 입지가 사업의 성공과 실패에 중요한 요인으로 작용할 수 있기 때문에 사업장 선정은 매우 중요하다. 제조업의 경우 제품의 특성이 매출에 많은 영향을 미치는 반면, 소점포 사업에서는 상품성보다 상권이나 입지가 더 중요하다고 할 수 있다.

③ 창업의 중요성

신규 기업의 창업을 개인적 관점에서는 부의 축적, 일터의 창출을 위한 창조적 활동이라 할 수 있겠지만, 이는 창업자의 개인적 창업 행위 이상으로 그가 속한 국가조직 및 사회적으로도 다양하고 커다란 중요성을 지니고 있다.

3.1 경제적 부의 창출

창업의 일차적인 목표는 경제적 부(wealth)를 창출하는 것이다. 창업은 개인에게 경제적 부와 물질적 혜택을 제공하며 창업에서 창출되는 부는 개인만의 풍요로움뿐만 아니라 사회적, 국가적으로도 유용하게 활용되고 있다. 보다 많은 사람들이 물질적 풍요로움의 혜택을 받기 위해서는 먼저 국가나 사회의 전체적인 부의 크기가 증가되어야 하는데, 창업은 이러한 부의 창출을 위한 필수적인 활동인 것이다.

3.2 일자리 창출

신규 기업의 창업은 국가적으로는 신규 고용 인원의 증대와 같은 일자리 창출에 커다란 기여를 한다. 이와 같은 일자리의 창출은 개인에게는 생계의 수단을 보장하는 일이며, 국가적으로는 경제활동인구를 늘리고, 실업문제를 해결하는 데 있어서 가장 근본적인 방안인 것이다. 최근 4차 산업혁명 가속화와 자본금융 산업의 발달로 고용 없는 성장이 이루어지는 현실에 비추어 볼 때, 국가 경제적으로 창업의 중요성은 더욱 커졌다고 할 수 있다.

3.3 건전한 기업 경쟁환경 조성

창업을 통한 기업들의 신규 시장진입은 건전한 기업 경쟁환경 조성을 통한 경제 전체의 성숙과 규모의 확대를 이루는 가장 중요한 요소로 분석된다. 이는 기존 사업영위 기업들에 대하여 생산성 향상이나 기술혁신을 통한 경쟁력 향상을 요구하는 촉진제로 작용하기 때문이다. 시장은 이러한 경쟁을 통한 효율적 자원배분과정을 거쳐 자체적으로 경쟁력이 낮은 기업들을 퇴출시키는 작용을 하여 시장 전체가 성숙되는 선순환구조를 갖는다.

3.4 자원의 활용

신규 창업은 자원을 활용하여 가치가 좀 더 큰 새로운 재화를 생산하게 된다. 신규 기업이 산업에서 창출되지 못한다면 인적요소, 천연자원 등 산업에 필수요소가 풍부하게 존재하더라도 이를 활용한 부의 창출은 이루어지지 못하거나 저조할 수밖에 없을 것이다.

3.5 삶의 영역을 창조

현대사회에서 기업에 소속되어 근무한다는 것은 생계에 필요한 금전의 획득이라는 차원을 넘어서 소속감을 가질 수 있으며, 일을 할 수 있는 능력을 남들에게 보이는 등, 삶 그 자체에서 매우 중요한 일부분을 구성하고 있다. 그러므로 기업에서 근무하는 동안의 삶의 질은 종업원들의 삶의 질을 결정하는 중요한 요소가 되는 것이다. 따라서, 창업은 창업자 본인은 물론 소속된 조직원에게도 중요한 삶의 공간과 영역을 창출하는 행위인 것이다.

3.6 국제수지의 개선

우리나라 경제체제에서 창업활동은 외화획득과 국제수지 개선에 크게 기여한다고 할 수 있다. 한국은 수출의존도가 높기 때문에 국제통상이 국가경제에서 차지하는 비중이 크다. 그만큼 창업의 여러 가지 기능 중 특별히 국제수지 개선에도 많은 영향을 미칠 수 있는 경제활동이 될 수 있다.

3.7 과학기술의 발달촉진

기업의 창업은 새로운 기술을 활용하게 되는 경우가 많으며, 이러한 기업활동은 결국 새로운 기술의 발달을 촉진하게 된다. 그러므로 기업의 창업은 결과적으로 끊임없이 새로운 과학과 기술의 발달을 촉진하는 역할을 하게 된다.

3.8 환경에 대한 영향

기업을 창업하여 생산활동이 본격적으로 이루어지면 그 과정에서 발생되는 폐기물은 자연환경에 직, 간접적으로 영향을 미칠 수 있다. 즉, 자연환경에 대한 오염을 끼칠 수도 있으며, 반대로 기업의 클린에너지의 개발은 환경과 자연보호에도 기여할 수도 있다. 예를 들면, 석탄연료를 사용하는 생산 시설을 청정에너지로 대체하여 생산하는 시스템으로 바꾼다거나, 오염물질을 많이 배출한 낡은 생산시스템을 대체하는 데 더 효율적인 새로운 기업의 창업은 오염을 감소시키는 결과를 가져오기도 한다.

④ 우리나라의 창업환경

4.1 창업의 내부환경

창업에 영향을 미치는 내부환경 요인으로는 기업의 조직구조와 창업자, 그리고 기업의 전략을 들 수 있으며, 이 요인들은 기업의 경영성과에 영향을 미치게 된다.

(1) 조직구조

조직구조란 조직구성원의 '유형화된 교호작용(patterned interaction)'의 구조를 말한다. 조직구성원들은 조직 목표를 달성하기 위해 서로 협동하면서 끊임없이 상호작용을 계속하는 바, 이러한 계속적인 교호작용 속에서 조직구성원들의 행위의 유형이 형성된다. 벤처창업기업들은 대기업에 비해 상대적으로 작은 계층구조와 분권화된 의사결정구조를 가짐으로써 신속한 의사결정을 할 수 있다. 구성원의 잠재적인 창의성과 자발성이 중요한 업종에서는 자율적인 직무수행을 위한 조직구조의 편성이 매우 중요한 요소가 될 수 있다.

(2) 창업자

창업자란 어떤 목적을 가진 사업을 영위하기 위하여 구체적인 수단을 실제적으로 형성할 수 있는 사람을 뜻한다. 여기에서 사업이란 이윤을 창출해 가는 종합적인 프로세스라고 할 수 있다. 창업자의 특성은 창업의 계획과 사업 운영에 많은 영향을 미치며, 이는 창업의 동기, 역량, 행동을 통해 파악할 수 있다. 창업자의 신뢰성 있는 행동과 네트워킹 활동은 사업운영에 중요한 정보의 수집과 창업자본의 조달에 있어 매우 중요하게 영향을 미친다.

(3) 기업전략

기업전략이란 여러 산업에 진출한 사업을 어떻게 구성할 것인가와 구성한 사업부를 어떻게 조정할 것인가 하는 것에 대한 실체적인 실행계획이며, 이의 궁극적인 목표는 가치의 창출이다. 기업의 전략은 기업 내부의 모든 부문에서 행하는 의사결정에 영향을 미치게 된다. 예를 들면, 우수한 제품공급과 마케팅 혁신에 의한 차별화 전략, 원가우위 전략, 외부자원을 적극적으로 활용하여 외부와 긴밀한 협력적 관계를 유지하기 위한 외부자원 활용 전략 등이 있다.

리걸 테크는 법(legal)과 기술(technology)의 합성어로 법률과 기술의 결합으로 탄생한 서비스를 뜻한다. 법률 업계는 전통적으로 새로운 기술을 도입하는 속도가 느리다. 하지만, 최근 몇 년 동안 리걸 테크(legal tech) 스타트업이 빠른 속도로 등장하고 있다. 이러한 스타트업은 기술을 활용하여 법률 프로세스를 자동화하고 효율성을 높이며 일반 대중이 법률 서비스에 더 쉽게 접근할 수 있도록 하고 있다. 리걸 테크 스타트업 붐의 가장 큰 원동력 중 하나는 보다 저렴하고 투명하며 접근성이 높은 법률 서비스에 대한 수요가 증가하고 있다는 점이다.

미국 변호사 협회의 보고서에 따르면 미국인의 약 80%가 변호사를 고용할 형편이 되지 못한다고 한다. 이로 인해 법률 기술(legal tech) 스타트업은 온라인 법률 서비스, 문서 자동화 및 사람들이 큰 비용을 들이지 않고도 법률문제를 처리할 수 있는 기타 솔루션을 제공함으로써 시장의 공백을 메우고자 노력하고 있다.

LegalZoom과 Rocket Lawyer와 같은 온라인 법률 서비스 제공 업체가 이러한 움직임의 선두에 서 있다. 이러한 플랫폼은 법률 문서 작성, 상표 등록, 이혼 신청 등 다양한 법률 서비스를 기존 법률 서비스 비용의 일부에 불과한 저렴한 비용으로 제공한다. 이 회사들의 성공은 LawDepot, Avvo와 같이 유사한 서비스를 제공하는 다른 법률 테크 스타트업의 탄생을 촉진했다.

리걸 테크 스타트업은 저렴한 법률 서비스를 제공하는 것 외에도 법률 업계의 효율성을 높이기 위해 기술을 활용하고 있다. 예를 들어, ContractPodAi 및 Ironclad와 같은 문서 자동화 소프트웨어는 법률 전문가가 계약서를 더 빠르고 정확하게 작성하고 관리할 수 있도록 도와준다. 에버로(Everlaw), 로직컬(Logikcull)과 같은 전자증거 개시 플랫폼은 머신러닝과 자연어 처리를 사용하여 방대한 양의 데이터를 선별하여 법률 사건과 관련된 정보를 찾아내고 있다.

소송 관리 소프트웨어는 리걸 테크 스타트업이 큰 영향력을 발휘하고 있는 또 다른 분야이다. Clio, MyCase, PracticePanther와 같은 회사는 로펌이 워크플로우를 간소화하고, 사건을 보다 효과적으로 관리하며, 고객과의 커뮤니케이션을 개선하는 데 도움이 되는 클라우드 기반 솔루션을 제공하고 있다. 그러한 도구는 로펌의 효율성과 생산성을 높여 궁극적으로 고객의 비용 절감으로 이어질 수 있도록 돕고 있다.

국내에서 가장 주목할 만한 리걸 테크 스타트업 중 하나는 법무관리 시스템 서비스를 제공하는 플랫폼인 '법틀'이다. 이 플랫폼은 기업의 법무팀이 처리하는 계약검토, 법률자문, 소송관리, 공문관리, 법무게시판 등의 모든 법무 업무를 한곳에서 관리할 수 있는 법무 플랫폼을 클라우드 기반으로 서비스하고 있다. 2017년에 설립된 '법틀'은 클라우드 서비스를 기본으로 하고 있으며, 이미 다양한 기업 법무팀에서 입소문이나 금융권, 대기업 등에서 '법틀'의 서비스를 이용하고 있다. 또한 서울대학교 데이터사이언스대학원 신효필 교수 연구팀과 산학협력으로 AI 연구를 진행한 법틀은 내년 시제품 출시를 목표로 연구에 박차를 가하고 있다.

판결문 검색서비스를 제공하고 있는 리걸 테크 스타트업인 '엘박스(LBox)'는 작년 12월 총 180억 원 규모의 시리즈 B 투자를 유치했다. 엘박스는 전국 각급 법원 판결문부터 뉴스, 참고 문헌에 이르기까지 일괄적으로 검색할 수 있는 국내 최대의 법률 데이터 검색서비스이다. 김앤장 법률사무소에서 5년간 기업 전문 변호사로 근무했던 이진 대표가 UC 버클리 MBA 과정을 마친 후 2019년 5월 창업했다. 설립 이후 빠른 성장세를 보이며 2019년부터 2022년까지 4년간 연속으로 투자 유치를 했고, 2021년 4월에는 우수 창업팀에게 정부가 2년간 최대 7억 원을 지원하는 국내의 대표적인 기술창업 지원프로그램 팁스(TIPS)에 선정되기도 했다.

이러한 스타트업 외에도 국내에는 리걸 테크 스타트업의 성장을 지원하는 리걸 테크 인큐베이터와 액셀러레이터가 다수 존재한다. 예를 들어 고려대학교 리걸 테크센터는 리걸 테크 스타트업을 위한 지원과 리소스를 제공하며, 서울 리걸 해커스 커뮤니티는 법률 업계의 혁신과 협업을 촉진하기 위해 노력하는 법률 전문가, 기업가, 기술자들로 구성된 그룹이다.

리걸 테크 스타트업 분야에서 가장 흥미로운 발전 중 하나는 법률 서비스를 개선하기 위해 인공지능(AI)을 사용하는 것이다. AI 기반 도구는 법률 전문가가 반복적인 작업을 자동화하고, 데이터를 분석하며, 법적 결과를 보다 정확하게 예측하는 데 도움이 될 수 있다. 예를 들어, 법률 분석 플랫폼인 Lex Machina는 머신러닝을 사용하여 판례 데이터를 분석하고 법률 트렌드와 전략에 대한 인사이트를 제공한다.

리걸 테크 스타트업이 법률 업계에 가져다주는 많은 이점에도 불구하고 몇 가지 도전 과제도 있다. 가장 큰 과제 중 하나는 규제 준수이다. 법률 산업은 규제가 엄격하기 때문에 스타트업은 제품과 서비스가 규정을 준수하는지 확인하기 위해 복잡한 규제를 받는다. 또한 일부 법률 전문가들 사이에서는 법률 테크 스타트업이 자신의 영역을 침범하여 서비스의 가치를 훼손할 수 있다는 우려하고 있다.

리걸 테크 스타트업은 저렴하고 효율적이며 접근성이 뛰어난 법률 서비스를 제공함으로써 법률 산업을 변화시키고 있다. 이러한 서비스에 대한 수요가 계속 증가함에 따라 앞으로 몇 년 동안 리걸 테크 스타트업의 혁신적인 솔루션이 더 많이 등장할 것으로 예상된다.

외국에는 유니콘으로 성장한 리걸 테크 스타트업이 다수 존재하지만, 국내에는 아직까지 유니콘으로 성장한 리걸 테크 스타트업은 없다. 엄격한 규제와 기존의 기득권과의 갈등 속에서 성장하기 힘든 환경이었음을 짐작할 수 있다.

가장 대표적인 사례로 '로톡'과 대한변호사협회의 갈등을 꼽을 수 있다. 2월 15일(수) 공정거래위원회가 전원회의를 열고 대한변호사협회에 과징금 및 제재 수위를 결정하기로 했다. 변협은 2021년 5월 '변호사 광고에 관한 규정'을 개정해 로톡 등 법률서비스 플랫폼에 가입한 변호사를 징계할 수 있는 근거를 마련한 바 있다. 로톡은 변협이 변호사를 상대로 불공정 행위를 하고 있다고 판단, 같은 해 6월 공정위에 변협을 신고했다. 공정거래법상 사업자단체의 금지행위, 표시광고법상 사업자단체의 표시·광고 제한 행위에 위배된다는 것이 골자다.

리걸 테크 업계에 이번 공정위 처분은 새로운 분기점이 될 전망이다. 향후 이어질 법무부 변호사 징계위 등에도 강한 근거로 활용될 수 있기 때문이다. 로톡 가입을 이유로 변협에 징계 받은 최초 변호사 9인은 지난해 12월 초 법무부에 이의신청을 진행했다. 이번 공정위의 제재 수위에 따라서 리걸 테크 스타트업 생태계의 분기점이 될 전망이다. 전문직의 제재가 두려워 신규 사업 진출을 망설이는 리걸 테크 스타트업과 투자업계의 새로운 방향이 생길 수 있다.

이처럼 다양한 극복해야 할 과제가 있지만 리걸 테크 스타트업의 잠재적 이점은 엄청나며 의심할 여지없이 법률 산업의 미래를 형성할 것으로 예상된다.

출처: 스타트업엔(StartupN) 2023.02.16.
https://www.startupn.kr/news/articleView.html?idxno=32039

4.2 창업의 외부환경

[1] 경제적 환경

경제적 환경에는 4차 산업혁명 흐름 속에 경제체제, 산업구조, 정부의 재정 및 금융정책, 경기흐름, 시장구조, 소비성향 등이 있다. 성공적인 창업을 위해 경제적 환경을 분석하고 각종 창업 관련 정책을 적극 활용할 수 있다. 대표적인 벤처창업관련 정부부처인 중소벤처기업부에서는 각종 금융 및 세제지원 등을 적극적으로 추진하고 있다.

[2] 정치·사회적 환경

정치·사회적 환경 변화로는 첫째, 경제의 고도화와 복잡화라고 할 수 있다. 이로 인해 기업은 자체의 인력을 통한 정보획득이나 전략적 제휴, 아웃소싱 등을 통하여 효율적인 정보수집 활동을 할 수 있게 되었다. 둘째, 규제 완화, 지방분권 및 균형발전 등으로 정부의 실행 가능한 정책수단들이 다양화되고 있다. 따라서 앞으로는 시장원리가 적용되는 범위와 정도가 높아질 것으로 예상된다.

[3] 시장환경

급속한 시장환경의 변화로는 가격경쟁력에 기초한 제품시장에서 품질이나 기술경쟁력에 기초한 제품시장으로의 변화를 말할 수 있다. 이러한 변화의 배경은 임금의 대폭상승 및 후발개도국의 추격, 다국적 기업의 세계화, 시장개방 압력이라고 볼 수 있다. 생산방식의 측면에서 보면 다품종소량생산 방식, 혹은 변종변량생산방식의 확립이 경쟁력 확보의 전제조건으로 요청되고 있다.

김태수 네오사피엔스 대표 "AI가 기쁨·슬픔까지 담은 목소리 만들어내죠"

"이제 인공지능(AI)으로 자기 목소리도 쉽게 만들 수 있습니다. 내 목소리를 파는 시대도 올 겁니다."

'AI 성우' 서비스 타입캐스트를 개발한 네오사피엔스의 김태수 대표는 13일 한국경제신문과의 인터뷰에서 "AI 챗봇 '챗GPT'의 영향으로 타입캐스트를 찾는 이용자가 급증해 AI 성우 서비스의 성능을 개선하고 종류도 확대하고 있다"며 이같이 설명했다. 네오사피엔스는 국내 대표적인 AI 기반 음성 생성 스타트업이다. 퀄컴, KAIST 등 출신의 관련 연구진이 2017년 창업했다. 김 대표는 LG전자에서 여러 사람의 목소리를 분리하는 기술을 개발했고, 퀄컴의 핵심 기술인 '스냅드래곤 보이스액티베이션'을 만들었다. 네오사피엔스의 경쟁력은 사람 목소리와 구분하기 힘든 음성 콘텐츠다. 전화 자동응답시스템(ARS)에서 들을 수 있는 어색한 기계음과 달리 사람이 실제 말하는 듯한 착각을 일으킬 정도다. 슬픔, 기쁨, 분노 등 다양한 감정 표현도 자유자재로 가능하다. 한국어, 영어, 일본어, 독일어, 프랑스어, 스페인어, 프랑스어 등을 구사할 수 있는 AI 성우를 490개 제공하고 있다. 올해 안에는 중국어와 포르투갈어 '목소리 배우'도 출시할 계획이다.

유튜브 등 음성이 필요한 콘텐츠가 급증하면서 네오사피엔스도 급격히 성장하고 있다. 2019년에 나온 타입캐스트의 누적 가입자 수는 최근 155만 명을 넘어섰다. 유료 이용자는 지난 3년 동안 18배 급증했다. 68개국에서 돈을 내고 타입캐스트를 사용하고 있다. 지난해 국내 유튜브 쇼츠(짧은 영상) 부문에서 최다 시청자를 기록한 유튜브 채널 '1분요리 뚝딱이형'에 나오는 목소리를 타입캐스트에서 만들었다.

김 대표는 올해 네오사피엔스를 찾는 이용자가 급증했다고 설명했다. 작년 말 챗GPT가 나오면서다. 그는 "타입캐스트를 쓰려면 대본이나 텍스트가 있어야 하는데 챗GPT가 관련 콘텐츠 생산량을 수십 배 늘렸다"고 설명했다. 타입캐스트의 해외 이용자 비중이 70%까지 올라가기도 했다. 네오사피엔스는 올해 미국 시장을 본격적으로 공략할 계획이다. 세계적으로 급증한 AI 성우 서비스의 수요를 노리기 위해서다. 김 대표는 "새로 창업한다는 생각으로 미국 실리콘밸리에서 홀로 미국 문화를 경험하면서 서비스를 개선할 계획"이라고 말했다.

AI 관련 저작권 문제에 대해선 "네오사피엔스는 콘텐츠 개발에 도움을 준 성우에게 보상하고 있다"며 "저작권은 반드시 보호해야 하지만 AI가 충분히 데이터를 학습할 수 있는 환경을 조성하는 것도 필요하다"고 했다. 화가가 존경하는 예술가의 그림을 보고 공부하면서 결과물을 내놓듯이 AI도 제 성능을 내기 위해선 기존 성과물을 학습할 수밖에 없다는 설명이다. 김 대표는 "저작권을 무시하지 않으면서도 기존 콘텐츠를 AI가 학습할 수 있는 제도가 필요하다"고 강조했다.

그는 "머지않은 미래엔 우리가 TV 등 여러 매체를 통해 접하는 사람 모습의 절반 이상은 진짜 사람이 아닐 정도로 AI 서비스가 보편화될 것"이라고 전망했다.

출처: 한국경제 2023.09.13.
https://www.hankyung.com/article/2023091370611

[4] 기술적 환경

기술적 환경은 재화 및 서비스의 생산과 관련되는 지식의 상태를 나타낸다. 즉, 어떤 일을 하는 방법에 관한 숙련된 지식인 노하우에 관련된 환경을 의미한다. 특히 벤처창업기업의 경우, 기술혁신에 의한 기술경쟁력은 기업의 경쟁력을 결정하는 요인 중의 하나이다.

이러한 기술적 환경은 AI, 빅데이터, 5G, 정보보호, 지능형센서, 증강현실, 가상현실, 스마트가전, 드론 및 로봇, 미래형자동차, 스마트공장, 바이오, 웨어러블, 물류, 에너지, 스마트시티 등에 의한 새로운 제품 및 서비스의 창출이 확산되고 있다. 또한 블록체인에 의한 기업환경 변화는 정보파괴, 시장파괴를 초래하고 공간적·시간적 제한이 없는 쌍방향 커뮤니케이션을 가능하게 하였다.

 대체식품 개발 푸드테크 기업 인테이크(INTAKE)

대체식품 개발 푸드테크 기업 인테이크(INTAKE)가 총 80억 원 규모의 시리즈B 투자를 유치했다. 이로써 누적 투자 유치 금액은 153억을 넘었다.

이번 시리즈 라운드는 ATU 파트너스가 리드 투자자로 참여하고, BNH 인베스트먼트, 얼머스 인베스트먼트가 함께했다. 인테이크는 동아쏘시오홀딩스로부터 시드 투자 유치를 시작으로 소프트뱅크벤처스아시아, 아이디어브릿지자산운용으로부터 투자를 유치한 데 이어 이번 시리즈B 투자까지 성공적으로 유치하며 푸드테크 1호 코스닥 상장이라는 목표에 한 발 더 다가섰다.

인테이크는 '단순히 먹는 행위를 넘어 지속가능하고 건강한 식문화를 제공하자'는 취지로, 서울대 출신 식품공학자들이 설립한 대체식품 푸드테크 기업이다. 식물성 및 미생물을 이용한 대체식품 소재 기술을 기반으로 대체육, 대체계란, 그리고 대체당류 사업을 주력으로 하고 있다. 인테이크는 최근 3년간 총 8건의 국책 연구개발(R&D) 과제 수주에 성공할 만큼 기술사업화 역량에서 높은 평가를 받았다. 또한 대체식품 관련 등록 및 출원에 관한 지적재산권(IP)이 10건으로 국내 최다 IP를 보유하고 있는 것은 물론, 올해 안으로 10건 이상의 대체식품 국내외 IP 출원을 추가로 앞두고 있어 글로벌 상위권 수준의 기술경쟁력을 확보해 나가고 있다.

이번 투자를 통해 인테이크는 식물성 기반 대체 단백 파이프 라인뿐 아니라 제3의 소재 영역인 미생물 기반 단백 소재 상용화를 본격화하고, 글로벌 인프라 확장을 통해 전 세계 대체 단백 시장 내에서 확고한 입지를 구축할 계획이다. 또한 이번 투자 이후 확장성과 수익성을 강화하고, 상장 주관사인 신한투자증권과 함께 푸드테크 1호 기업 공개(IPO) 준비에 박차를 가할 전망이다.

먼저 대체육 향미 보강과 함께 제3의 단백질원으로 활용할 수 있는 미생물 배양 단백(Mycoprotein) 소재를 올해 내 상용화할 예정이다. 뿐만 아니라 헤모글로빈의 주요성분이자 고기의 향과 색을 구현하는 핵심물질인 헴(Heme)단백 소재를 미생물 정밀발효기술을 통해 확보한 상태로, 2024년 소재 상용화를 앞두고 있다. 이는 글로벌 대표 푸드테크 기업인 임파서블푸드(Impossible Foods)사의 헴(Heme) 단백 기술보다 안전성 면에서 앞선 기술이다.

ATU파트너스의 신현재 부장은 "인테이크의 높은 매출 성장, 대체식품 분야에서의 독보적인 기술력을 통한 국내 대체식품 시장 견인, 국내를 넘어 글로벌 시장에서도 확고한 입지를 다질 수 있는 비전 등 전도유망한 ESG 푸드테크 기업으로 높게 평가해 이번 투자를 주도하게 됐다"고 투자 배경을 설명했다. 인테이크 한녹엽 대표는 "이번 투자를 기반으로 식물성 기반의 조직화 기술, 그리고 미생물 기반의 원천소재화 기술을 적용해 대체육과 대체계란 카테고리에 대한 시장 확장에 집중하고 있다"며 "향후 대체 단백 예측 발굴 모델링 플랫폼을 바탕으로 대체유, 대체 수산물과 같은 대체 단백 전반으로 파이프 라인을 확장할 계획"이라고 전했다.

출처: 매일경제 2023.07.03.
https://www.mk.co.kr/news/it/10774588

4.3 최근의 창업 환경

(1) 생계형 소자본창업의 증가

생계형 소자본창업의 증가는 최근 창업의 가장 큰 특징이라 볼 수 있다. 소자본창업 시장은 진입장벽이 거의 없는 완전경쟁시장의 특성을 갖고 있으며, 창업자의 경험이나 기술에 크게 구애받지 않고 일정 자금만 준비가 된다면 누구나 쉽게 진입할 수 있다는 특성을 갖고 있다. 이러한 생계형 소자본창업은 전체 창업에서 상당한 비중을 차지하고 있다. 정부에서는 이러한 창업 열기에 부응하기 위해 전국에 여러 곳의 소상공인지원센터를 두고 예비창업자들을 위한 자문과 애로사항을 해결하기 위한 활발한 지원을 하고 있다.

(2) 직업관의 변화

사회가 변화하면서 선호하는 직업도 많이 변화하고 있다. 현재의 사회에서는 평생직장이 아닌 평생직업이란 표현이 적절하다고 할 수 있다. 21세기에 들어서는 독특한 아이디어의 신지식인이 각광 받고 있으며 직업관 역시 방향을 선회하고 있다. 직업관이란 사회의 전반적인 가치관에 기인한다. 산업구조의 변화는 직업구조의 변화, 취업구조의 변화를 유발시켰으며, 이는 직업환경의 변화가 직업관의 변화를 갖고 온다는 것을 보여 준다. 개인의 가치관, 직업관의 변화는 금전적 소득보다는 개개인의 행복과 만족을 추구하는 경향을 심화시켰으며 이는 창업을 다양한 방법으로 더욱 활성화시키게 되었다.

| 표 1-1 | **직업관의 변화**

과거 직업관	현재 직업관
사회적으로 알려진 회사로의 취업을 원함 타인에게 보여지는 자신의 모습을 중요시함	자기가 좋아하고 그것으로 스스로의 일에 만족하는 일을 하고 싶어함

(3) 청년창업, 대학생창업의 증가

최근 수년간 경제는 성장하나 고용이 창출되지 않는 이른바 고용없는 성장 속에 대학졸업생은 지속적으로 증가해 이제 청년취업 문제는 국가적인 중차대한 문제로 대두되고 있다. 이처럼 취업시장의 변화는 과거 몇 년간의 일시적인 현상이라기보다는 신규취업자 중심에서 경력자 중심으로 재편되는 산업 구조적인 변화라고 볼 수 있다. 앞으로 이러한 경력직 시장이 더욱 활성화되면서 취업자의 자격기준을 평가할 때 우리 사회의 병폐로 지적되는 학벌중시 경향도 경력중시 경향으로 자연스럽게 바뀌는 사회 공감대가 만들어질 것으로 기대되고 있다. 이렇게 취업시장이 경력직 시장 중심으로 재편되는 상황에서는 신규 대졸자 청년들의 사고는 처음부터 대기업과 같은 좋은 조건의 기업에 입사하기보다는 지속적인 경력개발을 통해 본인이 원하는 바를 성취하겠다는 방향으로 변화하고 있다. 경력개발에 대한 중요성과 더불어 취업시장의 변화에 대응하는 보다 적극적인 방법이 청년창업이다. 취업 관문이 좁아지면서 높은 스펙을 맞추기 위해 스트레스를 받기 보다는 노력한 만큼 수익을 올리는 창업으로 눈을 돌리고 있다.

대학생 및 청년창업자의 경우 부양해야 하는 가족에 대한 의무나 돈벌이에 대한 제약도 없으며, 창의력도 중장년에 비해 뛰어나며, 청년들의 융합기술, 스마트 혁신의 시대를 주도하는 디지털 세대로서 무궁무진한 신 사업기회 속에 둘러싸여 있다. 따라서 오늘날만큼 청년에게 창업에 좋은 조건을 가진 시기도 없으며, 각 대학의 창업강좌와 창업지원기관에서 실시하는 창업세미나에는 많은 대학생들이 참여하고 있다. 창업연령도 갈수록 낮아지고 있는 추세이며 대학생 창업자도 늘어나고 있다. 정부에서도 활동이 우수한 창업동아리를 신규 발굴하고 학생 창업활동을 장려하고 있으며, 창의적이고 도전정신을 갖춘 학생들에게 기업가정신 배양 및 창업관련 활동을 지원한다는 취지에서 매년 여러 대학 및 고등학교 소속의 창업동아리에 시설품 구입비 및 운영비를 지원하고 있다.

(4) 정부의 창업지원 정책

최근 정부의 정책은 창업을 촉진하고 중소기업을 육성하는 데 초점을 맞추고 있다. 정부의 창업초기기업의 육성시책 또한 중소기업의 역할에 대한 정책적인 변화를 반영한다. 정부는 중소벤처기업부, 과학기술정보통신부를 통하여 벤처창업기업, 중소기업 특히 기술혁신기업에 많은 투자를 하고 있다. 정부의 지원제도는 자금, 입지, 기술, 인력, 세제 등 매우 다양하다. 이 같은 창업지원 정책으로 창업 애로요인이 해소되어 창업 열기가 고조되고 있다.

세계 곳곳에 창업허브 조성 '창업때부터 해외진출' 지원

정부가 한국 벤처·스타트업의 해외 창업과 외국인의 국내 창업·스타트업 취업을 적극 지원한다. 또 2조원 규모 '스타트업 코리아 펀드'를 조성해 딥테크, 글로벌 진출, 회수(세컨더리) 세 분야에 집중 투자한다.

중소벤처기업부는 30일 오전 청와대 영빈관에서 윤석열 대통령이 주재한 '스타트업 코리아 전략회의'에서 '스타트업 코리아 종합대책'을 발표했다. 윤 대통령은 회의에서 "가장 중요한 것은 우리 시야를 세계로 넓혀야 한다는 것"이라면서 "정부의 직접 지원을 통한 양적인 창업자 증가와 내수 시장에 안주하는 이런 타성에서 우리가 벗어나야 된다"고 밝혔다.

국내 벤처·스타트업의 글로벌 창업 허브가 세계 곳곳에 조성될 예정이다. 그 일환으로 대기업과 정부가 협력해 'K스타트업 센터'를 만들기로 했다. 미국, 중동, 일본, 프랑스 등 대륙별 특성에 맞는 스타트업 진출 전략을 민관이 협업해 제공하는 것이다. 또한 벤처 투자의 민간 전환을 촉진하고 새로운 지원 방식을 도입한다. 이를 위해 민간과 정부가 함께 출자해 2027년까지 총 2조 원 규모 '스타트업 코리아 펀드'를 만들기로 했다. 이 펀드는 딥테크, 글로벌 진출, 회수 등 세 분야에 집중 투자하게 될 계획이다.

이날 중기부는 2027년까지 글로벌 100대 유니콘 5개사, 서울의 창업·벤처 생태계 순위 7위, 벤처 투자 규모 14조2000억 원, 지역 기반 기술창업 비율 40%, 지주회사 기업형 벤처캐피털(CVC) 신규 투자액 5000억 원, 세계 기업가정신지수 순위 3위를 달성하겠다는 목표를 제시했다.

이영 중기부 장관은 "글로벌 100대 유니콘에 K스타트업을 5개까지 확대하고 벤처 투자 확대 등을 통해 창업 벤처 생태계 순위를 끌어올리는 등 대한민국을 아시아 넘버1, 세계 3대 글로벌 창업 대국으로 도약시킬 것"이라고 강조했다.

출처: 매일경제 2023.08.30.
https://www.mk.co.kr/news/business/10818620

확대보기
환경요인과 엮어서

창업생태계

창업생태계란 창업자·대학 등 창업지원 기관과 투자자 등이 유기적으로 상호작용해 지속적으로 창업이 활성화되는 환경을 의미한다. 더 자세히 살펴보면 창업생태계란 창업자, 대학·멘토·인큐베이팅 등의 창업지원기관, 엔젤·벤처투자가·투자은행 등의 투자자가 상호 유기적으로 작용해 출현 - 확장 - 성숙 - 자기재생 또는 쇠태 등 자연생태계와 유사하게 창업이 지속적으로 활성화되는 환경이다. 창업생태계는 창업 성공과 이를 통한 산업혁신을 이룩하는데 매우 중요한 역할을 한다. 한국 창업생태계는 4차 산업혁명 관련 분야를 중심으로 뚜렷한 성장세를 보인다. 창업생태계의 외형적 규모가 커지고 내부구성이 4차 산업혁명에 의해 역동적으로 변화하고 창업가에 대한 사회적 인식이 변하는 등 양적 측면에서 성장하는 반면 질적 성장에 대해서는 회의적이다. 이 부분에 대해서는 아래에서 설명한다.

한국의 창업생태계 문제점

창업의 질적 측면에서 보면 창업기업의 생존률은 낮다. 한국 창업기업의 5년차 생존률은 29.2%로, 이는 창업 후 5년이 되면 2/3 이상의 기업이 문을 닫는다는 것을 의미한다. 창업생태계의 문제점으로는 과도한 창업규제 환경, 모험자본 역할 미흡, 초기자금 부족, 회수시장 경직 등이 있다.

첫째, 과도한 창업규제 환경 문제이다. 우리나라에서 창업을 하려면 각종 서류작성에 인허가까지 사업의 시작부터 활로가 막히는 경우가 많다. 또한 공급자 중심의 비효율적 지원체계로 기업 이장에선 부처별로 상이하고 매번 변하는 정책에 계속 적응하며 사업을 효율적으로 계획하고 운용하기 어렵다.

둘째, 초기단계부터 과감하게 투자하는 모험자본의 역할이 미흡하다. 한국의 벤처투자 패턴 추이를 보면, 비교적 회수가 용이한 우선주의 비중이 높은데 보통주의 경우 IPO, M&A가 되지 않는 이상 원금 회수의 불확실성이 높다.

셋째, 초기자금 부족 문제로 창업은 성장의 단계에 맞는 투자금을 유치하는 것이 중요한데 특히 초기단계의 Seed-Money는 창업의 성패를 좌우한다. 한국은 해마다 벤처투자가 늘고 있지만 선진국들과 달리 투자금의 절반 이상이 중간, 후기단계에 몰려 있어, 많은 창업자들이 초기자금 부족을 호소하는 상황이다.

넷째, 경직된 회수시장이 있다. 우니나라 회수시장은 신규 투자, 활성화가 저해되고 있으며, 특히 M&A 비중은 미국의 45%에 비해 우리나라는 약 1%에 불과하다. 이는 대기업의 중소기업 M&A에 대한 부정적 인식, 소유와 경영의 불확실한 기업지배구조, 중소기업의 회계자료 불신 등 사회, 구조적 문제에서 비롯될 수 있다고 추정한다.

따라서 법, 제도 혁신과 청업 인프라 확충, 민간자본 참여 활성화, 창업 실패 후 재도전 지원 강화 등의 현장의 목소리가 높아지고 있는 상황에 대한 해결책이 필요하다. 또한 창업에 대한 사회적 인식이 개선되고 스타트업에 대한 위험자본 투자의 기회가 활성화되어야 한다.

학습 정리

- 창업은 SOHO나 벤처기업의 설립뿐만 아니라 새로운 기업을 조직하고 설립하는 것이다.
- 성공적인 창업을 위해서는 기본적으로 창업자, 사업 아이디어, 자본 그리고 사업장의 네 가지 요소가 필요하다.
- 창업은 일자리, 자원의 활용, 국제수지와 환경 등 창업자가 속한 국가조직 및 사회에도 중요성을 지닌다.
- 창업의 증가, 직업관의 변화, 정부의 창업지원 정책의 변화로 창업을 활성화하고 있는 현 상황을 파악할 수 있었다.

문제

O. X

1	취급하는 상품이나 서비스 유형 또는 자금의 크기에 관계없이 기존 사업체를 인수하거나 완전히 새로운 사업을 시작하는 것을 모두 창업이라고 한다.
2	소자본 창업 시장은 진입장벽이 높고 완전경쟁시장의 특성을 갖고 있다.
3	기업전략이란 조직구성원의 유형화된 교호작용의 구조를 말한다.
4	창업이란 사업의 기초를 세워 회사를 설립하는 일로서 SOHO(Small Office Home Office: 조그만 사무실이나 작업장에서 혼자 일하는 1인 기업)나 벤처기업(Venture Business)의 설립뿐만 아니라 새로운 기업을 조직하고 설립하는 일체의 행위를 일컫는다.
5	창업의 내부환경에는 경제적 환경, 정치·사회적 환경, 시장, 환경, 그리고 기술적 환경이 있다.
6	자본이란 창업에 필요한 금전적인 자원만을 일컫는 말이며, 자본을 이용하여 동원할 수 있는 토지, 기계, 원재료, 기술자 등은 자본의 의미를 가지지 않는다.

객관식

1 다음 설명 중 옳은 것은? (　　)

가. 창업이란 사업의 기초를 세워 회사를 설립하는 일로서 SOHO나 벤처기업의 설립만을 말하며, 새로운 기업을 조직하고 설립하는 일체의 행위는 제외한다.

나. 창업의 외부환경으로는 경제적 환경, 정치사회적 환경, 시장환경이 있으며 기술적 환경은 제외한다.

다. 창업가는 크게 기술창업자, 일반창업자, 사내창업자, 그리고 사회창업자로 구분한다.

라. Schumpter는 창업을 새로운 상품, 새로운 서비스, 새로운 자원, 새로운 생산방법, 새로운 시장, 새로운 조직으로 회사형태의 조직을 탄생시키는 것이라고 설명하고 있다.

2 다음 설명 중 옳은 것은? (　　)

가. 창업의 정의는 학자에 따라 다소 차이는 있으나 근본적으로는 동일한 개념으로 설명된다.

나. Schumpeter는 자원, 노동, 재료 그리고 자산을 결합시켜 이전보다 가치있는 조직으로 변화시키는 것이 창업이며, 변화와 혁신, 새로운 질서를 수반한다고 한다.

다. Vesper는 창업이란 부가적 부를 창출하는 역동적 과정으로 자산, 시간, 작업에 대한 헌신 등의 위험을 감수하는 개인에 의해서만 부의 창출이 가능하다고 주장한다.

라. Ronstadt는 창업을 새로운 상품, 새로운 서비스, 새로운 자원, 새로운 생산방법, 새로운 시장, 새로운 시장, 새로운 조직으로 회사형태의 조직을 탄생시키는 것이라고 설명한다.

3 다음 중 창업의 외부환경에 대한 설명으로 옳지 않은 것은? ( )

가. 경제적 환경
나. 정치사회적 환경
다. 기업전략
라. 기술적 환경

4 다음 설명 중 틀린 것은? ( )

가. 인적요소인 창업자는 창업의 주체인 창업자를 위시하여 생산, 판매, 일반관리업무 등 조직의 각 기능을 담당할 인적자원을 총칭하는 넓은 의미로 이해된다.
나. 사업 아이디어란 설립되는 기업이 무엇을 생산할 것인가를 의미라는 것으로, 구체적인 형태를 가진 재화로 한정된다.
다. 자본이란 창업에 필요한 금전적 자원뿐만 아니라 자본을 이용하여 동원할 수 있는 토지, 기계, 원재료, 기술자 등을 포괄적으로 의미한다.
라. 사업장은 창업자의 주력 상품이나 서비스를 판매하기 쉬운 장소일수록 좋다.

5 다음 중 일반적인 창업의 요소가 아닌 것은? ( )

가. 창업자   나. 사업 아이디어   다. 자본   라. 사업장   마. 통찰력

6 다음 중 창업에 영향을 미치는 내부환경 요인이 아닌 것은? (답 2개/   )

가. 기업의 경영성과   나. 기업의 조직구조   다. 창업자   라. 기업의 전략   마. 조직원들의 역량

7 창업의 외부환경 중 경제적 환경에 속하지 않는 것은? ( )

가. 경제체제   나. 산업구조   다. 규제완화   라. 경기흐름   마. 시장구조

1 최근 정부의 정책은 창업을 촉진하고 (   )을 육성하는 데 초점을 맞추고 있다.

2 (   )은 재화 및 서비스의 생산과 관련되는 지식의 상태를 나타낸다. 즉, 어떤 일을 하는 방법에 관한 숙련된 지식인 노하우에 관련된 환경을 의미한다.

3 창업의 일차적인 목표는 (   )를 창출하는 것이다.

4 창업의 내부환경은 (   ), 창업자, 기업전략이다.

5 (   )는 창업을 새로운 상품, 새로운 서비스, 새로운 자원, 새로운 생산방법, 새로운 시장, 새로운 조직으로 회사형태의 조직을 (   )시키는 것이라고 설명하였다.

6 (   )는 자원, 노동, 재료 그리고 자산을 결합시켜 이전보다 (   )있는 조직으로 변화시키는 것이 창업이며, 변화와 혁신, 새로운 질서를 수반한다고 하였다.

7 (   )는 창업이란 (   )를 창출하는 역동적 과정으로 자산, 시간, 작업에 대한 헌신 등의 위험을 감수하는 (   )에 의해서만 부의 창출이 가능하다고 주장하였다.

8 창업의 외부환경에는 (   ), (   ), (   ), 그리고 (   )이 있다.

1. 창업의 4가지 요소에 대해 서술하시오.

2. 창업의 중요성에 대해 서술하시오.

3. 창업의 내부환경에 대해 서술하시오.

4. 1장에서 창업을 구성하는 요소들에 대하여 배웠는데, 이 중 가장 중요한 창업의 요소는 무엇이며, 왜 그렇게 생각하는지 서술하시오(자율 서술).

CHAPTER

02

창업가

학습목표

- 창업기업의 경쟁력에 직, 간접적으로 영향을 미치는 창업가의 특성과 유형을 알 수 있다.
- 창업가의 특성에 따른 창업기업의 경영 특성을 구분할 수 있다.
- 창업기업의 경쟁력을 재무적, 비재무적으로 구분할 수 있다.
- 창업자의 중요한 경영 마인드인 기업가정신의 의의, 역할, 그리고 핵심 요소를 알 수 있다.
- 지속성장발전을 위한 사내기업가 정신의 정의와 특성을 알 수 있다.

Chapter 02 창업가

1 창업가의 유형

창업가는 크게 기술창업자, 일반창업자, 그리고 사내창업자로 구분할 수 있다.

(1) 기술창업자(technical entrepreneur)

기술창업자는 기술적 경험과 아이디어를 중심으로 사업을 시작하는 창업자이다. 기술창업자는 보통 관리적인 임무를 수행하기 보다는 기술적인 일을 선호하며, 위험을 회피하는 경향이 있고 다양한 투자자와 파트너를 선호하지 않는다. 또한 변화를 수용하지 않으려는 성향을 가지고 있다. 따라서 기술창업자에 의한 기술창업은 말 그대로 숙련된 기술자 중심의 창업이며, 기회창업과는 대조적으로 더 전문적인 방식으로 사업을 시도하고 비기술적 문제에 대해서는 특정교육을 통하여 보완하려는 경향이 있는 창업이라고 볼 수 있다.

(2) 일반/기회창업자(general/opportunistic entrepreneur)

일반창업자는 기술 중심의 창업보다는 사업의 관리능력 위주의 창업자를 말하며, 기회창업자라 불리기도 한다. 이들은 폭넓은 경험과 고학력의 특성을 가지고 있으며, 미래지향적이고 관리적·도전적인 성향으로 설명될 수 있다. 따라서 그들은 환경에 대해 적응능력에 자신감을 가지고 있으며 변화를 기꺼이 수용한다. 그들의 조직은 급속히 성장하며 다양하고 혁신적인 전략을 추구하고 외부 자금 조달에 적극적이다. 일반/기회창업자들의 동기는 재무적 이득과 성공적인 조직을 구축하기 위한 기회에 의해 유발된다고 할 수 있다.

[3] 사내창업자(intrapreneur)

사내창업자는 조직 내의 실험실, 컴퓨터 기자재 등의 확보된 제반 자원을 활용하여 조직 내에서 혁신을 창출하는 창업자를 말한다. 즉, 기업조직 내에서 아이디어를 수익성이 있는 사업으로 구체화하는 데 실천적 역할을 수행함으로써 기업의 성장을 주도하는 사람이라 할 수 있다.

1.1 창업가의 특성

불확실성이 매우 큰 창업기업은 특성상 기업의 성공과 실패의 관건이 되는 창업가의 특성, 경영특성 및 경쟁력요인의 차원에서 여러 방면으로 규명하는 것이 중요하다. 이 중에서 창업기업의 경쟁력에 직·간접적으로 영향을 미치는 가장 중요한 요인으로 인식되고 있는 것은 창업가의 특성이다. 창업가의 특성에 따라 경영특성의 차이를 분석할 수 있으며, 창업기업의 경영특성은 창업기업의 경쟁력에 영향을 미치게 된다.

우리나라는 경제 재도약, 일자리 창출, 소득분배 개선 등을 위해 혁신경제를 강조하고 있다. 그러자면 모든 부문에서 국민과 기업의 '혁신하려는 의욕', '경제하려는 의욕'이 넘쳐나야 한다. 정부는 혁신산업을 점지해서 육성하기에 앞서 창의와 혁신에 기초한 경제활동이 자생적으로 일어나도록 환경을 만드는 일을 우선해야 한다. 융합이든 또는 현 단계에서 우리가 알지 못하는 또 다른 무지(pure negligence)의 영역에서든 민간 부문에서 자발적 창의와 혁신에 기초한 신시장 개척활동이 왕성하게 일어나야 비로소 혁신경제의 모습이 구현될 것이다.

혁신경제의 성패는 기업가정신의 진흥 여부에 달려 있다. 우리나라가 부존자원, 기술과 자본, 경험도 없이 경제개발에 착수한 지 60년 만에 1인당 국민소득이 100달러에서 시작해서 3만 달러를 넘는 선진국의 문턱에 오르게 된 것은 온 국민의 '잘 살아 보자'와 '하면 된다'는 긍정 의지, 그리고 이를 뒷받침해주는 정부의 역할이 있었기 때문에 가능했다. 기업가정신이야말로 부존자원에 의해 설정된 성장한계를 뛰어 넘어 개인과 국민경제의 생산가능영역을 확장시키는 요인이며, 진정한 의미에서의 경제발전 원동력인 셈이다. 그러나 지금은 예전과 달리 기업가정신이 쇠퇴했다는 지적이 많다. '청년 NEET족이 100만 명을 넘는다', '생계형 창업은 많아도 혁신형 창업은 드물다', '중소기업이 중견·대기업으로 성장한 사례를 찾아보기 어렵다', '대기업의 사내 기업가정신도 예전만 못하다' 등 기업가정신의 실종을 걱정하는 이야기마저 넘치고 있다.

기업가정신이 중요하고, 지금은 우려할 만한 상황임에도 불구하고 정부 차원의 관심이 미흡했던 까닭은 아마도 기업가정신을 개인의 기질과 역량으로만 치부했기 때문이 아닌가 싶다. 즉, 개인의 도전과 모험정신, 융합지식과 혁신역량을 기업가정신의 핵심요소로 본 것이다. 그러나 보통의 기업가정신은 사람의 문제가 아니라 정부가 통제하는 제도와 정책에 더 많이 영향 받는다. 예를 들어, 한 번의 실패가 자산이 아니라 패망이 되는 사회, 융복합화 기술이나 상품을 개발해도 칸막이 규제 법령에 막혀 좌절하는 사회, 애써 만든 창조적 아이디어나 비즈니스 모델이 손쉽게 남의 손에 넘어가는 사회, 성공해도 사회적 인정이 아니라 질시와 비판이 가해지는 사회, 이러한 제도적 환경에서는 창의와 혁신의 도전적 기업가정신이 발현되기 어렵고 따라서 혁신경제의 구현도 요원할 것이다.

기업가정신의 회복과 확산이 뒷받침되지 않으면 그 어떤 정책도 사상누각(砂上樓閣)이 되기 십상이다. 혁신경제의 근간은 기업가정신이며, 기업가정신은 단지 '정신'의 문제가 아니라 '제도와 정책'의 함수이다.

1.2 창업가의 특성

[1] 개인적 특성

창업가의 개인적 특성에 관한 연구는 1970년대 후반부터 많은 연구자들에 의해 진행되어 왔다. 창업가의 개인적 특성은 특히 규모가 작은 소상공인의 창업에서 소유주인 동시에 경영자인 창업자의 역할이 사업체의 창업을 준비하는 과정에서부터 그 사업체의 운영에 이르기까지 매우 중요한 영향을 미친다는 것을 의미한다. 이러한 맥락에서 많은 연구들은 성공적인 창업가에게서 보여지는 공통적인 개인적 특징으로서 배경적 특성과 심리적 특성을 다루어 왔다. 이들 연구자들은 이러한 특성들이 사업을 시작하는 과정에서 그리고 그 사업을 운영해나가는 과정에서 중요한 요인으로 작용한다는 것을 가리키고 있다.

[2] 심리적 특성

창업가의 심리적 특성은 창업가와 비창업가를 구별하는 특징으로서 뿐만 아니라 성과에 영향을 미치는 개인특성으로 주목을 받아 왔다. 성취욕구는 가장 빈번하게 언급되는 창업가의 특성이다. 성취욕구의 현대적 의미는 어떤 것들을 신속하고 가능한 잘 이해하려는 바람, 또는 경향으로 정의된다. 성취욕구는 기업가에게 있어서 중요한 동기요소일 뿐만 아니라 사회의 경제발전 수준을 결정하게 된다. 즉, 성취욕구가 높은 사람은 문제해결을 위해 주도적으로 나서려 하고 목표를 제시하며 그 목표의 달성을 위하여 열정적으로 노력하는 성향이 있다. 성취욕구가 높은 창업자들은 스스로 도전적인 목표를 수립하고 그 성과를 향상시키기 위해 노력한다.

(3) 행동적 특성

창업가의 행동적 특성으로는 위험감수적 성향을 들 수 있다. 여기에서 위험감수 성향이란 의사결정에서 기회를 획득하기 위해 위험을 감수하려는 의지와 행동의 개념을 말한다. 높은 위험감수 성향을 가진 사람들은 신속한 의사결정을 하며, 기꺼이 기회를 잡으려는 행동적 특성이 있는 반면, 위험을 기피하는 사람들은 보다 조심스럽고 주의 깊게 의사결정을 내리며 위험을 최소화시키려 노력한다. 어떤 창업 및 경영과정에서 최소한 어느 정도의 위험이 피할 수 없는 것이라면 창업자가 이러한 위험을 얼마나 적극적으로 대처하고, 이를 얼마나 잘 조직화하여 관리할 수 있는지는 그 개인의 심리적 안정뿐만 아니라 성공적인 창업 및 운영의 기본요소가 된다.

창업자처럼 행동하기 ▶▶▶▶

성공적인 창업자는 공통된 특성을 지닌다. 모든 창업자가 다음의 특성을 모두 갖는 것은 아니다. 당신에게 해당되는 특성을 체크해보고, 해당되지 않는 특성을 갖도록 노력한다.

- 다른 사람들이 문제를 볼 때 당신은 기회를 본다. 제품, 서비스, 또는 사회의 문제에 대해 당신은 그것을 해결할 방안을 찾는다.
- 성공을 향해 전진한다. 당신은 목표 달성을 위해 충분히 동기 부여되어 있어서 다른 사람들이 장애물에 굴복할 때 그 장애물을 극복할 준비가 되어 있다.
- 자기 주도적이다. 다른 사람의 지도를 기다리기보다는 자발적으로 움직인다. 당신이 어떤 것에 관심이 있으면 당신에게 무엇을 하라고 말해 줄 사람이 필요하지 않다.
- 끈질기다. 당신은 쉽게 포기하지 않는다. 어려운 일을 처리하면서 견딘다.
- 창의적이다. 당신은 도전을 위해 고정 관념을 깬다.
- 도전으로부터 힘을 얻는다. 해결해야 할 문제, 새로운 것을 만들어야 하는 압박, 무에서 유를 창조해야 하는 도전은 당신을 좌절시키기보다 긍정적으로 자극한다.
- 자신의 운명을 개척하고 행동에 대해 책임을 진다. 다른 사람 탓을 하지 않는다. 당신의 결정과 행동의 결과가 좋든 나쁘든 상관없이 정직하게 그 책임을 감수한다.
- 일반적 직장의 안정성을 기꺼이 포기한다. 당신은 정기적인 급여와 직원 혜택, 그리고 사회

적 직위 등의 안전망 없이 일하는 것을 개의치 않는다.
- 변화를 인정하고 수용한다. 변화는 일반적으로 일어나지만, 창업의 세계에서 변화는 훨씬 빠르고 빈번하게 발생한다. 당신은 그것을 두려워하기보다는 오히려 환영하고 즐긴다.
- 팀으로 일하기를 즐긴다. 위대한 창업자는 혼자 일하지 않는다. 당신은 공통된 목적을 달성하기 위해 협력할 수 있고, 다른 사람의 아이디어를 청취하고 그중 훌륭한 것을 받아들일 수 있다.
- 이익 추구의 중요성을 이해한다. 당신은 아무리 좋은 의도와 행동도 이익과 연결되지 않으면 소용이 없다는 것을 알고 있으며 이익을 추구하는 것에 대해 거부감이 없다.

1.3 창업기업의 경영특성

창업가의 특성에 따라 창업기업의 경영특성은 차이를 나타낸다. 창업기업의 경영특성은 경영전략, 환경적응, 조직관리, 혁신성으로 구분할 수 있다.

(1) 경영전략

경영전략이란 창업자의 경영 목표를 달성하기 위한 의사결정, 또는 지침을 의미하며 각종 의사결정은 기회주의적 요인에 의한 수단선택의 성격을 갖는다. 경영전략의 유형은 사업의 다각화, 수직적 통합, 전략적 제휴, 인수합병과 같은 기업전략과 주어진 사업영역 내에서의 경쟁력 확보의 사업전략, 그리고 전사적 경영전략의 하위개념인 기능별 전략을 들 수 있다.

(2) 환경적응

환경적응이란 기업운영에 있어서 경영환경의 중요성을 인정하고, 이에 적응하기 위한 포괄적이며 거시적인 경영을 의미한다. 오늘날은 기업을 둘러싼 외부환경이 급변하여 기업의 경영전략이나 생존 자체에 지대한 영향을 미치기 때문에 경영환경의 철저한 분석과 이에 대한 대비책 마련이 시급한 문제라 할 수 있다. 특히, 국·내외 경제의 침체, 소비자 기호의 변화, 정부기관의 규제변화, 에너지나 원자재 및 임금의 상승 등은 기업과 경영자에게 직접적인 영향을 줄 수 있다. 그러므로 이러한 외부의 경영환경에 어떻게 신속하게 대처하느냐는 결국 기업의 존립과 직결되어 있다고 할 수 있다.

(3) 조직관리

조직관리란 기업의 생산성을 제고하기 위하여 구조를 재설계하고 조직원들이 더욱 열심히 봉사하게 하며, 또 업무처리 과정을 개선하는 과정이다. 기업 환경, 행위자, 영역, 기술 등은 지속적으로 변하고 복잡한 관계로 얽혀있기 때문에 환경이 바뀌면서 조직을 관리하는 관리 양식도 바뀌어야 한다.

(4) 혁신성

혁신성이란 신시장이나 신제품의 개발, 신자원의 획득, 생산조직의 개선 또는 신제도의 도입 등도 포함하는 넓은 개념으로 창업자가 기업가정신을 발휘하는 특유 수단을 의미한다. 즉, 혁신성은 실용적이고 실천적이며 실질적이고 현실적인 개념으로 기업가가 자원에 대한 부를 만들어내고 새로운 능력을 부여해주는 활동을 말한다.

4C ▶▶▶▶

다음의 워크시트를 이용하여 4C 중 당신에게 가장 중요한 것이 무엇인지 알아본다.

	매우 중요	약간 중요	약간 불필요	불필요
창의성				
제품이나 포장 디자인을 결정				
새로운 제품 또는 서비스를 개발				
새로운 사업 절차와 정책을 개발				
새로운 사업 기회를 발견				
새로운 원재료를 개발				
기존의 업무를 새로운 방식으로 수행				
기타: 사회에 긍정적인 영향을 주는 비즈니스 모델 구성				

통제권
자신의 업무 책임에 대해
자신의 근무 시간에 대해
기업의 의사 결정과 방향에 대해
제품 또는 서비스에 대해
다른 직원에 대해
근무 환경에 대해
제품 또는 서비스의 사회적 또는 환경적 영향에 대해
당신 또는 사업의 미래에 대해
기타: 사업에 있어서 맺어진 관계들

도전
장기적 문제 해결
긴급한 문제 해결
동시에 여러 이슈를 처리
지속적으로 새로운 이슈를 처리
제품 또는 서비스의 결합을 처리
다양한 프로젝트를 조정하고 지속적으로 목표에 집중
기타:

현금	
당신이 원하는 현금의 크기 또는 기업 주식 가치를 다음의 기간별로 적는다	
현재 필요한 수입	2~5년 차 기업 가치
12~24개월 차 수입	6~10년 차 기업 가치
2~5년 차 수입	10년 이후 기업 가치

1.4 창업기업의 경쟁력

[1] 재무적 경쟁력

국내외의 경영환경이 어려워지면서 기업들은 경쟁력의 원천으로서 재무관리 능력에 대한 인식을 새로이 하고 있는 듯하다. 재무적 경쟁력이란 자금의 통제를 통한 경영관리 경쟁력을 의미한다. 자금은 때로 통제를 수행하는 유일한 도구라고 가정한다. 통제는 계획수립과 관련하여 예산과 상관관계를 가지며 어떤 비용, 수익, 또는 물질적인 투입과 산출이 포함되는가를 명확하게 알수 있도록 일정의 일목요연함이 강요된다. 대부분 창업사업체는 활용할 수 있는 자금이 매우 제한되어 있기 때문에 자금을 얼마나 적절하게 활용하는가는 그 사업체의 성공에 큰 영향을 미치게된다. 따라서 창업자가 자금통제를 소홀히 하거나 올바른 지식을 가지고 있지 않게 되면 효율적인 자금통제를 저해하고, 사업체 운영과정에서 다양한 문제를 일으키는 원인이 될 수 있다.

[2] 비재무적 경쟁력

비재무적 경쟁력이란 전통적인 기업 경쟁력 요소를 의미하며, 이는 품질경쟁력과 가격경쟁력, 서비스 경쟁력에 의해 결정된다. 품질경쟁력이란 문자 그대로 상품의 품질수준 또는 고품질을 말하는 것으로 이에 의한 경쟁력을 의미한다. 가격경쟁력이란 기업의 상품이 소비자에게 있어 유리한 가격을 의미한다. 여기서 소비자에게 유리한 가격이란 품질은 높으면서 저렴한 가격을 말하며, 이는 효율성과 생산성에 의한 원가절감을 의미한다. 서비스 경쟁력이란 고객만족을 위한 품질과 가격을 포함한 봉사를 의미한다. 다음은 한국거래소의 "히든챔피언에게 길을 묻다"에서 제시한 창업자가 가져야 할 다섯 가지 원칙이다.

1. **꿈을 가질 것**
   창업을 희망하는 사람들은 모두 꿈을 가지고 있으며 그 꿈을 어떻게 달성할 것인가를 구체화하는 과정이 창업이다.
2. **자신이 하고자 한 일에 미칠 만큼 집중할 것**
   성공한 창업가는 지치지 않는 열정과 불굴의 집념으로 자기의 일에 모든 것을 걸고 미치도록 일하는 힘을 발휘한다.
3. **목표는 야심차고 원대하게 가질 것**
   헤르만 지몬의 "히든챔피언"도, 짐 콜린스의 "위대한 기업"도 모두 창업초기부터 야심찬 목표를 가지고, 혹은 위험하지만 대담한 목표를 가지고 기업경영을 하여 성공을 이루었다.
4. **무모한 도전이 아닌 준비된 도전을 할 것**
   처음부터 모든 것을 완벽하게 준비할 수는 없지만 철저한 사전준비와 지속적인 창업자의 추진 열정과 의지와 기술적 능력이 갖추어 있다면 준비는 이루어진 것이다.

5. 시장에서 필요한 제품을 공급할 것

연구실에서만 가치 있는 제품이 아니라 시장에서 요구하는 혁신적인 신제품을 만들어내는 것이 창업자의 성공요소이다.

비전 ▶▶▶▶

이제 당신의 비전에 초점을 맞출 때이다. 아래의 항목에 답하고 나면 사업의 목적과 그것을 성취하기 위해 무엇이 필요한가에 대해 더 명확한 아이디어를 가질 수 있을 것이다.

---

1. 당신이 원하는 기업의 규모는?

---

2. 당신은 사업을 주도하고 싶은가 아니면 다른 사람과 동업하고 싶은가?

---

3. 당신이 사업을 통해 추구하는 가치는 무엇인가? 어떤 기업 문화를 갖고 싶은가?

---

4. 당신이 사업을 열정적으로 운영하기 위해 어떤 리더십 스타일이나 또는 경영자로서의 특성이 도움이 되는가?

---

5. 사업 성공을 위해 사업에 필요한 어떤 기량을 기꺼이 개발하고 싶은가?

② 기업가정신

창업은 한 개인이 지금까지 해오던 일이나 업종의 범위를 벗어나 새로운 사업이나 업종을 선택하여 회사를 구성하고 운영하는 것이다. 따라서 창업자의 계획적이고 의도적인 행동이 필요하므로 창업자의 경영마인드는 창업에 있어서 아주 중요하다. 성공적 창업을 위해 지녀야 할 창업자의 경영마인드로서, 가장 중요한 요소는 기업가정신이라 할 수 있다.

2.1 기업가정신의 의의

기업가정신이란 기업의 본질인 이윤 추구와 사회적 책임의 수행을 위해 기업가가 마땅히 갖추어야 할 자세나 정신이다. 기업가정신은 기업이 처해있는 국가의 상황이나 시대에 따라 바뀌어 왔다. 그러나 어떤 상황에서든 기업가가 갖추어야 할 본질적 정신은 같다고 할 수 있다. 기업가정신은 기업가의 경영철학이나 경영신조에 그대로 반영되어 경영활동의 전반에 영향을 미치게 되는 것이다.

기업은 이윤의 획득을 목적으로 운용하는 자본의 조직단위이기 때문에 생존을 위해서는 먼저 이윤을 창출해야 한다. 동시에 기업은 이윤을 사회에 환원한다는 점에서 사회적 책임도 가지고 있다. 따라서 기업을 이끌어가는 기업가는 이윤을 창출하면서도 사회적 책임을 소홀히 하지 않는 정신을 지녀야 한다. 올바른 기업가정신을 갖기 위해서는 이윤창출과 사회적 책임이 전제되어야 한다.

기업가정신과 관련된 대표적 학자로는 경제학자 슘페터(Joseph A. Schumpeter)가 있다. 그는 새로운 생산방법과 새로운 상품개발을 기술혁신으로 규정하고, 기술혁신을 통해 창조적 파괴(creative destruction)에 앞장서는 기업가를 혁신자로 보았다. 즉, 창조적 파괴과정에서 리더로서의 공헌자를 기업가로 정의하였는데, 기업가에 의해서 주도된 "새로운 결합이라는 불연속성이 출현될 때" 경제발전이 이루어진다고 주장하였다. 이와 함께 혁신자가 갖추어야 할 요소로 ① 신제품개발, ② 새로운 생산방법의 도입, ③ 신시장 개척, ④ 새로운 원료나 부품의 공급, ⑤ 새로운 조직의 형성 등을 꼽았다. 이러한 슘페터의 정의는 기업가정신의 전통적 개념과 유사하다. 전통적인 의미의 기업가정신이란 미래를 예측할 수 있는 통찰력과 새로운 것에 과감히 도전하는 혁신적이고 창의적인 정신으로 정의할 수 있다. 현대에는 이러한 전통적 의미의 기업가정신에 ① 고객제일주의, ② 산업보국, ③ 인재양성, ④ 공정한 경쟁, ⑤ 근로자 후생복지, ⑥ 사회적 책임의식까지 겸비한 기업가를 진정한 기업가로 보는 견해가 지배적이다.

오늘날 기업가는 변혁을 일으키고 끊임없이 새로운 가치를 창조하지 않으면 안 되기 때문에 언제나 변화를 탐구하고, 변화에 대응하며, 도전하고 또한 변화를 기회로 이용할 수 있어야 한다. 따라서 기업가정신은 종합적인 경영의 실천이라 할 수 있다. 기업가정신의 실천 속에 기업이익, 사회적 책임, 노사의 화합, 기업성장도 이루어지게 된다. 따라서 오늘날에는 기업가정신이 전문 경영자의 능력과 총체적 리더의 기준으로 논의되고 있으며, 이러한 기업가정신은 4차 산업혁명 시대의 기업환경 속에서 보다 효율적인 경쟁을 위해 모든 조직에 필요하다고 할 수 있다.

Entrepreneurship이라는 용어로 통용되고 있는 기업가정신을 보다 상세하게 고찰해 보면 그것이 기업가의 기능을 나타내는 것인지, 기업가의 행위를 표출하고 있는지, 기업가의 성격을 나타내고 있는지, 또는 기업가의 능력을 표출하고 있는지 각 학자들마다 이에 대한 내용과 정의가 약간씩 다름을 발견할 수 있다. 여러 관점에서 볼 때에 기업가정신은 결국 창업자가 자신의 사업경영에서만이 아니라 그가 살아가고 있는 동시대의 지역사회 구성원들 속에서 그의 사업비전과 인생의 가치를 함께 구현하는 데에서 진정한 기업가정신을 논할 수 있음을 알 수 있다.

2.2 기업가정신의 역할

기업가정신은 신속한 환경 대응과 혁신적 행동의 원동력이기 때문에 그 중요성이 더욱 증대하고 있다. 이러한 기업가정신의 역할을 살펴보면 다음과 같다.

첫째, 기업 환경을 냉철하게 분석하는 능력을 겸비하게 하며, 미래를 예측하는 힘을 준다.

둘째, 위험을 무릅쓰고 과감한 투자를 행하는 도전의식을 키워준다. 도전적인 창업가는 경쟁에서 이기기 위해 보다 혁신적인 신제품을 개발하며, 소비자의 까다로운 욕구를 충족시키는 고객지향적인 제품을 생산하여 기업경쟁력을 높일 수 있다.

셋째, 기업가정신의 혁신력은 기업의 위험요소를 발전기회로 전환시키는 능력을 준다. 기업을 둘러싸고 있는 여러 가지 환경요소 중 특히 위협적인 요소들을 적극적으로 이용하여 오히려 발전의 기회로 삼는 능력은 아주 중요하다 할 수 있다.

넷째, 기업가정신은 단기적인 창업의 성공을 추구하는 것이 아니라 미래지향적인 관점에서 비전을 제시하여 투자자와 조직원들의 공감대를 형성하게 하는 역할을 한다.

2.3 기업가정신의 핵심 개념

[1] 혁신성

기업가정신의 가장 핵심적인 요소는 바로 혁신성이며, 기업가는 혁신가이기도 하다. 혁신성은 기업가정신의 핵심 개념으로 슘페터가 제기한 이후 여러 연구자들이 기업 환경 내에서 혁신의 중요성을 규명하고 있다.

혁신은 창업 시 뿐만 아니라 기존 기업 조직구조에도 적용되며 창조적 파괴를 통하여 지속적으로 조직발전에 기여할 수 있다. 혁신성은 기업성장과 전략적 위치를 강화하기 위한 중요한 수단으로 제품생산의 새로운 기술 혁신과 새롭게 적극적으로 시도하는 경영관리활동을 의미하고 새로운 아이디어, 제품과 서비스 그리고 프로세스 개발을 목표로 한 실험과 창조적 프로세스를 통해 새로운 것을 기꺼이 도입하는 기업의 성향을 말한다.

이처럼 혁신은 새로운 기회와 새로운 해결을 찾아내는 기업의 노력에서 많이 보이며, 기업가적 전략에 주요한 구성요소 중 하나이다. 그리고 혁신은 기업의 현재 수준을 넘어 기존의 기술과 프로세스를 바꿀 수 있는 것으로 급속한 변화가 요구되는 오늘날 경쟁적 우위를 유지하기 위한 중요한 수단일 수 있다.

혁신은 많은 형태로 나타난다. 먼저 기술적 혁신은 주로 새로운 제품과 프로세스 개발을 위하여 연구자와 엔지니어의 노력에 의해 완성된다. 또한, 제품시장 혁신은 시장조사, 제품설계, 혁신적 광고와 촉진 활동을 통해 완성되며, 경영 혁신은 경영시스템 및 조직설계를 새롭게 함으로써 완성되어진다.

혁신성은 새로운 기회와 새로운 해결책을 찾고자 하는 기업의 노력, 즉 대담하고 광범위한 행동으로 당면한 문제해결을 하고자 하는 기업의 욕구로서 표현할 수 있다. 또한 기업가들이 기업의 성장을 위해 만드는 기회의 과정으로 볼 수 있다. 혁신성은 조직이 기술혁신을 강조하거나 제품 및 시장혁신을 통하여 기업이 생존하는 것 또는 공정혁신, 관리기법을 적극적으로 도입하려는 일련의 경영 관리활동으로 말할 수 있다.

[2] 진취성

진취성은 기업 내 조직원들이 시장 내의 경쟁자에 대한 적극적인 경쟁의지를 보여 우월한 성과를 내기 위한 의욕을 보이거나 시장 내에서 지위를 바꾸기 위해 경쟁사들에 대해 직접적이고 강도 높은 수준으로 도전하는 자세이다. 이를 위해서는 새로운 가능성을 예측하고 추구함으로써 신흥 시장에 참여하려는 기업가적 자세가 필요하며 시장의 기회를 이용하는 최고의 전략으로서 시장을 선점하는 기업의 중요한 요소로 강조하고 있다.

진취성이 있는 기업은 다른 기업에 비해 공격적으로 경쟁을 한다고 주장하였고 경쟁자와 비교하여 상대적으로 높은 진취적 활동은 기업가적 행동의 성공에 가장 중요한 요소라고 하였다. 진취성은 경쟁자들보다 한 발 앞서 시장변화에 참여하는 적극적인 행동이며 새로운 시장 수요에 부응하는 활동으로 정의하고 있으며 또한 시장에서 경쟁사를 압도하기 위해 직접적이고 집중적으로 경쟁하는 기업의 성향으로 정의할 수도 있다. 신규 창업기업의 특성상 기존 기업에 비해 높은 실패의 확률에서 한정된 자원으로 시장에 진입하기 위한 보다 공격적 태세를 가지는 성향이다.

특히, 진취성은 산업선두자(industry leader)를 추구하는 기업에서 중요하다. 진취적인 기업은 미래 지향뿐만 아니라 산업 내 경쟁특성의 변화를 탐색하고, 시장과 산업 내 성공적인 주도권을 가지는 위치에서 경쟁자에 대해 대응하고 시장 선점자의 이점으로 브랜드 정체성의 구축과 관리 기술의 실행 및 산업 내 새로운 기술의 적용이 가능하다. 진취성을 2단계의 프로세스로 나타내는데 첫 번째 단계는 미래에 대한 예측이고, 두 번째 단계는 이러한 예측에 대한 변화에 대응하고 미래의 요구에 따라 진행하는 것이다. 첫 번째 단계에서는 신제품 또는 서비스에 대한 아이디어가 산출되며, 두 번째 단계에서는 이러한 아이디어를 통해 유용한 제품 및 서비스로 바뀌게 된다는 것이다. 대기업보다 낮은 경쟁력을 가진 중소기업이 성공하기 위해서는 진취적인 활동을 통하여 기업가정신을 강화하는 경향이 있다. 중소기업이 경쟁우위를 확보하기 위한 방법으로 대기업보다 큰 폭의 낮은 가격을 통한 점유율 확대와 성공한 기업의 사례를 벤치마킹하여 자사에 적용하는 방법과 신제품 및 기술 개발을 통한 성장의 예를 들 수 있다.

[3] 위험감수성

기업의 경쟁우위를 달성하는 주요 요인으로 위험감수성은 기업이 새로운 사업성공의 확신이 없을지라도 과감하게 활동해서 기꺼이 새로운 사업기회를 포착하는 능력을 의미한다. 또한 전략적인 경영의 필수 요소로 보고 있으며, 위험한 프로젝트에 대하여 실행하고자 하는 기업의 의욕으로 보고 있다.

조직원의 위험 감수에 대한 행동은 사내기업가정신과 매우 연관될 수 있다. 기업의 실제 경영 환경에서 의사결정은 항상 위험을 수반하기 때문에 위험에 대한 성향을 분석하기 위해 세 가지로 구분될 수 있다. 성공에 대한 확신 없이 새로운 사업을 포함하고 검증되지 않은 기술에 투자 또는 시험을 거치지 않은 시장의 진입과 같은 사업 위험감수성, 기업의 보유 재무자산의 손실을 감수하며 성장을 위해 자원을 투입하는 재무 위험감수성, 그리고 최고 경영진이 전략적 활동과정을 위해 감수하는 인적 위험감수성이 있다.

위험 감수성: CEO의 고통 임계점

무엇이 창업가를 성공적인 리더로 성장시킬 수 있을까. 돌아보면 수많은 고통과 좌절의 시간을 감내할 수 있도록 만드는 그의 마음이 성공으로 이끌지 모른다. 좌절에 대한 끊임없는 도전은 소중한 교훈이 될 수 있다. 경영진의 자질, 창업하기 좋은 외부적 환경과 타이밍, 많은 경영 자원, 혹은 이 모든 것들에 영향을 받은 기업 내부의 메커니즘, 이 모든 것이 기업 성과에 영향을 준다. 그러나 비즈니스를 창업하기 위한 첫 번째 조건을 하나만 꼽는다면 '고통을 감내하는 능력'일 것이다. 일론 머스크는 일반적으로 비즈니스를 시작하기 위한 첫 번째 창업의 조건은 창업자의 고통에 대한 역치閾値(고통을 감내할 수 있는 정도나 능력)라고 주장한다. 창업은 많은 고통을 수반한다. 스타트업이나 신생 기업을 시작한 후 겪는 새로운 과정들은 리더에게 정신적인 압박으로 다가온다.

창업가들은 어떤 정신적인 문제들을 겪고 있을까? 창업가의 정신건강 문제와 원인을 객관적으로 분석하고 그들을 위한 사회적 안전망을 구축하는 데 도움을 주기 위해 실시된 국내의 한 실태 조사 보고서는 몇몇 시사점을 제공한다. 이 보고서에는 국내 스타트업 창업자 270명 이상이 설문에 참여했고, 우울, 불안, 수면, 문제성 음주, 자살 위험성, 스트레스 등의 위험 요인이 분석되었다. 조사 결과 창업가들은 높은 수준의 정신적 문제를 가지고 있는 것으로 나타나는데, 일반 성인 대비 우울, 불안, 자살의 위험성이 심각한 것으로 드러났다. 중간 이상의 우울 수준은 전체의 3분의 1 이상이고(33%), 불안의 비율도 20%로 일반 성인 집단에 비해 두 배 이상 높다. 또한 창업가 10명 중 2명은 자살 고위험군에 속하는 것으로 나타난다. 가장 큰 스트레스 요인은 자금의 압박 및 투자 유치인 것으로 나타났다(45%). 조직 관리 문제와 실적 부진도 각각 20%의 원인을 차지했다.

창업 후 시간이 많이 지날수록, 여성 창업가일수록 더욱 정신적인 문제에 노출될 확률이 높다는 결과도 포함되었다. 그럼에도 창업가들은 정신적 건강을 위해 전문적인 조언이나 도움을 받지 않고 있는 것으로 보인다. 비용이나 시간의 문제뿐 아니라 나약하거나 무능한 사람으로 비칠 수 있다는 사회적 낙인에 대한 두려움도 포함된다.

보고서는 결론적으로 사업을 포기하지 않고 지속하기 위해 창업가들이 내적 동기를 강화할 필요가 있다고 주장하는데, 내적 동기는 업무에 대한 집중력, 흥미, 만족 등을 포함한다. 사업을 통해서 자아실현, 성장감을 느끼고, 일에서 오는 성취감을 얻으며, 본인 능력에 대한 효능감을 느끼는 계기로 삼으면 좋다는 것이다. 외적 보상이나 타인의 인정은 내적 동기에 비해 상대적으로 적은 효과를 가지고 있다는 결과는 리더의 심리적인 요인을 다루는 다른 선행 연구에서도 동일하게 많이 발견된다. 스타트업이나 신생 기업 창업가들의 정신 건강은 개인적인 문제에 국한되지 않고, 기업 경영 전반에 영향을 미치며 다른 임직원을 포함한 조직 요인들에 영향을 미친다. 즉, 리더의 심리 상태가 성공적인 창업의 전제조건일 수 있다. 전문적인 도움 없이 정신 건강 문제가 지속되면 나쁜 성과로 연결될 가능성이 높기 때문에 리더가 겪고 있는 고통에 대해 관심이 필요하다.

최고 경영자의 번아웃burnout(정신적 탈진. 직무에서 느끼는 극심한 육체적 혹은 정신적 피로감이나 직무가 주는 열정이나 성취감을 상실하는 증상)과 기업의 성과에 초점을 맞춘 실증 연구 결과는 CEO 소진이 기업 성과에 부정적인 영향을 미칠 수 있음을 보여준다. 유럽의 CEO들을 표본으로 조사한 결과 번아웃 수준이 높은 CEO와 기업의 성과 사이에 부정적인 상관관계가 존재한다는 사실이 밝혀졌다. CEO가 직무 소진을 경험할 때 기업 내부에 보유한 자원들은 이러한 부정적인 연관성을 개선하는 데 도움을 줄 수 있는 것으로 나타났다. CEO의 이중성CEO duality(리더가 최고 경영자직을 맡으면서 이사회의 의장 역할을 겸하는 경우를 의미하는데, 주주와 경영진의 이해 충돌로 해석될 여지도 있다)도 직무 소진과 기업 성과 저하 사이의 관계를 개선시킬 수 있는 요인으로 드러났다.

머스크의 발언은 기업을 운영함에 있어 리더가 긍정적인 마인드셋에 기반해 회복탄력성을 가지는 것이 중요함을 환기시키는 것이다. 지속된 좌절과 실패는 소위 '학습된 무기력learned helplessness'을 통해서 사람들에게 고통을 줄 수 있다. 긍정 심리학positive psychology을 주창한 마틴 셀리그먼Martin Seligman은 사람들이 가진 낙관주의 태도가 성과와 높은 상관성을 가지고 있음을 밝혔다. 그는 우리가 가진 '귀인양식', 즉 개인이 성공이나 실패의 원인을 해석하는 행동 양식이 중요하다고 했는데, 사람들이 부정적 사건을 경험할 때 사건을 해석하는 방식은 다음 행동에 영향을 줄 수 있다. 우울증 환자는 지갑을 잃어버리면 스스로를 자책하며 자신을 우울 상태에 두려는 경향이 있다. 반면 긍정적인 사람은 같은 사건이라도 일회성 사건으로 대수롭지 않게 생각할 수 있다. 별일 아냐. 다음에는 이런 일이 없을 거야. 높은 회복탄력성이다. 긍정적 태도와 비즈니스 성과 사이에는 유의미한 상관관계가 존재한다.

기업가적 위험 감수 이론Theory of Entrepreneurial Risk-taking은 리더의 고통의 역치가 높아야 한다는 머스크의 주장과 통한다. 기업가는 성과를 내기 위해서 높은 수준의 불확실성과 위험을 감수할 수 있다. 비즈니스를 시작하고 성장시키는 데에는 수많은 도전과 좌절이 수반되므로 어려움을 견디고 실패를 통해 지속하려는 의지가 필요하다. 사라스바시 교수가 주창한 이펙추에이션 이론 역시 창업 과정의 반복적인 특성과 불확실성을 관리할 수 있는 능력을 강조한다. 고통을 견딜 수 있는 능력이 높은 기업가는 예기치 않은 도전을 헤쳐 나갈 때 좌절에 대처하고 전략을 조정할 수 있다. 이런 능력은 장기적인 기업의 비전에 집중하고 그 목표에 헌신하는 데 도움이 될 수 있다. 심리적 자본psychological capital은 회복탄력성, 자기 효능감, 희망, 낙관주의에 영향을 미치는 개인의 긍정적인 심리 상태를 가리킨다. 어려운 상황을 견딜 수 있는 기업가는 통상 높은 심리적 자본을 갖춘 것으로 이해된다. 높은 심리적 자본은 창업 및 경영과 관련된 좌절을 견뎌낼 수 있도록 도울 수 있으며, 관련 연구에 따르면 높은 수준의 심리적 자본이 기업가적 성공과 긍정적인 상관관계를 가지는 것으로 나타난다.

최고 관리자나 CEO가 고통 역치를 가졌다면 외부적인 압박에 굴복하거나 포기하지 않고 중요한 비즈니스 과제에 집중할 수 있다. 2008년 미국의 대형 금융사였던 리먼 브라더스Lehman Brothers의 갑작스러운 파산 사태로 촉발된 글로벌 금융 위기 당시 많은 기업이 생존을 위협하는 심각한 경제적 어려움에 직면했다. 당시 제너럴 일렉트릭General Electric의 CEO였던 제프리 이멜트Jeffrey Immelt는 한 치 앞을 내다볼 수 없는 격동의 시기를 헤쳐 나가는 경영 능력을 보여주었다. 금융, 항공, 에너지 등 다양한 산업에 속한 자회사들을 가진 대기업이었던 GE는 금융 위기의 영향을 크게 받았다.

이 금융 위기가 회사에 가져온 타격은 매우 심각했으며 2008년, 회사 주가는 42% 하락했고, GE는 전체적인 사업 운영을 재고해야 했다. 월 스트리트의 거물 투자자인 워렌 버핏도 이 상징적인 미국 회사를 살리기 위해 30억 달러를 투자하기도 했다, 이멜트는 불확실성 속에서 조직을 이끌기 위해 '어려운 결정'을 내려야 했다. 그는 광범위한 비용 절감 조치를 시행하고, 실적이 저조한 자산을 매각하고, 핵심 비즈니스에 집중하기 위해 회사 운영을 재구성했다. 회사는 과거에 가장 큰 수익을 창출했던 사업체들조차 빠르게 매각했다. 이해관계자의 반대도 만만치 않았다. 거대 기업의 주주, 직원, 외부자들은 변화에 대해 거센 압박을 가했다. 그러나 이멜트는 단호하게 결정을 내리고 필요한 변화를 끈질기게 실행해 위기의 시기를 견뎌냈다. 2008년 금융 위기 이후 2017년까지 회사의 주가는 100% 이상 회복되었다. 20세기의 가장 위대한 경영자로 꼽히는 잭 웰치Jack Welch의 뒤를 이어 최고 경영자가 되었다는 부담 속에서 예측할 수 없는 도전을 견뎌내고 어려운 결정을 내린 그의 능력은 최고 경영자로서의 높은 고통 감내 능력을 보여준다.

애플의 공동 창업자인 스티브 잡스도 경영자로서의 여정 내내 수많은 도전과 좌절에 직면했다. 1985년 자신이 세운 회사인 애플에서 쫓겨난 후 참담한 아픔을 맛보아야 했지만 포기하지 않고 컴퓨터 제조회사인 NeXT를 설립해 이후 애플이 부흥하는 데 결정적인 역할을 했다. 잡스의 회복력과 좌절을 견뎌내는 능력은 애플에 성공적으로 복귀한 이후 아이폰과 아이패드로 상징되는 애플의 전성기를 이끌었다. 관리 자산만 약 1200조에 달하는 세계 최대의 사모펀드 private equity fund인 블랙스톤Blackstone Inc은 2021년 미국에서 가장 유명한 체형보정 의류 회사 중 하나인 스팽스Spanx를 12억 달러(2023년 기준 약 1조 5천억 원)에 인수한다고 발표했다. 이 회사의 창업자는 사라 블레이클리Sara Blakely로, 그는 혁신적인 제품을 출시하기 위해 수많은 거절과 장애물을 넘어야 했고, 고통에 대한 높은 인내심과 결단력으로 사업을 추진한 결과 세계에서 가장 영향력 있는 여성 리더 중 한 명으로 자리 잡을 수 있었다.

머스크는 2020년대의 오늘날 가장 영향력 있고 야심만만한 기업가 중 한 명이다. 그의 높은 고통 감내 능력은 수많은 도전과 좌절을 극복할 수 있게 해 준 그의 기업가적 여정의 특징으로 볼 수 있다. 많은 사람들이 머스크를 지상 최대의 사기꾼, 획대의 거짓말쟁이자 나르시시스트라고 비난할 때 그는 화성에 인류를 위한 제2의 식민지 개척하기 위한 바탕이 될 저비용 재활용 로켓을 셀 수 없는 실패와 좌절 끝에 실현해 냈다. 로켓 발사의 연이은 실패뿐 아니라 파산 위기도 겪어냈다. 많은 기업가들이 포기했을 법한 위기에서도 그는 높은 고통 한계치와 자신의 비전에 대한 확고한 신념을 보여주었다. 그의 실제 경험은 기업가적 여정에서 인내의 중요성과 높은 고통의 한계점이 얼마나 큰 힘을 발휘하는지 보여주는 경험적 증거라 할 수 있다.

출처: brunchstory 2023.07.19.
https://brunch.co.kr/@sellsecret/844

〔4〕 자율성

자율성은 작업자가 과업을 수행하는데 발휘하는 자유재량의 총계를 말한다. 작업들의 일정계획과 직무수행에 사용되는 절차들을 결정하는데 직무가 개인에게 실질적인 자유, 독립성 그리고 자유재량을 제공하는 정도로 정의할 수 있다. 또한 목표를 선택하는 능력, 그 목표를 달성하기 위한 수단, 그리고 수단-결과 관계의 시기 등과 같은 자율성의 세 가지 측면을 고려하는 것이 중요하다고 할 수 있다.

자율성은 개인이나 팀이 아이디어와 비전을 제시하기 위해 독립적으로 수행하는 기업가적 감각으로, 조직의 관료주의를 탈피하여 새로운 아이디어를 요구하는 기업가적 독립성으로 정의된다. 위험 감수성 및 혁신성에 밑거름 역할을 하는 자율성은 조직원에 대한 기업의 자율적이고 허용적인 분위기 조성으로 이어져 곧 새로운 제품 개발 및 다양한 아이디어의 출현에 큰 역할을 한다. 즉, 기업 조직의 측면에서 자율성은 새로운 아이디어와 비전을 향하여 목표를 달성하고자 하는 개인이나 팀의 독립적인 행동을 의미한다. 조직원들에게 자신들의 업무와 관련된 자유와 재량권을 부여하게 되면 그들은 공헌을 가치있게 인식하게 되므로, 직무에 대한 자율성은 조직적 차원에 대한 인식을 향상시키게 된다.

〔5〕 리더십

리더십은 자기 자신을 철저히 관리하고 절제를 행하는 셀프 리더십(Self Leadership)은 물론 타인을 독려하고 꿈과 비전을 제시하고 동기부여를 행할 수 있는 역량을 내포하고 있는 개념이다. 성공한 기업가들은 강한 리더십을 지니고 있으며 진취적이고 열정적이며 긍정적인 기업가정신을 발휘하고 있다.

(6) 책임감

창업을 행하거나 혁신을 실행할 때 자신의 책임감을 다하는 것은 기업가정신의 핵심요소이기도 하다. 사업결과에 대한 것은 물론 사업전반에 대한 문제를 주도적으로 해결해 나아가는 강한 책임감은 매우 중요한 덕목이다.

확대보기

기업가정신의 핵심 개념에 대한 내용을 읽어보면서 창업에 있어 자신에 대한 믿음이 필요하다 느꼈고 실패에 대한 관리도 중요하기 때문에 자기유능감과 스트레스 내성에 대해 추가해 보았다.

우선 자기유능감이다. 자기유능감은 주어진 과업에서 특정 성취수준을 달성하는데 필요한 개인의 자원, 기술, 역량을 결집하고 집행하는 자신의 능력에 관한 신념이다. 즉, 자기유능감은 특정과업에 관한 자기확신이다. 자기유능감은 불확실성하에서도 주도적으로 행동하고, 행동을 지속시키며, 보다 높은 목적을 설정하고, 환경의 위협에 대한 경직적 반응과 학습된 무력감을 완화시키는 효과가 있다. 자기유능감의 이러한 특성은 창업가의 과업수행에 효과적이다. 자기유능감이 높은 사람은 위험이 따르는 선택에서 보다 많은 기회의 가능성을 인식함으로써 더 많은 위험을 부담하려고 하지만, 자기유능감이 낮은 사람은 위험이 따르는 선택에서 보다 많은 위협의 가능성을 인식함으로써 더 적은 위험을 부담하려고 한다. 창업가의 자기유능감은 성공적인 기업가적 행동의 결정요인이며, 창업가의 자기유능감이 높을수록 창업성과는 높아질 것이다.

두 번째로 스트레스 내성이다. 스트레스 내성은 창업가 및 기업가정신과 관련하여 간과할 수 없는 중요한 심리적 특성이다. 기업이 실패할 경우 기업가의 재무적 부담은 상당히 크며, 나아가 심리적 스트레스 또한 적지 않다. 기업이 실패할 경우 기업인에게는 재무적 및 비재무적 비용이 발생하며 이러한 비용들은 심리적 스트레스 및 사업중단 스트레스와 같은 사업실패 스트레스에 부정적인 영향을 미치고 나아가 사업의욕에 부정적인 영향을 미치게 된다. 스트레스 내성이 강하다면 사업으로 인한 스트레스의 발생도 줄어들고 스트레스가 발생하는 경우에 보다 쉽게 해결할 수 있다.

"프랑스는 스타트업처럼 생각하고 행동하는 국가가 될 것입니다."

에마뉘엘 마크롱 프랑스 대통령이 2017년 6월 파리에서 열린 스타트업 콘퍼런스 '비바 테크놀로지'에 참석하여 한 발언입니다. 애당초 마크롱 대통령은 대선 당시 프랑스를 '스타트업 국가'로 만들겠다는 공약을 내세웠습니다. 2025년까지 유니콘 25개 탄생을 약속했죠.

그동안 프랑스는 정부와 스타트업을 연결하는 데에 아주 많은 공을 들였습니다. 4년짜리 근로 거주허가를 제공하는 '프렌치 테크 비자(French Tech Visa)'라는 새로운 비자도 만들어서 비유럽연합(EU) 회원국 출신 스타트업 관계자들이 쉽게 비자를 취득할 수 있도록 했습니다. 국가 차원의 노력 덕분에 올해 벽두에 25번째 유니콘 기업이 나오는 성과를 거두며 목표를 조기 달성했습니다.

마크롱 대통령의 자신감대로 이제 프랑스는 스타트업 국가를 넘어 유니콘 기업들의 나라를 향해서 아주 바쁘게 걸어갈 것으로 보입니다. 2019년 기준으로 프랑스 창업기업 수는 81만 개를 넘었고, 그에 따라 여전히 8%를 넘는 높은 실업률도 지속적으로 개선되고 있습니다. 35세 미만의 청년창업 비율이 57%에 달한다는 점도 눈에 들어옵니다. 스타트업 관련해서 영국보다 뒤지고 있던 프랑스가 국가 차원의 대전환을 시도한 결과입니다.

한국으로 눈을 돌려봅니다. 우리나라 스타트업의 상황도 부정적이지 않습니다. 글로벌 창업 생태계 분석기관인 스타트업 지놈이 발표한 글로벌 창업생태계 보고서에 따르면 100개국 280개 도시를 대상으로 한 2021년 창업생태계 평가에서 서울시가 역대 가장 높은 순위인 16위에 올랐습니다.

서울의 창업생태계 가치는 54조 원으로 높은 순위 도시에는 한참 못 미치지만 나름 성과를 보였답니다. 2019년 대기업 집단의 매출 총액이 1.1% 줄었을 때 벤처·스타트업의 매출 총액은 7%나 증가했습니다. 코로나19로 모든 게 위축된 2020년에도 우리나라 스타트업 창업 수는 12만개를 넘어섰습니다. 2000년 벤처 붐 당시보다 104% 늘어난 수치에 해당합니다. 벤처·스타트업의 고용은 81만 7000명으로 4대 그룹의 전체 고용 69만 8000여 명보다 11만 9000명 정도가 더 많습니다.

이 시점에서 필자는 한국이 본격적으로 스타트업 국가로 '대전환'을 이루는 과제를 보다 진지하게 논의해야 한다고 당부하고 싶습니다. 벤처·스타트업이 어느새 우리나라 경제의 중심 축으로 자리 잡았습니다. 이는 고용 문제 해결에도 의미 있는 시사점을 던지고 있습니다.

고용률 방어라는 기존의 수세적 개념에서 창업률 확대라는 공세적 개념으로 정책의 대전환을 전망할 수 있기 때문입니다. 한국은행에 따르면 지역 내의 창업률이 1%포인트 상승하면 약

10년에 걸쳐 역내 고용 증가율은 제조업의 경우 3.3% 상승한다고 합니다.

우리나라가 스타트업 국가가 되려면 반드시 필요한 게 있습니다. 정부의 지속적인 지원, 규제 완화를 두려워하지 않는 정책 수립, 대기업의 과감한 참여, 글로벌 진출 등 어느 하나 중요하지 않은 게 없습니다. 그러나 정말 중요한 것은 스타트업 기업가 정신입니다. 경영학자 피터 드러커는 기업가 정신을 '위험을 무릅쓰고 포착한 기회를 사업화하려는 모험과 도전의 정신'이라고 했습니다. 창조적 파괴로 유명한 경제학자 조지프 슘페터는 기업가 정신의 본질을 혁신으로 정의했죠. 모험, 도전, 혁신이 스타트업 기업가 정신이라고 해도 딱 들어맞는 말입니다.

그러나 스타트업 기업가 정신에는 하나가 더 필수적으로 요구됩니다. 바로 '연결과 공유'입니다.

세상의 모든 것을 연결하면서 세상에 유용한 새로운 가치를 공유하게 하는 것이 바로 스타트업 기업가 정신의 핵심입니다. 경영이 디자인과 연결되고, 디자인이 공학과 연결되고, 플랫폼이 인간의 가치와 연결되어야 합니다. 더 좋은 세상을 위해 필요한 기술과 가치를 공유하는 게 스타트업 기업가 정신입니다.

스티브 잡스가 나중에 지분 매각을 통해 글로벌 잭팟을 터뜨리겠다고 허름한 창고에서 사업을 시작한 것은 아니죠. 그는 더 편리한 새로운 세상을 꿈꾼 것입니다.

기업가 정신에 대한 준비 없이 취업 대신 스타트업 창업을 선택하면, 대박의 꿈이 희미해지는 순간, 곧바로 폐업의 길로 들어서게 됩니다. 국내 창업 기업의 5년 후 생존율이 29.2%에 불과한 것도 무관하지 않습니다. 창업한 지 5년 후에 약 70%가 폐업한다면 스타트업 국가는 요원해집니다.

스타트업 창업자 개인의 문제만은 절대 아닙니다. 정작 스타트업 기업가 정신이 필요한 곳은 정부와 국회, 대기업이라고 생각합니다. 정부와 국회는 스타트업 지원을 부르짖으면서도 본인들이 스타트업의 생명인 '민첩성'이라고는 찾아볼 수 없는 노후 기업의 행태를 보이고 있는지 돌아봐야 합니다.

이런저런 이유로 스타트업에 대한 상생협력적 연계와 참여를 주저하는 대기업도 역시 정작 스타트업 기업가 정신이 부족한 것은 마찬가지입니다. 그들도 처음엔 모두 스타트업이었는데도 말입니다.

대학도 할 말이 없습니다. 스타트업 육성을 전적으로 지원한다고 하면서 정작 허허벌판의 치열한 생존경쟁의 현실에서 가장 기본 무기인 기업가 정신의 교육은 등한시합니다. 미국의 경우 기업가정신센터를 기반으로 학부에서 기업가 정신 학위 과정을 운영합니다. 단순한 창업 지원에 급급하여 실적 쌓기가 아니라 지속 가능한 창업 및 성장을 위해 필요한 토양을 마련해주고 있습니다.

스타트업 국가가 되려면 초등학교부터 대학까지 정규 과정으로 기업가 정신 과정이 도입돼야 합니다. 초등학생의 꿈이 건물주이고, 취업준비생 셋 중 한 명이 공시족인 현실을 그냥 내버려

두는 나라는 결코 스타트업 국가로 전환될 수 없습니다.

스타트업 국가가 되기 위해서는 정부도, 국회도, 대기업도 스타트업이 되어야 합니다. 최소한 스타트업 기업가 정신만이라도 놓치지 말아야 합니다. 이것저것 눈치 볼 게 어쩔 수 없이 많은 상황이라면 아예 스타트업 자유도시를 따로 만들어서 해결해야 합니다. 덕지덕지 붙이는 대신 꼭 필요한 가이드라인만 딸린 샌드박스, 해외 인력의 유입을 위한 과감한 비자 면제, 스타트업 투자를 위한 전문 투자기관 설립, 국가적인 차원에서 글로벌 투자와 시장 진출 고속도로 등이 마련된 '스타트업 국제 자유도시'라도 시도해봐야 합니다. 스타트업 기업가 정신부터 챙기고 시작하는 것, 그래야 스타트업 국가가 될 수 있습니다.

출처: 매일경제 2022.02.23.
https://www.mk.co.kr/news/it/view/2022/02/170787/

한국 기업가정신 지수 50개국 중 6위 … 3계단 상승

한국의 기업가정신 지수가 세계 50개국 중 6위에 올랐다. 중소벤처기업부는 국제연구 기관인 글로벌기업가정신연구협회(GERA)가 조사한 '2021년 글로벌 기업가정신 모니터' 조사에서 우리나라는 10점 만점에 5.7점으로 얻어 전년보다 0.21점 올랐다고 13일 밝혔다. 50개국 중에서는 6위로, 2019년 15위, 2020년 9위에서 이번에 3계단 상승했다. 기업가정신 지수 1위 국가는 6.8점을 받은 아랍에미리트가 차지했다. 이어 네덜란드(6.3점), 핀란드(6.2점), 사우디아라비아(6.1점), 리투아니아(6.1점) 등의 순이었다. 미국(5.3점)은 11위, 일본(4.7점)은 22위였다.

9개 부문의 전문가 대상 조사에서 우리나라는 제품 및 시장의 변화 속도(시장개방), 인터넷·교통 등 서비스 접근성(물리구조), 정부의 창업 지원 정책 적절성(정부정책) 부문에서 각각 7.8점, 7.7점, 6.4점을 기록하며 높은 점수를 받았다. 제품 및 시장 변화 속도의 경우 고소득 집단 19개국 대상 비교에서 1위를 차지했다.

출처: 서울신문 2022.02.13.
https://www.seoul.co.kr/news/newsView.php?id=20220213500036&wlog_tag3=naver

2.4 사내기업가정신

흔히 기업가정신은 창업활동이 전부인 것으로 인식되지만 사실은 새로운 기업을 세우는 창업활동은 기업가정신발현이 이루어지는 한 형태일 뿐이다. 기업가정신을 적절한 지식과 기술을 이용하여 새로운 사업기회를 포착하여 이를 실현하는 행동으로 정의한다면 기존 기업들도 지속 성장발전을 위하여 기업가정신을 발휘할 필요성이 대두되는데 이를 사내기업가정신이라 한다.

사내기업가정신에 대한 정의는 기업가정신이 다양하게 조직적으로 움직일 때 발생할 수 있는 현상으로 볼 수 있으며, 조직 내 기업행동을 설명하기 위하여 사용된 용어이다. 이와 관련된 용어로 조직 기업가정신, 사내 기업벤처링, 조직 내 기업가정신 등으로 사용되어지고 있다. 최근 기업 경영활동이 복잡하고 다양해짐에 따라 개인적 관점에서 기업 전체의 관점으로 범위가 확대되고 있으며, 기업 내 전체 구성원의 역량의 중요성이 확대됨에 따라 무엇보다 기업 내 조직이나 사업의 혁신을 주도하는 사내기업가정신에 대한 다양한 연구가 이루어지고 있다.

사내기업가정신과 기업가정신의 공통점은 기업 내 다양한 자원을 창조적으로 결합하여 조직의 지속성장과 높은 성과를 달성하기 위한 새로운 가치를 창출하는 것에 있다. 이를 위해 구성요소인 혁신성, 위험감수성, 진취성, 자율성 등이 공통적으로 사용되어지고 있다. 다른 점은 기업가정신의 경우는 기업가 개인이지만 사내기업가정신의 경우는 기업가뿐 아니라 사내 벤처팀과 구성원들까지 포함된다는 것이며, 기업가정신이 기업가의 개인적 특성 및 행동, 역할에 초점을 맞추는 데 비해 사내기업가정신은 조직과정 및 조직구성원의 행동 및 사내벤처 창출과정에 초점을 맞추고 있다. 사내기업가정신은 기업가정신 연구 개념이 적용되는 대상을 개인 및 소규모 창업조직 뿐만 아니라 대규모의 기존조직으로까지 확장하도록 하였고, 조직에 성장력과 활력을 촉진하는 역할을 한다.

이러한 사내기업가정신은 경제시스템 내 다양한 자원들을 창의적으로 조합하거나 결합시키는 활동을 통해 기존의 경제 질서를 건설적으로 대체하거나 새로운 경제 질서를 창출할 수 있는 제품이나 서비스를 산출하고 조직의 지속적인 성장과 높은 성과를 달성해서 경제발전 및 사회발전, 조직과 개인의 동반성장을 달성할 수 있도록 하는 역할을 하고 있다. 사내기업가정신은 중소기업의 경쟁 우위를 확보하기 위해 조직원들이 스스로 위험을 감수하며 기회를 찾는 도전적 자세 및 행동으로도 정의할 수 있다.

미국 등 서구 자본주의의 목표는 주주 이익 극대화다. 하지만 삼성 이병철, LG 구인회, GS 허만정, 효성 조홍제 등 한국 대기업 창업주들은 달랐다. 그들은 이윤 추구뿐만 아니라 사회 환원과 국가 기여라는 목표가 있었다. K-기업가정신의 뿌리다.

김종욱 진주 K-기업가정신재단 부이사장은 3일 매일경제와 한 인터뷰에서 "이병철 등 진주 출신 창업세대들은 인본주의와 실사구시를 바탕으로 기업을 키웠다"며 "돈 보다는 사람과 사회를 중시여겼던 K-기업가정신을 전세계로 확신시켜나가는데 재단이 역할을 하겠다"고 밝혔다. 진주 출신 창업자로는 고 이병철 삼성 창업회장, 고 구인회 LG 창업주, 고 허만정 GS 창업주, 고 구태회 LS전선 명예회장, 고 구철회 LIG 명예회장, 고 조홍제 효성 창업주 등이 있다. 그들은 우국애민과 사업보국, 인본주의적 인재경영, 사회적 책임 등을 지향했다.

매일경제와 한국경영학회, 진주시는 2018년 7월 진주를 '대한민국 기업가정신의 수도'로 선포한 바 있다.

진주 K-기업가정신재단은 지난달 9일 출범했다.

재단 이사장은 정영수 CJ그룹 글로벌경영고문이며, 강병중 넥센그룹 회장, 강영중 대교그룹 회장, 구자신 쿠쿠그룹 회장, 이승현 무역협회 부회장, 이영춘 진주상공회의소 회장 등이 참여했다. 재단은 기업협력·기업가정신 확산·지역발전·학술교육·국제협력 등 4개 위원회로 구성됐다.

재단은 출범 직후 진주시와 함께 'K-기업가정신 진주 국제포럼'을 개최했다. 포럼에서는 진주선언이 발표됐다. 진주선언은 사람 중심 기업문화 조성, 지속가능한 공동체 가치 추구, 미래 세대를 위한 친환경 경영, 기업인이 존경받는 사회 조성 등의 내용을 담았다. 김 부이사장은 "내년 포럼은 보다 많은 기업인들과 국내외 경제단체들이 참여할 수 있도록 준비하겠다"며 "진주국제포럼 공동개최기관인 세계중소기업연합회, 글로벌경영자단체 등과 협력해 K-기업가정신의 세계적인 확산을 위해 노력하겠다"고 밝혔다.

진주 K-기업가정신재단은 오는 10월 진주에서 청년포럼을 개최할 예정이다. LG와 GS 창업주가 태어난 승산마을 투어 프로그램도 추진한다. 진주출신 기업 네트워크 구축 작업과 함께 청년 기업가 육성도 준비하고 있다.

기업가정신 확산을 위한 교육활동도 펼칠 예정이다. 재단은 한국경영학회 등과 협력해 경영자 교육을 추진할 계획이며, 예비창업가와 대학생, 교사, 학부모 대상 교육도 실시할 계획이다. 또한 진주 K-기업가정신 관련 학술자료집 발간도 예정돼 있다.

한상과 연계도 강화한다. 재단은 한상들과 교류를 통해 K-기업가정신을 전세계로 확산시킨다는 계획이다. 또한 올해 10월11일 미국 캘리포니아주 오렌지카운티 애너하임컨벤션센터에서 개최되는 제21차 세계한상대회 참가도 검토하고 있다.

김 부이사장은 "K-기업가정신 확산에 있어 한상들은 거주국가에 큰 역할을 할 수 있다"고 설명했다.

진주 기업가정신의 뿌리는 조선시대 남명 조식의 경의사상에서 찾을 수 있다. 남명의 후학 정인홍, 곽재우 등이 중심이 된 임진왜란 의병과 백산 안희제 선생의 독립운동 등에는 '익히고 실천하는 것이 근본'이라는 경의사상이 담겨 있다. 이들의 정신이 이병철과 구인회 등 창업세대의 기업가정신으로 연결됐다.

출처: 매일경제 2023.08.03.
https://www.mk.co.kr/news/society/10799895

"딸 키우니 M&A보다 낫네"… 사내벤처에 꽂힌 대기업들

대기업들이 사내 벤처기업을 적극적으로 육성하고 있다. 코로나19 이후 신사업 진출이 기업의 필수 생존전략으로 떠오르면서 모험적 시도를 할 수 있고 빠른 의사결정 구조를 가진 회사를 따로 구축하고 나선 것이다. 특히 최근에는 사내벤처들의 성과가 가시화되면서 기업들의 투자가 더욱 확대될 전망이다.

11일 업계에 따르면 HD현대는 최근 사내벤처 육성 프로그램 '드림큐브'에 참여할 5개 팀을 선발해 사업을 추진하기로 했다. 선임급 이상 직원이나 팀(최대 4인)을 선발해 1년간 사업화를 지원하는 제도다. HD현대는 그동안 추진했던 프로그램이 성공적이라고 판단하고 사내벤처를 적극적으로 지원하기로 했다. 팀당 사업비 1억5000만원을 보장하고 독립된 업무공간까지 지원하기로 했다.

사내벤처 설립 붐은 대기업 전반으로 퍼지는 추세다. 대기업이 사내벤처 육성 프로그램을 줄줄이 도입하는 건 '포스트 코로나' 시대 신사업 진출이 기업의 필수 생존전략으로 떠오르면서다. 한국무역협회 국제무역통상연구원에 따르면 기업의 평균 존속기간이 1958년에는 61년 수준이었지만, 오는 2027년에는 12년으로 49년가량 줄 것으로 전망된다. 대기업들이 미래 경쟁력을 갖기 위해선 기존 사업을 통해 창출한 풍부한 자원을 새 먹거리 창출에 투자해야 한다는 분석이다. 한 사내벤처 관계자는 "대기업의 경우 조직 규모가 거대해 의사결정까지 구조적으로 많은 시간이 걸린다"면서 "업종 간 경계가 무너지고 극변하는 사업 환경 속에서 신사업 발굴을 위해 유연한 조직문화를 갖춘 사내벤처를 시도하는 것"이라고 했다.

삼성전자, LG전자, 현대차 등 주요 대기업은 자체 사내벤처 발굴 프로그램을 운영하고 있다.

대표적인 사례로 삼성전자가 2012년 도입한 'C랩 인사이드'가 있다. 삼성전자는 우수 사내벤처를 뽑아 스타트업으로 분사할 수 있도록 스핀오프(분사)제도도 시행 중이다. 현재까지 391개 사내벤처를 육성, 61개의 사내벤처가 분사했다. 매년 평균 5개사 이상이 분사한 셈이다.

LG전자는 사내벤처 프로그램 '스튜디오341'를 4기째 운영 중이다. 인공지능(AI), 스마트홈, 로봇, 메타버스 등 미래 산업 분야 아이디어를 사업화한다는 계획이다. 올해 11월 선정된 5팀에겐 분사 자격이 주어진다. 팀당 최대 4억 원의 창업 자금, 별도 업무공간도 제공된다.

현대차그룹은 지난 2000년부터 사내 스타트업 육성 프로그램 '벤처플라자'를 운영하고 있다. 2021년 명칭을 '제로원 컴퍼니빌더'로 바꾸고 자동차 분야뿐만 아니라 바이오, 물류, 헬스케어 등 다양한 분야로 사업 선발 범위를 넓혔다. 제로원 컴퍼니빌더로 선정한 스타트업에는 개발비로 최대 3억원을 지원한다.

최근에는 눈에 띄는 성과도 내고 있다. 사내벤처 육성 프로그램 시행 초기에는 성과가 지지부진하다는 시장의 비판도 있었지만, 개발비 확대·제도 개선 등을 통해 독립하는 스타트업이 늘었다는 분석이다.

HD현대의 선박 자율운항 전문 회사 아비커스는 현대오토에버와 함께 그룹의 해양 모빌리티 사업을 이끌고 있다. HD현대 사내벤처 1호인 아비커스는 지난해 6월 세계 최초로 대형 선박의 태평양 횡단에 성공하는 등 자율운항 솔루션 분야의 선도 기업으로 성장해 나가고 있다.

삼성전자는 사내벤처의 유럽 시장 진출을 추진하고 있다. 지난달 프랑스 파리 전시장에서 열린 '비바 테크놀로지 2023'에 참여, C랩 인사이드를 통해 발굴한 시각 보조 솔루션 '릴루미노'를 전시했다. 삼성전자 관계자는 "C랩 스타트업들이 해외로 진출해 한국 스타트업의 우수성을 알릴 수 있도록 지속적으로 지원하겠다"고 했다.

기업들은 앞으로도 '가성비 높은 투자'가 장점인 사내벤처 육성을 적극 활용할 방침이다. M&A을 추진하는 것보다는 상대적으로 적은 비용으로 신사업을 발굴할 수 있기 때문이다. 또 기업의 우수 인력 등 인프라를 적극 활용할 수 있다는 장점도 갖는다.

한 사내벤처 관계자는 "사내벤처는 모회사의 인프라, 자금을 활용할 수 있어 다른 스타트업 업체와 경쟁에서 유리한 위치에 설 수 있다"면서 "직접 사업을 일궈낸 경험을 한 사내벤처 구성원들은 회사에 대한 주인 의식도 강하다"도 했다.

성과주의를 중시하는 MZ세대의 근로의욕을 끌어낼 수 있다는 장점도 있다. 업계 관계자는 "직접 아이디어를 제시하고 이를 사업화하면서 MZ세대 직원들의 개인 만족도 향상을 꾀할 수 있을 것으로 보고 있다"면서 "이를 위해 기업들은 사내벤처를 통해 수익을 내면 인센티브를 지급하는 방식을 채택하고 있다"고 말했다.

출처: 시사저널 2023.07.11.
https://www.sisajournal-e.com/news/articleView.html?idxno=301453

"스타트업 4곳 중 1곳 해외이전 고려"

47개국 조사서 '창업실패 두려움' 46위

"M&A 시장 활성화,CVC 투자제한 완화"

한국 기업들이 느끼는 창업 실패 두려움이 세계 최고 수준인 것으로 나타났다. 무면허 택시 영업 행위 논란으로 3년7개월간 법정 공방을 벌인 '타다 사태' 등이 영향을 미쳤다. 정책 자금 이 아닌 민간 투자 위주 선순환을 유도하기 위해 인수합병(M&A) 시장을 활성화해야 한다는 주문이 나온다.

한국무역협회는 14일 서울 강남구 삼성동 트레이드타워에서 '7회 무역산업포럼'을 열고 스타 트업 생태계에 관해 논의했다고 밝혔다. 포럼엔 산학연 관계자 80여명이 참석했다.

정만기 무협 부회장은 스타트업 창업과 성장 생태계를 조성하려면 개방형 혁신을 늘리고 공 공시장 진입 장벽을 낮춰야 한다고 했다. 정 부회장은 개방형 혁신과 관련해 "포브스 500대 기 업 중 상위 100곳의 68%가 스타트업과 개방형 혁신 전략적 제휴를 하고 있다"고 했다.

스타트업 공공기관 투자 조달 심사 기준을 매출액 위주로 하는 관행을 없애야 한다고 했다. 한국 공공 조달시장 규모는 184조원이지만 스타트업 혁신조달은 0.34%에 불과하다. 네덜란드 (2.5%), 핀란드(10%) 등보다 낮다. 정 부회장은 "매출 제한 없이 스타트업을 항만시스템 개선 사업에 투입하는 스페인항만공사 사례를 타산지석 삼아야 할 것"이라고 했다.

스타트업 창업 및 성장 생태계는 열악한 것으로 나타났다. 김미경 무협 스타트업성장지원실장 은 '한국 스타트업 생태계 발전 과제' 발표에서 국내 스타트업 4곳 중 1곳은 해외 이전을 고려 하고 있다고 알렸다. 김 실장은 "2017년 글로벌 100대 유니콘 기업 중 국내에서 온전하게 사업 을 영위할 수 있는 기업은 절반 이하"라며 "차량 호출 서비스 타다, 공유 숙박 서비스 에어비앤 비 등 혁신 서비스는 정부 규제로 금지되거나 제한적으로만 운영되고 있다"고 했다. 유니콘 기 업은 기업가치 1조원 이상 비상장 혁신기업을 의미한다.

김 실장은 스타트업 민간 자본을 늘릴 수 있도록 M&A 시장을 활성화해야 한다고 했다. 투 자금 회수에 성공한 창업자가 재창업, 재투자하려면 M&A 시장이 커져야 한다고 했다. 무엇보 다 혁신저해 문화·환경 요인을 개선해야 한다고 했다. 그는 "2021년 47개국을 대상으로 한 글 로벌 기업가정신 조사에서 한국은 실패 두려움 46위, 창업 용이성 35위에 그쳤다"며 "실패를 용인하고 재도전을 지원하는 미국보다 리스크를 회피하는 일본에 가깝다"고 했다.

포럼 참여자들은 규제 개선을 촉구하고 유망 스타트업 분야를 안내했다. 김성훈 법무법인

미션 변호사는 "세계적으로 규제 개혁 경쟁이 벌어지고 있다"며 "새로운 혁신 때문에 생기는 공익 침해행위에 국가가 빠르게 대응하도록 규제 혁신 반응성을 높여야 한다"고 했다. 이용관 블루포인트파트너스 대표는 "인공지능(AI), 로봇, 이차전지 딥테크 스타트업은 자금 조달을 통해 성장 중"이라며 "예비창업자나 초기 스타트업 경영자는 인구 감소, 기후 관련 규제, 경제 블록화, 혁신 기술 등을 고려해야 한다"고 했다.

출처: 아시아경제 2023.06.14.
https://view.asiae.co.kr/article/2023061408155815417

직원 300명 중 100명이 창업한다고 나갔다 … 도대체 무슨 회사길래

테슬라의 일론 머스크, 유튜브 설립자 스티브 첸, 링크트인 창업자 리드 호프먼, 옐프의 제러미 스토플먼. 실리콘밸리를 움직이는 창업가이자 벤처투자자인 이들의 공통점은 뭘까. 2003년 전자상거래 프로그램인 페이팔을 이베이에 매각해 마련한 자금으로 벤처기업을 설립했거나 투자한 페이팔 출신 인사들, 소위 '페이팔 마피아'라는 점이다.

척박했던 초기 한국 벤처 생태계에서도 '연쇄적 기업가정신(serial entrepreneurship)'이 사내벤처로 발현돼 수많은 스타트업을 생산해낸 역사가 있다. 고 이민화 명예회장이 창업한 메디슨의 패밀리들, 소위 '메디슨 마피아'다.

매일경제와 벤처기업협회 등 추도식 준비위원회가 공동 주최하는 '고 이민화 명예회장 2주년 추도식'이 3일 경기도 성남시 분당 휴맥스빌리지에서 열린다. 이런 가운데 이 명예회장 후배 기업들의 잇단 창업 스토리가 다시 주목받고 있다. 1985년 당시 카이스트 초음파연구실 박사과정을 밟고 있던 이민화 연구원은 서울 대치동 아파트를 담보로 메디슨을 창업했다. 초음파 진단기 프로젝트에 돈을 대줄 대기업을 찾지 못하자 이 연구원은 "우리가 스스로 창업하자"고 제안했고, 같은 연구실의 동료들은 "젊은 나이에 회사 한번 말아먹으면 재미있겠다"며 회답했다. 이들이 7인의 메디슨 공동 창업자들이다.

회사 설립 10년 후, 메디슨 사업이 성숙기에 접어들면서 조직원 상당수는 새로운 사업 아이템을 들고 사내 벤처 형태로 실험 창업에 돌입했다. 메디슨 직원 300여 명 중에 100여 명의 기업가가 창업했다. 디티앤씨(규격 인증), 메디아나·멕아이씨에스(환자 감시장치), 뷰웍스(X선 영상장치), 씨유메디칼(자동 제세동기), 아이센스(자가혈당측정기), 유비케어(의료 IT), 인피니트헬스케어(소프트웨어 라이선스), 제이브이엠(약국 자동화 시스템), 리메드(전자극 방식 의료기기) 등 상장사만 10여 곳에 이른다.

이런 연쇄적 기업가정신은 최근까지 이어져 발현되고 있다. 네오위즈를 공동 창업했고, 첫눈을 설립해 NHN에 매각하고 크래프톤이라는 초대형 게임회사까지 상장한 장병규 크래프톤 의장이 대표적이다.

특히 그는 본엔젤스파트너스라는 액셀러레이터를 통해 우아한형제 등 될성부른 스타트업에 투자해 유니콘(기업가치 1조 원 이상) 기업으로 키워냈다. 끊임없이 창업하고 다른 스타트업들을 양성하는 연쇄적 창업가이자 벤처캐피털리스트들이 늘어나면서 한국 벤처 생태계는 점점 고도화·전문화돼 가고 있다.

그 결과물은 코로나19 위기 속에서 세계 어디에도 뒤처지지 않을 '제2의 벤처투자 열풍'으로 이어지고 있다. 중소벤처기업부에 따르면 올해 3분기 벤처투자액은 2조678억 원으로 지난해 동기에 비해 67.1% 늘었다. 분기 기준으로 벤처투자액이 2조 원을 넘어선 것은 올해가 처음이다. 올해 1~3분기 누적 실적은 작년 동기보다 81.8% 증가한 5조 2593억 원에 이른다.

특히 벤처투자를 받은 기업 중 3분기까지 누적으로 100억 원 이상을 유치한 기업은 작년 3분기 누적 기준 52개 사보다 2배 많은 104개 사로 확인됐다. 100억 원 이상 벤처투자를 유치한 기업이 100개를 넘어선 것도 이번이 처음이다. 기업가치가 1조 원을 넘는 유니콘 기업은 2018년 6개에서 올해 7월 기준 15개로 늘었다.

전문가들은 연쇄 창업가를 육성하는 창업생태계 조성에 힘써야 한다고 말한다. 야놀자 대표는 모닝샐러드, 쿠팡 대표는 빈티지미디어, 크래프톤 대표는 네오위즈와 첫눈을 창업하는 등 티몬과 무신사를 제외한 대부분의 유니콘 기업 창업자가 이미 창업을 하고 실패하거나 회수한 경험이 있기 때문이다.

벤처투자 생태계를 정부 주도에서 민간 주도로 전환해야 한다는 지적도 나온다. 지성배 한국벤처캐피탈협회장은 "매년 증가하는 정부 주도의 모험자본과 비교하면 민간 자금 공급은 상대적으로 부족하다"며 "갈수록 대형화·다각화하는 벤처투자 시장에서 지속 가능하고 자생력 있는 민간 중심의 벤처투자 생태계를 확립해야 한다"고 조언했다.

출처: 매일경제 2021.12.6.
https://www.mk.co.kr/news/business/view/2021/12/1112387/

학습 정리

- 창업가는 크게 기술창업자, 일반창업자, 그리고 사내창업자로 구분할 수 있다.

- 창업기업의 경쟁력에 영향을 미치는 창업가의 특성으로는 개인적 특성, 심리적 특성, 행동적 특성이 있었다.

- 창업기업의 경영 특성은 차이를 나타낸다. 이는 경영전략, 환경적응, 조직관리, 혁신성으로 구분된다.

- 창업기업의 경쟁력에는 재무적 경쟁력과 비재무적 경쟁력이 있다.
  - 재무적 경쟁력은 자금의 통제를 통한 경영관리로, 자금을 얼마나 적절하게 활용하는가가 사업체의 성공에 큰 영향을 미치는 것이다.
  - 비재무적 경쟁력은 창업기업뿐만 아니라 일반기업에도 적용되는 전통적 기업 경쟁력 요소로, 품질경쟁력, 가격경쟁력, 서비스경쟁력이 포함된다.

- 기업가정신이란, 기업의 본질인 이윤추구와 사회적 책임의 수행을 위해 기업가가 마땅히 갖추어야 할 자세나 정신이다. 이는 기업가가 분석 능력을 겸비하게 하고, 도전의식을 키워주며, 위험 요소를 발전의 기회로 보도록 한다. 또한 미래지향적으로 비전을 제시해 조직원들의 공감대를 형성하게 한다.

- 기업가정신의 핵심 개념에는 혁신성, 진취성, 위험감수성, 자율성, 리더십, 책임감이 있으며, 기존 기업들도 지속성장발전을 위하여 기업가정신을 발휘할 필요가 있는데, 이를 사내기업가정신이라 한다.

문제

O. X

1	사내기업가정신과 기업가정신의 공통점은 기업 내 다양한 자원을 창조적으로 결합하여 조직의 지속 성장과 높은 성과를 달성하기 위한 새로운 가치를 창출하는 것에 있다.
2	비재무적 경쟁력이란 전통적인 기업 경쟁력 요소를 의미하며, 이는 품질경쟁력과 가격경쟁력, 서비스 경쟁력에 의해 결정된다.
3	피터 드러커는 새로운 생산방법과 새로운 상품개발을 기술혁신으로 규정하고, 기술혁신을 통해 창조적 파괴에 앞장서는 기업가를 혁신자로 보았다.
4	기업가정신은 기업 환경을 냉철하게 분석하는 능력을 겸비하게 하며, 미래를 예측하는 힘을 준다.
5	창업가의 심리적 특성으로는 위험감수적 성향을 들 수 있다.
6	재무적 경쟁력에는 품질경쟁력,가격경쟁력과 서비스 경쟁력이 있다.
7	사내기업가정신과 기업가정신의 공통점은 기업 내 다양한 자원을 창조적으로 결합하여 조직의 지속성 장과 높은 성과를 달성하기 위한 새로운 가치를 창출하는 것에 있다.

객관식

1 다음 설명 중 옳지 않은 것은? (   )

가. 기술창업자는 기술적 경험과 아이디어를 중심으로 사업을 시작하는 창업자이다.

나. 일반창업자는 기술 중심의 창업보다는 사업의 관리능력 위주의 창업자를 말하며, 기회창업자라 불리기도 한다.

다. 혁신성이란 기업운영에 있어서 경영환경의 중요성을 인정하고, 이에 적응하기 위한 포괄적이며 거시적인 경영을 의미한다.

라. 창업기업의 경영특성은 경영전략, 환경적응, 조직관리, 혁신성으로 구분할 수 있다.

2 창업기업의 경쟁력에 대한 설명으로 옳지 않은 것은? (   )

가. 재무적 경쟁력이란 자금의 통제를 통한 경영관리 경쟁력을 의미한다.

나. 비재무적 경쟁력이란 전통적인 기업 경쟁력 요소를 의미하며, 이는 품질경쟁력과 가격경쟁력, 서비스 경쟁력에 의해 결정된다.

다. 가격경쟁력이란 상품의 품질수준 또는 고품질을 말하는 것이다.

라. 서비스 경쟁력이란 고객만족을 위한 품질과 가격을 포함한 봉사를 의미한다.

3 다음 중 기업가정신의 핵심 개념이 아닌 것은? ( )

가. 혁신성

나. 진취성

다. 위험회피성

라. 자율성

4 다음 중 옳은 것은? ( )

가. 기술창업자는 기술적 경험과 아이디어를 중심을 사업을 시작하는 창업자이다.

나. 일반창업자는 조직 내의 실험실, 컴퓨터 기자재 등의 확보된 제반 자원을 활용하여 조직 내에서 혁신을 창출하는 창업자를 말한다.

다. 사내창업자는 기술 중심의 창업보다는 사업의 관리능력 위주의 창업자를 말한다.

라. 기술창업자는 기회창업자라 불리기도 한다.

5 다음 중 창업기업의 경영 특성이 아닌 것은? ( )

가. 경영전략   나. 환경적응   다. 조직관리   라. 재무적 경쟁력   마. 혁신성

6 다음 중 창업기업의 경영 특성이 아닌 것은? ( )

가. 신제품 개발   나. 새로운 생산방법의 도입   다. 신시장 개척

라. 새로운 원료나 부품의 공급   마. 근로자 후생복지

7 다음 중 전통적인 기업가 정신에 포함되지 않는 것은? ( )

가. 고객제일주의   나. 산업보국   다. 혁신력   라. 인재양성   마. 공정한 경쟁

 단답형

1 창업가의 행동적 특성으로는 (   ) 성향을 들 수 있다.

2 기업가정신을 적절한 지식과 기술을 이용하여 새로운 사업기회를 포착하여 이를 실현하는 행동으로 정의한다면 기존 기업들도 지속성장발전을 위하여 기업가정신을 발휘할 필요성이 대두되는데 이를 (   )이라 한다.

3   창업기업의 경쟁력에 직간접적으로 영향을 미치는 가장 중요한 요인으로 인식되고 있는 것은 (   )
    의 특성이다.

4   (   )이란 자금의 통제를 통한 경영관리 경쟁력을 의미한다.

5   (   )이란 기업의 본질인 이윤 추구와 사회적 책임의 수행을 위해 기업가가 마땅히 갖추어야 할
    자세나 정신이다.

6   (   )는 기술적 경험과 아이디어를 중심으로 사업을 시작하는 창업자이다.

7   (   )는 기술 중심의 창업보다는 (   ) 위주의 창업자를 말한다.

8   (   )는 조직 내의 실험실, 컴퓨터 기자재 등의 확보된 제반 자원을 활용하여 조직 내에서 (   )
    을 창출하는 창업자를 말한다.

9   (   )이란 문자 그대로 상품의 품질수준 또는 고품질을 말하는 것으로 이에 의한 경쟁력을 의미
    한다.

10 (   )이란 기업의 상품이 소비자에게 있어 유리한 가격을 의미한다.

11 (   )이란 고객만족을 위한 품질과 가격을 포함한 (   )를 의미한다.

12 기업가 정신의 핵심개념에는 (   ), (   ), (   ), 자율성, 리더십, 책임감 등이 있다.

 ## 서술형

1. 창업가의 특성에 대해 서술하시오.

2. 창업가의 유형에 대해 서술하시오.

3. 기업가정신의 핵심 개념에 대해 서술하시오.

4. 창업기업의 경쟁력의 재무적 경쟁력과 비재무적 경쟁력을 비교하시오.

5. 기업가정신의 역할에 대하여 서술하시오(2가지 이상).

CHAPTER

03

창업유형

학습목표

- ◎ 창업주체별, 창업방법별 특성과 지원프로그램 등을 알 수 있다.
- ◎ 사회적 기업의 의의와 특징, 창업 과정에 대해 알 수 있다.
- ◎ 협동조합의 정의와 특징, 창업 과정에 대해 알 수 있다.

Chapter 03 창업유형

1 창업주체별 분류

1.1 여성창업

여성창업은 기업경영분야에서 여성들의 경제적 지위를 확고히 하고 있으며, 스스로의 자아실현을 행하는 데도 많은 기여를 하고 있다. 특히, 글로벌체제와 정보화, 소프트화로 설명되는 미래사회에서 요구되는 기업경영자의 특성은 남성보다는 여성적 특성과 잘 조화되는 것으로 학자들의 연구에서도 나타나고 있다.

여성창업가란 여성의 신분으로 기업에 출자를 하여 기업을 경영하는 것을 말한다. 「여성기업지원에 관한 법률」에 의하면 여성이 실질적으로 경영하는 "상법상의 회사로서 여성이 당해 회사의 대표권있는 임원으로 등기되어 있는 경우를 여성기업"으로 정의하고 있고, "여성이 소득세법 또는 부가가치세법의 규정에 의하여 사업자등록을 한 사업체"라고 정의하고 있으므로 이러한 요건에 해당하는 기업을 창업하는 자를 여성창업가로 정의할 수 있을 것이다.

첫째, 여성창업은 여성들에 의해 소유되면서 경영되는 사업체를 말하며, 여성창업인은 기업가정신을 토대로 위험을 감수하면서 기업을 소유하고 직접 경영하는 여성으로 정의할 수 있다.

둘째, 여성기업가란 "여성의 신분으로서 최소한 종업원 5인 이상을 고용하고 있는 사업체를 소유하고 동시에 기업경영의 실질적인 의사결정을 행사하고 있는 기업주"라고도 정의할 수 있다.

셋째, 여성기업가는 여성이 경영하고 있는 개인기업이 대부분으로서 가계와 독립된 계산단위를 가져야 하는 것 이외에 타인의 노동을 이용해 자본수익을 실현할 수 있는 여건을 갖추어야 하며 종업원이 최소한 5인 이상 고용되어 있는 사업체를 경영하는 기업주들을 여성기업가라 정의할 수 있다. 또한 여성창업가는 여성이라는 신분으로 업종별 구분에 제한을 두지 않고 일반적으로 제조업, 건설업, 도매업 및 음식·숙박업 등에서 창업을 하여 기업을 경영하는 기업가로 구분하여 정의할 수 있다.

종합해 보면, 여성기업가란 기업가정신을 토대로 위험을 감수하면서 기업을 소유하고 직접 경영활동을 행하는 여성이라고 정의할 수 있는바 이러한 기업을 창업하는 자를 여성창업가로 볼 수 있을 것이다.

여성창업가의 특성에 관한 연구는 주로 경제적 특성보다는 개인적 특성에 많은 관심과 초점을 보여 왔다.

우리나라 여성창업가는 다음과 같은 특징을 가지고 있다고 볼 수 있다.

첫째, 고졸 이상의 높은 학력을 보유하고 다양한 직장생활의 경험을 지니고 있다.

둘째, 직장생활의 경험과 창업업종과의 관련성에 있어서 60% 정도가 무관한 상태를 보여 주고 있다.

셋째, 여성창업가는 세심한 성격으로 소비자의 다양한 욕구에 대하여 이해 및 파악을 잘하고 신용에 대한 책임감이 강하고 종업원과의 친근감 형성도 유리하다.

넷째, 여성창업가는 문제점에 대한 포용력과 인내심이 강하다.

다섯째, 자금조달 및 기술인력 확보와 기업에 대한 사회적 인식의 불리함 속에서도 창업활동에서는 가족의 적극적 협조가 이루어지는 것으로 나타나고 있다.

미국경영협회(AMA: American Management Association)에 의하면 여성창업가의 특징을 다음과 같이 규정하고 있다.

첫째, 가족과 가까이에서 사업을 시작하여 가족의 지원을 받는다.

둘째, 사업경영 혹은 전문직에 종사하면서 남편의 지원을 받는다.

셋째, 일찍이 강력한 사업가적 성향을 보이고 있다.

넷째, 고학력이다.

다섯째, 어려운 업무에 탁월한 역량을 보이며 자신의 기업에 매우 헌신적이다.

여섯째, 자신의 사업분야에서 두각을 나타내고 있다.

일곱째, 자신의 삶에서 다양한 면을 종합, 변화시킬 수 있는 능력이 있다.

여덟째, 자신의 능력에 대한 부정적 상황과 태도를 바꿀 수 있는 능력을 갖추고 있다.

여성창업의 성공 포인트

1. 가족과 공동으로 창업하거나 가족의 지원을 받을 수 있는 방법을 적극 활용해야 한다.
2. 사업장은 거주지와 근거리에 위치하는 것이 좋다.
3. 경영에 집중하기 위해 사전에 가사와 육아 문제의 대비책을 마련해야 한다.
4. 정부 및 여성지원기관의 창업관련 프로그램을 활용해야 한다.
5. 사업적인 마인드를 가지고 적극적으로 임한다.
6. 경험했던 일을 적극적으로 창업에 활용해야 한다.
7. 본인이 제일 자신 있는 분야를 창업아이템으로 생각한다.
8. 창업부담이 클 경우 저렴한 정부대출지원 등을 고려해본다.
9. 자본은 최대한 적게 잡고 인테리어도 실속 있게 꾸미는 것이 좋다.
10. 꼼꼼한 준비와 사전교육을 익힌 후 신중하게 창업해야 한다.

여성 벤처 4년새 8만개 늘었다 … 기술창업은 남성 앞질러

창업시장에 여풍이 거세지고 있다. 최근 4년새 여성의 IT기반의 스타트업 창업 증가율이 남성의 두배를 웃돌만큼 증가세가 뚜렷하다. 특히 문을 연지 5년 만에 100만 명 이상의 회원수를 확보하거나 창업과 동시에 수십억 규모의 투자를 받는 등 신생 여성기업의 돌풍이 이어지고 있다.

17일 스타트업 업계와 중소벤처기업부에 따르면 여성 창업 기업 수는 2017년 58만 5737개에서 2021년 66만 616개로 4년만에 약 8만 개가 증가했다. 특히 제조업과 지식기반 서비스업이 포함된 기술기반 업종에서 여성 창업 기업은 같은 기간 7만 3993개에서 9만 9162개로 7.6% 증가했다. 이는 기술기반 업종 남성 창업의 연평균 증가율 3.0%보다 2배 이상 높은 수치다.

실제 여성 창업 기업들의 약진이 두드러진다. 지난 2016년 정지예 대표가 설립한 '맘편한세상'의 아이돌봄 연결 플랫폼 '맘시터'는 지난 2월 누적 회원수 100만 명을 돌파했다. 맘시터는 0~10세까지 육아 영역에서 모든 돌봄 서비스를 제공하는 플랫폼으로 사회의 '돌봄 공백' 해소에 일조하기 위해 만든 서비스다.

현재 맘시터는 약 245만 건의 매칭 데이터, 21만 건의 후기 데이터, 100만 건의 회원 행동 데이터를 보유하고 있다. 누적된 데이터를 바탕으로 부모와 시터 간 최적의 매칭을 돕는다. 맘편한세상은 육아 문제는 전세계 공통이라는 점에서 글로벌 기업으로 성장 가능성을 인정받아 지난 9월 100억 원 규모의 시리즈B 투자를 유치했다. 이는 업계에서 시리즈 단독으로 최대 규모 금액인 것으로 알려졌다.

에듀테크 스타트업 '오누이' 역시 지난 2016년 고예진 대표가 설립한 여성 창업 기업이다. 오누이는 현재 온라인 과외 서비스 '설탭'을 운영하고 있다. 설탭은 전원 SKY(서울대 · 고려대 · 연세대) 출신 선생님과 아이패드 및 앱을 통해 비대면으로 수업을 진행한다. 2019년 6월 서비스 시작 이후 현재까지 약 2만명의 유료 수강생을 확보했고 약 4300명의 선생님이 활동 중이다. 코로나19 장기화에 따라 비대면 교육에 대한 수요가 커지면서 오누이는 최근 140억 원 규모의 시리즈A 투자를 받았다.

시드 투자 단계에서 수십억 투자를 받은 여성 창업 기업도 있다. 시드 투자란 스타트업 초기 단계에 받는 투자로 일반적으로 5억 원 이하의 투자금액을 받는다. 하지만 지난해 이민희 대표가 설립한 어린이 핀테크 스타트업 '레몬트리'는 창업과 동시에 50억 원 규모의 시드 투자를 유치해 벤처 업계의 주목을 받았다.

앞서 이 대표는 과거 에듀테크 '바풀'을 창업한 뒤 2017년 라인에 회사를 매각했다.

이런 경험이 투자자들에게 높은 점수를 받은 것으로 알려졌다. 현재 레몬트리는 부모가 자녀의 용돈 관리, 금융 교육, 주식 투자까지 한 번에 관리할 수 있도록 하는 앱 출시를 준비하고 있다.

국내에서 여성 벤처기업의 성장세는 가속화될 전망이다. 강재원 중소벤처기업연구원 연구위원은 "정부의 기조에 맞게 청년 창업이 늘고 있는 만큼 자연스럽게 여성 창업 기업도 크게 늘어날 것"이라고 내다봤다

출처: 파이낸셜뉴스 2022.03.17.
https://www.fnnews.com/news/202203171834313797

1.2 청년창업

청년창업이란 말 그대로 창업의 주체가 청년인 창업을 말하며, 이는 정부가 극심한 청년실업을 해소하기 위한 정책의 일환으로 청년층에 대한 창업을 장려하기 위해 각종 제도를 마련하거나 정책적 배려를 행하고 있는 현실 속에서 새롭게 주목을 받고 있는 창업형태이다.

우리나라의 경우 창업이나 고용과 관련하여 청년층이라 지칭할 때는 통계청에서 통계자료 및 청년 실업문제 등을 조사할 때 기준으로 적용하는 연령인 15세에서 29세의 연령층을 가리키는 것이 합리적이라 할 수 있다.

청년창업은 청년실업문제의 해소뿐만 아니라 급속히 변화하고 발전하는 4차 산업혁명 아래에서 젊은 세대의 에너지를 바탕으로 하여 우리나라 경제구조의 건실화를 위해서도 매우 중요하다. 따라서 청년창업자의 조기양성을 위해서는 청소년 및 대학생 창업교육을 확대하고 기업가정신의 함양 및 확산도 매우 중요하다.

그리고 청년창업의 성공을 위한 7계명은 다음과 같다. 첫째, 사전에 충분한 시간을 갖고 실전

경험과 이론적인 지식을 쌓아라. 실전 경험을 위해 관련 업계에서 아르바이트를 하는 것도 좋은 방법이다. 둘째, 목표를 명확히 하고 단계적으로 실행해야 할 사항들을 명시한 구체적인 로드맵을 그려라. 셋째, 취미나 적성을 고려해 업종을 선택하되, 수익성이 낮거나 전망이 불투명한 업종에 너무 집착해선 안 된다. 넷째, 아이디어와 체력, 컴퓨터 지식 등 자신의 역량을 최대한 발휘할 수 있는 IT, 서비스업에서 틈새 아이템을 찾는 것도 좋다. 다섯째, 창업비용이 너무 과도한 업종은 피하되, 만약 대출을 받았을 경우엔 자금 상환 계획을 구체적으로 세워야 한다. 여섯째, 부족한 자금을 해결하기 위해 동업도 고려해 볼 만하다. 부모의 자금과 청년의 노동력이 결합된 가족 창업도 괜찮다. 일곱째, 젊어서 하는 고생을 밑천 삼아 미래에 큰 사업가로 성장할 꿈을 가져라.

해외창업 꿈꾸는 청년 적극 지원

인천시는 해외 창업의 꿈을 가진 청년들에게 기회를 제공할 수 있도록 '청년 해외진출기지(청진기) 지원사업'을 추진한다고 4일 밝혔다. 시는 청년들이 성장 잠재력이 높은 국가에서 창업으로 성공할 수 있도록 행정·재정적 지원을 아끼지 않을 방침이다.

사업 전담기관은 인천창조경제혁신센터로 단계별 프로그램을 운영해 청년 창업가의 해외 진출을 도울 예정이다. 1단계인 해외 진출 역량 강화를 위해서는 풍부한 해외 진출 지원 경험 및 네트워크를 보유한 AC를 통해 지속적인 멘토링과 컨설팅, 투자유치 강화 프로그램을 운영한다. 2단계 사업화에서는 시제품 제작, 홍보·마케팅, 콘퍼런스 참가 등을 지원한다. 3단계 해외 진출과 관련해서는 현지 시장조사, 글로벌 파트너 발굴·매칭, 현지 법인설립 등을 돕는다. 또 실질적인 창업 지원이 현지에서 이뤄질 수 있도록 AC가 확보한 해외 네트워크를 적극 활용한다.

청진기 지원사업을 통해 해외 진출을 희망하는 청년 창업가의 모집은 다음 달 진행된다. 모집 기준은 만 39세 이하로 창업을 준비 중이거나 7년 이내에 창업한 상태여야 한다. 거주지 또는 사업장 소재지는 인천으로 제한한다.

출처: 국민일보 2023.06.05.
https://news.kmib.co.kr

1.3 시니어 창업

시니어 창업이란 청·장년기에 취업활동을 하다가 퇴직한 50대 이상의 사람 중 경제활동이 가능한 사람이 창업하는 것을 의미한다. 시니어 창업에서 말하는 시니어란 실정법상 고령자, 준고령자 개념보다는 베이비붐 세대 개념에 근접한 것으로 미국의 베이비부머(1946~64년 출생)와 일본의 단카이세대(1947~49년 출생)와 상응한다고 할 수 있다. 고령화의 급진전과 베이비붐 세대(1955~63)의 퇴직이 본격화됨에 따라 50대 전후의 퇴직자를 주로 한 시니어 창업이 새롭게 나타나고 있는 것이다.

| 표 3-1 | **시니어 창업기업의 차별성**

시니어 창업기업	다른 창업분야와 차별성
• 50대 전후 퇴직자 창업, 재창업 • 일정 기간(10~20년) 전문분야 종사 • 해당 전문분야와 관련한 창업 교육과정을 이수한 자	• 신규 창업 시 소상공인 규모 창업 • 제2인생, 인생 2모작(2막) • 경험, 노하우, 암묵지로 무장 • 오랜 기간 경력과 네트워크 구축 • 일하며 여가를 갖는 중고령층 • 기존 시장+시니어산업분야+경험, 전문성 활용 • 지식서비스관련 업종 시장형성(블루오션)

1.3.1 시니어 창업의 성공전략

| 표 3-2 | **시니어 창업의 성공요인과 애로요인**

성공요인	애로요인
• 처음 시작한다는 마음가짐 • 업종관련 기술 습득 및 자격증 취득 • 창업관련 행사 참여 • 인터넷 검색으로 정보 수집 • 치밀한 계획 수립	• 실패에 대한 두려움 • 창업 희망 업종에 관한 실무정보 부재 • 본인의 적성과 현실과의 괴리 • 시니어를 위한 창업 실무교육 부재 • 충분한 창업 준비기간 확보 못함 • 지나친 체면과 자존심 문제

시니어 창업자들의 특징을 살펴보면 우선, 일반 창업자들에 비해 비교적 창업자금의 여유가 있다. 자금의 여유가 있는 만큼 사업의 성공 가능성도 높아질 수 있지만 이들에게도 큰 단점이 있을 수 있다. 시니어 세대들에게는 '체면', 즉 살아온 나이와 직책이 있다 보니 수익성보다 보여주기 위한 창업으로 사업을 망치는 일이 많다는 지적도 나오고 있다.

시니어 창업의 경우에는 쌓아온 경력을 살리는 것이 창업의 성공률을 높일 수 있으며, 또한 무엇보다 가족의 협업도 필수적으로 요구되기도 한다. 이는 인건비 최소화, 수익성 최대화를 만들 수도 있기 때문이다. 시니어 창업의 성공을 위한 전략으로는 다음과 같은 것들이 있다.

(1) 최소 6개월 이상의 충분한 준비와 시작

성공창업을 위해선 그만큼 철저한 사전준비가 필요하다. 최소 6개월의 준비기간을 거치는 것이 중요하지만 최적의 준비기간은 1~2년 정도로 좀 더 길게 내다보는 안목이 필요하다.

(2) 안정성에 중점을 둔 업종 선택

업종을 선택할 때 주의할 것은 성급히 선택하면 안 된다는 점이다. 막연히 최근의 창업업종 트렌드에 따라 업종을 선택한다면 큰 낭패를 볼 수가 있다. 업종을 선택할 때에는 창업자 자신에게 맞는 것으로 선택해야 하며, 무엇보다 오래도록 지속적으로 안정된 수익을 낼 수 있는 업종을 선택하는 것이 바람직하다.

(3) 자금형편에 맞는 창업

창업을 할 때 중요한 것은 자금이다. 창업자금은 총투자비용의 70%가 자기자본이어야 한다. 여기서 '자기자본'이라 함은 당장 그 돈이 없어도 생활하는데 지장없는 그리고 이자가 발생되지 않는 자금을 의미한다. 무리하게 대출을 받거나 돈을 빌리기보다 상권, 점포 크기, 브랜드 선별 등의 작업을 통해 자금형편에 맞는 창업을 함이 바람직하다.

(4) 과거 직장생활의 경력과 경험, 지식

창업 업종을 고를 때 역시 과거 직장경력을 활용하는 것이 좋다. 사무관리직 출신의 경우 사무용품점이나 건강식품, 베이커리 등 재고나 회계관리가 필요한 판매업종이 적합하다. 기술직의 경우 기술서비스 업종을, 영업 및 서비스 직종의 경우 주로 음식이나 주류 같은 외식업 등이 적합하다 하겠다.

(5) 체면을 내세우지 않는 서비스 정신

오랜 직장생활 뒤에 새롭게 창업을 하는 시니어 세대의 경우 가장 문제가 될 수 있는 점이 체면이라는 것이다. 다시 말단 사원이 되어야 하므로 창업 후 사업을 진행하면서 대하기 어려운 고객을 상대할 경우에는 자괴감이 클 수가 있다. 이럴 때 필요한 것은 체면을 내세우지 않는 서비스 정신이다. 과거의 자신을 기억하기보다는 미래의 자신을 바라보며 서비스 정신으로 무장해야 한다.

(6) 프랜차이즈를 고려할 경우 우량 본사를 선택하는 것

시니어 세대의 경우 일일이 자신이 직접 챙겨야 하는 독립점포보다는 수익성이 조금 낮더라도 상품과 경영노하우를 꾸준히 지원, 관리 받을 수 있는 프랜차이즈가 더 안정적일 수 있다. 단, 가맹거래서 등을 꼼꼼히 살펴 안전하고 지원시스템이 잘 되어있는 우량 본사를 선택하는 안목이 필요하다.

(7) 능동적인 의사결정

창업 준비에 있어서 최근의 창업 트렌드에 따른 소문이나 안내문 혹은 각종 창업홈페이지에 의존하기보다 직접 눈으로 지점들을 살펴보고 창업설명회 등을 찾아다니며 눈으로 일일이 확인하고 결정하는 노력이 필요하다. 특히 점포를 고를 때에는 한 번에 선택하기보다 꾸준히 유동인구를 살피고 주변상권을 돌아보는 등 여유로운 마음과 시간을 가지고 지켜봐야 한다.

(8) 가족과의 협력

시니어 창업에서 무엇보다 중요한 것은 가족이다. 가족의 지원을 최대한 이끌어 낼 수 있어야 한다. 부부 혹은 자녀들과 함께 운영을 해나간다면 체력적인 부분에 있어서도 도움이 될 뿐 아니라 인건비도 줄일 수 있으며 수익을 극대화 할 수 있는 장점이 있다.

1.3.2 시니어 창업의 유형

(1) 경력개발형

경력개발형은 전문직, 대기업 관리직, 중소기업 경영진 등으로 근무를 하다가 퇴진한 후 창업을 하는 유형이다. 이는 경험과 자본력을 살릴 수 있는 유형으로 컨설팅 사업 창업 등이 이에 해당한다. 경력개발형은 시니어 창업에서 가장 많이 나타나는 형태이며, 21세기 지식사회에 적합한 시니어 창업의 유형으로 지식생산, 서비스산업에 관여하게 된다. 또한 창업성공률이 향상될 수 있는 기대가 있으며 고용창출효과를 기대할 수 있다.

(2) 생계유지형

전문적인 지식과 기술, 자본이 모두 부족한 시니어가 창업하는 유형이다. 이 유형은 영세하고 경쟁력이 부족하여 창업을 위한 교육과 자금지원 등이 병행되어야 할 필요가 있다. 생계유지형 시니어 창업은 소상공인지원정책으로 지원받을 수 있다.

(3) 사회봉사형

사회봉사, 공익실현에 관련된 창업아이템을 선택하는 유형이라고 할 수 있으며, 오랜 기간 쌓아온 기술과 경험, 지식을 지역 사회와 이웃에게 나누는 삶의 실천을 통해 행복을 추구한다. 같은 시니어 계층이나 기타 소외계층을 대상으로 할 경우 시니어 일자리 창출과 신용회복 효과를 모두 얻을 수 있다.

(4) 취미연계형

자신이 평소 즐기며 행하던 취미활동이나 관심분야에 대한 것들을 보다 높은 전문가 수준으로 승화 시켜 하나의 사업으로 발전시키는 형태이다. 이 경우 높은 수입보다는 적정한 일거리를 통한 건강증진과 행복감 제고라는 점에 더욱 많은 관심을 가지는 것이 효과적이다.

청년 외면하는 中企, 5060 베테랑 시니어 '구원투수' 부상

이동형 절삭유 탱크 청소기를 국산화한 창원의 강소기업 네오스는 7명의 직원 모두 머리가 희끗한 노인이다. 기계, 전기 분야에서 잔뼈가 굵은 60대의 베테랑 엔지니어들이다. 2015년 네오스를 설립한 삼성물산 출신의 김윤상 대표도 올해 65세의 늦깎이 창업가다. 그는 "젊은 인력을 구하기 어려운데다, 삼성이 이병철 회장 시절부터 각 계열사에 일본의 은퇴한 장인을 데려와 기술력을 끌어올렸던 경험을 떠올려 시니어 창업에 나섰다"고 말했다.

저출산 고령화 시대를 맞아 은퇴가 본격화되고 있는 5060 베이비붐 세대가 인력난에 시달리는 중소기업의 구원투수로 부상하고 있다. 청년들은 기피하고 외국인 인력 채용도 만만치 않은 상황에서 5060세대가 현실적인 생산가능인구 역할을 할 수 있어서다. 강민정 한국고용정보원 전임연구원은 "현재 5060세대는 경제활동 인구 중 연령이 가장 높은 집단이지만 학력 수준이 높고 신체적으로도 건강해 과거의 노인들과는 뚜렷하게 구별된다"며 "자녀와 부모를 부양해야 하는 데다, 일하려는 의지도 높아 적극 활용할 필요가 있다"고 말했다.

통계청에 따르면 60세 이상 취업자 수는 지난해 585만8000명으로 사상 최대치를 기록했다. 60세 이상 창업기업도 지난해 12만 9384개로 관련 통계가 작성된 2016년 이후 가장 많다. 이는 고령화 추세와 무관치 않다. 올해 기준 5060세대는 약 1610만 명으로 전체 인구(5154만 9862명)의 31.2%에 이른다. 이들은 대부분 1955년생~1963년생 1차 베이비붐 세대와 1968년생~1976년생 2차 베이비붐 세대에 속해 있다. 노민선 중소벤처기업연구원 연구위원도 "합계출산율 저하에 따른 인구절벽이 가속화되는 상황에서 산업인력의 공백을 메우려면 퇴직한 인력의 지혜를 활용하는 것이 대안이 될 수 있다"고 말했다.

중동 옷감 시장의 90%를 장악하고 있는 대구 성서산업단지의 염색업체 한신텍스는 100여 명의 직원 가운데 60대 이상이 70%를 차지한다. 한상웅 대표는 "기계가 거의 자동화돼 있어 근무환경이 크게 개선됐지만 젊은 인재를 뽑기가 너무 힘들다"며 "중동 쪽은 수출 오더를 다 소화하기 힘들 정도여서 고령자라도 경력을 불문하고 채용하고 있다"고 전했다. 전남 영암의 선박 도장업체 태영S&C는 60세 이후에도 계속 고용할 수 있도록 2019년에 취업규칙을 변경했다. 지금은 12명의 고령자가 근무하고 있다. 송도국제도시에 있는 LED(발광다이오드) 조명 제조업체 DSE도 몇년 전부터 정년을 70세로 늘렸다. 박재덕 DSE 회장은 "생산관리, 연구개발 등 분야별로 능력 있는 60세 이상 경력자를 꾸준히 채용하고 있다"고 말했다.

정부도 5060세대를 '신중년'으로 정의하면서 지원에 나서고 있다. 신중년은 2017년 '신중년 인생 3모작 기반 구축 계획'을 수립하면서 유래한 용어다. 고용노동부에 따르면 60세 정년 이후 근로자를 계속 고용한 기업은 2020년 367개였으나 지난해엔 3028개로 10배 가까이 급증했다. 이들 기업은 근로자 1인당 분기별 90만원의 '고령자 계속 고용 장려금'을 지원받는다. '고용창출장려금'을 활용해 만 50세 이상 구직자를 채용한 기업도 2020년 1272개, 2021년 1446개, 지난해 1874개로 해마다 증가하는 추세다.

출처: 한국경제신문 2023.08.24.
https://www.hankyung.com/economy/article/202308244544i

1.4 외국인창업

1.4.1 외국인창업의 등장

우리나라에 외국계 투자기업이 늘어나고 거주하고 있는 외국인의 수가 늘어남에 따라 국내 외국인창업 희망자가 생겨나고 있다. 이와 관련하여 서울시에서는 글로벌비즈니스센터를 설치하여 외국인의 창업을 지원하고 있으며, 또한 '외국인 창업대학'을 운영하고 있다. 이같이 현재 서울에 사는 외국인들이 서울시에서 제공하는 창업교육을 통해 한국 실정에 맞는 틈새시장 창업에 성공하고 있다.

1.4.2 외국인창업 지원기관과 프로그램

서울시는 서울에서 비즈니스를 하고 있는 외국 비즈니스맨들에게 도움을 주고자 Seoul Global Business Support Center를 설치하였다. 글로벌비즈니스센터에서는 서울에서 비즈니스를 하고 있는 외국인에게 종합적 서비스와 체류 관련 상담, 지원 및 비즈니스 교육 세미나 등 다양한 서비스들을 무료로 제공하고 있다. 또한 해외로부터의 투자 유치와 서울이 비즈니스 최적지가 되도록 지원하기 위하여 엄선된 외국 중소 규모 비즈니스맨들에게는 창업용 사무 공간도 무료로 제공하고 있다. 또한 서울글로벌비즈니스센터는 외국인들의 투자를 활성화하고 서울에서 창업을 희망하는 외국인들을 지원하기 위해 영어, 중국어, 일본어로 다양한 정보와 컨설팅, 기타 심층 지원 서비스를 제공하고 있다. 외국인들이 보다 편리하게 비즈니스 활동을 할 수 있도록 살기 좋은 거주환경을 제공하기 위해 센터에서는 무상으로 서비스를 제공하고 있으며 이를 통해 외국인들의 국내 정착에 기여하고자 한다. 서울글로벌센터를 직접 방문하여 '창업토털상담서비스'도 받을 수 있다. '창업토털상담서비스'는 각 분야의 전문가가 회사설립부터 창업세무상담(세무사), 투자신고 외화예치(외국환은행담당자), 비자신규연장발급(출입국사무소), 기업경영 법률자문(변호사), 고용노무상담(노무사), 부동산 임차(중개사) 등에 관해 각 분야의 창업 관련 정보를 제공하는 것으로 창업을 준비하는 외국인들에게 실질적인 도움을 주고 있다.

'외국인 창업대학' 프로그램은 서울글로벌비즈니스센터에서 운영 중에 있는 프로그램이다. 이는 서울시가 전국 지자체 최초로 외국인의 창업을 돕기 위해 개발한 창업교육 프로그램으로 서울에서 창업하기 위한 기초지식 습득부터 분야별 심화정보까지 다양한 커리큘럼으로 구성되어 있다. 수업은 영어로 진행된다. 외국인 창업대학은 서울글로벌센터의 외국인 비즈니스전문 상담을 통해 파악된 니즈를 바탕으로 교육과정을 내실있게 구성하고 있으며, 창업에 도움이 되는 실무 중심의 커리큘럼을 통해 외국인 창업수요를 촉진시키는 동시에 내국인의 신규일자리 창출의 계기가 될 수 있도록 하고 있다.

오송 국제도시, 외국인 창업 지원 프로그램 본격 가동

충북경제자유구역청은 '외국인 창업 지원 프로그램 운영사업'에 선발된 창업 희망 외국인 32명을 대상으로 무역전문 교육 오리엔테이션을 15일 청주SB플라자에서 개최했다고 밝혔다. '외국인 창업 지원 프로그램 운영사업'은 국내 거주 중인 외국인들의 국내 이해도와 현지 네트워크를 활용해 우수한 제품을 보유하고 있으나 해외 수출 역량이 부족한 도내 중소기업의 해외 수출을 지원하기 위해 충북경자청에서 전국 최초로 추진하는 사업이다.

충북경자청은 지난 4월 3일부터 한달간 참여자를 모집하고 서류와 면접평가를 통해 베트남, 몽골, 중국, 캐나다 등 7개국 32명의 외국인을 선발했다. 선발된 외국인 참여자는 15일부터 한달간 수출입 절차, 관세 및 자유무역협정(FTA), 온라인 무역 등 무역창업을 위한 체계적인 교육을 받게되며 이중 역량이 우수한 외국인 20명을 최종 선발해 사업자 등록지원, 창업공간 제공 및 체계적인 인큐베이팅 프로그램을 통해 글로벌 창업자로 육성해 도내기업의 해외수출을 지원할 계획이다.

충북도내 중소기업 중 외국인 창업자들과 협업하여 해외 판로를 확대하고 수출을 희망하는 기업은 충북경제자유구역청 또는 충북창조경제혁신센터에 신청 가능하며 향후 외국인 창업자와 매칭 상담회, 수출제품 제조, 판매현장 견학 등의 프로그램을 진행할 예정이다.

출처: 서울경제 2023.05.15.
https://www.sedaily.com

② 창업방법별 분류

2.1 1인 창조기업

2.1.1 1인 창조기업의 의의

'1인 창조기업'이란, 1인이 독자적으로 창업하고 부가가치를 창조하는 기업이라 할 수 있다. 1인이 창업한다는 관점에서만 보면, 기존의 1인 기업 또는 일반 자영업자와 동일하지만 '창조'라는 용어를 사용함으로써 차별화된 개념이라 할 수 있다. 물론 기존의 일반자영업자도 창조행위를 할 수는 있지만, 특별히 '창조'라는 용어를 사용한 것은 지적 노동과 전문직이라는 의미가 포함되어 있다는 것을 강조하는 것이라고 할 수 있다. 결국 1인 창조기업은 '창의적 아이디어나 특정기술 및 전문적 지식을 기반으로 부가가치를 창조하는 1인 기업'을 말한다. 따라서 이러한 1인 창조기업이 주변에서 흔히 보는 호프집, 치킨점, PC방 등의 자영업자와 다른 점은 '생계형 창업'이 아니라 '지속 가능형 창업'이라는 점이다.

PC방이나 호프집, 분식점 등은 자신의 전공이나 선호도와 무관한 경우가 대부분이다. 단지 생계를 해결하기 위해 그 업종에 종사하여 소득을 획득하는 행위이다. 따라서 시간이 경과되고 세월이 흘러가도 전문성이 축적되거나 경쟁력이 높아지는 일이 아닌 경우가 대부분이다. 인근에 대규모 점포가 개설되거나 더 인기있는 유사업종이 진출한다면 순식간에 치명적 영향을 받을 위험이 매우 큰 창업의 형태라는 단점도 지니고 있다.

반면 1인 창조기업은 시간이 흐를수록 전문성이 축적되면서 경쟁력도 강화되어 진다. 시대 변화와 기술발달에 따라 어느 정도 사업위상에 대한 변화는 있겠지만 전문성을 기반으로 하여 대응해 나아 간다면 지속적으로 사업을 영위할 수 있다. 그러므로 기업의 요건이라 할 수 있는 수익성과 지속가능성을 유지할 수 있는 가능성이 매우 높다고 할 수 있다.

2.1.2 1인 창조기업 창업 전략

(1) 정부나 관련기관의 창업강좌 활용

1인 창조기업을 창업하기 위해서는 먼저 창업에 대한 기초지식을 확보하는 것이 중요하다. 창업과정이나 행정절차 및 창업세무 등 구체적이고 실무적인 지식습득을 위해 정부에서 지원하는 다양한 창업 관련 강좌나 교육을 이수하는 것이 매우 유용하다. 정부 지원 창업강좌의 장점은 최신 경향의 파악이다. 그리고 정부가 지정한 특정창업이나 직업 교육을 받을 시에는 정부로부터 지원금 혜택과 각종 서비스를 지원받을 수 있다는 장점도 있다. 특히 중소벤처기업부 홈페이지(www.smba.go.kr) 또는 비즈인포(www.bizinfo.go.kr) 사이트를 통해서도 1인 창조기업에 관한 도움을 받을 수 있다. 결국 중소벤처기업부 등 관련기관이나 단체의 지원 정책을 이용하면 '아이디어 상업화 지원' 등 다양한 지원을 통한 사업의 성공가능성을 한층 높일 수 있다.

(2) 창업 관련 전문지식과 경험의 축적

성공적인 창업을 위해서는 본격적인 창업 전에 창업과 관련된 전문지식과 간접 경험을 다양하게 쌓는 노력이 필요하다. 이를 위해서는 먼저 창업한 사람을 찾아가 성공담이나 실무적 조언을 듣거나 혹은 창업 관련 강좌나 창업 관련 전문서적을 섭렵하는 것이 중요하다. 특히 창업과정이나 기업설립 및 사업자등록, 각종 세금과 법률관계 등에 대한 전문적이고 실무적인 지식에 대한 자료의 확보 및 이해와 더불어 창업아이템과 창업전략에 대한 지식의 확보도 매우 중요하다. 타인의 실패에 대한 경험담 역시 유용한 지식이라 말할 수 있다.

(3) 최적의 분야와 업종의 선택

1인 창조기업을 창업과 운영을 성공적으로 하기 위해서는 본인이 최선을 다할 수 있는 분야로의 선택이 매우 중요하다. 이 경우 반드시 전공 분야이거나 기존에 하던 업종이어야 하는 것은 아니지만, 자신이 잘할 수 있고 경험이 많으며, 유망한 분야를 선택하는 것이 유리하다. 직장인이라면 자기가 속한 직장에서의 경험을 살릴 수 있는 업종으로 창업해야 하고, 교수, 학생이나 연구원이라면 자신의 전공분야, 은퇴자라면 퇴직 전까지의 경험을 통해 업무가 가능한 분야로 창업하는 것이 적합하다. 아무나 할 수 있는 업종은 창업은 쉬우나 진입장벽이 없기 때문에 상대적으로 경쟁이 치열하여 창업소득도 낮을뿐더러 안정적이지 않다는 점을 인식해야 할 것이다.

(4) 창업 및 운영 자금의 최소화

1인 창조기업은 창업절차의 간소화와 아이디어의 활용으로 이루어지는 것으로 중후장대형 창업과는 거리가 먼 창업이다. 따라서 1인 창조기업은 창업에 실패하더라도 커다란 손실 없이 마무리할 수 있어야 하며 창업 시 그러한 업종을 선택하는 것이 중요하다. 실패를 통한 새로운 창업의 시도를 통해 그 과정에서 경험을 쌓으면서 자신에게 적합한 아이템을 찾아 안정적으로 창업에 성공해야 한다. 따라서 창업 초기 때부터 실패했을 때의 충격 및 피해를 최소화할 수 있는 방법을 찾아 최대한 활용해야 한다.

따라서 사장의 지식과 노동력을 위주로 창업하는 것이 좋으며, 사무실 등의 운영도 재택근무를 통한 최소한의 경비로 운영하는 노력이 바람직하다.

"2만원대 스타트업 가방에 15억 몰린 이유는?"

진창수 샤플닷컴 대표, 소비자 선택한 디자인 제품화…첫 제품 '닥터나'로 15억 크라우드펀딩 성공 "샤플은 '바이어'가 아닌 '소비자'를 위한 디자인을 제공하는 회사입니다."

창업을 위해 미술대학에 입학한 스타트업(신생 벤처기업) CEO(최고경영자)가 있다. 소비자를 감동시키는 제품 개발은 마케팅과 유통이 아닌 디자인 역량에 달렸다는 판단에서다. 5년여의 노력 끝에 최근 한 달간 가방 하나로 15억 원의 크라우드펀딩에 성공했다. 디자인 콘텐츠 양산 플랫폼 '샤플닷컴'을 운영하는 진창수 샤플 대표 이야기다.

진 대표는 2012년 샤플을 설립한 후 이듬해 휴대용 샤워용품 용기 '스마트 디스펜서'를 출시하며 사업을 시작했다. 2006년 이라크 자이툰부대 복무 당시 미국 장병들이 지친 상황에서도 각종 샤워용품을 챙기는 모습을 보고 간편한 샤워용품 용기가 글로벌시장에서 통할 것이라고 봤다. 진 대표는 당시 크라우드펀딩 웹사이트에서만 60일간 총 5만 5000달러를 모으는 데 성공했다. 진 대표는 크라우드펀딩 성공 경험을 계기로 가능성 있는 디자인의 제품화를 지원하는 플랫폼 개발에 나섰다. 진 대표는 "유망한 디자이너들이 생산 및 물류, 배송, 영업 등 경험부족으로 사업을 시작조차 못하고 있다"며 "온라인 플랫폼과 유통구조 혁신을 통해 디자인을 제외한 제품화 관련 전 과정을 지원하는 플랫폼을 개발했다"고 말했다.

진 대표는 1년여 개발 끝에 지난달 '샤플닷컴'을 출시했다. '샤플닷컴'에는 전세계 누구나 자신의 디자인을 올릴 수 있다. 글로벌 소비자들로부터 '좋아요'를 500개 이상 기록한 제품은 시

제품으로 제작되며 5000개 이상인 제품은 생산 및 판매에 돌입한다. 디자이너는 '좋아요' 개수에 따라 3~10%의 로열티를 거둬들인다. 진 대표는 이같은 제작과정을 통해 소비자 친화적 디자인제품이 생산된다고 설명했다. 그는 "디자인산업도 유통기업 중심으로 재편되면서 소비자가 아닌 유통기업 의사결정권자에 의해 디자인이 결정된다"며 "샤플닷컴에선 제작 초기단계부터 소비자의 선택을 거쳐 제품으로 제작된다"고 했다.

또 샤플닷컴을 통해 일명 '가성비'(가격 대비 성능) 높은 제품이 생산된다고 진 대표는 강조했다. 샤플닷컴에서 소비자의 선택을 받은 디자인은 중국공장에서 OEM(주문자상표부착생산) 방식으로 생산된 뒤 선박에 실려 곧바로 국내 택배회사로 옮겨진다. 유통과정을 최소화해 제품가격을 소비자가 원하는 수준으로 낮출 수 있다.

최근 샤플닷컴의 첫 제품 '닥터나(Dr.Nah) 캐리어&백팩'은 소비자들로부터 뜨거운 반응을 모았다. 샤플닷컴 홍보차 진행한 크라우드펀딩엔 2만여명이 몰리며 약 15억 원의 자금이 모였다. 나건 홍익대 국제디자인전문대학원 교수의 심플한 디자인과 2만 9000~4만 9000원 저렴한 가격이 소비자 취향을 저격했다고 진 대표는 분석했다. 진 대표는 "기존 크라우드펀딩 플랫폼이 디자인 이후 배송 및 판매를 고민해야 한다면 샤플닷컴은 디자인만 있으면 누구나 제품화에 도전할 수 있다"며 "생산자와 소비자간 거리를 최대한 좁혀 소비자 친화적인 제품 개발을 이어갈 것"이라고 말했다.

출처: 머니투데이 2017.08.03, 수정.
http://news.mt.co.kr

2.2 소호 창업

소호란 'Small Office Home Office'의 약자로서, 공간적으로는 자택이나 소규모 사무실 또는 소규모 점포형 독립사업을 영위하는 독립사업자를 말한다. 직업적으로는 자신의 전문적 지식·경험이나 새로운 아이디어 등을 자신의 핵심역량으로 하여 네트워크나 정보통신 기술 등을 활용해 사업화하여 운영하는 자유직업가를 의미한다.

소호의 발전배경으로 첫째, 정보통신기술의 발달에 따른 인터넷의 보급, 전자상거래·쇼핑몰, 영업관리 S/W 등의 발전에 따라 재택근무사업이 가능해짐을 들 수 있다. 둘째, 산업구조조정과 기업의 리스트럭처링 등 기업구조재편에 따라 산업의 구조조정과정에서 발생한 실업인력과 개인주의적인 젊은 층이 독립적인 창업을 시도하게 되었다. 이는 기업조직의 슬림화 과정에서 비용절감노력의 일환으로 아웃소싱(outsourcing) 및 재택근무가 활성화되어 소호산업의 시장여건을 제공하게 되었기 때문이다.

이외에도 문화생활의 소프트화에 따른 UniSex, 가사업무분담과 탈 도시화와 귀농현상에 따른 전원주택 붐, 농수산물 브랜드화와 귀농 소호 증가 등도 큰 역할을 하고 있다.

2.2.1 소호의 종류

소호 창업은 창업장소에 따라, 재택 소호 창업과 회사 소호 창업으로 나눌 수 있으며, 창업의 자주성 여부에 따라 사원 소호 창업과 독립 소호 창업으로 나뉘며, 인터넷 활용 여부에 따라 일반 비즈니스 소호 창업과 인터넷 비즈니스 소호 창업으로 나눌 수 있다.

[1] 재택 소호 창업

재택 소호는 집을 기반으로 하여 사업을 진행하는 형태의 창업이다. 이 경우 출·퇴근에 따른 이동 부담이 없고, 이동시간 절약이 가능하며, 근무시간을 자유롭게 조정할 수 있으며 가사일도 함께 처리할 수 있는 장점이 있다.

[2] 회사 소호 창업

작은 사무실을 창업의 기반으로 하여 사업을 진행시키는 형태로서 재택 소호 창업에 비해 사무실을 구하는 데 많은 자금이 소요되는 부담이 있다. 따라서 이 경우에는 창업보육센터 등을 활용하여 정부나 관계기관의 지원체계를 최대한 이용하여 소요자금을 줄이는 것이 필요하다.

[3] 사원 소호 창업

사원 소호 창업이란 자신이 근무하던 회사를 그만두고 창업을 하여 아웃소싱 형태로 이전의 동일한 상품 또는 서비스를 제공하는 형태이다. 기업의 입장에서는 기업의 구조조정을 통하여 자금부담을 줄일 수 있고, 창업자는 기존에 자신이 담당했던 분야를 자유롭게 창업하여 수직적 개념이 아닌 수평적 관계에서 자신의 능력에 따라 전문화를 통해 고수익을 창출할 수 있다는 장점이 있다.

[4] 독립 소호 창업

독립 소호 창업은 창업자가 자신의 능력을 바탕으로 독립하여 새로운 사업을 전개하는 진정한 의미의 소호 창업이다. 이러한 독립 소호 창업의 강점은 전문화, 차별화, 하이테크화라고 할 수 있다.

[5] 인터넷 비즈니스 소호 창업

인터넷을 사업의 주요도구 및 사업기반으로 활용하여 기업활동을 수행하는 형태의 소호 창업을 말하며, 아이디어만으로 간단히 창업할 수도 있으나, 경쟁이 치열하며, 항상 새로운 방식과 새로운 기술에 대한 대비를 행하여야 한다.

2.2.2 소호 창업의 특성

소호 창업은 경영마인드와 마케팅기법을 적극 활용하고 창조적인 시장흐름에 부합하여 보다 전문화되어야 하며 경쟁사보다 차별화를 추구해야 한다. 이렇게 함으로써 고객의 만족, 소호 창업자의 만족을 동시에 이룩하여 성공으로 이어질 수 있다.

소호 창업은 정보화시대에 적합한 새로운 창업의 형태로서 다음과 같은 특성을 지니고 있다.

첫째, 소호는 컴퓨터 관련 사업이라는 잘못된 생각이다. 소호라고 하면 인터넷이나 컴퓨터와 관련된 일만이 소호인 것처럼 오해를 받기도 한다. 하지만 소호는 컴퓨터와 인터넷을 활용하면서 사업을 하는 것일 뿐 거기에 한정된 것은 아니다.

둘째, 소호는 전업으로만 가능하다는 생각이다. 소호는 전업(full-time job)도 가능하지만 부업으로도 가능한 사업이다. 최근 들어 투잡스(two-jobs)족의 소호 창업이 많이 늘어나고 있는 추세이다.

셋째, 소호는 첨단 중소기업만을 위한 개념이라는 오해이다. 소호는 Small Office라는 용어 때문에 이러한 오해를 불러일으키기도 한다.

넷째, 소호는 오로지 혼자서 일하는 것으로 생각하는 것이다. 소호 창업은 창업자가 자신의 일에 전적으로 책임을 지게 되지만 일 자체를 혼자서 하는 것은 아니다.

2.3 기술창업

2.3.1 기술창업의 정의

일반적으로 기술창업이라 함은 제조업, IT, BT, 정보통신, 콘텐츠 분야 등 기술업종 분야의 창업을 말하고 있으며, 정부 지원 시책도 기술창업에 대해 R&D 등 많은 지원을 하고 있다. 기술창업에 대해서는 중소벤처기업부, 창업진흥원, 기술보증기금, 중소기업진흥공단 등 다양한 지원 기관이 있다. 참고로 일반창업은 주로 자영업 분야의 생계형 창업으로서 특별한 기술이 없이 창업할 수 있는 업종, 예를 들면, 음식업, 카페 등 서비스 업종과 도소매업 등을 들 수 있으며, 종업원 5인 미만의 사업주를 소상공인이라고 하는데 소상공인들을 위한 지원 기관으로서 소상공인시장진흥공단이 있다.

2.3.2 기술창업 따라하기

[1] 시장적합성 조사하기

기술, 제품, 시장 조사를 통해 고객이 원하는 기술 제품은 무엇인지, 어떠한 기술을 사업화하려는지 등의 기술 사업 기회를 확인한다. 페르미 추정법, 카노기법 등을 활용하여 해당 기술의 시장 분석과 품질 기능을 예측 분석한다.

창업자 관점	투자자 관점
• 기술 아이템에 대한 타깃 시장 고객의 가치 분석	• 기술 아이템이 고객 입장에서 가치를 제공하고 있는지 확인
• 정확한 시장 규모 분석 • 타깃 고객이 필요로 하는 기술인지 판단	• 신규 진입 시장일 경우 타깃 시장의 규모를 과대평가하고 있는지 확인

[2] 기술타당성 분석하기

기술사업화를 추진하기 위해서는 경영자로서의 경영 능력, 기술 분석, 목표시장 분석, 사업 주체의 사업화 능력 등에 대한 구체적인 질문들을 통해 기술 타당성을 평가해야 한다.

창업자 관점	투자자 관점
• 기술 아이템에 대한 차별성, 독창성, 모방용이성 등을 확인	• 기술 아이템을 사업화하려는 창업자의 역량 평가
• 기술 아이템에 대한 시장 규모 및 시장성을 확인	• 기술 아이템의 수익성, 사업성, 지속가능성 평가

앞서 관점을 숙지하고 해당 기술의 사업화 가능성을 다음 항목을 토대로 평가한다.

항목	진단 내용
경영자 역량	1. 동일 업종에 대한 경험이 있다
	2. 직장 생활 경험이 있다
	3. 해당 기술 분야의 기술 자격이나 관련 학위가 있다

4. 본인 자금 투자 규모(담보 포함)

5. 리더십과 팀워크 유지 능력(발기인 주주+창업 파트너의 수)

6. 사업 성공화 경험(창업 또는 공동 프로젝트 등)

7. 공개적인 신청을 통한 공공지원자금을 획득, 사용한 경험이 있다

8. 사업 지연 시 자금 조달 방안을 가지고 있다

9. 경영/회계 관련 교육 이수 경험이 있다

10. 외부투자유치 경험이 있다

11. 본 사업과 관련된 사업적 네트워크 확보

12. 본 사업과 관련된 기술적 완전성 확보 방법

13. 사업을 하면서 신용불량, 제 2금융권 대출 경험이 있다

14. 핵심 인력에 대한 확보 전략과 보상 계획이 있다

15. 기술 개발 전담 조직과 인력

16. 기술 개발 수상 또는 인증 실적이 있다

17. 관련 특허를 가지고 있다(상표, 디자인, 특허 등)

18. 기술의 차별성이 높다

19. 모방 기술이 등장할 가능성

20. 원천 기술 여부

21. 제품의 완성도

22. 뛰어난 외부 기술 파트너를 가지고 있다

기술성　　23. 공인된 연구전담부서

24. 기술 자체로 구동 가능 여부

25. 연구 개발 인력의 동종분야 학위

26. 연구 개발 인력의 동종업계 경력

27. 연구 개발 투자 금액

28. 벤처 기업 인증 여부

29. 외부의 공식적인 기술성 테스트, 평가서 유무

	30. 우리 제품 외에 대안은 없는가?
	31. 예상하는 시장의 규모
	32. 시장의 성장률
	33. 대기업 참여 업종
	34. 독과점이 가능한 시장이다
	35. 법규제의 도움을 받거나 정부정책에 부합하는 장점이 있다
	36. 해외 진출 가능성
시장성	37. 인지도 있는 브랜드를 가지고 있다
	38. 대체품과의 가격 경쟁력
	39. 대체품과의 성능 차이
	40. 진입 장벽 유무
	41. 사용 패턴에 대한 소비자 교육
	42. 시장의 인프라
	43. 정부나 지자체의 등록이나 인증이 필요
	44. 제품 생산 시까지 필요한 추가 투자자금
	45. 생산 시설(솔루션)의 확보
	46. 생산 인력(개발자 등)의 확보
	47. 판매처의 확보
	48. 마케팅 전략, 유통망, 유통 조직 등의 확보
	49. 설문 경험 등 시장 테스트 유무
	50. 첫 번째 매출까지의 예상 기간
사업화	51. 매출 계약의 체결 또는 진행 수준(퍼블리싱 계약 등)
	52. 타깃 고객
	53. 수익 모델
	54. 유통, 마케팅에 필요한 자금
	55. 예상 당기순이익률
	56. 투자금 회수 예상 시기
	57. 최초 진입자의 우위 요소

(3) 아이디어 구현하기

고객 중심의 문제 해결을 하고자 하는 것이 핵심이다. 아이디어를 기술로 사업화 한다는 것은 사용자/고객 관점의 아이디어 개발과 시나리오 작성이 중요하다.

창업자 관점	투자자 관점
• 공감 지도, 디자인 사고 등을 적용하여 고객 관점의 아이디어 창출 및 구현 • 프로토 타입, 린 프로세스 활용을 통해 아이디어를 구체화	• 창업자가 제품에 대한 기술과 기능을 명확히 이해하고 있는지 평가 • 고객 관점의 기능과 아이디어를 도출했는지 평가 • 구체화된 시제품의 개선점 및 방향 제시

(4) 아이디어 보호하기

특허를 통한 기술의 자산화는 기술가치평가나 차별화에 매우 중요하다. 해당 기술의 핵심 기술과 주변 기술을 확인한다.

창업자 관점	투자자 관점
• 특허맵 등을 활용해 선등록 특허 유무 확인 • 보호해야 할 핵심 기술과 주변 기술 이해 • 특허를 통한 기술 아이템의 자산화 유무 판단	• 기술 아이템의 특허 보유 여부 판단 • 특허로 방어 및 공격할 수 있는 역량 평가 • 특허로 인한 가치평가 및 성장 가능성 판단

특허맵 등을 이용해 선등록 특허가 존재하는지 확인한다.

(5) 기술가치 평가하기

대다수 초기 단계의 기술창업자들은 기술가치에 대한 이해가 부족하고 평가 기준이 없기 때문에 자신의 기술이 어느 정도 평가를 받는지 모르는 경우가 있다. 기술 사업화 과정에서 흔히 발생하는 실수로 기술의 기능을 과도하게 확장하여 기술 가치를 높게 책정하거나, 반대로 기술의 전제 가치를 인식하지 못하는 경우가 많다. 따라서, 기술의 가격 책정 및 가치 평가 등 기술의 자산화는 미리 이해하고 합리적으로 평가하여 준비해 놓는 것이 기술이전 시 유리하다.

창업자 관점	투자자 관점
• 기술 아이템의 가치를 평가할 판단 근거 확인	• 기술이 지식재산권 등으로 자산화가 되어있는지 확인
• 기술 아이템의 자산화 확보	• 기술 아이템에 대한 가치를 이해하고 있는지 판단
• 기술 아이템의 가격 산정 준비	• 기술 아이템의 가격을 산정해 놓았는지의 여부 확인

〔6〕 기술마케팅 실행하기

자원이 부족한 기술창업 초기 기업은 각종 대회 및 세미나, 워크숍 등에 적극적으로 참여하여 자신의 아이템을 알리거나 기술의 영상화나 크라우드 펀딩을 통해 기술을 홍보하는 것이 효과적인 방법이다. 해당 기술을 홍보하기 위한 영상을 제작해 보고, 유튜브나 기술 공유 사이트에 등록하여 기술을 홍보해 보자. 제작된 영상을 투자자/창업자 관점으로 나누어 평가, 토의해 보자.

창업자 관점	투자자 관점
• 초기 창업자의 자원과 비용의 한계를 고려	• 기술 아이템의 마케팅 전략 확인
• 기술 아이템 홍보를 위한 영상 제작	• 각종 창업 대회 및 워크숍 참여 정도 평가
• 시제품, 프로토타입 제작	• 기술 마케팅 실행을 통한 시장 반응 평가
• 크라우드 펀딩을 활용한 기술 마케팅 전략	• 기술 아이템에 대한 투자자들의 관심 확인

〔7〕 기술금융 투자 받기

기술기반의 창업자들은 현금흐름 및 손익분기점 등의 재무제표의 이해가 부족하기 때문에 자금 계획에 어려움을 겪는 경우가 많다. 하지만 자금 계획은 구체적일수록 좋고 합리적으로 작성되어야 한다.

창업자 관점	투자자 관점
• 다양한 금융지원제도 확인 및 장단점 이해	• 창업기업의 재무구조 평가
• 재무구조 및 현금흐름을 이해하고 있는지 판단	• 기술아이템을 통한 사업모델의 가치평가
• 사업 일정 계획 수립 및 투자 계획서 작성	• 자유치에 필요한 개념을 이해하고 있는지 평가
• 잠재적 투자자 탐색	• 투자자를 설득할 수 있는 역량이 있는지 판단

국내 기술기반업종창업(기술창업)이 23만개를 달성하며 역대 최대 기록을 세웠다. 코로나 19 확산이 지속되는 가운데 정부가 추진한 창업·벤처 정책이 이 같은 성과를 이끌었다는 분석이다.

23일 중소벤처기업부가 발표한 '창업기업 동향'에 따르면 지난해 전체 창업은 141만 7973개로 나타났다. 전체 창업은 전년 대비 4.5%(6만 6694개)가 감소했으나, 2020년 소득세법 개정으로 사업자 등록이 급증한 부동산업을 제외할 경우 5.1%(5만 3775개)가 증가했다.

도·소매업은 온라인쇼핑 활성화 등에 힘입어 전년 대비 9.1% 증가했고, 사회적 거리두기 등 방역지침으로 인해 2020년 창업이 감소한 개인서비스업도 4.0% 증가하는 등 일부 대면업종에서 회복 흐름이 나타났다. 숙박·음식점업은 3.2% 줄었으나 전년(10.0%↓)에 비해 감소폭이 축소됐다.

특히 온라인·비대면화로 인해 정보통신업(24.0%↑), 전문과학기술업(19.7%↑) 등에서 창업이 크게 증가하면서 기술창업은 역대 최초로 23만 개를 돌파했다.

중기부는 그동안 추진한 다양한 창업·벤처 정책이 어느 정도 기여한 것으로 평가한다. 2017년 중기부 출범 이후 연간 6000억 원 수준의 창업지원 예산 규모를 꾸준히 증액해 지난해에는 2017년 대비 2배 이상 증액된 1조 4000억 원을 집행했다.

그간 정부의 중소기업 연구개발 지원 확대도 창업기업 증가에 긍정적 영향을 끼친 것으로 보인다. 정부는 지난 5년간 '중소기업 전용 연구개발(R&D) 예산 2배 확대'를 국정과제로 정해 지원을 확대하고, 중기부 R&D 예산도 7000억 원 이상 증액하는 등 중소기업 연구개발 지원에 정책적 역량을 집중했다.

연령대별로는 청년층 창업이 4.3%(2만 875개) 증가한 반면, 부동산업 창업이 급감함에 따라 40대 이상 연령대의 창업이 감소했다. 다만 부동산업을 제외 시 모든 연령대에서 창업이 증가했다. 기술창업은 40세 이상에서 활발한 것으로 나타났다.

법인창업은 전년 대비 2.9%(3600개) 증가했고, 개인창업은 5.2%(7만 294개) 감소했다. 부동산업을 제외할 경우, 법인창업은 전년 대비 2.3%(2372개), 개인창업은 5.5%(5만 1403개) 각각 증가한 것으로 나타났다.

법인창업은 △금융보험업(34.9%↑) △전문·과학·기술업(14.5%↑) △정보통신업(14.0%↑) 등의 업종에서 증가했지만 △제조업(12.8%↓) △전기·가스·공기(29.1%↓) △도·소매업(1.8%↓) 등의 업종에서 감소했다.

개인창업은 △정보통신업(27.2%↑) △금융보험업(27.1%↑) △전문·과학·기술업(21.6%↑)

등 업종에서 증가한 반면 △부동산업(29.0%↓) △사업시설관리(20.6%↓) △수도·하수·폐기(15.3%↓) 등 업종에서 감소했다.

기술창업의 경우 법인은 3.5%(1601개), 개인은 4.9%(9070개) 각각 증가했다.

지역별로는 경기(2.0%↑) 지역만 제외하고 모든 지역에서 감소했다. 다만 부동산업 제외 시 대부분 지역(13개 지역)에서 증가하고 광주(0.8%↓), 전북(4.0%↓), 전남(2.3%↓) 등 5개 지역에서만 창업이 감소했다.

https://www.ajunews.com/view/20220223102711249

"듣보잡 만드는 지식창업 … 미래 일자리 '보물창고'"

지난 30년간 기존 일자리 매년 100만개씩 사라졌지만 스타트업선 300만개 늘어나 국내 30대 그룹 고용증가율 작년 1.3%…벤처는 8% 달해 한국 석·박사 창업 13% 불과…지식인력 창업생태계 조성을

1982년생 여성이 2년 전 창업한 중국의 한 스타트업이 전 세계적인 관심을 끌고 있다. 정보기술(IT)·자동차 전문기자 출신인 후웨이웨이 총재(35)가 지난 2015년 10월 창업한 자전거 공유 업체 '모바이크'가 주인공이다. 중국 내 100개 도시에서 매일 2000만 명이 이용하는 모바이크의 기업가치는 2조 원까지 치솟았다. 애플리케이션을 내려받은 뒤 스마트폰에서 주변에 있는 자전거를 찾아 공유 서비스를 이용하는 방식은 다른 스타트업의 사업 모델과 크게 다르지 않다.

모바이크가 주목받는 이유는 바로 '듣보잡' 창출 때문이다. 모바이크가 현재 운영 중인 스마트 자전거는 500만 대가 넘는다. 모바이크의 스마트 자전거는 도난을 막기 위해 위성항법장치(GPS)를 부착한 스마트 잠금장치와 실시간 주행 현황 및 예측을 통해 최적의 운행을 도와주는 빅데이터 인공지능(AI) 플랫폼까지 지원한다. 신기술 도입과 함께 GPS 보안 전문가, 교통 빅데이터 분석가, AI 교통 플랫폼 개발자 등 '듣보잡'을 발굴해 낸 것이다. 모바이크는 듣보잡 직원을 통칭해 '모빌리티(Mobility·이동성) 디자이너'라고 부른다. 후웨이웨이 총재는 당초 자전거 공유 플랫폼만 운영하려고 했다. 그러나 급증하는 수요보다 자전거 공급이 부족하자 아예 공장을 세워 버렸다. 이 공장에서 일하는 근로자만 1000여 명에 달한다. 좀 더 가볍고 편리한 자전거, 모바일과 공유 서비스에 적합한 자전거를 만들기 위해 연구개발(R&D) 인력도 채용했다. 창업한 지 2년이 안 된 모바이크가 만들어 낸 듣보잡과 기존 일자리 수는 2000여 개에 달한다.

4차 산업혁명 시대를 맞아 과거 듣지도 보지도 못한 새로운 직업을 뜻하는 '듣보잡(Job)'이 뜨고 있다. 전문가들은 미래 일자리 문제를 해결하기 위해서는 듣보잡을 과거 듣지도 보지도 못한 창업, 즉 '듣보창업'으로 진화시켜야 한다고 강조한다. 4차 산업혁명 시대는 듣보창업을 하기 딱 좋은 환경이다. 모바일과 네트워크, 플랫폼, 공유경제에 기반한 사업 환경이 조성되면서 거대한 공장과 사무실이 필요없다. 모바이크 사례처럼 혁신 아이디어만 있다면 얼마든지 창업으로 이어질 수 있다. 각각의 듣보창업 기업은 산업 생태계를 통해 연결돼 더 큰 부가가치와 일자리를 만들어낸다.

듣보창업은 스타트업→유니콘 단계를 거쳐 구글, 우버, 페이스북 같은 글로벌 기업으로 성장할 폭발력과 일자리 확장성을 가진 게 특징이다. 전통 제조업 대표기업 제너럴모터스(GM)가 기업가치 680억 달러를 달성하는 데 걸린 시간은 1908년 창업 이후 107년이다. 그러나 공유경제 대표 기업인 우버는 불과 5년 만에 달성했다.

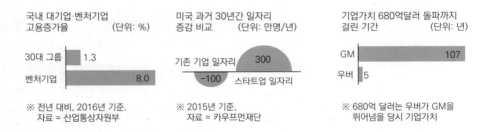

국내 대기업·벤처기업 고용증가율 (단위: %)
30대 그룹 1.3
벤처기업 8.0
※ 전년 대비, 2016년 기준,
자료 = 산업통상자원부

미국 과거 30년간 일자리 증감 비교 (단위: 만명/년)
기존 기업 일자리 −100
스타트업 일자리 300
※ 2015년 기준,
자료 = 카우프먼재단

기업가치 680억달러 돌파까지 걸린 기간 (단위: 년)
GM 107
우버 5
※ 680억 달러는 우버가 GM을 뛰어넘을 당시 기업가치

일자리 창출 측면에서도 4차 산업혁명 시대 듣보창업은 대기업과 전통 제조업보다 훨씬 큰 가능성을 갖고 있다. 스타트업이 적은 인원으로 높은 수익을 올리는 기업이라는 오해를 받지만 실제는 다르다. 혁신 플랫폼과 공유경제의 힘을 바탕으로 전 산업 분야에 걸쳐 일자리 창출을 주도하고 있는 것이다. 카우프먼재단에 따르면 미국에서 과거 30년간 기존 기업의 일자리가 매년 100만 개씩 사라졌지만 스타트업 일자리는 매년 300만 개씩 늘어난 것으로 나타났다. 국내에서도 일자리 창출을 벤처기업이 주도한다. 산업통상자원부에 따르면 지난해 기준 국내 30대 그룹의 고용증가율은 1.3%에 그친 반면 벤처기업의 고용증가율은 8%에 달했다.

국내 최초 미술품 공유서비스 회사인 '오픈 갤러리'도 듣보창업이 듣보잡과 기존 일자리 증가로 이어진 사례다. 미술품을 직접 사기는 부담스럽지만 소유와 감상을 원하는 고객(수요자)과 훌륭한 작품을 창작했지만 마땅히 팔 곳을 찾지 못하던 화가(공급자)들을 연결시킨 공유 플랫폼 비즈니스다. 극소수 컬렉터와 유명 작가 중심인 한국 미술계 현실에서 미대를 졸업하고도 작업을 계속 할 수 있는 사람은 많지 않다. 그러나 '오픈 갤러리'는 무명에 가까운 500여 명의 미술가들에게 전공을 살린 일자리를 제공했다. 이 밖에도 플랫폼 마케팅 전문가, 디지털 미술 설치 전문가, 온라인 큐레이터 등 듣보잡도 생겼다. 박의규 오픈갤러리 대표는 "개인적으로 창업을 하게 된 동기가 사람들에게 직업을 선물해 주고 싶어서였다"고 강조했다. 박 대표는 "회사가 무명의 작가들에게 작품활동 기반을 제공하고 큐레이터, 마케팅 전문가 등 양질의 일자리를 만드는 데 기여하고 있다"며 "앞으로도 공유경제는 많은 사람들의 니즈를 충족시킬 것이고, 그 과정에서 더 많은 일자리를 만드는 데 기여할 것"이라고 말했다.

'지식 인력'이 적극적으로 듣보창업에 나설 수 있는 생태계 조성이 중요하다. 브이알카버 강두환 대표는 국내 굴지 전자 대기업에서 기술직으로 일했던 경험과 지식을 살려 가상현실(VR) 기술 스타트업인 '브이알카버'를 창업했다. VR 관련 스타트업이 많지만 강 대표의 강점은 VR 기술 중에서도 코너를 돌 때 느낌을 제대로 살리는 코너링 기술이다. 이 기술은 자전거, 스키, 봅슬레이 등 VR 게임에 즉시 적용 가능해 현재 스크린 게임 업체와 제휴를 논의 중이다. 강 대표는 "청년층과 은퇴자들이 생계형 창업에 나서는데, 이래서는 좋은 일자리를 만들어 낼 수 없다"며 "기술·경험을 가진 사람과 석·박사급 지식 인력이 듣보창업에 나서 4차 산업혁명 시대 일자리 창출을 이끌어야 한다"고 강조했다.

정부 스타트업 지원기관인 K-ICT 본투글로벌센터에 따르면 한국의 대학원 이상 졸업자(석·박사) 창업은 전체의 13.6%에 불과해 미국의 40%에 크게 못 미치는 실정이다. 전문가들은 우수 인력이 혁신 기회를 추구하는 창업에 도전하지 않는 문화가 4차 산업혁명 시대 국내 창업생태계 경쟁력을 저해할 것이라고 염려한다. 박영숙 유엔미래포럼 한국대표는 "VR, 사물인터넷(IoT), 빅데이터 등 분야에서 청년 창업 불씨가 커지고 있는 만큼 이를 북돋아 줄 유기적인 시스템이 필요하다"며 "청년 창업 열기를 4차 산업혁명과 연계해 듣보창업 붐이 일어날 수 있도록 지원해야 한다"고 강조했다. 미래 일자리 창출을 위해 규제는 풀고 지원은 늘려 '듣보잡 창업생태계'를 키워야 한다는 얘기다.

출처: 매일경제신문 2017.08.06, 수정.
http://news.mk.co.kr

2.4 사회적 기업

사회적 기업은 사회적 목적을 위해 상업적 거래를 하는 기업이다. 기업을 하는 주요 동기가 사회적 목적을 실현하기 위함이다. 그래서 사회적 기업은 사회적 경제에 의한 새로운 기업 형태로서, 이윤을 추구하는 기업의 특성과 공공성을 우선시하는 사회적 특성을 모두 포함하고 있다. 경제가 활성화되기 위해서는 다양한 계층의 국민 참여가 매우 중요한데, 특히 사회적 기업을 통해 은퇴자, 주부, 장애인 등 경제적 소외계층이 새로운 일자리를 얻어 경제적 생활을 영위할 수 있다는 측면에서 사회적 기업은 그 중요성을 갖는다.

2.4.1 사회적 기업의 정의

사회적 기업에 대한 정의는 국가마다 다양하여 공동적인 정의는 찾기 어렵다. 예컨대 OECD는 공공 이해를 위해 수행되고, 이윤극대화가 아닌 특정한 사회적·경제적 목표 달성을 목적으로 하는 기업가정신 및 기업적인 전략으로 조직된 기업을 의미한다. 또한, 사회적 문제에 혁신적인 해결책을 제시하는 역량을 가진 공익을 위한 모든 민간활동으로 정의하고 있다. 영국은 사회적 목적을 중심에 놓는 비즈니스로서 창출된 잉여를 주주나 소유자가 아닌 사회적 목적을 위해 재투자하는 조직으로 정의한다. 미국의 경우 로버츠 재단은 "저소득 소외계층에게 일자리 창출과 직업훈련의 기회를 제공하는 동시에 사업 수익으로 운영되는 비영리 수익창출 벤처"라는 정의를 사용하고 있다. 우리나라의 사회적 기업은 취약계층에 대한 일자리 문제해결과 사회서비스 수요에 대한 공급확대방안으로 시작되었다. 정부에서는 2007년 7월 「사회적기업육성법」을 제정하여 고용노동부 장관의 인증을 받은 기업을 사회적 기업으로 지정하고 있다. 법에서는 사회적 기업을 취약계층에게 사회서비스 또는 일자리를 제공하여 지역주민의 삶의 질을 높이는 등의 사회적 목적을 추구하면서 재화 및 서비스의 생산·판매 등 영업활동을 하는 기업으로서 고용노동부 장관의 인증을 받은 기관으로 정의하고 있다. 이러한 정의에 의하면, 우리나라에서는 사회적 기업을 우선적으로 사회적 목적을 추구하면서 재화의 서비스의 생산과 판매 등의 영업활동을 수행하는 기업(조직)으로 정의한다고 할 수 있다. 여기서 사회적 목적과 영업활동은 다음과 같은 것을 의미한다.

(1) 사회적 목적

- 취약계층에게 일자리 또는 사회적 서비스 제공
- 지역사회 발전 및 공익 증진
- 민주적 의사결정구조(서비스 수혜자, 근로자, 지역주민 등 이해관계자가 참여)
- 수익 및 이윤 발생 시 사회적 목적 실현을 위한 재투자(상법상 회사, 이윤 2/3 이상)

(2) 영업활동

- 조직형태는 비영리법인·단체, 조합, 상법상 회사 등 다양하게 인정
- 유급근로자를 고용
- 영업활동을 통한 수입이 노무비(인건비)의 30% 이상

사회적 기업은 현재 사회적 목적에 따라 5개형으로 분류하고 있다.
① **일자리제공형**: 조직의 주된 목적이 취약계층에게 일자리를 제공(취약계층 고용·비율이 50% 이

상인 경우)

② **사회서비스형**: 조직의 주된 목적이 취약계층에게 사회서비스를 제공(사회서비스를 제공하는 취약계층 비율이 50% 이상인 경우)

③ **혼합형**: 일자리 제공형+사회서비스 제공형(취약계층 고용비율이 30% 이상, 사회서비스 제공받는 취약계층 비율이 30% 이상인 경우)

④ **기타형**: 사회적 목적의 실현 여부를 고용비율과 사회서비스 제공비율 등으로 판단하기 곤란한 사회적 기업

⑤ **지역사회공헌형**: 지역사회 주민의 삶의 질 향상에 기여

2.4.2 사회적 기업의 특징

사회적 기업은 오랜 역사적 뿌리를 가지고 있으나 대중적 관심을 갖게 된 것은 그리 오래되지 않았다. 세계적으로 보면, 영국의 사회적 기업은 전국적으로 약 55,000여 개가 있는 것으로 보고된다. 이는 고용을 하고 있는 전체 사업체의 약 5%를 차지하는 수치이다. 전체 비즈니스 총 매출의 1.3%를 차지하는 액수로 연간 총 매출은 270억 파운드로 우리 돈으로는 약 50조 원이다. 실제로 영국은 사회적 기업을 하는 사람들에 대해서 인정해주고, 높이 평가하는 분위기가 형성되어 있다고 한다. 미국은 비영리의 기업적 활동을 통해 약 1,160만 명의 근로자를 고용하고 있고 이는 전체 노동인구의 9.3%에 해당된다. 매년 20% 이상 성장하고 있다. 2004년에는 비영리의 기업적 활동을 통해 약 230조 원의 매출을 기록하기도 했다.

사회적 기업은 사회적 목적을 위해 상업적 활동을 하는 기업으로 사회적 목적이 가장 중요하다는 점에서는 전통적 비영리 조직과 공통점이 있다. 하지만 비영리 조직이 정부의 보조금이나 기부금에 의존하는 것과는 달리 사회적 기업은 기업 활동을 통해 수익을 창출한다는 중요한 차이점을 가지고 있다. 또한 비영리 조직은 서비스를 무료로 제공하지만 사회적 기업은 주로 지불능력에 따라 요금을 차등화한다. 즉, 전통적 비영리기관은 사회적 가치를 창출하지만 사회적 기업은 사회적 가치와 경제적 가치(blended value market)를 동시에 추구한다는 점에서 다른 특징을 갖고 있다고 할 수 있다.

여기서 사회적 기업의 특징을 경제적 기준과 사회적 기준으로 구분해 살펴보면 다음과 같다.

[1] 경제적 기준

- 재화와 서비스의 지속적 생산 및 판매
- 의미있는 수준의 경제적 리스크

(2) 사회적 기준

- 지역사회 기여 목적
- 자본소유에 기반하지 않는 의사결정권
- 다양한 이해관계자의 참여적 성격
- 제한적인 이윤분배 등

사회적 기업의 이러한 특징들을 모아 간략하게 요약하면 다음과 같다.

① **다수의 관계자 존재**: 다양한 이해관계자와 고객집단이 있는 복잡한 환경에서 운영

② **기업적 지향**: 제품을 생산하거나 시장에 서비스를 직접 제공

③ **사회적 목표**: 일자리 창출, 교육, 지역서비스 제공 등 명확한 사회적 목표 존재

④ **사회적 소유**: 고객 사용자, 지역공동체 수탁자 등의 참여를 바탕으로 한 지배구조와 소유
   구조

"사회적 책임 · ESG 리더십 강화"

[이데일리 이은정 기자] KB증권은 사회적 책임 이행 및 ESG(환경·사회·지배구조) 리더십 강화를 위해 유엔글로벌콤팩트(UNGC)에 가입하고, 여의도 본사에서 UNGC 가입증서 전달식을 가졌다고 15일 밝혔다. 이날 전달식에는 박정림, 김성현 KB증권 대표이사와 권춘택 UNGC 한국협회 사무총장 등 관계자들이 참석했다.

유엔글로벌콤팩트(UN Global Compact)는 지속가능발전을 목표로 기업의 사회적 책임에 관한 세계 최대규모의 자발적 국제협약으로 정부, 기업, 시민사회 및 단체 등 전세계 약 1만 9000여 개 회원이 참여하고 있다.

가입 기업은 4대 분야(인권, 노동, 환경, 반부패)에 대한 10대 원칙을 준수하며 사회적 책임을 다하고 지속가능발전목표(SDGs)를 달성하기 위한 이행보고서(COP)를 매년 제출해야 한다.

권춘택 UNGC 한국협회 사무총장은 "국내 증권업계를 선도하고 있는 KB증권의 적극적인 이니셔티브 동참과 ESG 경영 실천에 감사드린다"며 "KB증권의 성장과 더불어 고객과 사회 발전에 디딤돌이 되며 사회적 책임을 주도하는 회사가 되어주실 것"을 당부했다.

KB증권은 UNGC의 핵심가치인 '4대 분야 10대 원칙'을 경영활동에 내재화해 지속가능경영 성과를 이해관계자들에게 공개할 예정이다. 특히, KB증권은 2020년 국내 증권회사 최초로 이

사회 내 ESG 위원회를 설립하고 전담 조직을 신설하면서 'ESG + I(Investment, 투자)' 전략을 중심으로 주요 전략과제를 실행해 나가고 있다.

그 결과, KB증권은 지난해 한국기업지배구조원의 지배구조부문 평가에서 증권사 최고등급인 A등급을 획득하였고, 서스틴베스트의 ESG 평가에서도 AA등급을 받으며 대외적으로 ESG 경영을 충실히 실천하고 있음을 인정받았다.

박정림·김성현 KB증권 대표이사는 "UNGC 가입을 통해 글로벌 리더들과 긴밀한 협력 관계를 구축해 범국가적 차원의 과제 해결을 위해 지혜를 모을 것"이라며 "리딩금융그룹인 KB금융의 핵심 계열사로서 글로벌 이니셔티브 이행을 통해 지속가능경영을 선도해 나가겠다"고 말했다.

앞으로도 KB증권은 선제적으로 '그린뉴딜', '혁신금융'과 연계한 투융자 실행을 확대하고, 증권업 특성에 맞는 ESG 전략 추진으로 사회와의 동반성장, 기업고객의 ESG 경영 파트너로서의 전문적인 역량을 발휘하겠다는 계획이다.

출처: 이데일리 2022.03.15.
https://www.edaily.co.kr/news/read?newsId=01558006632263648&mediaCodeNo=257&OutLnkChk=Y

확대보기

ESG경영과 사회적 기업과의 차이

ESG는 Enviroment(환경), Social(사회), Governance(지배구조)의 앞글자를 따서 만들어진 용어이다. 기업이 사회적 책임을 다하고 지속가능한 발전을 추구하기 위해 고려해야 하는 요인들을 의미한다. ESG경영은 기업의 재무적 성과뿐만 아니라, 기업의 가치와 지속가능한 경영을 평가하는 중요한 지표로 사용되고 있다.

그렇다면 ESG경영은 왜 중요한가?
ESG경영은 기업의 장기적 성장과 경쟁력에 영향을 미치게 된다. 환경적 위험 탄소배출 등의 위기에 대비하고, 사회적으로는 인권보호, 공동체 복원, 양질의 일자리 창출 등이 있다. 또한 지배구조를 투명하고 공정하게 운영함으로, 기업과 투자자 그 밖의 이해관계자들의 신뢰와 만족도를 높일 수 있다.
현재 유럽에서는 일부 품목들에 한해서 탄소세를 부과하기 시작했고, 점차 그 범위를 확대해 나가는 계획을 발표했다. 앞으로 기업들은 탄소배출량, 인권침해, 부정부패 등의 비용을 지불해야 할 수 있다.

ESG 경영을 통해 기업의 투자가치와 수익성에도 영향을 미치게 된다. ESG경영 고려해 기업을 운영한다면 자원관리, 제품개발, 인재유치 등을 통해 기업가치를 장기적으로 보존하기에 유리해지기 때문이다. 이와 반대되는 운영을 한다면 기업은 장기적으로 손실을 보게 될 것이다.

ESG 경영사례

ESG경영을 실천하는 기업들의 사례를 살펴보기에 앞서 ESG경영을 하는 기업들은 아래와 같은 특징을 가지고 있다.

환경 Enviroment: 탄소배출량을 감축하고, 재생에너지를 적극적으로 활용한다. 친환경 제품을 개발하고 환경보호 활동에도 참여한다. 예) 테슬라의 전기차 및 태양광 패널

사회 Social: 인권과 공정무역, 다양성, 시회적 약자 등 경제적 가치뿐만 아니라 사회 문화 등 모든 영역에서 공공의 이익과 공동체 발전에 이바지할 수 있는 가치를 의미한다. 예) 스타벅스 소수민족 고용, 페어트레이드(fair trade) 등

지배구조 Governance: 이사회의 독립성과 투명성을 강화하고, 이해관계자 및 투자자들의 의견을 수렴하여 부정부패를 방지한다. 예) 삼성전자 이사회의 독립성을 높이고, 권리를 보호, 윤리경영을 실천 등

1. LG전자

LG 전자는 2020년 9월 RE100에 가입하였으며, 2050년까지 전세계 사업장에서 100% 재생에너지를 사용하겠다는 목표를 세웠으며, 2025년까지 일회용컵 퇴출, 30% 채용확대를 추진 중이다.

2. 아모레퍼시픽

아모레퍼시픽은 2030년까지 국내외 모든 사업장의 모든 전기를 재생에너지로 바꿀 계획이며, 국내 물류 차량을 모두 친환경차로 대체, 사업장에서 발생하는 폐기물 또한 재활용을 통한 자원화로 폐기물 '0'을 달성할 계획이다.

3. 스타벅스

스타벅스는 2025년까지 일회용컵 퇴출의사를 밝혔으며, 채용을 30% 증원하는 계획을 밝혔다.

한편, 사회적 기업이란 경제적 가치만을 추구해 온 전통적 기업과는 달리, 사회적 가치를 우위에 두고 재화나 서비스의 생산과 판매, 영업 활동을 수행하는 기업을 말한다. 사회적 기업은 취약계층을 노동시장으로 연결하고, 지역사회의 활성화를 통해 지역경제를 발전시키며, 공공서비스의 수요를 충족시키고, 기업의 사회공헌으로 윤리적 경영문화와 시장을 이루는 것에 그 목표를 두고 있다.

사회적 기업은 제도적인 요건을 충족하는 기업에 한하여 인증 받을 수 있다. 우리나라의 경우에 사회적 기업으로 인증받기 위해서는 사회적 기업 육성법에 따라 민법상 법인·조합, 상법상 회사 또는 비영리민간 단체

등 조직 형태를 갖출 것, 유급근로자를 고용해 영업활동을 수행할 것, 당해 조직의 주된 목적이 사회적 목적을 실현하는 것일 것, 서비스 수혜자, 근로자 등 이해관계자가 참여하는 의사결정구조를 갖출 것, 영업 활동을 통하여 얻는 수입이 대통령령이 정하는 기준 이상일 것, 이윤의 3분의 2 이상을 사회적 목적을 위하여 사용할 것 등의 요건을 갖춰야 한다.

2.4.3 사회적 기업의 창업과정

사회적 기업은 일반 영리기업과 마찬가지로 이윤창출을 위해 재화와 서비스를 팔아야 하지만, 이 이윤을 개인적 이익을 위해 가지는 것이 아니라 사회적 이익을 위해 사용하는 특징이 있다. 따라서 사회적 기업은 일반 영리기업과 마찬가지로 기업적 체계를 갖춤과 동시에 이익의 사회적 환원을 위한 체계도 갖추어야 하기 때문에 창업의 과정이 복잡할 수 있다.

현재 내가 하고자 하는 사업이 사회적 기업으로서 적합한지 그 여부를 분석하고 창업을 하고자 한다면 다음의 프로세스를 따라 검토해 볼 필요가 있다. 사회적 기업이 지속적인 이윤창출을 토대로 사회적 목적을 달성하기 위해서는 일반 영리사업과 마찬가지로 철저한 준비가 필요하다. 특히 이 과정에서 사업계획서의 작성은 기업이 나아가야 할 지도와도 같은 것으로 매우 중요하다. 사회적 기업의 사업계획서 작성은 일반 창업과 크게 다르지 않으며, 보편적 양식도 없다. 하지만 사회적 기업의 창업을 준비하는 예비창업자들의 경우 다음과 같은 항목과 내용들에 대해서 고려해 볼 필요가 있다.

| 표 3-3 | **사회적 기업 사업계획서 고려사항**

주요항목	분석할 내용	주요항목	분석할 내용
조직	회사의 비전과 목표, 법적 구조, 경영구조	사업적 요소	산업환경, 핵심 성공요인, 외부의 핵심 이슈
인적사항	핵심 인력들의 학력, 경험, 지식, 기술	전략/지속성	사업성공전략, 기대수익과 거래량 (상업적/비상업적), 스토리텔링
외부관계	외부 전문가, 법률, 자금, 판매 등 조직과의 관계	마케팅/판매계획	마케팅전략, 고객과의 소통, 마케팅예산, e-비지니스 전략
제품/서비스	제품/서비스에 대한 설명 (강점 특징, 사회적 목적)	사업장	위치, 건물(자가/전세/리스), 재산, 보수 및 유지계획

시장	시장성, 고객분석, 시장조사, 유사 사회적 기업	공급자	주요 공급자, 공급사슬, 대안의 수, 현공급자의 이점
사회적 목적	수혜자 분석, 사회적 욕구, 외부 이해관계자의 관점	생산	품질기준, 생산방법, 안전과 보건, 생산설비

사회적 책임 ▶▶▶▶

기업의 사회적 책임 계획에 대해 아래의 내용을 이용하여 설명한다.

 기업 시민 의식

기업이 아래의 항목을 준수하는 방법에 대해 기술하시오.

    1. 준법:

    2. 직원에 대한 존중과 공정한 처우:

    3. 고객과 공급업체에 대한 정직한 거래:

    4. 정직한 광고와 마케팅:

    5. 지역 사회에 대한 긍정적 영향 추구:

    6. 모든 거래에 있어서의 신의성실:

    7. 기타:

 윤리

기업이 아래의 항목을 처리하는 방법에 대해 기술하시오.

    1. 공급업체 또는 잠재적 공급업체와 주고받는 선물:

    2. 공급업체, 잠재적 공급업체, 또는 고객에 대한 선심성 외유 · 특전 · 회식 등:

    3. 기업이 진출한 외국의 상이한 법규에 대한 대처:

    4. 공급업체 선정에 있어서 그들의 윤리성에 대한 고려:

5. 공급업체의 하청 기업의 윤리성에 대한 고려:

6. 기업 재산에 대한 개인 용도 이용(차량, 전화, 이메일 등):

7. 비용 처리 정책:

사회적 책임 활동 및 프로젝트

1. 기업 목표에 포함되는 항목은 무엇인가?

☐ 지역 사회에서의 활동 직원   ☐ 사기 진작과 직원 참여 증진

☐ 산업 내에서의 활동   ☐ 다른 기업과의 계약 관계

☐ 직원 채용 활동   ☐ 기타:

2. 활동 수행 방식은 무엇인가?

☐ 기업의 자금으로부터 현금 기부

☐ 지역 사회 이벤트에 기업 이름으로 참여

☐ 매출이나 이익의 일정 비율을 기부

☐ 제품 또는 서비스를 기부

☐ 근무 시간 중에 직원들이 프로젝트에 참여하는 것을 허용

☐ 쓰레기 배출 감소 등 사회적 책임을 수행하는 업무 방식을 채택

☐ 직원들이 업무 일과 후 자발적으로 참여하도록 격려

☐ 활동의 실무진에 기업의 직원 또는 경영진이 참여하도록 격려

☐ 지역 사회 활동에 이용할 수 있도록 기업의 설비를 기부

☐ 환경친화적인 제품을 제공하는 공급업체만 선택하는 등의 사업 방식 채택

☐ 초과 생산 제품 기부

☐ 기타:

3. 활동 수행의 예정 기간은? (며칠, 몇 주, 몇 년 등):

4. 어떤 사회적 이슈에 대해 활동하고 싶은가?

☐ 동물 보호   ☐ 환경   ☐ 문화예술   ☐ 양성평등

☐ 아동보호   ☐ 건강   ☐ 지역사회 발전   ☐ 사회체육 및 레크리에이션

☐ 경제적 평등   ☐ 안전   ☐ 교육   ☐ 기타;

2.5 협동조합

우리에게 잘 알려진 AP통신, 알리안츠보험, FC바르셀로나 등이 협동조합이다. 미국의 썬키스트도 6천여 명의 오렌지 농민과 8개 협동조합이 중간상인의 독과점 횡포에 대응하기 위해 출범한 판매협동조합 연합회이다. 특히, 스페인의 몬드라곤, 이탈리의 블로냐 등 협동조합이 지역경제를 주도하는 사례도 많다. 스페인 바스크지방의 몬드라곤 협동조합의 경우 스페인의 3대 기업그룹으로 공업협동조합 87개소와 신용, 교육, 연구개발 등 120개 협동조합의 복합체로 구성되어 있다. 고용인원 10만 명, 매출액 24조 원, 매출액대비 수출액비중 58%로 스페인 경제의 견인차 역할을 하는 협동조합이다.

2.5.1 협동조합의 정의

협동조합은 공동의 경제·사회·문화적 필요와 욕구를 충족하기 위해 자발적으로 모인 사람들이 만드는 공동 소유와 민주적 운영 기반, 그리고 지역사회 기여 등을 특성으로 하는 기업모델이다. 국제협동조합연맹(ICA)은 "공동으로 소유하고 민주적으로 운영되는 사업체를 통해 공동의 경제적·사회적·문화적 필요와 욕구를 충족시키기 위해 자발적으로 모인 사람들의 자율적 단체"로 정의하고 있다. 미국의 농무부(USDA)는 이용자가 소유하고 통제하며, 이용규모를 기준으로 이익을 분배하는 사업체로 정의한다.

우리나라의 경우 2012년 12월에 제정된 협동조합기본법에 의하면, 협동조합은 재화 또는 용역의 구매·생산·판매·제공 등을 협동으로 영위함으로써 조합원의 권익을 향상하고 지역 사회에 공헌하고자 하는 사업조직을 말하는 것으로 정의된다. 협동조합은 기본적으로 영리법인이다. 그런데, 협동조합의 운영을 비영리법인으로 하는 경우 이를 사회적 협동조합으로 정의할 수 있다. 협동조합기본법에 의하면, 사회적 협동조합은 협동조합 중 지역주민들의 권익·복리 증진과 관련된 사업을 수행하거나 취약계층에게 사회서비스 또는 일자리를 제공하는 등 영리를 목적으로 하지 아니하는 협동조합으로 정의하고 있다.

한편, 협동조합의 유형에는 크게 사업자협동조합과, 소비자협동조합, 그리고 조합원을 중심으로 한 직원협동조합으로 구분할 수 있다. 그런데, 협동조합의 이러한 유형과 유형별 성격은 생산비용대비 판매가격에 따른 잉여금을 어디에, 어떻게 사용할 것인지에 따라서 결정되는 것이다. 예를 들어, 상품가격이 100원, 생산비용이 75원이라면, 상품에서 생산비용을 제외한 25원이 잉여금이 되며 이 25원의 잉여금의 최대 수혜자가 누구인가에 따라서 협동조합의 성격이 결정된다고 할 수 있다.

2.5.2 협동조합의 특성

협동조합은 1844년에 영국에서 시작돼 이미 170여 년의 역사를 가지고 있다. 우리나라에서도 1957년 농업협동조합법 제정 이후 농협 등 협동조합이 설립돼 적지 않은 경험을 가지고 있다. 특히 2012년 12월 협동조합기본법이 시행되면서 최근 협동조합 붐이 일고 있다. 금융업을 제외한 모든 업종에서 5인 이상이면 협동조합 설립이 가능할 정도로 제도적 제약이 없어졌기 때문이다.

협동조합은 조합원이 기업의 주인이면서 근로자이기 때문에 고용 안정성이 높은 좋은 일자리를 만들어 낼 수 있다. 특히, 협동조합은 소수 자본가가 설립하는 1주 1표의 주식회사와 달리 투자규모에 관계없이 1인 1표의 민주적 운영 때문에 여성이나 소상공인같이 경제적으로 취약한 계층이 참여할 수 있다. 또한 운영에 있어 자본가의 이익극대화보다는 조합원의 편익이 우선되는 특징이 있다. 뿐만 아니라 협동조합은 지역 기반의 맞춤형 복지·교육·안전을 책임지는 사회 서비스 제공 기관이 될 수도 있다.

협동조합의 특성은 국제협동조합연맹(ICA)에서 95년 ICA 100주년 총회에서 발표한 "협동조합 정체성에 대한 선언"에 잘 나타나 있다. 이 선언에는 협동조합의 7개 원칙을 천명하고 있는데 이는 다음과 같다.

- 자발적이고 개방적인 조합원의 제도
- 조합원에 의한 민주적 관리
- 조합원의 경제적 참여
- 자율과 독립
- 교육, 훈련 및 정보제공
- 협동조합 간의 협동
- 지역사회에 대한 기여

그러나 협동조합은 영리를 추구하기 때문에 자선단체나 학교 등과 같은 사단법인과는 성격이 다르며, 1인 1표의 의사결정구조, 사업(조합원)의 유한책임 등에서 유한책임회사는 협동조합과 공통점을 가지나 사업목적, 조직규모, 내부 구조, 설립방법 등에 있어서 차이점이 존재한다. 현행 상법상 존재하는 기업유형과 협동조합, 민법상의 사단법인, 그리고 사회적 기업 등과의 차이점을 살펴보면 다음의 표와 같다.

| 표 3-4 | 협동조합과 영리·비영리 조직의 비교

구분	주식회사	유한회사	유한책임회사	합명회사	합자회사	협동조합		사단법인
						일반	사회적	사단법인
사업 목적	이윤극대화					조합원 실익증진		공익
운영 방식	1주 1표	1좌 1표	1인 1표			1인 1표		1인 1표
설립 방식	신고제					신고 (영리)	인가 (비영리)	인가제
책임 범위	유한책임			무한 책임	무한책임 + 유한책임	유한책임		해당없음
규모	대규모	주로 중·소규모				소규모+대규모		주로 소규모
사업 예	대기업	중소기업, 세무법인	벤처, 컨설팅, 전문 서비스업	법무 법인 등	사모투자 회사 등	일반경제 활동분야	의료협동 조합 등	학교, 병원, 자선단체, 종교 단체 등
	<영리법인>							<비영리법인>
	<사회적 기업>(고용노동부 인증기업)							

2.5.3 협동조합의 창업과정

우리나라의 협동조합기본법상 협동조합은 일반 협동조합과 사회적 협동조합으로 구분해 볼수 있다. 그리고 이들 두 가지 형태의 협동조합은 설립요건 및 방식, 사업, 법정적립금, 배당, 청산 등에서 차이가 있다.

보다 구체적으로 협동조합은 영리법인이며 사회적 협동조합은 비영리법인이다. 설립요건도 협동조합은 시도지사 신고제이고 사회적 협동조합은 기획재정부의 인가를 받아야 한다. 법정적립금의 경우 협동조합은 잉여금의 10% 그리고 사회적 협동조합은 잉여금의 30% 이상이다. 협동조합은 이용실적에 따른 배당이 가능하지만 사회적 협동조합은 배당이 금지되어 있다. 청산 시 협동조합은 정관에 따라 잔여재산이 처리되며 사회적 협동조합은 비영리법인이나 국고에 귀속되는 차이가 있다.

'전국화' 수제화 · 플라워, 골목브랜드 들고 '판로 확대'

대구수제화협동조합 – 네이버쇼핑몰 진입, '에꼴라' 앞세워 내년 매출 30% '업'
서울시플로리스트협동조합 – '피오레쏨모'로 대형프로젝트 도전, 매출 50% 성장

수제화 장인들과 플로리스트들이 각각 '에꼴라', '피오레쏨모'란 골목공동브랜드를 앞세워 외산 및 대기업을 골목에서 다시 밀어낸다. 외산 및 대형 유명브랜드의 골목 장악과 김영란법 위기 타개를 위해 각각 '대구수제화협동조합'과 '서울시플로리스트협동조합'으로 뭉친 이들은 골목을 넘어 전국시장을 향해 달린다. 소상공인시장진흥공단에 따르면, 대구수제화협동조합은 2015년 결성 후 대구수제화골목 전국 브랜드화를 위해 네이버쇼핑몰 등을 론칭, 온라인 판로에 나섰다. 서울시플로리스트협동조합 또한 2016년 설립 후 공간 디자인, 영화 및 드라마 총괄 디렉팅 등 굵직한 프로젝트에 도전한다.

• 대구수제화협동조합–네이버쇼핑몰 승부, '전국화' 노린다

대구수제화협동조합은 골목상권을 넘어 전국화를 노린다. 조합이 운영 중인 네이버쇼핑몰 '스타일윈도우'에 승부수를 던진 만큼, 내년 연매출 30% 이상을 끌어올린다는 계획이다. 또한 자체 쇼핑몰 구축과 함께 '수제화골목' 브랜드를 위한 모바일 콘텐츠 구축사업에도 나섰다.

특히 조합은 독일 업체 파로메드사와의 협약을 통해 족부스캔 시스템을 도입해 예술성에 건강성, 실용성까지 더했다. 매장에서 발 상태를 측정, 진단을 통해 맞춤형 수제화를 제공하는 기술사업이 시작된 것이다.

이로 인해 '에꼴라' 브랜드는 대구백화점 팝업 스토어에 입점했다. 최근에는 대구 중구청과 함께 '향촌수제화센터 구축'까지 추진, 수제화의 명맥과 전통을 이어가기 위한 다양한 방안을 강구 중이다.

김희진 조합 이사장은 "수제화 판매증대를 위한 SNS 및 온라인 마케팅 활성화에 주력할 것"이라며 "이와 동시에 수제화 제작 인력양성을 위한 마에스터 교육 추진, 젊은 층 유입에 맞춘 공동 디자인 개발을 위한 인력 확보에 나설 계획"이라고 강조했다.

• 서울시플로리스트협동조합–'꽃 발효식초' 개발, 매년 50% 성장

서울시플로리스트협동조합은 제21회 춘사영화제 총괄 플라워디렉팅, 미스코리아 서울 선발대회 플라워, 코엑스 C-Festival 팝업스토어 등에 참여해 인지도를 높였다. 고양국제꽃박람회에서는 세계화훼디자인 작가 초청 전시관에 단독부스를 마련해 해외 작가들과 경쟁하기도 했다.

개별적으로 운영하면 꽃을 판매하는 일에 그치지만, 조합에서는 플라워아치, 테이블 센터피스 등 다양한 제품 제작이 가능하다. 플로리스트들은 프랑스, 영국 유학을 거쳐 대형 프로젝트를 경험해야 한다. 조합에서는 해외에 나가지 않더라도 이러한 경험을 쌓을 수 있다.

조합은 최근 매출을 높이기 위해 '꽃 발효 식초' 사업에 나섰다. 꽃잎을 식초에 재워 발효시키는 제품으로, 식초의 효능에 꽃의 향을 더한 상품 개발이다. 물과 탄산수에 섞으면 음료로 활용할 수도 있다. 내년 초 공식 출시 예정인 만큼, 내년 매출 목표도 과감히 3억 원으로 잡았다. 이를 통해 매년 50% 이상 성장한다는 계획이다.

최이윤 조합 이사장은 "꽃 시장을 넘어 꽃 문화를 선도하고 싶다"며 "앞으로는 장식으로서가 아니라 하나의 공간을 연출하고, 다른 오브제를 섞고, 칠하고, 만드는 작품으로서 인정받을 수 있는 고급 꽃 문화가 성장할 것"이라고 자신했다.

"제품 넘어 예술로" 협동조합 비교

조합명	서울시플로리스트협동조합	대구수제화협동조합
설립연도	2016년	2015년
이사장	최이윤	김희진
조합원 수	10명	7명
매출액	106만 원(2016년)	3006만 원(2016년)
생산품	웨딩부케, 플라워 바스켓, 교육	남녀 수제화
연혁	'16. 4. 제21회 춘사영화제 총괄 플라워 디렉팅 '16. 7. 코엑스 C-Festival 팝업스토어 운영 '16. 8. '신데렐라와 네 명의 기사' 총괄 플라워 디렉팅 '17. 5. 제11회 고양국제꽃박람회 참가	'15. 6. 대구수제화협동조합 매장 '에꼴라' 개점 '16. 3. 중구청 수제화골목 입면정비사업 참여 '16. 11. 우수소상공인협동조합공단 이사장상 수상 '17. 8. 스마트폰 콘텐츠 플랫폼 구축사업 자문위원

출처: 아주경제신문 2018.10.29, 수정.
https://www.ajunews.com

업종에 관계없이 창업 성공에 꼭 필요한 전략 중 하나가 상품이 잘 팔리는 길을 찾고 넓히는 것, 즉 유통 판로를 개척하고 확대하는 일이다. 5인 이하의 소규모 기업, 소상공인들에게 판로는 가장 어려운 일 중 하나다. 좋은 상품을 생산하고도 판로를 개척하지 못해 위기에 부딪친 소상공인들이라면 소상공인시장진흥공단이 운영하는 '소상공인협동조합 활성화 사업'을 주목해 볼 필요가 있다.

소상공인협동조합 활성화 사업은 소상공인 간 공동의 이익 창출로 경쟁력 및 자생력을 제고하기 위해 소상공인시장진흥공단이 2013년부터 운영해 온 대표 지원 사업이다. 지원대상은 일반형, 선도형, 체인형 등 소상공인 수와 조합원 규모에 따라 나뉜다. 게다가 각 협동조합 운영에 필요한 사항을 고려해 개발비, 브랜드, 마케팅, 네트워크, 프랜차이즈 시스템 구축 등 공동분야와 1000만 원 이상의 공동장비를 지원한다. 특히 소상공인의 경쟁력 제고를 위해 공동판로를 지원하는 '공동판로 지원사업'은 판로 개척에 어려움을 겪는 소상공인들에게 꼭 필요한 맞춤형 지원으로 각광받고 있다. 지난해 기준으로 협동조합 활성화 사업에 참여했거나 2016~2017년도 공동판로(온라인 판로, 해외수출) 수혜조합을 대상으로 해외수출에 필요한 항공료, 숙박료, 홍보비 등 다양한 혜택을 지원한다.

실제 공동판로 지원사업에 참여해 매출 200% 달성이라는 쾌거를 이룬 사례도 있다. 바로 충남 계룡시에 위치한 우리겨레협동조합(이사장 이해영)이 그 주인공이다. 우리겨레협동조합은 옻칠 수저, 조리도구, 반상기, 티스푼 등 옻칠공예품을 제작하는 전문 협동조합으로, 우리 전통과 예술의 우수성을 계승하고 발전시키기 위해 5명의 청년들이 힘을 모아 2015년 결성했다. 그러나 옻칠공예품이라는 특수한 분야를 다루다 보니 여러 난관에 부딪칠 수밖에 없었다.

이를 돌파하기 위해 이 이사장은 소상공인협동조합 활성화 사업 참여를 결정했고, 공동장비를 지원 받아 자재구매 비용을 큰 폭으로 낮춰 합리적인 가격으로 우수한 옻칠공예품을 생산할 수 있었다. 이에 한국문화재재단, 한국공예디자인문화진흥원을 비롯해 백화점, 면세점 등 수도권에서만 20여 곳의 매장 입점은 물론이고 한화갤러리아 63면세점몰, 롯데마트몰, G마켓, 11번가 등에도 진출했다.

특히 소상공인 판로지원 사업을 통해 옻칠업계 최초로 까다로운 규정을 통과하고 홈쇼핑 방송을 진행해 단 하루, 한 시간 방영으로 3000만 원가량의 수익을 올리는 놀라운 성과를 거뒀다. 덕분에 2015년에 8000만 원으로 시작한 매출은 1년 만에 200% 상승한 1억 8000만 원, 2017년에는 2억 8000만 원을 기록하는 기염을 토했다. 올해는 상반기에 이미 지난해 매출을 가뿐히 뛰어넘고 약 5억~6억 원의 매출을 예상하고 있다. 이를 바탕으로 '칠몽'은 2015년 제40

회 대한민국 전승공예대전 특선, 제14회 한국옻칠공예대전 특선, 2017년 대한민국대상 문화예술부문, 문화체육관광부 주관 우수공예품 우수문화상품에 선정되는 등 예술성과 품질을 모두 인정받으며 승승장구 하고 있다.

이 이사장은 "소상공인협동조합 활성화 사업과 공동판로 지원사업은 작은 업체의 가내수공업으로 그칠 수 있었던 옻칠공예를 글로벌 문화상품으로 발돋움할 수 있게 한 중요한 발판이 됐다"고 말했다.

출처: 동아일보 2018.10.29, 수정.
http://news.donga.com

학습 정리

◎ 창업의 유형은 주체와 방법으로 나뉜다.
  - 주체: 여성창업, 청년창업, 시니어 창업, 외국인 창업
  - 방법: 1인 창조기업, 소호창업, 기술창업, 사회적 기업, 협동조합

[주체]
- 여성창업은 여성 창업가가 여성의 신분으로 기업에 출자를 하여 기업을 경영하는 것이다.
- 청년창업은 창업의 주체가 청년인 창업이며 현실 속에서 새롭게 주목받고 있는 창업이다. 이는 청년실업의 문제 해소뿐만 아니라 나라 경제구조의 건실화를 위해서도 중요하다.
- 시니어 창업은 퇴직한 50대 이상의 사람 중 경제활동이 가능한 사람이 창업하는 것이다. 이 창업자들은 일반창업자에 비해 자금의 여유가 있는 것은 사실이나, 자금 형편에 맞는 창업을 해야하고, 과거 직장생활의 경력과 경험, 지식을 활용할 수 있어야 한다.
- 우리나라에 거주하는 외국인의 수가 늘어남에 따라 국내 외국인 창업자들도 등장하고 있다. 이들은 서울시 글로벌비지니스센터에서 실질적 도움 및 창업 교육 프로그램을 이수하며 창업을 할 수 있다.

[방법]

- 1인 창조기업
: 창의적 아이디어나 특정기술 및 전문적 지식을 기반으로 부가가치를 창조하는 1인기업
: 정부나 관련기관의 창업강좌, 경험 축적, 자금 최소화 등의 전략으로 기업을 운영해 나간다.

- 소호창업
: 공간적으로는 소규모 점포형 독립사업을 영위하는 독립 사업자를 의미한다.
: 직업적으로는 자신의 핵심역량을 사업화하여 운영하는 자유 직업가를 의미한다.
: 창업 장소에 따라 재택소호 창업, 회사 소호 창업, 사원 소호 창업, 독립 소호 창업, 인터넷 비즈니스 소호 창업으로 구분된다.

- 기술창업
: 기술업종 분야의 창업
: 시장 적합성 조사, 기술 타당성 분석, 아이디어 구현 및 보호, 기술가치 평가, 기술 마케팅 실행, 기술 금융 투자받기 등이 필요하다.

- 사회적 기업
: 사회적 목적을 위해 상업적 거래를 하는 기업이다.
: 이윤을 추구하는 기업의 특성과 공공성을 우선시하는 사회적 특성을 모두 포함하고 있다.
: 일자리 제공형, 사회 서비스형, 혼합형, 기타형, 지역사회 공헌형으로 나뉜다.
: 사회적 가치와 경제적 가치를 동시에 추구한다고 볼 수 있다.

- 협동조합
: 공동의 경제, 사회, 문화적 필요와 욕구를 충족하기 위해 자발적으로 모인 사람들이 만드는 공동 소유와 민주적 운영의 기반, 그리고 지역사회 기여 등을 특성으로 하는 기업모델이다.
: 영리법인이나 운영이 비영리인 경우, 사회적 협동조합으로 볼 수 있다.
: 유형에는 사업자협동조합, 소비자협동조합, 직원협동조합이 있다.
: 고용 안정성이 높은 좋은 일자리를 만들어낼 수 있다.
: 운영에 있어서는 조합원의 편익이 우선되는 특징을 갖는다.

문제

O, X

1 글로벌 체제와 정보화, 소프트화로 설명되는 미래사회에서 요구되는 기업경영장의 특성은 남성보다는 여성적 특성과 잘 조화되는 것으로 연구에서 나타난다.

2 부족한 자금을 해결하기 위한 방법이라도 동업은 피해야 한다.

3 시니어 창업자들은 일반 창업자들에 비해 비교적 창업자금의 여유가 있다.

4 청년창업은 청년실업문제의 해소에는 매우 중요하지만 급속히 변화하고 발전하는 4차산업 혁명 아래에서 우리나라 경제구조의 건실화를 위하는 것은 아니다.

5 여성창업가의 특성에 관한 연구는 주로 개인적 특성보다는 경제적 특성에 많은 관심과 초점을 보여 왔다.

6 청년창업이란 말 그대로 창업의 주체가 청년인 창업을 말하며 이는 일부 기업에서 심한 청년실업을 해소하기 위한 프로젝트의 일환으로 청년층에 대한 창업을 장려하기 위해 각종 복지혜택을 마련하거나 회사 내에서 배려를 행하고 있는 현실 속에서 새롭게 주목을 받고 있는 창업형태이다.

7 시니어 창업이란 청·장년기에 취업활동을 하다가 퇴직한 65세 이상의 사람 중 경제활동이 가능한 사람이 창업하는 것을 의미한다.

객관식

1 청년창업의 성공을 위한 7계명에 대한 설명으로 옳지 않은 것은? ( )

가. 사전에 충분한 시간을 갖고 실전 경험과 이론적인 지식을 쌓아라.

나. 취미나 적성만을 고려해 업종을 선택하라.

다. 아이디어와 체력, 컴퓨터 지식 등 자신의 역량을 최대한 발휘할 수 있는 IT, 서비스업에서 틈새 아이템을 찾아라.

라. 창업비용이 너무 과도한 업종은 피하되, 만약 대출을 받았을 경우엔 자금 상환 계획을 구체적으로 세워라.

2 시니어 창업의 성공전략에 대한 설명으로 옳지 않은 것은? ( )

가. 최소 3년 이상의 충분한 준비와 시작

나. 안정성에 중점을 둔 업종 선택

다. 자금형편에 맞는 창업

라. 능동적인 의사결정

3 다음 중 시니어 창업의 유형이 아닌 것은? ( )

　가. 경력개발형

　나. 생계유지형

　다. 사회봉사형

　라. 재력과시형

4 사회적 기업에 대한 설명으로 옳지 않은 것은? ( )

　가. 이윤을 추구하는 기업의 특성과 공공성을 우선시하는 사회적 특성을 모두 포함하고 있다.

　나. 일자리제공형의 주된 목적은 청년계층에게 일자리를 제공하는 것이다.

　다. 우리나라는 2007년 7월 사회적기업육성법이 제정되었다.

　라. 수익 및 이윤발생 시 사회적 목적 실현을 위한 재투자를 목적으로 한다.

5 다음 중 1인 창조기업의 창업 전략이 아닌 것은? ( )

　가. 최적의 분야와 업종의 선택

　나. 정부나 관련기관의 창업강좌 활용

　다. 시장적합성 조사

　라. 창업 관련 전문지식과 경험의 축적 마. 창업 및 운영 자금의 최소화

6 다음 중 기술창업 분야에 해당되지 않는 것은? ( )

　가. IT　　　나. 카페　　　다. BT　　　라. 정보통신　　　마. 콘텐츠 분야

7 다음 중 사회적 기업의 사회적 기준이 아닌 것은? ( )

　가. 재화와 서비스의 지속적 생산 및 판매

　나. 지역사회 기여 목적

　다. 자본소유에 기반하지 않는 의사결정권

　라. 제한적인 이윤분배

　마. 다양한 이해관계자의 참여적 성격

1   청년층이라 지칭할 때는 통계청에서 통계자료 및 청년 실업문제 등을 조사할 때 기준으로 적용하는 연령인 (   )세에서 (   )세의 연령층을 가리키는 것이 합리적이다.

2   시니어 창업의 유형 중 (   )은 전문직, 대기업 관리직, 중소기업 경영진 등으로 근무를 하다가 퇴진한 후 창업을 하는 유형이다.

3   (   )이란, 1인이 독자적으로 창업하고 부가가치를 창조하는 기업이다.

4   협동조합은 일반 협동조합과 (   )으로 구분한다.

5   기술창업 과정은 시장적합성 조사하기 – 기술타당성 분석하기 – 아이디어 구현하기 – (   ) – 기술가치 평가하기 – 기술마케팅 실현하기 – (   )이다.

6   (   )는 집을 기반으로 하여 사업을 진행하는 형태의 창업이다. (   )은 작은 사무실을 창업의 기반으로 하여 사업을 진행시키는 형태로서 재택 소호 창업에 비해 사무실을 구하는 데 많은 자금이 소요되는 부담이 있다. (   )은 자신이 근무하던 회사를 그만두고 창업을 하여 아웃소싱 형태로 이전의 동일한 상품 또는 서비스를 제공하는 형태이다. (   )은 창업자가 자신의 능력을 바탕으로 독립하여 새로운 사업을 전개하는 진정한 의미의 소호 창업이다. (   )은 인터넷을 사업의 주요 도구 및 사업기반으로 활용하여 기업활동을 수행하는 형태의 소호 창업을 말한다.

7   다음은 사회적 기업 사업계획서의 고려사항이다. 빈 칸에 알맞은 답을 채우시오.

주요항목	분석할 내용	주요항목	분석할 내용
( )	회사의 비전과 목표, 법적구조, 경영구조	( )	산업환경, 핵심 성공요인, 외부의 핵심 이슈
인적사항	핵심 인력들의 학력, 경험, 지식, 기술	전략/지속성	사업성공전략, 기대수익과 거래량 상업적/비상업적, 스토리텔링
외부관계	외부 전문가, 법률,자금, 판매 등 조직과의 관계	마케팅/ 판매계획	마케팅 전략, 고객과의 소통, 마케팅예산, e-비즈니스 전략
제품/서비스	제품/서비스에 대한 설명 (강점 특징, 사회적 목적)	사업장	위치,건물(자가/전세/리스), 재산, 보수 및 유지계획
( )	시장성, 고객분석,시장조사, 유사 사회적 기업	공급자	주요 공급자, 공급사슬, 대안의 수, 현공급자의 이점
( )	수혜자 분석, 사회적 욕구, 외부 이해관계자의 관점	( )	품질기준, 생산방법, 안전과 보건, 생산설비

8 다음은 협동조합과 영리·비영리조직의 비교 설명이다. 빈칸에 알맞은 답을 채우시오.

구분	주식 회사	유한 회사	유한책임 회사	( ) 회사	( ) 회사	( )		사단법인
						일반	사회적	
사업 목적	( )					조합원 실익증진		( )
운영 방식	1주 1표	1좌 1표	1인 1표			1인 1표		1인 1표
설립 방식	( )					신고 (영리)	인가 (비영리)	( )
책임 범위	( )		( )	무한책임 + 유한책임		유한책임		해당없음
규모	대규모	주로 중·소규모				소규모 + 대규모		주로 소규모
사업 예	대기업	중소기업, 세무법인	벤처, 컨설팅, 전문 서비스업	법무 법인 등	사모투자 회사 등	일반경제 활동분야	의료협동 조합 등	학교,병원 자선단체, 종교단체 등
	( )					( )		
	<사회적기업 / 고용노동부 인증기업>							

서술형

1. 여성창업가의 특성에 대해 서술하시오.

2. 시니어 창업의 유형에 대해 서술하시오.

3. 1인 창조기업의 창업 전략에 대해 서술하시오.

4. 사회적 기업에 대해 서술하시오.

5. 사회적기업과 협동조합의 정의에 대해 서술하시오.

6. 외국인창업 지원기관과 프로그램에 대하여 서술하시오.

7. 소호 창업의 종류를 서술하시오(3가지 이상).

8. 사회적 목적에 따라 분류되는 사회적 기업의 형태를 서술하시오(3가지 이상).

CHAPTER

04

트렌드와 창업아이템

학습목표

◎ 트렌드의 개념과 트렌드 분석의 중요성을 이해할 수 있다.

◎ 트렌드에 영향을 미치는 환경적 요인들을 파악할 수 있다.

◎ 창업 아이디어의 원천과 개발 방법을 이해한다.

◎ 창업아이템 선정의 중요성과 이 과정에서의 기본 원칙을 알 수 있다.

트렌드와 창업아이템

① 트렌드란?

(1) 트렌드의 개념

트렌드란 일시적인 유행과 달리 3년 정도 유지되는 흐름을 말한다. 남들이 하니까 그저 따라하려는 것은 일시적인 유행 심리에 불과하지만 어떠한 욕망이나 강력한 심리적 동기가 내재해 있다면 그것은 좀 더 먼 미래까지 이어질 트렌드가 될 것이다.

트렌드는 소비자들이 물건을 '사도록' 이끄는 원동력에 관한 것이다. 물론 에너지 부족이나 자연 재해, 또는 전쟁 등과 같은 위기로 인해서 트렌드가 약간 변하거나 달라질 수도 있다. 그렇지만 그런 뜻밖의 상황조차도 트렌드를 완전히 뒤바꾸지는 못한다. 현재의 분위기를 읽고 앞으로의 3년을 계획해도 좋을 만큼 트렌드는 정직하다. 아무도 트렌드를 창조할 수 없다. 다만 관찰할 수 있을 뿐이다. 그리고 트렌드를 변화시킬 수도 없다. 단지 트렌드를 믿는 사람들의 마음을 변화시킬 수 있을 뿐이고 트렌드 분석은 사람들의 마음을 읽는 것이다.

(2) 트렌드 분석의 중요성

소비자를 리드하는 트렌드를 이해하게 되면 어떤 상품이 성공할 것인지, 아니면 실패할 것인지를 가늠해 볼 수 있다. 어떠한 상품이나 사업을 기획하든 상관없는 트렌드를 하나의 선별장치로 활용한다면 잘못된 출발이나 엉뚱한 방향으로의 시도, 혹은 여지없는 실패 등을 막을 수 있을 것이다. 각각의 트렌드를 잘 연구해 보면 사업이나 사회라는 큰 그림을 구성하고 있는 수많은 특징과 그에 관련된 구체적인 내용에 초점을 맞춰 조준할 수 있다. 그렇게 되면 아이디어나 계획을 트렌드에 비추어 평가해 볼 수 있으며, 계획을 좀 더 정교하게 다듬거나 확장시킬 수 있을 것이다.

조사 주제 ▶▶▶▶

당신이 창업하려는 사업을 위한 개략적인 조사 설계를 위해 아래의 질문을 활용한다. 또한 각 분야에 있어서 중요할 수 있는 조사 항목을 '기타'에 추가한다.

 당신의 사업을 위한 조사의 개략적 내용

 산업 또는 경제적 분야

1. 당신의 사업이 속한 산업의 규모는?
2. 지난 수년간 산업의 성장률은?
3. 산업의 미래 추정 성장률은?
4. 산업의 평균 이익률은?
5. 산업의 평균 이익률은?
6. 산업에 영향을 미치는 중요한 트렌드와 성장 동인은?
7. 선두 기업들에 의한 산업의 집중도 수준은?
8. 기타

 목표 시장

1. 목표 시장의 인구통계학적 특성(연령, 성별, 결혼 여부, 소득수준, 교육수준, 사업형태 등)은?
2. 당신이 목표로 삼는 지역 시장에서 예상하는 매출액 규모는?
3. 해당 지역 시장에서의 지난 수년간 매출액 성장률은?

4. 해당 지역에서 예상 되는 매출액 성장률은?

5. 해당 지역에 존재하는 기존 경쟁업체의 수는?

기업

1. 당신의 산업에서의 선두 경쟁 기업들은?

2. 당신의 지역적 목표 시장에서의 선두 경쟁 기업들은?

3. 시장 점유율 분할 현황은?

4. 선두 기업들이 가진 제품 또는 서비스는? 가격대는?

5. 시장에서 경쟁 기업들이 가진 이미지는?

6. 당신의 제품 또는 서비스의 잠재적 고객은 누구인가? 주요 잠재 고객의 이름과 연락처는?

7. 당신의 제품 또는 서비스의 잠재적 공급업체는 누구인가? 그 공급업체들의 현재 고객들은 어떻게 평가하는가?

8. 기타

② 트렌드 분석

비즈니스에 영향을 미칠 수 있는 환경요인은 개별 기업이 통제할 수 없거나, 설령 통제가 가능하다 할지라도 통제하기가 매우 어렵다. 이러한 환경요인은 크게 일곱 가지 요인으로 구분할 수 있다. 창업자의 입장에서 비록 이 요인들은 통제하기가 어려우나, 능동적으로 환경요인들을 일일이 파악하고 관찰함으로써 기회를 사업화할 수 있으며, 자신에게 닥칠 위협을 미리 예측하여 적절하게 대응할 수 있다. 이를 위해서 창업자는 다음 환경요인들을 모니터링하고 무엇이 기회가 되고 무엇이 위협이 될지를 예측해야 한다.

[1] 인구통계적 환경요인

기업의 외부환경 요인 중 첫 번째인 인구통계적 요인은 통계청에서 주기적으로 발간하는 통계연보에 수록되어 있는 인구수, 가구수, 연령, 성별 비교, 결혼통계, 직업 및 소득 같은 변수들이 포함된다. 인구통계적 요인 중에서 시장의 잠재성을 추정할 수 있는 네 가지 요인으로서는 총인구규모, 연령별 인구, 인구지역분포, 가구구성 등이 있다.

[2] 사회문화적 환경요인

중요하면서도 파악하기 어려운 환경요인은 사회문화적 환경요인이라고 할 수 있다. 사회문화적 요인은 사회전반에 걸친 가치관과 밀접한 관련을 갖고 있다. 이러한 사회문화적 가치관의 변화는 새로운 시장을 탄생시키기도 하는데 1인가구, 욜로족, 맞벌이부부, 장보는 남자들, 건강 및 체형에 관한 관심의 증가, 시간의 중요성에 대한 인식증가, 워라밸의 소중함 등이다.

[3] 경제적 환경요인

국민총생산, 이자율, 인플레 같은 경제적 요인은 기업의 수익성에 큰 영향을 준다. 이러한 경제적 요인은 산업별로 주는 충격이 다를 수 있는데 경제여건이 어려워지면 자동차, 전자제품 등의 내구재 산업, 관광산업, 그리고 주택건설업과 같은 분야가 큰 타격을 받게 된다. 많은 경제지표 중에 기업에 가장 유용한 경제통계는 국민총생산, 소비성향, 물가, 이자율, 실업률 등이다.

[4] 법적 · 정치적 환경요인

기업에 대한 법적·정치적 환경의 영향은 정부뿐만이 아니라 정당, 사회단체, 시민단체 등에서 올 수 있다. 더군다나 불공정거래 및 독점에 대한 규제, 환경오염, 미세먼지, 안전 등과 함께 시민단체의 활동이 매우 활발하여 창업자의 입장에서는 이들 모두를 세심히 모니터링하고 필요에 따라서 신속하고 적절히 대응하여야 한다.

[5] 기술 환경요인

기술의 진보는 한 기업 또는 한 산업을 부흥시킬 수도 몰락시킬 수도 있다. 최근 5G, 인공지능(AI), 자율주행, 사물인터넷 등과 함께 방송이나 신문, 각종 포럼 등에 자주 등장하는 단어가 있다. 바로 4차 산업혁명이다. 4차 산업혁명은 컴퓨터와 인터넷 기반의 3차 산업혁명을 통해 확보된 정보통신기술(ICT)을 활용하여 빅데이터와 사물인터넷 기반의 지능 정보기술에 의한 산업혁명을 일컫는 말로 아마존, 구글, 애플 등이 대표적이다.

[6] 경쟁 환경요인

한 업체가 시장점유율 100%를 가지고 있는 독점상황에서는 시장진입이 매우 어렵다. 소수의 업체가 높은 점유율을 획득하고 있는 과점상황도 이들 기존 업체들이 가격 이외의 마케팅 요인들에서 차별적 우위를 지니고 있기 때문에 신규 업체가 진입하기는 매우 어렵다. 그러나 경쟁자가 여러 업체이며 각 업체들이 낮은 점유율을 가지고 있는 독점적 경쟁시장에서는 시장진입이 쉬운 편이며, 경쟁자 수가 아주 많은 완전경쟁시장도 시장진입이 용이하다. 따라서 창업자의 경우 자신이 진입하고자 하는 시장의 경쟁상황을 잘 살펴보고 진입 여부를 결정할 필요가 있다.

〔7〕 소비심리 환경요인

소비자신뢰지수는 소비심리를 나타내는 종합적인 지수로서 현재 생활형편 및 미래 생활형편에 대한 예상, 현재경기 및 경기예상, 내구재 구입에 대한 판단을 종합적으로 반영한다. 이러한 소비자신뢰지수가 기준치를 넘는 경우에는 소비자들의 현재 경제에 대한 판단 및 향후 경제에 대한 예상이 긍정적인 것을 의미하며 소비가 늘어날 것을 간접적으로 예측한다. 따라서 창업자는 소비자신뢰지수를 모니터링하고 그 변화에 민첩하게 대응함으로써 시장의 변화에 미리 대비할 수 있다.

캐릭터·골드바·주류 마케팅… NFT 아이디어 별처럼 쏟아진다

대체불가능토큰(NFT) 적용 분야가 게임이나 예술품을 넘어 전통주, 배달상품 캐릭터 등 전방위로 확산하고 있다. 기술에 대한 관심이 뜨거워지면서 새로운 투자 가치를 추구하는 다양한 아이디어가 나오고 있다.

NFT 구매하고 전통주 제작

블록체인 스타트업 주크박스는 증류주를 생산하는 경북 문경 오미나라 양조장과 손잡고 '고운달 마스터 블렌디드 에디션 NFT'를 발행한다고 최근 밝혔다. '고운달'은 국내 유일의 위스키 마스터 블렌더인 이종기 명인 작품으로, 오미자를 기반으로 만드는 증류주다. 주크박스는 이를 NFT로 재탄생시켜 이달 25일부터 27일까지 발행할 예정이다.

발행량은 총 2000개다. 주크박스는 NFT 소유자에게 한정판 전통주 제작 참여, 참여자 이름의 숙성 오크통 및 제품 병 각인, 온라인 시음회 초대 등의 특전을 부여한다. 술 소유권을 주는 것은 아니지만, 만드는 과정을 함께 할 수 있다. NFT 판매금은 실제 술 개발과 제작, 마케팅 비용으로 사용된다.

주크박스는 술을 뜻하는 한자 '주(酒)'에 블록체인을 뜻하는 '크립토'를 합성해 탄생한 사명이다. KAIST 출신으로 스타트업 엑셀러레이터 블루포인트파트너스 이사를 지낸 이동헌 대표가 올해 창업했다. 이 대표는 "현실에 존재하는 술과 사이버 세상에 존재하는 NFT가 융합하면 큰 시너지를 만들 수 있다"며 "NFT로 지역 산업, 전통 산업의 활로를 찾아가겠다"고 말했다.

앞서 해외에서는 술을 이용한 NFT 발행이 봇물을 이뤘다. 지난해 유명 위스키 브랜드 '글렌피딕'은 싱글 몰트 스카치 위스키를 15개 한정 NFT로 발행했다. 고급 위스키 대명사 '맥켈란'의

1991년산 위스키통 NFT는 지난해 익명의 구매자에게 230만 달러(약 28억 4000만원)에 팔렸다.

치킨 캐릭터들의 'NFT 경쟁'

NFT는 치킨 쿠폰과 같은 실속형 상품으로도 발행된다. 지난달 BHC치킨은 KB국민카드와 쿠폰형 NFT를 발행했다. BHC치킨은 치즈볼처럼 생긴 자사 캐릭터 '뿌찌'를 활용해 한정판 NFT를 발행하고, KB국민카드 자산관리 앱 사용자에게 치킨 할인 상품권과 함께 배포했다. BHC치킨 측은 "사용 후 버려지던 기존 쿠폰 개념을 탈피해 지속적으로 혜택을 받을 수 있는 쿠폰형 NFT로 새로운 시장 개척에 나선 것"이라고 밝혔다. 향후에도 NFT 소유자를 대상으로 다양한 프로모션 혜택이 제공될 예정이다.

제너시스BBQ그룹의 치킨 브랜드 BBQ 역시 NFT 시장에 뛰어들었다. 지난달 닭 모양의 자사 캐릭터 '치빡이' 이미지를 활용해 총 1만 개의 한정 NFT를 발행했다. 베이징 동계올림픽에 출전한 선수를 응원하기 위해 진행된 이벤트로, 목에 메달을 건 캐릭터 이미지들이 NFT로 꾸며졌다. 치빡이 NFT에는 치킨 할인 등 다양한 혜택이 추가될 전망이다.

'착한 기부' 증명하는 NFT

기부 증서와 같은 이색 NFT도 있다. 기부 이력을 투명하게 증명할 수 있는 NFT의 특성을 활용한 것이다. 지난해 창업한 귀금속 NFT 스타트업 링은 전쟁을 겪고 있는 우크라이나를 돕기 위한 기부 인증 한정판 NFT 골드바를 출시한다고 13일 밝혔다. 링의 NFT 플랫폼 토큰주얼리에서 구현된 NFT 골드바는 실물 골드바로 교환할 수 있는 모바일 상품권을 NFT로 발급한다. NFT 골드바 판매로 발생하는 수익금은 최소 비용을 제외하고 개당 2만 1000원으로, 우크라이나 대사관에 기부된다. 구매자의 NFT에는 기부자 이름이 나열된 데이터, 우크라이나 대사관 기부 전용 계좌로 입금된 영수증이 포함돼 있다.

블록체인 기반 기부 플랫폼 기브어클락은 기부 활동에 참여한 이들에게 NFT를 지급한다. 기부 금액과 횟수 등을 조합해 등수를 매겨 선정한다. 해당 플랫폼은 지난해 과학기술정보통신부와 한국인터넷진흥원(KISA)이 추진하는 블록체인 확산 사업의 일환으로 진행됐다. 대형 기부단체 중심의 기부 불균형 문제를 해소하고 신뢰도를 높이기 위해 개발된 서비스다. NFT 기부 배지 등을 통해 기부 문화 확산에 나선다는 계획이다.

대한장애인체육회는 패럴림픽에 출전한 양궁, 휠체어농구 등 14개 종목에 대한 디지털 카드를 NFT로 발급했다. 제작에는 NFT 스타트업 도어랩스가 함께했다. 패럴림픽 NFT는 선수의 사진과 종목 등이 카드 형태로 담겼다. NFT 수익금은 대한장애인체육회에 돌아가며, 구매자는 디지털 카드를 기부 증서처럼 사용할 수 있다.

출처: 한국경제 2022.3.14.
https://www.hankyung.com/it/article/2022031424511

창업아이템 포화 상태 된 지구, 시선을 우주로 돌린다면?

창업을 꿈꾸는 이들이라면 창업아이템에 관한 고민을 하기 마련이다. 신선하고 독특한, 대중에게 사랑받을 수 있는 창업아이템. 하지만 이미 세상엔 사람이 생각할 수 있는 모든 창업아이템이 나와 있다. 그것을 변형하거나 발전 시킨 것이 새로운 창업아이템이라 추앙 받는다. 하지만 사실 시선을 달리하면 생소한 창업아이템을 발견할 수 있다. 지구에서 시선을 거둬 우주로 돌린다면 말이다.

우주 산업은 첨단 과학이 집약된 산업이다. 지구와는 다른 환경에 적응하고 생활하기 위해 개발된 다양한 아이템들이 존재한다. 그리고 그 아이템은 역으로 지구로 귀환해 성공을 거둔 사례들이 많다. 지구와는 다른 상황에서 쓰기 위해 개발했지만 지구에서 쓰면 더 좋은 이 진귀한 물건들을 주목하면, 향후 당신의 기막힌 창업아이템이 될 수 있다. 지금껏 우주에서 쓰기 위해 개발되었다가 지구로 귀한 한 제품들의 면면을 소개하겠다.

우선 적외선 귀 체온계다. 코로나 시대에 이제는 가정집에서 흔히 보이는 필수품이 됐다. 사실 적외선 귀 체온계는 1991년도에 Diatec이라는 회사에서 개발한 제품이다. 회사의 팀원들은 나사(NASA) 연구원들로 이루어져 있었다. 적외선 귀 체온계는 나사에서 '슈테판=볼츠만 법칙'을 이용해, 별의 온도를 측정하기 위해 개발했던 적외선 온도 측정 기술에서 착안해 만들어졌다.

다음으로 침대 매트리스. 베개, 방석 등으로 사용되는 메모리폼이다. 메모리폼은 스펀지의 일종으로 점탄성으로 인해 원래 형태로 잘 돌아오기 때문에 사람들이 편한 자세로 휴식을 취할 때 유용하게 사용되고 있다. 메모리폼은 오랜 비행시간 동안 앉아서 일해야 하는 우주비행사의 의자를 개선하기 위해서 'Ames Research Center'에서 개발되었다. 1960년대에 나사에서 개발하고 이후에 일반 기업들이 사용할 수 있도록 공개하면서 오늘과 같이 메모리폼이 의료, 가구 등 다양한 분야에서 사용되고 있다.

동결 건조식품 역시 우주에서 먹기 위해 개발된 발명품이다. 우주 식품은 전투 식량과 같이 특수한 상황을 위해 만들어졌기 때문에 상온에서도 장기간 보관이 가능하도록 동결 건조 기술을 이용해 제작됐다. 동결 건조란 아주 낮은 온도의 진공상태에서 음식의 수분을 승화시키는 공법으로 이 기술을 이용해 음식을 건조하면 음식의 형태와 식감은 유지되고 수분만 증발해 음식을 오랜 기간 동안 보관할 수 있게 된다. 대표적인 동결 건조 식품으로는 라면 건더기 스프, 인스턴트 커피. 말린 과일 등이 있고 아이스크림도 있다. 물론 과일과 같은 신선한 형태의 식품과, 작은 빵과 같은 자연형태의 식품은 바로 포장 팩을 뜯어 먹을 수 있다. 하지만 몇몇 식품들은 준비가 필요하다. 건조된 음식의 경우 정해진 양의 물을 부어 원래 형태로 복원시킨 뒤 먹으며, 빵과 같이 부스러기가 잘 발생하는 음식은 한 입에 들어갈 수 있을 정도의 작은 크기로 제공된다. 후추와 소금은 액체로 만들어 사용하는데, 왜냐하면 우주에는 중력이 없기 때문에 사방으로 흩어져 기계가 고장날 수도 있기 때문이다. 음료수는 팩 형태로 만들어 물을 타서 잘 흔들어 섞은 후 빨대로 빨아먹는다.

인류의 시선이 계속해 우주로 향해 있는 동안 우주산업 기술은 날로 발전되어 갈 것이다. 이로 인해 다양한 제품들도 파생될 것이다. 그렇다면, 우리 예비 창업자 역시도 향후 창업아이템을 찾기 위해 시선을 지구에서 우주로 돌린다면 그 누구와도 차별화 된 창업아이템을 얻을 수 있지 않을까.

출처: 뉴스클레임 2022.01.10.
https://www.newsclaim.co.kr/news/articleView.html?idxno=3003448

N차 창업 시대 성공 트렌드는 'AI'

코로나19로 언택트 관련 사업이 빠르게 발전하는 가운데 이른바 'N차 창업' 성공 비결로 AI 사업이 주목을 받고 있다.

2일 업계에 따르면 N차 창업은 창업을 여러 번 경험해 본 연쇄 창업을 일컫는 말로 최근 기술기업을 중심의 트렌가 만들어지고 있다.

이참솔 리턴제로 대표는 지난 2018년 대학 동기들과 리턴제로를 창업했다. 두 번째 창업으로 음성인식 AI 기술이 주 사업이다. 그는 지속적인 기술을 개발을 통해 지난 2020년 3월 베타 버전의 AI 전화 비토를 선보였다. 이후 지난 4월 정식 서비스에 돌입해 KTB네트워크, 에이티넘인베이스트먼트, 하나벤처스, 컴퍼니케이파트너스, 엔젤투자자로부터 160억 원의 시리즈B 투자 유치에도 성공했다.

총 198억 원에 달하는 누적 투자금을 기록해 국내 인공지능 업계를 선도하는 혁신적인 스타트업으로 입지를 공고히 했다.

장영준 뤼이드 대표도 두 번째 창업으로 지난 2014년 뤼이드를 설립했다.

창업 이듬해 모바일 오답노트 '리노트'를 선보였다. '리노트'는 제목과 번호만 넣으면 알아서 오답을 분석해주는 서비스다.

토익 학습 앱 '뤼이드 튜터(구 산타토익)'은 3억 건 이상의 학습 행동 데이터를 학습한 AI 모델로 보다 정교한 예측기능을 기반으로 초개인화 서비스를 제공한다.

교육계에서 큰 인기를 얻은 뤼이드는 지난해 손정의 소프트뱅크 회장이 이끄는 세계 최대 벤처투자펀드인 비전펀드에서 2000억 원 규모의 시리즈D 투자를 유치하기도 했다.

이관우 대표는 네 번째로 AI 엔진을 사용한 고객 활동 분석해 맞춤형 광고를 제공하는 버즈

빌을 지난 2014년 창업했다.

버즈빌은 국내 이동통신 3사와 CJ·SPC·S롯데·S라인 등 전 세계 150개 이상의 퍼블리셔를 보유하고 있다. 또 지난해 6월 기준 3900만 명의 누적 사용자, 2000만 명의 MAU(월간 활성 사용자수)를 확보해 성장세를 달리고 있다. 지난해 매출은 약 945억 원으로 전년대비 약 3배 증가했다.

뿐만 아니라 올해 코스닥 상장을 목표로 기업 공개(IPO)를 추진 중이다. 상장으로 확보한 신규 자금을 통해 AI 기반 광고 기술을 고도화, 모바일 광고 시장 선두 기업으로 성장한다는 계획이다.

이창수 올거나이즈 대표는 업계에서 성공한 연쇄창업가로 유명하다.

올거나이즈는 지난 2017년 미국 실리콘밸리에서 창업한 자연어 이해 인공지능 솔루션 스타트업이다.

AI 답변봇 '알리(Alli)' 및 인지검색 솔루션을 운영하고 있다. 'Alli'는 사전 데이터 태깅 작업이 필요 없는 AI 솔루션으로 FAQ나 사내에서 사용하는 마이크로소프트(MS) 오피스, PDF 문서에서 질문에 대한 답을 자동으로 찾아줘 검색 소요 시간을 효과적으로 단축 시킬 수 있다.

이 대표는 10년 안에 모든 기업이 경영 인프라에 AI 솔루션을 도입할 것으로 전망한다며, 지속적인 기술 고도화를 통해 국내외 기업 고객들을 확대해 나가겠다는 계획이다.

IT업계 관계자는 "언택트 시대 도래로 AI 적용 범위가 넓어지고 있다"며 "관련 사업 창업 성과가 최근들어 두드러지고 있다"고 말했다.

출처: EBN 산업경제신문 2022.03.02.
https://www.ebn.co.kr/news/view/1521638/?sc=Naver

산업 정보 조사 ▶▶▶▶

아래의 산업 특성들 중에서 당신이 필요한 정보를 선택하여 조사한다.

☐ 개괄적인 산업 분석 자료
☐ 산업에 영향을 미치는 중요한 기술적, 사회적, 유통 경로상의 요인들
☐ 과거의 통계치
  - 총매출액, 그리고 가능한 경우 제품별 매출액
  - 총판매 수량, 그리고 가능한 경우 제품별 판매 수량

- 총이익과 제품별 평균 이익
- 지난 수년간 성장률
□ 산업 내 기업들에 대한 정보
- 기업의 수
- 선두 기업들
- 총종사자 수
- 기업별 시장 점유율 현황
□ 목표 시장에 대한 정보
- 목표 시장의 총매출액과 이익
- 기업의 수와 선두 기업들
- 목표 시장과 관련된 트렌드
□ 계절적 특성의 영향과 경제적 주기
□ 미래 성장률을 중심으로 한 전망과 예측
□ 중요한 공급업체, 관련 협회, 출판물, 조사 기관 등 산업 관련 조직들

③ 창업아이디어

트렌드분석을 통해서 소비트렌드가 예측되면 이러한 소비트렌드를 중심으로 소비자의 니즈를 충족시킬 창업 아이디어를 개발하게 된다. 창업 아이디어는 창업을 시작함에 있어서 매우 중요한 요소이다. 창업 아이디어를 바탕으로 사업의 구상을 체계화할 수 있으며, 이를 구체화하여 효과적인 사업계획서를 만들어 낼 수 있는 것이다.

3.1 창업 아이디어의 원천

(1) 직장생활의 경험

일반적으로 창업자들은 독립적인 경제생활을 위해 창업을 하는 경우에는 과거의 직장생활 경험을 바탕으로 사업 아이디어를 얻는다. 직장경험을 통해 나름대로의 전문적인 지식과 기술을 현장에서 익혀 왔기 때문에 이러한 직장생활의 경험은 창업의 중요한 바탕이 될 수 있다. 직장생활에서 전문화된 작업을 수행하다보면 해당 업무나 제품, 서비스의 기술적인 현황과 미비점 및 발

전 가능성에 대해 잘 파악할 수 있다. 또한 시장에 나와 있는 제품 또는 서비스의 장·단점에 대해 비교·분석적인 시각을 갖게 된다. 이러한 직장경험을 바탕으로 한 창업 아이디어라면 창업의 성공 가능성을 높일 수 있다. 하지만 창업자가 직장생활을 통해 취득한 지식이나 기술을 활용하되, 그것이 과거에 직장생활을 했던 회사의 투자나 비용으로 얻어진 재산권일 경우에는 업무상의 기밀 등에 대해서 법적으로 각별한 주의가 필요할 것이다.

[2] 사업설명회의 초청

사업기회를 인식시키기 위해 사업동업자나 투자자 등을 초청해서 사업계획서에 의거하여 사업설명회 및 투자설명회를 개최하기도 한다. 이를 통해서 동업자 또는 투자자의 협력을 얻어 창업을 추진하게 된다. 이러한 사업설명회에 초청되어 창업 아이디어를 얻게 될 수 있으며, 이 경우에는 창업 아이디어의 포착이 소극적일 수 있다. 그러나 창업자가 창업 아이디어를 실제로 사업화할 수 있다고 판단하여 창업의 추진을 결정했다면 사후 노력과 적극적인 추진력이 필요하다.

[3] 라이선스의 취득

창업을 신속히 전개할 수 있는 방법으로 다른 사람이나 단체가 개발한 제품 또는 서비스의 특허 등에 대한 라이선스를 제작하거나 판매권을 취득하는 것이 있다. 전 직장, 타 회사, 개별발명가, 정부 등이 이러한 권리를 취득할 수 있는 원천이 될 수 있다. 특허의 경우, 특허 소유권자를 대행해서 라이선싱 계약을 알선해 주는 국제적 브로커도 존재하고, 이들은 때로 특허권을 매입하여 재판매하는 경우도 있다. 제품에 대한 라이선싱은 기업체, 대학, 비영리 연구단체 등의 연구개발 결과로부터 얻을 수 있다. 기업체는 특정 제품 아이디어를 직접 개발하기는 했으나 기업의 규모에 비해 그 제품의 잠재시장이 너무 협소하거나, 그것과 관련되지 않은 특정 시장에 특화해서 집중하기 위해 라이선싱을 하게 된다.

[4] 자영업

독립적 경제활동을 영위하는 사람들은 자영업 활동과 경험으로부터 창업 아이디어를 찾아낼 수 있다. 자영업을 통해 다양한 활동을 경험하게 되면서 고객의 욕구를 잘 알 수 있기 때문에, 그것을 충족시키는 새로운 사업을 추진할 수도 있고, 어떤 경우에는 특정한 업종에 종사하다가 우연치 않게 새로운 상품 아이디어를 개발하게 되기도 한다. 이러한 종류의 사업 기회 발견을 샛길효과(side-street effect)라고 부른다. 폴라로이드(Polaroid)사의 개발자 에드윈 랜드(Edwin Land)는 처음부터 폴라로이드 카메라를 만들려고 한 것이 아니라 맞은편 차량의 광선을 차단하기 위해 자동차의 폴라로이드된 앞 유리와 전조등을 개발하려고 하다가 결국 카메라 사업에서 크게 성공한 경우이다.

(5) 인맥과의 상호 교류

우리는 직장 및 사회생활로부터 여러 부류의 사람들과 접촉하게 된다. 이렇게 형성된 인맥의 상호 교류 과정은 좋은 창업 아이디어를 일깨우는 계기를 마련해 줄 수 있다. 업무상 전문가집단, 예컨대 법조인, 회계사, 금융가, 투자가 등과의 주기적인 접촉을 통해서 그들이 알고 있는 특허의 라이선싱 기회나 매각업체 등에 대해 정보를 입수할 수 있다. 또한 업계나 협회 등과의 공식, 비공식적 네트워킹을 통해서 최근의 업계 현황과 사업 가망성 등을 타진해 볼 수도 있다.

(6) 계획적 탐색

대부분의 창업 아이디어가 체계적인 탐색보다는 자연 발생적으로 발견된다고 해서 우연적인 발견을 기다릴 수만은 없다. 우연적인 발견도 적극적으로 탐색하는 자에게 찾아올 확률이 높기 때문에 계획적인 아이디어 탐색 방안을 모색해야 한다.

창업 아이디어를 얻을 수 있는 정보원천은 사실상 다양한 경로에 존재하고 있다. 그러므로 예비 창업자들은 적극적이고 체계적인 방법으로 창업 아이디어를 얻을 수 있다. 예컨대, 대형 장난감 제조업체의 경우 매년 대부분의 매상을 신제품 판매를 통해서 올리는데, 이는 장난감이 경쟁업체에 의해 쉽게 모방될 수 있고, 유행을 타서 시장 수요기간이 짧아 지속적으로 신제품을 개발할 수밖에 없기 때문이다. 이를 위해 장난감 회사는 각종 다양한 신제품 아이디어 개발 기법을 총동원한다. 아이디어 개발 기법으로는 브레인스토밍, 라이선싱, 경쟁사 제품의 모방과 수정, 내부 인센티브와 압력, 고객조사, 신기술 적용, 경진대회 등이 있다.

또한 창업 기업가의 가치관과 생활습관을 습득하여 실천하려는 것이 중요하다. 창업 기업가는 일정액의 자금을 저축하고, 늘 그것을 투자할 사업기회를 모색하며, 사업성 있는 기회를 적극 행동으로 추구하는 실천가이다. 또한 주변의 인맥을 항상 자신의 자원으로 활용하고 도움을 받을 자세를 갖고 적극적인 사회활동을 한다. 이는 자신의 변화 기회를 포착하고, 가능하면 하나가 아닌 여러 회사를 단 계적으로 창업할 수 있다는 마음가짐으로 살아가는 것이다.

3.2 창업 아이디어의 개발

(1) 창업 아이디어의 창출기법

창의적이고 좋은 아이디어는 창업을 추진하려는 창업자의 기본도구가 되며, 이를 통해 사업 기회를 포착하는 발판을 마련하게 된다. 새로운 아이디어를 얻기 위해서는 남들보다 앞서서 상황적 변화의 패턴을 인식하는 것이 중요하다. 이를 위해서는 직장이나 기타 일상생활의 경험을 새롭게 재구성하는 노력도 필요하며, 또한 창의적인 아이디어 창출기법을 적극 활용하는 자세도 필요하다.

(2) 창업 아이디어 개발의 구체적 방법

창업 아이디어를 개발하는 방법으로는 첫째, 기존 제품을 탐색하는 방법, 둘째, 변경 제품을 탐색하는 방법, 셋째, 신제품을 탐색하는 방법, 이렇게 세 가지가 있다.

먼저 기존 제품을 탐색하는 방법은 이미 존재하는 제품을 가지고 기존 시장에서 새로운 수요를 창출하거나 새로운 시장에 접근하는 방법이다. 변경 제품을 탐색하는 방법은 기존의 시장을 목표로 이미 존재하고 있던 제품을 변형하여 만든 제품을 가지고 기존 시장에서 새로운 수요를 창출하거나 새로운 시장에 접근하려는 방법이다. 마지막으로 신제품을 탐색하는 방법은 기존의 제품과 다른 새로운 제품을 개발하여 기존에 형성되어 있는 시장이나 새로운 시장을 공략하는 방법이다.

① 기존 제품을 탐색하는 방법

이 방법은 아이디어를 개발하는 방법 중 가장 흔하고 쉽게 접근할 수 있는 방법이다. 이것은 기존 제품을 변경시켰느냐 아니냐의 여부, 그리고 기존 시장에 도입할 것인가 아니면 새로운 시장에 도입할 것인가의 여부에 따라 다음의 네 가지 방법으로 나눌 수 있다. 이들 방법들은 새로운 제품을 개발하는 경우보다 덜 위험하다는 장점이 있기는 하지만, 반면에 경쟁이 치열하고 수익성이 낮을 수밖에 없는 약점을 가지고 있다.

(a) 기존 제품-기존 시장 결합방법

이 방법은 이미 존재하고 있는 제품을 기존의 시장을 목표로 하여 생산하거나 판매하는 방법으로 창업 아이디어 개발방법 중 가장 낮은 차원의 방법이라고 볼 수 있다. 그러나 누구나 쉽게 접근할 수 있기 때문에 한편으로는 가장 많이 이용되는 방법이기도 하다.

ⓑ 기존 제품-새로운 시장 결합방법

이 방법은 새로운 시장을 목표로 하여 이미 존재하는 제품을 생산하거나 판매하는 창업 아이디어 개발방법을 말한다. 이는 위에서 설명한 기존 제품-기존 시장 결합방법보다 약간 진보한 면이 있기는 하지만, 역시 누구나 쉽게 접근할 수 있으므로 앞의 방법과 마찬가지로 창업에 많이 이용되는 방법이다.

ⓒ 변경제품-기존 시장 결합방법

이 방법은 기존의 시장을 목표로 이미 존재하고 있던 제품을 변형하여 만든 제품을 생산하거나 판매하는 창업 아이디어를 찾는 방법을 말한다. 이는 창조성을 가미하여 제품의 질이나 용도, 그리고 기능을 향상시킨 방법이므로, 앞의 두 방법보다 진일보한 방법이라 할 수 있다. 따라서 약간 차별화된 제품을 보유하고 있기 때문에 다른 사업자에 비해 유리한 경쟁력을 가질 수 있다는 장점을 갖고 있다.

ⓓ 변경제품-새로운 시장 결합방법

이는 새로운 시장을 목표로 변경된 제품을 제조하거나 판매하는 것과 관련된 사업에서 아이디어를 찾으려는 방법을 말한다. 이는 기존의 제품에 창조성을 가미하여 질이나 기능을 보강한 것이란 측면에서 바로 앞의 방법과 같으나, 기존의 시장이 아닌 새로운 시장을 목표로 한다는 점에서 다르다. 따라서 새로운 시장개척 문제가 부과되기 때문에 변경제품-기존 시장의 결합방법보다 더 위험이 크다는 약점이 있다. 반면에 만약 시장이 순조롭게 개척된다면 크게 성공할 수 있으므로 그만큼 유리한 점도 있다.

② 신제품을 개발하는 방법

ⓐ 신제품-기존 시장 결합방법

이 방법은 기존에 형성되어 있는 시장을 목표로 이미 존재하고 있던 제품보다 기능이나 성능이 개선된 신제품 또는 순수한 신제품을 생산하거나 판매하는 데서 창업 아이디어를 찾는 방법을 말한다. 이 방법은 기존에 이미 형성되어 있는 시장을 목표로 한다는 점에서 다음에 설명하는 신제품-새로운 시장의 결합방법보다 덜 위험하다는 장점을 갖고 있다. 그러나 시장에 선보일 신제품이 소비자들의 요구를 얼마나 충족시킬 수 있을 것인지에 대해서는 여전히 불확실하기 때문에 위험부담이 더 크다 하겠다.

ⓑ 신제품-새로운 시장 결합방법

이 방법은 새로운 시장을 목표로 신제품을 생산하거나 판매하는 데서 창업 아이디어를 찾고자 하는 방법을 말한다. 신제품의 성공 여부도 불확실한데다 이는 아직 있지도 않은 시장에 결합시키는 방법이기 때문에 가장 위험한 방법이다. 그러나 만약 성공하기만 한다면, 위험에 대한 대가, 즉 보상이 가장 크기 때문에 그만큼의 매력도 가지고 있다.

3.3 시장의 유형

동네 슈퍼, 노점상, 할인마트도 시장의 종류이고, 외환시장, 증권거래소나 법률사무소, 은행, 버스도 역시 시장이다. 즉, 재화나 서비스가 수요와 공급에 의해 거래되고 가격이 형성되는 곳은 모두 시장이다.

[1] 완전경쟁시장

완전경쟁시장이란 모든 기업이 동질적인 재화를 생산하는 시장을 말한다. 즉 시장에 의한 가격결정에 어떠한 영향도 미칠 수 없는 상태를 완전경쟁이라 한다.

완전경쟁시장의 첫 번째 조건은 시장에서 상품을 생산하여 판매하는 기업이 무수히 많아야 한다. '무수히'라는 기준이 헷갈리지 않게 대부분 10개 이상의 기업이 상품을 생산하는 정도만 돼도 경쟁시장으로 간주한다.

두 번째 조건은 생산자들이 동질적인 상품을 생산해 시장에 공급해야 한다.

세 번째 조건은 진입장벽이 없어서 신규 사업자의 시장 진입과 기존 사업자의 시장 퇴출이 자유롭게 이루어져야 한다.

네 번째 조건은 경제주체들이 가격 등 시장에 관한 완전한 정보를 보유하고 있어야 한다.

즉, 경제주체의 자유로운 시장 진입과 퇴출, 다수의 공급자와 수요자 존재, 거래되는 재화 및 서비스의 동질성, 정보의 완전성이 충족되는 경우에만 완전경쟁시장이 성립한다. 그리고 다수의 소비자와 생산자가 시장 내에 존재하여 소비자와 생산자 모두 가격에 영향력을 행사할 수 없는 가격수용자이다.

[2] 과점시장

과점은 독점은 아니나 라면, 아이스크림, 가전제품 시장 등과 같이 시장에 유사하거나 동일한 상품을 공급하는 공급자가 소수에 불과하는 것을 의미한다. 기업들은 의사결정 과정이 서로 연결된 상호의존 관계를 가지게 되며, 과점시장은 시장에 존재하는 기업의 수, 기업 간 관계의 밀접 정도에 따라 독점시장처럼 될 수도 있고 완전경쟁시장처럼 될 수도 있다. 과점은 2개 이상의 소수 기업이 시장의 모든 수요를 담당하는 시장이다.

과점시장의 예를 보면, KT, SKT, LG U+ 등 이동통신시장, 현대차, 기아차, 르노삼성 등의 자동차시장, 현대오일뱅크, GS칼텍스, SK엔크린 등의 정유시장을 들 수 있다.

과점시장은 진입장벽이 높은 편이다. 또한 한 기업이 가격을 올리면 소비자들이 다른 기업의 제품을 선택하는 경향이 있어서 가격 경쟁이 치열하다. 가격 담합은 과점기업들이 서로 짜고 가격이나 생산량 등을 조절해 부당한 이익을 챙기는 행위이다.

(3) 독점시장

독점은 완전경쟁의 정반대인 시장형태로 어느 기업이 시장의 유일한 공급자로 그 기업이 공급하는 상품에 밀접한 대체재가 존재하지 않는 경우를 말한다. 즉, 한 기업 또는 협약으로 행동하는 한 기업집단이 제품 또는 용역의 생산과 분배를 지배하는 것을 의미한다. 독점은 법률적으로 금지되어 있고 유사품, 대체품 등과 독점이윤의 분배를 목적으로 하는 새로운 기업들의 출현으로 매우 드물게 나타난다. 독점기업은 시장의 유일한 공급자이기 때문에 가격설정자로서 시장가격을 한계수입보다 높은 수준에 형성하므로 소비자는 결과적으로 비싼 가격을 지불해야 한다. 독점기업은 소비자의 지불용의에 따라 같은 재화에 다른 가격을 부과하여 이윤을 증가시킬 수도 있다. 독점은 생산요소 독점, 정부규제, 생산기술 문제 등이 야기하는 시장에 존재하는 진입장벽 등으로 발생한다.

한국은 가장 큰 기업의 시장점유율이 50%가 넘으면 독점시장으로 본다.

시장점유율은 한 시장의 전체 거래량 중 특정 기업이 차지하는 비율을 말한다.

한국전력공사, 철도공사인 코레일, 담배 제조공사인 KT&G, 대학 내의 구내식당, 스키장의 편의점이나 식당 등이 독점기업이다. 경쟁자도 없고 대체재도 없는 시장이라 가격경쟁을 덜하거나 서비스가 나아지지 않는 등의 단점이 있다.

① 정부가 특정산업에 독점 또는 과점시장을 용인하는 경우

정부가 특정 산업에 독점, 과점시장을 용인하는 경우가 있는데, 이는 규모의 경제 때문이다. 1970년대 한국은 산업구조를 경공업에서 중공업으로 바꾸기 위해 제철소가 필요했다. 정부는 제철소를 포항제철(현 포스코) 하나만 허가했고, 정책적으로 지원했다. 덕분에 포스코는 세계적인 수준의 제철소가 되었다. 현재의 포스코는 사실 정부의 지원이 있었기에 클 수 있었던 것이다. 국가 기간산업인 수도, 전력 등도 모두 독점사업이다.

② 독과점기업 규제

독점기업이나 과점기업은 마음대로 가격을 올리거나 생산량을 줄여 소비자들에게 피해를 줄 수 있기 때문에 세계 각국에서는 독점이나 과점을 막기 위해 노력하고 있다. 우리나라에서도 "독점규제 및 공정거래에 관한 법률"을 통하여 기업들이 시장에서 소비자에 대하여 힘을 남용하고 불공정한 거래행위를 하는 것을 규제하여 경제 전반의 공정하고 자유로운 경쟁을 촉진하고 있다.

다음은 독점을 우려하는 기업 관계자들의 목소리와 기업에 관한 기사이다. 위에서 살펴본 완전경쟁시장, 과점, 독점이란 용어는 이렇듯 다양한 경제기사에서 보여진다. 뜻을 알고 기사를 읽으면 노사관계, 정부와 기업의 관계, 기업 간의 관계에 대해 더 쉽게 이해할 수 있다.

아시아나, 대한항공 합병 '분수령'

아시아나항공이 30일 오후 2시 이사회에서 화물사업 매각 여부를 결정하기 위한 이사회를 연다. 이사회 결정에 따라 3년간 이어져 온 대한항공과 아시아나항공의 기업결합 성사 여부가 달려 있어 중대 분수령이 될 전망이다. 29일 업계에 따르면 대한항공과 아시아나항공은 30일 각각 이사회를 열고 아시아나항공 화물사업 분리 매각 문제를 다룬다. 먼저 대한항공이 오전 중 이사회를 열어 아시아나항공의 화물사업 부문을 매각하되, 직원들의 고용을 유지할 수 있도록 지원하겠다는 아시아나항공과의 합의서를 안건으로 올린다.

같은 날 오후 2시에는 아시아나항공 임시 이사회가 열린다. 아시아나항공 이사회가 매각에 동의할 경우, 대한항공은 유럽연합(EU) 경쟁당국인 EU 집행위원회에 관련 내용을 담은 시정조치안을 제출할 계획이다.

앞서 EU집행위원회는 대한항공과 아시아나항공의 합병 시 유럽과 한국 간 주요 여객·화물 노선의 경쟁제한(독점) 가능성을 이유로 슬롯 반납과 화물 사업 매각 등의 시정조치를 요구했다. 항공사 간 합병은 필수승인국가 중 한 곳만 반대해도 성사될 수 없기 때문에 EU 집행위의 요구를 수용한 시정조치안 제출이 심사 통과를 위한 기본 조건이 된 상황이다.

반대로 아시아나 이사진이 동의하지 않을 경우, 시정조치안을 낼 수 없게 되고, 결국 양사 합병이 무산될 수도 있다.

이 안건의 통과를 위해서는 사내이사 2명, 사외이사 4명 등 6명의 이사 중 4명 이상의 찬성이 필요하다. 이사진은 대체로 시정조치안 제출 동의에 뜻을 모았지만, 일부 이사들은 화물사업 매각 시 주주에 대한 배임 소지와 직원 반대 등을 우려해 반대하는 것으로 전해졌다. 이사회의 최종 결정까지는 다소 시간이 걸릴 수 있지만, 장기간 공전할 가능성은 낮은 것으로 전해졌다. 대한항공은 이달 말까지 EU 집행위에 시정조치안을 내기로 했는데, 늦어도 오는 31일까지는 아시아나항공 이사회에서 동의 결론이 내려져야 기한 내에 제출할 수 있기 때문이다.

출처: 한국경제, 2023.10.30.
http://hankyung.com

목표 시장 정보의 유형 ▶▶▶▶

아래의 리스트 중 당신이 초점을 맞출 내용을 선택한다.

- ☐ 시장규모
  - 목표 시장의 대략적 규모
  - 목표 시장의 과거 성장률
  - 소득수준, 제품 또는 서비스의 니즈, 사회적 가치 등 목표 시장의 규모에 영향을 미치는 요인들
  - 시장 성장 전망
- ☐ 개인 고객의 인구통계학적 특성
  - 연령층
  - 소득수준
  - 교육수준
  - 자가보유 여부
  - 결혼 여부와 가족구성원 규모
  - 인종
  - 직업
- ☐ 기업 고객의 인구통계학적 특성
  - 산업
  - 매출액 수준
  - 종사자 수
  - 영업연수 및 사업 성숙도

기업 정보의 유형 ▶▶▶▶

기업 정보에 대한 아래의 리스트 중 당신이 초점을 맞출 내용을 선택한다.

- ☐ 기업명
  - 공식적 기업명
  - 모회사 및 자회사 이름
  - 제품명
  - 상표
- ☐ 기업 정보
  - 본사의 위치
  - 임원 이름
  - 언론보도 내용
  - 제품출시 발표내용
- ☐ 기업이 제공하는 제품 또는 서비스
  - 대표적인 제품
  - 가격대
  - 제품 특성
  - 유통 수단
  - 특허, 저작권 등 지식재산권
- ☐ 기업의 재무적 상태
  - 최근의 매출액과 이익
  - 과거의 매출액, 이익, 성장률
  - 주가와 시가총액
  - 제품별 매출액
- ☐ 기타
  - 상장 여부
  - 고객 리스트
  - 법적 소송 여부

4 창업아이템 선정

4.1 창업아이템 선정의 중요성

트렌드분석을 통해 예측된 트렌드를 기초로 창업 아이디어를 개발한 후 유망하다고 판단되는 후보 아이디어가 결정되면, 이제는 그 아이디어를 실제로 창업할 아이템으로 구체화시킬 단계이다. 창업아이템은 창업 아이디어를 보다 구체화한 상태로 사업의 착수 여부를 결정하는 사업타당성 분석의 대상이 된다.

창업아이템의 선정은 사업의 핵심요소를 결정하는 것으로써, 즉 무엇(what)을 할 것인가를 결정하는 것이다. 이는 창업의 성공과 실패의 방향을 결정하게 되므로 사업을 구상하는 단계에 있어서 가장 중요하다고 할 수 있다. 창업아이템을 일컬을 때는 업종뿐만 아니라 판매할 상품이나 서비스가 명시된다. 창업아이템의 결정과 함께 사업의 규모나 기업의 경쟁력 등의 핵심요소와 연관되어 구체적인 사업구상이 이루어진다. 프랜차이즈 비즈니스 창업을 할 것인가 독립점포로 창업할 것인가 등의 고려사항은 이 구상단계에서 구체화된다. 그러므로 창업의 성공과 실패는 어떻게 하면 좋은 창업아이템을 선정하느냐에 달려 있다고 할 수 있다.

4.2 창업아이템 선정의 기본 원칙

창업아이템을 선정할 때는 보통 몇 개의 후보 아이템을 선정하게 되는데, 여기에는 몇 가지 고려해야 할 기본 원칙과 순서가 있다. 창업아이템 선정의 기본 원칙은 다음과 같이 크게 일곱 가지로 구분할 수 있다.

(1) 성장 가능성

성장이 둔화되고 있는 사업은 경쟁이 심화되어 있기 때문에 이윤이 감소하게 된다. 그러므로 창업 아이디어는 잠재적 성장 가능성이 큰 것이어야 한다. 또한 관련 사업과 연계하여 발전가능성이 큰 창업 아이디어라면 시너지 효과를 기대할 수 있다.

상품 또는 서비스는 시장에 도입되어 소멸할 때까지 발생 → 성장 → 성숙 → 쇠퇴의 과정을 거치게 된다. 발생기는 업종이 새로 출현하고 보급되기 시작하는 과정으로 경쟁 기업은 없으나 이윤은 적자인 경우가 대부분이다. 다음으로 성장기에는 수요가 급증하면서 참여 기업의 수도 늘어나게 되며, 이에 따라 이익도 증가한다. 성숙기에는 기업 간의 경쟁이 격화되면서 탈락기업이 출현하게 되고 이익실적 또한 감소하게 된다. 그러므로 성숙기에서는 경쟁에서 승리한 일부 기업만이 생존하여 안정을 누릴 수 있게 된다. 따라서 성장기에 있는 업종이 신규 창업에 가장 적합한 시기라고 할 수 있다. 그러나 성숙기 후반에, 즉 성장곡선이 하향세를 타고 있는 창업 아이디어를 선정할 경우에는 실패할 가능성이 매우 높다.

(2) 창업자의 적성

창업자의 적성과 능력은 창업 아이디어 선정 시 가장 중요한 것이라 할 수 있다. 창업자의 적성으로는 사업가적 적성뿐만 아니라 사업 분야에 대한 적성이 함께 고려되어야 한다. 창업자의 능력 또한 함께 고려되어야 하며, 창업자는 계속적인 능력개발을 위해 시간적·물질적인 투자에 힘써야 한다.

(3) 창업자의 경험이나 지식의 활용

비록 창업아이템이 성장성과 발전가능성이 높은 업종이며 실제로 다른 사람이 동종업종 창업에 성공했다고 하더라도 창업자 자신도 막연히 성공하리라고 기대할 수는 없다. 선정된 창업 아이디어가 창업자의 경험, 지식, 기술 등과 결합될 때 창업의 성공 가능성이 높아지는 것이다. 창업자가 과거 직장생활을 통해 얻은 경험, 지식 및 기술 등은 창업의 성공과 실패에 있어 많은 영향을 미치게 된다. 미래의 창업을 대비하여 현 직장에서 열심히 배우고 노력한다면 현재 일을 하고 있는 직장에도 충실하게 되는 결과이며, 미래 창업사장으로서의 자질개발에 더없이 좋은 기회가 될 것이다.

(4) 트렌드의 반영

창업의 성공 가능성을 높이기 위해서는 시대의 흐름에 맞는 업종을 선택해야 한다. 시대흐름에 맞는 업종을 선택하기 위해서는 국가 경제성장 수준, 국민소득의 증가 추세, 인구 연령별 분포, 산업의 흐름 등을 주시하여 정확한 시장을 예측할 수 있어야 한다. 또한 외국서적, 잡지, 박람회, 여행 등을 통해 선진국의 산업흐름과 유망한 사업 아이디어의 국내 진출이 가능하고 적절한 시기를 포착하려는 노력이 필요하다.

(5) 자본규모에 적합한 창업아이템

적정한 창업 자본이 뒷받침되지 않은 창업 아이디어의 구상은 실패로 돌아갈 수밖에 없다. 그러므로 조달 가능한 자본규모와 연결하여 창업 아이디어의 선택을 검토해야 한다. 자본규모별 업종 선택 순서는 다음과 같다.

첫째, 자금조달은 자기자본, 가까운 인간관계를 통한 조달 가능액, 금융기관 차입 가능액(담보력, 신용 등을 감안하여 은행과 제2금융기관을 구분하여 선정)으로 구분하여 선정한다.

둘째, 적정자금의 투입범위는 가계에 전혀 지장을 주지 않는 범위(저축 및 주거용 이외 부동산의 담보), 가계에 영향을 주는 범위(주거용 주택의 담보), 타인에 영향을 주는 범위(사채 및 제3자 주거용 이외의 부동산 담보), 창업자와 조력자의 공멸을 가져오는 범위(제3자 주거용 담보활용) 등으로 구별하여 결정한다.

셋째, 자본규모에 적합한 업종으로 자기 경험과 적성에 합당한 3~4종의 예비 창업아이템을 선정해야 한다.

넷째, 선정된 예비 창업아이템들에 대해서는 업종별로 구체적인 정보를 수집하고 검토한 뒤 사업 타당성을 분석하고 그중 가장 적절한 창업아이템을 선정해야 한다.

자본규모에 맞춰 창업아이템을 선택할 경우에는 단순히 창업에 가능한 자금만을 염두에 두어서는 안 된다. 특히 창업의 경험이 없는 초보자의 경우에는 최소 3~6개월간의 운영자본이 창업 이전의 사업계획서의 예상보다 2~3배 정도 더 필요할 수 있게 된다. 따라서 창업 준비자금과 창업 초기 운영자금을 모두 포함한 창업 필요자금을 동원할 수 있는 조건을 갖추고 있어야 한다.

결론적으로 창업자 자신이 동원할 수 있는 금전적, 인적 및 물적 등 제 자원을 분석하고 외부환경을 검토한 후 여기에 창업자 자신의 의지를 반영하여 창업아이템을 최종적으로 선정해야 한다.

자금의 원천과 이용 ▶▶▶▶

당신이 얼마나 많은 자금이 필요하고 그 자금을 어떻게 사용할 것인가에 대해 다음의 양식을 이용하여 설명한다. 어떤 장비를 구입할 것인가에 대한 계획이 있다면, 적고, 은행으로부터의 부채가 있다면 은행명과 금액, 대출조건 등을 적는다.

필요한 자금을 모두 조달하기까지 자금 조달 횟수:
이번 자금 조달에서 필요한 자금의 크기:

자금의 원천

1. 지분 조달

    - 우선주:

    - 보통주:

2. 부채조달

    - 모기지론:

    - 기타 장기대여금:

    - 단기대여금:

    - 전환부채:

3. 주주들로부터의 투자:

자금의 사용

1. 자본 지출:

    - 재산구입:

    - 리스:

    - 장비 및 가구 구입:

    - 기타:

2. 운전자본:

    - 재고구입:

    - 직원 추가 고용:

    - 새로운 제조 공정 증설:

    - 추가적인 마케팅 활용;

    - 기타;

3. 필요한 부채:

4. 현금 보유량:

[6] 시장의 수요

성공 가능성이 높은 제품 또는 서비스란 욕구 충족적이며, 경쟁력이 있으며, 성장성이 있어야 한다. 이러한 성공형 제품이 유망한 아이디어가 되기 위해서는 목표시장과 조화를 이루어야 한다. 즉, 신제품을 새로운 시장에 팔거나 기존 제품을 기존 시장에 파는 경우에 비해 신제품을 기존 시장에 팔거나 기존 제품을 새로운 시장에 파는 경우가 시장성이 있다. 따라서, 창업 아이디어와 시장이 조화를 이루어야만 성공가능성이 높다.

성공형 제품은 다음과 같다. 첫째, 소비자의 요구 또는 충족도의 조사·분석을 통한 히트 예상 상품을 말한다. 둘째, 경쟁력 있는 제품을 말한다. 경쟁력 있는 제품은 품질향상(실용·신안 의장등록, 성능개선 및 특징 추가, 품질 및 외형개선, 신뢰도 증가), 원가절감(저렴한 원재료 개발, 기술혁신, 저렴한 가격) 등을 도구로 성공 확률을 높인다. 셋째, 성장가능성이 있는 제품이어야 한다. 소비인구의 증가가 지속되는 경우, 소비자 취향과 의식의 변화 그리고 국민경제 수준의 증가에 발맞춘 적절한 제품이 성공가능성이 높다.

당신의 고객은 ▶▶▶▶ 누구인가?

당신이 제품을 판매하는 대상인 고객에 대해 다음의 기준을 이용하여 파악하도록 한다. 각 항목에 해당하는 고객의 수를 적도록 한다.

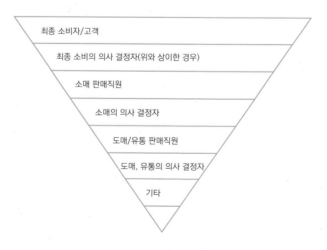

[7] 허가 또는 인가

좋은 창업아이템을 선정하고 그에 따른 창업 준비가 철저하게 이루어졌다 하더라도 제도적인 절차에 소홀하다 보면 창업 시기를 놓치게 되는 경우가 있다. 법적인 허가, 인가, 면허등록 등이 없으면 창업을 할 수 없는 업종이 있기 때문에, 창업자는 해당 업종의 법적 요건을 사전에 확인해야 한다. 우리나라에는 이와 같은 인·허가를 필요로 하는 사업 분야가 상당수 있기 때문에 사전에 미리 확인하는 작업을 통해서 창업자 자신이 그 업종을 선택하고 창업을 진행할 수 있는지의 여부를 결정해야 한다.

확대보기

– 창업아이템의 차별성과 독창성

창업아이템이 독창적이면 좋다. 하지만, 독창적인 아이템은 존재하지 않는다. 차별성과 독창성은 비슷하지만 다르다. 차별성은 상대적인 개념이고, 독창성은 절대적인 개념이다. 차별성은 컨셉에 의거해 인위적으로 조장할 수 있다. 독창성은 혁신성과 창조성에 더 가까운 개념이다. 독창적인 아이템이 차별화 될 수는 있지만, 차별성은 상대적인 개념이라 조금 더 경쟁제품과 다르다는 것을 의미한다. 가장 이상적인 창업아이템은 독창성에 근거하여 차별화 전략을 추구하는 것이 가장 바람직하다. 차별성이 높고 독창성이 낮은 경우에는 전략적으로 다양한 전략을 실행해야 한다. 독창성이 높은 경우에는 전략적으로 운용하지 않아도 태생이 이미 기존의 아이템과 매우 다르기 때문에 수고가 덜하다. 사업 아이템을 초기에 선정할 때 카테고리 범위 안에서 새로움이 기존 것과 많이 다르지 않다면 차별성을 갖는 새로운 컨셉으로 무장해야 한다. 차별화 포인트를 장점으로 지속적으로 알리는 노력이 필요하지만 차별화 포인트가 너무 많아지면, 인근의 경쟁 점포의 다른 장점과 겹치기 때문에 차별성을 커뮤니케이션할 경우에 조심해야 한다. 차별성이 많아진다는 것은 경쟁적 위협요소가 언제든지 발생할 수 있다는 것을 의미한다.

- 카테고리 결정하기

사업 아이템을 선정할 때 고려사항은 다음과 같다.
1. 큰 경계 영역을 두고 조금씩 좁히고자 한다.
2. 큰 타이틀을 정하였으면 서브 타이틀을 정한다.

3. 어떤일이 적성에 맞는지, 안정적으로 오랫동안 매출을 올릴 수 있는지 생각한다.

4. 자신의 취향과 안정적인 소득을 고려한다.

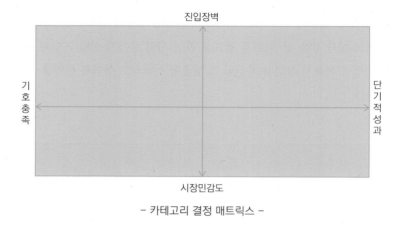

– 카테고리 결정 매트릭스 –

학습 정리

◎ 트렌드란 최소한 3년은 유지되는 흐름이다.

◎ 트렌드를 분석하기 위해서는 다음과 같은 환경 요인들을 살펴보아야 한다.

  : 인구 통계적 환경 요인/사회문화적 환경 요인/경제적 환경 요인/법적, 정치적 환경 요인/기술 환경 요인/경쟁 환경 요인/소비심리 환경 요인

◎ 소비트렌드가 예측되었다면, 창업 아이디어를 개발하게 되고, 사업계획서를 작성한다.

◎ 창업 아이디어

  : 직장생활에서의 경험, 사업설명회, 라이선싱, 자영업, 인맥과의 상호교류, 계획적 탐색을 통해 얻을 수 있다. 또 기존제품을 탐색하거나, 신제품을 개발하는 방법으로 구체화할 수 있다.

◎ 창업아이템 선정

 : 사업의 핵심 요소를 결정하는 것이다. 창업의 성공과 실패의 방향을 결정하게 되므로, 사업 구상에 있어 가장 중요한 단계라고 할 수 있다.

 : 고려해야 할 기본 원칙과 순서가 있다; 성장 가능성, 창업자의 적성, 창업자의 경험이나 지식의 활용, 트렌드 반영, 자본 규모에 적합 여부, 시장의 수요, 허가 또는 인가

추가/보완

◎ 정관의 예시

(1) https://dart.fss.or.kr/ 에 들어간다.

(2) 회사명(ex. 삼성전자)을 입력하고 사업보고서를 연다.

(3) 첨부 선택란에서 정관을 찾을 수 있다.

문제

O. X

1	창업아이디어 개발의 방법에서 가장 위험한 방법은 변경제품-새로운 시장 결합방법이다.	
2	창업아이템 선정의 기본원칙은 성장가능성, 창업자의 적성, 창업자의 경험이나 지식의 활용, 트렌드의 반영, 자본규모에 적합한 창업아이템, 시장의 수요이며 허가 또는 인가는 고려사항이 아니다.	
3	비즈니스에 영향을 미칠 수 있는 환경요인은 개별 기업이 통제할 수 있다.	
4	창업아이템의 선정은 사업의 핵심요소를 결정하는 것으로써, 즉 무엇을 어떻게 할 것인가(how)를 결정하는 것이다.	
5	창업자의 적성으로는 사업가적 적성뿐만 아니라 사업 분야에 대한 적성이 함께 고려되어야 한다.	
6	비즈니스에 영향을 미칠 수 있는 환경요인은 개별 기업이 통제할 수 있다.	
7	창업아이템의 선정은 사업의 핵심요소를 결정하는 것으로써, 즉 무엇을 어떻게 할 것인가(how)를 결정하는 것이다.	
8	창업자의 적성으로는 사업가적 적성뿐만 아니라 사업 분야에 대한 적성이 함께 고려되어야 한다.	
9	남들이 하니까 그저 따라 하려는 것을 트렌드라고 할 수 있다.	
10	창업 아이디어는 창업아이템을 보다 구체화한 상태로 사업의 착수 여부를 결정하는 사업타당성 분석의 대상이 된다.	
11	한 업체가 시장점유율 100%를 가지고 있는 독점상황에서는 시장진입이 쉬워진다.	

객관식

1 다음 설명 중 옳은 것은? (   )

가. 인구통계적 요인은 한국은행에서 주기적으로 발간하는 자료를 이용한다.

나. 창업아이디어의 우연적인 발견은 고려할 필요가 없다.

다. 특정한 업종에 종사하다가 우연치 않은 새로운 사업기회발견을 샛길효과라고 한다.

라. 트렌드분석에서 소비자신뢰지수는 경쟁환경요인에 이용한다.

2 창업아이디어 개발의 구체적 방법으로 옳지 않은 것은? ( )

가. 기존제품-새로운 시장 결합방법

나. 변경제품-기존 시장 결합방법

다. 신제품-기존 시장 결합방법

라. 기존제품-독점 시장 결합방법

3 다음 중 창업 아이디어의 원천이 아닌 것은? ( )

가. 직장생활의 경험   나. 인맥과의 상호 교류   다. 라이선스의 취득

라. 창업자의 적성   마. 자영업

4 다음 중 품질향상에 해당되지 않는 것은? ( )

가. 실용신안 의장등록   나. 성능개선 및 특징 추가   다. 품질 및 외형개선

라. 저렴한 원재료 개발   마. 신뢰도 증가

5 다음 아이디어 개발의 구체적 방법 중 가장 리스크가 큰 것은? ( )

가. 변경 제품 – 기존 시장 개발방법

나. 변경 제품 – 새로운 시장 개발방법

다. 신제품 – 기존 시장 결합방법

라. 기존 제품 – 기존 시장 결합방법

마. 신제품 – 새로운 시장 결합방법

6 다음 중 품질향상에 해당되지 않는 것은? ( )

가. 실용신안 의장등록   나. 성능개선 및 특징 추가   다. 품질 및 외형개선

라. 저렴한 원재료 개발   마. 신뢰도 증가

7 창업아이템 선정의 기본 원칙이 아닌 것은? ( )

가. 성장 가능성

나. 창업자의 적성

다. 창업자의 경험이나 지식의 활용

라. 창업자의 취향

8 트렌드 분석의 대상이 아닌 것은? (　　)

　　가. 인구통계적 환경요인

　　나. 미시적 환경요인

　　다. 경쟁 환경요인

　　라. 기술 환경요인

 단답형

1　다음은 창업 아이디어 개발의 구체적 방법이다. 빈 칸에 알맞은 답을 채우시오.

　　a.　(　　　　　　　) 결합방법: 이 방법은 이미 존재하고 있는 제품을 기존의 시장을 목표로 하여 생산하거나 판매하는 방법으로 창업 아이디어 개발방법 중 가장 낮은 차원의 방법이라고 볼 수 있다.

　　b.　(　　　　　　　) 결합방법: 이 방법은 새로운 시장을 목표로 하여 이미 존재하는 제품을 생산하거나 판매하는 창업 아이디어 개발방법을 말한다.

　　c.　(　　　　　　　) 결합방법: 이 방법은 기존의 시장을 목표로 이미 존재하고 있던 제품을 (　　　　) 하여 만든 제품을 생산하거나 판매하는 창업 아이디어를 찾는 방법을 말한다.

　　d.　(　　　　　　　) 결합방법: 이는 새로운 시장을 목표로 변경된 제품을 제조하거나 판매하는 것과 관련된 사업에서 아이디어를 찾으려는 방법을 말한다.

　　e.　(　　　　　　　) 결합방법: 이 방법은 기존에 형성되어 있는 시장을 목표로 이미 존재하고 있던 제품보다 기능이나 성능이 개선된 (　　　　　　) 또는 순수한 신제품을 생산하거나 판매하는 데서 창업 아이디어를 찾는 방법을 말한다.

　　f.　(　　　　　　　) 결합방법: 이 방법은 새로운 시장을 목표로 신제품을 생산하거나 판매하는 데서 창업 아이디어를 찾고자 하는 방법을 말한다.

2　다음은 자본규모별 업종 선택 순서이다. 빈 칸에 알맞은 답을 채우시오.

　　a.　첫째, 자금조달은 (　　　　　　), 가까운 인간관계를 통한 조달 가능액, 금융기관 (　　　　　　)으로 구분하여 선정한다.

　　b.　둘째, (　　　　　　)의 투입범위는 (　　　　　　)에 전혀 지장을 주지 않는 범위, 가계에 영향을 주는 범위, 타인에 영향을 주는 범위, 창업자와 조력자의 공멸을 가져오는 범위 등으로 구별하여 결정한다.

c. 셋째, 자본규모에 적합한 업종으로 (   )과 (   )에 합당한 3~4종의 예비 창업아이템을 선정해야 한다.

d. 넷째, 선정된 예비 창업아이템들에 대해서는 업종별로 구체적인 정보를 수집하고 검토한 뒤 (   )을 분석하고 그중 가장 적절한 창업아이템을 선정해야 한다.

e. 결론적으로 창업자 자신이 동원할 수 있는 (   ), 인적 및 물적 등 제 자원을 분석하고 (   )을 검토한 후 여기에 창업자 자신의 의지를 반영하여 (   )을 최종적으로 선정해야 한다.

f. (   ): 자영업을 통해 다양한 활동을 경험하게 되면서 고객의 욕구를 잘 알 수 있기 때문에, 그것을 충족시키는 새로운 사업을 추진할 수도 있고, 어떤 경우에는 특정한 업종에 종사하다가 우연치 않게 새로운 상품 아이디어를 개발하게 되기도 한다.

3 (   )란 일시적인 유행과 달리 3년 정도 유지되는 흐름을 말한다.

4 (   )란 소비심리를 나타내는 종합적인 지수로서 현재 생활형편 및 미래 생활형편에 대한 예상, 현재경기 및 경기예상, 내구재 구입에 대한 판단을 종합적으로 반영한다.

 서술형

1. 트렌드 분석에 대해 서술하시오.

2. 비즈니스에 영향을 미칠 수 있는 환경 요인에 대하여 서술하시오(3가지 이상).

3. 창업아이템 선정의 기본 원칙에 대하여 서술하시오(3가지 이상).

4. 창업아이템 선정의 중요성에 대하여 서술하시오.

5. 트렌드 분석의 중요성에 대해 서술하시오.

사업타당성 분석

학습목표

◎ 성공 창업을 위해 영업에 대한 시장성 분석, 제품에 대한 기술적 분석 그리고 창업기업에 대한 재무적 분석 등 사업 타당성 분석의 필요성에 대해 알 수 있다.

◎ 사업 타당성 분석 내용을 구체적으로 알아본다.

◎ 시장타당성 분석은 선정된 창업아이템이 얼마나 팔릴 수 있는가를 예측하는 것으로 시장동향 분석, 제품성 및 제품의 경쟁적 지위분석, 수요예측에 대해 알아본다. 수요예측에 있어 수요에 영향을 미치는 요인을 알아보고 수요를 예측하는 4가지 방법을 터득한다.

◎ 기술타당성 분석은 기술적 실현가능성 여부에 중점을 두고 검토해야 한다. 상황분석을 통해 긍정적인 결과가 도출된 경우에는 원가추정을 하게 되고, 부정적인 결과일 경우에는 대안을 기각해야 하기 때문이다. 기술성 분석이 필요한 대상과 평가기준에 대해 학습하여 기술타당성 분석을 해야 할 때 고려해야 할 사항을 알아본다.

◎ 경제타당성 분석은 시장성 분석과 기술성 분석을 통하여 획득한 정보 및 자료를 종합하여 필요한 자본의 규모를 결정하고 투자안의 현금흐름을 추정하는 활동이다. 경제성 분석의 범위와 내용에 대해 알아보며 각 범위에 맞게 어떠한 분석을 해야 하는지 알아본다.

Chapter 05

사업타당성 분석

① 사업타당성 분석의 필요성

창업아이템을 선정하고 나면 과연 사업성이 있는지를 분석해야 하는데 이것이 바로 사업타당성 분석이다. 이러한 사업성 분석에는 충분한 크기의 시장이 존재하는지(시장성)?, 만약 시장규모가 충분하다면 내가 이 시장에서 남들과 차별적인 경쟁우위를 가지고 있는지(기술성)?, 만약 시장성도 있고, 기술성도 있다고 할 때, 내가 이 사업을 한다면 수지타산이 맞을지(경제성)?에 대한 해답을 구해야 할 것이다. 이러한 시장성, 기술성, 경제성에 대한 답을 찾는 과정이 바로 사업타당성 분석이라고 할 수 있다.

사업타당성 분석이란 경영의사결정에 필요한 기초자료를 제시하는 활동으로서 창업자가 추진하려는 사업활동의 타당성 여부를 사전에 조사, 분석, 검토하는 것을 말한다. 사업타당성 분석은 성공적 창업을 위해 창업자가 영업에 대한 시장성 분석, 제품에 대한 기술적 분석 그리고 창업기업에 대한 재무적 분석을 행하는 것으로써 이는 창업을 위해서 반드시 수행하여야 한다. 사업타당성 분석의 필요성은 구체적으로 다음과 같다.

첫째, 사업타당성 분석은 사업계획서의 필요 요소를 명확하게 파악할 수 있도록 해준다. 새로운 사업은 시장성, 생산설비, 소요자금 등 수많은 요소들을 필요로 한다. 사업타당성 분석은 요소들을 기술성, 시장성, 경제성의 분야별로 고려하기 때문에 위의 요소들을 정밀하게 검토할 수 있도록 한다.

둘째, 창업자는 사업타당성 분석을 통해 해당 사업분야와 관련하여 운영능력을 향상시킬 수 있다. 사업상 어려움에 직면하더라도 사업타당성 분석의 전 과정에 관한 인식을 바탕으로 적절한 대응 및 해결책 마련 능력을 향상시킬 수 있다. 창업의 주요 요소에는 창업자와 사업 아이디어, 자본 그리고 사업장 등이 있는데 이중 창업자는 가장 중요한 요소이다. 창업자가 기업가로서의 충분한 자질과 역량을 가지고 있으며 계획사업에 대한 수행능력과 해당 업종에 대한 전문적 지식을 갖추고 있는지 여부는 창업의 성공과 실패를 가름하는 중요한 요소이기 때문이다. 현실적으로 창업자에 대한 분석은 스스로에 대한 직접적인 평가보다는 전문 창업컨설턴트나 창업에 관한 전문가 집단의 객관적이고 합리적인 평가가 요구된다.

셋째, 사업타당성 분석은 사업계획의 수립과 개선의 기회를 제공한다. 사업타당성 분석은 이미 수립된 사업계획의 문제점 파악을 가능하게 하고 이를 수정함으로써, 결과적으로 사업의 성공 가능성을 높일 수 있다.

실행 가능성 분석 ▶▶▶▶

당신의 사업이 어느 분야에서 강점을 가질 수 있고 어떤 도전에 직면할 수 있는가에 대해 분석한 다음 각 항목에 1(전혀 아님)부터 10(매우 그러함)까지 점수를 매긴다. 점수가 높을수록 당신이 당면하는 위험은 낮다. 점수가 낮을수록 사업이 어려움을 겪을 가능성이 높고 따라서 성공 가능성도 낮다. 그러한 분야에 대해 사업 계획을 세울 때 더욱 주의를 기울여야 한다.

산업

_____ 경제적 상황이 좋다.

_____ 새롭고 확장하고 있으며 빠르게 성장한다.

_____ 소수의 대기업이 아니라 다수의 기업들이 존재한다.

_____ 경제의 하강 국면을 감수할 수 있다.

_____ 가까운 미래 전망이 밝다.

🧩 제품 또는 서비스

_____ 검증되었고 지나치게 독특하지 않다.

_____ 이미 수요가 존재한다.

_____ 독특한 경우 다른 기업이 경쟁할 수 없는 장벽이 존재한다.

_____ 이미 개발되었거나 가까운 미래에 개발 완료된다.

_____ 중요한 원재료의 공급자가 존재한다.

_____ 예상 판매 가격보다. 충분히 낮은 원가 구조를 갖는다.

_____ 기존 제품 사용 고객의 전환 비용이 낮다.

_____ 일회성이 아니라 반복적으로 소비하는 속성이 존재한다.

🧩 시장

_____ 명확한 시장이 존재한다.

_____ 당신의 사업을 유지할 만큼 적절히 큰 규모이다.

_____ 효과적인 마케팅을 할 수 있을 만큼 적절히 작은 규모이다.

_____ 당신의 제품 또는 서비스에 대한 관심이 있다.

_____ 성장하고 있다.

_____ 가까운 미래에 빠르게 성장할 전망이다.

_____ 고객에게 접근할 수 있는 판매 경로가 있다.

🧩 경쟁자

_____ 유사한 제품 또는 서비스가 존재한다.

_____ 경쟁자를 다른 기업들과 명확히 구분할 수 있다.

_____ 다수의 경쟁자가 점유하는 대규모의 시장이 존재한다.

_____ 당신의 사업을 모방할 수 있는 대기업이 존재하지 않는다.

운영

_____ 거대한 초기 자본 투자가 필요하지 않다.

_____ 고가의 대량 재고가 요구되지 않는다.

_____ 아주 새롭거나 검증되지 않은 기술이 요구되지 않는다.

_____ 공급업체나 유통업자가 한두 개 기업으로 제한되지 않는다.

_____ 특이한 생산 또는 운영 방식이 요구되지 않는다.

_____ 필요한 인력을 쉽게 구할 수 있다.

_____ 사업 운영을 위해서 비싼 보험료가 요구되지 않는다.

역량과 리더십

_____ 이미 창업을 해 본 경험이 있다.

_____ 경영이나 창업 분야의 훈련을 받았다.

_____ 해당 산업에서 일했던 경험이 있다.

_____ 다른 사람의 조언이나 제안을 기꺼이 받아들인다.

_____ 상황에 따라 유연하게 대처할 능력이 있다.

_____ 팀을 이끌었던 경험이 있다.

_____ 다른 사람이 당신을 자연스럽게 리더로 인정한다.

_____ 개인적으로 제품이나 서비스를 개발할 능력이 있다.

_____ 개인적으로 판매를 할 능력이 있다.

_____ 금융적으로 신용 불량자가 아니다.

경영 팀

_____ 제품 또는 서비스를 개발할 능력을 가진 사람들을 확보했다.

_____ 판매원들을 확보했다.

_____ 경영 팀에 합류할 사람들을 확보했다.

_____ 팀원들은 산업 경력이 있다.

🧩 사업 모델

_____ 외부 자금 조달 없이도 창업 비용을 조달하고 이익을 낼 수 있다.

_____ 해당 산업에 투자하는 엔젤 투자자와 벤처 캐피털리스트 등 자본 원천이 존재한다.

_____ 사업을 위한 초기 창업 비용이 높지 않다.

_____ 1년 이내에 이익을 낼 수 있다.

_____ 적어도 3년 동안 지속적인 성장을 예측한다.

_____ 제품 또는 서비스를 통한 수익 실현 모델이 명확하게 존재한다.

② 사업타당성 분석 내용

사업타당성 분석은 크게 시장성, 기술성, 경제성을 분석하는 내용으로 구성되어 있으며, 다음 <표 5-1>에서 간략히 보여주고 있다. 다음에 각 분석별로 세부사항을 기술하기로 한다.

| 표 5-1 | **사업타당성 분석의 범위**

시장성	기술성	경제성
• 시장조사 • 소비자 조사 • 시장 세분화 • 제품 포지셔닝 • 제품수급조사 • 동종업계 조사 • 총수요 및 점유율 예측 • 가격결정 및 매출액 추정	• 제품의 기술적 특징 • 공장입지의 적합성 • 생산설비와 장비 • 생산공법과 공장의 적합성 • 생산지원에 대한 검토 • 공장규모와 건설계획 • 시설소요자금의 검토 등	• 생산, 구매, 판매, 일반관리 계획 • 제 원가 비용추정 • 추정재무제표의 작성 • 재무상태 및 경영성과 분석 • 자금수지분석 • 현금흐름의 추정 • 할인율의 추정 • 위험분석

2.1 시장성 분석

시장성 분석은 창업기업의 상품에 대해 소비자가 어떤 반응을 보일 것이며, 경쟁업체와 경쟁 제품에 대해 어느 정도의 경쟁력을 확보할 수 있는가 등에 대한 분석활동을 말한다. 뿐만 아니라 시장타당성 분석은 판매(서비스)하고자 하는 아이템을 시장에 얼마나 팔 수 있겠는가를 조사·분석하는 것을 말한다. 특히 상품의 수요와 공급에 대한 현재 및 미래에 대한 정확한 예측과 분석은 사업의 지속적인 발전을 위해 매우 중요하다. 시장성 유무에 대한 객관적 기준이 없기 때문에 평가 기준을 정형화하는 데는 한계가 있다. 그러나 일반적으로 시장성이 있다는 것은 경쟁업체수와 대비하여 향후 점진적인 시장 점유율 확보가 가능하고, 계획한 기간 내에(운영자금 소요기간 내) 손익분기점에 도달할 수 있는 경우를 말한다.

시장타당성 분석의 궁극적인 목표는 선정된 창업아이템이 얼마나 팔릴 수 있는가를 예측하는 것으로, 일반적으로 다음과 같은 세 가지 세부분석을 포함한다.

(1) 시장동향 분석

시장동향 분석은 전체 시장규모, 경쟁제품과 유사제품에 대한 시장분석, 잠재고객 분석 등이 포함된다. 전체 시장규모에서는 전반적인 시장규모와 함께 시장 내의 경쟁자 파악을 하게 된다. 시장분석에서는 경쟁제품과 유사제품에 대한 판매영역별 및 고객별 잠재수요에 대한 분석이 실행된다. 그리고 잠재고객 분석에는 잠재 소비자의 구성 분포 및 변화 추세, 소비자특성 분석(소득수준, 구매행태, 제품소비행태, 소비단위, 구매동기, 고객의 해당 상품 수용가능성) 등을 통하여 시장타당성 분석의 최종 목적인 수요예측을 위한 정보를 수집한다.

(2) 제품성 및 제품의 경쟁적 지위분석

제품성 분석이란 제품의 특성과 품질을 고려한 제품의 강·약점과 제품의 수명주기, 보급률 등 마케팅 믹스에 대한 분석이다. 즉, 제품의 강·약점에 대한 분석은 타사제품과 비교한 자사제품의 기능, 특성, 차별성 등에 대한 분석을 의미한다. 이 경우 중요한 것은 자사의 강점에 초점을 맞추어 분석하되 동시에 취약점 분석도 병행하여 자사의 경쟁력을 강화시켜야 한다는 점이다. 또한 모든 제품에는 수명주기가 존재하는데, 창업자가 시작하려고 하는 사업이 도입기, 성장기, 성숙기, 쇠퇴기 중 어디에 속하는지를 도표를 그려 가며 철저히 분석해야 한다. 제품의 라이프사이클은 제조업뿐만 아니라 도소매업 및 서비스업에도 적용된다. 제품성 분석은 창업자가 취급할 상품의 성격이나 특징, 유통경로 및 타사 또는 경쟁 상품과의 관계를 분석대상으로 하여 타당성을 조사한다. 이러한 제품성 분석은 품질수준에 대한 평가, 유사 및 동종제품과의 경쟁관계, 유통경로 및 가격경쟁력, 부가가치 생산성 등이 포함된다.

(3) 수요예측

시장타당성 분석에서 가장 중요한 부분은 수요예측인데 수요예측이란 일정 기간 동안 판매될 상품의 수량 또는 금액을 추정하는 것이다. 수요예측이 시장성 분석에서 중요한 이유는 판매 또는 생산계획, 자금조달 및 운용계획이 예상매출액을 기반으로 수립되기 때문이다.

수요예측은 트렌드분석을 거쳐서 선정된 창업아이템의 시장 규모가 얼마나 되는가를 추정하기 위한 분석이다. 즉, 시장규모와 시장의 경쟁자 현황을 파악해야 내가 과연 이 아이템으로 창업할 때 얼마만큼의 수익창출이 가능할지를 판단할 수 있기 때문이다.

이러한 수요예측 분석과정을 다음에 자세히 기술하기로 한다.

창업아이템의 경우는 대부분 신제품이나 새로운 서비스인 경우가 많은데 신제품의 수요를 예측하는 일은 다음과 같은 한계를 가지고 있다. 첫째, 과거의 수요실적이 없기 때문에 시장의 범위, 제품의 용도 등을 예측자가 미리 설정해야 한다. 만약 예측자가 설정한 시장정의와 범위가 다르다면 신뢰할만한 결과를 얻기 어렵다. 둘째, 제품의 효익이 수요자에게 충분히 이해되지 않는다면 예측상의 오차가 더욱 커질 수 있다. 따라서 예측에 앞서서 제품의 효익과 특성을 정확하게 수요자들에게 이해시켜야 한다. 셋째, 제품의 사양이 가변적이고 예측결과로부터 제품사양의 변경이 요구되는 경우가 많다. 특히 가격은 수요를 결정짓는 중요한 요소이며 가격을 변경함에 따라 수요의 크기가 어떻게 변할 것인가(수요의 가격 탄력성)도 함께 분석해야 한다. 넷째, 경쟁기업의 동향을 가정하기는 어렵지만 현실적으로 수요는 신제품을 시장에 도입한 후에 있을 다른 기업의 움직임에 따라 변동한다.

이상과 같이 신제품의 수요예측은 오차를 발생시키는 요인이 많다. 그러나 한 번에 많은 요인들을 예측에 포함시키는 일은 오히려 예측을 불안정하게 만들 수 있다. 따라서 신제품의 수요를 예측하는 데 있어서는 수요에 영향을 미치는 요인들을 주요한 것으로 묶어 단순화하는 일이 필수적이다.

1) 창업아이템 수요의 영향요인

창업아이템의 수요량 및 수요의 성장에 영향을 미치는 요인들은 다음과 같다.

① 제품요인

제품요인이란 창업아이템 자체가 가지고 있는 특성으로서 다음과 같은 요인들을 포함하며, 기본적으로 수요를 결정하는 최대 요인이다.

- 기능, 성능
- 가격
- 용도
- 구매형태
- 규격
- 상표, 포장, 디자인
- 제품 이미지와 메이커의 이미지

② 공급요인

공급요인이란 수요자가 창업아이템에 접촉할 기회를 갖는 정도에 영향을 미치는 요인이다.

- 생산량, 공급량, 공급지역
- 판매경로
- 유통점유율

③ 정보요인

정보요인이란 수요자가 창업아이템 정보에 접촉할 기회를 가지는 정도에 영향을 미치는 요인
이다.

- 광고
- 영업력
- 홍보
- 구전효과

④ 경쟁요인

경쟁요인이란 창업아이템의 경쟁제품과 대체품이 어떠한 상태에 있는가를 결정짓는 요인
이다.

- 경쟁제품(유무, 가격, 용도, 규격 등)
- 대체품(유무, 가격, 용도, 규격 등)
- 대체 및 경쟁제품의 보급상황

수요함수 · 수요곡선 ▶▶▶▶
[demand function·demand curve, 需要函數 · 需要曲線]

 수요

경제학에서 수요(需要, demand)란 소비자가 특정 재화나 서비스를 구매하기 위한 의지와 소망을 나타내는 경제원리이다. 기본적으로 수요란 구매자가 원하는 재화나 서비스의 양을 의미한다. 수요량이란 특정 가격 하에 사람들이 구매하고자 하는 양을 의미한다. 가격과 수요량의 관계를 수요의 법칙이라고 부른다. 수요라는 용어는 주어진 시간에 특정 재화를 소비하고자 하는 의사와 능력을 뜻한다. 수요는 다른 모든 조건이 동일할 때(ceteris paribus) 다양한 가격과 시점에서 구매자가 구입할 의사와 능력이 있는 재화의 양을 의미한다. 여기서 수요가 구매의사와는 별개라는 것을 집고 넘어가야 한다. 사실 구매의사는 개인이 충분한 돈이 합쳐져야만 비로소 수요라 부를 수 있다.

경제학자들은 수요를 수요곡선(demand curve) 그래프를 이용하여 나타낸다. 보통 수요곡선은 우하향하는 모습을 보인다. 우하향하는 모습은 가격과 수요량의 관계를 보여주는데, 가격이 하락하면 수요량은 증가한다. 원칙적으로 각 소비자는 자신이 구매하고자 하는 모든 상품에 대해 수요곡선을 가진다. 개인의 수요곡선은 한계효용(이윤)곡선과 일치한다고 말할 수 있다. 개인의 수요곡선을 모두 합하면 제품의 수요곡선이 도출된다. 만약 외부효과(externalities)가 없다면 시장수요곡선은 사회효용(이윤)곡선과 일치하게 된다.

실제 수요는 실수요(實需要)라고 부르며 반의어 가수요(假需要)는 실제 수요가 없음에도 일어나는 예상수요이다.

<수요의 법칙의 조건>
1. 다른 모든 조건이 동일할 때
2. 특정 기간 내에
3. 사람들이 소비할 의사와 능력이 있고

4. 가격의 상승/하락에 따라 감소/증가하는

5. 잘 정의된 재화나 서비스의 양

수요는 가격과 수요량이라는 두 가지 변수 간의 관계인데, 이 때 수요에 여향을 미칠 수 있는 다른 모든 요인들은 변하지 않는다고 가정한다.

다른 모든 조건이 일정할 때: 가격 뿐만 아니라 다른 많은 요인들 역시 수요량에 영향을 미칠 수 있다. 그중 수입과 관련재의 가격, 인구수, 기대, 선호 같은 것들이 있다. 재화의 가격과 수요량의 인과관계를 파악하기 위해서는 이런 다른 모든 조건들이 일정하게 유지되어야 한다.

특정 기간 내에: 수요는 정해진 시간 동안 구매된 물건의 양을 말한다. 예를 들어 65,000원일 때 4,000 개의 재화가 팔린다고 말하는 것은 불가능하며, 오직 하루에, 일주일 동안, 한달 동안이라는 조건이 붙어야만 한다.

의사와 능력: 시장에 참여하기 위해서 소비자는 구매할 의사가 있어야 할 뿐만 아니라 소비할 능력 역시 필요하다. 예를 들어 민수가 자동차를 구매하고 싶다고 하자. 하지만 그에게 돈이 없다면 그의 소망은 실현될 수 없는 부적절한 것이다.

수요의 법칙: 이것은 가격과 수요량이 수요곡선 상 음의 관계(역의 관계)를 가짐을 보여준다.

잘 정의된: 마지막 조건 중 중요한 것은 "잘 정의된"이라는 재화나 서비스라는 것이다. 이 부분은 우리가 한 재화 내에서 가격과 수요량의 관계를 설명한다는 것을 확실시 하기 위한 장치이다. 만약 우리가 한 재화의 수요에 관심이 있다면, 한 재화의 가격과 관련없는 다른 재화의 수요량을 비교할 필요가 없을 것이다. 재화가 잘 정의되었다는 것은 재화의 브랜드나 모델, 노후상태, 양, (서비스의) 질(質)이 동일한 상태임을 뜻한다.

수요량은 가격과 일정한 관계를 가지는데, 일반적으로 가격을 제외하고 수요에 영향을 미치는 다른 모든 조건들이 변하지 않는다고 가정할 때, 재화나 서비스에 대한 가격이 오르면 수요량은 감소하고 가격이 내려가면 수요량은 증가하게 된다. 즉, 상품에 대한 가격과 수요량은 역(逆)의 관계를 가지며, 이를 수요법칙이라고 한다. 상품에 대한 수요량과 가격의 대응관계를 함수로 표현한 것을 수요함수라고 하고, 수요량과 가격의 함수관계를 그래프로 나타낸 것을 수요곡선이라고 한다.

수요법칙은 수요함수나 수요곡선으로 나타낼 수 있다. 수요함수는 상품에 대한 수요량과 가격과의 대응관계를 함수로 표현한 것으로, 예를 들어 어떤 상품의 수요량을 X_D라 하고 그 가격을 P_X라고 할 때 $X_D = f(P_X)$의 함수로 나타낼 수 있다. 수요곡선은 수요량과 가격의 함수관계를 그래프로 나타낸 것이며, 일반적으로 그래프의 세로축에는 상품 가격을, 가로 축에는 수요량을 나타낸다. 수요곡선은 수요법칙에 따라 상품의 가격이 하락하면 수요량은 증가하고 반대로 가격이 상승하면 수요량은 감소하게 되므로, 왼쪽에서 오른쪽으로 갈수록 아래로 향하는 우하향의 그래프로 나타난다.

 수요곡선

가격과 수요량의 관계는 수요곡선으로도 표현할 수 있다. 수요곡선은 우하향하는 모양을 띈다. 일반적으로 2차원 평면에 그리며, 가격과 수요량 단 두 변수사이의 관계를 보여준다. 다른 모든 변수들은 일정하다고 가정하지만 그 변수들 역시 수요곡선의 일부이며 변수들의 변화는 곡선의 위치를 결정한다. 수요곡선을 비롯한 대부분의 경제 그래프에서 독립변수는 세로 축에 표시되고 종속변수는 가로 축에 표현된다. 결과적으로 그래프는 P=f(Q)를 그린 꼴이 된다. 여기서 f(Q)는 수요함수의 역함수이지만 간편하게 이를 수요곡선이라 부르기도 한다.

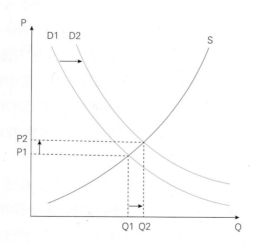

경제학에서 수요곡선(需要曲線, demand curve)는 특정한 부품의 가격(y축)과 해당 가격(x축)으로 수요가 발생하는 물품의 양 사이의 관계를 기술한 그래프이다.

 ## 수요에 영향을 미치는 요소

소비자의 구매의사와 구매능력에 영향을 미치는 요소와 상황은 무궁무진하다. 일반적으로 다음과 같은 것들이 있다.

재화의 가격: 기본적인 수요 관계는 재화의 잠재 가격과 그 가격 하에서 소비되는 재화량 사이에 있다. 보통 음의 관계가 성립하는데 이것은 가격의 상승이 곧 수요량의 감소를 가져온다는 것을 의미한다. 이 음의 관계로 수요곡선이 우하향하는 모양을 띈다. 가격과 수요량이 음의 관계를 갖는 것은 매우 타당하고 직관적이다. 만약 새 소설 책의 가격이 높다면 사람들은 책을 구매하기 보다는 도서관에서 대여해 보려 할 것이다. 또 만약 새로운 기계의 가격이 높은 경우 기업들은 기계를 대체하기 보다는 기존 기계를 사용하려 할 것이다.

관련재의 가격: 연관재의 가격이라고도 한다. 기본적으로 관련재에는 보완재와 대체재가 있다. 보완재는 본 재화와 같이 사용되는 재화를 말한다. 예를 들어, 핫도그와 머스타드, 맥주와 치킨, 자동차와 기름 등이 있다(완전보완재는 하나의 상품처럼 소비된다). 보완재의 가격이 상승하면 본 재화의 수요는 감소한다. 수학적으로, 수요곡선에서 보완재의 가격을 나타내는 변수는 음의 계수를 갖는다. 예를 들어 $Q_d = a - P - P_g$라는 식을 생각해 보자. 여기서 Q는 자동차의 수요량이고, P는 자동차의 가격, P_g는 기름(gasoline)의 가격이다. 다른 관련재로는 대체재가 있다. 대체재란 본 재화를 대신하여 사용할 수 있는 재화를 말한다. 수학적으로 대체재의 가격과 본 재화의 가격 사이에는 양의 관계가 있다. 만약 대체재의 가격이 상승하면 본 재화의 수요는 증가하고, 대체재의 가격이 하락하면 본 재화의 수요는 감소한다.

가용재산: 대부분 가용재산(세후 재산)이 많을수록 많은 재화를 구매하려 들 것이다.

선호: 재화를 소비하고자 하는 욕구가 강할수록 재화를 더 많이 사려고 할 것이다. 사려는 의지와 수요는 다른데, 의지는 단순히 재화 고유의 성질에 의한 구매욕구이고,

수요란 이런 의지와 함께 구매 능력이 있는 경우를 뜻한다. 보통 개인의 선호는 일정하다고 가정한다.

미래 가격과 소득에 대한 기대: 만약 소비자가 재화의 가격이 높아지리라 예상한다면 현재 더 많이 구매하려고 할 것이다. 만약 소비자가 미래에 더 많은 소득이 있을거라 기대할 경우 마찬가지로 현재 더 많이 소비하려 할 것이다. 다시 말하면 미래 소득에 대한 긍정적인 기대는 현재 소비를 장려할 것이다.

인구: 인구의 증가는 수요의 증가를 가져올 것이다.

재화의 성격: 재화가 기본 원자재라면 더 많이 소비할 것이다.

이 목록만이 전부는 아니다. 소비자의 구매성향과 구매능력에 영향이 있는 모든 조건과 상황들은 수요에 영향을 미칠 수 있다. 예를 들어 갑자기 소나기가 오면 우산을 살 것이다.

 ## 수요함수와 수요방정식

수요방정식이란 수요량과 수요량에 영향을 미치는 것 사이의 관계를 수학적으로 나타낸 것이다. 예를 들어 $Q_d = f(P; P_{rg}, Y)$는 Q_d가 수요량, P가 가격, P_{rg}가 관련재의 가격, Y가 소득을 나타내는 수요방정식이라 할 수 있다. 이 식에서 우변을 수요함수라 부른다. 수요함수에서 세미콜론(;)은 그 뒤의 변수들이 일정하게 유지된다는 것을 뜻한다. 이것은 한 공간에 수요곡선을 그리기 위해서다. 단순한 예로 $Q_d = 325-P-30P_{rg}+1.4Y$가 있다. 여기서 325는 수요에 영향을 미치는 모든 다른 요인들로 인한 것이며, P는 가격이다. 수요의 법칙에 따라 P의 계수는 음의 값을 갖는다. 관련재는 보완재일수도 대체재일수도 있다. 보완재라면 P_{rg}의 계수는 예시에서처럼 음의 값을 가질 것이고, 대체재라면 양의 값을 가질 것이다. Y는 소득을 뜻하는데 Y의 계수가 양의 값이라는 것은 이 재화가 정상재라는 것을 알려준다. 만약 소득의 계수가 음의 값일 경우 이 재화는 열등재가 된다. 열등재란 소비자의 소득이 증가함에 따라 수요가 줄어드는 재화를 일컫는다. 가격을 제외한 다른 변수들에 값을 다음과 같이 대입해보자. $P_{rg}=4.00$, $Y=50$ 그러면 원래 식은 $Q=325-P-30(4)+1.4(50)$이고, 이를 정리하면 다음 식이 나온다. $Q=275-P$ 만약 소득이 55로 상승하면 식은 $Q=282-P$가

된다. 이처럼 가격을 제외한 다른 변수들의 변화는 수요곡선 자체의 이동을 발생시킨다.

 ## 소득효과와 대체효과

수요곡선이 우하향 하는 것은 소득효과와 대체효과 때문이다. 재화의 상대적 가격이 하락하면 소비자들은 더 비싼 재화 대신 그 재화로 대체하려 들 것이다. 다시 말하면, 상대적으로 가격이 내려간 재화를 더 많이 소비할 것이다. 이것을 바로 대체효과라 부른다.

한편 재화의 상대적 가격이 하락했을 때, 소비자들은 재화 소비를 늘이지 않는다면 여윳돈이 생기게 된다. 소비자는 이 돈으로 어떤 재화든 구매할 수 있다. 이런 구매 능력을 소득효과라 부른다.

 ## 수요곡선상의 이동과 수요곡선 자체의 이동

수요곡선은 가격과 수요량의 관계를 2차원 평면에 나타낸 도형이다. 재화 가격의 변화로 수요량이 변한 경우 수요곡선상의 이동이 일어난다. 가격 외 수요의 결정요인이 변화한 경우 수요의 변화가 있었다고 말하고, 이 경우 수요곡선 자체의 이동이 일어난다. 예를 들어 보완재의 가격이 상승한다고 하면, 수요가 감소하여 수요곡선이 좌측으로 이동할 것이다. 반대로 수요곡선이 우측으로 이동한다면 수요가 증가했다고 말할 수 있다. 수요곡선의 이동은 수요방정식이 변화한 것임을 나타낸다.

수요곡선상의 이동은 가격의 변화로 수요량이 변화했을 때 나타난다. 여기서 수요량이 수요가 아님에 유의해야 한다. 수요의 변화는 수요함수에서 다른 요인의 변화로 수요곡선 자체가 이동한 것이기 때문이다.

개인수요곡선과 시장수요곡선

시장수요곡선은 개인수요곡선의 수평합이다. 개인수요곡선의 합은 가격 외 수요결정요인 세 가지를 알려준다. (1) 소비자의 수, (2) "소비자의 선호 분포", (3) "다른 선호를 가진 소비자들의 소득 분포". 만약 재화에 대해 강한 선호를 가진 소비자들이 증가한다면, 다른 모든 조건이 일정할 때 제품에 대한 수요는 증가할 것이다. 마지막으로 강한 선호도를 가진 소비자들의 소득분포의 변화는 수요곡선에도 변화를 일으킬 것이다. 개인의 수요에 영향을 미치는 요소들은 시장 수요에도 영향을 미친다. 그러나 순(純)효과 만도 고려해야 한다. 예를 들어 한 개인에게 보완재인 제품이 다른 개인에게도 반드시 보완재는 아니다. 게다가 보완재나 대체재의 강도는 사람에 따라 다를 수 있다. 그러므로 수요를 합할 때, 대체재와 보완재를 고려해야 한다. 마지막으로 기업의 재화나 서비스의 수요는 경쟁사의 가격이나 판매전략에도 영향을 받는다.

수평합과 수직합

개인수요곡선을 합할 때, 중요한 것은 수직합이 아니라 수평합이어야 한다는 것이다. 시장수요곡선을 도출하려면 수량의 합이 필요하기 때문이다. 수학적으로 표현한 그래프는 수요함수의 역함수를 나타내는데, 이 역함수를 합하는 것은 가격의 합을 의미하게 된다. 기하학적으로 수요함수를 정확히 더하기 위해서는 수요함수의 역함수를 수요함수로 바꿔 가격에 대한 수요량 함수로 나타내야 한다. 예를 들어 시장에 두 명의 소비자가 있다고 가정하자. 그리고 소비자 각각의 수요함수가 P=30-2Q와 P=30-6Q라 했을 때, 시장수요곡선을 구하기 위해서는 이 두 함수를 더해야 한다. 함수를 더하기 전, 함수의 모양을 정확한 수요함수 모양으로 다음과 같이 바꾸어 주어야 한다. Q=15-(P/2), Q=5-(P/6). Q1과 Q2를 합하면 15-(P/2)+5-(P/6)=20-(4P/6)=20-2P/3의 모양이 되어 이가 시장수요곡선임을 알 수 있다.

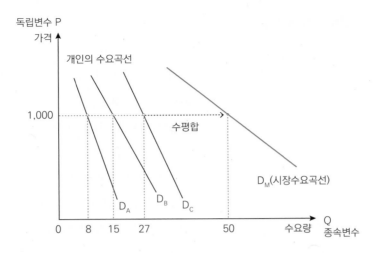

어떤 재화의 가격이 1,000일때, 개인 A는 8개를, 개인 B는 15개, C는 27개를 각각 구매할 의향이 있을 때, 세명의 소비자로 구성된 시장이면 시장 수요곡선은 각각을 다 합친 50이 된다.

 ## 수요의 가격 탄력성

수요의 가격탄력성(Price elasticity of demand, PED)이란 가격(P)이 변화함에 따라 수요량(Q)의 변화가 얼마나 민감한지를 측정하는 지표이다. 탄력성은 가격의 변화율이 변함에 따라 수요량의 변화율이 상대적으로 어떻게 변하는지를 알려준다. 가격의 변화가 매우 작다면 수요의 가격탄력성은 $(\partial Q / \partial P) \times (P/Q)$의 절댓값으로 구할 수 있다.

 ## 가격탄력성의 결정

(수요의) 가격탄력성을 정의하는 보다 중요한 요인은 가격 변화 시 즉각적인 소비를 연기하고 대체재를 찾는 등의 소비자들의 의사와 능력이다. 소비를 더 늦추고 대체재를 더 많이 찾을수록, 그리고 더 많은 대체재가 존재할수록 수요는 더 탄력적이다. 탄력성을 결정하는 요인들을 나열하면 다음과 같다.

대체재의 유무: 더 많은 선택권이 있다면, 재화에 대한 수요의 가격탄력성은 커지게 된다. 만약 펩시콜라의 가격이 20% 오르면 코카콜라나 사이다 등의 탄산음료를 사면 된다. 펩시콜라를 사지 않고 "더 싼 브랜드"를 사는 소비자의 능력이 펩시의 가격탄력성을 크게 만들기 때문이다.

필수성: 필수적인 재화는 위에서 언급한 소비자의 의사나 능력관 관련이 없다. 적당한 대체재의 수가 적거나 전혀 없기 때문이다. 인슐린을 생각해 보면, 이에 대한 대체재는 전혀 없으므로 이에 대한 수요의 탄력성은 제로(0)이다.

소득에서 차지하는 비중: 대부분의 소비자는 비싼 물품을 구매할 때는 신중하게 선택한다. 만약 물건의 값이 재산에서 차지하는 비중이 상당하다면 그것을 대신할 대체재를 찾거나 할 것이다. 소비자는 100원짜리 사탕을 사는 것보다 300만 원하는 텔레비전을 살 때 더 많은 시간동안 고민할 것이다. 그렇기에 전자(사탕)보다 후자(텔레비전)의 수요가 더 탄력적이다.

기간: 기간이 길면 소비자가 대체재를 찾을 시간이 늘어난다. 그러므로 기간이 길면 가격탄력성이 커지게 된다.

제품의 정의: 제품이 구체적으로 정의되느냐, 광범위하게 정의되느냐에 따라 탄력성이 변화한다. 예를 들어 자동차 일반에 대한 수요는 현대자동차에 대한 수요보다 비탄력적이고, 현대자동차에 대한 수요는 아반떼에 대한 수요보다 비탄력적이다.

대체재에 대한 정보: 대체재를 쉽게 생각해낼 수 있거나, 대체재를 찾을 의사가 클수록, 수요의 가격탄력성이 증가한다.

가격범위: 해당제품의 가격범위 역시 가격탄력성에 영향을 미친다.

재화의 성질: 재화가 필수재이냐, 사치재이냐, 편리재이느냐에 따라 탄력성이 변화한다. 필수재의 경우 필수적인 물건이기 때문에 재화의 가격이 상승하더라도 소비자들은 수요를 줄이지 않을 것이다. 그러므로 필수재는 비탄력적인 경향이 있다. 사치재나 편리재의 경우에는 탄력적인 경향이 있다. 다시 말하면, 현재 가격에서는 구매할 의사가 있지만 반드시 필요한 물건은 아니기 때문에 가격이 상승하면 구매하지 않을 것이다. 예) 고급자동차, 가전제품 등

진입장벽 ▶▶▶▶

다음의 기업 중 한 가지를 선택한다.

    1. 작업복 제조 기업
    2. 사회적 책임을 수행하는 기능성 식품 제조 기업
    3. 사무 자동화 소프트웨어 개발 기업
    4. 금융 서비스 기업
    5. 출판기업

위에서 선택한 기업에 대해 다음의 표를 작성한다. 진입 장벽이 얼마나 높은지 평가하고 새로운 경쟁자가 이 장벽을 극복하기 위해 얼마의 시간이 필요한가에 대해 평가한다.

진입 장벽의 형태	진입 장벽의 수준				극복기간
	높은	중간	낮음	없음	
특허					
창업 비용의 크기					
필요한 전문성의 크기					
공학 및 제조상의 문제					
공급업체나 유통업자의 희소성					
라이선스나 규정상의 제한					
시장 포화					
상표권					
경쟁적으로 낮은 가격					
규모의 경제					
고객의 충성도					
기타					

틈새시장 탐색 ▶▶▶▶

아래의 워크시트를 이용하여 틈새시장 탐색을 위한 아이디어를 도출해 본다.

틈새시장의 유형	아이디어
산업 또는 사업	
인구통계적 집단	
지역	
기타 특성	
독특한 지식	
스타일과 제품 복잡성	

⑤ 소비자요인

소비자요인이란 창업아이템을 소비하는 수요자 측의 특성요인이다.

- 소득
- 연령
- 직업
- 라이프스타일
- 생활시간
- 구매기업의 매출액, 이익, 투자의욕

⑥ 환경 요인

이밖에도 환경분석에 포함되는 요인들과 기타 요인들이 영향을 미친다.

- 인구통계적 요인
- 사회문화적 요인
- 경제적 요인
- 법적·정치적 요인
- 기술환경 요인

- 소비자 소비심리 요인
- 유행
- 기후

2) 창업아이템의 수요예측 방법

창업아이템의 수요를 예측하기 위해 사용할 수 있는 방법에는 다음과 같은 것들이 있다.

① 구매의향조사

구매의향조사는 설문조사를 근거로 한다. 즉, 설문지에 창업아이템의 개요를 설명하고 그에 대하여 구매의향을 갖고 있는지 여부를 질문하여 구매의향을 갖고 있는 소비자의 비율을 파악하는 방법이다. 이때 구매의향을 갖고 있는 소비자 비율을 모집단의 크기에 곱함으로써 전체 수요를 예측하게 된다.

실생활 속 구매의향 조사: 추석 선물세트 대상 조사

올해 추석 성수품과 선물세트 구매의향 품목에 대한 설문에서 소고기 선호가 각각 21.7%, 21.4%로 가장 높게 나타났다고 8일 밝혔다.

한국농수산식품유통공사(사장 김춘진)는 지난달 1일부터 열흘간 소비자 3000여 명을 대상으로 전문리서치를 통해 '추석 성수품 및 선물세트 구매의향 조사'를 실시했다.

올해 추석 귀성의향은 31.6%이며, 성수품 구매 예정 품목은 소고기 21.7%, 사과 15%, 배 12%, 돼지고기 11.1% 순으로 나타나 지난 설 명절 조사결과 순위와 동일했다.

구매처는 대형마트 30.6%, 전통시장 20.1%, 중소형 슈퍼마켓 11.4% 순으로 지난 설 명절과 마찬가지로 오프라인 선호가 여전히 높았으며, 온라인·모바일 비율은 9.6%였다.

구매 시 고려사항은 가격 38.4%, 맛 21.9%, 신선도 21.5% 순으로 나타나, 지난 설 명절의 신선도 31.9%, 가격 28.4%, 맛 16.8%와 선호 순위가 달라졌다.

구매예산은 20~30만 원이 31.8%, 10~20만 원이 28.3% 순으로 나타나, 지난 설 명절 10~20만 원 35.8%, 20~30만 원 29.1% 대비 성수품 구매예산을 높인 것으로 보인다.

선물세트 구매의향은 구매 품목이 소고기 21.4%, 건강기능식품 16.8%, 사과·배 혼합세트 12.2% 순이며, 구매처는 대형마트 41.2%, 온라인·모바일 17.2%, 중소형 슈퍼마켓 10.3%로 성수품에 비해 온라인 이용 의향이 높게 나타났다.

선물세트 구매예정 시기는 추석 1주 전 45.3%, 2주 전 24.4%, 연휴 시작 즈음 23.4% 순으로 추석 1주 전에 마련하는 비중이 가장 높았다.

출처: 데일리한국 2023.09.08.
https://daily.hankooki.com/news/articleView.html?idxno=997423

② 대체 및 유사제품으로부터 추정

적절한 유사제품과 대체제품을 상정할 수 있는 경우라면 그러한 제품을 근거로 하여 신제품의 수요를 예측할 수 있다. 이러한 대체/유사제품으로부터의 예측방법은 비용을 적게 들이면서도 신뢰성이 높은 예측결과를 산출해 낼 수 있는데, 특히 설문지를 이용하여 잠재수요자층의 대체 의향률을 파악하는 방법이 널리 이용되고 있다.

③ 테스트 마케팅

테스트 마케팅에 의한 예측방법이란 본격적인 판매에 들어가기 앞서서 시험시장을 설정하고 그 지역 내에서 실제로 판매해 보는 방법이다. 테스트 마케팅은 실제 지역 내에서 촉진활동을 수행하고 가격전략과 경로전략까지 실시해 보는 형태로부터, 극히 제한된 지역 내에서 또는 소매점에서 소규모로 판매해 보는 형태에 이르기까지 다양하다. 또한 견본품을 배포하고 평가의견을 조사하려는 방법도 테스트 마케팅의 범주에 포함시킬 수 있다.

테스트 마케팅이란 문자 그대로 본래는 마케팅의 수단이지만 수요예측에서 효과적으로 활용할 수 있다. 이 방법에 있어서도 설문지를 이용하여 테스트 마케팅 실시 전후의 수요자 구매의향을 파악하는 일이 중요하다.

테스트 마케팅 사례: 센트온 아나덴 제휴

왁싱브랜드 아나덴 국내 프리미엄 향기마케팅 전문기업 센트온과의 제휴를 진행, 전국 아나덴 매장에 프리미엄 향기 마케팅을 진행한다고 전했다.

센트온은 특급호텔 및 리조트, 프리미엄 빌딩, 리테일 매장 등 고객사의 품격을 높이는 향기관리, 기업의 브랜드 시그니처 향(CI 향) 개발, 전시 공연 등 문화공간에 감동을 더해주는 향기 마케팅까지 공간, 계절에 따른 토탈 향기마케팅 솔루션을 제공하고 있다.

금번 제휴 및 마케팅을 위해 아나덴은 지난 한달 간 자문위원 지점 내에서 4가지 향의 소비자 향기 마케팅 테스트를 진행했으며, 그중 소비자 선호도가 가장 높았던 향을 최종 선택, 추후 전국 아나덴 매장에서 시그니처 향기를 선보인다고 전했다.

아나덴 관계자는 "본사는 향기로 소비자의 감성을 터치하는 마케팅의 일환으로 향기마케팅을 도입했다. 아나덴 샵을 이용하는 고객들에게 향기를 통한 기분 좋은 경험을 선물할 계획이다. 서비스나 공간에 아나덴 브랜드만의 특별한 향기를 펼쳐 소비자 기억 속에 브랜드를 오래 기억할 수 있도록 하고 이를 통해 방문 빈도를 증가시킬 수 있는 방안을 계획했다"고 전했다.

이어 "전국 아나덴 매장에 머무를 향은 편안함과 아늑함, 따뜻함을 느낄 수 있는 컨셉으로 달콤하고 부드러운 샌달우드와 바닐라향기에, 아늑한 느낌을 더해주는 앰버와 시더우드 향기가 조화롭게 어우러진 향이다. 또한 처음부터 알레르기를 유발할 수 있는 26가지 물질을 배제하는 방향으로 조향하여 왁싱을 받으러 온 고객들이 샵에서 안정감과 편안함을 느낄 수 있을 것으로 기대한다"고 전했다.

아나덴 측은 다양한 제휴와 마케팅 프로세스 개발을 통해 경쟁 업체와의 차별화를 더욱 도모하고 브랜드 가치와 이미지 향상을 위해 노력하겠다고 전했다.

출처: The First 2023.07.28.
https://www.thefirstmedia.net/news/articleView.html?idxno=123539

④ 인터뷰

인터뷰에 의한 수요예측 방법도 수요자의 의향을 직접적으로 확인하는 방법인데, 구매의향조사에 의한 방법과 다른 점은 직접 수요자를 면담하고 의향을 확인하는 것이다. 포커스그룹 인터뷰(FGI: Focus Group Interview)도 여기에 속한다.

이상에서 언급한 수요예측 기법들을 다음 <표 5-2>에 장단점을 비교해 놓았다. 새로운 제품이나 서비스의 수용은 인지 → 사용 → 반복구매의 단계를 거치게 된다. 소비자가 창업아이템에 대해 알아야만 방문을 하든지 시용을 하든지 할 것이다. 다시 말해, 소비자가 창업아이템에 대한 인지를 해서, 그 아이템을 한번 구매를 하고 난 후에 그 아이템을 계속 사용할지 말지를 결정할 것이다. 다음 <표 5-2>에는 이러한 과정별로 각 수요예측의 장단점을 표시하고 있다.

구매의향조사는 총수요의 파악과 시용 전의 평가를 파악할 수 있는 방법이다. 즉, 구매의향조사에서 소비자는 설문지에 제시된 문장과 사진만으로 제품을 파악해야 하기 때문에 시용 후의 평가와 반복구매에 대해서 정확히 응답할 수 없다는 단점이 있다.

대체 및 유사제품 추정방법은 대체 및 유사제품이 정확하게 정의되어 있다면 총수요와 인지상황을 파악할 수 있다. 단지 그 수요예측 결과는 일반적으로 총수요량이며 시용과 반복구매로 분리될 수 없는 경우가 많다.

테스트 마케팅은 가장 정확한 수요예측을 할 수 있는 방법이나 비용과 시간이 많이 든다는 어려움이 있다. 인터뷰는 구매의향조사와 기본적으로 같다. 그러나 인터뷰는 소비자 반응에 관한 상세한 정보를 수집할 수 있는 장점이 있는 반면에 인터뷰 대상 수가 제한되기 때문에 총수요모수 추정에는 적당하지 않다.

| 표 5-2 | 수요발생과정에 따른 수요예측 방법의 비교

예측방법	총수요 모수	인지	사용전 평가	사용	사용후 평가	반복구매
구매의향조사	A	C	A	C	C	C
대체/유사제품 추정방법	A	A	C	B	C	B
테스트마케팅	A	A	A	A	A	A
인터뷰	C	C	A	C	C	C

A=우수, B=보통, C=열등

시장 규모와 트렌드 ▶▶▶▶

아래의 워크시트를 이용하여 향후 수년 동안 당신의 고객에 영향을 미칠 수 있는 시장 규모와 트렌드를 파악하도록 한다.

1. 목표 시장의 현재 대략적인 규모는 어떠한가?

2. 목표 시장의 성장률은 어떠한가?

3. 목표 시장의 이익률 변화 추이는 어떠한가?

4. 제품 또는 서비스를 구매할 수 있는 능력에 영향을 미치는 요소는 무엇인가?

5. 제품 또는 서비스의 니즈에 영향을 미치는 요소는 무엇인가?

6. 고객이 제품 또는 서비스를 이용하는 방식에 영향을 미치는 요소는 무엇인가?

7. 제품 또는 서비스에 영향을 미치는 사회적 가치와 인식의 변화는 무엇인가?

2.2 기술성 분석

시장성 분석이 긍정적인 결과로 나타나게 되면 기술성 분석을 실행하게 된다. 기술성 분석은 시장성 분석 결과에서 기술적인 부분과 관련한 대안을 탐색하는 것으로서, 모든 기술적 사항이 건전한 것인가를 검토하는 것이다. 다시 말해, 기술적 실현가능성 여부에 중점을 두고 검토하여야 한다. 상황분석을 통해 긍정적인 결과가 도출된 경우에는 원가추정을 하게 되고, 부정적인 결과일 경우에는 대안을 기각한다.

기술적인 부문에 대해서는 제품의 원가추정자료에 의거하여 생산일정, 생산공정, 기계장치나 설비의 구입 또는 임대, 원재료의 수송 등 상세한 기술적 타당성 분석을 실시해야 한다. 여기에서는 소요되는 인력(노동력 부문)과 투입되는 생산조직의 설계(자본요소 부문) 및 생산공간(장소) 등을 추정하여 기술적 타당성 분석을 실시한다.

또한 계획하고 있는 제품이나 용역의 생산 및 판매와 관련된 기술적 측면에 대한 전반적인 검토와 분석을 실시한다. 더불어 계획사업의 핵심기술에 대한 내용을 정확히 파악함은 물론 기술의 유용성, 독창성 및 사업의 성공 가능성 여부를 평가하는 것을 핵심 과제로 삼고 있다.

[1] 기술성 분석대상

기술성의 분석대상은 크게 네 가지 요소로 나누어진다.

첫째, 계획 제품의 용도·품질·경쟁성 분석이다. 여기서 고려해야 할 항목은 제품의 용도 및 소비처, 제품의 기능, 물리적·화학적 특징, 품질 및 기술의 수준, 제품 및 기술의 경쟁성, 국내외 경쟁업체 현황, 기술의 장래성 등이 있다.

둘째, 입지조건과 환경 분석이다. 여기서 고려해야 할 항목은 세 가지 요소인데 자연적 입지요인, 경제적 입지요인, 사회적 입지요인이다.

셋째, 계획시설의 적정성 및 장래성 분석이다. 여기서는 주요계획시설 및 계획시설의 적정성, 시설 상호 간의 효율성과 균형 여부, 시설배치의 합리성, 계획시설의 장래성 등이 고려된다.

넷째, 생산 및 재고 분석이다. 여기서는 생산방식과 생산공정의 효율성, 생산능력 및 가동률 사정 등을 그 분석대상으로 한다.

[2] 기술성 분석의 범위와 내용

기술성 분석은 원재료의 수급부문분석, 생산 및 제조공정부문분석, 제품의 사후관리부문에 대한 분석, 신제품개발부문에 대한 분석으로 구분되며, 구체적인 내용은 다음의 표와 같다.

| 표 5-3 | **기술적 타당성 분석의 범위와 내용**

원재료의 수급 분석	• 소요 노동력 • 원재료의 특성 및 수급관계와 공급체계 확보 • 원재료 조달 가능성
생산 및 제조 공정 분석	• 제품의 용도 및 특성 • 생산지원에 대한 검토 • 제조공정 • 공장위치선정 및 레이아웃 • 생산일정 및 공장규모 • 공장규모와 건설계획 • 생산기계 및 장비선정 • 생산 능력 및 조업도 • 생산설비와 장비 • 공장입지의 적합성 • 생산방법과 공장의 적합성

제품의 사후관리 분석	• 예상 불량률 및 개선 가능성 • 기술 및 기능인력 확보 전망 • 제품의 기술적 특성 • 기존 제품에 대한 비교 우위성 • 기업 경영에 필요한 기술적 능력
신제품 개발 분석	• 시설소요자금의 검토 • 신제품 개발능력

(3) 기술성 평가기관과 평가요소

기술성 평가기관에서 기술성을 평가할 때 활용하는 기준은 크게 네 가지 항목이다. 이 기준에 따라 평가한 종합의견을 내고 평가결과 판정은 우수, 보통, 불량의 셋 중 하나를 선택하여야 한다.

| 표 5-4 | **기술성 평가기준과 내용**

항목	내용
기술성의 수준	기존 제품 또는 특정규격 등과 비교한 기술의 수준 평가
기술의 활용성	기존 기술 또는 기존 제품과 비교한 활용도 평가
기술의 파급성	기술 적용 범위 및 응용성에 대한 평가
제품생산 가능성	국내 기술적 여건에 의한 제조 가능성 평가

(4) 점포입지 분석

점포창업의 경우는 공장입지의 적합성분석 대신 점포의 입지선정 및 상권분석이 추가된다. 입지선정과 상권분석은 상품성과 시장성에 적합하다고 예상되는 아이템의 예정입지에 대한 조사와 사업의 타당성을 검토하는 과정으로서 다음과 같이 사업장의 위치를 선정한다.

① 입지분석: 지역선정, 지구선정, 지점선정

② 상권분석: 인구통계조사, 구매현황조사, 상권 영향도 분석

③ 점포선정: 교통/도로조사, 경쟁점포조사, 유동인구 조사, 접근 용이성 조사, 가시성 조사

④ 점포계획: 점포계획은 예상되는 입지에서 점포장소와 관련되는 각종 시설 및 인원계획을 수립하여 점포에 투자되는 비용을 산출하는 과정이다.

(a) 외관 - 점포 면적, 상품 구성, 외부 장식, 간판, 입구 및 도어, 진열창, 주차장

(b) 내부 - 조명, 바닥 및 벽, 집기와 비품, 내부 디스플레이, 분위기 창출용 보조품

(c) 인력 - 종업원(정규, 비정규, 수시)

2.3 경제성 분석

기술성 분석에서 그 타당성이 인정되면 경제성 분석을 하게 된다. 경제성 분석은 종합적인 경제성을 평가하는 활동으로, 총비용 및 소요자금추정, 추정손익계산서, 재무상태표, 현금흐름표 분석을 포함한다. 즉, 시장성 분석과 기술성 분석을 통하여 획득한 정보 및 자료를 종합하여 필요한 자본의 규모를 결정하고 투자안의 현금흐름을 추정하는 활동을 말한다.

경제성 분석의 절차는 먼저 총비용 및 원가를 추정하여야 하고, 그 다음 최근 3년 내지 5년간의 추정 손익계산서와 추정 재무상태표를 작성해야 한다. 그리고 현금흐름을 파악하기 위하여 추정 현금흐름표가 작성되면 경제성 분석을 실시하여야 한다. 단, 매출액이나 매출원가의 추정은 중요한 부분이므로 손익계산서 작성 시 객관적이고 신뢰할 수 있는 통계자료를 제시하여야 하며 한다. 경제성 분석에서 경제성이 인정되면 미래의 재무상태를 분석하고 투자운영부문의 평가를 실시한다. 경제성 평가에서 긍정적인 결과가 도출되면 사업계획서 작성을 준비한다.

경제성 분석범위는 투자수익 및 매출액에 관한 추정분석, 투자비용 및 원가부문에 관한 분석, 손익분기점에 관한 분석, 재무적 타당성에 관한 분석 등으로 구분한다.

| 표 5-5 | **경제성 분석의 범위와 내용**

범위	내용
매출 및 비용분석	• 판매계획과 비용계획에 따른 예상매출과 예상수익추정 • 원가 및 비용추정 - 원부자재 조달에 관련된 자료를 근거로 한 원부자재 소요 검토 - 노무비 수준 및 소요인원을 기초로 한 노무비 및 인건비 검토 - 투자시설에 대한 감가상각비 - 제조활동에 필요한 유틸리티 및 연구개발비 등을 근거로 한 제조경비 - 판촉활동과 관련된 판매비 및 일반관리비 - 원리금상환 및 기술로 지급 등이 포함된 영업비용 명세 - 주문량 및 재고량 등에 기초한 제조원가

손익분기점 분석	• 운영자금 흐름을 파악하기 위한 현금흐름표 • 손익분기점 분석 • 추정 재무제표의 작성 • 재무상태 및 경영성과 분석
재무적 타당성 분석	• 자금수지 분석 • 할인율의 추정 • 순현가법, 회수기간법에 의한 투자수익비용의 분석

확대보기

- 예비조사

(1) 소요자본은 얼마나 들 것인가
(2) 필요한 전문지식은 무엇인가
(3) 앞으로의 전망은 어떤가
(4) 법적 제한은 없는가

- 사업타당성 분석 범위(시장성, 기술성, 경제성 외)

(1) 사업수행능력 분석: 기업가로서의 적성과 자질평가, 사업과 창업자의 적합도 평가

① 창업자의 적성과 자질
• 모험심, 가능성에 대한 집념, 스케일, 리더십, 의지력, 기타 창업자의 성격 · 체질 · 체력적인 소질
② 업종의 적합성
• 적성과의 적합 정도
③ 창업분야의 경험과 지식
• 창업 관련 분야에서의 경험, 학문과 지식, 창업자의 자격, 창업환경을 둘러싸고 있는 인간관계
④ 창업자의 경영능력
• 창업멤버의 구성 및 통제능력, 서비스 및 기술혁신능력, 경영 · 경제적 환경적응능력 및 경영분석 · 판단능력

(2) 위험성 분석: 사업의 위험성 검토

① 시장 관련 위험: 경쟁기업의 참여, 공급업체의 조업중단, 제품수요의 감소와 제품믹스의 부적절, 경제상황의 악화

② 재산 관련 위험: 화재 및 자연재해, 강도 및 시기

③ 종업원 관련 위험: 종업원의 절도, 배임 등 핵심적 종업원의 경쟁업체 이직, 회사 기밀 누설 등

④ 고객 관련 위험: 고객이 제품의 안정성과 관련한 소송제기, 고객의 신체손상, 불량채권 등

⑤ 생산 관련 위험: 생산기술 혁신과 기술수명주기의 단축, 원자재 인건비 상승 등

⑥ 정책관련 위험: 관련 법률, 조세 및 금융지원제도의 변경 등. 금리, 물가 및 환율의 변동, 수입개방 정책

⑦ 기타위험: 노사분규, 자연환경 및 공해규제. 시설자금 및 소요운전자본의 적기 조달 실패. 전염병 발생, 광우병, 조류독감, 기후변화 등

학습 정리

◎ 사업타당성 분석을 통해 다음 3가지의 이점을 얻을 수 있다.

첫째, 사업계획서의 필요 요소를 명확하게 파악할 수 있다.

둘째, 분석을 통해 운영 능력을 향상시킬 수 있다.

셋째, 사업계획의 수립과 개선의 기회를 제공한다.

◎ 사업 타당성 분석 내용은 시장성, 기술성, 경제성 분석 순으로 이루어진다.

: 시장성 분석은 창업아이템에 대한 소비자의 반응과 경쟁력을 예측하는 것이다. 이는 다음을 포함한다; 시장동향 분석, 제품성 및 제품의 경쟁적 지위 분석, 수요예측

: 시장동향 – 경쟁력과 소비자 특성을 분석해, 궁극적으로 수요예측을 위한 정보를 수집

: 제품성분석 – 자사 제품의 강, 약점을 분석 / 품질수준 평가, 부가가치 생산성 등

: 수요예측 – 일정 기간 동안 판매될 상품의 수량 또는 금액을 추정하는 것이다. 신제품 수요예측 수요에 영향을 미치는 요인들을 단순화하는 것이 필수적이다.

◎ 기술성 분석 대상은 다음과 같다.

: 계획 제품의 용도, 품질, 경쟁성 분석 / 입지조건과 환경 / 계획시설의 적정성 및 장래성 / 생산 및 재고 분석

: 점포창업의 경우는 공장입지 분석 대신 점포의 입지선정 및 상권분석이 추가된다.

◎ 기술성 분석의 타당성이 입증되면 경제성 분석을 한다.

: 필요한 자본의 규모를 결정하고 투자안의 현금흐름을 추정하는 활동이다.

: 순서는 다음과 같다. 총비용 및 원가 추정 -> 향후 3년 간의 추정 손익계산서, 추정 재무상태표 작성 -> 현금흐름표 작성

: 경제성 평가에서 긍정적 결과가 도출되었다면, 사업계획서 작성을 준비한다.

문제

 O. X

1	사업타당성분석은 경영의사결정에 필요한 기초자료를 제시하는 활동으로서 창업자가 추진하려는 사업활동의 타당성 조사를 사후에 조사, 분석, 검토하는 것을 말한다.
2	경쟁요인이란 창업아이템 자체가 가지고 있는 특성으로서 수요자가 창업아이템 정보에 접촉할 기회를 가지는 정도에 영향을 미치는 요인이다.
3	테스트 마케팅에 의한 예측방법이란 본격적으로 판매에 들어가기 앞서서 시험장을 설정하고 그 지역 내에서 실제로 판매해 보는 방법이다.
4	소비자요인에는 광고, 영업력, 홍보, 구전효과가 있다.
5	사업타당성 분성은 성공적 창업을 위해 창업자가 영업에 대한 시장성 분석, 제품에 대한 기술적 분석 그리고 창업기업에 대한 재무적 분석을 행하는 것으로써 이는 창업을 위해 반드시 수행할 필요는 없다.
6	손익분기점 분석의 내용에는 자금수지 분석, 할인율의 추정, 순현가법, 회수기간법에 의한 투자수익비용의 분식이 포함된다.
7	비용계획은 투자비용 및 개업비용, 사업 운영 시 소요되는 판매비용 등에 대한 계획은 수립하는 과정이다.

 객관식

1 사업타당성 분석의 범위가 잘못 연결된 것은? (   )

　가. 시장성 – 총수요 및 점유율 예측

　나. 기술성 – 생산설비와 장비

　다. 경제성 – 재무상태 및 경영성과 분석

　라. 위험성 – 현금흐름의 추정

2 창업아이템의 수요예측방법에 대한 설명이다. 옳은 것은? (   )

　가. 구매의향조사는 적절한 유사제품을 근거하여 신제품의 수요를 예측할 수 있다.

　나. 테스트 마케팅은 실제 지역 내에서 촉진활동을 수행하고 가격전략과 경로전략까지 실시해 보는 형태이다.

　다. 인터뷰는 수요자의 의향을 간접적으로 확인하는 방법이다.

　라. 가장 정확한 수요예측방법은 대체 및 유사제품 추정방법이다.

③ 경제성 분석에 대한 설명으로 옳은 것은? ( )

가. 손익분기점 분석은 경제성 분석에 해당하지 않는다.
나. 재무적 타당성분석은 할인율의 추정, 순현가법 등을 포함한다.
다. 향후 1년의 추정손익계산서와 추정재무상태표를 작성해야 한다.
라. 매출액이나 매출원가의 추정은 재무상태표 작성에 필요하다.

④ 시장성 분석에 대한 설명으로 옳지 않은 것은? ( )

가. 창업아이템이 얼마나 팔릴 수 있는가를 예측하는 것이다.
나. 고객의 해당 상품 수용가능성은 제품성 분석에 해당한다.
다. 가장 정확한 수요예측방법은 테스트마케팅이다.
라. 제품요인은 수요를 결정하는 최대 요인이다.

⑤ 다음 중 창업아이템 수요의 영향 요인이 아닌 것은? ( )

가. 제품 요인   나. 공급요인   다. 정보요인   라. 경쟁요인   마. 수요 성장 요인

⑥ 다음 중 환경 요인에 해당되는 것은? ( )

가. 경제적 요인   나. 기능, 성능   다. 광고   라. 라이프스타일   마. 구전효과

⑦ 다음 중 시장성 분석이 아닌 것을 고르시오. ( )

가. 시장동향 분석
나. 점포입지 분석
다. 제품성 분석
라. 수요예측

⑧ 창업아이템 수요의 영향요인 중 경쟁요인인 것을 고르시오. ( )

가. 소득
나. 연령
다. 광고
라. 대체품

⑨ 다음 중 경제성 분석이 맞는 것을 고르시오. ( )

가. 위험분석
나. 생산설비와 장비

다. 총수요 및 점유율 예측

라. 제품수급조사

 단답형

1 사업타당성 분석이란 (   )에 필요한 기초자료를 제시하는 활동으로서 창업자가 추진하려는 사업활동의 (   ) 여부를 사전에 조사, 분석, 검토하는 것을 말한다.

2 다음은 사업 타당성 분석의 범위를 나타낸 표이다. 빈 칸에 알맞은 답을 채우시오.

시장성	기술성	경제성
시장조사	( )	생산, 구매, 판매, 일반관리 계획
( )	공장입지의 정확성	제 원가 비용추정
시장 세분화	생산설비와 장비	( )의 작성
제품 포지셔닝	생산공법과 공장의 적합성	재무상태 및 경영성과 분석
제품수급조사	생산지원에 대한 검토	자금수지분석
동종업계 조사	공장규모와 건설계획	( )의 추정
( ) 및 ( ) 예측	시설소요자금의 검토 등	할인율의 추정
가격결정 및 ( ) 추정		( )

3 (   )이란 창업아이템을 소비하는 수요자 측의 특성요인이다.

4 (   )이란 경영의사결정에 필요한 기초자료를 제시하는 활동으로서 창업자가 추진하려는 사업활동의 타당성 여부를 사전에 조사, 분석, 검토하는 것을 말한다.

5 (   )은 창업기업의 상품에 대해 소비자가 어떤 반응을 보일 것이며, 경쟁업체와 경쟁제품에 대해 어느 정도의 경쟁력을 확보할 수 있는가 등에 대한 분석활동을 말한다.

6 경제성 분석의 절차는 먼저 총비용 및 원가를 추정하여야 하고, 그 다음 3년간의 (   )와 (   )를 작성해야 한다.

1. 경제성분석의 범위와 내용에 대해 서술하시오.

2. 창업아이템의 수요 예측 방법에 대하여 서술하시오(2개 이상).

3. 창업아이템 수요의 영향 요인 중 제품 요인에 대하여 서술하시오(3개 이상).

4. 사업타당성 분석의 필요성에 대해 서술하시오.

5. 기술성 분석대상에 대해 서술하시오.

6. 점포입지 분석에 대해 서술하시오.

CHAPTER

06

사업계획서

학습목표

◎ 사업계획서는 사업을 시작하는 데 있어서 필수적인 것이다. 계획 중인 사업의 사업성을 평가하는 종합적인 판단자료이며, 향후 기업경영의 방향을 제시해주는 이정표 역할을 한다. 그렇기에 사업계획서를 작성하는 필요성에 대해 파악할 필요가 있다.

◎ 사업계획서의 용도에 따라 작성해야 할 내용이 달라지므로 창업가가 어떤 용도로 사업계획서를 작성하는지부터 인지하는 것이 중요하다.

◎ 사업계획서를 작성준비에 있어 사업계획 수립 시 결정해야 할 내용을 먼저 파악하고 작성원칙을 고려하여 사업계획서를 작성하게 된다. 사업계획서 작성을 할 때 어떠한 작성원칙이 적용되는지 학습하여 목적과 용도에 맞는 적절한 사업계획서를 구성하는 것이 필요하다.

Chapter 06 사업계획서

1. 사업계획서의 개념, 필요성 및 용도

1.1 사업계획서의 개념

사업을 개시하기 전에 하고자 하는 사업의 내용, 사업에 필요한 소요자금, 경영방식, 수익성, 사업추진일정 등을 일목요연하게 표현하는 것을 사업계획이라 말한다. 사업계획서는 이러한 계획을 기록한 서류로, 기업 성공에 영향을 미치는 기업가의 경영전략에 대한 내용을 집약한 것이라 할 수 있다. 이러한 사업계획서는 사업을 시작하는 데 있어서 필수적인 것으로서 계획 중인 사업의 사업성을 평가하는 종합적인 판단자료이며, 향후 기업경영의 방향을 제시해주는 이정표 역할을 한다.

투자자들은 사업계획서를 통해 회사에 대한 첫인상을 평가하기 때문에 사업계획서에는 사업의 목적이나 목표가 분명히 명시되어야 하고, 이러한 내용이 독자에게 정확히 전달될 필요가 있다. 또한 독자가 산업이나 기술에 전문적인 지식을 가지고 있지 않다는 전제하에 창업자의 주장을 뒷받침할 수 있는 논거가 포함되어 있어야 한다. 한편 내용뿐만 아니라 형식에도 신경을 쓸 필요가 있다. 보기 좋고 적절한 길이, 간단명료한 설명, 정확한 문법과 철자는 필수적이다.

사업계획서를 작성하는 이유는 두 가지이다. 첫째, 사업계획서의 작성을 통해 창업자가 자신이 하고자 하는 사업을 완벽하게 이해하고, 그에 따라 실천계획을 세워 본다는 데 그 의의가 있다. 둘째, 자금조달을 목적으로 투자자들을 설득하기 위함이다. 이러한 경우 재무계획에 있어 단지 수치만 제시하는 것이 아니라 그들이 납득할 만한 재무계획을 제시할 필요가 있다.

1.2 사업계획서 작성의 필요성

(1) 계획사업의 청사진 제시

창업에 앞서 사업계획서를 작성하는 것은 계획사업을 실제로 시작하기 전에 계획사업의 전반적인 사항을 조명해 보는 중요한 과정이다. 즉, 계획사업의 내용과 특성, 계획사업시장의 구조적 특성 및 소비자의 특성, 시장 확보 가능성과 마케팅 전략, 생산시설의 입지조건, 생산계획 및 향후 수익전망, 투자의 경제성, 계획사업에 대한 소요자금규모 및 조달계획, 차입금의 상환계획, 조직 및 인력계획 등 창업에 관련되는 모든 사항을 객관적이고 체계적으로 작성해 보는 중요한 절차라고 할 수 있다.

(2) 사업성공의 지침서

창업자는 사업계획서를 바탕으로 계획사업의 타당성 검토를 할 수 있으며, 이를 통해 사업 성공의 가능성을 높일 수 있다. 사업계획서를 통한 계획적인 창업은 창업에 필요한 기간을 단축시켜 준다. 또한 창업에 도움을 줄 제3자, 즉 동업자, 출자자, 금융기관, 매입처, 매출처, 더 나아가 일반고객에 이르기까지 투자 및 구매에 대한 관심유도와 설득자료로 활용도가 매우 높다.

(3) 창업지원 기본신청서류

사업계획서의 중요성과 수요는 꾸준히 증가하고 있다. 특히 정부의 각종 지원을 받기 위해서 사업계획서의 제출이 필요한 경우도 있다. 산업단지나 농공단지 등 정부에서 조성한 단지 내에서 공장설립허가를 신청하는 경우, 공업단지 내에 입주신청을 하는 경우, 그리고 정부의 창업지원자금을 신청하는 경우에 사업계획서는 필수적인 기본신청 서류이다.

1.3 사업계획서의 용도

(1) 대내적 용도

대내적 용도의 사업계획서란 자체검토용 사업계획서로 엄격한 형식을 요구하지 않기 때문에 상황에 맞게 수정하여 작성, 이용하면 된다. 대내적 용도의 사업계획서는 마치 항해 중의 나침반과 같은 역할을 한다. 따라서 창업자들은 이를 통해 달성해야 할 목표와 수행해야 할 업무를 미리 파악할 수 있고 불확실하고 위험한 요소에 대한 준비를 할 수 있다. 대부분의 창업자들이 이와 같은 자체검토용 사업계획서의 필요성을 인지하고 있으나 대체로 복잡하고 전문적인 것으로 생각하여 아예 사업계획서를 작성하려고 하지 않는 경우가 많다. 만약 구체적인 사업계획 수립이 어렵다면 생각나는 대로 간단히 메모라도 해보는 것이 좋다.

(2) 대외적 용도

자체검토용 외에 대외적 용도로 쓰이는 사업계획서가 있다. 이는 외부자금조달과 신용확보를 위해 작성되는 것으로 중소벤처기업부 등 공공기관의 자금조달을 희망하는 창업자가 작성하는 사업계획서가 여기에 해당된다. 대외적 용도를 위한 사업계획서는 사업의 성공가능성을 증명해야 하기 때문에 신중을 기해 작성해야 한다. 수치로 제시되는 재무계획의 경우 현실적인 수치가 제공될 필요가 있다. 따라서 재무계획부문에서는 총사업투자비, 추정매출액, 손익분기점, 투자수익률 등을 정확히 작성해야 한다.

② 사업계획서 작성준비

2.1 사업계획 수립 시 결정내용

(1) 사업규모의 결정

창업자는 자신이 충분히 감당할 수 있는 규모로 사업을 진행해야 한다. 즉, 자기자금의 1/2규모 정도로 사업을 시작한다면 예상치 않은 자금수요 등에 대처할 수 있을 것이다.

또한 사업규모는 주변환경에 맞추어야 한다. 예를 들면, 편의점 같은 소매업의 경우 점포입지가 결정적 요소이기 때문에 빚을 얻어 좋은 입지를 확보한 창업자는 빚을 다 갚고 돈을 버는 데 반하여, 자기자금만 갖고 나쁜 점포입지를 확보하여 사업을 시작한 창업자는 영업부진으로 실패하는 사례가 빈번하다.

사업규모 결정 시 고려사항은 다음과 같다. 첫째, 창업자의 자금조달 능력을 고려해야 한다. 현명한 창업자는 사업규모를 자기자금 조달능력의 1/2 규모로 축소하여 예상치 못한 상황에 대처한다. 둘째, 업종에 따른 사업규모와 동종 업종의 평균자본규모에 대한 파악이 필요하다. 일반적으로 제조업이 가장 큰 사업규모를 요구하고 있으며, 소매업과 서비스업은 적은 규모로도 사업을 시작할 수 있다. 무엇보다도 사업규모 결정 시 경쟁회사에 대한 정확한 분석이 필수적이다. 셋째, 취급하고자 하는 제품을 고려하여 결정하여야 한다. 제조업의 경우 많은 시설투자가 필요한 대형 설비산업과 좁은 공간에 기계 몇 대만 설치하고서도 운영이 가능한 소규모 설비산업이 있기 때문에 이러한 점을 사전에 고려할 필요가 있다.

(2) 창업멤버와 조직구성

기업을 운영하는 주체는 사람이다. 이러한 이유로 기업 내 인적자원의 구성방법에 따라 기업의 이익 창출효과는 크게 달라진다. 창업멤버를 구성할 때 우선적으로 고려해야 할 사항은 다음과 같다.

첫째, 창업멤버와 회사조직을 간편하게 구성하는 것이 유리하다. 작은 규모의 조직일수록 비용부담이 적고 의사결정도 신속히 이루어질 수 있다. 둘째, 업종에 맞는 조직을 구성할 필요가 있다. 창업회사의 조직은 일반적인 회사조직을 기준으로 편성하면서 동시에 해당 업종에 어울리는 특색 있는 조직일수록 유리하다. 셋째, 동업을 할 경우 상호조건을 분명히 명시하여야 한다. 가급적이면 동업을 피하는 것이 좋지만 동업이 꼭 필요한 경우에는 상호조건을 정확히 제시하여 합의가 된 후에 조직을 구성해야 한다.

(3) 기업형태의 결정

회사형태를 개인기업으로 할 것이냐, 법인기업으로 할 것이냐의 선택은 생각보다 어렵지 않다. 회사형태는 단지 창업자 개인의 취향문제라고 할 수 있다. 회사의 외형이 커지면 소득세 부담도 커지기 때문에 법인으로 전환하는 경우가 많다. 벤처기업을 창업할 경우에는 주식회사로 시작하는 것이 유리하다. 이때는 세금, 자금조달, 향후 영속성 등을 종합적으로 고려하여 결정하여야 한다.

(4) 사업계획수립의 절차

① 사업계획서 작성목적 및 기본방향 설정

사업계획서 작성의 첫 번째 절차는 사업계획서의 작성목적에 따라 기본방향을 설정하는 일이다. 사업계획서 작성의 목적은 크게 세 가지이다. 사업타당성 여부 검증을 포함해서 창업자 자신의 창업계획을 구체화하고, 자금조달을 위하고, 공장설립 및 인·허가 등을 위한 것이다. 이러한 목적에 따라 사업계획서에는 기본목표와 방향이 제시되어야 한다. 또한 정해진 기본목표와 방향에 따라 사업계획서의 작성방법도 달라져야 한다.

② 소정양식 검토

사업계획서 작성의 두 번째 절차는 사업계획서 작성목적 및 제출기관에 따라 소정양식이 있는지를 미리 알아보는 것이다. 구체적으로 어느 단지에 공장을 설치하거나 입주하는지, 또는 어떤 정책자금을 조달할 것인지에 따라 각각 요구하는 사업계획서의 소정양식이 다를 수 있으므로 확인이 필요하다.

③ 일정기한 내 작성

세 번째는 사업계획서 작성을 위한 일정계획을 수립하는 과정이다. 대부분의 사업계획서는 사업계획 추진 일정상 일정기한 안에 작성될 필요가 있다. 자금조달을 위한 경우이든, 공장입지를 위한 경우이든, 관련기관에 제출하기 위해서는 정해진 기간 내에 작성해야 한다.

④ 필요자료 및 서류의 준비

네 번째 절차는 사업계획서 작성에 직접 필요한 자료와 첨부서류 등을 준비하는 일이다. 만약 앞에서 제시한 세 가지 기본절차를 거치지 않고 자료수집부터 할 경우 내용이 불충분해지거나 불필요한 자료수집에 시간을 낭비할 가능성이 있다.

⑤ 사업계획서 작성형태의 구상

다섯 번째 절차는 작성해야 할 사업계획서의 양식을 구성하는 일이다. 특정기관의 소정양식이 있는 경우에는 그 양식에 의거하여 작성하면 별 문제가 없지만, 특정양식이 없는 경우에는 미리 작성해야 할 사업계획서의 양식을 구상할 필요가 있다.

⑥ 작성요령 숙지

여섯 번째 절차는 사업계획서를 작성하는 일이다. 제출기관에 따라 사업계획서 작성방법을 간단히 설명하고 있는 경우도 있지만, 그것만으로 충분하지 못하기 때문에 사업계획서 작성자는 사업계획서 작성요령을 미리 숙지할 필요가 있다.

⑦ 목적에 따른 편집, 재구성 및 제출

마지막 절차는 편집, 재구성 및 제출이다. 사업계획서는 내용도 중요하지만 그 내용을 포괄하고 있는 표지 등 편집도 대단히 중요하다. 정성을 다하고, 모양을 새롭게 하여 제출기관에게 좋은 인상을 줄 수 있도록 마지막 부분까지 최선을 다해야 한다.

2.2 사업계획서 작성원칙

사업계획서는 계획사업의 종합적인 결론으로서 설득력 있는 내용을 바탕으로 간결하고 명료하게 작성해야 한다.

[1] 구체성

사업계획서를 작성할 때는 읽는 사람이 누구든지 창업자가 하고자 하는 사업의 내용을 알 수 있도록 구체적으로 작성해야 한다. 이를 위해 창업하고자 하는 사업의 아이템과 경영진, 적정 상권과 입지계획, 인력수급계획, 설비투자계획, 생산계획, 판매계획, 조직운영계획, 자금조달계획, 사업추진일정, 이익계획 등을 빠짐없이 기술해야 한다.

사업계획서가 구체적이기 위해서는 먼저 기존에 나와 있는 정보를 충분히 수집하여 제시하는 것이 중요하다. 기존 업계의 시장점유율이나 판세, 선행기술 수준, 경영진의 프로필, 창업자금의 동원능력 등을 구체적으로 제시하는 것이다. 특히 수치나 그래프로 보여줄 수 있다면 신뢰감을 높일 수 있다.

[2] 객관성 · 현실성 원칙

사업계획서는 객관성과 현실성을 바탕으로 작성되어야 한다. 사업계획서가 지나치게 교과서적이거나 비현실적일 경우 설득력이 떨어질 수 있기 때문이다. 일단 사업이 시작되면 사업계획서대로 운영해도 문제가 없을 정도로 현실에 맞게 작성되어야 한다. 또한 머릿속에서 구상되어 있는 사업계획이 아무리 뛰어나더라도 지면으로 작성하다 보면 새로운 문제점이 발견하는 경우가 많다. 그러므로 창업자는 이러한 문제점을 전문가와 상의하여 수정 · 보완할 필요가 있다.

흔히 창업자가 범하는 실수 중의 하나가 지나치게 사업적 성공을 낙관하는 것이다. 이러한 실수를 하지 않기 위해서는 공공기관 또는 전문기관의 증빙자료를 정확히 명시하고 실사에 의한 시장수요조사를 바탕으로 사업내용을 객관성 있게 작성해야 한다.

[3] 설득력 있는 내용

사업계획서가 설득력 있는 내용으로 쓰여질 때 창업자 자신이 계획한 창업 아이디어를 제3자에게 납득시키기가 용이하다.

[4] 평이한 내용의 설명

제품 및 제품의 특징에 대한 내용을 기술할 때 가급적 전문적인 용어의 사용을 피하고 단순하고 상식적인 수준의 내용으로 설명하여야 한다. 관련사업, 관련업종의 내용부터 제시한 후 해당제품을 설명하고, 제품 생산공정을 구체적으로 설명할 필요가 있다. 또한 제품 및 기술성 분석의 근거자료로서 공공기관의 기술타당성 검토보고서와 특허증사본 등 관련 증빙서류를 첨부함으로써 신뢰성을 높여 주는 것이 좋다.

(5) 신뢰성 있는 자금조달 및 운용계획

자금조달과 자금운영계획은 정확하고 실현가능성이 있어야 한다. 창업자 자신이 조달 가능한 자기자본이 구체적으로 얼마이며, 부동산담보 등에 의한 조달액이 어느 정도 되는지를 표시해야 한다. 마지막으로 제3자로부터의 조달계획을 구체적으로 표시하여 창업자의 자금조달능력을 신뢰하게 할 필요가 있다.

(6) 문제점 및 위험요인의 심층 분석

사업계획서를 작성할 때에는 계획사업에 잠재되어 있는 문제점과 향후 발생 가능한 위험요소를 심층 분석하고, 예상치 못한 사정으로 인해 창업이 지연되거나 불가능하게 되지 않도록 다각도로 점검하여야 한다. 따라서 사업계획서를 하나만 작성하기보다는 다양한 상황을 예측하여 사업운영 시 생길 수 있는 위험요소에 대한 해결방안을 제시하는 것이 좋다.

③ 사업계획서 수립

사업계획서의 내용과 구체성의 정도는 사업의 규모나 사업계획서의 용도에 따라 다르다. 공통적으로 표지와 요약문으로 구성되며 다음의 내용이 포함되도록 작성해야 한다.

창업자의 사업 개념을 다듬고, 투자자가 주안점을 잘 파악하기 위해서는 40쪽 내외의 사업계획서가 적당하다. 세부적인 정보는 부록으로 편집하여 별도로 제작할 수 있다. 표지에는 회사명, 주소, 연락처, 작성 일자 등의 정보를 기록한다. 이러한 정보가 빠지면 사업계획에 대한 추가적인 질문이 생겼을 경우 투자자가 사후 연락을 하기 힘들다. 다음 쪽에는 제목을 쓰고 발행 부수를 명시한다. 특히 총 발행부수가 20부를 넘지 않을 때 투자자들은 신선한 사업계획이라고 느끼게 된다.

3.1 사업계획서 내용

사업계획서의 본문에는 일반적으로 요약, 회사, 제품 및 서비스, 시장, 경쟁상황, 영업 및 마케팅, 운영, 재무, 부록 등의 내용이 수록된다. 여기서는 자세하고 포괄적인 사업계획서의 가이드라인을 통해 창업자가 실제로 사업계획서를 작성하고자 할 때 제시해야 하는 주요 사항들이 무엇인지를 소개하고자 한다.

(1) 요약

사업계획서의 요약 부분에서는 전체 내용을 기술한 뒤 핵심적 사항과 수치 등을 한두 문단으로 작성한다. 즉, 회사의 현황과 경영진, 제품·서비스 및 사용자의 효익, 시장과 경쟁 상황, 재무 예측, 필요 자금의 액수의 운용방안, 그리고 투자자의 예상 수익 등을 2쪽 이내로 기술한다. 이 부분은 투자자들이 여러 사업계획을 스크리닝할 때 가장 처음 보는 부분이므로 매우 중요하다. 이 요약 부분 뒤에 목차를 각 절별로 보기 좋게 구성하고 쪽 번호를 붙인다.

① 사업 개념과 사업체 기술

회사의 제품과 목표 고객의 효익 및 회사 연혁을 기술한다.

② 기회와 전략

사업 기회의 특징과 업계의 문제, 그리고 장단기 성장 전략을 기술한다.

③ 목표 시장과 예측

공략 대상이 되는 틈새시장의 특징과 발전 추세를 기술한다. 또한 제품의 혁신성, 가격, 고객의 투자 환수 기간 등을 설명한다.

④ 경쟁 우위

창업 기업의 두드러진 경쟁 우위, 제품의 혁신성, 그리고 경쟁업체의 약점 등 산업특성을 기술한다.

⑤ 경제성, 수익성

손익분기점, 흑자 현금흐름기간, 사업운영 주기 등을 기술한다.

⑥ 경영진

창업자와 경영진의 경력, 경험, 기술 및 경영 역량 등을 기술한다.

⑦ 투자 제안

필요한 지분 투자액 또는 융자 액수와 수익률 등 투·융자 조건을 명시한다.

(2) 일반사항 및 대표자 소개

회사 소개 부분에서는 회사의 사업 개념을 소개하고 진입하려는 시장, 제품/서비스, 고객 등을 설명한다. 아울러 회사의 연혁, 목적, 경영진 등이 다루어진다. 구체적으로 회사의 조직 및 인력구성방안, 역할과 책임, 창업자의 개략적 경력, 회사의 생성 과정 및 현황(종업원, 매출, 순익, 제품, 설비 등), 그리고 사업 전략 등을 기술한다. 현재까지의 개발된 제품 현황, 애로 사항, 성과 등을 기술한다.

[3] 사업계획

사업의 내용, 목적, 동기, 파급효과 등 사업개요를 기술한다. 제품에 대해서는 보다 구체적인 수준에서 제품이 충족할 시장의 욕구를 경쟁사의 제품과 대비하여 기술한다. 이미 제품이 개발되어 시판되고 있다면 용도, 결과, 소비자의 소감 등을 설명할 필요가 있다.

또한 사용 고객에 대한 가치를 강조하고, 기업 고객의 경우 제품 사용을 통한 원가 절감, 생산성 향상 등의 가능성을 제시한다. 현재 제품의 개발 단계를 설명하고, 경쟁 제품과 비교했을 때 성능의 우위를 보여 준다면 좋은 인상을 줄 수 있다. 동시에 제품 라인의 확대 가능성과 관련 제품으로의 발전 가능성을 제시한다. 아직 제품이 완성되지 않았다면 제조방법 및 계획이나 특허권, 고유 기술 등을 기술해야 한다.

많은 사업계획서의 경우 시장 부분을 체계적으로 기술하지 못한다. 실제로 투자자들은 창업자가 목표 시장에 대해 이해하는 정도와 지식수준에 대한 구체적인 증거와 자료를 원한다. 따라서 사업기회와 경쟁우위를 어떻게 살려서 제품을 시장에 소개할 것인지를 설명할 필요가 있다. 시장 부분에서는 목표 시장의 크기, 성장률과 구매특성, 창업자가 시장을 보는 시각, 회사가 예상하는 시장의 반응, 향후 5년간의 기대되는 성장 규모 및 성장 전략을 제시하고 그 이후의 성장 가능성과 예측에 대해 기술해야 한다. 또한 이 부분에서는 계획사업의 수익성과 지속성 등 사업의 경제적 매력도를 평가한다. 이를 위해 사업의 운영 및 현금 흐름 주기와 손익 분기점 달성 기간 등을 기술한다.

① 총마진 및 영업마진

판매가와 변동비의 차액, 그리고 틈새시장별 영업이익을 기술한다.

② 수익성과 지속성

이윤흐름의 규모와 지속성을 평가하고, 경쟁업체에 대한 진입장벽과 기술적 우위의 시간적 간격을 기술한다.

③ 고정비, 변동비 및 준변동비

판매규모와 구매규모에 따라 고정비, 변동비, 준변동비 등의 액수와 총 원가에 대한 비율을 계산하고, 산업 평균과 비교한다.

④ 손익분기 달성기간

계획된 경영전략에 따른 분기점 달성 기간을 개월 수로 평가하고, 기업의 성장과 생산 용량 증가에 따라 그 변화를 예측한다.

⑤ 흑자 현금흐름 달성기간

흑자 현금흐름 달성기간을 개월 수로 평가하고, 적자 현금 흐름이 발생할 가능성을 기술한다. 회사 성장에 따른 현금흐름의 변화도 예측한다.

(4) 판매계획

이 부분에는 제품을 어떻게 판매할 것인가에 대한 내용이 기술되어야 한다. 이를 위해 목표 고객을 파악하는 방법, 광고 및 판매 촉진 방안, 유통경로, 그리고 제품 출시 방안 등을 기술한다. 즉, 시장현황, 수요예측, 판매전략(가격, 경로, 대금회수, 마케팅전략, 연도별 판매계획) 등을 설명해야 한다.

판매계획은 사실 사업계획서 중 가장 먼저 준비되어야 하는 내용이며, 작성하기 어렵지만 중요한 부분이기 때문에 내용을 충실히 하기 위해 많은 노력을 해야 한다. 시장조사 결과 나오는 시장과 매출액의 적정 규모를 판단함으로써 생산규모, 마케팅 계획, 투·융자 규모 등을 결정할 수 있다.

① 고객

제품 및 서비스를 구매할 고객층을 파악하고 계층별, 지역별로 고객의 특징을 기술한다. 이미 확보된 고객이나 주문, 구매 계약 등이 있을 경우 이를 반드시 강조해야 한다.

② 시장규모와 추세

현재 예상되는 시장의 규모와 확보 가능한 시장점유율을 기술한다. 향후 최소 3~5년간의 계층별, 지역별, 국가별 시장규모와 제품의 판매규모, 수익성, 성장률을 추정한다.

③ 경쟁상황 및 경쟁우위

경쟁업체의 장·단점을 현실적으로 평가한다. 경쟁 또는 대체 제품의 특징을 시장점유율, 품질, 가격, 성능, 서비스 면에서 비교한다. 3~4개의 주요 경쟁 업체의 경쟁우위와 고객층을 기술하고, 공략하기가 얼마나 용이한지를 평가한다.

④ 추정 시장점유율과 매출액

향후 3~5년간 확보할 수 있는 시장의 규모와 점유율을 수량과 금액 면에서 평가한다. 산업 전체의 성장률에 대한 평가와 더불어 점유율 추정에 사용된 가정을 명시한다.

⑤ 시장의 지속적 평가 방안

고객욕구의 변화와 목표시장의 발전에 대한 평가를 통해 어떻게 제품을 지속적으로 개선할 것인지에 대한 내용을 제시한다.

(5) 마케팅 계획

마케팅 계획 부분에서는 예측된 판매 수준을 구체적으로 어떻게 달성할 것인가를 기술한다. 판매 정책, 가격 책정, 유통, 판촉, 광고 및 판매 예측 등을 포함하여 전반적인 마케팅 전략을 제시한다.

① 전반적 마케팅 전략

회사의 마케팅 철학과 전략을 구체적으로 기술한다. 동시에 공략 대상 고객층과 이미 확보된 고객을 제시한다. 고객에게 어필할 수 있는 제품의 혁신성, 새로운 마케팅 개념 등을 소개한다. 또한 국내 및 해외시장에 대해 기술한다.

② 가격 책정

제품 및 서비스에 대한 가격 정책을 제시하고, 경쟁사와 비교한다. 고객이 제품이나 서비스의 경제적 가치를 통해 구매가격을 어느 기간 내에 회수할 수 있는가를 제시한다.

③ 영업방안

영업망, 영업사원, 대리점, 우편판매, 유통업체 등 각종 영업방안과 판매 인센티브를 제시한다. 월별로 유통 경로 구축의 진척 정도와 유통 경로별 판매 규모를 예측한다.

④ 서비스 및 보증 정책

제품의 사후 서비스, 보증, 고객 훈련 등에 대한 내용을 기술하고, 구체적으로 회사 영업 사원이나 유통업체 중 누가 그러한 서비스를 제공할 것인가를 제시한다. 동시에 이러한 서비스의 수준을 주요 경쟁사와 비교한다.

⑤ 광고 및 판촉

제품을 소개하고 홍보하기 위한 광고 및 판촉 활동의 각종 방안과 일정 및 비용을 기술한다.

⑥ 유통

활용할 유통경로를 제시하고, 운송비의 비중 등 주요 사안을 구체적으로 기술한다. 국제거래의 경우 유통, 선적, 보험, 결제 등의 방법을 설명한다.

(6) 생산 및 서비스 계획

이 부분에서는 제품을 출시하기 전에 수행해야 할 설계 및 개발 작업, 그에 소모되는 시간과 자금, 제품의 생산 방법, 또는 서비스의 운영 방법 등을 다룬다. 구체적으로 설비 투자 방법, 하도급 방안, 운송 방법 등을 논의한다. 즉, 원·부자재 사용 및 조달 계획, 생산 및 서비스에 필요한 시설이나 설비의 투자계획을 기술한다.

① 개발 현황 및 과제

현재까지의 제품 개발 현황을 기술하고, 회사의 개발역량을 평가한다. 개발이나 시험에 참여하는 고객의 평가 결과를 제시한다.

② 애로 사항 및 위험

개발 과정에서 예상되는 문제를 파악하고, 그것이 개발시간 및 원가에 미치는 영향을 평가한다.

③ 제품 개선 및 신제품

초기 제품의 문제점을 개선하고, 신제품을 개발하기 위한 계획을 상세하게 설명한다.

④ 원가

제품 개발에 들어가는 인건비, 재료비, 자문료 등을 예상한다. 또한 이 예상이 빗나감에 따라 기대현금흐름이 어떻게 변화할지에 대해 평가한다.

⑤ 재산권 사항

특허권, 저작권, 상표권, 계약상의 권리, 지적재산권 등 기취득한 또는 취득 예정인 재산권을 기술한다.

[7] 투자계획

입지(점포·공장·사무실) 및 시설마련계획(임차·매입·신축 등)을 구체적으로 기술한다. 공장 위치, 설비 투자, 기술 인력 수요, 재고 관리, 품질 관리 등 생산 활동과 관련된 사항을 기술한다.

① 운영 주기

생산 및 운영 활동상의 주기, 리드 타임 등을 기술하고 계절적 수요 변동에 따라 생산 부하를 조절하는 재고 관리, 임시직 고용방안 등을 설명한다.

② 지리적 위치

사업체와 공장의 위치를 인력 및 원자재 수급, 동력 공급 및 유통망 확보 등의 관점에서 평가한다.

③ 설비 및 개선

사업 운영을 위한 공장, 사무실 등의 시설 및 설비를 기술한다. 신규 투자를 요구하는 시설 및 설비를 제시한다. 또한 향후 판매 증대 등에 의해 요구되는 시설 및 설비의 확장에 대해 평가한다.

④ 전략과 계획

전반적인 제조 공정을 기술한다. 외주에 의해 조달할 부품과 하도급 업체를 설명한다. 판매 수준에 따른 생산 계획을 제시하고 원가와 생산량의 관계 업체를 설명한다. 품질 관리와 재고 관리 등의 방안을 기술한다.

⑤ 규제 및 법적 사항
제품 생산과 관련된 법적 규제에 부응하고 의무사항을 수행할 방안을 기술한다.

[8] 조직 및 인원계획

부문별, 직위별, 인원 계획과 인건비 계획 등을 기술하는 한편 사업을 운영할 경영진의 역량과 역할 분담, 주주 및 이사진의 구성, 조직도를 설명한다. 경영진의 사업적, 기술적 경험과 역량의 적절한 조화를 제시할 필요가 있다.

① 조직
경영진의 구성과 역량을 제시하고 담당 부서를 조직도로 표시한다. 경영진의 상호 보완성과 협력성을 평가한다.

② 핵심 경영인사
최고 경영진의 경력, 기술, 경험, 성과 등을 기술하고 그것이 어떻게 계획사업 추진에 도움이 되는지 설명한다.

③ 경영진 보상 및 지분
경영진의 급료 수준, 스톡옵션 및 지분 투자의 비중을 기술한다.

④ 기타 투자자
회사에 대한 기타 투자자의 지분과 주식 취득 경위를 설명한다.

⑤ 종업원, 기타 협의 사항 및 스톡옵션과 보너스 방안
종업원 유치를 위한 인센티브, 스톡옵션 및 보너스 방안과 주요 고용 계약 등을 설명한다.

⑥ 이사진
이사진의 구성 방침과 각 이사의 주요 능력을 설명한다.

⑦ 기타 주주 및 권한과 제한 사항
위에서 언급되지 않은 주주와 그들의 권한 및 보증 관계 등을 추가로 언급한다.

⑧ 전문 자문역과 지원 서비스
법률, 회계, 광고 등의 자문 기관과 자문 내역을 기술한다.

[9] 자금계획

필요 자금의 규모와 자금 조달 방안, 보증 및 담보계획, 차입금 상환계획, 투자자의 기대 수익률, 자금의 운용 방안 등을 기술한다.

① 자금 조달 사항

제품 개발 등 사업 추진에 필요한 자금을 향후 3년간 어떻게 조달할 것인가를 기술한다. 현재 고려되고 있는 지분 투자 방안 이외에 장기 융자, 당좌 대출 등으로 얼마만큼 보완할 것인가도 제시한다.

② 투자 제안

주식, 전환 사채, 융자 및 지분 투자 등 다양한 투자 방안과 가격 및 증권의 수량 등을 기술한다.

③ 자본화

현재 매각된 주식 수와 추가 자금 조달 후 매각될 주식 수를 기술하고, 그중 경영진의 보유 지분율을 제시한다. 추가 매각 후 잔여 주식의 수와 종업원의 스톡옵션 준비분을 명시한다.

④ 자금 운용

조달한 자금을 제품 개발, 설비 투자, 마케팅, 운전 자본 등 어떠한 용도로 어느 시점에서 운용할 것인지를 기술한다.

⑤ 투자자의 수익

회사의 가치평가에 기반하여 투자자의 수익률이 얼마나 될 것인가와 기업 공개, 매각, 인수·합병 등을 통한 투자 가치 수확 방안을 제시한다.

[10] 이익계획

손익분기점 추정, 수익성 요인 분석 등을 기술한다.

[11] 사업추진일정계획

인·허가절차, 자금조달절차 등을 감안하여 사업추진일정을 수립 단계별로 기술한다. 사업의 핵심적 해결 사항별로 방향을 설정하여 그 추진일정을 구체적으로 밝힌다. 일반적으로 사업 일정의 기간을 평가 절하하는 경향이 있으므로 사업일정의 실현 가능성을 부각시킨다. 원자재 조달부터 판매 후 대금 결제에 이르기까지의 전 과정과 그에 따른 현금 흐름을 도식적으로 표시한다. 개발, 생산, 영업 등 각 활동에 대해 월별로 추진일정을 수립하고, 핵심 과제의 성취 기한을 설정한다. 사업추진에 따른 분야별 인력의 증감을 표시한다. 일정이 지켜지지 않을 확률이 높은 과제와 그 경우 발생하는 문제의 영향력 및 그 해결 방안을 제시한다.

(12) 추정재무제표

재무상태표, 손익계산서, 현금흐름표 등을 작성하여 본다. 재무계획을 통해 창업자는 투자자에게 계획사업이 재무적으로 생존력이 있고, 적정한 수익률을 제공하는 투자가치가 존재함을 보여줄 뿐만 아니라, 현금흐름을 사전적으로 예측하여 회사의 재무관리에 도움을 줄 수 있다. 재무제표와 현금흐름을 향후 3년간 추정하고, 손익분기점 분석 결과를 제시한다.

① 실제 손익계산서 및 재무상태표

기존 회사인 경우 과거 3년간의 재무제표를 제시한다.

② 추정손익계산서

매출액 추정과 원가에 대한 가정에 기반하여 향후 3년간의 손익계산서를 작성한다.

③ 추정재무상태표

1년 차에는 반기별로, 2~3년 차는 연도별로 추정손익계산서를 작성하고, 이에 기반하여 추정재무상태표를 작성한다.

④ 추정현금흐름표

1년 차의 현금흐름표는 월별로, 2~3년차는 분기별로 작성한다. 운전자본, 융자금 상환, 추가자금 조달 등의 주요 항목에 따른 현금의 유입과 유출을 분석적으로 제시한다. 외상매출금 결제, 외상매입금 결제, 급료 수준, 운영비 증감 등에 관한 가정과 그에 대한 민감도를 논의한다.

⑤ 손익분기표 및 계산 내역

손익분기점을 도출하는 표를 제시하고, 예상 매출액 감소, 가격변동 등이 있을 경우 손익분기점을 낮추는 방안을 논의한다.

⑥ 원가통제

각종 원가요소에 대한 통제를 누가 어떻게 할 것인지 기술하고, 예산 초과 시 취할 조치를 설명한다.

⑦ 주요 사항

최대 현금 수요액과 시점, 부채와 자본의 필요 액수, 부채 상환 기간 등 핵심 사항을 결론적으로 요약한다.

한편 추정손익계산서란 창업자가 사업아이템에 대한 미래의 수익과 손익을 미리 분석하는 계산서로서 추정손익계산서를 작성하여야 지출비용을 줄일 수 있다. 월매출액과 이익을 추정하는 것은 그리 어렵지 않은 일이나, 매출액과 이익의 향후 3개년을 추정하는 것은 쉽지 않다. 더구나 머릿속에서 생각하는 것이 아니고 수치로서 손익계산서 양식에 쓴다는 것은 많은 노력을 요구하는 일이다. 그렇지만 하지 않는 것보다 시도해보는 것이 불확실성을 조금이나마 줄일 수 있다.

[13] 발생 가능한 위험과 문제

사업을 추진하면서 발생할 수 있는 위험요소나 문제점을 적극적으로 파악하여 설명함으로써 투자자들의 의구심을 불식시키고, 창업자의 용의주도함을 보여줄 수 있다. 우선 계획사업상 발생 가능한 위험 요소를 논의하고, 상대적 중요도를 평가한 뒤, 문제 발생 시 그 위험을 최소화할 수 있는 방안을 제시한다. 중요한 위험 요소 및 문제점에 포함될 수 있는 사항은 다음과 같다.

① 주문 전 현금 고갈
② 경쟁사의 가격 할인 정책
③ 부정적인 산업 동향
④ 기대 이상의 개발비나 생산비용
⑤ 예상 판매 미달
⑥ 제품 개발 일정 지연
⑦ 자재 및 부품 조달상의 문제나 지연
⑧ 주문 쇄도 후 현금 고갈

[14] 준비서류

대표자 및 경영진 이력서, 사업장 및 거주주택, 등기부등본, 임대차계약서, 토지 이용 계획 확인원, 가맹점계약서, 견적서, 사업자등록증, 카탈로그, 기술 관련서류 등이 있다.

[15] 부록

부록에는 본문에 포함하기에는 너무 상세하고, 광범위하나 계획사업을 이해하는 데 도움이 될 수 있는 자료나 내용을 첨부한다. 여기에는 제품 명세서나 사진, 핵심 부품 공급 업체, 특별한 설비, 기술 및 장소 관련 분석, 전문 기술진이나 컨설턴트의 평가 내용, 법적인 허가나 라이선스 사본 등이 포함될 수 있다.

이러한 구성과 내용으로 작성된 사업계획서를 인쇄하고 나면 배포를 해야 한다. 많은 투자자들의 경우 마구잡이로 접수되는 사업계획서보다는 과거의 투자 활동을 통해 잘 알고 있는 지인이 추천하는 신규 사업에 더 귀를 기울인다. 따라서 모든 투자자들에게 우편으로 발송하는 것보다는 주요 투자자들과 접촉이 많은 다른 창업자나 투자 자문 변호사 등의 추천을 받아 선별적으로 배포하는 것이 효과적일 수 있다.

3.2 사업계획서의 구성

사업계획서는 외부 관계기관 제출용과 창업자 자체용 두 가지 양식으로 구분된다. 먼저 외부 관계기관 제출용 사업계획서는 창업조성실시계획의 승인과 공장의 인·허가 및 창업자금 조달 등을 위한 용도에 사용되며, 창업자 자체용 사업계획서는 창업자 스스로 사업계획을 구체적으로 수립하거나 이를 동업자·판매처 등에 활용할 목적으로 작성되는 것이다.

(1) 외부 관계기관 제출용 사업계획서

주로 창업조성실시계획의 승인신청 또는 각종 공장건설과 각종 용도의 자금지원을 위한 승인신청 시 제출하게 되는데, 각 기관에 따라 내용상 차이가 다소 있다. 다음의 <표 6-1>은 투자용 사업계획서 양식의 예이다.

| 표 6-1 | 외부 관계기관 제출용 사업계획서

I. 일반현황	1. 기업체 개요 2. 기업연혁 3. 경영진 및 주주현황 　가. 주요 경영진 현황　　나. 주주현황 4. 관계회사현황 5. 영업현황 　가. 영업실적　　　나. 원재료 조달 현황 　다. 거래추진 현황　라. 주요거래처 현황
II. 사업내용	1. 사업개요 및 계획 　가. 사업개요 등　　나. 관련법규 　다. 제품내용　　　라. 제품개발 및 생산·판매 추진일정 　마. 투자회수기간까지의 총 소요자금 2. 시장성 　가. 제품의 시장동향　나. 수요전망 　다. 동업계 현황　　　라. 매출목표 3. 기술성 　가. 공업소유권 및 규격표시 보유현황　　나. 기술인력 　다. 기술개발실적　　　라. 기술제휴 현황 　마. 적용 기술 내용 및 특성

Ⅲ. 재무상태	1. 향후 6개월간 소요자금 및 조달계획 2. 차입금 현황 3. 추정재무제표 　가. 제품별 판매계획　　　나. 단위당 생산능력계획
Ⅳ. 사업추진일정	
Ⅴ. 첨부서류	1. 정관 2. 법인등기부등본 3. 사업자등록증 사본 4. 주주명부 5. 이력서(대표이사, 과점주인 이사, 기술진, 경영실권자) 6. 사업장 부동산 등기부등본(임차 시 임대차계약서 사본) 7. 대표이사 거주주택 등기부등본 8. 금융기관 금융거래확인서 9. 최근 3개월 결산서(최근연도 부속명세서 포함) 및 감사보고서 10. 최근연도 분기별 부가가치세신고서 사본(매출액·공급가액 증명원) 11. 최근 3개월 소득세징수액집계표(세무서확인본) 12. 협회 및 단체가입 관련 회원증 사본 13. 제품에 대한 각종 공업소유권 및 인증서 사본 14. 기술제휴 시 계약서 사본 15. 제품 안내 팸플릿 16. 조직도 및 담당업무 17. 제출일 현재 미결제 지급어음명세서 18. 리스거래현황 19. 기타 심사에 필요한 서류

(2) 창업자 자체용 사업계획서

창업자 자신이 동업자 또는 주주, 거래처 및 이해관계자 등에게 자기 사업계획을 소개할 필요가 있거나 스스로 계획적인 사업추진을 위해 이용하는 것으로 비교적 간단하게 작성하는 사업계획서이다. 다음의 <표 6-2>는 창업자 자체용 사업계획서 양식의 예이다.

| 표 6-2 | **창업자 자체용 사업계획서**

Ⅰ. 기업체 현황	1. 회사개요　　2. 업체연혁·창업동기 및 향후 계획	
Ⅱ. 조직 및 인력현황	1. 조직도 3. 주주현황	2. 대표자, 경영진 및 총업원 현황 4. 인력 구성상의 강·약점
Ⅲ. 기술현황 및 기술개발 계획	1. 제품(상품)의 내용 3. 기술개발 투자 및 기술개발 계획	2. 기술현황

IV. 사업추진일정	1. 시설현황 2. 생산공정도 3. 생산 및 판매실적 4. 원·부자재 조달 상황 5. 시설투자계획
V. 시장성 및 판매전망	1. 일반적 시장현황 2. 동업계 및 경쟁회사 현황 3. 시장 총규모 및 시장점유율 4. 판매실적 및 판매계획
VI. 재무계획	1. 최근결산기 주요 재무상태 및 영업실적 2. 금융기관 차입금 현황 3. 소요자금 및 조달계획
VII. 첨부서류	1. 정관·상업등기부 등본 2. 사업자등록증 사본 3. 최근 3년간 요약 결산서 4. 경영진 이력서

[3] 사업계획서 작성 서식의 예

다음의 <표 6-3>은 창업자금 신청용 사업계획서 작성 서식을 예로 들고 있다.

| 표 6-3 | 창업자금 신청용 사업계획서 작성 서식

사업계획서	
대상 분야	
작 성 일	
창업 사업명	
상 호 명	

사업계획요약서

사업 형태		사업분야	
기 업 명		대표	○○○
사업 개념			
사 업 명			
아이템설명			

1. 창업사업의 개요

1-1. 사업 개념
1-2. 사업 목적
1-3. 기대 효과
1-4. 사업 추진 능력

2. 사업아이템의 내용

2-1. 아이템의 특성
2-2. 핵심 아이템
2-3. 핵심 기술
2-4. 기술개발 진척도
2-5. 성공 사례
2-6. 시장 분석
2-7. 자사 분석
2-8. 경쟁업체 분석

3. 사업화 추진 계획

3-1. 아이템 양산 계획
3-2. 인력 확보 계획
3-3. 마케팅 계획
3-4. 사업화 추진 일정

내용	창업추진년도				D+1년				비고
	1/4	2/4	3/4	4/4	1/4	2/4	3/4	4/4	
자금조달 매장확보 사원확보 및 교육실시 내부시설 확보 홍보, 판촉홍보 인터넷 동호회 운영 시설계발 및 계량 이벤트 및 대회실시									

3-5. 추정손익계산서(단위: 만 원)

구분	사업추진년도	D+1년	D+2년	D+3년	D+4년
매출액					
매출원가(-)					
인건비(-)					
영업이익					
영업외손익(+, -)					

경상이익		
특별손익(+, -)		
법인세 등(-)		
당기순이익		

3-6. 소요자금 및 조달계획

소요자금			조달계획		
용도	내용	금액	조달방법	기조달액	추가조달액
운전자금	1개월 운영비				
	판촉활동비				
	기타				
	소계				
시설자금	매장보증금				
	인테리어비				
	PC구입비				
	프로그램 구입비				
	부수용품				
	기타				
	소계				
합계					

4. 사업계획 지연 또는 차질 시 대안

구분	대안
자금조달	
인력수급	
고객유치	
부품 및 기자재 조달	

[4] 사업계획서의 평가

사업계획서의 효과는 계획사업의 잠재성을 평가할 수 있는 관련 정보를 독자들에게 어느 정도 잘 전달하느냐에 달려 있다. 사업계획서의 내용 가운데 어느 부분이 강조되어야 할지는 독자가 누구인가에 따라 달라진다. 따라서 사업계획서를 평가하기 위해서는 이러한 독자층의 다양한 시각이 무엇인지를 먼저 파악해야 한다. 사업계획서를 읽는 독자들은 다음과 같이 분류된다.

- 은행의 대출심사역
- 공급업체
- 잠재고객
- 경영파트너 대상자
- 유치대상 핵심 인력
- 종업원 희망자
- 창업 동지 희망자
- 창업자의 자문역

이들은 창업기업의 사업성, 수익성, 사업 위험, 제품수명주기, 문제점과 개선 방안 등에 관해 공통적인 관심을 표명한다. 하지만 세부 사항에 있어서는 관심의 영역이 달라진다. 이 중에서 특히 중요한 독자층은 대출 금융기관과 벤처 자본가 등 잠재 투자자라고 할 수 있다.

1) 대출은행

은행의 최우선 관심사는 대출금을 약정된 기간 내에 회수하는 것이다. 기업이 얼마나 성공적으로 성장하느냐에 관계없이 은행은 한정된 일정액의 이자를 지급받게 되어 있다. 따라서 은행은 창업기업의 잠재성보다는 위험성에 더 관심을 가지게 된다. 따라서 은행에서 융자받으려는 창업자는 다음 사항에 주안점을 둘 필요가 있다.

- 채무자의 신용도
- 자금의 운용 방법
- 융자금 상환 일정
- 담보 설정 가능성과 부채 비율
- 회계 정보 처리의 신뢰성

잠재적 자금 대여자에 대한 조사

잠재적 자금 대여자들의 정보를 수집하기 위해 아래의 항목을 이용한다. 각 자금 대여자를 위해 아래의 양식을 복사한다.

---

1. 잠재적 자금 대여 기관의 이름

---

2. 해당 기관이 관할하는 지역

---

3. 그들이 일반적으로 대여하는 자금의 규모

---

4. 대여 조건과 목적

---

5. 그들이 일반적으로 대여하는 대상 산업

6. 그들이 일반적으로 대여하는 기업의 운영 연수

7. 담보 조건

8. 지원에 필요한 서류

9. 대여 의사 결정자의 지위

2) 투자자

투자자들은 창업기업의 수익 잠재성에 큰 관심을 보인다. 이를 위해 경쟁업체에 비해 창업기업이 가질 수 있는 지속적인 경쟁 우위가 무엇인가를 알고자 한다. 지분투자를 고려하는 벤처 자본가가 최종적으로 자금 지원을 하기 위해 창업 기업과 계획서를 검토하는 것은 당연하다. 투자자를 대상으로 하는 사업계획서 작성 시 창업자는 다음 사항을 유의할 필요가 있다.

- 계획사업 자체가 매력적인가?
- 사업계획서의 신중한 평가에 드는 시간과 노력은 얼마인가?
- 고객에 대한 제품 효익은 무엇이고 원가가 합당한 수준인가?
- 보유 기술이 장기적으로 우위를 지닐 수 있는가?
- 목표로 하는 세분화 시장은 무엇이고, 그 규모는 어떠한가?
- 판매를 원활히 추진할 수 있는 증거가 있는가?
- 경쟁 업체 대비 장·단점은 무엇이고, 장기적인 변화 가능성이 존재하는가?
- 현재 제품, 서비스 개발 단계는 무엇이고, 성과는 어떠한가?

- 생산과 설비 투자는 어떻게 할 것인가?
- 경쟁 업체에 비해 품질과 원가가 우월한가?
- 매출액 이익률, 순이익, 투자 수익률 등은 어떤 수준인가? 이에 대해 믿을 만한 근거를 제시할 수 있는가?
- 자금의 운용 방법과 시점은 무엇이고, 중간 성취 과제를 명확히 알고 있는가?
- 창업자가 스스로 금전적인 투자를 하고 있는가?
- 투자자가 수확할 수 있는 방법과 시기는 어떠한가?

위와 같은 평가자들이 접하는 대부분의 사업계획서가 가지고 있는 오류는 무엇일까? 창업자가 사업과 관련된 수치에만 집중한 나머지 계획사업의 관건이 되는 중요한 정보들을 놓치는 경우가 많다는 것이다. 이러한 경우 사업에 대한 투자자들의 관심도는 떨어지게 된다.

노련한 투자자들은 장기적이고 세밀한 재무분석이 미래의 정확한 표현보다는 상상력의 표현이라는 것을 잘 알고 있다. 알 수 없는 많은 요인들로 인해 창업 기업의 수익이나 매출액을 예측하는 일은 어렵다. 더구나 목표를 이루기 위해 얼마나 많은 자본과 시간이 소요될지 예측할 수 있는 창업자는 거의 없다. 창업자는 대부분 낙관적이며 사업계획서에 사족을 덧붙이는 경우가 비일비재하다. 투자자들은 그러한 불필요한 요소가 존재한다는 점을 잘 알기 때문에 사업계획서에 나타나 있는 여러 수치들을 도외시한다.

그렇다고 해서 사업계획서에 숫자를 넣어서는 안 된다는 것이 아니다. 일정 정도의 숫자는 반드시 있어야 한다. 하지만 무분별한 숫자의 나열은 오히려 해가 될 뿐이다. 즉, 제시된 숫자들이 사업의 실패 혹은 성공을 바라보는 창으로서의 역할을 할 때 비로소 가치가 있는 것이다. 예를 들어, 제조업의 경우 주요 잣대는 생산 공정의 수치들이 될 수 있고, 잡지출판의 경우 예상되는 재구독률이 될 수 있으며, 소프트웨어업은 다양한 유통채널을 사용할 경우 각각의 효과치 등이 될 수 있다. 손익분기점에 대해서도 언급을 반드시 해주어야 한다. 중요한 것은 현금 흐름이 흑자로 돌아서는 시점이다. 이러한 내용은 많은 분량을 필요로 하지 않으며 때로는 한 장짜리 보고서로도 핵심적 사항을 충분히 전달할 수 있다.

각 예상 질문에 대해 답변을 적는다.

1. 사업의 가장 매력적인 점은 무엇인가요?

2. 사람들은 왜 당신의 제품 또는 서비스를 구입할까요?

3. 목표 시장의 규모와 성장률은 어떤가요? 어떤 근거로 그 수치를 구했나요?

4. 당신이 목표로 하는 시장 점유율을 이룰 수 있다고 믿는 근거는 무엇인가요?

5. 어떤 경쟁 기업이 있나요? 당신의 차별화 포인트는 무엇인가요?

6. 처음 선보이는 사업 모델이라면, 왜 이전에는 이 모델이 없었을까요?

7. 재무적 추정의 근거는 무엇인가요? 이 추정치가 현실적이라고 믿는 근거는 무엇인가요?

8. 당신의 아이디어가 모방되지 않을 방법이 있나요? 지식재산권이 보호받나요? 마케팅 전략을 설명해 주시겠어요? 그 전략이 효과적일 것이라고 믿는 근거는 무엇인가요?

9. 제품 생산 과정에서 문제가 될 만한 사항에 대해 자세하게 설명해 주시겠어요? 조달과 유통 과정에서 문제가 될 만한 상황이 존재하나요?

10. 기업의 미래 잠재적 가치에 대해 설명해 주시겠어요? 유사한 기업 중 타 기업에 인수되거나 상장한 기업이 있나요? 인수 가격이나 상장 가치는 얼마였나요?

11. 당신이 이 사업을 하는 것에 관련된 경험은 무엇인가요?

12. 현재 경영 팀의 단점은 무엇이라고 생각하나요?

13. 미래의 자금 니즈에 있어서 낙관적, 비관적, 그리고 보통의 시나리오는 무엇인가요?

14. 당신의 개인적인 생활에서 이 기업을 경영하는 것에 영향을 미칠 수 있는 상황이 있나요?

15. 왜 제가/우리가 기업에 투자할 적격자라고 생각하나요?

사업계획서 원칙 위반: 가짜 사업계획서 지원금 사기

"240명 채용한다", 가짜 AI사업 계획서로 나랏돈 53억원 '꿀꺽'한 일당

인공지능(AI) 관련 사업을 진행하는 과정에서 사업계획서와 달리 사업을 운영해 국가보조금 53여억원을 빼돌린 일당이 재판에 넘겨졌다.

18일 법조계에 따르면 서울북부지검 국가재정범죄 합동수사단(유진승 단장)은 특정범죄가 중처벌등에관한법률위반(사기) 혐의를 받는 컨소시엄 구성 법인 대표 A씨 등 5명을 기소했다.

이들 5명은 정부보조금을 수령하기 위해 작성한 사업계획서와 달리 사업을 운영해 정보통신 진흥기금 53억 5000만 원을 빼돌린 혐의를 받는다.

과학기술정보통신부 산하 한국지능정보사회진흥원(NIA)은 2021년 5월부터 AI 학습용 데이터 수집·가공·검증 일자리 창출을 위한 AI 데이터 구축사업을 진행했다.

검찰조사 결과, 이들은 한국인 직원 240명을 채용하고 외부 전문업체와 10억 원에 달하는 용역 계약을 체결해 사업을 수행할 것처럼 NIA에 사업계획서를 냈다.

하지만 실제로는 2021년 5월부터 지난해 1월까지 인건비가 저렴한 인도네시아인 20여 명을 채용한 것으로 확인됐다. 또한 용역 계약을 체결한 전문업체에는 용역비를 지급한 후 해당 전문업체로부터 용역비 대부분을 돌려받았다.

검찰 관계자는 "이번 사건에서 지급된 보조금이 최대한 회수될 수 있도록 협조하고, 국가 재정을 낭비하는 재정 비리 사범을 엄정하게 수사하겠다"며 "국민의 혈세가 올바르게 사용되도록 최선을 다할 것"이라고 전했다.

출처: 파이낸셜뉴스 2023.05.18.
ttps://www.fnnews.com/news/202305181301250832

사업계획서 원칙 위반: 가짜 사업계획서 보조금 사기

유망 스타트업 20대 대표 … 알고 보니 청년 울린 사기꾼

제주에서 유망한 스타트업 대표로 소개된 20대 여성이 수억원대 사기 행각을 벌인 혐의로 실형을 선고 받았다.

제주지방법원 형사 2단독(강민수 판사)는 30일 보조금 관리에 관한 법률 위반, 사기, 사문서

변조 등의 혐의로 구속기소 된 A씨(23·여)에게 징역 4년의 실형을 선고했다.

공소사실에 따르면 2019년 11월 인플루언서 마케팅·앱 개발 업체를 설립한 A씨는 변호사 행세를 하며 회사 직원으로부터 수임료를 받는가 하면 건설사 대표와의 친분을 내세우며 분양권을 매수해 주겠다고 투자자들을 속여 돈을 받는 등 총 1억 7800만 원을 가로챈 혐의를 받고 있다.

A씨에 속은 피해자들은 대부분 청년으로 전세 보증금이나 업체 홍보를 고민하는 과정에서 피해를 당한 것으로 검찰은 보고 있다.

아울러 A씨는 지난해 2월 친환경 포장재 개발업체를 설립하는 과정에서 가족과 지인을 직원으로 허위 등재해 기술보증기금으로부터 2억 1000만 원 상당의 보증서를 편취한 혐의와 친환경 피복 소재를 개발하는 내용의 허위 사업계획서를 행정당국에 제출해 보조금 1200만 원을 받아 가로챈 혐의도 있다.

이 밖에도 A씨는 회사 설립 과정에서 사업자 등록을 위해 직원을 시켜 임대차 계약서를 변조하게 하고, 직원을 부당해고하고도 노동위원회의 금전배상명령을 이행하지 않은 혐의도 받고 있다.

출처: 매일경제신문 2023.06.30.
https://www.mk.co.kr/news/society/10773458

사업계획서 원칙 위반: 대학 허위 계획서

평생교육 지원사업 선정 6개대학, 사업비 반납 … 허위계획서 적발

성인 학습자 전담 학위 과정을 운영하기로 하고 교육부로부터 지원금을 받을 예정이던 6개 대학이 계획서 허위 작성 등으로 사업비를 반납하거나 삭감당하게 됐다.

교육부와 국가평생교육진흥원은 최근 '2주기 대학의 평생교육체제 지원 사업'(LiFE 2.0·라이프 2.0) 관리위원회를 열고, 사업 참여 예정이던 1개교에 대해 선정 취소를 의결했다고 5일 밝혔다. 5개교에 대해서는 교부 예정 사업비를 삭감하는 조치를 의결했다.

라이프 2.0은 성인 학습자가 대학에서 학습할 수 있는 여건을 마련하기 위해 대학을 지원하는 사업이다. 사업에 참여하려는 대학은 성인 학습자 전담 학위과정을 운영하고, 성인 학습자 모집계획을 사업 계획서와 대학입학전형 시행계획에 반영해야 한다.

지난 6월 교육부는 신청서를 기반으로 일반대 30개교, 전문대 20개교 등 총 50개 대학을 선정하고, 510억 원을 지원하겠다고 발표했다. 선정 대학 1개교당 10억 원 안팎의 사업비가 돌아가는

셈이다. 그러나 대학이 사업에 응모할 때 제출한 사업계획서와 실제 2024학년도 대학입학전형 시행계획을 사업관리위원회가 대조한 결과 6개교의 모집 계획이 일치하지 않는 것으로 확인됐다.

위원회는 사업계획서상 모집 인원 대비 실제 모집인원이 70%가량 적은 1개교는 사업비 전액을, 불일치 정도가 20% 이하인 5개교는 사업비 일부를 반납받기로 했다. 교육부는 해당 대학에 이 같은 사실을 통지하고 의견 제출 기회를 부여한 뒤 이달 말께 의결 내용을 확정할 계획이다. 교육부 관계자는 "삭감·반납 금액은 대략 20억 원"이라며 "삭감액을 바탕으로 재공모할지, 재정 당국에 반납할지 여부는 기획재정부 등과 협의하겠다"고 밝혔다.

출처: 연합뉴스 2023.10.05.
https://www.yna.co.kr/view/AKR20231005083100530?input=1195m

[5] 사업계획서 작성의 기본적인 틀

사업계획서를 작성할 때에는 계획사업의 기본적인 틀을 짜고 그것에 입각해 사고해야 한다. 이 때 말하는 기본적인 틀이란 다음의 네 가지 상호 의존적인 요인을 체계적으로 평가하고 측정하기 위한 것이 되어야 한다.

첫째, 인적자본으로 기업을 운영하는 창업팀들, 자원과 서비스를 제공해주는 조직 밖의 이해관계자들(변호사, 공인회계사, 공급자 등)을 의미한다. 이와 관련하여 사업계획서는 다음과 같은 질문에 대한 답을 제공할 수 있어야 한다.

- 창업팀의 출신지, 교육 경력, 직장 경험, 과거의 성공한 경험, 해당 사업 분야에서의 명성은 무엇인가?
- 창업팀이 현재 추구하고 있는 사업과 직접적으로 관련된 경험, 기술, 능력, 지식을 가지고 있는가?
- 창업팀이 벤처의 성공 가능성과 역경에 대해 현실적인 판단을 내리고 있는가?
- 창업팀 외에 더 누가 필요한가?
- 창업팀이 높은 수준의 인력을 고용할 능력이 있는가?
- 창업팀에게 어려운 선택을 할 수 있는 용기가 있는가?
- 창업팀이 얼마나 사업에 몰두할 것이며, 동기 부여의 수준은 어떠한가?

둘째, 사업기회로 사업 자체에 대한 윤곽을 의미한다. 무엇을 팔 것이며 누구에게 팔 것인가, 사업이 성장할 수 있는가, 그것의 속도는 어느 정도인가, 사업의 경제성은 무엇이고 성공에 이르는 과정에서 무엇이 중요하며 누가 중요한 역할을 할 것인가 등에 관한 내용이다. 따라서 사업계획서는 다음 질문에 답할 수 있어야 한다.

- 고객은 누구인가?
- 계획사업의 제품 및 서비스를 고객이 어떻게 구매할 것인가?
- 고객이 제품을 구매하도록 하는데 어느 정도의 강제력을 가질 것인가?
- 가격 책정은 어떻게 접근할 것인가?
- 고객을 확보하는 데 얼마나 많은 비용이 드는가?
- 제품 및 서비스 생산과 전달에 얼마나 많은 자금이 드는가?
- 고객 지원에는 얼마나 많은 비용이 드는가?
- 고객을 유지하기가 얼마나 쉬운가?

셋째, 사업환경으로 이는 사업의 밑그림을 말한다. 즉, 법적인 규제 환경, 이자율, 인구통계학적 추세, 인플레이션 등 창업자가 통제할 수 있는 범위 밖에서 사업에 영향을 끼치며 변화하는 것들을 의미한다.

넷째, 위험 및 보상으로 이는 어떤 것이 잘되고 어떤 것이 잘못될 것인가에 대한 평가이다. 즉, 사업을 통해 무엇을 얻을 수 있으며, 무엇을 잃을 수 있는가에 대한 냉정한 평가와 그에 따른 창업자의 대응을 의미한다. 이러한 내용은 가급적 표나 그림을 통해 전달하는 것이 바람직하다.

앞서 설명한 네 가지 요소를 기반으로 하는 사업 계획의 기본적인 전제는 사업이 성공적으로 추진되기 위해서 이러한 요소들이 적절히 결합되어야 한다는 점이다. 창업팀의 멤버들은 그들이 추구하는 사업 기회에 직접적으로 관계있는 기술과 경험을 가지고 있어야 하며, 그들은 과거에 성공적으로 일한 사람들이어야 한다. 좋은 사업 기회는 매력적이며 지속성 있는 모델을 바탕으로 세워져야 한다. 그래야만 경쟁력과 방어력을 가질 수 있다. 한편 사업의 규모와 범위를 확장시킬 수 있는 많은 선택 조건들이 존재한다. 그러한 선택 조건들은 일반적이기보다는 해당 기업과 팀에 독특한 것이어야 한다. 사업을 통해 창출할 수 있는 가치들은 다양한 방식을 통해 얻을 수 있어야 하며, 사업 환경은 규제나 거시적 환경 측면에서 해당 사업에 호의적인 것이 좋다. 발생 가능한 사업 위험은 사전적으로 인지 되어야 하고, 창업팀은 그러한 위험을 최소화하기 위한 방법을 고려할 필요가 있다. 결론적으로 사업 계획서는 위의 네 가지를 완벽하게 포괄해야 하며 현실성이 있어야 한다.

사업계획의 발표는,
1. 설명할 내용을 압축하는 한마디를 작성한다.
2. 해당 사업을 함께 이끌어갈 구성원에 대한 설명은 필수다.

3. 자신이 하려는 사업과 관련한 현 상황의 문제점을 지적한다.

4. 자신이 하려는 사업의 시장 크기와 활성화 정도를 알려준다.

5. 문제점을 해결할 서비스나 제품을 보여준다.

6. 자신만의 경쟁력을 드러낸다.

7. 자신의 제품과 서비스 판촉 방법을 설명한다.

8. 이 사업을 통해 수익을 얻을 수 있는 비즈니스 모델을 제시한다.

9. 사업 계획에 따른 현실적 재무 추정치도 함께 제시한다.

10. 투자를 받을 경우 어떻게 사용할 건지에 대해 말한다.

확대보기

사업계획서를 작성할 때 유의해야 할 사항은 다음과 같다.

첫째, 자신감을 가지고 작성해야 한다.

둘째, 객관성을 유지해야 한다.

셋째, 사업의 핵심내용을 부각시켜야 한다.

넷째, 전문용어 사용은 피해야 한다.

다섯째, 실현 가능성을 토대로 작성해야 한다.

여섯째, 향후 발생 가능한 문제점과 그에 대한 해결책을 제시해야 한다.

「The Silicon Valley Way」에 따르면 명확한 사업기회를 제시하는 효과적인 사업계획서를 작성하기 위해서는 다음의 일곱 가지 질문에 대한 해답을 한 문장으로 표현할 수 있어야 한다.

첫째, 당신의 제품은 무엇인가?

둘째, 누가 고객인가?

셋째, 누가 이것을 팔 것인가?(유통채널)

넷째, 실제로 얼마나 많은 사람들이 이 제품을 살 것인가?

다섯째, 이 제품을 설계 · 생산하는데 얼마의 자본이 필요하며, 그것을 어떻게 확보할 것인가?

여섯째, 제품의 가격은 얼마로 할 것인가?

일곱째, 언제 손익분기점에 도달할 수 있을 것인가? 바로 당신의 제품(혹은 서비스)이 어떤 고객층을 목표시장으로 해서 어떻게 나아갈 것인가를 명확히 규정해야 한다.

사업계획서는 용도별로 구성내용이 상이하다.

특징적인 몇 개를 살펴보면 다음과 같다.

투자유치용 사업계획서는 벤처캐피탈, 엔젤 등으로부터 투자 유치를 받기 위한 목적으로 투자기관의 투자 목적 및 의도를 명확히 파악하여 그 목적과 의도에 맞게 작성해야 한다. 투자자금 회수 방안을 반드시 제시하는 방향으로 작성해야 한다. 시장의 미래성, 사업의 발전성과 수익성, 경영진의 능력 및 신뢰성 등을 강조해야 한다.

기술평가용 사업계획서는 기본적으로 기술의 경쟁력, 시장성, 사업화 가능성 위주로 작성해야 한다. 사업성공을 위한 기술의 명확한 비교우위 차별성과 독창성이 확보된 내용을 사업계획서에 기술해야 한다. 기술개발전략, 기술개발 로드맵 등 기술과 관련된 사항은 필수적이므로 보다 성실히 작성해야 한다. 기술과 관련하여 기존 기술과 비교, 경쟁기술의 현황, 해외 기술과의 차별성, 기술 경쟁우위성 등의 입증에도 중점을 두고 작성해야 한다.

입찰제안용 사업계획서는 잘 포장된 사업계획서보다 기업의 신용과 안정성을 더욱 중시하는 경향이 있는 사업계획서이므로, 예전에 입찰한 성과 위주로 작성해야 한다. 소요자금, 자금운용계획, 상환계획 등 자금흐름과 관련된 항목을 구체적이고 타당성 있도록 작성해야 한다. 사업계획 평가 시 거래관계에 있는 업체가 중요하므로 매출처, 매입처, 관계회사 등을 명확히 제시하여 신용도를 향상시키도록 작성해야 한다.

사업계획서 용도별 구성내용

●= 필수항목, ◎=권장항목

구분	회사 소개용	자금 신청용	투자 유치용	기술 평가용	인허가 용	주요 인증용	입찰 제안용
회사개요	●	●	●	●	●	●	●
사업개요	●	◎	●	◎	◎	◎	●
제품 및 기술현황	●	●	●	●	●	●	●
시장환경	●	●	●	●	◎	◎	◎
개발계획	●	●	●	●	●	●	◎
투자계획	●	●	●	◎	●	●	●
마케팅 계획	●	●	◎	◎	◎	◎	●
생산계획	●	●	●	◎	●	●	●
조직 및 인원계획	●	◎	●	◎	●	●	●
이익 및 재무계획	●	◎	●	◎	●	●	●
투자제안	●	◎	●	●	◎	◎	◎

부쩍 청년들의 창업 문의가 잦다. 자주 묻는 질문 중 하나는 사업계획서를 작성하는 법에 대한 것이다. 사업계획서를 작성하지 않고 무턱대고 시작하는 창업도 있지만, 사업계획서 작성이 꼭 필요한 경우가 있다. 다수 청년들이 창업환경에서 겪는 가장 큰 고민은 창업 자금이다. 창업 자금이 부족한 경우에 다양한 공모사업이나 지원금에 도전해야 하는데, 그러려면 사업계획서는 꼭 필요한 요소이다. 하지만 사업계획서를 작성하는 법에 대해서 한 번도 진지하게 고민해보지 않았거나, 작성 경험이 없는 이들에게는 막막하기 그지없다. 여러 사업계획서를 작성하고 리뷰하는 과정에서 느끼게 된 사업계획서 잘 쓰는 법 몇 가지를 공유해보고자 한다.

첫째, 사업 아이템에 대한 진지한 조사가 선행되어야 한다. 여러 글쓰기가 그렇듯 사업계획서도 일종의 글쓰기다. 글쓰기는 무엇보다 콘텐츠가 중요한데 사업계획서에서의 콘텐츠는 사업 아이템이다. 사업계획서상의 핵심요소로 시작과 끝을 마무리하는 사업아이템에 대한 철저한 시장조사와 아이템의 지속 가능성과 성장 가능성이 계획서상에 남다른 고민의 흔적과 함께 제대로 표현되어야 한다.

둘째, 작성 목적을 분명히 한다. 계획서를 읽고 평가하는 사람이 어떤 부분에 중점을 두는지에 따라서 작성 논조가 달라져야 한다. 사업 계획의 타당성을 검토하기 위해 내부 팀원들과 돌려봐야 하는 경우, 외부 이해관계자와의 정보공유를 위해 작성하는 경우 등에 따라 강조되는 부분이 달라야 한다. 계획서를 통해 달성하고자 하는 목표를 작성하는 중간중간 되새길 필요가 있다.

셋째, 사업계획서상에 표현하는 정보들은 SMART 원칙을 염두에 두고 작성한다. SMART는 Specific(구체성), Measurable(측정가능성), Achievable(달성가능성), Related(연관성), Time(시간)의 약자이다. 이 중 하나의 파트라도 약하게 되면 해당 사업계획서는 모호하고, 추상적이고 대단히 개인적인 느낌의 문서가 될 수 있다. 이는 신뢰성과 설득성 하락으로 이어진다.

넷째, 사업계획서를 작성했다고 일이 끝나는 게 아니다. 초고가 완성되면 몇 사람의 리뷰를 거쳐 수정 보완한다. 객관적 시각을 유지하는 것은 창업가에게 아주 중요하다. 창업가는 자신의 사업에 대한 열정과 확신이 있기에, 간혹 스스로의 확신에 매몰되어 객관성을 잃어버리기도 한다. 작성하는 중간, 작성 완료 후 객관적으로 피드백을 줄 수 있는 동료와 관련 전문가의 허심탄회한 피드백을 받아 수정 보완하는 것이 필수다.

몇해 전 필자도 창업교육을 모색한 적이 있다. 지방 소멸로 위기를 겪고 있는 시골 지역에 청년 인구 유입을 촉진하려는 목적이었는데, 그때도 정부와 외부 관계자의 도움을 요청하는 사업계획서를 작성한 바 있다. 사업계획서의 완성도가 사업의 완성도는 아닐 수 있지만, 제대로 된 사업계획서의 작성은 매우 중요하다. 물론 다양한 변수 때문에 과거 시점에서 전망한 미래의 모습이 그대로 실현되기는 어렵다. 하지만 여러 변수를 사전에 검토했다는 점만으로도, 계획서의 존재는 실패확률을 줄이는 데 도움이 된다. 창업을 준비하는 청년들에게 꼭 사업계획서를 작성해볼 것을 권하는 이유이다.

출처: 한국일보 2023.08.12.
https://www.hankookilbo.com/News/Read/A2023081109450005101?did=NA

 ## 사업계획서를 작성하면 창업비용이 줄어든다

카페나 식당을 차리는데 사업계획서까지 작성할 필요가 있을까 하는 생각을 할 수 있다. 그러나 창업자가 다양한 조사를 통해서 결정한 사업전략을 정리해서 담아놓은 계획서를 작성하는 것은 매우 중요하다. 사업을 진행해 보면 항상 변수가 발생하는데, 사업의 비전과 전략에 대한 기준을 가지고 있어야 변수를 적절히 수용하면서도 핵심적인 사업전략을 유지해 나갈 수 있다. 사업계획서를 작성하면서 세부사항을 점검하고 사업일정을 짜 보는 것은 창업 실행과정에서 발생하는 시행착오를 줄여주는 가장 좋은 방법이기도 하다.

사업계획서 작성을 시간 낭비라고 생각해서 대출 신청용으로 작성하는 사업계획서마저도 형식적으로 칸만 채우는 창업자들도 많다. 그러나 사업계획서는 체계적인 사업 진행에 도움이 될 뿐만 아니라 창업자금을 실질적으로 절감해 주는 효과가 있다.

한 번도 가보지 않은 목적지를 네비게이션 없이 운전하면 잘못된 목적지에 도착할 수 있다. 목적지를 찾더라도 상대적으로 시간과 연료가 더 많이 들게 된다. 작은 집은 설계도 없이 지을 수도 있겠지만 십중팔구 하자가 발생해서 공사비용이 늘어난다. 창업도 이와 마찬가지이다. 사업계획서라는 기준이 없으면 변수가 본질을 흔드는 왝더독(Wag the Dog) 현상이 발생하게 된다. 세부항목과 일정을 미리 정리해 보지 않으면, 뒤늦게 세부항목에 천착하게 되면서 사업의 본질을 놓치게 된다.

음식점에서 7년간 근무한 경력이 있는 창업자는 식당 창업에 큰 자신감을 보였지만, 창업절차를 진행해 보니 실제는 다르게 진행되었다고 고백한다. 창업실행 과정에서 첫 번째로 만나게 되는 점포계약, 인테리어공사, 시설구입, 홍보마케팅은 막연하게 알고 있을 뿐 경험해 본 업무가 아니었다. 그런데 이런 절차에서 창업자금의 대부분이 지출되었다. 인테리어 컨셉이나 공사자재를 선택해야 했고, 시공과정에서 변수가 발행할 때마다 문제를 해결해야 했다. 자재 발주가 늦어져서 공사가 중단되기도 하고, 주방 배수공사가 잘못돼서 시시비비를 가리고 재시공 범위도 결정해야 했다.

이런 일들이 정신없이 진행되고 나서 집계해 보니 계획보다 훨씬 많은 비용이 지출되었다. 생소한 업무이고, 사전조사도 못했는데, 짧은 기간 내에 많은 결정을 하다 보니 시행착오가 따라왔다. 다시 하면 매우 잘 할 수 있을 것 같다고 하지만 되돌릴 수는 없다. 점포창업은 창업 실행 기간이 2~3개월 정도로 짧다 보니 창업자들이 시행착오로 인해 더 들어간 창업비용을 분명하게 체감하게 된다.

소규모 점포의 인테리어 공사는 턴키로 맡지 않는 경우가 많다. 공사비를 줄이겠다는 상호 이해관계로 공사자재를 창업자 계정으로 구입한다. 그러면 공사의 책임소재는 불분명하게 되고 세금회피가 용이해지기 때문에 시공업자들도 많이 권유한다. 그러나 이런 경우에도 창업자가 공사내용 전체를 이해하고 대처하지 않으면 총비용은 오히려 증가한다.

국내에 재고가 없는 수입설비는 주문 후에 2~3개월씩 걸린다. 사업 차별화를 위해 주문형 식기를 사용한다면 미리 발주해 두어야 한다. 인테리어 공사를 해 놓고 1~2주일씩 개업을 미루는 경우도 많이 발생하는 시행착오 사례 중에 하나이다.

비교적 정확하게 관리해도 인테리어 공사기간과 비용은 30%가량 증가하는 것이 일반적이다. 미리 준비하지 않으며 추가비용은 더 늘어나게 된다. 그래서 인테리어 공사나 집기비품 구입은 세부 항목을 작성해서 예산계획을 세우고, 공사 및 발주 일정표를 작성해 보는 것이 필요하다. 이것이 어렵다면 계약 전에 공사 세부항목과 자재까지 표시된 견적서를 받아서 점검하고 조정해야 한다. 디테일한 관리는 비용지출을 줄여준다.

점포공사를 하다가 자금이 모자란다고 뒤늦게 금융기관을 찾아오는 경우도 많다. 공사는 중간에 멈추면 공사기간과 비용이 늘어날 수밖에 없다. 자금 조달계획을 미리 세워 두었다면 피할 수 있는 위험이다. 오픈이 임박했는데도 메뉴와 가격을 정하지 못하는 창업자도 의외로 많다. 점포창업에서 메뉴와 판매가격은 사업 아이템, 차별성, 수익성, 사업전략이 투영된 결과물이다. 그때까지 메뉴와 가격을 정하지 못했다면 초반부터 사업방향이 흔들려서 좋은 결과를 내기 어렵다.

창업하는 업종에 대한 경험이 없는 사람은 더 많은 시행착오를 겪게 된다. 시행착오를 겪으면 당황하게 되어서 공사 진행이나 세부사항에 대한 결정을 인테리어업체나 납품업체에 의존하게 된다. 그러면 생각과 다른 결과가 나올 수 있다. 오지도 않은 창업성공에 들떠서 세부사업계획을 세워 두지 않으면 통제능력을 갖지 못해 남들의 결정에 따라 돈을 지불하게 된다.

제대로 된 사업계획서 작성이 어렵다면 소요자금 및 조달계획, 항목별 예산계획, 사업일정표, 메뉴와 판매가격, 점포 배치라도 미리 정리해 두어야 한다. 그래야 많은 고민을 통해 결정한 창업계획을 내 생각대로 실행해 볼 수 있다. 창업자금은 실속 있게 지출해야 창업성공도 한걸음 더 다가오게 된다.

출처: 부산제일경제 2023.04.28.
https://www.busaneconomy.com/news/articleView.html?idxno=300832

◎ 사업계획서는 경영전략에 대한 내용을 집약한 서류이다. 사업을 시작하는 데 있어 필수적이고 계획 중 사업의 사업성을 평가할 수 있는 평가자료이다. 또 향후 기업의 방향성을 제시하기도 한다.

◎ 따라서 사업의 목적이나 목표가 분명히 명시되어야 하고, 창업자의 주장을 뒷받침할 수 있는 논거가 포함되어 있어야 한다. 이를 통해 창업자는 사업을 완벽히 이해하고 실천 계획을 세워 볼 수 있으며, 투자자들을 설득하는 데 이용되기도 한다.

◎ 사업계획서 작성의 필요성은 다음과 같다.

첫째, 계획사업의 청사진을 제시해 준다. 작성 시, 모든 사항을 객관적이고 체계적으로 작성할 수 있기 때문이다.

둘째, 사업 성공의 지침서가 될 수 있다. 사업계획서를 통해 계획사업의 타당성 검토를 할 수 있기 때문이다.

셋째, 사업계획서는 창업지원을 받기 위한 기본 신청 서류이다. 이러한 사업계획서의 용도는 대내, 외적으로 볼 수 있다. 대내적으로는 사업계획서는 나침반과 같은 역할을 한다. 창업자들은 업무 파악 및 위험 요소에 대한 준비를 할 수 있다. 대외적으로는 외부자금조달과 신용확보를 위해 작성된다. 따라서 이때에는 신중을 기해 작성을 해야 할 필요가 있다.

◎ 사업계획 수립 시 결정 내용은 다음과 같다. 사업 규모의 결정, 창업 멤버와 조직구성, 기업형태의 결정. 이를 바탕으로 사업계획수립의 절차를 밟게 된다.

◎ 사업계획서 작성 시, 6가지 원칙이 있다.

(1) 누구든지 사업의 내용을 알 수 있도록 구체적으로 작성해야 한다.

(2) 객관성과 현실성을 바탕으로 작성되어야 한다.

(3) 설득력 있는 내용으로 쓰여져야 제3자에게 납득시키기 용이하다.

(4) 가급적 전문적인 용어의 사용을 피하고 내용을 평이하게 설명해야 한다.

(5) 자금조달과 자금운영계획은 정확하고 실현가능성이 있어야 한다.

(6) 사업계획서 하나만 작성하기 보다 문제점 및 위험요인을 심층분석, 해결방안 제시까지 하여야 한다.

◎ 사업계획서는 공통적으로 표지와 요약문으로 구성되며, 40쪽 내외가 적당하다.
이는 다음을 포함한다.

: 요약/일반사항 및 대표자 소개/사업계획/판매계획/마케팅 계획/생산 및 서비스 계획/투자계획/조직 및 인원계획/자금계획/이익계획/사업추진일정계획/추정재무제표/ 발생가능한 위험과 문제/준비서류/부록

◎ 사업계획서는 외부 관계기관 제출용, 창업자 자체용 두가지로 구분된다. 중요한 독자층은 대출은행과 투자자라 할 수 있다. 은행에서 융자받으려는 창업자는 신용도나 회계정보처리 등에 주안점을 두어야 하고, 투자자를 대상으로 하는 사업계획서는 사업의 매력도, 보유 기술의 우위, 그리고 품질 및 원가의 우월성 등에 초점을 둘 필요가 있다.

문제

O. X

1	사업을 마치고 난 후 사업의 내용, 경영방식, 수익성 등을 일목요연하게 표현하는 것을 사업계획이라 말한다.
2	사업계획서의 본문에는 일반적으로 요약, 회사, 제품 및 서비스, 시장, 경쟁상황, 영업 및 마케팅, 운영, 재무, 부록 등의 내용이 수록된다.
3	벤처기업을 창업할 경우에는 주식회사로 시작하는 것이 유리하다.
4	일반적으로 제조업이 가장 큰 사업규모를 요구하고 있으며, 소매업과 서비스업은 적은 규모로도 사업을 시작할 수 있다.
5	사업계획서의 본문에는 일반적으로 요약, 회사, 제품 및 서비스, 시장, 경쟁상황, 영업 및 마케팅, 운영, 재무, 부록 등의 내용이 수록된다.
6	벤처기업을 창업할 경우에는 주식회사로 시작하는 것이 유리하다.
7	일반적으로 제조업이 가장 큰 사업규모를 요구하고 있으며, 소매업과 서비스업은 적은 규모로도 사업을 시작할 수 있다.
8	사업계획서를 작성할 때에는 사업 아이템을 뺏길 수 있기 때문에 사업의 내용을 창업자만 알아볼 수 있도록 추상적으로 작성해야 한다.
9	사업을 추진하면서 발생할 수 있는 위험요소나 문제점은 투자자들의 의구심을 불식시키기 위해 사업계획서 작성 시 작성하지 않아도 된다.
10	창업자가 사업과 관련된 수치에만 집중하고 나머지 계획사업의 관건이 되는 중요한 정보들을 놓치게 되어도 사업에 대한 투자자들의 관심도는 떨어지지 않는다.

객관식

1 판매계획에 해당되지 않는 것은? ( )

가. 수익성과 지속성   나. 고객   다. 시장규모와 추세   라. 경쟁상황 및 경쟁우위
마. 추정 시장점유율과 매출액

2 사업계획 수립 시 결정되는 내용으로 옳지 않은 것은? (   )

가. 사업 규모는 자기 자금의 1/2 규모 정도로 시작해야 하며 주변환경에 맞추어야 한다.

나. 조직 구성은 혼자보다 동업이 위험도가 낮다.

다. 벤처기업을 창업할 경우 주식회사로 시작하는 것이 유리하다.

라. 사업계획서의 작성목적은 크게 사업타당성여부, 자금조달, 인가 및 허가를 받기 위함이다.

3 사업계획 발표에 관한 설명으로 옳지 않은 것은? (   )

가. 사업을 통해 수익을 얻을 수 있는 비즈니스 모델을 제시한다.

나. 사업과 관련된 현 상황의 문제점은 제외하고 추후에 알린다.

다. 사업계획에 따른 현실적 재무 추정치도 함께 제시한다.

라. 자신만의 경쟁력을 드러낸다.

4 사업계획서에 관한 설명으로 옳지 않은 것은? (   )

가. 사업계획서는 사업을 개시하기 전에 하고자 하는 사업의 내용, 사업에 필요한 소요자금, 경영 방식, 수익성, 사업추진 일정 등을 일목요연하게 표현하는 것을 말한다.

나. 사업계획서는 투자자들이 회사에 대한 첫인상을 평가하기 때문에 사업계획에는 사업의 목적이나 목표가 분명히 명시되어야 한다.

다. 사업계획서의 작성을 통해 창업자는 자신이 하고자 하는 사업을 완벽히 이해하고 실천 계획을 세워본다는 데 그 의의가 있다.

라. 사업계획서는 일종의 계획서이기 때문에 재무계획까지는 작성할 필요가 없다.

5 사업계획서의 판매 계획에 해당하지 않는 것은? (   )

가. 고객

나. 시장 규모와 추세

다. 총마진 및 영업마진

라. 경쟁 상황 및 경쟁 우위

6 [The silicon valley way]에 따르면 명확한 사업기회를 제시하는 효과적인 사업계획서를 작성하기 위해서는 다음의 일곱 가지 질문에 대한 해답을 한 문장으로 표현할 수 있어야 한다. 다음 중 일곱 가지 질문에 포함되지 않는 내용은? (   )

가. 누가 고객인가?

나. 실제로 얼마나 많은 사람들이 이 제품을 살 것인가?

다. 제품의 가격은 얼마로 할 것인가?

라. 진입장벽은 높은가?

7 사업계획서 주요 내용이 아닌 것은? ( )

가. 요약

나. 준비서류

다. 대표자 소개

라. 현재까지 사용된 비용

8 사업계획서 작성 원칙에 대한 설명이다. 가장 거리가 먼 것은? ( )

가. 창업자가 하고자 하는 사업의 내용을 알 수 있도록 구체적으로 작성해야 한다.

나. 객관성과 현실성을 바탕으로 작성되어야 한다.

다. 제품에 대한 내용을 기술할 때 가급적 전문적인 용어를 사용해야 한다.

라. 관련 증빙서류를 첨부함으로서 신뢰성을 높여주어야 한다.

마. 자금조달과 자금운영계획은 정확하고 실현가능성이 있어야 한다.

9 사업계획서 작성 준비에 대한 설명으로 옳지 않은? ( )

가. 사업규모는 주변환경에 맞춰야 한다.

나. 창업멤버와 회사조직을 간편하게 구성하는 것이 유리하다.

다. 가급적이면 동업을 하는 것이 좋다.

라. 벤처기업을 창업할 경우에는 주식회사로 시작하는 것이 유리하다.

마. 업종에 맞는 조직을 구성할 필요가 있다.

10 사업계획서의 용도에 대한 설명으로 옳은 것은? ( )

가. 대내적 용도의 사업계획서는 자체검토용 사업계획서로 엄격한 형식을 요구한다.

나. 대내적 용도의 사업계획서는 사내 관계자들의 이해를 위해 전문적으로 작성, 이용한다.

다. 대외적 용도의 사업계획서는 성공 가능성을 증명하기 위해 현실적이고 납득할 만한 수치 및 자료를 제공해야 한다.

라. 대외적 용도의 사업계획서는 중소벤처기업부 등 공공기관과 투자자들의 자금조달을 희망하는 창업자가 작성한다.

11 사업 규모 결정 시 고려사항으로 옳지 않은 것은? ( )

가. 인적자원의 규모 및 구성방법

나. 업종에 따른 사업 규모와 동종 업종의 평균자본 규모

다. 취급하고자 하는 제품

라. 창업자의 자금조달 능력

12 사업계획서 작성 시 유의 사항이 아닌 것은? ( )

　가. 객관성·현실성 원칙

　나. 설득력 있는 내용

　다. 구체성

　라. 전문용어 사용 권장

13 외부 관계기관 제출용 사업계획서에 대한 설명으로 옳지 않은 것은? ( )

　가. 재무상태에는 향후 1년간 소요자금 및 조달계획을 기입해야 한다.

　나. 사업내용 중 시장성 부분으로는 제품의 시장 동향, 수요전망, 동업계 현황, 매출목표 등이 있다. 창업 조성 실시계획의 승인과 공장의 인*허가 및 창업자금 조달 등을 위한 용도에 사용된다.

　다. 창업자 자체용 사업계획서는 창업자 스스로 사업계획을 구체적으로 수립하거나 이를 동업자 및 판매처 등에 활용할 목적으로 작성되는 것이다.

　라. 공업소유권 및 규격표시 보유현황은 사업내용 중 기술성 부분에 해당한다.

14 다음 중 투자 계획이 아닌 것은? ( )

　가. 운영 주기

　나. 지리적 위치

　다. 전략과 계획

　라. 핵심 경영 인사

15 다음 중 자금 계획이 아닌 것은? ( )

　가. 자금조달 사항

　나. 투자자의 수익

　다. 기타 주주 및 권한과 제한 상황

　라. 자본화

16 사업계획서의 필요성에 대한 설명으로 옳지 않은 것은? ( )

　가. 창업에 관련된 모든 사항을 주관적, 체계적으로 작성하여 계획사업의 청사진 제시

　나. 계획사업의 타당성 검토를 통한 사업 성공의 지침서

　다. 자금조달에 있어 투자 및 구매에 대한 관심유도와 설득자료로 활용

　라. 정부의 창업지원자금을 신청하는데 창업지원 기본 신청서류

17 다음 문장의 (　　)에 알맞은 용어를 차례대로 나타낸 것은? (　)

　　사업계획서는 읽는 사람에 상관없이 누구나 창업자가 하고자 하는 사업의 내용을 알 수 있도록 (a) 있게(으로) 작성돼야 한다. 또한, (b)을 바탕으로 작성돼야 한다. 공공기관이나 전문기관의 증빙자료를 명시하고 실사에 의한 시장수요조사를 통해서 객관성과 현실성을 확보할 수 있다. 세 번째로 사업계획서는 설득력 있는 내용을 담아야 한다. 그리고 가능하면 전문적인 용어의 사용을 피하고 단순하고 상식적인 수준의 내용으로 설명해야 한다. 다섯 번째로 정확하고 (c) 자금조달 및 운용계획을 포함해야 한다. 마지막으로 사업운영 시 생길 수 있는 문제점 및 위험요인을 심층 분석하고 이에 대한 해결책을 제시해야 한다.

a: 구체적, 　b: 객관성과 현실성, 　c: 실현가능한

가. a – b – c
나. a – c – b
다. b – a – c
라. b – c – a

 단답형

1　사업계획서는 (　　　　　)과 (　　　　　) 두 가지 양식으로 구분된다.

2　창업자는 사업계획서를 바탕으로 (　　　　　)을 검토할 수 있다.

3　창업기업의 수익 잠재성에 큰 관심을 보이고, 경쟁업체에 비해 창업기업이 가질 수 있는 지속적인 경쟁우위가 무엇인가를 알고자 하는 사업계획서 검토자는 누구인가?

4　유통 부분에서는 유통경로를 제시하고, 운송비의 비중 등 주요 사안을 구체적으로 기술한다. (　　　　　)의 경우 유통, 선적, 보험, 결제 등의 방법을 설명한다.

5　투자자들은 창업 기업의 (　　　　　)에 큰 관심을 보이며, 이를 위해 경쟁업체에 비해 창업기업이 가질 수 있는 지속적인 (　　　　　)가 무엇인가를 알고자 한다.

6　사업계획서에 투자 계획이 들어가는데, 이때 생산 및 운영 활동상의 주기, 즉 (　　　　　) 등을 기술하고 계절적 수요 변동에 따라 생산 부하를 조절하는 재고관리, 임시직 고용방안 등을 설명한다.

7　추정 재무제표 중 추정 손익계산서에는 매출액 추정과 원가에 대한 가정에 기반하여 향후 (　　　　　) 간의 손익계산서를 작성하고, 이에 기반하여 추정 재무상태표를 작성한다.

8　사업계획서 작성의 목적은 크게 세 가지이다. 사업타당성 여부 검증을 포함해서 창업자 자신의 (　　　　　)하고, (　　　　　)을 위하고, (　　　　　) 등을 위한 것이다. 이러한 목적에 따라 사업계획서에는 기본 목표와 방향이 제시되어야 한다.

9 사업계획수립의 절차는 사업계획서 작성목적 및 기본방향 설정, (　　　　　), 일정기한 내 작성, 필요자료 및 서류의 준비, 사업계획서 작성형태의 구상, 작성요령 숙지 목적에 따른 편집, 재구성 및 제출이다.

10 사업을 개시하기 전에 하고자 하는 사업의 내용, 사업에 필요한 소요자금, 경영 방식, 수익성, 사업 추진 일정 등을 일목요연하게 표현하는 것을 기록한 서류를 무엇이라 하는가? (　　　　　　)

11 (　　　　　) 용도의 사업계획서란 자체검토용 사업계획서로 엄격한 형식을 요구하지 않기 때문에 상황에 맞게 수정하여 작성, 이용할 수 있다.

12 창업자는 자신이 충분히 감당할 수 있는 규모로 사업을 진행해야 한다. 즉, 자기자금의 (　　　　　) 규모 정도로 사업을 시작한다면 예상치 않은 자금수요 등에 대처할 수 있을 것이다.

13 사업을 개시하기 전에 하고자 하는 사업의 내용, 사업에 필요한 소요자금, 경영방식, 수익성, 사업추진일정 등을 일목요연하게 표현하는 것을 (　　　　)이라 한다.

14 사업계획서 작성목적 및 (　　　　)설정 – 소정양식 검토 – 일정기한 내 작성 – (　　　　) 및 서류의 준비 – 사업계획서 (　　　　)의 구상 – 작성요령 숙지 – (　　　　)에 따른 편집, 재구성 및 제출

15 은행에서 융자받으려는 창업자는 (　　　　　), 자금의 운용방법, (　　　　　), 담보 설정 가능성과 부채비율, 회계정보 처리의 신뢰성 등과 같은 사항에 주의를 기울여야 한다.

16 다음은 사업계획서의 종류에 대한 설명이다. 빈 칸을 채우시오.

(　　　　　　　　　　)는 주로 창업조성실시계획의 승인신청 또는 각종 공장건설과 각종 용도의 자금지원을 위한 승인신청 시 제출하게 되는데, 각 기관에 따라 내용상 차이가 다소 있다.

(　　　　　　　　　　)는 창업자 자신이 동업자 또는 주주, 거래처 및 이해관계자 등에게 자기 사업계획을 소개할 필요가 있거나 스스로 계획적인 사업추진을 위해 이용하는 것으로 비교적 간단하게 작성하는 사업계획서이다.

 서술형

1. 사업계획서 작성이 필요한 이유를 서술하시오.

2. 사업계획서 작성원칙에 대해 서술하시오.

3. 사업계획서의 개념에 대해 서술하시오.

4. 사업계획서의 용도를 쓰고 차이를 서술하시오.

5. 창업자의 사업규모 결정 시의 고려사항에 대해 서술하시오.

6. 은행에서 융자를 받으려는 창업자가 주안점을 둬야 할 것에 대해 서술하시오.

7. 다음 사업계획서 준비서류 중 필요한 서류를 4가지 이상 나열하시오.

8. 사업추진일정계획에 기술해야 하는 내용을 서술하시오.

9. 사업을 추진하면서 발생할 수 있는 위험요소나 문제점에 해당 되는 사항에 대하여 서술하시오(4가지 이상).

지식재산권

학습목표

- ◎ 지식재산권의 정의와 이를 보호해야 하는 이유를 알 수 있다.
- ◎ 영업비밀의 기밀 유지 방법과 법적 보호 여부를 알 수 있다.
- ◎ 지식재산권 침해에 대한 대응 방안을 배울 수 있다.
- ◎ 특허권의 개념과 출원 방법을 알 수 있다.
- ◎ 특허와 실용신안권을 비교할 수 있다.
- ◎ 특허를 이용한 비즈니스 모델을 학습할 수 있다.
- ◎ 상표에 대한 구체적인 개념을 정리할 수 있다.

Chapter 07 지식재산권

① 지식재산권과 우리 생활

1.1 지식재산권이란

지식재산이란 '인간의 창조적 활동 또는 경험에 의하여 창출되거나 발견된 지식, 정보, 기술, 사상이나 감정 표현, 영업이나 물건의 표시, 생물의 품종이나 유전자원 등의 무형 자산으로 재산적 가치가 있는 것'을 말하고, 지식재산권이란 '법령 또는 조약 등에 따라 인정되거나 보호되는 지식 재산에 관한 권리'를 의미한다. 다시 말해 지식재산권은 산업재산권(특허권, 실용신안권, 디자인권, 상표권), 저작권, 신지식 재산권을 포함하는 인간의 정신적 창작물이나 창작된 방법에 대해 인정하는 독점적 권리의 무체재산권이다. 지식재산은 특허, 실용신안, 디자인, 상표, 출처표시 또는 원산지 명칭, 컴퓨터 프로그램, 데이터베이스, 반도체집적회로 배치설계, 영업비밀, 지리적 표시 등을 포함한다. 특허권 또는 실용신안권으로 기술과 아이디어는 보호될 수 있다.

| 표 7-1 | **지식재산권의 체계**

산업재산권	특허권	특허법에 의하여 발명을 독점적으로 이용할 수 있는 권리
	실용실안권	실용실안법에 의하여 발명품을 독점적으로 이용할 수 있는 권리
	디자인권	디자인보호법에 의하여 등록한 디자인에 대해 가지는 독점적 권리
	상표권	등록 상표를 지정 상품에 독점적으로 사용할 수 있는 권리

저작권	저작인격권	저작자가 저작물에 대해 가지는 인격적 권리 (공표건, 성명표시권, 동일성 유지권)
	저작재산권	저작자가 저작물에 대해 가지는 일반적인 권리 (복제권, 공연권, 공중송신권, 전시권, 배포권, 대여권 등)
	저작인접권	저작자가 아닌 실연자, 음반 제작자, 방송사업자의 권리
신지식재산권	산업저작권	컴퓨터 프로그램 등
	첨단산업재산권	반도체 직접회로 배치 설계, 생명공학 등
	정보재산권	데이터베이스, 영업 비밀 등
	기타	지리적 표시, 캐릭터, 새로운 상표(소리, 냄새, 입체) 등

새로운 제품이나 서비스에 대한 정보를 제3자로부터 차단하고 기밀로서 관리하는 것이 불가능하다고 판단하는 경우, 창업자는 경쟁 업체들에 의한 모방에 대비하여 법적인 장벽을 만들어 새로운 제품이나 서비스 개발에서 발생한 수익을 온전하게 실현할 수 있다. 모방에 대비한 법적인 장벽은 창업자가 개발한 기술이나 제품 등에 지식재산권을 신청, 등록하는 것이다.

1.2 왜 나의 기술이나 아이디어를 보호해야 할까?

기업가 정신과 지식 재산(IP: Intellectual Property)은 밀접한 관련이 있다. 창업자가 새로운 아이디어를 생각해 내거나 새로운 제품(서비스)을 개발했다면 가장 먼저 점검해야 하는 사항은 "이것을 보호할 수 있는가?" 혹은 "다른 사람이 복제하지 못하게 할 수 있는가?"이다.

자신의 혁신적인 제품이나 서비스를 다른 사람이 모방하지 못하도록 보호하지 않으면, 제품이나 서비스 출시에 따르는 수익을 시리현하지 못하는 것이 자명하기 때문이다. 새로 내놓는 제품이나 서비스를 경쟁자가 복제하여 금방 시장에 들고 온다면 그것을 제작, 생산, 광고 등에 들어간 모든 시간, 노력과 돈 등은 쓸모없어지는 셈이다. 게다가 경쟁자들은 제품(서비스)의 연구, 개발, 테스트 등에 들어가는 초기 비용을 절감 할 수 있기 때문에 가격을 낮추어 경쟁할 수 있다.

반대로 창업자가 "이 신제품(서비스)가 다른 누군가의 지적재산권을 침해하지 않는가?"도 점검해야 한다. 하지만 많은 창업자는 새로운 제품이나 서비스를 비교적 손쉽게 모방한다. 기존 기업의 기술 전문가들이 신제품을 간단하게 분해하여 어떤 원리로 작동하는지를 파악하고, 그 제품보다 더 개선된 제품을 만들 수 있다. 또한 신제품의 개발 과정에 참여한 종업원을 채용함으로써 유사한 모방 제품이나 서비스를 만들기도 한다. 다른 방법으로는, 경쟁 업체들이 공개 특허나 특허 관련 자료 및 출판물에서 얻은 정보를 바탕으로, 부분적인 모방과 추정을 통하여 신제품과 서비스를 모방하기도 한다.

창업자는 새로운 제품이나 서비스로 시장의 요구를 만족시킴으로써, 처음에는 시장을 독점할 수 있고, 이를 통하여 상당한 수익을 얻을 수도 있다. 이러한 최초의 성공을 목격한 경쟁 업체들은 제품이나 서비스를 모방하기 위하여 모든 방법을 동원하게 되고, 모방을 통하여 고객의 일부를 빼앗아 가는 등의 방법을 통하여 창업자의 수익을 감소시킨다. 물론 "보호할 수 있는가"와 "침해하지 않는가"에 대해 판단을 내리기 위해서는 창업자 스스로 지적 재산에 대한 기본 사항을 숙지하고 있어야 한다.

1.3 나의 기술을 어떻게 보호할까?

창업자의 권리를 보호함으로써, 경쟁자로부터 자신의 수익을 지킬 수 있는 방법은 두 가지가 있다. 첫째는 기밀 유지이다. 기밀 유지는 새로운 제품이나 서비스에 대한 정보를 제3자에게서 차단하고 기밀로 관리하는 것이다. 창업자는 새로운 제품이나 서브에 대한 정보를 기밀로 유지함으로써 모방을 못하게 할 수 있다. 1인 창업의 경우는 기밀 유지가 잘 될 수 있지만, 종업원이나 공동 창업자 등 제3자가 이러한 정보의 일부 또는 전부를 알고 있는 경우에는 기밀유지계약 등을 통하여 기밀을 관리해야 한다. 둘째는 특허 등의 지식재산권을 확보함으로써 경쟁 업체의 시장 진입 장벽을 구축하는 것이다. 기밀유지는 기술을 공개할 필요가 없고, 권리의 존속기간이 정해져 있지 않다는 장점이 있으나, 사실상 권리 구제가 어려운 경우가 많다는 단점이 있다. 반면에, 특허 등 지식재산권 확보는 기술을 공개해야 하고, 권리의 존속기간이 법으로 정해져 있다는 단점이 있지만 권리 구제가 확실하고, 재산적 가치가 있으며, 마케팅에도 도움이 된다는 장점이 있다.

이렇게 창업자는 지식재산권을 확보함으로써, 다음과 같은 유리한 점을 가질 수 있다.

1) 경쟁 업체에 대한 시장 진입 장벽 구축

2) 지식재산권에 의한 공격으로부터의 보호

3) 광고, 홍보 등 마케팅상의 이전

4) 재산적 가치

새로운 제품이나 서비스가 복잡할수록, 그 생산 공정이 복잡할수록 경쟁업체들이 이를 모방할 가능성이 작아진다. 그러나 이러한 복잡성은 모방하는 시간을 지연시킬 뿐이고 모방을 원칙적으로 막지는 못한다. 모방을 원천적으로 막기 위해서는 제조 공정이나 설계 등 주요 정보에 제3자가 접근할 수 없도록 차단하는 것이 가장 좋은 방법이지만, 현실적으로 기업의 업무수행과정에서 정보의 일부 또는 전부가 동업자, 종업원, 협력업체 등에게 알려지는 경우가 있을 수 있다. 이 경우, 관련자에게서 기밀유지계약서를 받았다고 해도, 그들의 머릿속에 있는 것까지 통제할 수 없으므로, 기밀이 누설될 가능성이 있다.

1.4 창업자는 기밀을 법적으로 보호받을 수 있을까?

부정경쟁 방지 및 영업 비밀에 관한 법률은 창업자의 영업 비밀을 보호하고 있다. 이 법에서 영업 비밀은 '공공연히 알려져 있지 아니하고 독립된 경제적 가치를 가지는 것으로서, 합리적인 노력에 의하여 비밀로 유지된 생산 방법, 판매 방법, 그밖에 영업 활동에 유용한 기술상 또는 경영상의 정보'라고 규정하고 있다. 영업 비밀에는 고객 및 거래처 정보, 회계 정보, 개발 제품이나 설비의 설계도 및 디자인, 신제품 아이디어, 연구개발 노트, 실험 결과 데이터, 생산 및 제조 방법 등의 기술 및 경영 정보가 모두 포함된다. 또한 영업 비밀 침해 행위는 영업 비밀을 부정하게 취득, 사용, 공개하는 행위를 말한다.

영업 비밀은 회사 임직원의 퇴직이나 이직 또는 협력업체를 통하여 유출되는 것이 대부분이다. 창업자는 임직원의 입사 시, 근로계약서에 재직 및 퇴직 후 일정기간(약 1년) 동안 근로자의 전적이나 경업을 금지하는 약정을 맺거나, 필요한 경우 근로자에게 비밀유지서약서나 각서를 받아 둬야 한다. 또한 창업자와 연구개발 등을 함께하는 협력업체의 영업 비밀 유출을 막기 위해서, 협력 계약서 등에 비밀 유지 의무를 반드시 명시하고, 연구개발의 결과물에 대한 특허 등의 권리에 대한 약정도 명확하게 규정하는 것이 좋다.

창업자는 종업원의 직무발명에 대하여 인센티브 지급을 명확하게 규정하고, 정당한 보상을 하여 임직원들이 외부에 영업 비밀을 유출하지 않고도 회사 생활에 만족하는 근로 환경을 조성하는 것이 바람직하다.

영업 비밀은 창업자의 회사가 다른 회사에 인수, 합병되는 경우에도 문제가 될 수 있다. 합병에 의해서 창업자의 영업 비밀은 인수자에게 포괄적으로 이전되므로, 영업 비밀에 관한 규정을 명확하게 해야 한다.

부정경쟁 방지 및 영업비밀에 관한 법률 개정(2019.1.18.)에 의하여, 영업 비밀 침해로 인한 손해배상은 3배까지 가능하게 되었고, 영업비밀 침해로 인한 형사적 벌칙도 강화되었다. 영업비밀을 외국에서 사용하거나 외국에서 사용될 것임을 알면서 취득·사용 또는 제3자에게 누설한 자는 15년 이하의 징역 또는 15억 원 이하의 벌금에, 이를 국내에서의 침해한 자는 10년 이하의 징역 또는 5억 원 이하의 벌금에 처하는 것으로 되었다.

창업자는 특허청 산하 한국특허정보원의 영업비밀보호센터(www.tracksecret.or.kr)의 영업 비밀

원본증명제도를 활용할 수 있다. 창업자가 영업 비밀 원본증명서를 발급받으면, 해당 영업 비밀의 내용이 진실로 추정되므로, 분쟁 발생 시에 유리하다.

1.5 지식재산권의 침해는 어떻게 대응할까?

지식재산권 중에서 저작권은 창작하는 순간부터 자연적으로 권리가 생기므로 등록할 필요가 없으나, 분쟁 발생 시, 자신의 저작물임을 증명하기 위해서는 저작권등록협회에 등록하는 것이 유리하다. 그러나 특허권, 실용신안권, 상표권, 디자인권 등 산업재산권은 출원을 통해서 권리를 등록해야만 배타적이고 독점적인 권리를 가질 수 있다.

창업자는 특허권 등 지식재산권에 대한 침해에 대하여 다음과 같이 대응할 수 있다.
1) 민사적 대응 방법으로서, 침해 금지 및 예방 청구권과 손해 배상 청구권, 신용 회복 청구권 및 부당이득 반환 청구권을 행사할 수 있다.
2) 형사적 대응 방법으로서 권리를 침해한 자를 검찰에 고발하여, 행위자를 7년 이하의 징역 또는 1억 원 이하의 벌금에 처하게 할 수 있다.

대부분의 경우, 상대방의 지식 재산권에 대한 침해 행위는 민사적 대응과 형사적 대응이 모두 가능하지만, 먼저 형사적인 대응 후에 민사적 대응을 하는 것이 유리하다.

지식재산권에 대한 침해 행위가 발생한 경우에, 창업자는 대한법률구조공단(www.klac.or.kr)의 소상공인에 대한 무료 법률 구조를 포함한 전문가의 도움을 받을 수 있다.

② 특허권 만들기

| 표 7-2 | **산업재산권의 종류**

구분	특허권	실용실안권	디자인권	상표권
정의	특허법에 의하여 발명을 독점적으로 이용할 수 있는 권리	실용실안법에 의하여 발명품을 독점적으로 이용할 수 있는 권리	디자인보호법에 의하여 등록한 디자인에 대해 가지는 독점적 권리	상표법에 의하여 등록 상표를 지정 상품에 독점적으로 사용할 수 있는 권리
보호대상	자연법칙을 이용한 기술적 사상의 창작으로 수준이 높은 발명 → 발명(물건, 방법)	자연법칙을 이용한 기술적 사상의 창작으로서 물품의 형성, 구조, 조합에 관한 실용성 있는 고안 → 물품의 구조 및 형상에 관한 고민	물품의 형상, 모양, 색채 또는 이들을 결합한 것으로서 시각을 통해 미감을 느끼게 하는 것 → 물품의 디자인	타인의 상품과 식별하기 위해 사용하는 기호, 문자, 도형, 입체적 형상, 색채, 홀로그램, 동작 또는 이들을 결합한 것 → 상품 및 서비스에 사용하는 마크
존속기간	출원일로부터 20년, 의약품은 5년 한도 내에서 연장 가능	출원일로부터 10년	설정 등록출원일로부터 20년	설정 등록일로부터 10년, 10년마다 갱신가능한 반영구적 권리

지식재산권 중에서 창업자의 권리 보호와 직접적인 관계가 있는 산업재산권에 대해서 알아보자.

2.1 특허란 무엇인가

특허는 기술 공개의 대가로 일정 기간 동안 새로운 기술적 사상의 창작(발명)에 대하여 발명자에게 그 발명의 독점적 실시를 행할 수 있는 배타적 권리를 부여하여 보호하는 것이다.

특허 제도는 기술 공개를 촉진함으로써 기술을 축적하게 하고, 발명자에게 독점권을 부여함으로써 사업화를 촉진하고, 발명 의욕을 고취시킨다. 따라서 특허 제도는 기술 공개와 발명자 보호를 통하여 산업을 발전시킨다. 특허권을 받기 위하여 출원 발명이 갖추어야 할 요건은 다음과 같다.

1) 자연법칙을 이용한 기술적 사상의 창작으로서 고도한 것(발명)
2) 산업에 이용할 수 있어야 함(산업상 이용 가능성)
3) 출원하기 전에 이미 알려진 기술(선행기술)이 아니어야 함(신규성)
4) 선행기술과 다른 것이라 하더라도, 그 선행 기술로부터 쉽게 생각해 낼 수 없어야 함(진보성)

특허 조사하기

우리가 생각한 아이디어는 다른 사람도 생각했을 가능성이 높다. 그러므로 출원 전에 특허 조사를 통해 선행기술을 확인해 봐야 한다.

특허 출원은 출원일로부터 1년 6개월 후에 공개되므로 출원되었음에도 불구하고, 미공개 건이 있을 수 있다. 따라서 자주 검색하여 최신 정보를 수시로 확인하는 것이 좋다.

다음은 특허 정보를 조사할 수 있는 사이트이다.
· 특허정보넷 키프리스 http://www.kipris.or.kr
· 윕스온 http://www.wipson.com
· 국가과학기술정보센터 http://www.ndsl.kr
· 구글 특허검색
· 네이버 특허검색

2.2 특허와 실용실안권의 차이점

특허권은 시장에서 창과 방패의 역할을 하므로 내 아이디어를 특허권으로 보호한 후에 제품을 공개 및 판매하는 것이 좋다. 현행 지식재산권에서는 발명(고안)에 대해 특허와 실용신안이라는 두 가지 형태의 권리를 부여하고 있다. 일반적으로 특허는 '고도한 발명'에 주어지며 권리를 행사할 수 있는 기간이 긴 대신 심사에 걸리는 시간도 길다. 반면 실용신안은 발명보다는 혁신성이 떨어지는 '고안'에 주어지며 권리행사 기간이 짧은 대신 빠르게 심사받아 권리화할 수 있다.

구 분	특허권	실용실안권
법률적 정의	고도한 기술적 사상으로서 용이하게 발명할 수 있는가?	기술적 사상으로서 극히 용의하게 고안할 수 있는가?
보호 대상	물건(물질 발명 포함), 방법, 용도	물건(물질은 불포함)
부등록 사유	공시양속에 반하거나 공중의 위생을 해할 우려가 있는 경우	공서양속에 반하거나 공중의 위생을 해할 우려가 있는 경우 국기, 훈장 등과 동일, 유사한 고민
도면	필요시 첨부	반드시 첨부
심사 청구 기간	출원일로부터 5년	출원일로부터 3년
유효 기간 (존속 기간)	출원일로부터 20년	출원일로부터 10년

2.3 특허출원하기

특허출원은 특허권을 갖기 위해 국가에 일정한 양식과 절차에 따라 신청하는 행위를 말하고, 특허청은 절차와 양식이 맞게 된 특허 출원에 대하여 심사를 실시하여 특허 여부를 결정한다. 우리나라는 발명이 이루어진 시기와 관계없이 특허청에 먼저 출원한 발명에 권리를 부여하는 선출원주의를 채택함으로써 신속한 발명의 공개를 유도하고 있으며, 특허권의 효력은 출원일로부터 20년간, 권리를 획득한 국가 내에서만 발생한다. 특허출헌을 위해 필요한 서류는 다음과 같다.

출원서	발명자 및 출원인 특정	
요약서	대표도	발명 내용을 요약하여 기재
명세서	발명의 명칭	구체적이며 명료하게 기재
	발명의 상세한 설명	기술 분야, 배경 기술, 내용, 실시 예 등
	청구범위	권리를 받고자 하는 사항
도면	물건 발명의 경우 반드시 첨부	

창업자는 특허 등 출원서를 특허청에 직접 또는 우편으로 제출하거나, 또는 특허로 사이트 (www.patent.go.kr)에서 전자 출원할 수 있다. 특허를 비롯한 지식재산권의 출원에는 수수료를 납부하여야 하며, 개인이나 소기업은 수수로 감면 혜택이 있다.

그러나 창업자가 특허를 직접 출원하는 경우는 많지 않고, 대부분 변리사를 특허 대리인으로 지정하여 특허 출원, 등록 및 등록 관리를 대행하게 하고 있다. 창업자가 직접 출원하는 경우에는 선행 특허와의 충돌, 청구 범위 설정 등 전문적인 부분에서 실수를 함으로써 손해를 볼 수 있으므로 유능한 변리사를 이용하는 것이 낫다고 생각한다. 그러나 특허 외에 실용신안, 상표, 디자인권은 신청하는 범위가 대부분 명확하므로, 직접 출원하는 것도 별다른 문제를 일으키지는 않을 것이다. 그러나 지식 재산권의 재산적 가치가 매우 큰 경우에는 변리사를 통하는 것이 안전하다.

특허를 출원하여 특허청에서 이를 심사하고 등록할 때까지의 절차는 아래와 같다.

| 그림 7-1 | **특허등록출원의 심사 절차**

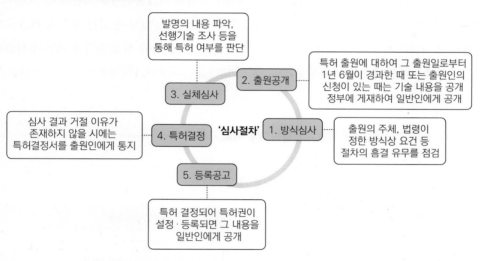

특허 출원을 했다고 해서 나에게 발명에 대한 독점권이 바로 주어지는 것은 아니다. 심사과정을 거쳐 특허 등록이 되어 특허권을 받은 후에야 나의 발명을 모방하지 못하도록 다른 사람에게 출원일로부터 20년간 자신이 실시할 수 있는 독점권과 타인의 실시를 금지할 수 있는 금지권을 가지게 된다.

특허 출원 이후 등록까지 보편적으로 1년 이상의 기간이 필요하다. 만일 중간에 추가적인 서류 제출이 필요하게 되면 더욱 더 오래 걸린다. 그러므로 특허가 등록되기 전까지는 반드시 비밀로 관리해야 하며, 빠른 시일 내에 사업을 시작해야하는 경우 '우선 심사제도'를 신청할 수 있다.

우선심사제도는 특허 및 실용신안 등록 출원은 심사 청구 순서에 따라 심사하는 것이 원칙이나, 일정한 요건을 만족하는 경우에 우선적으로 심사하는 제도이다.

우선 심사 요건은 (1) 심사 청구가 있는 출원 (2) 청구 범위에 기재된 발명이 우선 심사 대상일 것이다. 우선 심사 대상은 ⑴ 출원 공개 후 제3자가 업(業)으로 출원된 발명을 실시하고 있는 것으로 인정되는 출원 ⑵ 신청자가 자체 선행기술조사를 하고, 우선심사신청설명서를 특허청장에게 제출한 출원(방위사업, 녹색기술, 수출촉진 등 긴급 처리가 필요한 출원이어야 함)이다.

우리나라에서 특허권 등의 권리를 취득하였더라도 다른 나라에서 권리를 취득하지 못하면 그 나라에서는 독점 배타적인 권리를 행사할 수가 없다. 창업자가 제품이나 서비스를 해외에 수출하는 경우에는 해외출원이 필요하고, 해외출원을 하는 방법에는 전통적인 출원 방법과 PCT(Patent Cooperation Treaty/특허협력조약) 국제출원 방법이 있다. 전통적인 출원 방법은 특허 획득을 원하는 모든 나라에 각각 개별적으로 특허 출원하는 방법으로, Paris루트를 통한 출원이라고도 한다.

PCT국제출원은 국적국 또는 거주국의 특허청에 하나의 PCT출원서를 제출하고, 그로부터 정해진 기간 이내에 특허 획득을 원하는 국가로의 국내 단계에 진입할 수 있는 제도로, PCT국제출원의 출원일이 지정국가에서의 출원일로 인정받을 수 있다. 다만 선(先)출원에 대한 우선권을 주장하여 출원하는 경우, 선출원의 출원일로부터 12개월 이내에 PCT국제출원을 해야 우선권 주장을 인정받을 수 있다.

| 그림 7-2 | **PCT 국제출원과 일반 해외출원 절차 비교**

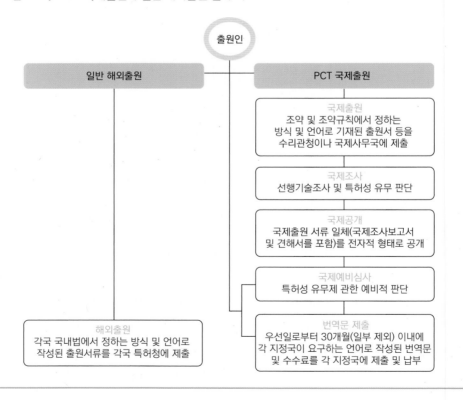

2.4 특허로 돈을 버는 비즈니스 모델

좋은 특허는 돈이 될 수 있다. 특허권을 부동산처럼 사고파는 일도 빈번해지고, 특허권에 대한 로열티로 수억 원을 받는 발명자도 있다. 성장이 둔화하면서 투자처를 찾지 못하던 금융권에서는 특허권이 투자가치가 있을 때 특허에 펀드를 투자하기도 한다. 이와 같이, 특허가 점점 화폐적 가치로 인정받는 시대가 오고 있다.

더불어 우리나라는 지역지식재산센터를 통해 IP 창업 Zone, IP 나래와 같은 지원사업을 활용하면 전문 변리사의 전담 멘토링, 특허 출원 지원에서부터 전문가의 창업 멘토링까지 제공하고 있다.

| 표 7-3 | 지식재산 지원제도

구분	기관명	내용	사이트
1	한국발명진흥회(지역지식재산센터)	특허출원 비용	www.kipa.org
2	한국지식재산협회대한변리사회	특허출원(명세서 작성 등) 및 비용 지원	www.kinpa.or.kr www.kpaa.or.kr
3	한국여성발명협회	시제품 제작 지원, 여성 발명인 변리 교육, 변리 상담 서비스	www.inventor.or.kr
4	한국산업기술평가관리원	구매 조건부 신제품 개발, 해외 수요처 연계	www.keit.re.kr
5	지식재산특허지원센터	상용화 검증 지원, 신뢰성 부가검증 지원, 신뢰성 테스트 지원, 패킹지원	www.kipex.org
6	I-PAC 특허지원센터	상품기획, R&D, 특허출원, 특허 포트폴리오, IP금융에 이르기까지 특허경영 전반적인 컨설팅, 국제특허 분쟁 컨설팅	www.ipac.kr
7	공익변리사 특허 상담센터	서류작성, 침해사건에 대한 민사소송비용, 분쟁조정	www.pcc.or.kr
8	한국전자정보통신산업진흥회 특허표준지원센터	특허컨설팅, R&D 연계 특허 전략, 사내 특허관리 체계 등	www.gokea.org
9	한국지식재산보호협회	국제 지재권 분쟁 예방 컨설팅	www.kipra.or.kr
10	지역지식재산센터	선행기술조사, 국내 및 해외 출원 비용일부지원, 특허맵, 시뮬레이션, 지식재산교육	www.ripc.org

출처: 스타트업을 위한 IP전략, 한국발명진흥회

특허 창업할 때 특허권은 보호막이 되어 사업의 성장을 도와준다. 특허를 이용해 돈 버는 비즈니스 모델에 대한 사례를 살펴보자.

(1) 아이디어로 돈 벌기

아이디어는 있지만, 창업은 부담스럽다면 아이디어 공모전 등을 활용해 일단 아이디어를 공개해보자. 아이디어 공모전에서 수상한 경우 기업에서 제품개발을 할 수 있도록 도와주고 발생한 매출의 일부를 인센티브로 받을 수 있다. 그러므로 아이디어부터 제품 개발 및 판매까지 모두 할 수 없다고 하여 포기하지 말고 도전해 보자.

(2) 특허를 활용한 창업

좋은 아이디에 대해 특허권을 받은 후 창업할 수 있다. 특허권이 없다면 창업 후 유사품이 사업을 위협할 수 있기 때문에 사업에 대한 보호막으로서 특허권은 매우 중요하다. 앞서 서술했듯이, 특허권이란 아이디어를 특허권자만 독점적으로 사용할 수 있는 법적인 보호 장치로 다른 사람이 유사한 제품을 만들 수 없도록 법적인 조치를 취할 수 있다. 특허는 그 자체만으로 가치가 있는 훌륭한 자산이며 경쟁자를 따돌릴 수 있는 좋은 무기가 된다.

(3) 특허 거래

특허권이 돈을 벌어 주는 경우는 점점 많아지고 있다. 특허에 대한 사용권을 회사에 주는 대신 로열티(기술료)를 받을 수 있고, 특허기술에 대한 안목을 이용하여 좋은 특허를 싼값에 사서 꼭 필요한 회사에 되팔거나 로열티를 통해 돈을 벌 수도 있다. 최근에는 회사의 가치에서 특허권 등 지식재산권이 차지하는 비중이 점점 커짐에 따라 지식재산권 펀드도 출현하고 있다. 좋은 특허권을 획득한 사실이 주식시장에서 호재로 받아들여져 주가가 급등하는 경우도 있다.

(4) 기술과 시장의 빠른 성장을 위한 특허 개방

특허 개방은 자신이 소유하고 있는 특허권을 타인이 무료로 사용하도록 허락해 주는 것이다. 그렇다면 왜 회사들이 특허 개방을 할까? 첫째, 특허기술의 시장을 넓히기 위함이다. 예를 들어 전기자동차 시장의 경우 테슬라가 전기자동차 관련 특허를 공유하며 5년 동안 시장이 커진 생태계가 조성되었다. 테슬라의 앞선 기술의 특허권을 부담 없이 사용할 수 있는 상황이 되니, 다른 업체들이 전기자동차 산업에 많이 진출하기 시작했고 이는 시장의 성장을 유도했다. 두 번째, 후발주자로 산업에 진출 했을 때 선두주자에 대응하여 후발주자의 시장 점유율을 높이기 위함이다. 구글은 안드로이드 OS를 무료로 공개함으로써 fist mover였던 애플과 맞설 수 있는 경쟁력을 확보했다.

러시아가 '비우호국가'의 특허 도용을 사실상 합법화했다고 미 워싱턴포스트(WP)가 10일(현지시간) 보도했다.

WP에 따르면 러시아 정부는 지난 7일 발표한 명령에서 비우호국에 등록된 특허 소유자에 대한 보호가 없어진다고 선언했다.

또 러시아 기업들이 허가 없이 특정 특허를 사용하더라도 손해배상 소송을 당하지 않는다는 것이라고 설명했다.

러시아 정부는 지난 7일 경제제재에 동참한 한국을 비롯해 미국, 영국, 호주, 일본, 유럽연합(EU) 회원국 등 48개국을 비우호국가로 지정했다.

러시아 관영 타스통신 보도에 따르면 러시아 관리들은 일부 상표권에 대한 제약을 없애는 방안도 검토하고 있다.

만약 맥도날드나 스타벅스처럼 러시아에서 철수하는 브랜드를 러시아 현지 업체가 계속 사용해도 위법이 아니라는 뜻이다.

러시아는 미국 정부가 오래전부터 지적재산권을 침해한다며 비판해 왔다.

지난해 미 무역대표부(USTR) 연례 보고서에서 러시아는 중국, 인도 등과 함께 지식재산권 보호가 미흡한 우선감시대상국 9개국에 포함됐다.

특허 관련 명령과 추가로 나올 수 있는 러시아 정부의 지식재산권 보호 철폐 조치는 우크라이나 전쟁 상황이 호전되더라도 서방의 러시아 투자에 오래 영향을 미칠 것이라고 미국의 지식재산권(IP) 전문 변호사 조쉬 거번은 예상했다.

그는 "푸틴이 러시아와 세계의 관계를 어떻게 영원히 바꿔버렸는지를 보여주는 또 다른 사례"라고 말했다.

특허 도용과 달리 상표권 보호 폐지 명령은 아직 발표되지 않았다.

그러나 타스통신에 따르면 러시아 경제개발부는 공급망 여파를 줄이기 위해 '러시아에 대한 공급이 제한된 특정 상품과 관련한 지식재산권의 사용 제약을 없애는' 방안을 검토하고 있다.

이 잠재적 조치는 발명과 컴퓨터 프로그램, 상표권에도 영향을 미칠 수 있다고 WP는 지적했다.

거번 변호사는 상표권에 관한 명령이 나오면 러시아 기업들이 러시아에서 사업을 중단한 미국 브랜드 이름을 사용할 수 있게 될 것이라고 말했다.

그는 저작권 보호가 사라진다면 러시아 현지 업체들이 맥도날드 매장을 운영하면서 맥도날드로 자칭하는 일이 생길 수 있다고 예를 들었다. 앞서 지난 8일 맥도날드는 러시아 내 850개 매장 운영을 일시 중단한다고 발표했다.

다만 전시에 지식재산권 보호를 철폐하는 조치는 이전에도 있었다.

스미소니언매거진에 따르면 1차 세계대전 당시 미국 정부는 적국 기업의 자산을 몰수하는 조치로서 독일 제약사 바이엘의 미국 내 아스피린 특허권을 박탈했다.

러시아가 지난달 24일 우크라이나를 침공한 이후 애플과 구글 등 '빅테크' 기업들을 시작으로 이케아, 자라 등 가구·패션, 카드업계와 식음료업계 등 수많은 글로벌 기업이 러시아 시장에서 물러나고 있다.

출처: 서울신문, 2022.03.11.
https://www.seoul.co.kr/news/newsView.php?id=20220311500115,

 # 비지니스 파트너십

우리는 앞에서 특허가 창업에 필요한 이유와 특허로 돈을 버는 사례를 알아보았다. 좋은 특허로 창업을 하고 로열티를 받으며, 특허를 사고팔기도 하고, 특허의 가치에 투자하기도 한다. 그러나 좋은 특허가 있다는 사실이 사업의 성공을 뜻하지 않는다. 특허와 사업은 별개이므로 사업 성공에 파트너가 필요하다면 적합한 파트너십을 맺는 것이 좋다. 특허에 대해 라이센싱 하는 경우는 전용실시권과 통상실시권이 있다.

3.1 라이센싱과 로열티

특허에 투자하는 방법은 특허를 사는 방법, 특허 창업에 투자하는 방법, 특허를 사용하고 사용료를 내는 방법 등 여러 가지가 있다. 본인의 특허를 직접 사업화하는 것보다 제조 기반이나 자금력 있는 업체에 자신의 권리(특허)를 매도하는 것이 때로는 이득이 될 수도 있다. 특허를 사용하도록 허락하고 그 사용료를 받는 방법에 대해 알아보자. 특허를 사용하도록 허락하는 것을 '라이센싱 아웃'이라 하고 그 사용료를 흔히 '로열티'라고 한다.

3.2 특허 라이센싱의 종류

라이센싱의 유형은 3가지가 있다. 첫째는 특허권 전체 또는 일부를 파는 것, 둘째는 특허권에 대한 독점적이고 배타적인 사용권, 셋째는 특권을 사용할 수 있는 권리를 주지만, 독점적인 것이 아니므로 특허권자가 여러 사람에게 사용권을 주는 방법이다.

(1) 특허권 전체 또는 일부를 파는 방법

특허권 전체를 파는 것은 비교적 간단하다. 그러나 일부를 파는 경우에는 기술 노하우, 가격 측정에 대한 철저한 계약이 필요하다. 특허권의 일부를 사는 파트너는 법적으로 공동 특허권자가 되기 때문에, 원 특허권자는 공동 특허권자가 특허권을 사용하는 것은 막을 수도 없고 사용료를 받을 수도 없다. 특허권 일부를 파는 경우에는 기술료, 개량 발명에 대한 정의와 소유, 분쟁 해결 등에 대한 항목들을 구체적으로 계약서에 기재해야 한다. 일반적으로 일부권을 판매하는 경우는 구매자가 제품을 직접 만들어 팔 수 없는 경우거나, 단순히 특허의 가치에 돈을 투자하는 투자회사만 진행된다.

(2) 특허권에 대한 독점적 배타적 사용권을 주는 경우

'전용실시권'이라고 불리기도 하는데, 특허권에 대해 전용실시권을 설정하면 특허권자도 전용실시권을 설정한 기간 내에는 발명을 사용할 수 없다.

(3) 통상실시권

특허권을 사용할 수 있는 권리이지만 독점적인 사용권이 아닌 경우이며 '통상실시권'이라고 한다. 통상실시권은 시간, 지역, 내용에 대해 자유롭게 지정하여 줄 수 있다.

특허권의 특허발명 중 일부에 대해서만 사용권을 줄 수도 있다. 이러한 제약의 내용은 반드시 계약서에 기재해야 한다.

④ 상표 등록하기

4.1 상표의 개념과 기능

창업자는 자신의 상품에 대한 상표를 특허청에 등록함으로써 자신의 상표를 독점적으로 사용하고, 타인이 사용하지 못하도록 할 수 있다. 상표는 자신의 상품을 타인의 상품과 구별하기 위하여 사용하는 일체의 감각적인 표현 수단을 의미하고, 기호, 문자, 도형, 입체적 형상 또는 이를 결합한 것, 이들 각각에 색채를 결합한 것, 색채 또는 색채의 조합, 홀로그램, 동작 등 시각적으로 인식할 수 있는 모든 유형을 상표로서 보호하고 있다.

| 표 7-4 | **상표의 종류**

구분	상표 구성 방식	예시
기호 상표	문자나 기호 등을 간략히 도안화하거나 '□, ※' 등의 기호 이용	Ω
문자 상표	한글, 한자 외국어, 로마자, 숫자 등의 문자로 구성	산청
도형 상표	동물, 식물, 풍경 등의 자연물이나 인공물, 추상물 또는 기하학적인 도형으로 구성	
입체 상표	상품 또는 용기의 외형을 입체적 형상으로 도안화하여 구성	
결합 상표	기호, 문자, 도형 등을 결합한 상표 또는 입체적 형상 중 둘 이상을 하나로 결합하거나 이들 각각에 색채를 결합하여 구성	특허청

넓은 의미에서 상표는 서비스로, 단체표장, 업무표장을 포함한다. 서비스표는 자기의 서비스업을 타인의 서비스업과 식별하기 위하여 사용하는 표정을 말하고, 단체표장은 상품을 공동으로 생산·판매 등을 하는 업자 등이 설립한 법인이 직접 사용하거나 그 감독 하에 있는 단체원으로 하여금 자기의 영업에 관한 상품 또는 서비스업에 사용하게하기 위한 표장을 말한다. 업무표장은 YMCA, 보이스카웃 등과 같이 영리를 목적으로 하지 아니하는 업무를 영위하는 자가 그 업무를 나타내기 위하여 사용하는 표장이므로 창업자와는 무관하다. 상표의 기능은 다음과 같다.

1) 자타상품의 식별 가능
2) 출처 표시 기능
3) 품질 보증 기능
4) 광고 선전 기능
5) 재산적 기능

상표는 창업자가 자신의 제품을 마케팅하는데 큰 도움이 되지만, 소비자가 상표를 인식하기까지 많은 시간이 소요되는 단점이 있기도 하다. 상표로 등록되기 위해서는 자타 상품 간의 식별력을 가져야 하므로, 상품의 보통 명칭, 관용 상표, 성질 표시 상표, 성씨 등 식별력이 없는 상표는 등록할 수 없다. 상표 출원은 상품류 구분 및 상품을 1개류 또는 다류의 상품을 지정하여 상표마다 출원하여야 한다. 즉 하나의 출원서로 동시에 둘 이상의 상표를 출원할 수 없다(1상표 1출원주의). 상표권의 존속기간은 설정 등록일로부터 10년이지만, 계속하여, 갱신할 수 있으므로 반영구적인 권리이다.

4.2 상표는 어떤 절차로 신청, 등록되는 걸까?

디자인 등록 제도의 보호 대상이 되는 디자인은 물품의 형상, 모양이나 색채 또는 이들을 결합한 것으로서 시각을 통하여 미감을 일으키게 하는 것이다.

| 그림 7-3 | **디자인의 성립 요건**

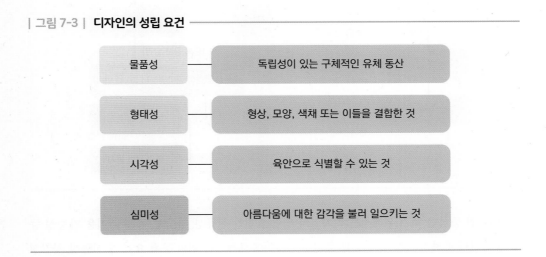

디자인 등록 출원에는 심사 등록 출원과 무심사 등록 출원이 있다. 물품의 특성상 유행성이 강하고 라이프사이클이 짧은 식품류, 의복류, 직물지류, 잡화류 등은 디자인 무심사 등록 출원을 해야 하고, 기타 물품에 대해서는 디자인 심사 등록 출원을 해야 한다. 디자인 등록 출원의 심사 절차는 다음과 같다.

| 그림 7-4 | **디자인 등록 출원의 심사 절차**

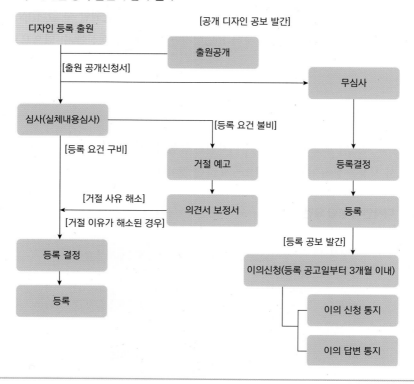

디자인 등록을 하기 위해서는 디자인의 성립 요건인 신규성, 창작성, 공업상 이용 가능성 등을 충족하여야 하지만, 무심사 등록 출원된 디자인에 대해서는 위의 등록 요건 중 신규성, 창작성 등을 심사하지 않고, 방식 심사와 성립 요건, 공업상 이용 가능성, 부등록 사유 해당 여부 등만을 심사하여 등록한다. 다만, 무심사 등록 출원된 디자인이 국내 주지의 디자인에 의하여 용이하게 창작된 경우에는 특허청이 등록을 거절할 수 있다. 디자인권의 존속기간은 디자인의 설정 등록 출원일로부터 20년이다. 디자인은 모방이 용이하고 유행성이 강하다는 특성이 있으므로 다른 지적 재산권과는 다른 몇 가지 특유의 제도를 가지고 있다.

(1) 유사 디자인 제도

디자인은 기본 디자인이 창작된 이후에 이를 기초로 한 여러 가지 변형디자인이 계속 창작되는 특성이 있고, 그 유사 범위가 추상적이고 불명확하므로 미리 유사 범위 내의 유사 디자인으로 등록할 수 있는 제도이다.

(2) 한 벌 물품 디자인 제도

디자인은 1디자인 1출원주의를 취하고 있으나, 예외적으로 한 벌로 사용되는 물품으로서 전체적으로 통일성이 있는 경우에는 하나의 출원으로 심사·등록할 수 있도록 하는 제도이다. 대상 품목은 한 벌의 끽연용구세트, 한 벌의 커피세트, 한 벌의 오디오세트 등 86개 물품이다.

(3) 비밀 디자인 제도

디자인은 모방이 용이하고, 유행성이 강하므로 디자인권자가 사업 실시 준비를 완료하지 못한 상황에서 디자인이 공개되는 경우에는 타인의 모방에 의한 사업상 이익을 모두 상실할 우려가 있기 때문에, 출원인의 신청에 의하여 디자인권의 설정 등록일로부터 3년 이내의 기간 동안 공고하지 않고 비밀 상태로 유지할 수 있도록 하는 제도이다.

(4) 출원 공개 제도

출원 중에 있는 디자인을 제3자가 모방할 경우 이에 적절하게 대응할 수 있는 제도로서, 등록 출원 시 또는 출원 이후 출원인의 출원 공개신청이 있는 경우에는 등록 전이라도 디자인의 출원 내용을 공보를 통하여 공개하고, 공개 후 제 3자로부터 모방 실시가 있는 경우에는 모방자에게 경고할 권리가 발생하며, 그 디자인이 등록된 후에는 디자인권자는 모방자에게 보상청구권을 행사할 수 있다. 또한 제3자의 무단 모방이 있는 경우에는 우선심사를 청구할 수 있도록 하여 조기에 보상청구권을 행사할 수 있도록 하였다.

(5) 정보제공제도

등록 출원된 디자인에 대하여 누구든지 당해 디자인이 거절 이유에 해당하여 등록될 수 없다는 취지의 정보를 증거와 함께 특허청장에게 제공할 수 있고, 이에 의하여 결정할 수 있도록 하는 제도이다.

오리온이 롯데의 '초코파이' 상표 사용을 막지 못한 이유

'초코파이', '보톡스', '홍초', '빼빼로'.

어떤 제품이 큰 인기를 끌면 그 이름이 전체 상품을 대표하는 '보통명사'처럼 쓰이기도 한다. 하지만 어떤 것은 상표로 인정받는 반면 다른 것들은 보통명사로 인식돼 처음 만든 회사뿐만 아니라 누구나 쓸 수 있는 말이 된다. 그렇다면 이런 차이는 무엇 때문일까.

보톡스는 맞고 초코파이는 아니다.

상표가 '보통 명칭화'되면 원래는 상표였다가 이후 식별력을 상실해 누구나 사용할 수 있게 되기도 한다. 대표적인 예가 초코파이다. 초코파이의 원조는 오리온이다. 오리온은 1974년 원형으로 된 빵에 마시멜로를 끼워 넣고 초콜릿 코팅을 입힌 빵을 처음 만들어 '초코파이'라는 이름을 붙였다. 오리온은 1976년 '오리온 초코파이'를 상표 등록하기도 했다.

하지만 경쟁사들이 모두 초코파이를 상품명으로 한 카피 제품을 내놓았다. 오리온 측은 특히 1979년 롯데 초코파이 상표 등록에도 별다른 대응을 하지 않았다. 오리온은 1997년 뒤늦게 롯데의 상표 등록을 무효화해 달라며 특허 심판과 소송을 걸었다.

하지만 이미 그 사이에 초코파이가 보통명사화되면서 오리온은 소송에서 패소하고 말았다. 현행법상 누구나 쓸 수 있는 보통명사는 상표로 등록이 불가능하기 때문이다. 비슷한 예로 봉고차가 있다. 봉고차는 현재 사전에 '10명 안팎이 타는 작은 승합차'로 등록돼 있지만 시초는 1980년대 기아자동차가 출시한 '봉고 코치'라는 승합차였다.

상표명이 보통명사 성격이 강하다는 이유로 상표 등록에 실패한 경우도 있다. 바로 에어프라이어다. 에어프라이어는 필립스가 만든 제품의 상표였다. 2011년 출시 이후 큰 사랑을 받았지만 2012년 상표 출원에는 실패했다.

당시 특허심판원은 "에어프라이어라는 명칭 자체가 기름 없이 공기를 이용해 튀기는 튀김기로 인식되며 이미 다수의 경쟁 업체에서 비슷한 기능의 튀김기에 이 명칭을 붙여 제품을 만들고 있어 독점적인 상표권을 부여하는 것은 바람직하지 않다"고 했다. 그렇게 에어프라이어는 특정 업체의 제품이 아니라 가전제품의 종류를 의미하는 명사가 됐다.

반대되는 사례도 있다. 의약품인 '보톡스'다. 우리는 주름을 펴 주는 의약품을 흔히 보톡스라고 칭하지만 이는 미국 제약사 엘러간의 상표다.

보톨리눔 톡신을 주성분으로 하는 모든 의약품을 보톡스로 부르는 관용이 생기자 엘러간 측은 다른 상품을 쓰면서 보톡스라고 홍보하는 병원에 대해 경고장을 발송하는 등 상표 보호를 위해 힘썼다. 결국 이런 노력을 인정받아 2020년 7월 한국 브랜드 '보노톡스'의 상표 등록 무효 심판에서 승소할 수 있었다.

그렇다면 이름이 같지만 상품의 종류가 다르다면 어떨까. 가장 최근 판례는 대상그룹의 '마시는 홍초'와 애경산업의 세제 '트리오 홍초'의 상표권 다툼이다. 2022년 2월 18일 특허법원 제2부는 대상이 애경산업을 상대로 낸 상표 등록 무효 소송에서 원고 패소를 선고했다.

사건은 애경산업이 2019년 세제 제품 '트리오 홍초'를 상표 등록하며 시작됐다. 이에 '마시는 홍초'의 상표를 가지고 있는 대상이 상표를 무효화해 달라며 소송을 낸 것이다.

대상은 홍초라는 브랜드가 이미 많이 알려져 있는 만큼 애경산업이 제품에 홍초라는 명칭을 사용하는 것은 먼저 출시된 제품의 명성에 편승해 부당한 이익을 얻으려는 목적으로 볼 수 있다고 주장했다. 또한 소비자들이 식초 음료가 세제의 재료로 사용됐다고 오인할 수 있다고 덧붙였다.

특히 대상 측은 "홍초는 사전에 없는 단어였지만 2004년 대상이 이 단어를 만들어 상표를 출원 등록했다"며 홍초에 대한 원조성을 강조했다. 재판부 역시 대상의 원조성에 대해서는 인정했지만 음료와 세제 제품의 상표를 혼동할 가능성이 없다고 봤다.

재판부는 "2004년 사전에 없는 단어를 만들어 상표를 등록했고 2005년 출시한 뒤로는 시장에서 높은 점유율을 보였다"면서도 "식초 음료와 세제는 전혀 다른 상품이고 대체로 '홍초'는 업계에서 붉은색 식초를 의미하는 명칭으로 쓰여 왔기 때문에 다르다"고 밝혔다.

또한 "대상의 상품은 '청정원 마시는'이라는 문자와 결합된 형태로 쓰였다"고도 지적했다. 즉 '마시는 홍초'는 대상의 상표이지만 홍초 자체를 상표로 볼 수 없다는 것이다.

법원은 "소비자들이 '트리오 홍초'의 '홍초'를 '붉은색 식초'가 아닌 대상 청정원의 식초 음료 제품으로 인식해 상품의 품질을 오인할 것이라고 보기 어렵다"며 "특허심판원의 심결은 적법하고 원고의 청구에 이유가 없어 기각한다"고 결정했다.

'빼빼로'라는 명칭 자체에 상표를 가지고 있는 롯데제과는 다른 결과를 얻었다. 2005년 A씨는 빼빼로라는 이름으로 문구류 상표를 등록했지만 결국 소송을 통해 무효화됐다.

당시 법원은 "1983년 출시한 빼빼로는 그 자체로 주지 상표로 인정된다"며 "또한 유명한 상표에 편승해 부당한 이익을 얻으려는 의도가 인정된다"고 말했다. 2015년 '빼빼로 주사' 상표 등록에 대해서도 롯데가 승소했다.

'보통명사'류 상표도 '인지도' 인정되면 상표 등록 가능

'해운대', '암소갈비'는 주변에서 흔히 쓰는 단어다. 그렇다면 이들 단어를 조합한 '해운대암소갈비집'의 상표 등록 출원은 가능할까. 일반적인 경우라면 상표 등록을 하기 어렵다는 게 법조계의 분석이다. 하지만 최근 상표 등록이 가능하다는 취지의 결정이 나왔다.

해운대암소갈비집은 상호를 상표로 등록하려고 했지만 2020년 9월 특허청이 이를 인정할 수 없다고 결정했다. 해운대암소갈비집이 특정 장소와 파는 상품을 결합해 놓은 성질 표시에 불과하기 때문에 상표로 인정할 수 없다는 것이었다.

특허심판원은 "'해운대'는 부산 해운대구에 있는 바닷가를 의미하는 현저한 지리적 명칭에 해당하고 '암소갈비집'은 암소를 재료로 사용하는 갈비집을 뜻한다"며 "해운대에 있는 암소갈비집을 단순히 지칭하는 용어에 불과하다"고 설명했다.

하지만 해당 업체는 특허청의 거절 결정에 대해 불복심판을 제기했다. 상표법 33조 2항의 단순히 상품을 설명하는 수준에 그친 상표라도 특정인의 상품을 식별할 수 있게 된 경우는 상표

등록이 가능하다는 내용이 근거였다. 업체 측은 자신들이 식별할 수 있는 상표임을 증명하기 위해 자세한 증거 자료를 수집했다.

네이버와 구글 등에서 전국 유명 갈빗집에 대한 검색량을 분석한 결과 해운대암소갈비집이 각각 2위, 3위를 차지하고 있다는 사실도 증거 자료에 포함했다.

서울과 부산 지역 소비자 1000여 명을 대상으로 설문 조사해 62.4%가 해당 상표를 특정 업소의 브랜드 명칭으로 인지하고 있다는 결과와 김종필 전 국무총리가 생전 방문해 '화기만당(和氣滿堂: 화목한 기운이 온 집안에 가득하다)'이라는 친필 글씨를 써줬던 역사적 사실도 강조했다.

결국 특허심판원은 2021년 12월 11일 해운대암소갈비집 측의 논리를 받아들여 상표 등록 거절 결정을 취소하는 심결을 내렸다.

출처: 매거진한경 2022.03.29.
https://magazine.hankyung.com/business/article/202203233553b

특허청, K-콘텐츠 기업 지식재산권 보호 지원 강화한다

특허청은 '2022년 K-콘텐츠 지식재산권(IP) 보호 지원' 사업에 참여할 K-콘텐츠 기업을 3월 4일부터 모집한다고 2일 밝혔다.

최근 'OSMU(One Source Multi Use)'를 통한 드라마·애니메이션·게임 등 콘텐츠의 확대·재생산이 활발해지면서, 콘텐츠 산업에서 저작권뿐만 아니라, 상표(드라마 제목 등), 디자인(굿즈 디자인) 등도 중요해지고 있다.

이런 가운데 동 사업은 최근 전세계적으로 인기를 끌고 있는 K-콘텐츠에 대해 상표권·디자인권 등 지식재산권 확보를 지원하고, 해외 진출 경쟁력을 제고하기 위해 유망한 K-콘텐츠 기업을 발굴하여 집중 지원한다.

실제, 모바일게임 개발사 A社는 'K-콘텐츠 지식재산권 보호 지원' 사업을 통해 유럽, 미국 등 상표를 등록(26건)하고, 해외 앱스토어에서 유통 중이던 카피작을 성공적으로 차단(3건)하였으며, 해외 진출을 30개국 이상으로 확대하고, 3천만 불 수출도 달성('21년)했다.

B社는 글로벌 극장판 애니메이션의 해외 상영을 앞둔 상황에서 'K-콘텐츠 지식재산권 보호 지원' 사업을 통해 미국, 중국, 베트남 등에 상표(9건)를 출원하고, 중국 라이선싱 전략으로 안정적으로 해외에 진출하였으며, 미국, 중국 등에서 애니메이션 배급과 관련 '캐릭터 굿즈' 등 상품화 사업 등도 추진 중에 있다.

K-콘텐츠 지식재산권 보호 지원사업은 드라마·애니메이션·게임 등 다양한 콘텐츠 기업을 대상으로 해외에 진출하는 과정에서 필요한 다각적인 지식재산 보호 전략을 제공한다.

먼저, 참여기업이 보유하고 있는 콘텐츠와 IP 포트폴리오를 다각적으로 분석하여 해외 진출 전략, 상품화 전략 및 해외 IP 보호전략 등을 지원하는 '콘텐츠 사업화 · IP전략 로드맵', 해외 기업과의 라이선스 계약서 검토 · 자문을 지원하는 '콘텐츠 라이선스 전략' 등 '맞춤형 콘텐츠 IP 보호 전략'을 제공한다.

또한, 기업을 직접 방문하여 콘텐츠 관련 IP보호 전반에 대한 기초적인 보호 컨설팅을 무료로 제공하는 '콘텐츠 IP 현장자문 서비스'를 '21년 年 1회 11개사에서 '22년 年 2회 26개사로 확대 운영한다.

특허청은 '20년 26개사를 대상으로 K-콘텐츠 지식재산권 보호 지원 사업을 지원한 결과, 총 283개의 상표 출원(참여기업 당 평균 13건)이 이루어졌고, 참여기업 중 약 63%(응답 22개사 중 14개사)가 해외진출을 확대하는데 기여했다.

2022년 K-콘텐츠 지식재산권 보호 지원사업에 참여를 희망하는 기업은 지식재산보호종합포 털을 통해 신청할 수 있다.

출처: 특허뉴스 2022.03.02.
https://www.e-patentnews.com/8233

 지식 재산권의 이해 관련 사례

• 지식재산권의 이해 관련 사례

창업일	2001년 9월
전 대표자	유현오 한양대학교 고분자재료공학과 학사, 섬유공학과 석사, 화학공학과 박사 제닉의 창업자, 2015년 보유 지분을 약 700억 원에 매각한 뒤 지난 해 3월부터 한양대 교수로 활동 중
현 대표자	박철홍 인하대학교 의과대학 박사(2018년 7월에 대표이사로 신규 선임)
사업	• 하이드로겔 마스크팩 외 피부 화장품 • 2019.08. 셀더마 데일리 신규브랜드 런칭
실적	연매출 690억 2,704만 원(2018.12)

• 대박의 비결은 발상의 전환

세계를 평정한 마스크팩이 있다. 언니 누나의 화장대에 한두 번쯤 보았던 말캉말캉한 겔 타입의 마스크팩은 제닉의 제품이다. 제닉의 마스크팩은 2007년, TV홈쇼핑에 첫선을 보인 이후 최장수, 최다 판매 등 신기록을 수립하며 누적 판매액이 2013년 기준 3,200억에 달하는 초대형 히트작이 되었다. 제닉의 수용성 하이드로겔 기술은 국내 특허는 물론 미국, 러시아, 일본, 중국에 특허등록을 마쳤을 뿐 아니라 장영실상, NET 인증, 한국고분자학회벤처기술상, 한국공업화학회 대주기술상 등을 통해 그 기술력을 객관적으로 인정받고 있다.

2001년 유현오 대표가 1인 기업으로 창업한 제닉은 위기를 극복하며 2011년에 코스닥 상장할 만큼 폭발적인 성장을 했다. 현재의 제닉을 있게 해준 수용성 하이드로겔 기술은 원래 붙이는 상처치료제로 개발된 것이었다. 유 대표는 대학 시절 호주 여행 중 경비가 부족하여 아르바이트를 시작한 경험에서 아이디어를 착안했다. 열기 속에서 일하니, 밤에 잠을 잘 수 없을 정도로 얼굴이 화끈거리고 따가웠는데 그때 호주 현지인들이 냉장고에 넣어두었던 적신 수건을 얼굴에 덮어주자 피부가 빠르게 진정된 경험을 아이템 삼아 사업에 도전한 것이다.

초기 자본금은 짧은 직장생활로 모은 돈이 전부, 상처치료제는 의약품이었기 때문에 제품개발에 큰 비용과 시간이 들었다. 비용과 시간의 소진은 곧 고난으로 다가왔지만, 하이드로겔을 포기할 수 없었던 유 대표는, 상처에 붙이려던 제품으로 피부미용팩으로 만들었다. 의약품 개발에서 미용 제품개발로의 과감한 변경으로 세계를 평정한 마스크팩이 탄생했다.

• 1인 1 특허 프로그램

유현오 대표는 성장에 안주하지 않고 자체 부설연구소를 설립하여 총 매출 대비 1.5%를 연구개발에 투자하여 지속적인 기술개발을 통해 차별화된 제품 기술을 확보하고자 했다. 피부미용과가 있는 장안대학교와 산학협력체결을 통해 R&D에 속도를 올리고 특허 연구원 1명이 1개 이상의 특허를 취득하는 이른바 '1인 1특허 프로젝트'을 운영하여 지재권 확보에도 노력을 기울였다. 세계 최초로 개발한 피부온도에 반응하여 겔에 함유된 유효성분이 경피 흡수되는 온도 감응성 하이드로겔 기술에 대한 권리를 한국, 중국, 일본, 러시아, 미국, 유럽에서 취득하게 된다.

• 소송? 문제없다.

제닉의 성장이 늘 탄탄대로만은 아니었다. 2008년 경쟁사의 대표가 제닉의 영업비밀자료 및 기술자료를 이용하여 유사 제품을 생산·판매함에 따라 4년간 특허 소송에 휘말렸다. 특허 소송은 '하유미팩'의 제조와 직결되는 내용으로 제닉이 만약 온도감응형 하이드로겔 관련 특허와 마스크팩 하단부분 디자인등록과 관련된 소송에서 패하게 되면 제닉의 특허를 누구나 사용할 수 있게 되어 경쟁사의 진입이 쉬워지는 상황이었다. 소송 패소가능성으로 인해 금융감독원이 제닉의 IPO 상장 일정이 미뤄지는 안타까운 일이 발생하기도 했지만 유대표는 "패소하더라도 하이드로겔 마스크팩에 대한 추가적인 특허를 확보하고 있어 문제가 없다"며 "생산능력, 원가경쟁력, 높은 브랜드 인지도 등으로 유사 회사의 진입에도 제닉에 미치는 영향은 크지 않을 것"이라고 강한 자신감을 보였다.

결국 제닉은 J사 및 J사의 대표이사를 상대로 진행 중이던 업무상 배임, 부정경쟁방지 및 영업비밀보호에 관한 법률위반, 영업 비밀 침해금지 등 소송에서 승소했다. 재판부는 J사 및 그 대표이사가 제닉의 영업비밀자료 및 기술을 자료를 이용, 제품을 생산 판매하여 부당이득을 취했다고 판단하여 J사 대표이사에게 1심에서 징역 1년의 실형, 2심에서 징역 8개월 집행유예 2년을 선고했다. 또한 제닉은 일정부분의 보상과 기술사용 로열티를 받게 되었다. 유현오 제닉 대표이사는 "판결에 힘입어 자사의 지식재산권, 영업비밀에 대한 보안 및 관리를 더욱 철저히 할 것이며 유사 제품에 대한 경계를 늦추지 않을 것"이라고 말했다.

학습 정리

- ◎ 지식재산권이란 '법령 또는 조약 등에 따라 인정되거나 보호되는 지식 재산에 관한 권리'를 의미한다. 그리고 창업자는 이 권리를 "보호할 수 있는가"와 "침해하지 않는가"에 대해 판단을 내리기 위해서 지적 재산에 대한 기본 사항을 숙지하고 있어야 한다.

- ◎ 창업자의 권리를 보호함으로써, 경쟁자로부터 자신의 수익을 지킬 수 있는 방법은 두 가지가 있다. 첫째는 기밀 유지이고, 둘째는 특허 등의 지식재산권을 확보함으로써 경쟁 업체의 시장 진입 장벽을 구축하는 것이다.

- ◎ 상대방의 지식재산권에 대한 침해 행위는 민사적 대응과 형사적 대응이 모두 가능하지만, 먼저 형사적인 대응 후에 민사적 대응을 하는 것이 유리하다.

- ◎ 특허는 기술 공개의 대가로 일정 기간 동안 새로운 기술적 사상의 창작(발명)에 대하여 발명자에게 그 발명의 독점적 실시를 행할 수 있는 배타적 권리를 부여하여 보호하는 것이다. 특허청은 절차와 양식이 맞게 된 특허 출원에 대하여 심사를 실시하여 특허 여부를 결정한다.

- ◎ 창업자가 제품이나 서비스를 해외에 수출하는 경우에는 해외출원이 필요하고, 해외출원을 하는 방법에는 전통적인 출원 방법과 PCT(Patent Cooperation Treaty/특허협력조약) 국제출원 방법이 있다.

◎ 특허는 '고도한 발명'에 주어지며 권리를 행사할 수 있는 기간이 긴 대신 심사에 걸리는 시간도 길다. 반면 실용신안은 발명보다는 혁신성이 떨어지는 '고안'에 주어지며 권리행사 기간이 짧은 대신 빠르게 심사받아 권리화할 수 있다.

◎ 상표는 자신의 상품을 타인의 상품과 구별하기 위하여 사용하는 일체의 감각적인 표현 수단을 의미한다. 상표는 디자인 등록 출원을 통해 출원하며, 여기에는 심사 등록 출원과 무심사 등록 출원이 있다.

문제

1 특허는 기술 공개의 대가로 일정 기간 동안 새로운 기술적 사상의 창작(발명)에 대하여 발명자에게 그 발명의 독점적 실시를 행할 수 있는 배타적 권리를 부여하여 보호하는 것이다.

2 우리나라는 발명이 이루어진 시기와 관계없이 특허청에 먼저 출원한 발명에 권리를 부여하는 선출원주의를 채택하고 있다.

3 특허와 사업은 별개로 볼 수 없으므로 사업 성공에 파트너가 필요하다면 적합한 파트너십을 맺는 것은 개인의 선택이다.

 객관식

1 다음 중 특허권과 실용신안권의 차이로 옳지 않은 것은?

		특허권	실용신안권
가	심사 청구	출원일로부터 5년	출원일로부터 3년
나	성립 요건	고도성 불필요	고도성 요구함
다	보호 대상	물건(물질 발명 포함), 방법, 용도	물건(물질 불포함)
라	도면	필요시 첨부	반드시 첨부

2 상표로 등록되기 위한 특성으로 옳은 것은?

가. 상품의 보통 명칭, 관용 상표, 성씨 등 식별력이 없어도 등록할 수 있다.

나. 하나의 출원서로도 동시에 둘 이상의 상표를 출원할 수 있다.

다. 상표권의 존속기간은 설정 등록일로부터 10년이다.

라. 상표는 영구적인 권리이다.

③ 디자인은 모방이 용이하고 유행성이 강하다는 특성이 있으므로 다른 지적 재산권과는 다른 몇 가지 특유의 제도를 가지고 있다. 다음 설명 중 옳지 않은 것은? ( )

가. 유사 디자인 제도: 기본 디자인 창작 이후 이를 기초로 한 변형디자인이 계속 창작된다. 그 유사 범위가 추상적이나 예측가능하므로 미리 유사 범위 내의 유사 디자인으로 등록할 수 없게 하는 제도이다.

나. 한 벌 물품 디자인 제도: 디자인은 1디자인 1출원주의를 취하고 있으나, 예외적으로 한벌로 사용되는 물품으로서 전체적으로 통일성이 있는 경우에는 하나의 출원으로 심사·등록할 수 있도록 하는 제도이다.

다. 비밀 디자인 제도: 출원인의 신청에 의하여 디자인권의 설정 등록일로부터 3년 이내의 기간 동안 공고하지 않고 비밀 상태로 유지할 수 있도록 하는 제도이다.

라. 출원 공개 제도: 출원 중에 있는 디자인을 제3자가 모방할 경우 이에 적절하게 대응할 수 있는 제도이다.

마. 정보 제공 제도: 등록 출원된 디자인에 대하여 누구든지 당해 디자인이 거절 이유에 해당하여 등록될 수 없다는 취지의 정보를 증거와 함께 특허청장에게 제공할 수 있고, 이에 의하여 결정할 수 있도록 하는 제도이다.

 단답형

1 지식재산권은 산업재산권, 저작권, 신지식 재산권을 포함하는 인간의 정신적 창작물이나 창작된 방법에 대해 인정하는 독점적 권리의 (   )재산권이다.

2 특허권, 실용신안권, 상표권, 디자인권 등 산업재산권은 (   )을 통해서 권리를 등록해야만 배타적이고 독점적인 권리를 가질 수 있다.

3 상표의 기능은 다음과 같다. 자타상품의 식별 기능, 출처표시 기능, (   ), 광고 선전 기능, 재산적 기능.

 서술형

1. 창업자가 지식재산권을 확보함으로써 갖는 이점은? (4가지)

2. 특허 라이센싱의 종류 3가지를 서술하시오.

3. 회사들이 특허를 개방하는 이유에 대해 서술하시오.

비즈니스 모델링

- ◎ 비즈니스 모델의 구조와 구성 요소를 알 수 있다.
- ◎ 비즈니스 모델 캔버스와 이의 작성법을 알 수 있다.
- ◎ 린 캔버스와 이의 작성법을 알 수 있다.
- ◎ 사례를 통해 비즈니스 모델 개념을 구체화 할 수 있다.

비즈니스 모델링

① 비즈니스 모델의 구조

창업자는 고객의 문제를 해결해 주는 제품이나 서비스를 목표 고객에게 판매해서 돈을 버는 사람이다. 목표 고객은 창업자의 제품이나 서비스가 자신에게 이익이 되거나 만족을 주기 때문에 사는 것이고, 이러한 목표 고객의 이익이나 만족을 '가치'라고 한다. 따라서 목표 고객에게 제공된 창업자의 제품이나 서비스를 '고객가치'라고 하고, 창업자가 제품이나 서비스를 목표 고객에게 판매하는 것을 '가치교환'이라고 한다. 즉 창업자는 가치교환을 통해서 고객에게 만족과 이익을 주는 것을 업(業)으로 하는 사람이다.

창업자는 고객에게 제품이나 서비스가 제공하는 이익이나 만족을 제안하면서 이를 고객의 돈과 교환하고자 하는데, 이것을 '가치제안'이라고 한다. 또한 창업자는 고객가치, 즉 제품이나 서비스를 생산하고, 이를 목표 고객에게 전달해서 가치교환을 해야 한다. 여기서 창업자의 제품이나 서비스를 생산하는 것을 '가치생산', 이를 목표 고객에게 전달하는 것을 '가치전달'이라고 한다.

비즈니스 모델(Business Model)은 창업자의 고객가치, 즉 제품이나 서비스를 목표 고객에게 전달하고 판매하는, 가치교환의 구조가 수익을 낼 수 있는지를 표현한 것이다.

| 그림 8-1 | **비즈니스 모델의 구조**

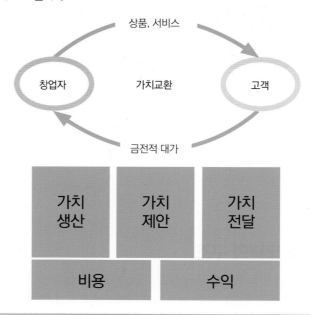

비즈니스 모델은 (1) 가치생산 (2) 가치제안 (3) 가치전달 (4) 수익 등식(수익-비용)으로 구성되어 있어서, 창업자의 비즈니스가 지속적인 수익을 냄으로써 성공할 수 있는지를 보여준다.

창업자는 다양한 비즈니스 모델을 검토하여, 기존 요금 부과 방식의 결합이나 전혀 새로운 가격 체계를 수립함으로써, 혁신적인 비즈니스 모델을 수립할 수 있다. 이 경우에도 새로운 비즈니스 모델이 유사한 기존 비즈니스 모델보다 목표 고객에게 더 많은 혜택과 가치를 줄 수 있도록 설계해야 한다.

일반적으로 많이 쓰이는 비즈니스 모델 유형은 다음과 같다.

1) 일시불 및 할부 지불: 많은 제품의 구매 시에 사용하는 일반적인 유형

2) 투입 시간: 많은 서비스에서, 투입 시간 대비 가격이 결정되는 유형

3) 사용료: 제품이나 서비스의 사용 기간을 기준으로 비용이 부과되는 유형

4) 소모품: 초기에 낮은 비용으로 제품을 공급하고, 소모품을 다소 높은 가격에 공급하여 수익을 높이는 유형(예: 프린터와 프린터 잉크 등)

5) 광고: 신문, 잡지, 웹이나 앱 사이트 등의 회원이나 방문자에게 광고를 노출하고 수익을 얻는 유형

6) 거래 수수료: 취업사이트와 같이 취업 희망자의 정보를 제공하고, 기업으로부터 정보

제공료를 회비 등의 형태로 받는 유형

7) 정보제공: 취업사이트와 같이 취업 희망자의 정보를 제공하고, 기업으로부터 정보 제공료를 회비 등의 형태로 받는 유형

8) 종량제: 사용량에 따라 비용이 부과되는 유형(전기요금 등)

9) 정액제: 기간별로 일정 금액을 부과하는 유형(월정액 구독료 등)

10) 유지보수: 공장, 시설물, 기계 등의 유지 보수를 제공하고 대가를 받는 유형

11) 프랜차이즈: 가맹점에게 상표 사용, 기술 제공, 마케팅 등을 제공하고 대가를 받는 유형

12) 가치 공유: 자원이나 시설을 공유 사용하게 하여, 공유자와 수익을 배분하는 유형

13) 크라우드펀딩: 온라인을 통하여, 개인들에게서 소규모의 후원이나 투자를 받는 유형

② 비즈니스 모델 캔버스

비즈니스 모델 캔버스(Business Model Canvas)는 조직이 가치를 창조하고, 전달하고, 포착하는 원리를 합리적, 체계적으로 기술한 것이다. 즉 창업자가 가치를 만들고, 목표 고객에게 전달하여 수익을 얻는 방법을 9개의 블록으로 구성한 체계 구조이다.

| 그림 8-2 | **비즈니스 모델의 구성 요소**

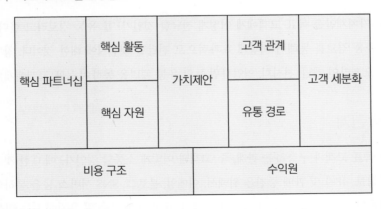

비즈니스 모델 캔버스는 다음의 9개의 블록으로 구성되어 있다.

창업자는 비즈니스 모델 캔버스의 구조를 이해하기 위해서, 9개 블록을 다음과 같은 순서로 작성하는 것이 좋다.

2.1 고객 세분화

고객 세분화는 창업자의 제품이나 서비스를 구매할 고객 집단을 말하는 것이다. 창업자의 제품이나 서비스를 구매할 수 있는 고객 집단은 몇 개가 있을 수 있지만, 창업자는 그중에서 가장 구매를 많이 할 것으로 예상되는 하나의 고객 집단을 목표 고객으로 사업을 해야 성공 확률이 높다. 따라서 창업자의 경우에는 고객 세분화와 목표 고객은 같은 것이라고 이해해도 무방하다.

2.2 가치제안

목표 고객에게 제공된 창업자의 제품이나 서비스를 고객가치라고 하고, 이러한 고객가치는 고객의 문제를 해결하거나, 고객의 미충족 욕구를 충족시킨다. 창업자는 이러한 가치제안을 통해서 가치교환을 이루어낸다.

가치제안은 새로움, 높은 성능, 낮은 가격, 비용 절감, 맘에 드는 디자인, 높은 편의성 등의 다양한 요소와 이것들의 결합으로 이루어진다.

2.3 유통 경로(채널)

'창업자의 가치제안을 목표 고객에게 어떻게 전달할 것인가?'를 유통 경로라고 한다. 즉, 고객가치를 어떤 유통 경로를 통해서 어떻게 효과적으로 전달할 것인지에 대한 것이다. 창업자는 주로 온라인 및 오프라인 채널, 전시회, 영업사원 등의 유통 채널을 통하여 목표 고객에게 접근한다.

2.4 고객 관계

창업자가 목표 고객과 구축하는 관계, 즉 '고객과 어떻게 소통할 것인가?'에 대한 것이다. 창업자는 고객의 확보, 유지 및 판매 증진을 위해서, 이메일, 블로그, SNS 서비스 등을 통하여 고객과 소통하고, 제품이나 서비스에 대한 반응이나 문제점, 고객 관계 구축 및 유지에 드는 비용, 마케팅 전략의 효과 등을 검토하여 고객과의 소통과 관계를 강화해야 한다.

2.5 수익원

수익원은 창업자가 목표 고객으로부터 받는 돈이다. 수익을 얻는 모델 유형은 다양하지만, 창업자는 제품이나 서비스의 제공 형태, 목표 고객의 선호도 등을 고려해서 수익 창출 유형을 혁신적으로 결정하는 것이 좋다.

2.6 핵심 자원

창업자는 목표 고객에게 가치제안을 하고, 유통 경로와 고객 관계를 구축하기 위해서, 물적, 인적 자원을 필요로 한다. 즉, 비즈니스 모델 수립을 위한 핵심 자원은 사람, 기술, 제품, 장비, 시설, 현금 등이다.

2.7 핵심 활동

창업자가 비즈니스 모델을 성공적으로 운영하기 위해서는, 제품이나 서비스의 생산, 유통 채널 확보, 고객 문제 해결과 네트워크의 개발과 유지 등 고객 가치의 생산과 유통, 관리를 위한 핵심 활동을 수립해야 한다.

2.8 핵심 파트너십

창업자의 부족한 자원 또는 역량을 보완하기 위해서, 핵심 파트너를 구하고, 그들과 좋은 관계를 유지, 발전시켜야 한다. 핵심 파트너는 생산, 유통, 재무 등 창업자의 비즈니스 활동을 보완함으로써, 수익의 향상, 위험의 감소, 자원의 효율적 사용 등 창업자의 핵심 활동을 도와준다.

2.9 비용 구조

비용 구조는 창업자가 가치를 생산해서 목표 고객에게 전달하는, 비즈니스 모델의 운영에 드는 모든 비용이다. 창업자는 물적, 인적 자원 등 핵심 자원 및 핵심 활동에 드는 비용의 효율성을 검토하여 이를 최적화해야 한다.

③ 린 캔버스

린 캔버스(Lean Canvas)는 애시 모리아(Ash Maurya)에서 에릭 리스(Eric Ries)의 린스타트업의 개념을 활용하고, 기존의 비즈니스 모델 캔버스를 변형하여 창업자에게 적합하도록 만든 것이다.

린 스타트업(Lean Startup)은 아이디어 발굴을 통해 기본적인 최소 시제품을 만들고, 시장조사와 시제품 보완을 반복함으로써, 적은 비용으로 목표 고객이 원하는 제품을 만들도록 하여, 시장에서의 실패 확률을 낮추는 창업자의 경영 전략이다.

따라서 린 캔버스는 린 스타트업의 개념을 활용함으로써, 고객의 문제를 정의하고, 이에 대한 해결 방안을 집중적으로 분석하도록 하여, 목표 고객에게 경쟁자가 쉽게 흉내낼 수 없는 경쟁 우위 요소(고객가치)를 제시하고, 이를 통하여 수익을 내는 구조이다.

린 캔버스는 다음의 9개의 블록으로 구성되어 있다.

창업자는 문제의 정의와 해결 방안을 고객에게 제시하는, 린 캔버스를 이해하기 위해서, 9개 블록을 다음과 같은 순서로 작성해야 한다.

| 그림 8-3 | **린 캔버스의 구조와 작성 순서**

문제 가장 중요한 세 가지 문제 1	문제 해결 가장 중요한 세 가지 기능 4	고유의 가치제안 제품을 구입해야 하는 이유와 다른 제품과의 차이점을 설명하는 알기 쉽고 설득력 있는 단일 메시지 3	경쟁우위 다른 제품이 쉽게 흉내낼 수 없는 특징 9	고객군 목표 고객 2
	문제 해결 측정해야 하는 핵심활동 8		유통 경로 고객 도달 경로 5	
비용 구조　　　　　7 고객 획득 비용, 유통 비용, 호스팅, 인건비 등			수익 흐름　　　　　6 매출 모델, 생애가치, 매출, 매출총이익	

3.1 문제

창업은 고객의 문제를 발견하고, 이를 정의하는 것에서부터 시작한다고 해도 과언이 아니다.

창업자는 고객의 불편함, 불만, 개선 요청 등 고객의 문제를 해결함으로써 수익을 얻는 사람이다. 고객의 입장에서, 고객들이 문제를 해결함으로써 수익을 얻는 사람이다. 고객의 입장에서, 고객들이 해결해 주기를 바라는 고객의 문제점, 1 내지 3개를 상세하게 기술한다. 또한 이러한 고객의 문제를 현재 고객들이 어떻게 처리하거나 방치했는지를 조사해서 기술한다.

3.2 고객군(목표 고객)

고객군은 창업자의 제품이나 서비스를 구매할 수 있는 예상 고객 세분화 집단(세그먼트)를 의미한다. 창업자는 시장조사 등을 통해서, 고객 세그먼트 중에서 가장 구매력이 클 것으로 예상되는 목표 고객을 선정해서, 하나의 목표 고객에게 집중하는 전략을 써야만 초기 시장에서 승리할 수 있다. 따라서 창업자의 경우에는 고객군(고객 세그먼트), 고객 세분화와 목표 고객은 같은 것이라고 이해해도 무방하다.

3.3 고유의 가치제안

린 캔버스의 가장 중요한 개념을 기술하는 블록이다.

목표 고객이 창업자의 제품이나 서비스를 구입해야 하는 이유와 다른 제품이나 서비스와의 차이점을 쉽고, 설득력 있는 단일한 메시지로 표현한다. 또한 가치제안은 제품이나 서비스의 기능보다는, 사용 후 고객이 누릴 수 있는 혜택에 초점을 맞춰야 한다.

이러한 창업자의 가치제안은 새로움, 높은 성능, 낮은 가격, 비용 절감, 맘에 드는 디자인, 높은 편의상 등의 다양한 요소와 이것들이 결합으로 이뤄진다. 예를 들면, 쿠팡의 가치제안은 빠른 배송과 원클릭 서비스이고, 이 서비스의 '빠르다', '편리하다'라는 가치제안은 이 서비스를 사용해야 할 충분한 이유가 될 뿐만 아니라, 다른 서비스와도 차별화되는 가치이다.

3.4 문제 해결(솔루션)

창업자가 인식한 고객의 문제를 해결하기 위한 방법을 간결하게 기술해야 한다.

창업자는 고객의 문제를 해결하기 위한, 가장 단순한 해결책부터 제시해야 하고, 제품이나 서비스에 포함되어 있는 최소한의 핵심 기능을 알기 쉽게 정리해야 한다.

3.5 유통 경로(채널)

창업자는 자신의 사업이 갖고 있는 가치제안을 적절한 유통 경로를 통하여 목표 고객에게 전달해야 한다. 창업자는 온라인 또는 오프라인 유통 채널을 통하여, 목표 고객이 원활하게 제품이나 서비스를 구매할 수 있도록 해야 하고, 이러한 유통 채널의 효과성과 효율성을 목표 고객의 입장에서 검토해야 한다.

3.6 수익 흐름

창업자는 목표 고객에 대한 성공적인 가치제안 및 교환을 통해서 수익을 얻는다. 수익을 얻는 모델 유형은 판매비, 이용료, 수수료, 대여료, 가입비, 광고비 등으로 다양하지만, 창업자는 제품이나 서비스의 제공 형태, 목표 고객의 선호도 등을 고려해서 수익 창출 유형을 혁신적으로 결정하는 것이 좋다.

3.7 비용 구조

비용 구조는 창업자가 문제 해결을 위한 인건비, 물건비 등 비즈니스 모델의 운영에 드는 모든 비용이다. 창업자는 수익 흐름과 비용 구조를 통해서 손익분기점을 계산하고, 대략적인 손익계산서를 작성할 수 있다. 손익분기점의 판매 수량은 총고정원가 ÷ (단위당 판매가격 − 단위당 변동원가)이므로, 비용을 변동비와 고정비를 나누어서 계산해야 한다.

3.8 핵심 지표

창업자는 사업의 진행 상황을 측정할 수 있는 핵심 지표를 작성해서 관리해야 한다. 핵심 지표는 창업자의 제품이나 서비스에 따라 다르지만, 고객 재방문율, 회원 가입자수, 재구매율, 고객당 평균 구입액, 고객 추천 수 등이다.

3.9 경쟁 우위

창업자가 갖고 있는 제품이나 서비스의 경쟁 우위 요소를 작성한다. 경쟁 우위 요소란 기존의 경쟁자나 잠재적인 경쟁자가 쉽게 흉내낼 수 없는, 제품이나 서비스의 차별성이나 혁신성을 의미한다. 창업자는 제품이나 서비스 또는 마케팅 전략 등에서 차별화 내지 혁신적 요소, 틈새시장의 선점, 시장 진입 장애 요인의 설치 등 나만의 핵심적 경쟁 우위 요소를 가져야 한다.

美 실리콘밸리·日도쿄에 ICT 공유 오피스 개설

미국 실리콘밸리, 일본 도쿄 IT지원센터에 공유 오피스 서비스가 개설됐다. 해외시장 진출에 관심이 있으나, 현지 정착 및 초기 투자 비용에 대한 부담 때문에 망설이고 있는 ICT 중소기업을 위한 KOTRA 지원사업의 일환이다.

통계전문회사 스타티스타(Statista)에 따르면, 미국이 글로벌 IT시장에서 차지하는 비중은 2020년 기준 31.7%, 2021년 34.7%까지 증가하고 있다. 일본 역시 2021년 9월 디지털청을 신설하고 국가 차원에서 디지털 전환 정책을 적극적으로 추진하면서 미국, 일본 IT시장 진출 기회가 늘어나고 있다.

그러나 스타트업과 중소기업의 경우, 해외 인프라 및 현지 시장정보 부족으로 인해 선뜻 해외 진출을 결정하기가 부담스러운 것이 사실이다. 최근 현지 시장의 반응을 보면서 해외 진출을 시작하고자 하는 린 스타트업(Lean Startup)을 중심으로 1인 규모 사무실이나, 1년 이하 단기 체류를 원하는 수요도 늘어나고 있다. KOTRA는 이러한 고객의 요구에 대응하고자 실리콘밸리와 도쿄에 공유 오피스를 개설했다. 린 스타트업은 아이디어를 빠르게 최소요건제품(시제품)으로 제조한 뒤 시장의 반응을 통해 다음 제품 개선에 반영하는 전략을 구사하는 기업을 말한다.

KOTRA 공유 오피스는 현지 시세 대비 저렴한 입주 서비스 외에도, 기업 역량에 맞는 마케팅 지원, 전문가 자문, 현지 시장 정보 서비스를 제공하고 있다. 실리콘밸리 공유 오피스는 총 6개사 입주가 가능하며, 기본 계약기간 6개월에 최대 1년까지 입주할 수 있다.

도쿄 공유 오피스는 총 10개사 입주가 가능하며, 기본 계약기간 6개월에 최대 3년까지 입주할 수 있다. 입주에 관심 있는 기업은 KOTRA '무역투자24' 사업신청 페이지에서 신청할 수 있다.

출처: 정보통신신문 2022.03.21.
https://www.koit.co.kr/news/articleView.html?idxno=94716

네카오 웹툰, 유럽에서 '맞불' … 첫 공략지로 '프랑스' 픽한 이유는?

올해 글로벌 진출 확대를 선언한 네이버와 카카오가 웹툰 플랫폼을 걸고 유럽 시장에서 진검승부를 펼칠 예정이다. 두 기업 모두 유럽 웹툰 시장 진출을 위한 전초기지로 '프랑스'를 낙점하고 현지 공략에 공을 들이고 있다.

22일 업계에 따르면 네이버웹툰은 올해 상반기 내 프랑스에 유럽 총괄 법인 '웹툰EU(가칭)'을 설립하고 유럽 시장 진출을 가속화한다.

카카오픽코마의 디지털만화 플랫폼 '픽코마' 역시 지난 17일 프랑스에서 정식 서비스를 시작했다.

현재 글로벌 웹툰 플랫폼 시장 선점을 위한 양사의 패권다툼이 치열한 상황이다. 네이버웹툰은 북미 시장에서는 앞서고 있지만, 일본 시장에선 픽코마에 밀리고 있다.

네이버웹툰은 일본에선 라인망가보다 3년 늦게 진출한 픽코마에 2020년 7월 비게임 부문 통합 매출 1위 자리를 뺏기면서 한 차례 자존심을 구긴 바 있다.

다만 글로벌 지표에서는 양사 모두 좋은 성과를 내는 중이다. 네이버웹툰은 지난달 글로벌 월간 활성 이용자(MAU)가 사상 최대치인 8200만 명을 기록했으며, 월간 거래액 역시 1000억 원을 돌파했다.

카카오픽코마는 올해 1월 월간 거래액 776억 원을 달성, 사상 최고치를 경신했다. 아울러 전 세계 만화앱 매출에서도 2020년 7월 기준 1위에 오른 후 현재까지 선두를 지키고 있다.

향후 격전지는 유럽 시장에서 가장 비중이 큰 '프랑스'로 향한다. 카카오는 해당 국가권에서는 후발주자에 속하지만, 김범수 창업주가 글로벌 공략의 핵심 키로 픽코마를 적극 활용하겠다고 밝힌 만큼, 시장에선 향후 네이버웹툰과의 새로운 경쟁구도가 형성될 지 기대를 모으고 있다.

• 네카오의 공통 행선지 '프랑스', 이유는?

네이버와 카카오 모두 유럽 공략의 첫 행선지로 프랑스를 낙점한 배경에 관심이 쏠린다. 이는 프랑스가 주류 만화 시장이라는 점이 주 배경으로 작용한 듯 보인다. 실제로 프랑스는 일본에 이어 세계에서 두 번째로 큰 만화시장으로 평가받고 있다.

독일 조사기관 GFK에 따르면, 2020년 프랑스에서 총 5310만 부의 만화책이 판매됐다. 이는 2016년에 비해 9%가 증가한 수치다. 같은 기간 매출액 규모는 6%가 증가한 5억 9100만 유로를 기록하며 2016년부터 꾸준한 성장세를 보이고 있다.

웹툰 성장 잠재력이 크다는 점도 매력적인 부분이다. 프랑스의 웹툰 시장은 현재 초기 단계에 위치해 있다. 웹툰의 상위 카테고리로 분류된 프랑스의 전자만화책 시장은 2020년 1월 기준 전체 만화 시장의 1.5%에 불과하다.

프랑스는 대체로 종이만화를 선호하지만, 웹툰 플랫폼이 속속 들어오는 추세다. 현재 프랑스에서 서비스 중인 웹툰 플랫폼으로는 최근 합류한 카카오의 픽코마를 포함해 델리툰, 이즈네오, 웹툰팩토리, 웹툰 라인, 베리툰 등이 있다.

웹툰 플랫폼 진입이 늘어난 배경에는 팬데믹 여파로 오프라인 출판 시장이 타격을 받은 영향이 컸다.

한국콘텐츠진흥원이 발간한 '2021년 만화백서'에 따르면 2020년 프랑스 출판사들의 매출은 전년과 비교해 20%에서 최대 30%가량 하락했다. 당시 강제적 봉쇄 조치가 시행된 것이 매출하락의 주 원인으로 분석된다.

반면 디지털 만화에 대한 수요는 꾸준히 늘어나는 추세다. 콘진원은 보고서를 통해 프랑스 최초 웹툰 플랫폼인 델리툰의 트래픽과 유저 수가 대거 늘어나는 등 웹툰의 대중화를 앞당기고 있다고 진단했다. 코로나로 인해 상대적으로 비주류였던 웹툰이 수혜를 입은 셈이다.

향후 웹툰 플랫폼은 더욱 성장할 것으로 관측된다. 인터넷의 발달과 스마트 기기 보급 확산에 따라 1020세대를 중심으로 뉴미디어를 향한 수요가 크게 증가할 것으로 전망되고 있다.

코트라(KOTRA)는 "유럽 내 가장 큰 만화 시장인 프랑스에서 한국 웹툰 시장은 여전히 성장 가능성이 큰 것으로 보인다"며 "잠재적인 웹툰 구독자까지 감안하면, 현재 구독자 수의 세 배 이상을 모을 것"으로 전망했다.

• 주요 거점 확보한 네이버웹툰, 콘텐츠 라인업 대폭 강화 예고

북미에 본사를 둔 네이버웹툰은 현재 한국, 일본에 거점을 보유하고 있다. 유럽 법인이 신설될 경우, 주요 시장의 모든 사업 거점을 확보하게 된다.

이번 거점 추가는 유럽 현지 이용자들에게 특화된 콘텐츠를 제공하기 위함으로 보인다. 네이버웹툰은 유럽 총괄 법인 설립 후 연재 작품 수를 더욱 확대하고 현지 창작자 발굴도 강화해 웹툰 생태계 구축에 더욱 박차를 가할 예정이다.

앞서 네이버웹툰은 2019년부터 이미 유럽 시장에 진출한 바 있다. 2019년 플랫폼 '웹툰'의 프랑스어, 스페인어 버전을 선보였으며 2021년에는 독일어 서비스를 추가했다.

실제 성과도 내는 중이다. 2019년 진출 당시 프랑스인으로 구성된 디지털 만화 전문팀을 꾸렸고 SNS 홍보를 통해 청소년 층을 적극 공략, 2020년 5월 기준 프랑스 라인 웹툰 계정 수가 100만을 돌파했다.

이러한 성장세로 네이버웹툰 플랫폼 '웹툰'도 좋은 성적표를 받고 있다. 모바일 데이터 및 분석 플랫폼 data.ai(구 앱애니)에 따르면 웹툰 프랑스어 서비스는 올해 2월 기준 프랑스 양대 마켓에서 웹툰 · 만화 앱 중 월간 활성 이용자 수와 매출에서 모두 1위를 차지했다.

네이버웹툰은 향후 콘텐츠 라인업을 대폭 강화해 시장 공략에 나선다. 이를 위해 올해 프랑스어 플랫폼에 약 200개, 독일어 플랫폼에 100여개 작품을 추가할 예정이다. 또한 현지 작가들의 작품 이외에도 검증된 한국 웹툰과 미국, 일본 작품들까지 추가해 장르의 다양성을 가져간다는 계획이다.

현지 창작자를 위한 생태계 조성에도 힘쓴다. 먼저 오는 7월 프랑스 내에서 세 번째 웹툰 공모전을 진행한다. 아울러 독일에서도 올해 하반기부터 현지 작가 등용문 시스템인 '캔버스(CANVAS)'를 가동해 현지 창작자 발굴에 나설 예정이다.

• 후발주자인 카카오, '일본망가' 적극 활용 … 현지 이용자 성향 반영한다

카카오는 유럽 시장에서는 후발주자지만, 그동안 내실을 충실히 다져왔다는 평가를 받는다. 앞서 카카오픽코마는 카카오재팬에서 사명을 변경하고 글로벌 진출 의지를 다져왔다.

일본의 성공 DNA를 유럽에 심기 위해 작년 9월 프랑스에 '픽코마 유럽' 법인 설립을 완료하고 김형래 대표를 선임했다. 김 대표는 유럽 내 첫 디지털만화플랫폼 델리툰SAS에서 최고운영책임자를 역임하며 현지 디지털 콘텐츠 산업 전문가로 평가받고 있다.

향후 픽코마는 김 대표의 지휘 아래 현지 문화, 콘텐츠 이용방식, 라이프스타일 등 분석을 기반으로 현지에 최적화된 플랫폼 전략을 펼칠 예정이다.

구체적으로 픽코마는 일본망가와 한국 웹툰을 동시에 서비스해 현지 이용자들의 취향을 적극 반영하겠다는 계획이다. 아울러 이용자가 디지털 환경에 최적화된 콘텐츠를 경험할 수 있도록 '기다리면 무료' BM(비즈니스 모델)을 도입할 예정이다.

회사 측은 프랑스의 경우, 디지털 만화 시장이 빠르게 성장하고 있고, 일본망가에 대한 선호도가 높아 픽코마의 성공 가능성이 높을 것으로 내다봤다.

실제로 프랑스의 전체 만화 시장 매출의 42%가 일본망가의 판매에서 비롯됐다. 2020년에는 프랑스 만화시장에서 가장 많이 팔린 시리즈도 일본의 대표 만화인 '나루토'가 차지했다.

픽코마는 카카오의 비전과 맞물려 더욱 성장할 것으로 기대된다. 카카오는 글로벌 진출을 뜻하는 '비욘드 코리아'를 실현할 핵심 툴로 '픽코마'를 적극 활용할 계획이다.

앞서 김범수 창업주는 사내 메시지를 통해 카카오의 글로벌 전략으로 "앞으로 픽코마가 콘텐츠를 넘어 다양한 영역으로 확장되고, 카카오공동체 글로벌 성장의 핵심 교두보가 될 수 있도록 지원하겠다"고 밝힌 바 있다.

출처: 글로벌경제신문 2022.03.22.
https://www.getnews.co.kr/news/articleView.html?idxno=577378

 하이트진로, IP커머스 플랫폼 스타트업 투자 … "기존 없던 비즈니스 모델 구축"

하이트진로가 예술작품 등 지적재산(IP)을 상품화해 유통·판매하는 IP 커머스 플랫폼 스타트업 옴니아트를 투자처로 선정하고 지분 투자 계약을 체결했다고 6일 밝혔다.

하이트진로에 따르면, 옴니아트는 예술가가 예술작품, 캐릭터, 연예인, 기업로고 등 시각IP를 등록하면 소비자가 원하는 상품(의류·가방·생활잡화)에 취향의 이미지를 결합해 자신만의 커스텀 제품을 제작할 수 있는 플랫폼 '얼킨캔버스'를 서비스하고 있다.

얼킨캔버스는 지난해 2월에 서비스를 시작한 이후 6개월 만에 가입 회원수 1만 4000명을 확

보하고, 웹사이트 방문자가 월 5만 명을 넘어서는 등 성장세를 이어가고 있다.

하이트진로는 옴니아트의 얼킨캔버스가 예술가 등 라이선서(licensor)와 소비자를 연결해주고, 제품뿐만 아니라 라이선스도 함께 판매하는 등 기존에 없던 비즈니스 모델을 구축한 점을 높이 평가해 투자를 결정하게 됐다고 설명했다. 특히 프린트 시스템과 e-풀필먼트 시스템 기반의 다품종 소량생산이 가능한 점이 얼킨캔버스만의 차별화된 핵심 역량이라는 평가다.

허재균 하이트진로 신사업개발팀 상무는 "옴니아트의 성장을 위해 지속적인 지원을 할 것"이라며 "하이트진로는 올해 경쟁력을 갖춘 다양한 분야의 스타트업 발굴을 이어가고, 스타트업의 가치증대를 위해 기존 투자처와의 협업을 확대해 나갈 예정"이라고 말했다.

출처: 동아일보 2022.01.06.
https://www.donga.com/news/Economy/article/all/20220106/111128451/1

학습 정리

◎ 창업자는 가치교환을 통해서 고객에게 만족과 이익을 주는 것을 업(業)으로 하는 사람이다.

◎ 비즈니스 모델은 창업자의 가치교환 구조가 수익을 낼 수 있는지를 표현한 것이다.

◎ 비즈니스 모델은 가치생산, 가치제안, 가치 전달, 비용 그리고 수익으로 구성되어 있다.

◎ 비즈니스 모델 캔버스는 창업자의 가치교환 구조를 9블록으로 구성한 체계 구조이다.

◎ 비즈니스 모델의 작성 순서는 다음과 같다.

(1) 고객 세분화: 목표고객을 선정한다.

(2) 가치제안

(3) 유통 경로: 고객가치를 어떤 유통경로를 통해 어떻게 효과적으로 전달할지 결정한다.

(4) 고객 관계: 고객과의 소통 방법을 찾고, 소통 관계를 강화한다.

(5) 수익원

(6) 핵심 자원; 사람, 기술, 제품, 장비 등

(7) 핵심 활동; 고객가치 생산, 유통 그리고 관리를 위한 핵심활동을 수립한다.

(8) 핵심 파트너십; 부족한 자원, 역량을 보완하기 위해 핵심파트너를 구한다.

(9) 비용 구조; 비용의 효율성을 검토해 이를 최적화 해야한다.

◎ 린 캔버스는 우선 고객의 문제를 정의하고, 이에 대한 해결 방안을 집중적으로 분석한다. 이후 목표 고객에게 경쟁자가 흉내낼 수 없는 고객가치를 제시하고, 이를 통해 수익을 내는 것이다.

◎ 린 캔버스의 작성 순서는 다음과 같다.

(1) 문제: 고객의 문제를 발견한다.

(2) 고객군: 목표고객을 선정한다.

(3) 고유의 가치제안

(4) 문제 해결

(5) 유통 경로: 유통 채널의 효율성과 효과성을 고객의 입장으로 검토한다.

(6) 수익 흐름: 수익 창출 유형을 결정한다.

(7) 비용 구조: 손익분기점을 계산해 손익계산서를 작성한다.

(8) 핵심 지표: 사업의 진행 상황을 측정할 수 있는 핵심 지표를 작성한다.

(9) 경쟁우위: 창업자가 가진 제품이나 서비스의 경쟁 우위 요소를 작성한다.

문제

O. X

1	창업자의 제품이나 서비스를 생산하는 것을 '가치제안', 이를 목표 고객에게 전달하는 것을 '가치 전달'이라고 한다.
2	비즈니스 모델은 창업자의 비즈니스가 지속적인 수익을 냄으로써 성공할 수 있는지를 보여준다.
3	창업자는 다양한 비즈니스 모델을 검토하여, 기존 요금 부과 방식의 결합이나 전혀 새롭지 않은 가격 체계로도 혁신적인 비즈니스 모델을 수립할 수 있다.
4	비즈니스 모델 수립을 위한 핵심 자원은 사람, 기술, 제품, 장비 등이 아니다.
5	창업자의 경우에는 고객 세분화와 목표 고객은 같은 것이라고 이해해도 무방하다.
6	창업자는 물적, 인적 자원 등 핵심 자원 및 핵심 활동에 드는 비용의 효율성을 검토하여 이를 최대화해야 한다.

객관식

1 비즈니스 모델의 구성요소로 옳지 않은 것은? (   )

가. 가치생산   나. 가치 전달   다. 수익 등식   라. 가치교환   마. 가치제안

2 일반적인 비즈니스 모델 유형 중 다음 설명은 어떤 유형인가? (   )

"사용량에 따라 비용이 부과되는 유형"
& "제품이나 서비스의 사용 기간을 기준으로 비용이 부과되는 유형"

가. 정액제 & 종량제
나. 사용료 & 종량제
다. 종량제 & 정액제
라. 종량제 & 사용료

3 다음은 린 캔버스의 구조이다. 3번에 들어갈 내용으로 알맞은 것은? (　)

	4		9	
1		3		2
	8		5	
	7		6	

가. 문제

나. 고객군

다. 유통 경로

라. 수익 흐름

마. 고유의 가치제안

4 비즈니스 모델 구성요소가 아닌 것을 고르시오. (　)

가. 가치생산

나. 가치제안

다. 가치전달

라. 가치저장

마. 수익 등식

5 린 캔버스의 올바른 작성 순서를 고르시오. (　)

〈보기〉

1. 문제　　3.고객군　　9. 고유의 가치제안　4. 문제 해결　7. 유통 경로

6. 수익 흐름　8. 비용 구조　2. 경쟁 우위

가. 1-3-9-4-7-6-8-2

나. 1-3-4-7-9-8-6-2

다. 1-3-9-4-7-8-6-2

라. 3-1-9-4-7-8-6-2

마. 3-1-9-4-7-6-8-2

6 빈칸에 들어갈 올바른 단어를 고르시오. (　)

(　　　)은 온라인을 통하여, 개인들에게서 소규모의 후원이나 투자를 받는 유형이다.

가. 유지 보수

나. 가치 공유

다. 크라우드펀드

라. 거래 수수료

마. 크라우드펀딩

 단답형

1 창업자는 (　　　　　)을 통해서 고객에게 만족과 이익을 주는 것을 업(業)으로 하는 사람이다.

2 창업자는 고객에게 제품이나 서비스가 제공하는 이익이나 만족을 제안하면서 이를 고객의 돈과 교환하고자 하는데, 이것을 (　　　　　)이라고 한다.

3 비즈니스 모델 캔버스를 구성하는 9가지의 블록과 작성 순서는 다음과 같다.

(1) 고객 세분화 (2) (　　　　) (3) 유통 경로 (4) (　　　　) (5) 수익원 (6) 핵심 자원 (7) 핵심 활동

(8) 핵심 (　　　　) (9) 비용 구조

4 (　　　　　)은/는 창업자의 고객가치, 즉 제품이나 서비스를 목표 고객에게 전달하고 판매하는, 가치교환의 구조가 수익을 낼 수 있는지를 표현한 것이다.

5 비즈니스 모델 캔버스를 구성하는 9개의 블록에는 핵심 파트너십, (　　　　　　), 핵심 자원, 가치제안, (　　　　), (　　　　　), 고객 세분화, 비용 구조, 수익원이 있다.

6 (　　　　　)은/는 린 스타트업의 개념을 활용함으로써, 고객의 문제를 정의하고 이에 대한 해결 방안을 집중적으로 분석하도록 하여, 목표 고객에게 경쟁자가 쉽게 흉내낼 수 없는 경쟁 우위 요소를 제시하고, 이를 통하여 수익을 내는 구조이다.

 서술형

1. 비즈니스 모델의 정의를 서술하시오.

2. 린 캔버스의 정의를 서술하시오.

창업마케팅과
글로벌마케팅

학습목표

- 🎯 창업마케팅과 글로벌 마케팅의 개념을 알 수 있다.
- 🎯 환경분석을 통한 마케팅 전략수립 방법을 이해할 수 있다.
- 🎯 글로벌 마케팅 절차를 이해할 수 있다.
- 🎯 글로벌 마케팅 실행기법을 오프라인과 온라인으로 나누어 이해할 수 있다.
- 🎯 글로벌 마케팅 지원 정책을 알 수 있다.

Chapter 09

창업마케팅과 글로벌마케팅

① 창업마케팅

1.1 마케팅의 개념

마케팅은 생산자가 상품 또는 서비스를 소비자에게 유통시키는 데 관련된 모든 체계적 경영 활동을 말한다. 창업초기 기업이 신제품과 서비스 출시를 통해 시장에서 기존 기업과의 치열한 경쟁을 극복하고 생존과 지속가능한 경쟁우위를 확보하는 것은 매우 어려운 일이다. 대다수 목표 시장에는 이미 충분한 경쟁자와 다양한 제품군의 신제품 공급 및 특정기술의 보편화로 인해 창업기업의 차별화된 가치를 고객에게 인식시키기 매우 어려운 실정이다. 따라서 창업환경을 보다 체계적으로 이해하여 고객에게 보다 효과적으로 신제품을 마케팅 할 수 있는 전략을 개발하여야 한다.

[1] 전통적 마케팅

마케팅의 기본적인 개념은 시장에서의 교환을 통해 인간의 필요와 욕구 충족, 그리고 기업의 생존과 성장이라는 목적을 달성하는 과정으로서 1차적 욕구(needs)는 인간에게 기본적으로 충족되어야 할 만족이 결핍된 상태이고 2차적 욕구(wants)는 인간에게 만족을 제공해주는 보다 구체적인 욕구라 할 수 있다.

[2] 창업마케팅

창업마케팅은 '가치창조, 자원배분, 위험관리에 대한 혁신적인 접근을 통해 신규 고객 확보와 기존 고객 유지를 위해 기회 추구와 진취적인 규명'으로 정의할 수 있다. 창업 초기 기업은 전형적으로 모든 경영 자원의 한계를 가지고 있다. 특히, 마케팅 활동을 지원할 재무적 자원이 턱없이 부족한 실정에서 조직 내 경험이 풍부한 마케팅 전문가는 거의 없다. 이에 대다수 창업가는 다양한 조사와 전략을 검증하고 신중하게 설계된 마케팅 활동을 전개할 수 없다. 또한, 대다수 창업기업은 브랜드 인지도, 고객 충성도, 시장점유율과 같은 확고한 시장 영역을 확보하지 못하고 있다. 도소매를 포함한 유통경로의 이해관계자와의 접근성 또한 극히 제한적이다.

이에 따라, 성공하는 창업가는 고객지향성(customer oriented) 관점과 관계지향성(relationship oriented) 관점을 필수적으로 가져야 한다. 구체적으로, 고객지향성이란 지속적인 시장에 대한 이해를 하기 위해 노력하는 것이다. 이에 반해, 관계 지향성은 모든 이해관계자와 구조적이고 감성적인 결속이 필수적이다.

구분	전통적 마케팅	창업마케팅
기본 견제	• 거래 촉진과 시장 통제	• 가치-창조 혁신을 통한 지속 가능한 경쟁 우위
지향점	• 객관적, 이상적, 과학적 관점의 마케팅	• 마케팅에서 열정, 열의, 지속성, 창조성의 주요 역할
내용	• 이미 구축된 상대적으로 안정적인 시장	• 높은 수준의 역동성 단계의 분열, 떠오르는 시장
마케팅 관리자 역할	• 마케팅 믹스의 조정자: 브랜드 개발자	• 내·외부 변화 에이전트: 새로운 카테고리 창시자
시장 접근	• 점진적 혁신으로 현재 시장상황에 대한 반사적이고 조정적인 접근	• 진취적인 접근, 역동적 혁신으로 고객을 선도함
고객 욕구	• 서베이 조사를 통해 고객에 의해 명확히 표현, 추정, 표현됨	• 선도 고객을 통해 명확히 표현되지 않고, 발견되고, 정의됨
위험 관점	• 마케팅 활동에서 위험 최소화	• 계산된 위험감수로서 마케팅: 위험 공유, 완화하는 것을 강조

자원 관리	• 기존 자원의 효율적 사용 • 부족한 사고방식	• 다른 자원의 창조적인 활용, 균형(한정된 것으로 더 많이 하는 것) • 현재 제한된 자원에 의해 활동이 제한되지 않음
신제품/서비스 개발	• 마케팅은 연구기술개발부서의 신제품과 서비스 개발활동을 지원	• 마케팅은 혁신의 시작: 고객은 공동의 활동적인 생산자
고객의 역할	• 정보와 피드백의 외부 자원	• 기업의 제품, 가격, 유통, 의사소통에서 마케팅 결정 과정의 활동적인 참여자

1.2 마케팅 전략

마케팅 전략이란 다양한 내·외부적인 환경변화에 따른 시장기회의 모색을 통해 시장에서의 경쟁 우위를 차지하기 위한 기업의 활동을 말한다. 기업은 환경 분석을 통해 자사에게 제공하는 기회와 위협을 파악하고 자사의 강점과 약점을 파악하여 적절히 대응함으로써 시장에서의 경쟁 우위를 확보하게 된다.

마케팅 활동의 시작은 마케팅 전략의 수립이다. 마케팅 전략을 세우기 위해서는 먼저 외부 분석과 내부분석을 하여야 하는데 외부분석의 주된 요소로 고객, 경쟁, 산업, 환경을 들 수 있다. 또한 내부분석 요소로는 성과, 원가, 조직, 전략을 들 수 있다. 한편, 이와 맞물려 SWOT 분석을 하게 된다. SWOT이란 회사의 강점(Strength), 약점(Weakness), 기회요소(Opportunity), 위협요소(Threat) 등을 분석하는 작업을 말한다.

환경분석이 끝나면 본격적으로 마케팅 전략 실행을 위한 STP분석이 이루어지고 최종적으로 어떠한 마케팅 방법을 사용할지 4P 전략을 수립하게 된다. 이를 마케팅 믹스 전략이라 한다.

그 이후에는 마케팅 활동을 위한 매체들, 예를 들면 브랜드, 상품, 가격, 유통, 고객과의 관계, 협력업체들과의 관계, 광고나 웹 사이트 등을 비롯한 마케팅 커뮤니케이션들에 대한 보다 구체적인 활용 방법과 규칙 등의 전술 내지는 세부 시행 계획을 수립한다. 그리고 이를 실행하고, 이 과정에서 고칠 부분은 고치게 되고 추가할 부분은 추가해서 실행을 완료한 후 이에 대한 전체적인 평가를 하고 다시 새로운 계획을 수립하는 순환구조를 가지게 된다.

(1) 환경변화와 영향

외부환경의 변화를 명확하게 인식하면 새로운 마케팅 기회를 발견하고 그 기회에 보다 빠르게 반응할 수 있다. 기업은 마케팅 전략에 영향을 미치는 기업 내·외부의 상황을 분석하여 마케팅 전략에 필요한 전략을 세우게 된다. 마케팅 기회는 특정 환경의 변화, 주요사업 분야에서 기업의 강·약점 간의 상호관계에 따라 결정되며, 이러한 마케팅 기회는 기업의 자원능력으로 보완될 수 있어야 한다.

- 외부요인: 기업외부에서 통제할 수 없는 일반적인 시장 여건으로 수요, 경쟁, 경제적 여건 등을 분석한다.
- 내부요인: 기업내부에서 통제할 수 있는 내부자원으로 인적자원, 재무적 자원 등을 분석한다.
- 내·외부요인: 기업 내·외부에서 마케팅 성과에 영향을 미치는 요소로 제품수명주기, 산업의 원가구조, 법적 제약 등을 분석한다.

(2) 상황분석 (SWOT 분석)

기업의 환경분석을 통해 강점(strength)과 약점(weakness), 기회(opportunity)와 위협(threat) 요인을 찾아내고 이를 토대로 마케팅 전략을 수립하는 경영기법을 말한다. 즉, 어떤 기업의 내부환경을 분석하여 강점과 약점을 발견하고, 외부환경을 분석하여 기회와 위협을 찾아내어 이를 토대로 강점은 살리고 약점은 없애거나 줄이고, 기회는 적극 활용하고 위협은 억제하거나 피하는 마케팅 전략을 수립하는 것을 말한다.

① 외부 환경분석(기회와 위협분석)

외부환경은 거시적 환경과 미시적 환경으로 나뉜다. 거시적 환경요인에는 인구 통계적, 경제, 기술, 정치, 법률, 사회, 문화적 환경 등이 있다. 미시적 환경요인에는 시장, 경쟁사, 고객, 유통업자, 공급업자 등이 있다. 특정 제품이 대중화의 단계에 있다 하더라도 거시적인 환경을 제대로 파악하지 못하면, 기업은 장기적인 관점에서 수익창출이 어려워지게 된다.

② 내부 환경분석(강점과 약점분석)

환경 내에서 매력적인 기회를 발견하는 것과 성공할 수 있는 역량을 보유하고 있는 것은 별개의 것이다. 각 사업부는 주기적으로 강점과 약점을 평가해야 한다. 또한 사업의 마케팅, 재무, 제조 및 조직 능력을 검토하며 또한 각 요인들을 아주 강함, 강함, 중간 수준, 약함, 아주 약함 등에 따라서 평가한다.

(3) 표적시장 STP

다양해진 소비자의 요구에 대응하여 대량 마케팅을 포기하고 시장의 특정변수를 설정해 시장을 카테고리별로 세세하게 구분함으로써 새로운 시장을 탐색하려는 시장세분화(market segmentation)를 통하여 표적시장을 선정(targeting)한 다음 고객이나 잠재고객이 그 산업 내에서 다른 경쟁자와 자사를 식별할 수 있도록 자리매김(positioning)하려는 전략을 수립하는 것을 말한다.

기업의 마케팅 믹스 수립을 위한 전략적 사고는 STP전략을 통해 개발된다. 즉, 기업은 시장 세분화(market segmentation), 표적시장 선정(targeting), 포지셔닝(positioning)의 세 단계로 구분되는 STP전략을 기반으로 제품(product), 가격(price), 유통(place), 촉진(promotion)의 4P로 구분된 전술적 마케팅 전략의 도구인 마케팅 믹스(marketing mix)를 개발하고 실행한다. STP는 시장조사를 통해 각기 다른 욕구를 가진 소비자들이 존재하는 세분시장을 발견하면 기업은 자사의 강점을 고려하여 어느 특정한 세분시장을 목표시장으로 선정하고 공략할 것인지를 결정한 다음 표적시장 내에 위치한 고객들에게 자사가 제공하는 제품이나 서비스의 핵심 혜택들을 알리기 위해 제품을 포지셔닝(positioning)하게 된다. 즉, 기업은 STP를 기반으로 마케팅 계획을 실행함으로써 결과를 얻고 피드백을 통해 STP전략이나 마케팅 전략을 수정 또는 개선하는 과정을 거치면서 마케팅 계획 수립 과정을 순차적으로 진행하게 된다.

1) 시장세분화

시장세분화란 기업이 일정한 기준에 따라 시장을 몇 개의 동질적인 소비자 집단으로 나누는 것을 말한다. 모든 소비자의 욕구가 상이하기 때문에 한 제품만으로 전체 소비자의 욕구를 동시에 충족시켜 줄 수는 없다는 가정 아래 전체 시장을 일정한 기준에 따라 욕구가 유사한 몇 개의 시장으로 나누는 과정이다. 시장세분화가 성공적으로 이루어지기 위해서는 최대한 동질적인 소비자들로 세분시장을 구분지어야 한다.

① 시장 세분화의 목적

시장세분화의 목적은 다음과 같다. 첫째, 시장세분화를 통해 각각의 시장의 요구에 맞는 제품과 마케팅 믹스의 개발을 통해 비용-편익의 불균형을 극복하고 소비자의 욕구에 적절히 대응함으로써 소비자와의 지속적인 관계 구축을 형성할 수 있는 가능성을 높인다. 둘째, 기업은 자사가 보유하고 있는 경영자원의 유한성을 극복하고 자사만의 특성화된 강점을 살려 최대의 효과를 낼 수 있는 시장을 선택한다. 셋째, 효과적인 반응을 얻을 수 있는 시장을 선택하여 경쟁자와의 경쟁에서 시장점유율을 높여 나가기 위한 경쟁력을 강화한다. 넷째, 정확한 표적시장을 설정한다.

② 시장 세분화의 장점

시장세분화의 장점은 다음과 같다. 첫째, 세분화된 소비자들의 욕구를 파악하여 마케팅 전략을 구사하기 때문에 제품 및 서비스 개발 시 소비자의 욕구를 충족시킬 수 있는 결과를 얻게 되어 소비자의 만족을 높일 수 있다. 둘째, 세분화된 시장을 요구하는 소비자의 요구에 부응하여 기업 및 브랜드에 대한 인지도의 증가와 애호도의 제고를 통해 충성고객을 확보할 수 있다. 셋째, 시장의 세분화를 통해 기업의 정확한 경쟁적 포지션을 파악할 수 있고, 자사의 강점과 약점을 파악하여 강점을 최대한 활용할 수 있는 시장을 선택할 수 있다. 이를 통해 경쟁회사 대비 시장에서 유리한 위치를 선점할 수 있다. 넷째, 정확한 시장의 규모와 소비자의 세분화된 욕구를 파악할 수 있으므로 마케팅 자원을 효과적으로 배분할 수 있다.

이처럼 기업의 시장세분화는 한정된 시장과 자원을 최적화되게 활용하기 위한 것으로 기업은 성공적인 시장의 세분화를 위해 세분시장 내의 동질적인 소비자 집단에게 적합한 마케팅 믹스 전략을 개발해야 한다.

마케팅 믹스의 여러 요인들이 제 기능을 발휘하기 위해서 세분시장은 다음과 같은 요건을 갖추어야 한다. 첫째, 측정 가능성으로 세분시장은 크기와 구매력을 측정할 수 있어야 하며, 정보의 측정 및 획득이 용이해야 한다. 둘째, 수익성으로 기업의 시장세분화에 대한 노력을 통해 얻을 수 있는 수익성이 보장되어야 한다. 셋째, 접근 가능성으로 접근의 용이성과 전달성이 높아 소비자들에게 효과적으로 접근하여 소비자가 제품 및 서비스를 보다 쉽게 구매할 수 있어야 한다. 넷째, 세분시장은 명확히 구분되어야 하며 차별성이 있어야 한다. 효율적이기 위해서는 각 세분시장별로 동질적 특성을 지닌 소비자 집단으로 묶여져 있어야 하고 각각의 세분화된 시장은 이질적 특성을 나타냄으로써 차별화가 이루어져야 한다. 다섯 째, 일관성과 지속성을 지니고 있어야 한다. 기업의 마케팅 전략 실행이 성과를 거둘 때까지 지속적으로 일관성을 유지함으로써 세분화된 시장에서 효율적 기업 활동이 이루어질 수 있어야 한다.

2) 표적시장 선정

표적시장 선정은 소비자를 동질적 집단으로 세분화한 시장에서 기업이 가장 효과적인 경영 활동을 펼칠 수 있는 한 개 또는 복수의 세분시장을 선택하고 세분시장을 구성하고 있는 소비자를 구분하여 정의하는 과정이라 할 수 있다.

기업의 마케터는 세분시장이 갖고 있는 매력도를 분석하고 평가하기 위해 3C분석을 활용한다. 3C분석은 자사(Company), 경쟁사(Competitor), 고객(Customer)의 세 가지 변수를 이용하여 자사가 가지고 있는 강점과 약점의 분석과 경쟁사가 지닌 생산능력, 기업규모, 주요 고객 및 판매 전략, 인지도 등의 분석을 통해 자사가 진입하려고 하는 시장에서 시장경쟁력의 강도가 어느 정도인지를 판단하는 것이다.

세분시장을 3C 분석에 의해 평가한 후 진출할 가치가 있는 전략시장을 선택하고, 몇 개의 잠재적 시장으로 나눈 후 각 세분시장별로 3C 분석과 수요 예측 등을 통해 기업이 최대의 효과를 발휘할 수 있는 가장 유리한 하나 또는 그 이상의 표적시장을 선정하게 된다.

3C	평가 요소	분석 기준
고객 (Customer)	• 시장 규모 • 시장 성장률	• 세분시장은 적절한 규모인가? • 성장 가능성은 높은가? • 각 세분시장별 잠재 수요는 충분한가?
경쟁사 (Competitor)	• 현재의 경쟁사 • 잠재적 경쟁사	• 현재 시장의 경쟁 강도는 어느 정도인가? • 미래 시장의 경쟁 강도는 어느 정도인가?
기업	• 기업 목표	• 목표로 하고 있는 시장인가? • 해당 시장 진입을 위한 경영자원(인적, 물적, 기술적)은 충분한가? • 세분시장 진입 시 기존 브랜드의 마케팅 전략과 결합한 시너지 효과가 창출될 수 있는가?

3) 포지셔닝

마케팅 관리자가 자사 제품이 경쟁 제품과는 다른 차별적인 특징을 보유하여 표적시장 내에서 소비자들의 욕구를 보다 잘 충족시킬 수 있다는 것을 소비자들에게 인식시켜 주어야 하며 이 과정을 제품 포지셔닝이라고 한다. 제품 포지셔닝은 경쟁 기업들과 효과적으로 경쟁하기 위해, 마케팅 믹스를 사용하여 소비자의 의식에 제품의 정확한 위치를 심어 주는 과정을 의미한다. 소비자의 마인드에 제품과 브랜드에 대한 차별화된 위치를 선정하게 하는 것이다.

① 포지셔닝에 사용되는 전략

• 자사의 제품이 경쟁 제품과 비교하여 차별적 속성 및 특징을 지니고 있으므로 소비자에게 보다 많은 편익을 제공한다고 소비자에게 인식시키는 것이다. 제품의 속성과 관련된 것으로는 제품의 무게, 색깔, 브랜드, 성능 등이 있다.

• 광고 시 제품의 적절한 사용 상황을 묘사 또는 제시함으로써 포지셔닝하는 것이다.

• 특정한 제품 사용자들이 가지는 가치관, 라이프스타일 등을 고려하여 그들에게 가장 잘 소화할 수 있는 제품 속성이나 광고 메시지를 통해 이루어지게 된다.

• 경쟁 제품과 명시적 혹은 묵시적으로 비교함으로써 자사 제품의 차별화된 혜택을 강조하는 방법이다.

• 기존의 제품이 충족시키고 있지 못하는 시장기회를 이용하는 방법으로 비교적 소규모 기업이 사용된다.

• 소비자들이 특정 제품군에 대해서 좋게 평가하고 있는 경우에 자사의 제품을 그 제품군과 동일한 것으로 포지셔닝하고, 소비자들에게 나쁜 평가를 받는 특정 제품에 대해서는 자사의 제품을 그 제품군과 다른 것으로 포지셔닝하는 방법이다.

확대보기

창업기업의 시장세분화와 표적시장선정의 주안점

1. 목표시장 대상 포지셔닝 방향이 그 시장의 고객이 원하는 제품가치와 일치하는가? 즉, 고객 편익 가치를
   기초로 타케팅하고 차별화
2. 목표시장에 어떻게, 얼마나 신속히 접근 가능한가?(판매채널, 광고매체)
3. 목표시장의 규모는 어떠한가?
4. 목표시장을 둘러싼 환경조건 변화에 대한 시장의 반응은 어떠한가?
5. 목표시장에서 경쟁력을 지니기 위해 어떤 노력을 해야 하나?

창업마케팅 STP 분석의 사례

시장세분화 사례 : 탐뎀스이스트

창업기업의 시장세분화 사례: 탐뎀스이스트社

창업가가 창업을 하게 되는 주된 이유는 시장을 세분화하는 과정에서 시장기회를 인식하였기 때문이다. 1980년대 후반 멜은 자신의 차고에서 '탐뎀스이스트'란 다인승 자전거 판매회사를 설립하였다. 그는 다인승 자전거를 판매하고 서비스하는 분야의 전문가였다. 다인승 자전거에 대한 세분시장의 존재를 인식한 그는 자신이 다인승 자전거를 시장에 공급하게 되면 고객들이 매우 고맙게 생각할 것이라고 믿었다. 다인승 지전거를 타는 동안 신체적인 조건이 동일하지 않아도 함께 대화를 나눌 수 있고, 함께 자연의 고마움을 만끽할 수 있는 장점이 있다.

그가 창업할 당시, 미국 동부지방에는 다인승 자전거 전문업체가 없었다. 고객이 다인승 자전거를 구매할 때 다양한 모델을 보고 비교한 후 선택할 수 있게 하는 것이 매우 중요한 판매요인이었다. 따라서 비록 비용이 많이 들더라도 많은 재고를 보유하여 잠재경쟁자의 진입을 막는 진입장벽을 쳤다. 또한 그는 그 지역의 최초 판매업체로서 자전거 공급자에게 새로운 판매망을 제공할 수 있다는 사실을 내세워 이들과 배타적 계약관계도 유지할 수 있었다. 다인승 자전거에 대한 전문지식, 많은 재고보유 그리고 공급업자와의 배타적 계약관계 등이 멜의 차별화역량으로서 지속적 경쟁우위의 원천이 되었다.

멜의 경우 두 가지 세부시장에 상대적으로 용이하게 접근할 수 있었다. 다인승 자전거의 기존 애호가들은 미국 다인승 자전거 클럽의 회원이며, 이 클럽에서는 격월로 뉴스레터를 발행하고 있었는데 멜은 이 뉴스레터에 광고를 게재함으로써 회원들에게 쉽게 접근할 수 있었다. 하지만 광고게재에 드는 비용이 높았다. 오늘날에는 인터넷상에 다인승 자전거의 고객 커뮤니티가 형성되어 있어 목표시장에 접근하는 효과적인 방법으로 커뮤니티가 이용되고 있다.

멜이 생각하는 두 번째 세분시장 또한 상대적으로 접근하기 용이했다. 이들은 사이클링 관련 잡지(대표적으로는 '바이시클링 매거진')를 읽는 열정가들이기 때문에 심지어 조그만 광고에도 매우 관심을 가졌고, 사이클링경주와 단체모임에도 참여했다.

이 두 집단은 사업을 영위하기에 충분한 크기였다. 각 세분시장 구성원의 일부만 구매하더라도 기업 운영에 필요한 간접비를 보상하고 적절한 수준의 재고를 보유할 수 있었다. 광고비는 수입의 10% 이내에서 지출하였으며, 이는 비용면에서 볼 때 세분시장에 접근하기 위한 아주 효과적인 방법이었다.

멜이 제품의 가치를 제대로 인정해 주는 목표시장을 창조적으로 찾아 나섰기에 탐뎀스이스트社의 사업이 번성하였다. 이 세분시장들은 매우 가치 있고, 비용측면에서 매우 효과적으로 접근 가능하였으며, 경쟁자에 대한 진입장벽도 구축될 수 있었다.

(출처: 이노비즈마케팅)

표적시장 선정 사례: 바르다, 김선생

창업마케팅 사례: 집밥 대신 김밥 사먹인다는 엄마의 죄책감, 건강한 재료로 덜었다.

서울 중구 신세계백화점 지하 식품관. 다양한 음식점과 디저트 전문점이 들어선 '맛집 전쟁터'나 다름없는 이곳에 유독 사람들이 북적이는 코너가 있었다.

이 분식집의 이름은 '바르다, 김선생'(이하 김선생). 극히 평범한 분식업을 차별화해 소비자들의 마음을 얻은 비결은 무엇일까?

나상균 대표는 "신선한 재료로 안전하게 만들었다는 점을 최우선적으로 강조했다"며 남편이나 아이들에게 밥을 차려주는 대신 김밥으로 끼니를 때우게 한다는 엄마들의 죄책감을 덜어준 것이다. 두 번째 포인트는 뚜렷한 목표시장 공략이다. 요즘처럼 제품이 넘쳐나는 시대에 기업은 핵심 고객을 분별해 내야 한다. 김선생은 '30~40대 젊은 엄마들'을 집중 공략했다. 최근 가장 왕성한 소비 활동을 보여주는 집단이라고 판단했기 때문이다. 나대표는 최근 1~2년 사이 모바일 쇼핑, 해외 직구 같은 유통업계의 최신 유행들을 모두 이 젊은 엄마들이 주도했다는 데 착안했다.

세 번째 포인트는 사야 할 이유를 오감(五感)으로 느끼게 했다는 것이다. 김선생은 미각은 물론, 시각과 후각을 동원해 유형성을 높였다.

김선생 매장은 콘셉트를 전달하는 도구로 매장 내 식재료 사진을 사용했다. 5무(無)라든지, 두 번 구운 김, 남해안 간척지 쌀 등의 사진을 붙여두고 펜글씨체로 일일이 설명했다. 네 번째 포인트로는, 김선생 김밥은 한 줄에 4500원이나 하는 비싼 김밥이지만, 따지고 보면 커피 한 잔 값과 비슷해 '불황 속 작은 사치'를 즐기려는 소비자들의 마음과 통했다는 점이다. ...... 콘셉트는 하나의 키워드로 콕 찍을 때 파괴력이 생긴다.

(출처: Weekly BIZ, 2015.01.10., 한경진 기자)

포지셔닝 사례 : 럭스 발레

마케팅 사례: 구글 사로잡은 주차 대행 서비스

　지난해 5월 서비스를 시작한 럭스 발레는 샌프란시스코의 수많은 공유 경제 스타트업 중 하나다. 회사 이름 그대로 애플리케이션(앱)으로 신청하면 주차 대행 요원(발레)이 와서 주차를 대신해 준다.

　이 시장에 눈독을 들인 스타트업은 이미 여럿이지만, 럭스 발레는 작년 10월 구글 벤처스 등으로부터 550만 달러의 자금 유치에 성공하며 두각을 나타냈다.

　샌프란시스코의 주차 앱은 이미 여러 개 나와 있었지만, 대부분 주차장을 검색하고 예약할 수 있게 해주는 게 전부고 여전히 실제로 차를 몰고 주차장까지 가는 것은 운전자가 해야 할 일이었다.

이에 비해 럭스 발레 서비스는 모바일 앱을 설치하고 원하는 지역을 입력하거나 지도에서 해당 지역으로 핀을 이동시키면 럭스 발레 시스템이 고객의 스마트폰을 활용해 경로 추적을 시작한다. 고객의 이동 위치를 자동으로 추적해 요청장소에 주차 대행 요원을 미리 대기시키는 것이다. 또 주차대행뿐 아니라 주유와 세차를 신청하면 기름이 가득 차고 말끔하게 닦인 차를 돌려받을 수 있다. 또한 기존의 업체들과 충돌이 있는 다른 공유경제서비스와 달리, 기존 주차장 업체들은 럭스 발레 서비스가 샌프란시스코에서만 수백 개의 주차 공간을 임대해 쓰기 때문에 오히려 환영하고 있다.

(출처: 한국경제매거진 샌프란시스코(미국), 2015.02.04., 장승규 기자)

창업기업의 이름이나 제품의 이름이 고객의 마음에 포지셔닝 되는데 충분하지 않다면 다음 조치는 분명하게 기억될 수 있게끔 해당 메시지를 전달하는 슬로건을 개발하는 것이다. 만약 포지셔닝이 잘 되었다면 슬로건은 적절한 사항을 완벽하게 전달한다.

간결함과 단순함이 포지셔닝에서 중요하다는 점은 슬로건에도 동일하게 적용된다. 기업이나 제품명에 대한 슬로건은 포지셔닝이 바뀌지 않는 한 상당히 긴 기간 동안 유지될 수 있는 것이어야 한다. Robert Keidel(2010)은 이에 대하여 매우 효과적인 몇 가지 법칙을 제시했다.

1. 상투적인 문구를 피하라

2. 일관성을 유지하라

3. 숫자를 사용하라, 그러나 이를 뒷받침하는 자료도 제시하라

4. 간결 하라

5. 분명한 입장을 취하라

6. 명확히 자신의 것이 되게 하라

포지셔닝 실패: 제이에스티나, 화장품 사업 결국 접었다

브랜드 포지셔닝 실패 · 코로나19 팬데믹 여파…회사 "주얼리 · 핸드백에 집중할 것"

제이에스티나가 신성장 동력으로 점찍었던 화장품 사업을 중단했다. 2019년 하반기 뷰티 브랜드 리뉴얼 등을 단행하며 본격적인 사업 확장에 나섰지만 6개월도 지나지 않아 코로나19가 확산된 탓에 성장 한계에 봉착한 결과로 분석된다.

제이에스티나는 올 상반기 분기보고서에서 화장품 부문의 매출을 '0원'으로 계상했다. 작년 말까지만 해도 시계 · 주얼리 · 핸드백 · 화장품 등 네 가지 사업을 전개했지만 팬데믹 여파로 외형을 키우지 못하면서 결국 사업 중단을 결정한 것이다.

제이에스티나는 2017년 코스메틱 브랜드 '제이에스티나 뷰티'를 론칭하면서 화장품 사업을 시작했다. 먼저 2015년 라이프스타일 브랜드 '제이에스티나 레드'를 통해 립스틱 등 색조 제품 일부를 선보이며 시장 반응을 살폈고 이후 뷰티 전문 브랜드 론칭을 통해 공식적으로 해당 사업에 진출했다.

2019년엔 디자이너 정구호 씨를 부사장으로 영입하고 주력 타겟층을 2030에서 1020으로 재설정하면서 전면적인 브랜드 리뉴얼을 단행했다. 이 과정에서 제이에스티나 뷰티는 스킨케어부터 색조까지 다양한 제품으로 구성된 '조엘 컬렉션'을 선보이면서 사업 속도를 높였다. 이 덕분에 해당 사업 매출은 ▲2017년 6억 원 ▲2018년 15억 원 ▲2019년 22억 원 순으로 우상향 곡선을 그렸다.

문제는 이 회사가 브랜드를 전면 리뉴얼 한 지 1년도 채 지나지 않아 코로나19 팬데믹의 직격탄을 맞았단 점이다. 야외활동이 제한되면서 화장품 수요가 급감하게 된 것. 실제 제이에스티나의 화장품 부문 매출은 2020년 7억 원으로 1년새 68.2%나 줄었고 ▲2021년 3억 원 ▲2022년 494만 원 순으로 감소했다. 특히 제이에스티나는 화장품 사업 초기 단계로 이익을 내지 못하고 있던 터라 더욱 타격이 컸던 것으로 풀이된다. 올 들어 해당 사업을 중단한 것도 이와 무관치 않다는 게 시장의 전언이다.

시장에선 이 회사가 뷰티 시장 진출 초기 브랜드 포지셔닝에 실패했단 점을 사업 중단 요인 중 하나로 지목하고 있다. 기능적(스킨케어, 색조 등)으로나 가격 측면에서 뚜렷한 정체성을 설정하지 못했단 것이다.

시장 한 관계자는 "당시 헬스앤뷰티(H&B) 스토어가 성장하고 있던 만큼 기능이나 가격 측면에서 명확하게 포지셔닝 했다면 외형을 더욱 키울 수 있었을 것"이라며 "하지만 화장품 부문에선 인지도를 키우지 못한게 사실"이라고 말했다. 이어 "서울 강남구 신사동 가로수길에 오프라인 매장을 마련한 것 외에 공격적인 판매 채널 확대에 나서지 않은 것도 아쉬운 부분"이라고 덧붙였다.

이에 대해 제이에스티나 관계자는 "현재는 화장품 사업을 중단한 상태"라며 "대내외적으로 변동성이 큰 시기인 만큼 다른 신사업 계획은 없고 주얼리와 핸드백 사업에 집중하고 있다"고 말했다.

출처: DealSite 2023.09.21.
https://dealsite.co.kr/articles/110297

(4) 마케팅 믹스: 4Ps

1) 마케팅믹스의 개념

마케팅 믹스란 마케팅의 목표를 합리적으로 달성하기 위하여 경영자가 일정한 환경적 조건을 전제로 하여 일정한 시점에서 전략적 의사결정으로 선정한 마케팅 수단들의 적절하게 결합 내지는 조화되어 있는 상태를 가리킨다. 이는 표적시장에서 마케팅 목표를 달성하기 위해 필요한 요소들의 조합으로, 일정한 시점을 전제로 하여 작성된 마케팅 계획과 같은 뜻이다.

2) 마케팅믹스의 구성요소

마케팅 믹스는 특정 상품에 대한 소비자들의 욕구를 파악하는 마케팅 전략기법으로서 제품(product), 가격(price), 유통(place), 촉진(promotion)이 있는데 이른바 4P를 합리적으로 결합시켜 의사결정 하는 것을 말한다.

마케팅 믹스는 시장에서의 경쟁력 확보에 초점을 두고 있다. 전통적인 개념에서 제품, 가격, 유통, 촉진이라는 구성요소를 통해 기업에서 통제 가능한 전략적 도구로 활용되며, 이를 통해 마케팅 전략을 수립하는 데 이용된다. 특히, 마케팅 믹스는 세분화된 시장의 고객을 대상으로 활용되기 때문에 가장 우선적으로 표적시장을 선정할 필요가 있다. 마케팅의 효과를 높이기 위해서는 이러한 모든 요소들을 마케팅 목표에 결합시키고, 그 목표에 입각하여 각 부문의 기능을 유기적으로 결합하여 동원하면서, 전체적인 마케팅 활동을 실시해야 한다.

① 제품믹스(Product Mix)

제품이란 잠재적 구매자의 욕구를 충족시키기 위해 판매자가 제공하는 유·무형의 가치를 말한다. 제품믹스란 한 기업이 가지고 있는 모든 제품의 수를 전부 합한 것을 말하며, 제품라인이란 한 기업이 보유한 제품믹스 중 물리적 특징이나 사용상의 용도 또는 유통경로가 비슷하여 동일한 마케팅 전략을 적용시킬 수 있는 제품의 집합을 말한다. 기업은 소비자의 욕구나 니즈를 반영하여 제품을 기획하고 시장의 경쟁상황에 따라 제품을 출시하여 시장에서 경쟁력을 갖도록 해야 한다.

② 가격믹스(Price Mix)

가격이란 상품과 서비스의 효용 및 가치를 금액으로 표시한 것으로서 상품과 화폐의 교환비율을 말하며, 다른 마케팅 믹스에 비해 경쟁에 민감하게 반응한다. 가격결정방법으로는 원가기준 가격결정방법, 수요기준 가격결정방법, 경쟁자기준 가격결정방법이 있다. 기업은 시장 확대 및 수익 확보를 위한 시장의 경쟁적 가격을 설정한 후 소비자의 반응에 따라 다양한 가격전략을 세워야 한다.

③ 유통믹스(Place Mix)

유통이란 상품과 서비스가 생산자로부터 최종 소비자에게 전달되는 구조적인 과정을 의미한다. 유통경로는 특정 제품이나 서비스의 흐름을 돕는 중간상인 및 매개인으로 이루어진다. 기업은 고객의 잠재적 숫자, 제품 및 서비스의 종류, 구매빈도, 제도적·법적 제약 등을 고려하여 유통전략을 세워야 한다.

④ 촉진믹스(Promotion Mix)

촉진활동이란 기업의 제품이나 서비스를 소비자가 구매하도록 유도할 목적으로 해당 제품이나 서비스의 성능에 대하여 실제 및 잠재고객을 대상으로 우호적이고 설득적인 정보를 제공하는 마케팅 활동을 말한다. 촉진활동은 광고, 판매촉진, 인적 판매, PR 등으로 구성되는데 이들 간의 일관성과 보완성을 고려하여 시너지 효과를 창출하는 것이 중요하다.

촉진수단은 광고, 판매촉진, 인적판매, PR로 구분된다. 광고는 기업이 돈을 지불하고 제품, 서비스, 아이디어를 비인적 매체를 통해 널리 알리고 촉진하는 활동을 말하며, 판매촉진은 기업이 제품이나 서비스의 판매를 증가시키기 위해 단기간에 중간상이나 최종소비자를 대상으로 벌이는 광고, 인적판매, PR을 제외한 모든 촉진활동을 말한다. 인적판매는 판매원이 고객과 직접 대면하여 자사의 제품을 구매하도록 권유하는 활동을 말하며, PR은 제3자인 신문, 방송에 의해 제품, 서비스, 기업이 뉴스나 논설로 다루어지게 되는 것으로 고객에게 높은 신뢰감을 주는 장점을 가지고 있다.

3) 마케팅 믹스의 전략수립 과정

마케팅 믹스는 우선 제품믹스, 프로모션 믹스, 판매경로 믹스 등 하부믹스를 먼저 형성하고, 이들 하부 믹스들을 통합, 구성하여 가장 효율적인 마케팅 믹스를 실현하게 된다. 실제로 이러한 믹스는 기업의 종류, 상태에 따라 전략적으로 변경되며, 시장표적에 따라 달리 형성된다.

마케팅 믹스가 완성되면 그 마케팅 믹스의 경제성을 평가해 보고, 경제성이 있으면 전략대로 추진, 그렇지 않으면 다시 앞 단계로 되돌아가 새로운 마케팅 믹스를 만드는데 이런 순환 과정이 바로 마케팅 전략 수립 과정이다.

박물관 옆의 공예 공방

마케팅믹스(marketing mix)는 현대 마케팅의 중심이론이다.

이 용어는 미국 미시간 주립 대학의 에드워드 제롬 매카시(E. Jerome McCarthy) 교수에 의해 제품을 잘 팔려면 제품(Product), 가격(Pricing), 장소(Place), 촉진(Promotion)이라는 4가지 핵심 요소들을 골고루 신경 써야 한다.'라는 메시지를 전달하기 위해 탄생한 마케팅 개념이다.

마케팅에서는 이들 네 가지 핵심 요소의 앞 글자를 따서 '4P' 또는 '4P 전략'이라고 하는데, 전통적인 4p에서 Place(장소)는 기업이 특정 물품의 판매를 촉진하기 위해서 활용하는 공간의 단순한 배치를 넘어서, 고객과의 접촉을 이루어지게 하는 전체적인 유통경로의 관리를 포함하는 공급사슬 관리이다.

마케팅믹스에서 장소(Place)는 우리나라에서 흔히 말하는 "장사는 목이 좋아야 한다."라는 말과 일맥상통한다.

사람들이 자주 다니는 곳에서는 장사가 잘 되고, 아무리 좋은 상품이라도 목이 나빠 사람들이 지나다니지 않으면 상품 판매가 쉽지 않기 때문이다(허북구, 김형길. 2013. 천연염색 공방의 성공전략. 세오와 이재).

그러나 이것도 상당 부분 과거의 개념이 되고 있다. 오프라인 중심의 소비 패러다임이 온라인으로 이동하면서 길목이 나쁜 곳에서도 좋은 상품을 갖추고 통신판매, 전자상거래(이커머스) 등에 의해 상품을 활발하게 팔 수 있게 되었고, 길목이 좋은 곳은 오히려 비용이 많이 소요되어 비효율적인 시대가 되었기 때문이다.

공예품을 전문적으로 판매하는 곳에서도 장소(Place)라는 개념과 중요성은 많이 바뀌었으나 고객이 방문하여 공방을 구경하면서 즉석구매나 체험을 하는 수공예 공방의 위치는 직접 방문해서 음식을 먹는 곳처럼 여전히 공방 경영과 마케팅에서 중요한 요소이다.

특히 지방에서 수공예 공방은 점점 제조처 또는 체험과 관광 등의 비중이 커지고 있음에 따라 그에 맞은 위치의 중요성이 더 커지면서 공방에 좋은 길목이 과거와는 다르게 되었다.

과거 물품이 부족하던 시대에는 공방이 산지를 형성하면서 규모의 경제로 고객들을 불러들이고, 시장이 형성되었다.

그러나 지금은 물품이 남아도는 시대로 공예품의 판매가 점점 어려워지고 있으며, 과거 형성되었던 공예품 산지는 몇몇 혹은 한 두 공방만이 남을 정도로 축소되었다.

게다가 지방의 인구가 급격하게 감소되어 지방 고유문화를 바탕으로 소비되던 공예품의 판로가 없어져 버리게 되어 외부에서 유입된 관광객 등을 대상으로 공예품을 판매하거나 체험을 해야 할 형편이 되었다.

그런데 과거 명성 높았던 공예품 산지였으나 현재 한두 개 남은 공방들은 공방이 있는 곳까지 외부 관광객이나 고객을 불러들일 수 있는 구심력을 갖지 못하고 있다. 소비자들에게 일부러 방문해야 할 뚜렷한 목적이나 동기 또한 크게 부여하지 못하고 있다.

따라서 급격한 인구 감소와 고령화가 진행되고 있어서 지역민들의 소비가 적고, 외부 지역 소비자들을 불러들일 수 있는 구심력이 약한 지역의 공방들은 외부관광객들이 모이는 곳으로 옮겨 더 큰 구심력을 만들어야 한다.

현재, 지방의 소도시에서 외부 관광객들이 모이는 곳들은 자연 관광지 등과 박물관(미술관 포함)과 같은 문화시설이다. 이중 관광지는 유행성과 계절적인 변동성이 크고, 수공예 공방과 특성이 상이한 곳들이 많다.

반면 문화시설인 박물관은 공방과 궁합이 좋으며, 서로 인근에 있을 때 박물관의 관람객이 공방에 유입되기 쉽고, 공방 방문객이 박물관을 방문하기 쉬워진다.

이에 따라 공방은 박물관의 구심력을 활용할 수 있고, 박물관 또한 공예 공방으로 인해 관람객에 대한 구심력을 확장할 수가 있다.

박물관 옆에 공방이 있으면 이처럼 누이 좋고 매부 좋게 되는 것이므로 박물관 옆에 공예 공방으로 시너지 효과를 내길 바란다.

출처: Fashion Journal 2023.10.18.
http://okfashion.co.kr/detail.php?number=60151&thread=81r49

2 글로벌 마케팅

2.1 글로벌 마케팅의 범위

글로벌 마케팅은 넓은 의미로 아이템 선정부터 시장 조사, 바이어 발굴, 거래 협상과 계약에 이르는 과정에 관련된 활동이라고 볼 수 있다. 더불어 아이템의 글로벌 경쟁력 평가, 시장조사를 통해 환경 분석, 목표 고객과 목표 시장 분석, 유통 채널 등에 대한 정보를 얻고, 바이어 발굴 방법의 선택, 발굴 바이어와의 협상과 계약 체결 과정까지의 여러 단계를 포괄하고 있다.

이 장에서는 해외에 수출할 특정 제품의 홍보 및 촉진 활동에서 활용되어야 할 실무적 차원의 전략이라는 좁은 의미의 글로벌 마케팅에 대한 설명에 한정해서 살펴볼 것이다.

한편, 무역에 있어서의 마케팅 활동이란 수출과 수입의 측면으로 나누어 볼 수 있다. 수입의 경우 해외공급자의 특정 제품이나 서비스를 국내 시장의 고객들에게 어떤 유통 채널을 통해 판매할 지에 대한 전략과 활동을 마케팅이라고 할 수 있다. 수입의 경우 유통 채널에 대한 선택과 마케팅 채널에 대한 사전 고려나 전략에 따라 국내 판매의 성공 여부가 결정되기 때문에 마케팅 활동은 대단히 중요하다. 수입에 관한 마케팅 활용은 국내 시장에 적용되는 일반 마케팅 실무와 이론 부분을 참고 하기 바란다.

2.2 글로벌 마케팅 절차

(1) 제품의 경쟁력 평가

제품이 상품성(현지 시장에서의 판매 가능성), 기술성(경쟁 제품에 대한 기술적, 기능적 우위성), 시장성(경쟁 제품에 대한 가격 경쟁력), 디자인(현지 고객의 디자인 및 색상에 대한 선호도) 등을 갖추었는지 객관적으로 평가하여 수출 가능성을 판단한다.

(2) 제품 컨셉 수립

짧은 시간에 잠재적 buyer의 관심을 사로잡을 수 있도록 제품의 특성을 간결하고 효율적으로 정의한다. 특히 경쟁 제품과 차별성을 부각시킬 수 있는 제품 시연, 샘플, 카탈로그, 브로슈어, 사양서, 동영상 등의 수단을 확보해야 한다.

(3) 글로벌 마케팅 환경 분석

기회 요인과 위협 요인의 관점에서 글로벌 시장의 현재 상황을 분석하고, 미래 변화의 방향을 예측한다. 이를 통하여 글로벌 시장에서 제품을 포지셔닝하고, 시장을 세분화한다.

(4) 목표 시장 선정

마케팅 환경 분석을 기초로 세분화된 시장 가운데 마케팅 활동을 집중할 목표 시장을 선정한다. 해당 국가의 인구, 소득 수준, 제품이 속한 산업의 성장성, 해당 제품의 수입 증가 추세 등을 고려하여 결정한다. 마케팅 초기에는 2~3개국을 선정하고, 마케팅 활동의 중간성과를 검토하여 점차 대상 국가과 지역을 확대한다.

(5) 마케팅 목표 설정

매출액, 이익률, 시장 점유율, 연도별 성장률 등 구체적이고, 측정 가능하며, 달성 가능한 성과 지표를 설정한다.

2.3 글로벌 마케팅 실행기법(오프라인, 온라인)

(1) 오프라인

오프라인 수출 마케팅 활동은 해외 전시 참가, 수출 상담회, 해외 시장 개척단 참가 등을 들수 있다. 수출 상담회나 해외 시장 개척단 활동에도 해외 전시 마케팅 절차를 준용할 수 있으므로, 여기에서는 가장 대표적인 해외 전시 마케팅에 대해 아래와 같이 간략히 살펴보고자 한다.

① 전시회 결정

전시회 참가는 제품의 소개, 잠재적 바이어와 상담, 구매 계약을 통해 수출 기회를 확대하거나, 잠재적 바이어나 에이전트를 발굴하는 고객 관계 구축, 신기술 및 산업 동향 정보수집과 시장조사, 제품의 브랜드 구축과 미디어 노출 등의 목표를 실현하고자 하는 마케팅 활동이다. 전시회의 인지도, 참가 업체수나 참관객 등의 규모, 소요 비용, 참가 예상 효과 등을 고려하고, 의도하는 마케팅 목표 실현에 부합하는 전시회가 어느 전시회인지 분석하고, 참가를 결정하여야 한다. 전시 참가 일정을 확인하고, 참가 규모를 확정한다.

② 전시회 참가 준비

전시회 참여 인원과 업무를 분담하고, 전시회 참가를 신청한다. 플로어 플랜을 보고 부스 형태와 위치를 결정한다. 주최 측에 부가 서비스를 신청하고, 계획된 일정에 따라 홍보 책자 및 판촉물을 준비한다. 부스 디스플레이 계획을 세우고, 현지 장치 업체를 선정한다. 전시회 진행에 필요한 샘플, 시연 제품, 카탈로그, 브로슈어, 동영상 자료 등 홍보물, 기타 명함, 사무용품 등을 현지로 운송한다.

③ 전시회 개최 전 활동

초청 바이어 명단 작성, 초청장을 발송하고, 현지 매체에 사전 광고 등을 게재하여 잠재적 buyer가 가능한 많이 방문할 수 있도록 유도한다. 참가를 약속한 바이어와 상담 일정과 현장 상담 계획을 작성한다. 전시 참가 목표(판매 목표와 비판매 목표)와 계획을 수립하여 참여 직원을 교육한다. 상담 및 응대 절차와 요령, 전시품 시연 및 제품 특성 설명 방법(가격, 사양, 납기 등), 문제 발생 시 대처 방안, 통역 요원 등 현지 임시 고용 요원 교육 방안 등 세부 절차와 계획을 준비한다.

④ 전시회 기간 중 활동

전시 기간 중 제품 홍보와 거래 상담은 사전 준비된 매뉴얼에 따라 진행한다. 상담 일지를 작성하고, 명함이나 방문한 상담자의 촬영된 사진을 정리하여 사후 관리에 활용한다. 세미나 등 부대 행사에 참석하여 업계 인사나 관련 업체와의 networking 활동도 신경 써야 한다. 전시 참여 타

업체나 경쟁 업체 부스도 방문하여, 신기술, 신제품 등 시장 동향을 파악하여야 한다.

⑤ 전시회 종류 후 활동

상담일지와 명함을 분류 정리하고, 단순 방문 및 질문한 buyer와 장시간 방문한 buyer로 구분, 각각 상중하 등급을 나누어 사후 관리한다. 연락처를 확보한 모든 방문자에 대해 감사와 관심을 표명한 서한을 발송한다. 특히 상담 중 추가적인 기술적 정보를 확인 요구하거나, 샘플을 요청한 buyer에 대해서는 신속한 대응 조치를 하고, 신제품 정보 제공 등 정기적, 지속적인 사후 고객 관리 활동을 해야 한다. 사전 목표 대비 실현한 성과를 분석하고, 차기 전시회나 다른 전시회 참가 여부를 준비하며, 전체 feedback하여 정보를 공유한다.

[2] 오프라인 마케팅 전략

해외전시회 참가를 중심으로 전통적 오프라인 글로벌 마케팅 전략을 설명하면 다음과 같다. 코로나 19 이후 글로벌 마케팅 전략의 무게 중심이 점점 온라인 마케팅으로 이동하고 있다. 하지만 아직도 오프라인 마케팅의 기본 원리와 전략은 유효하므로 온라인 마케팅 전략 수립과 단점 보완에 활용해야 할 가치가 있다.

① 글로벌 마케팅에 대한 중장기적 계획을 수립하고, 전담 인력을 배치하여야 한다. 그리고 최고경영자의 관심과 전사적인 지원이 없으면 효과적인 실행이 어렵다.

② 중장기 글로벌 마케팅 계획에 따라 가능한 목표 시장이 있는 국가와 지역에서 주최되는, 해외 전시회에 참여하는 기회를 늘린다. 이를 위하여 무역 유관 기관이 지원하는 글로벌 마케팅 지원 정책을 활용하도록 한다.

③ 중요한 전시회 1~2개는 동일한 전시회를 꾸준히 참가하는 것이 필요하다. 중요한 전시회는 많은 바이어도 빠지지 않고 매년 참관한다. 세계 각지에서 온 바이어에 대해 회사와 제품에 대해 지속적인 노출을 통해 브랜드 이미지를 제고할 수 있다. 또한 반복되는 상담을 통해 유망한 잠재 buyer와의 네트워킹이 이루어질 수 있다.

④ 초청장 발송, 현지 홍보 등 충분한 사전 활동으로 부스 방문 바이어를 가능한 많이 유치하고, 상담 시 요청 사항 대응, 부스 방문자에 대한 감사의 서한, 정기 레터링, 신제품 홍보 등 사후 관리 활동에도 주의를 기울여야 한다.

⑤ 해외 전시회 참여는 한 자리에서 관련 업계의 정보와 글로벌 트렌드를 파악할 수 있는 좋은 기회다. 경쟁사의 기술, 관련 업계의 신기술, 바이어 구매 성향 등을 파악해 경쟁 전략을 수립할 수 있다.

⑥ 글로벌 마케팅에서도 전통적인 오프라인 방법과 온라인 방법의 융합 등 다양한 방식과 새

로운 접근이 필요하다. 오프라인 전시회에서 만난 잠재 buyer와의 networking을 다양한 SNS나 플랫폼을 연계해 관리함으로써 성과를 높일 수 있다.

⑦ 오프라인 마케팅의 장점은 대면 접촉이다. 대면 상담 시 잠재적 buyer의 개인적 특성을 꼼꼼히 메모하여 개별 맞춤식 마케팅을 시도해 보면 의외의 성과를 거둘 수 있다. 성별, 연령, 직책, 종교, 출신 지역, 기호, 가족 관련 사항 등을 활용하여 인간적, 감성적 마케팅이 성과로 이어질 수 있다. 이를 위해 상담 후 기념 촬영과 메모를 반드시 해 두어야 한다.

⑧ 글로벌 마케팅에서도 고객가치의 개념은 중요하다. 좋은 가격과 성능의 제품이니 구매하라는 식의 일방적 권유는 매출 달성 중심의 진부한 마케팅이다. 바이어의 입장에서 판매제품이 어떤 만족과 가치를 줄 수 있는지를 생각하고 바이어에게 다가가야 한다. 우리 제품이 경쟁 제품에 비해 적정한 가격인가, 제품의 품질이나 성능 면에서 우위성이 있는가, 결제 등 다른 거래 조건에서 더 유리한지 등을 끊임없이 바이어 기준으로 검토하고, 이를 다음 마케팅 활동에 반영해 나가야 한다.

(3) 온라인 마케팅과 전략

ICT 기술의 발달과 인프라가 빠른 속도로 보급되면서 무역 거래와 글로벌 마케팅도 온라인을 활용하는 비중이 커지고 있다.

온라인 글로벌 마케팅은 목적에 따라 거래선 발굴을 위해 온라인 홍보를 통한 바이어의 방문, 접촉 유도 방법(홈페이지 운영, 검색 사이트 광고, 마켓 플레이스 이용, 소셜 네트워크 활동)과 온라인상에서 바이어를 직접 찾아 연락하는 방법(디렉토리, 검색 엔진, e-마켓플레이스, 소셜네트워크 등)을 적절히 조합해서 사용할 수 있다.

① 온라인 전시회 및 화상 상담회

코로나19 사태로 해외 출장과 대면 접촉이 어려워진 후 오프라인 전시회와 상담회가 온라인으로 진행되고 있다. 개별 기업이 온라인 상담을 하는 경우도 있다. 중소기업의 경우 코트라와 같은 무역 유관 기관에서 지원하는 화상 상담 시스템을 활용하면 상담 과정과 통역 지원 등의 서비스를 효율적으로 활용할 수 있다.

온라인 상담은 비대면이므로 심도 있는 상담과 바이어와의 인간적 관계 형성이 부족하다는 단점이 있지만, 적은 시간과 비용을 투입하여 다수의 바이어와 상담을 할 수 있다는 장점이 있다. 철저한 자료 준비, 프리젠테이션 연습, 제품 시연으로 상대방을 설득시킬 수 있으면 의외의 효과를 거둘 수 있다.

② e-마켓플레이스

e-마켓플레이스는 다수의 공급자와 구매자가 거래를 이룰 수 있도록 해주는 온라인상의 시장이다. 판매 기업은 팔고자 하는 상품 정보를 등록하고, 구매 기업은 사고자 하는 상품을 검색하며 판매 기업과 접촉한다.

e-마켓플레이스는 입회비, 상품 등록비, 광고비, 거래 수수료 등으로 수익을 창출하고, 거래의 장을 제공할 뿐, 직접적으로 거래에 관여하지는 않는다. 구매자와 판매자는 자신의 판단과 책임으로 e-마켓플레이스 상에서 취득한 거래 정보를 통해 거래를 결정하여야 한다.

무역 기업은 각 B2B 사이트별 특성과 규모를 고려해서, 관리할 수 있는 적정수(2~3개)의 사이트만 선택적으로 가입하고, 지속적이고 효율적인 관리를 해나가야 한다. 인콰이어리(견적 문의) 획수 확대가 목적이면 알리바바와 같이 규모가 큰 사이트가 유리하고, 한국 상품 구매를 원하는 바이어가 타이면 코트라가 운영하는 바이코리아를 활용하는 것이 적합하다.

| 표 9-1 | **해외 e-마켓플레이스**

업체 사이트	국가	등록회원 (월 방문객)	비고
알리바바 www.alibaba.com	중국	2,000만	2,000만 개 이상의 글로벌 유저를 보유한 세계 최대 글로벌 B2B사이트
인디아마트 www.indiamart.com	인도	100만 (500만)	인도 최대의 B2B사이트
트레이드키 www.tradekey.com	중국	(600만)	중동지역 최초의 B2B사이트로, 220개국의 수출입업체 및 바이어 정보 제공
바이어존 www.buyerzone.com	미국	300만	중소규모 업체 중심의 B2B사이트
애플게이트 www.applegate.co.uk	영국	30만 (130만)	영국, 아일랜드 시장 중심의 B2B 디렉토리 서비스
WLW www.wlw.de	독일	38만 (150만)	유럽 독일어권 중심의 B2B사이트
KOMPASS www.kompass.com	프랑스	300만	세계 최대 기업정보 서비스(300만 개사)로 27개 언어를 지원하며 8개국의 개별 사이트 운영
글로벌 소시스 www.globalsources.com	미국	89만	전시회와 함께 고급 바이어 정보 제공(한국지사 보유)
트레이드인디아 www.tradeindia.com	인도	150만	인도 최대 기업정보 디렉터리 서비스

| 표 9-2 | **국내 e-마켓플레이스**

사이트	운영기관	비고
바이코리아 www.buykorea.org	KOTRA	KOTRA 해외무역관에서 발굴한 구매오퍼에 특화된 B2B 사이트
TradeKorea www.tradekorea.com	무역협회	무역협회 B2B사이트로 한민족 네트워크와 연계한 글로벌 사업 수행
고비즈코리아 www.gobizkorea.com	중소기업진흥공단	온라인을 통한 중소기업 제품의 해외홍보를 지원하기 위해 1996년 출범한 인터넷 중소기업관
EC21 www.ec21.com	(주)이씨이십일	55만개 회원사를 보유한 한국 최대 글로벌 B2B사이트
ECPlaza www.ecplaza.com	이씨플라자(주)	KTNET 자회사로 40만 개의 회원사를 보유(영, 일, 중, 한 4개 국어 사이트 운영)

(4) SNS (Social Network Service)

온라인상에서 공통의 관심사를 가진 사용자 간의 관계 맺기를 지원하고, 축적된 지인 관계를 통해 인맥 관리, 정보 공유 등 다양한 커뮤니티 활동을 자원하는 서비스를 SNS(Social Network Service)라고 한다.

사회적 관계망으로서의 SNS의 기능의 이용이 급증하면서 비즈니스 영역으로 전이되었다. 다양한 소셜 미디어 활용은 마케팅 및 판매(Marketing), 고객서비스 및 지원(CRM), 기업 이미지 관리(PR), 제품 개발(R&D), 채용 및 인적자원개발(HR) 등 구매 의사결정에 영향을 미치고 있다. 시공을 초월한 초연결성으로 인해 글로벌 마케팅과 무역 영역에서는 더욱 차지하는 비중이 커질 것으로 판단된다. 대표적 미디어나 플랫폼은 페이스북, 트윗터, 유투브, 링크드인 등이다.

무역 관련하여 SNS 글로벌 마케팅은 크게 다음과 같은 접근법으로 통해 활용되고 있다.

① 유투브 등을 통해 제품 소개 동영상을 게재하여 바이어의 방문을 유도하고, 인콰이어리를 받는다.

② 비즈니스 SNS인 링크드인 등에 가입하여 적극적으로 잠재 바이어를 검색하고, 인맥을 맺으면서 제품을 소개한다.

③ 페이스북이나 트윗터 등을 활용하여 해외 바이어 및 소비자를 대상으로 제품 관련 정보를 제공하고 소통한다.

④ 위와 같은 방법을 적절히 선택하여 실시간으로 제품 소개와 판매 접수를 동시에 실행하는

라이브 마케팅도 활발해 지고 있다. 한류 스타나 인플루언서와 협업 시 효과가 폭증할 수 있다.

[5] 홈페이지와 검색엔진 최적화

기업의 홈페이지는 가장 기본적인 온라인 수출 마케팅 수단으로써 온라인상의 해외 지사 역할, 24시간 상근 직원 역할, 제품 전시관 역할을 한다.

국내 수출 기업 홈페이지의 99%는 해외에서 검색했을 때 화면이 백지 상태이거나 글자가 깨져 나오는 경우가 빈번하다. 이는 국내 기업의 홈페이지가 국내에서 주로 사용하는 인터넷 익스플로러(IE)에만 맞춰서 개발되어서, 해외에서 널리 사용되는 파이어 폭스, 사파리, 크롬 등의 웹브라우저 기반에서는 잘 볼 수 없기 때문이다.

| 그림 9-1 | **글로벌 브라우저 시장 점유율(2021년 1월 기준)**

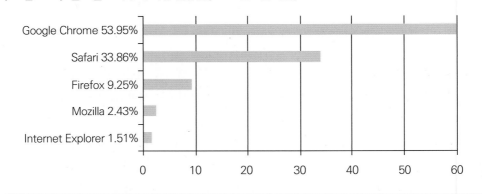

자료: https://www.stetic.com/

| 그림 9-2 | **글로벌 검색 엔진 시장 점유율**

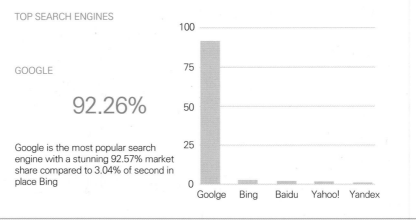

TOP SEARCH ENGINES

GOOGLE

92.26%

Google is the most popular search engine with a stunning 92.57% market share compared to 3.04% of second in place Bing

자료: https://www.reliablesoft.net/

위의 자료에서 보듯이 홈페이지를 글로벌 마케팅 수단으로 활용하기 위해서는 주요 웹브라우저와 검색엔진에서 검색이 될 수 있도록 제작 단계에서 전문가의 자문을 받는 것이 바람직하다. 모바일을 통한 정보 검색이 증가되고 있으므로 모바일 환경에서도 PC에서 보는 것과 동일하게 편하게 볼 수 있도록 개발되어야 한다. 검색 엔진 친화적으로 홈페이지를 제작하여 방문자 증대 및 신규 바이어 발굴을 도모하는 검색엔진 최적화(SEO) 마케팅과 특정 키워드를 구매하여 홈페이지 노출을 늘리는 키워드 검색광고(CPC)를 통칭하여 검색엔진 마케팅(SEM)이라고 한다.

2.4 글로벌 마케팅 지원 정책 활용

무역 창업 기업은 중소벤터기업부, 중소벤처기업진흥공단, 한국무역협회, 코트라 등 수출 지원 유관기관들의 다양한 수출 지원제도를 적극 활용하여 해외 마케팅 비용을 절감하고 여러 가지 도움을 받도록 한다.

매년 연초에 발표되는 정부 지원 정책 사업을 유관 기관 별로 확인해야 한다. 수출 바우처 사업, 내수기업 수출기업화 사업, 수출인큐베이터 사업 등이 대표적이며, 각 지자체 별 사업도 확인해야 한다. 하지만 지원 규모, 시행 일시, 신청 자격 해당 여부 등을 사전 확인하여 창업 기업에 맞는 몇 개의 사업만 선택하여 지원하도록 해야 한다. 신청 서류와 자격 요건을 준비하기 위한 시간과 비용을 고려하고, 회사의 본업에 소홀하지 않도록 유의하여야 한다.

세부사업	지원 대상	바우처 발급액 (국고+자비부담)	국고보조
중견 글로벌 지원	[내수중견] 중견후보 · 예비중견기업 [Pre] 중견후보 · 예비중견기업 [중견글로벌] WC300 · 중견기업 [Post] 중견글로벌 졸업기업	[내수] 최대 10,000만 원 [Pre] 최대 10,000만 원 [중견] (중소 최대 13,000만 원 중견 최대 20,000만 원) [Post] 최대 20,000만 원	30~70% *지원요건별 상이
소부장 선도 기업 육성	[준비] 내수 또는 수출초보 소부장기업 [확대] 수출 10만 불 이상 소부장기업 [디지털] 수출 30만 불 매출 5억 이상 소부장기업	[준비] 2,000만 원 [확대] 6,000만 원 [디지털] 5,000만 원	(중소) 70% (중견) 50%
소비재 선도 기업 육성	[준비] 내수 또는 수출초보 소비재기업 [확대] 매출 100억 원 수출 10만 불 이상 기업	[준비] 2,000만 원 [확대] 4,000 5,500만 원	상동

| 서비스 선도
기업 육성 | [준비] 매출 1조 이하 수출전무 서비스
기업
[확대] 매출 1조 이하 수출 서비스기업 | [중소] 4,300만 원
[중견] 5,500만 원
*준비 확대 발급액 동일 | 상동 |

자료: 2021년 수출 바우처 지원사업 발표 자료 www.exportvoucher.com

대분류	정의	내용(예시)
조사·일반 컨설팅	정보조사 및 법무 세무회계를 제외한 수출관련 일반컨설팅	파트너·바이어 발굴조사, 해외시장조사, 소비자리 서치, 경쟁제품 동향조사 및 해외기업 신용·기업 실태조사 관련 유사 서비스
통번역	기업의 해외진출에 필요한 외국어 통 번역 서비스	계약/법률 문서, 비즈니스/기술문서, 홈페이지 번 역 및 통번역 분야 유사 서비스
역량 강화 교육	수출역량강화 교육 제공	무역실무, 글로벌마케터 양성, 비즈니스회화 및 기 타 수출역량 강화교육
특허·지재권 시험	특허·지재권 취득, 시험대행 등 해당분 야 전문 서비스	현지시험·인허가, 지식재산권 등록, 지재권 분쟁 지 원 및 특허/지재권/시험분야 유사 서비스
서류대행·현지 등록·환보험	무역·현지진출 필요서류 작성대행 및 현지등록, 환보험 서비스	계약서, 통관/선적서류, 결재서류, FTA원산지 서류 작성 지원 및 유사 서비스
홍보·광고	기업/제품/브랜드의 해외 마케팅을 위한 홍보 및 광고	TV·PPL, 신문·잡지 홍보/광고, SNS·검색엔진 마 케팅 및 홍보/광고 분야 유사 서비스
브랜드 개발· 관리	수출브랜드 개발과 관리를 위한 마케 팅 활동	수출브랜드, 네이밍, 온·오프라인 제품매뉴얼 제 작, 정품인증, 위변조방지 및 브랜드개발·관리 분야 유사 서비스
전시회·행사· 해외영업지원	해외영업 관련 행사 기획, 수행 및 참여	국내 개최 국제 전시회 참가, 바이어 매칭 상담 회·세미나·시연회 및 해외전시회·행사·해외영업지 원 분야 유사 서비스
법무·세무· 회계컨설팅	해외진출을 위한 법무·세무 회계 관련 전문컨설팅	회계감사, 세무자문, 법률자문, 법인설립, 해외발생 클레임 해결 지원, 해외법인 설립 및 법무·세무·회 계 컨설팅 분야 유사 서비스
디자인개발	해외 진출에 필요한 외국어 디자인 개발	외국어 종이/전자카달로그 제작, 외국어 포장디자 인, 외국어 홈페이지(반응형), 모바일앱, 해외온라 인몰 페이지, 제품디자인, CI·BI 개발 등
홍보동영상	외국어 홍보동영상 개발	외국어 홍보 동영상 제작 등
해외규격인증	해외규격인증 취득을 위한 시험·시 험·인증 및 인증 대행컨설팅	해외인증 비용 사후정산, 위생, 할랄 등 해외인증취 득 및 해외규격인증 관련 유사 서비스

국제운송*	판매자가 부담하는 국제 운송비	보험, 해외운송 지원 서비스(국내 및 도착국 비용 제외)

*: 2021년 중 '국제운송서비스' 분양 신설 추진(예정)

자료: 2021년 수출 바우처 지원사업 발표 자료 www.exportvoucher.com

챗GPT를 이용한 마케팅

KT플레이디, 마케팅 솔루션 '올잇'에 챗GPT 활용

광고 효과 데이터 기반 고효율 광고 생성 가능

KT그룹 디지털 광고 대행사 플레이디가 자체 개발 올인원 마케팅 설루션 '올잇(All it)'에 인공지능(AI)을 활용한 광고 소재 자동 생성 기능을 출시했다고 30일 밝혔다.

플레이디에 따르면 올잇은 주요 매체 연동을 기반으로 데이터 맞춤 분석부터 광고소재 편집부터 협업까지 마케터 업무 효율을 높여줄 수 있는 서비스를 제공하는 올인원 마케팅 설루션이다.

이번에 출시된 AI 광고 소재 생성 기능은 챗GPT를 활용해 검색광고 소재와 메타 광고 콘텐츠를 생성하는 기능이다. 샘플 광고 소재와 키워드를 선택하면 검색광고 소재를, 업로드 할 소셜네트워크서비스(SNS) 콘텐츠 제품 설명과 주제를 입력하면 메타 콘텐츠와 해시태그를 자동으로 생성해 준다.

플레이디는 기존 자동 소재 생성 설루션과 차별되는 점으로 광고주의 광고 효과 데이터 중 고효율 소재를 선택해 콘텐츠를 생성할 수 있다는 점을 꼽았다. 효율이 좋은 소재를 기반으로 새로운 소재를 생성하기 때문에 좋은 성과가 기대되는 콘텐츠를 빠르게 제작할 수 있다고 설명했다.

마케터는 소재 콘셉트에 따라 '전문적인', '캐쥬얼한', '유머러스한' 등 어조를 선택할 수 있고 AI가 생성한 소재를 자유롭게 수정하거나 보관할 수 있다. 올잇은 마케터 수요에 부합하는 소재를 도출하기 위해 사용자 평가를 자체 학습하고 소재 품질을 개선하는 데 활용한다.

플레이디는 지난 4월 광고효과 분석 노하우에 챗GPT 문장 생성 능력을 접목한 AI 광고효과 분석 기능을 출시한 바 있다. 마케터는 상세 광고효과를 분석할 필요 없이 AI가 요약한 광고 효과를 확인할 수 있다.

출처: NEWSIS 2023.10.30.

https://www.newsis.com/view/?id=NISX20231030_0002500957&cID=10406&pID=13100

학습 정리

- 창업마케팅은 창업마케팅은 '가치창조, 자원배분, 위험관리에 대한 혁신적인 접근을 통해 신규 고객 확보와 기존 고객 유지를 위해 기회 추구와 진취적인 규명'으로 정의할 수 있다.

- 글로벌 마케팅은 넓은 의미로 아이템 선정부터 시장 조사, 바이어 발굴, 거래 협상과 계약에 이르는 과정에 관련된 활동이라고 볼 수 있다.

- 마케팅 전략이란 다양한 내·외부적인 환경변화에 따른 시장기회의 모색을 통해 시장에서의 경쟁 우위를 차지하기 위한 기업의 활동을 말한다.

- 글로벌 마케팅 절차는 제품의 경쟁력 평가 → 제품 컨셉 수립 → 글로벌 마케팅 환경 분석 → 목표 시장 선정 → 마케팅 목표 설정으로 이루어 진다.

- 글로벌 마케팅 실행기법은 두 가지로 나뉜다.

  (1) 오프라인 수출 마케팅 활동은 해외 전시 참가, 수출 상담회, 해외 시장 개척단 참가 등을 들 수 있다.

  (2) 온라인 글로벌 마케팅은 목적에 따라 거래선 발굴을 위해 온라인 홍보를 통한 바이어의 방문, 접촉 유도 방법(홈페이지 운영, 검색 사이트 광고, 마켓 플레이스 이용, 소셜 네트워크 활동)과 온라인상에서 바이어를 직접 찾아 연락하는 방법(디렉토리, 검색 엔진, e-마켓플레이스, 소셜네트워크 등)을 적절히 조합해서 사용할 수 있다.

- 글로벌 마케팅 지원 정책은 매년 연초에 발표되는 정부 지원 정책 사업을 유관 기관별로 확인해야 한다. 수출 바우처 사업, 내수기업 수출기업화 사업, 수출인큐베이터 사업 등이 대표적이며, 각 지자체 별 사업도 확인해야 한다.

문제

O. X

1 시장세분화란 기업이 일정한 기준에 따라 시장을 몇 개의 이질적인 소비자 집단으로 나누는 것을 말한다.

2 마케팅 믹스는 특정 상품에 대한 소비자들의 욕구를 파악하는 마케팅 전략기법으로서 product, price, people, promotion이 있다.

3 창업마케팅은 '가치창조, 자원배분, 위험관리에 대한 혁신적인 접근을 통해 신규 고객 확보와 기존 고객 유지를 위해 기회추구와 진취적인 규명'으로 정의할 수 있다.

4 표적시장 선정이란 마케팅 관리자가 자사 제품이 경쟁 제품과는 다른 차별적인 특징을 보유하여 표적시장 내에서 소비자들의 욕구를 보다 잘 충족시킬 수 있다는 것을 소비자들에 게 인식시키는 과정이다.

5 마케팅 믹스란 마케팅의 목표를 합리적으로 달성하기 위하여 경영자가 일정한 환경적 조건을 전제로 하여 일정한 시점에서 전략적 의사결정으로 선정한 마케팅 수단들의 적절하게 결합 내지는 조화되어 있는 상태를 가리킨다.

6 마케팅은 생산자가 상품 또는 서비스를 소비자에게 유통시키는데 관련된 모든 체계적 경영 활동을 말한다.

7 성공하는 창업가가 가져야할 관점 중 고객지향성 관점은 모든 이해관계자와 구조적이고 감성적인 결속을 위해 노력하는 것이다.

8 시장 세분화란 소비자를 동질적 집단으로 세분화한 시장에서 기업이 가장 효과적인 경영 활동을 펼칠 수 있는 한 개 또는 복수의 세분시장을 선택하고 세분시장을 구성하고 있는 소비자를 구분하여 정의하는 과정이라 할 수 있다.

객관식

1 마케팅 전략 수입을 위한 내부분석 요소를 고르시오. (   )

가. 고객
나. 원가
다. 경쟁
라. 경쟁

2 3C분석의 대상이 아닌 것을 고르시오. ( )

　가. 자사

　나. 경쟁사

　다. 고객

　라. 가격

3 마케팅 믹스의 구성요소(4Ps)에 대한 설명으로 옳은 것은? ( )

　가. 마케팅 믹스란 마케팅의 목표를 합리적으로 달성하기 위하여 경영자가 일정한 환경적 조건을 전제로 하여 일정한 시점에서 전략적 의사결정으로 선정한 마케팅 수단들의 적절하게 결합 내지는 조화되어 있는 상태를 가리킨다.

　나. 제품이란 상품과 서비스의 효용 및 가치를 금액으로 표시한 것이다.

　다. 가격이란 잠재적 구매자의 욕구를 충족시키기 위해 판매자가 제공하는 유무형의 가치를 말한다.

　라. 유통이란 상품과 서비스가 소비자로부터 최종 생산자에게 전달되는 구조적인 과정을 의미한다.

4 다음 중 마케팅 전략으로 옳지 않은 것은? ( )

　가. 내부요인은 기업 내부에서 통제할 수 있는 내부자원으로 수요, 경쟁, 경제적 여건 분석을 통해 가능하다.

　나. 시장 세분화를 통해 소비자의 만족도를 높일 수 있고, 브랜드에 대한 인지도를 증가시킬 수 있다.

　다. 표적 시장 선정은 소비자를 동질적 집단으로 세분화 한 시장에서 효과적인 경영을 할 수 있게 만든다.

　라. 제품 포지셔닝은 마케팅 믹스를 사용하여 제품의 정확한 위치를 소비자에게 심어주는 과정이다.

5 마케팅 믹스에 대한 설명 중 틀린 것을 고르시오. ( )

　가. 제품믹스란 한 기업이 가지고 있는 모든 제품의 수를 전부 합한 것을 의미한다.

　나. 촉진믹스는 일관성과 보완성을 고려하여 시너지 효과를 창출하는 것이 중요하다.

　다. 마케팅 믹스는 하부믹스를 먼저 형성하고 하부 믹스를 통합, 구성하는 과정으로 효율적인 마케팅 믹스를 실현하게 된다.

　라. 가격믹스는 다른 믹스에 비해 경쟁에 둔감한 부분이 있다.

6 다음 중 창업 마케팅에 관하여 옳지 않은 것은 무엇인가? ( )

가. 성공한 창업가는 고객 지향성 관점과 관계 지향성 관점을 가져야 한다.

나. 창업 초기 기업은 전형적으로 모든 경영 자원의 한계를 가지고 있으나 마케팅 환경에서는 상대적으로 유리한 자원을 가지고 있다.

다. 마케팅의 기본적인 개념은 시장에서의 교환을 통해 인간의 필요와 욕구 충족 그리고 기업의 생존과 성장이라는 목적을 달성하는 과정이다.

라. 창업 마케팅은 가치 창조, 자원 배분, 위험 관리에 대한 혁신적인 접근을 통해 신규 고객 확보와 기존 고객 유지를 위해 기회 추구와 진취적인 규명으로 정의할 수 있다.

7 다음 중 보기에 해당하는 마케팅 전략의 요소는 무엇인가? ( )

보기: 가격이란 상품과 서비스의 효용 및 가치를 금액으로 표시한 것으로서 상품과 화폐교환 비율을 말하며, 다른 마케팅 믹스에 비해 경제에 민감하게 반응한다. 기업은 시장 확대 미치 수익 확보를 위한 시장의 경쟁적 가격을 설정한 후 소비자의 반응에 따라 다양한 가격전략을 세워야 한다.

가. 제품믹스

나. 가격믹스

다. 유통믹스

라. 촉진믹스

8 3C 분석의 분석 기준 중 고객에 대한 기준은 무엇인가? ( )

가. 현재 시장의 경쟁 강도는 어느 정도인가?

나. 목표로 하고 있는 시장인가?

다. 세분시장 진입 시 기존 브랜드의 마케팅 전략과 결합한 시너지 효과가 창출될 수 있는가?

라. 각 세분시장별 잠재 수요는 충분한가?

9 4Ps의 구성 요소로 적절하지 않은 것은? ( )

가. 제품믹스

나. 촉진믹스

다. 유통믹스

라. 보관믹스

10 기업의 환경 분석에 대한 설명이다. 이 중 성격이 다른 하나는? ( )

가. 인구통계적 환경

나. 사업의 마케팅

다. 사회정치적 동향

라. 동종 산업의 진입장벽

마. 국제적 사건

11 STP전략 중 시장세분화에 대한 설명이다. 가장 거리가 먼 것은? ( )

가. 세분화된 시장은 동질적 특성을 지녀야 한다.

나. 세분화된 시장은 기업 및 인지도가 증가할 수 있다.

다. 소비자와의 지속적인 관계 구축을 형성할 수 있는 가능성이 있다.

라. 소비자의 만족을 높일 수 있다.

마. 경쟁회사 대비 시장에서 유리한 위치를 선점할 수 있다.

12 다음 중 옳지 않은 것은? ( )

가. 마케팅은 생산자가 상품 또는 서비스를 소비자에게 유통시키는 것과 관련된 모든 체계적 경영활동이다.

나. 창업마케팅은 가치창조, 자원배분, 위험관리에 대한 혁신적인 접근을 통해 신규고객확보와 기존고객 유지를 위해 기회추구와 진취적인 규명하는 것이다.

다. 대다수 기업가는 창업하기 전에 다녔던 회사에서 배웠던 지식과 능력을 통해 다양한 조사와 전략을 검증할 필요없이 신중하게 설계된 마케팅 활동을 전개할 수 있다.

라. 창업가가 성공하기 위해서는 고객지향성 관점과 관계지향성 관점을 필수적으로 가져야 한다.

13 다음 중 옳은 것은? ( )

가. 마케팅 믹스는 창업가가 목표를 합리적으로 달성하기 위해 경영자가 일정한 환경적 조건을 전제로 하여 일정한 시점에서 전략적 의사결정으로 선정한 마케팅 수단들의 적절하게 결합 내지는 조화되어 있는 상태다.

나. 시장세분화란 정부 혹은 외부자문기관이 일정한 기준에 따라 시장을 몇 개의 동질적인 소비자 집단으로 나눈 것을 의미한다.

다. 표적시장선정은 소비자를 동질적 집단으로 세분화한 시장에서 기업이 가장 효과적인 경영활동을 펼칠 수 있는 복수의 세분시장만을 선택하고 세분시장을 구성하고 있는 소비자를 구분하여 정의하는 과정이다.

라. SWOT분석은 기업내부의 강점과 약점을 파악하고, 외부환경을 분석하여 기회와 위협을 찾아내어 강점은 내버려두고 약점을 없애기 위해 모든 투자와 연구를 하여 강점으로 바꾸는 데에 도움을 준다.

14 다음 중 마케팅 믹스의 여러 요인이 제 기능을 발휘하기 위해 갖춰야 할 세분시장의 요건으로 적절하지 않은 것은? ( )

가. 차별성

나. 효용성

다. 측정 가능성

라. 접근 가능성

15 다음 중 환경변화와 영향평가, 그리고 환경분석에 대해 적절하지 않은 것은? ( )

가. 내부 요인은 통제할 수 있으며, 인적자원, 재무적 자원 등을 분석한다.

나. 외부 요인은 통제할 수 없으며, 수요, 경쟁, 경제적 여건 등을 분석한다.

다. 내·외부 요인은 마케팅 성과에 영향을 미치는 요소로 제품 수명주기 등을 분석한다.

라. 외부 환경분석을 위해 강점과 약점분석을 하며, 내부 환경분석을 위해 기회와 위협분석을 한다.

16 다음 중 전통적 마케팅의 특징으로 적절하지 않은 것은? ( )

가. 기본 전제는 거래 촉진과 시장 통제이다.

나. 점진적 혁신으로 현재 시장상황에 대해 반사적이고 조정적인 시장 접근을 한다.

다. 마케팅에서 열정, 열의, 지속성, 창조성을 지향한다.

라. 마케팅 믹스의 조정자는 브랜드 개발자이다.

17 시장세분화의 목적으로 적절하지 않은 것은? ( )

가. 자사가 보유하고 있는 경영 자원의 유한성을 극복하고 자사만의 강점을 살려 최대의 효과를 낼 수 있는 시장을 선택하기 위해.

나. 효과적인 반응을 얻을 수 있는 시장을 선택하여 경쟁자와의 경쟁에서 시장 점유율을 높여 나가기 위한 경쟁력 강화.

다. 각각의 시장의 요구에 맞는 제품과 마케팅 믹스의 개발을 통해 비용-편익의 불균형을 극복하고 소비자의 욕구에 적절히 대응함으로써 소비자와의 지속적인 관계 구축 형성.

라. 시장 세분화를 통해 고객들의 성향 및 계층에 따라 더욱 효율적인 사후 관리를 위한 관계망 구축.

18 전통적 마케팅과 창업 마케팅을 비교한 것으로 옳지 않은 것은? ( )

가. 전통적 마케팅은 마케팅 활동에서 위험을 공유하고 완화할 것을 강조하지만, 창업 마케팅은 마케팅 활동에서 위험을 최소화할 것을 강조한다.

나. 창업 마케팅에서 마케팅 관리자는 내부와 외부 변화를 인지하는 역할이지만 전통적 마케팅에서 마케팅 관리자는 브랜드 개발자를 말한다.

다. 전통적 마케팅은 점진적 혁신으로 현재 시장 상황에 반사적으로 접근하지만 창업 마케팅은 진취적인 혁신으로 시장에 진취적으로 접근한다.

라. 창업 마케팅은 고객을 마케팅 결정 과정의 활동적인 참여자로 보지만 전통적 마케팅에서 고객은 피드백의 외부 자원이다.

19 기업의 마케팅 전략에 영향을 미치는 외부 요인으로 볼 수 없는 것은? ( )

가. 수요

나. 경쟁

다. 경제적 여건

라. 재무적 자원

20 다음 표 중 올바르지 않는 것은? ( )

구분	전통적 마케팅	창업 마케팅
가. 지향점	객관적, 이상적, 과학적 관점의 마케팅	마케팅에서 열정, 열의, 지속성, 창조성의 주요 역할
나. 시장 접근	진취적인 접근, 역동적 혁신으로 고객을 선도함	점진적 혁신으로 현재 시장상황에 대한 반사적이고 조정적인 접근
다. 신제품/서비스 개발	마케팅은 연구기술개발부서의 신제품과 서비스 개발활동을 지원	마케팅은 혁신의 시작으로 고객은 공동의 활동적인 생산자
라. 내용	이미 구축된 상대적으로 안정적인 시장	높은 수준의 역동성 단계의 분열, 떠오르는 시장
마. 자원 관리	기존 자원의 효율적 사용	현재 제한된 자원에 의해 활동이 제한되지 않음

21 포지셔닝에 사용되는 전략의 유형 중 옳지 않은 것은? ( )

가. 광고 시 제품의 적절한 사용 상황을 묘사 또는 제시함으로써 포지셔닝하는 것이다.

나. 기존의 시장에서 인정받던 제품의 생산을 대폭 늘리는 것으로 대기업에서 주로 쓰이는 방법이다.

다. 경쟁 제품과 명시적 혹은 묵시적으로 비교함으로써 자사 제품의 차별화된 혜택을 강조한다.

라. 특정한 제품 사용자들의 가지는 가치관을 고려하여 그들에게 가장 잘 소화할 수 있는 제품 속성이나 광고 메시지를 통해 이루어지게 된다.

22 마케팅 전략에 대한 설명으로 옳지 않은 것은? ( )

가. 환경변화와 영향평가에서 외부요인은 기업에서 통제가 불가능한 고객, 산업환경 등과 같은 것들을 말한다.

나. SWOT 분석은 기업의 내부환경과 외부환경을 분석하여 강점, 약점, 기회, 위험 요인을 찾아내고 마케팅 전략을 수립하는 기법이다.

다. 시장세분화(Segmentation)란 기업이 일정한 기준에 따라 시장을 몇 개의 동질적인 소비자 집단으로 나누는 것을 말한다.

라. 포지셔닝(Positioning)은 3C 분석을 통해 자사 제품이 경쟁 제품과는 다른 차별적인 특징을 보유하여 표적시장 내의 소비자들의 욕구를 잘 충족시킬 수 있다는 것을 보여 준다.

23 전통적인 마케팅과 창업 마케팅을 비교한 내용 중 옳지 않은 것은? ( )

구분		전통적 마케팅	창업 마케팅
가	지향점	열정, 열의, 지속성, 창조성의 주요 역할	객관적, 이상적, 과학적 관점
나	위험 관점	위험회피전략	위험감수전략
다	위험 관점	위험회피전략	위험감수전략
라	마케팅 관리자 역할	마케팅 믹스의 조정자 및 브랜드 개발자	내·외부 변화 에이전트 및 새로운 카테고리 창시자

24 마케팅 믹스의 구성요소가 아닌 것을 고르시오. (가)

가. 기술

나. 제품

다. 가격

라. 촉진

1 (   ): 기업의 환경 분석을 통해 강점과 약점, 기회와 위협 요인을 찾아내고 이를 토대로 마케팅 전략을 수립하는 경영기법

2 다음은 전통적인 마케팅과 창업 마케팅을 비교한 것이다. 빈 칸에 알맞은 답을 채우시오.

구분	전통적 마케팅	창업 마케팅
기본 견제	거래 촉진과 시장 통제	가치–창조 혁신을 통한 ( ) 경쟁 우위
지향점	( ), 이상적, 과학적 관점의 마케팅	마케팅에서 열정, 열의, ( ), ( )의 주요 역할
내용	이미 구축된 상대적으로 안정적인 시장	높은 수준의 역동성 단계의 분열, ( )
마케팅 관리자 역할	마케팅 믹스의 조정자: ( )	내·외부 변화 에이전트: ( )
시장 접근	( ) 혁신으로 현재 시장상황에 대한 반사적이고 ( ) 접근	( ), ( ) 혁신으로 고객을 선도함
고객 욕구	서베이 조사를 통해 고객의 의해 명확히 표현, 추정, 표현됨	선도 고객을 통해 명확히 표현되지 않고, 발견되고, 정의됨
위험 관점	마케팅 활동에서 ( )	계산된 ( )로서 마케팅 : 위험공유, 완화하는 것을 강조
자원 관리	기존 자원의 ( ), 부족한 사고 방식	다른 자원의 ( ), 균형 [한정된 것으로 더 많이 하는 것] 현재 제한된 자원에 의해 활동이 제한되지 않음
신제품/서비스 개발	마케팅은 연구기술개발부서의 신제품과 서비스 개발활동을 ( )	마케팅은 ( )의 시작 : 고객은 공동의 활동적인 생산자
( )	정보와 피드백의 외부 지원	기업의 제품, 가격, 유통, 의사소통에서 마케팅 결정 과정의 ( )

3 다음 빈칸의 알맞은 답을 채우시오

1) (   ): 기업 (   )에서 통제할 수 없는 일반적인 시장 여건으로 수요, 경쟁, 경제적 여건 등을 분석한다.

2) (   ): 기업 (   )에서 통제할 수 있는 (   )으로 인적자원, 재무적 자원 등을 분석한다.

3) 내·외부요인: 기업 내·외부에서 (   )에 영향을 미치는 요소로 제품 수명주기, 산업의 원가 구조, 법적 제약 등을 분석한다.

4) (   )는 인간에게 만족을 제공해주는 보다 구체적인 욕구이다.

5) (   ) 분석이란 기업의 환경분석을 통해 강점과 약점, 기회와 위협 요인을 찾아내고 이를 토대로 마케팅 전략을 수입하는 경영기법을 말한다.

6) (   )란 기업이 일정한 기준에 따라 시장을 몇 개의 동질적인 소비자 집단으로 나누는 것을 말한다.

7) 성공하는 창업가는 (   ) 관점과 (   ) 관점을 필수적으로 가져야 한다.

8) (   )는 기업이 일정한 기준에 따라 시장을 동질적인 소비자 집단으로 나누는 것이다.

9) 촉진수단 중 하나인 판매원이 고객과 직접 대면하여 자사의 제품을 구매하도록 권유하는 활동을 무엇이라고 하는가? (   )

10) 세분시장이 갖고 있는 매력도를 분석하고 평가하여 표적시장을 선정하기 위해 활용하는 분석 방법을 무엇이라고 하는가? (   )

11) 성공하는 창업가가 필수적으로 가져야 하는 관점 두 가지는? (   )

12) 생산자가 상품 또는 서비스를 소비자에게 유통시키는 데 관련된 모든 체계적 경영활동을 말하는 개념은? (   )

13) 창업마케팅은 가치창조, 자원배분, 위험관리에 대한 혁신적인 접근을 통해 신규 고객 확보하고 기존 고객 유지를 위해 기회추구와 진취적인 규명으로 정의할 수 있다. 이에 따라 성공하는 창업가는 무슨 관점을 필수적으로 가져야 하는가? (   )

14) 3C분석은 자사, (   ), 고객의 세 가지 변수를 이용한다.

 서술형

1. STP분석에 대해 서술하시오.

2. SWOT분석에 대해 서술하시오.

3. 창업 마케팅의 정의에 대해 서술하시오.

4. 마케팅 믹스(4Ps)와 그 구성요소에 대해 서술하시오.

5. STP의 포지셔닝에 사용되는 전략 유형 3가지를 설명하시오.

6. 전통적 마케팅의 개념과 창업마케팅의 개념을 서술하고 이를 비교하시오.

7. 3C 분석에 대해 서술하시오.

8. 환경변화를 분석하고 영향평가를 실행할 때 환경을 기업과의 관계, 위치 등을 통해 3가지 정도로 분류할 수 있다. 이때 3가지 분류 요인을 서술하시오.

9. 마케팅 믹스의 여러 요인들이 제 기능을 발휘하기 위해서 세분시장의 갖춰야 하는 요건에 대해 서술하시오.

10. 시장세분화의 장점에 대해 서술하시오.

11. 포지셔닝(Positioning)에 사용되는 전략의 유형에 대하여 서술하시오(3가지 이상).

12. SWOT 분석의 외부환경분석과 내부환경분석에 대하여 서술하시오.

창업금융과 자금조달

학습목표

◎ 금융에 대한 전반적인 내용을 이해할 수 있다.

◎ 금융시장과 금융시장의 기능을 알 수 있다.

◎ 창업자금의 의미와 그 종류를 알 수 있다.

◎ 다양한 창업자금 조달 방법을 알 수 있다.

◎ 투자의 종류와 유치 절차에 대해 자세히 알 수 있다.

◎ 창업 성공을 위한 전략을 배울 수 있다.

Chapter 10

창업금융과 자금조달

① 금융의 개요

1.1 경제주체

아담스미스 (Adam Smith)가 1776년에 쓴 국부론(The Wealth of Nations)은 국가 부의 창출과 창출된 부의 공평한 배분을 통해서 국민을 잘살게 하는 문제를 다루고 있다. 국부론이 경제학의 효시가 된 이래 산업혁명을 거쳐 자본주의 경제 체제가 출범하였다. 자본주의 경제 체제하에서 자신의 의지와 판단에 의해 경제활동을 하는 경제주체는 가계, 기업, 정부가 있다. 경제활동이란 사람에게 필요한 재화나 서비스를 생산, 분배, 소비하는 모든 활동을 의미한다. 각 경제주체는 각자의 목표를 가지고 경제활동을 한다.

(1) 가계

가계는 경제활동의 대가로 획득하는 소득을 가지고 재화와 서비스의 구매 및 소비활동을 하는 경제주체를 말한다. 가계는 소비활동에 필요한 돈을 벌기 위해서 기업이나 정부에게 노동력을 제공한다. 가계가 벌어들인 돈에서 소비하고 남은 부분은 금융회사에 저축을 하거나, 기업이 발행한 주식이나 채권과 같은 금융 상품에 직접 투자한다. 이때 금융 상품의 투자 대가로 기업에 흘러들어간 가계의 돈은 기업 운영자금이 된다.

(2) 기업

경제주체들 간의 상호작용 시 생산을 전문으로 하는 기업은 경제를 성장시키는 원동력이라 할 수 있다. 낮은 비용으로 생산하여 이윤을 추구하는 기업이 계속 운영되기 위해서는 지속적으로 자금이 필요하다. 예를 들어, 기업이 우수한 품질의 상품을 생산하여 판매가 활발하면 기업은 공장을 확장하기 위해 돈이 필요해진다. 통상적으로 기업은 돈을 항상 필요로 하는 자금수요자이다. 이처럼 기업은 기업 본연의 활동인 생산을 통한 이익획득을 통해서 유리한 조건으로 자금을 조달하여 토지, 건물, 기계 등의 실물자산에 투자한다. 이와 관련된 기업의 가장 중요한 재무의사결정은 자금조달의사결정(finacing decision)과 투자의사결정(investment decision)이다. 자금조달의사결정은 기업의 장기투자를 뒷받침하기 위한 장기자금을 획득하고 관리하는 의사결정이고, 투자의사결정은 조달된 자금으로 어떠한 실물자산에 어떻게 투자할지에 대한 의사결정이다.

(3) 정부

정부는 사회 전체의 후생극대화를 목표로 가계와 기업의 경제활동에 개입하여 시장경제가 제 기능을 하도록 법규를 만들고 집행함으로써 민간경제주체인 가계 및 기업과 상호작용을 한다. 예를 들어, 시장에만 맡겨 둘 경우 발생할 수 있는 독과점으로 인한 비효율을 막는다거나 소득 분배의 불균형을 개선하기 위해 노력한다.

또한 가계나 기업이 생산하기 어려운 국방, 외교, 치안 등의 공공재와 철도, 도로, 항만과 같은 사회간접자본도 생산한다. 이러한 활동을 위해서 통화정책이나 재정정책을 실행한다.

창업이 활발하면 경제발전도 촉진되지만, 특히 금융위기 이후 부각된 빈부격차 완화나 고용률 제고에 도움이 되리라는 기대가 있다. 해외 창업사례로는 에어비앤비, 인스타그램, 우버 등을 꼽을 수 있고 우리나라에서도 배달의 민족, 토스, 플리토, 야놀자 등 특히 IT기반창업에 성공한 사례가 나오고 있어 IT 강국이라고 불리는 우리나라의 경제발전에 창업이 어떤 역할을 하게 될지 주목된다. 더욱이 창업업종도 다양해 거시경제 전방위적 효과를 미칠 수 잇다는 기대도 높아지고 있다.

1.2 금융

금융이란 돈의 융통이라는 뜻이다. 즉, 돈을 빌려주고 빌려오는 활동을 금융이라고 한다. 돈에 여유가 있는 사람(자금공급자)은 돈을 필요로 하는 사람(자금수요자)에게 돈을 빌려줄 수 있다. 이때 자금수요자가 자금공급자로부터 직접 빌려오느냐 혹은 누군가를 통해서 빌려오느냐에 따라 직접금융과 간접금융으로 구분한다. 자금수요자와 자금공급자 사이에서 돈의 융통을 중개하는 역할은 은행과 같은 금융회사가 한다.

우리나라는 1960년대 이후 경제개발과정에서 은행대출과 차관도입 등 간접금융에 의존하여 왔다. 하지만 간접금융을 통한 산업자금조달은 효율성이나 규모에 있어 실물경제를 지원하는 데 한계가 있었기 때문에 양질의 산업자본조달을 위한 직접금융의 확충이 절실히 요구되었다.

이에 한국거래소(KRX: Korea Exchange) 안에 주식시장인 유가증권시장이 1956년 3월에 개장된 이래 코스닥시장, 코넥스시장이 차례로 개설되었고, 채권시장인 국채전문유통시장, 환매조건부채권(repo)시장, 일반채권시장, 소액채권시장도 한국거래소 안에 개설되어 이러한 시장들이 직접금융의 중심을 담당하고 있다.

1.3 금융시장

금융시장은 가계, 기업, 정부의 여유자금이 거래되는 시장으로 여유자금을 필요한 사람에게 공급해주는 역할을 한다. 금융시장은 경제가 발전하기 위해 생산성 높은 경제활동에 자금이 조달되도록 하는 통로로서 거시경제에서 매우 중요한 역할을 하고 있다.

총수요·총공급 항등식을 이용해 금융시장의 기능을 이해해 보자.

총수요는 국내총생산(GDP, Y)과 같고 소비(C), 투자(I), 정부지출(G), 순수출($X - M$)로 구성되어 있다.

$$Y = C + I + G + X - M$$

분석의 편의를 위해 수출과 수입이 없는 폐쇄경제를 가정해 보자. 이제 항등식은 소비(C), 투자(I), 정부지출(G)로만 구성된다.

$$Y = C + I + G$$

투자의 구성을 보기 위해 우변 항에 투자만 남기고 모두 좌변 항으로 넘긴다.

$$Y - C - G = I$$

생산에서 소비와 정부지출을 뺀 것이 투자이다. 즉, 국민소득에서 가계소비와 정부지출을 빼고 남은 부분이 투자이다. 그리고 좌변항 ($Y - C - G$)은 국민소득에서 국가 전체의 소비를 뺀 부분이므로 국가 전체의 저축, 즉 국민저축(national saving)이다. 편의상 저축(S)이라고 부르자.

$$Y - C - G = S$$

무엇이 눈에 뜨이는가? 투자와 저축은 같다.

$$I = S$$

한 국가의 저축은 투자로 연결되는데 그 통로가 바로 금융시장이다.

우리는 위에서 수출과 수입이 없는 폐쇄경제를 가정하였다. 그러나 지구상의 절대다수 국가들은 개방경제를 채택하고 있다. 그럼 여전히 저축·투자 항등식이 성립할까? 수출과 수입이 허용되고 자본의 이동이 자유로운 상태가 되면 우리나라의 저축이 반드시 우리나라의 투자로 투입된다는 보장이 없다. 우리나라보다 외국의 투자 수익률이 더 높다면 우리나라 사람들도 저축을 외국에 투자할 수 있기 때문이다. 이런 저축(S)은 외국의 투자(I)로 기록된다. 따라서 한 국가의 저축과 투자가 같아야 할 필요는 없다. 그러나 하버드대 경제학과 Feldstein교수와 당시 하버드대 경제학과를 막 졸업한 Horioka는 많은 선진국의 국내저축과 국내투자가 통계적으로 높은 상관관계를 갖고 있다는 사실을 밝혀냈다. 개방경제체제에서는 국내저축과 국내투자의 항등관계가 성립하지 않아도 되지만, 실증적으로 성립하는 현상을 펠트슈타인-호리오카 퍼즐(Feldstein-Horioka Puzzle)이라고 부른다.

[1] 간접금융시장

간접금융시장은 예대시장이 대표적이다. 예대시장은 자금수요자와 자금공급자 사이에 은행이 개입하여 은행이 자금공급자인 가계 등에 이자를 주고 돈을 빌려와서 모은 자금을 기업에 이자를 받고 대출해주는 시장을 말한다. 일반적으로 가계는 벌어들인 돈을 소비하고 남은 돈은 저축한다.

그러면 왜 저축을 할까? 저축은 현재 소비를 줄이고 대신 미래소비를 늘리는 것을 의미한다. 현재소비를 늘리면 당장의 만족감은 높아지지만 미래의 쓸 돈이 줄어들게 된다. 따라서 현재의 욕구를 포기하는 대가로 이자를 받아 미래에 더 큰 소비를 할 수 있도록 저축을 한다. 여러 사람이 저축하면 큰 목돈이 되어 은행은 기업에게 빌려줄 수 있다.

결국 가계는 저축을 함으로써 은행으로부터 이자를 받을 수 있고 은행은 기업에게 이자를 받고 이 돈을 빌려주는 셈이 된다. 이자는 돈의 사용 대가로 지불하는 돈을 말하는데, 가계가 은행으로부터 받는 이자를 예금이라고 하고 은행이 기업에게 받는 이자를 대출이라고 한다. 통상 은행은 낮은 예금이자로 돈을 빌려와서 높은 대출 이자를 받고 돈을 빌려주어 대출이자에서 예금이자를 뺀 나머지 부분인 예대마진을 획득하게 된다.

[2] 직접금융시장

직접금융시장은 자금수요자가 주식이나 채권을 발행하여 자금공급자로부터 돈을 직접 조달하는 시장이다. 자금수요자인 기업은 필요로 하는 돈을 자금공급자로부터 빌려서 조달하거나 기업의 소유지분을 팔아서 조달할 수 있다. 기업이 돈을 빌려올 경우 빚졌다는 것을 나타내는 증표를 주는데 이것을 채권이라고 한다. 기업이 소유지분을 팔아서 돈을 조달할 경우 회사의 주인임을 나타내는 증표인 주식이라는 것을 준다.

먼저, 채권의 경우를 살펴보자. 기업이 돈을 빌릴 경우 돈을 빌렸다는 증표로 빌린 돈을 갚는 시점(만기), 만기가 되기까지 정기적으로 지급하는 이자(액면이자율), 만기일에 지급되는 금액(액면금액) 등이 적혀 있는 채무증서를 준다. 이 채무증서를 채권이라고 부른다. 예를 들어, K 기업이 A로부터 100억 원을 빌려오면서 A에게 액면금액 100억 원, 만기 5년, 1년 단위로 이자율 3%인 채권을 준다고 하자. 채권을 받는 A는 매년 이자를 3억 원(=100억×3%)씩 5년간 받고 5년 후에는 원금 100억 원을 돌려받는다. 기업 입장에서는 A로부터 빌린 돈은 결국 A에게 채권이라는 물건을 팔아서 받은 것과 마찬가지이므로 이를 채권매도 혹은 채권발행이라고 표현한다.

기업이 채권을 팔아서 조달한 돈은 기업의 타인자본으로 전환되어 기업 활동의 기초가 된다.

채권소유자 입장에서는 돈을 빌려준 사람인 채권자가 된다. 채권자는 채권을 만기까지 보유하면서 이자 및 원금을 받을 수도 있고, 만기 이전에 채권시장에서 채권을 팔아서 현금화 할 수도 있다.

주식의 경우를 살펴보자. 예를 들어, B가 P기업의 자본금 100억 원을 전액 납입하여 100% 소유하고 있고, 기업의 운영이 성공적이어서 100억 원이 더 필요하게 되었다고 하자. C가 100억 원을 납입하는 대가로 이 기업의 소유주라는 주주권을 표시하는 증표인 주식을 받게 되면, 총자본 200억 원짜리 기업을 B와 C가 각각 50%씩 소유하게 된다. 기업 입장에서는 C로부터 받은 돈은 결국 C에게 소유지분을 나타내는 주식이라는 물건을 팔아서 받은 것과 마찬가지이므로 이를 주식발행이라고 표현한다.

기업이 주식을 발행하여 조달한 돈은 기업의 자기자본으로 전환되어 기업 활동의 기초가 된다. 주식소유자 입장에서는 기업의 주인인 주주로서 지분만큼 소유권을 갖는다. 채권과 마찬가지로 주식소유자는 주식을 계속 보유하여 매년 기업이 벌어들인 이익을 소유지분 비율대로 배당이라는 이름으로 현금을 분배받을 수도 있고, 주식시장에서 주식을 팔아서 현금화 할 수도 있다.

결국, 기업 입장에서 볼 때 직접금융으로 조달해 온 기업운영자금은 기업주인의 돈인 자기자본이거나 다른 사람으로부터 장기로 빌려오는 타인자본이며, 기업은 이 자금을 비유동자산 등 장기적으로 운용하는 자산에 투자하여 효과적으로 이용할 수 있다. 하지만 기업의 신용 상황이 좋지 않을 때는 돈을 직접 빌려오기 힘들 수도 있고(채권발행 실패), 기업의 소유지분을 매각(주식발행) 하여 돈을 조달해올 때는 기업의 주인이 여러 명으로 많아져 기업의 지배구조에 영향을 미칠 수도 있다.

이에 비해 은행의 대출을 통해 기업운영자금을 조달하는 간접금융의 경우에는 기업의 지배구조에 영향을 주지 않고 돈을 차입하거나 상환할 수 있다. 하지만 이 경우에도 신용이 낮을 때는 담보로 제공할 자산을 따로 마련해야 하거나 은행으로부터 경영에 대한 간섭을 받을 수도 있다.

(3) 금융시장의 체계

기업이 이익을 추구하는 생산활동을 하는 데 필요한 돈을 조달할 때 돈과 교환되는 주식이나 채권을 금융상품이라고 하고, 금융상품과 교환되어 돈이 융통되는 시장을 금융시장이라고 한다. 금융시장에서 거래되는 금융상품의 종류에 따라서 주식시장, 채권시장, 외환시장이 금융시장의 세 축을 이루고 있다.

한편, 금융시장에서 거래되는 주식이나 채권, 외환의 가치가 하락하여 손실을 볼 경우 이를 회복하여 가격하락위험을 상쇄시키기 위한 상품으로 주식, 채권, 외환을 근거로 하여 이 상품들에서 파생시켜 만든 선물, 옵션, 스왑을 파생금융상품(financial derivatives)이라고 한다.

| 그림 10-1 | **경제주체와 금융시장**

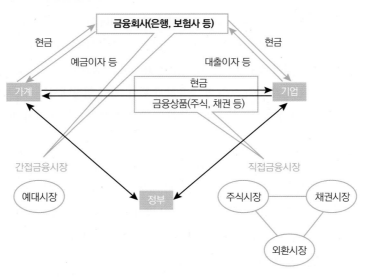

(4) 금융시장의 기능

① 자본자원 배분

금융시장은 자금공급자와 자금수요자를 연결시켜줌으로써 자본의 효율을 높이고 기업 설립을 가능케 하여 국민경제의 생산성 향상에 기여하게 된다. 만약 금융시장 중 주식시장의 투자자들이 어떤 기업에 대해서 미래 수익성이 좋다는 전망을 가지고 있다면 투자자들은 이 기업의 주식에 투자하게 될 것이다. 이 투자 자금은 기업에서 연구개발에 투자되거나 새로운 생산시설을 건설하고 사업을 확장하는 데 사용된다.

반대로 투자자들이 기업의 미래 수익성을 좋지 않게 전망한다면 주식을 팔게 되어 주가는 하락하게 된다. 이 기업은 사업을 축소해야만 하고 궁극적으로 사라져버릴 수도 있다. 이와 같이 금융시장은 투자자들에게 자금을 운용할 수 있는 금융자산을 제공하여 투자 수익성이 높은 기업으로 자본이 효율적으로 배분되도록 한다.

② 투자자의 소비시점 결정

금융시장은 투자자가 소비 시점을 조정할 수 있게 해준다. 어떤 사람들은 현재의 소비수준보다 소득이 더 높은 반면 다른 사람들은 소득보다 지출이 더 많을 수 있다. 소득이 높은 시기에는 주식이나 채권과 같은 금융자산에 투자하고 소득이 낮은 시점에는 이들 증권을 매각함으로써 일생 동안에 걸쳐 가장 큰 효용을 주는 시점으로 소비를 배분할 수 있다. 금융시장은 소비가 현재의 소득에 한정되는 제약으로부터 벗어나 투자자가 원하는 시점에 소비를 할 수 있게 한다.

③ 위험배분

금융시장은 다양한 금융 상품들을 제공함으로써 투자자에게 위험을 배분하도록 해준다. 예를 들어, 대기업이 투자자들에게 주식과 채권을 매각하여 새로운 공장 건설을 위한 자금을 마련한다고 하자. 보다 낙관적이거나 위험에 덜 민감한 투자자들은 주식을 매수하는 반면, 더 보수적인 투자자들은 고정된 원리금의 지급을 약속하는 채권에 투자할 것이다. 금융시장은 투자자가 위험선호도에 맞춰 금융자산을 선택할 수 있게 한다.

(5) 금융회사

금융회사는 관점에 따라서 그리고 그 나라의 금융 구조에 따라서 다양하게 분류할 수 있다. 우리나라의 금융회사는 제공하는 금융서비스의 성격에 따라 은행, 비은행 금융회사, 보험회사, 금융투자회사로 분류한다.

또한 이러한 금융회사에 포함되지 않은 금융지주회사 및 공적 금융기관과 직접적으로 금융거래에 참여하지 않지만 금융시스템이 효율적이 되도록 돕는 금융보조기관이 있다.

1) 은행

은행은 예금, 대출, 지급 결제를 고유 업무로 하며 금융활동과 관련된 여러 서비스를 제공함으로써 금융생활의 편의를 제공하고 있다. 은행법에 의해 설립된 일반은행은 이러한 업무를 주로 하고 있다. 이외에도 필요한 자금을 충분히 공급하기 어려운 특정부문에 자금을 원활히 공급하기 위하여 개별특수은행법에 의해 설립된 특수은행이 있다.

① 일반은행

전국을 대상으로 영업하는 시중은행, 특정지역을 대상으로 영업하는 지방은행, 외국은행의 국내지점은 일반은행으로 분류되며, 이들은 화폐대차 매개, 화폐지급 매개, 예금통화 창출이라는 중요한 기능을 담당한다.

첫째, 화폐대차 매개는 은행이 가계로부터 이자를 주고 돈을 빌려와서 돈이 필요한 기업에게 이자를 받고 대출하는 과정이 은행을 매개로 이루어지는 것을 말한다. 은행은 이 역할을 통하여 간접금융거래의 핵심적 역할을 한다.

둘째, 화폐지급 매개는 은행 장부상의 대체를 통하여 관계되는 각자가 은행에 보관된 화폐를 서로 주고받을 수 있도록 하는 역할을 말한다.

셋째, 은행은 예금통화를 창출할 수 있다. 한국은행인 중앙은행이 시중에 본원통화를 공급하면 시중에 공급된 돈의 일부는 시중은행에 예금되고, 이 돈을 받은 은행은 다른 사람에게 일부는 대출하고 일부는 지급준비금으로 한국은행으로 들어간다. 이러한 은행의 대출과 예금자의 예금 과정의 반복을 통해 처음에 한국은행이 공급했던 돈이 몇 배로 늘어나는 것을 예금통화 창출이라고 한다.

예를 들어, 한국은행이 A에게 공사대금으로 1,000만 원을 지급하였다고 하자. A는 이 돈을 일반은행인 B은행에 예금하였다. B은행은 지급준비금 20%인 200만 원을 남겨두고 800만 원을 다른 사람인 C에게 대출할 수 있다. C가 800만 원을 대출받아 일반은행인 D은행에 모두 예금하였다면 D은행은 지급준비금 20%인 160만 원을 남겨두고 640만 원을 다른 사람인 E에게 대출하게 되면 E는 이 돈을 F은행에 모두 예금할 수 있다. 이러한 과정의 무한반복을 통해 예금통화는 최대 5,000만 원까지 늘어나게 된다. 왜냐하면, 총 예금규모는 B은행의 예금 1,000만 원, D은행의 예금 800만 원, F은행의 예금 640만 원과 같이 지급준비율 20%의 승수로 예금규모가 무한히 증가하기 때문이다.

$$총\ 예금규모 = 1,000만\ 원 + 800만\ 원 + 640만\ 원 +....$$
$$= 1,000만\ 원(1 + 0.8 + 0.8^2 +...)$$
$$= 1,000만\ 원[1/(1 - 0.8)]$$
$$= 5,000만\ 원$$

② 특수은행

특수은행은 은행법 이외의 특별한 법령에 의해 설립된 은행이다. 한국산업은행, 한국수출입은행, 중소기업은행, NH농협은행, 수협은행이 여기에 해당한다.

한국수출입은행은 한국수출입은행법에 의해 1976년에 설립된 정부투자금융기관으로 수출입, 해외투자, 자원개발에 필요한 자금을 지원한다.

중소기업은행은 중소기업에 대한 효율적인 신용제도 확립을 통하여 중소기업의 경제활동을 지원하기 위해 1961년 중소기업은행법에 의해 설립되었다.

NH농협은행은 농협금융지주회사의 자회사로 존재하고 있다. 1961년 농업협동조합법에 의해 설립된 농업협동조합들의 연합체인 농업협동조합중앙회에서 2012년에 농업협동조합법 개정으로 신용사업과 경제 사업을 분리함에 따라 농협협동조합중앙회 아래 농협금융지주회사와 농협경제지주회사가 각각 신설되었고, 농협금융지주회사의 자회사로 NH농협은행, 농협 생명보험, 농협 손해보험이 신설되었다.

수협은행은 수산업협동조합법에 의해 1962년에 설립된 수산업협동조합중앙회 내에서 신용사업(수협은행)과 다른 사업(경제사업, 지도사업 등)으로 별도로 분리하여 관리되어 오다가 2016년 수산업협동조합법이 개정되면서 수협은행이 독립된 법인으로서 수산업협동조합중앙회의 자회사로 분리·설립되었다.

2) 비은행 금융회사

비은행 금융회사는 상호저축은행, 신용협동기구, 여신전문금융회사, 우체국으로 나눌 수 있다.

상호저축은행은 서민 및 소규모 기업이 금융 편의를 도모하고 저축을 증대하기 위해 예금과 대출 업무를 주로 담당하는 금융기관이다. 주요 대출 고객이 신용도가 낮은 서민이나 기업이라는 특징으로 예금이자가 일반 은행보다 높은 편이고 대출이자는 매우 높다.

신용협동기구는 협동기구에 가입한 회원(조합원)에 대한 저축 편의와 대출기회를 통한 상호부조를 위해 만든 기구로서, 과거 상호금융회사라고 하였으나 현재는 신용협동기구라는 용어로 통일하였다. 직장단위의 신용협동조합, 지역단위의 새마을금고, 상호금융을 통해 조합원 상호 간의 상호부조를 목적으로 하는 농협단위조합의 농협조합(지역농협), 수협단위조합의 수산업협동조합 등이 여기에 해당한다.

여신전문금융회사는 돈을 빌려주기(여신)만 하는 회사이다. 이 회사는 채권을 발행하여 돈을 빌려오거나 다른 금융회사에서 돈을 빌려오는 등 예금 이외의 방법으로 자금을 조달하여 대출한다. 여기에는 기업이 필요로 하는 기계·설비 등을 직접 구입하여 정기적으로 사용료를 받고 빌려주는 시설대여(리스) 회사, 신용카드의 발행 및 관리, 신용카드 이용과 관련된 대금결제 등을 하는 신용카드 회사, 물건을 구매한 매수인에게 물건값을 빌려주고 그 원리금을 분할하여 받는 할부금융회사, 신기술을 개발 또는 사업화 하는 중소기업자(신기술사업자)에게 투자 또는 융자해 주는 신기술사업금융회사가 있다.

우체국도 예금과 보험을 판매한다. 우체국 예금의 경우 오직 예금만을 받는 수신만 할 수 있고 예금 종류로는 저축예금, 정기예금, 정기적금 등이 있다. 우체국 보험은 생명보험회사의 보험에 해당하는 건강보험, 개인연금보험 등을 취급한다. 우체국의 경우 농어촌 및 도서 지역까지 전국에 고루 온라인으로 연결된 대규모 체신관서를 갖추고 있어 어느 곳에서든 이용이 편리하다는 장점이 있다.

3) 보험회사

보험회사는 가입자가 사고에 대비하여 보험에 가입하고 보험료를 내면 사고가 발생했을 때 보험회사에서 약속한 금액을 내준다. 보험업법에서는 보험을 생명보험, 손해보험, 제3보험으로 나눈다. 이외에 강제가입을 원칙으로 하는 사회보험을 담당하는 연기금 등이 있다.

① 생명보험회사

생명보험은 보험사고(사람의 질병, 상해, 사망, 혹은 노후)로 인하여 발생하는 손해의 보상(보험금)을 약속한 증서(보험증권)를 보험자가 보험계약자에게 판매하고 그 대가로 보험료를 받는 것을 말한다. 생명보험상품을 취급하는 회사를 생명보험회사라고 한다.

생명보험은 보험사업의 주체인 보험회사가 보험금을 지급해야 할 원인이 되는 보험사고, 즉 담보위험의 성격에 따라 사망보험, 생존보험, 혼합보험으로 분류할 수 있다.

사망보험은 보험사고(피보험자의 사망)가 발생할 경우 보험금이 지불되는 보험이다. 사망보험은 보험기간에 따라 피보험자가 정해진 기간 안에 사망했을 경우 보험금을 지급하는 정기보험과 피보험자가 어느 때고 사망하더라도 보험금을 지급하는 종신보험이 있다.

생존보험은 약속한 기간이 만료되는 날까지 살아있을 경우에만 보험금이 지급되는 보험이다. 생존보험은 일정 시점에서의 목돈 마련이 주목적이기 때문에 보장성 기능보다는 저축성 기능이 강하며, 자녀학자금 마련을 위한 교육보험과 노후생활자금 마련을 위한 연금보험이 여기에 속한다. 혼합보험은 사망보험과 생존보험의 특징을 결합시킨 것으로 저축성 기능과 보장성 기능을 절충한 보험이다. 즉, 일정 기간 내에 사망 혹은 생존을 보험사고로 하여 보험금을 지급하는 보험이다.

② 화재보험회사

손해보험은 보험사고(우연한 사고, 화재, 도난 등)로 인하여 발생하는 손해의 보상을 약속한 증서 (보험증권)를 보험계약자에게 판매하고 그 대가로 보험료를 받는 것을 말한다. 손해보험 상품을 취급하는 회사를 화재보험회사라고 한다.

생명보험과 손해보험은 취급하는 보험의 위험특성이 근본적으로 다르기 때문에 생명보험과 손해보험의 겸업은 금지되지만, 자회사 형태로의 겸영은 가능하다.

또한 생명보험회사와 손해보험회사는 모든 제3보험인 상해보험, 질병보험, 간병보험에 대해서는 자회사 설립 없이 자유롭게 취급할 수 있다.

보증보험회사는 위의 분류 중 보증보험을 전담하는 회사를 말한다. SGJ 서울보증㈜은 일반적인 보증보험을 담당하고 있고, 준정부기관인 신용보증기금은 중소기업의 대출을 보증하고 기술보증기금은 중소기업과 벤처기업의 기술을 평가해서 보증해 준다.

재보험은 보험회사가 보험사고 발생 시 감당하기 어려울 정도로 큰 보상을 해줘야 할 경우 이 위험을 분산하기 위해 보험회사가 다른 보험회사에게 다시 보험을 드는 것을 말한다. 이때 다른 보험회사를 재보험회사라고 한다. 코리안리는 우리나라의 대표적인 재보험회사이다.

③ 연기금

생명보험이나 손해보험 외에 강제가입을 원칙으로 하여 개인과 고용주 또는 국가가 보험료를 부담하고 소득재분배 효과를 특징으로 갖는 사회보험이 있다.

우리나라의 사회보험에는 노령·빈곤과 장애·사망에 대비하여 강제 가입을 하고 국가가 보장하는 공적연금인 국민연금(1988) 및 특수직역연금(공무원 연금(1960), 사립학교교직원연금(1975), 노인장기요양보험(2008) 등이 있다. 이러한 사회보험을 취급하는 공단 중 국민연금공단이나 근로복지공단은 크게 보면 보험회사이지만 이쪽은 보통 연기금으로 분류한다.

국민연금과 특수직역연금은 각 관장부처와 실무기관이 다르다. 국민연금의 정책은 보건복지부, 실무는 국민연금공단이 맡는다. 공무원연금의 정책은 행정안전부, 실무는 공무원 연금공단이 맡는다. 사립학교 교직원은 정책은 교육부, 실무는 사립학교 교직원 연금공단이 맡고 있다. 다만, 군인연금은 국방부가 정책과 실무를 모두 관리하고 있다.

4) 금융투자회사

금융투자회사는 자본시장과 금융투자에 관한 법률(이하 자본시장법)에 의해 분류된 투자매매업, 투자중개업, 집합투자업, 투자일임업, 투자자문업, 신탁업의 여섯 가지 금융투자업무를 하는 회사를 말한다.

투자매매업은 명의에 상관없이 금융회사가 자기의 계산으로 금융 투자상품의 매매, 증권의 발행·인수 또는 그 청약의 권유, 청약 및 승낙을 영업으로 하는 것이므로 금융회사가 금융투자상품을 고객에게 중개하는 것이다. 집합투자업은 집합투자(펀드)의 운용결과를 투자자에게 배분하는 영업이다. 투자자문업은 금융투자상품의 가치나 투자판단에 관한 자문을 영업으로 한다. 투자일임업은 투자자로부터 투자판단을 일임받아 금융투자상품의 취득, 처분, 운용을 영업으로 한다. 신탁업은 위탁자가 특정의 재산권을 수탁자에게 이전하고 수탁자로 하여금 수익자의 이익이나 특정 목적을 위하여 그 재산권을 관리, 처분하게 하는 신탁을 영업으로 한다.

이러한 여섯 가지 자본시장법상의 금융투자업을 하는 회사는 증권회사, 자산운용회사, 투자자문회사, 투자일임회사, 종합금융회사가 있다. 증권회사는 주식·채권 등의 증권발행을 주선하고 발행된 증권의 매매를 중개하는 것이 주요 업무이고 투자매매업, 투자중개업, 투자일임업, 신탁업을 할 수 있다. 자산 운용회사는 주식 및 채권을 매매하고 펀드를 운용하기 위한 펀드매니저를 두고 있는 회사로서 투자 자문업, 투자일임업, 신탁업을 할 수 있다. 투자일임회사는 투자일임업을 하는 회사이며, 신탁회사는 신탁업을 영업으로 하는 회사이다.

종합금융회사는 보험과 일반예금만 제외하고 그 외의 종합적인 금융업무를 취급하는 회사이다. 저금리 단기자금을 들여와서 고금리 장기대출을 통한 무모한 자산 확장으로 1997년 외환위기 시 대부분 정리되고, 현재는 전업종금사로 우리종합금융, 종금업 겸업 증권사로 메리츠종합금융증권, 종금업 겸업 은행으로 신한은행, KEB 하나은행만 있다.

5) 기타금융기관

위의 분류에 포함되지 않은 금융기관으로 금융지주회사와 공적 금융기관이 있다. 지주회사는 다른 주식회사의 주식을 소유하여 지배하는 것이 주업무인 주식회사를 말한다. 따라서 금융지주회사는 주식소유를 통해 은행, 증권회사, 보험회사 등의 금융회사를 1개 이상 자회사로 소유하여 지배하는 것을 주업무로 한다.

금융지주회사는 자회사의 지배만을 목적으로 하는 순수지주회사로 자체적인 영리업무를 할 수 없고, 금융과 관련 없는 회사를 자회사로 두어서도 안된다. 금융지주회사는 대형화를 통한 금융산업 경쟁력 제고를 위해 2010년에 최초로 금융지주회사인 우리금융지주회사가 만들어졌다. 대기업계열의 금융회사들은 지배구조 여건상 금융지주회사로 전환하지 않고 한화금융네트워크나 동부금융네트워크처럼 계열사로 두고 있다.

한편, 공적 금융기관으로는 한국자산관리공사, 한국주택금융공사, 한국투자공사 등이 있다. 한국자산관리공사는 금융회사 부실채권 인수, 정리 및 기업구조조정 업무, 금융 소외자의 신용회복지원 업무, 국유재산관리 및 체납조세정리 업무를 수행하는 준정부기관이다. 한국주택금융공사는 주택금융 등의 장기적·안정적 공급을 촉진하여 국민의 복지증진과 국민 경제의 발전에 이바지함을 목적으로 보금자리론과 적격 대출공급, 주택보증, 유동화증권 발행 등의 업무를 수행하는 준정부기관이다. 한국투자공사는 정부와 한국은행, 공공기금 등으로부터 위탁받은 자산에 대한 운용 및 관리업무를 위한 우리나라의 해외투자전문기관(국부펀드)이다.

6) 금융보조기관

금융거래에 직접 참여하는 금융회사와 달리 금융거래에 직접 참여하지 않으면서 금융시스템이 효율적으로 작동하도록 돕는 기관으로 한국은행, 금융감독원, 예금보험공사, 금융결제원, 한국예탁결제원, 한국거래소, 신용보증기관, 자금중개회사 등이 있다.

한국은행은 우리나라의 중앙은행으로 발권은행이다. 경제상황에 따라 돈의 양(통화공급)을 늘려서 이자율을 낮추기도 하고 줄여서 이자율을 올리기도 한다. 이처럼 돈의 양을 늘리거나 줄임으로써 경제활동 수준을 조절하는 통화정책을 수립하고 집행한다. 한국은행은 한국은행과 금융회사들 간 거래의 기준이 되는 이자율인 한국은행 기준금리를 지표로 삼아 통화정책을 수행한다. 한국은행은 여수신정책을 통해 은행의 은행 역할도 한다. 은행이 개인이나 기업에게 예금을 받거나 대출하는 것과 마찬가지로 은행이 영업을 하다가 돈이 부족하면 한국은행으로부터 돈을 빌려오거나 돈이 남으면 한국은행에 예금할 수 있다. 또한 한국은행은 정부의 은행 역할도 한다. 한국은행은 세금 등 정부수입을 국고금으로 받아두었다가 정부가 필요할 때 돈을 내준다.

금융감독원은 금융시스템 감독, 금융건전성 감독, 영업행위 감독 등의 금융감독업무, 금융회사의 규제 준수 여부 등에 대한 검사업무, 금융분쟁 조정 등 금융소비자 보호업무 등을 수행한다.

예금보험공사는 금융회사가 파산 등으로 예금을 지급할 수 없는 경우 예금의 지급을 보장함으로써 예금자를 보호하고 금융제도의 안정성을 유지하는 업무를 담당하기 위해 예금자보호법에 의해 설립되었다. 예금보험공사는 은행, 투자매매업과 투자중개업을 인가받은 금융회사(증권회사, 자산운용회사 등), 보험회사, 종합금융회사, 상호저축은행의 예금자에 대한 보호 업무를 담당하고 있다.

금융결제원은 금융기관 간의 온라인 입출금 및 이체 등 전자금융결제를 할 수 있도록 금융기관 공동전산망을 운영하는 기관으로 어음교환소의 설치 및 운영, 은행지로업무, 금융기관 공동전산망 관련 업무, 외환 콜 거래실 운영 등을 하고 있다.

한국예탁결제원은 주식이나 채권 등 증권의 집중예탁 및 결제 업무를 담당하는 국내 유일의 증권 중앙예탁결제기관이다. 즉, 증권매매가 이루어지면 증권과 대금은 예탁결제원을 통해 계좌 간 대체의 방법으로 결제된다. 한국예탁결제원은 주식·채권 등의 증권을 예탁받아 안전하게 보관하고 증권의 매매거래에 따른 결제를 효율적으로 처리하는 기능을 수행한다.

한국거래소는 주식, 채권, 파생상품 등을 모두 거래하는 종합거래소로, 크게 유가증권시장, 코스닥시장, 파생상품시장의 운영 및 시장감시 등의 업무를 수행한다.

공적 신용보증기관으로는 신용보증기금과 기술보증기금이 있다. 자금중개회사는 금융회사 간 자금거래 중개를 목적으로 금융감독위원회의 승인을 받아 설립된 회사를 말한다. 1996년 금융기관 간 단기금융 중개를 전담하는 한국자금중개㈜가 처음 문을 연 이래, 2001년 서울외국환중개㈜, 2006년 KIDB자금중개㈜가 설립되었다.

은행도 핀테크 설립한다

은행권 디지털 사업 성장 돕는 법규 손질 기대감↑

은행이 핀테크 사업을 할 수 있을지 이목이 집중되고 있다. 최근 몇 년 새 빅테크 업체의 금융 진출이 늘면서 은행들은 위기의식을 갖고 변화를 도모했다. 새로운 정부에서는 이러한 혁신이 가속할 것이란 전망이 나온다. 윤석열 당선인이 오랫동안 은행도 혁신할 수 있는 제도 마련에 나서겠다고 주구장창 밝혀왔기 때문이다. 핀테크업을 인가받으면 금융그룹 빅데이터와 자본력을 활용한 금융 공룡이 탄생한다.

19일 업계에 따르면 윤석열 당선인은 20대 대통령 선거 정책공약집을 통해 대표 금융공약 중 하나로 '디지털 금융의 혁신과 안정을 위해 금융규제 개선'을 약속했다. 구체적으로는 빅테크 금융업 규율체계 정비를 통해 동일규제 원칙을 지키겠다는 입장이다. 금융업 감독규정과 법규 등을 개편해 합리적 규제에 나서겠다는 의미로 해석된다.

실제로 네이버, 카카오 같은 빅테크사는 인터넷뱅크나 페이 등 그룹내 다양한 회사를 두고 있다. 우리 생활에 깊숙이 관여해 활용도가 높은 인터넷, 모바일 플랫폼을 통해 수집된 데이터는 기하급수적으로 늘고 있다. 업계에선 오랫동안 전통적인 금융데이터를 쌓았던 은행조차 이미 위협할 정도라고 보고 있다.

금융권의 디지털 혁신은 현행법상 한계가 있다. 금융산업의 구조개선에 관한 법률(금산법)에 따르면 은행 등 금융사는 금융위원회의 승인을 받아야만 비금융 회사 지분 20% 이상을 가질 수 있다. 은행법에서는 은행이 비금융 스타트업 지분을 15% 이상 보유할 수 없다. 금융지주회사법에서는 지주 산하 자회사끼리 마케팅 등 영업 목적의 고객 데이터 공유도 금지하고 있다.

이에 은행연합회에서는 대선 기간 윤석열 당선인 캠프에 규제 완화 필요성을 언급한 제안서를 보내기도 했다. 은행권이 규제 완화 필요성을 공감하고 있다는 입장을 강력히 피력한 셈이다.

윤석열 당선인 측 인수위는 조직 구성이 완료되면 활동을 시작한다는 계획이다. 인수위는 은행들이 요구한 디지털 규제 완화 방안을 포함한 금융권 규제 이슈 전반을 들여다 볼 것으로 기대된다.

다만 은행권 규제 완화가 당장 이뤄지기는 힘들 전망이다. 대내외적 악재를 감안하면 현 정부의 금융 정책 기조가 최선일 수 있었다는 말들도 나온다. 당장 코로나19 피해 소상공인 관련 경제 대책이 중요한 시점에서 시장 불안감만 커질 수 있기 때문이다. 금융업계 관계자는 "규제를 완화하려면 법 개정이 필요하기 때문에 본격적인 논의는 새 정부 출범한 이후에나 시작될 수 있을 것"이라고 전했다.

출처: 매일일보 2022.3.20.
http://www.m-i.kr/news/articleView.html?idxno=905128

2 창업금융

2.1 창업 자금과 조달 방법

창업자가 사업시스템을 운영하기 위하여 자금을 조달하고, 관리하는 것을 재무관리라고 한다. 창업자의 경우에는 자금이 남는 경우는 거의 없으므로, 창업자의 재무관리는 자금조달이라고 할 수 있다. 창업자는 자금 수입 및 지출 계획을 세우고, 현재의 자금 현황을 파악한 후, 부족한 자금에 대하여 조달 계획을 세우고 자금을 조달해야 한다.

[1] 창업 자금조달의 종류

자금 조달은 자기 자금 자금 조달과 부채 자금 조달로 나눌 수 있다.

자기 자금 자금 조달은 기존 주주에게서 자본금의 형태로 자금을 조달하거나, 타인에게 주식을 판매하는 투자 유치, 상환 의무가 없는 정부 또는 지방자치단체의 창업 지원 자금 및 R&D 자금을 받는 경우로 나눌 수 있다.

부채 자금 조달은 금융기관 등에서 자금을 빌리고 나중에 다시 갚는 것이다. 부채 자금 조달에는 신용 또는 담보 제공 여부, 이자율과 상환 기간, 중도 상환 가능 여부, 특약이 있는 지 등을 검토하여 차입 여부를 결정해야 한다. 부채 자금 조달의 상대방은 가족, 친지, 지인 중소벤처기업진흥공단, 일반은행 등이다.

(2) 창업 자금조달 방법

창업에 필요한 자금을 조달하는 방법은 크게 두 가지이다. 투자를 받거나 빌리는 것이다.

투자를 받으면 이익이 날 때 나누고 손해가 나더라도 투자원금을 돌려줘야 할 의무가 있는 것이 아니기 때문에 창업자 입장에서는 좋지만, 반대로 투자자로서는 위험 부담이 커서 꺼리게 된다. 반면, 대출을 받으면 경영상태와 관계없이 이자를 꼬박꼬박 내야하고 반드시 원금을 갚아야 하기 때문에 창업자는 부담스럽다. 그러나 투자하는 쪽이나 빌려주는 쪽(주로 은행)도 선뜻 나서지 못하는 이유가 있다. 정보 비대칭에 따른 역선택 가능성 때문이다. 역선택이란, 이해관계로 얽힌 경제주체 간에 어느 한쪽이 다른 한쪽에 비해 더 많은 정보를 갖고 있는 상황에서 계약 전 거래 상대방에 대한 지식 부족으로 불리한 계약이 몰리는 상황을 말한다. 즉, 은행이 창업자에 대한 정보가 상대적으로 매우 부족한 상황에서 이런저런 돈 떼일 위험을 감안해 높은 이자를 물리려 하면 창업자들 중에 고위험, 고수익을 추구하는 사람들이 주로 몰릴 수 있다. 이러한 상황을 미리 짐작하는 은행은 아예 대출을 꺼리는 것이다. 우리나라처럼 금융산업에서 은행의 비중이 큰 경우 대출이 어려운 것은 특히 창업에 큰 장애가 될 수 있다. 유사시에 제3자가 대출 원리금에 대해 책임지게 하는 연대보증제도는 이러한 정보 비대칭의 문제를 완화하는 기능을 하지만, 부작용 때문에 일부 금융기관에서 폐지되었다.

투자 유치를 제외한 창업자의 자금 조달은 다음의 순서로 조달하는 것이 유리하다.
① 상환 의무가 없는 정부 및 지방자치단체의 지원금
② 자익 저리의 중소벤처기업진흥공단/소상공인시장진흥공단/지방자치단체의 창업기업 융자금
③ 일반은행의 융자금

일반은행보다 이자율이나 차입 조건이 나쁜 저축 은행, 대부업체 등의 경우에는 차입을 하지 않는 것이 좋다. 또한 창업자에 대한 정부 및 지방자치단체의 지원금은 자금의 상환 의무는 없으나, 정책 목표의 달성을 위하여 일정한 신청 요건과 의무 사항이 있을 수 있다. 창업자에 대한 정부의 지원 자금 중에서 일반적인 창업 자금은 창업진흥원에서 관리하고, R&D 자금은 중소기업기술정보진흥원에서 관리한다. 정부의 창업 지원금은 사업별로 자금 지원 한도가 다르고, 신청 자격도 약간씩 다르다. 그러나 지원 업종은 제조업이나 지식서비스업, 즉 기술 창업에 해당해야 한다.

창업자의 부채 자금 조달에 대해서 알아보자.

창업자가 자신의 자금을 다 쓴 경우에, 제일 먼저 가족이나 친자에게서 자금을 빌릴 수 있다.

단기 자금 위주로 자금을 조달하는 경우가 많은데, 가족이나 친지와의 거래도 이자율, 상환 기간 등을 정하고 계약서를 쓰는 것이 좋다. 가족, 친지 등 주위 사람들과 자금 문제로 다툼이 생길 수 있으므로, 투명하게 거래하고, 소액으로 빌리는 것이 가족 관계나 우정을 지키는 데 도움이 된다.

가족, 친지에게서 자금을 조달하기 어렵다면, 중소벤처기업진흥공단이나 일반은행의 자금을 빌려서 한다. 중소벤처기업진흥공단 등 공공기관은 신용 대출이나 신용 보증서를 담보로 대출한다. 그러나 일반은행이 창업자에게 신용으로 자금을 빌려주는 경우는 거의 없고, 기술보증기금, 신용보증기금 또는 지역 신용보증재단의 신용 보증서를 담보로 창업자에게 자금을 빌려주는 것이 일반적이다. 이 경우 창업자가 명심할 것은, 자금 조달을 미리 준비해야 한다는 것이다. 미리 준비하지 않으면 자금 조달이 어렵거나, 불리한 조건을 감수할 수밖에 없다. 급하면 금리가 올라가는 것은 돈의 속성이기 때문이다.

정부지원금이나 주식의 발행을 통하여 투자를 받는 것은 만기의 개념이 없고, 상환할 필요가 없으나, 중소벤처기업진흥공단, 일반은행 등에서 자금을 빌리는 경우는 정해진 기간 내에 상환해야 하고, 정해진 방법에 의하여 이자도 납부해야 한다.

중소벤처기업진흥공단이 창업자에게 장기 저리로 자금을 대출하는 제도는 다음과 같다.

| 그림 10-2 | **중소벤처기업진흥공단**

〔1〕 청년전용창업자금

만 39세 이하의 예비 및 업력 3년 미만의 청년 기술 창업기업에게, 지원 한도 2억 원, 연 2%의 고정 금리로 자금을 대출해 주는 제도이다.

〔2〕 청년기업지원자금

예비 및 7년 미만의 기술 창업자에게 시설 자금 및 운전 자금으 대출하는 제도이다. 시설 자금은 소요자금 범위 내에서 10년 이내, 운전 자금은 연간 3년 이내, 5년 이내에서 대출이 가능하다.

〔3〕 재창업자금

실패 기업의 대표자 등이 재창업을 하는 경우, 시설 자금 및 운전 자금을 대출하는 제도이다.

소상공인시장진흥공단이 기술 창업자에게 대출하는 자금은 소공인특화자금이다. 이 자금은 상시 근로자 10인 미만의 제조업자에게 시설 및 운전자금을 대출한다. 지원 한도는 연간 5억 원(운전자금은 1억 원)이고, 금리는 연 2.15%(자동화는 1.95%)이다.

불씨 살아난 '상생' 기업대출, 혁신기업 '마중물' 될까

'벤처 마중물' 기술신용대출, 6개월 만에 증가세 전환

4대 시중은행 1.3조 원 증가, 은행권 전체는 4000여억 원↑

은행권 "상생 기조 맞춰 하반기 혁신금융 공급 늘릴 것"

금융권을 향한 금융당국의 '상생 압박'이 수개월째 감소세를 이어가던 기업대출의 '상생 불씨'를 지폈다. 상대적으로 유동성 확보에 어려움을 겪는 벤처 · 중소기업 대상 금융지원이 6개월만에 증가세를 보인 것.

은행업계에서는 이처럼 증가세로 전환한 혁신 기업 대상 유동성 공급이 올해 연말까지 지속될 가능성이 높다고 보고 있다. 은행채 발행 규제의 종료로 기업시장 전반의 자금 공급이 다소 위축될 가능성이 높은 데다, 은행권 역시 공격적인 기업대출 전략의 범위를 혁신 · 벤처로까지 확대하겠다는 의지를 보이고 있기 때문이다.

다만 상대적으로 일반 기업에 비해 혁신 · 벤처기업의 건전성 담보가 어렵다는 점, 그리고 전반적인 기업대출 연체율 또한 높아지고 있다는 점에서 리스크 관리 강화가 은행권의 주요 과제

가 될 전망이다.

27일 은행업계에 따르면 유동성 확보에 어려움을 겪고 있는 기업들을 대상으로 한 은행권의 자금 공급이 기존 대·중소기업을 넘어 혁신·벤처기업으로까지 확대되고 있다.

그간 소위 '건전성 관리'를 위해 상대적으로 신용도가 낮은 벤처·혁신 및 초기기업에 대한 자금 공급에 신중했던 은행권이 공격적인 대출 확대 전략에 맞춰 자금 공급을 늘리고 있는 것이다.

기업대출 증가? 벤처·혁신 기업은 '유동성 가뭄'

실제로 올해 은행권 내 기업대출 공급 규모는 좀처럼 줄지 않고 있다. 유동성 위기에 어려움을 겪는 기업들이 은행권 대출을 적극 이용하는 가운데, 은행권 역시 가계대출 감소세를 만회하기 위한 전략으로 공격적인 기업대출 확대를 선택했기 때문이다.

최근 한국은행이 발표한 '2023년 9월 중 금융시장 동향'에 따르면 지난 9월 말 기준 국내 은행권 기업대출 잔액은 전월(1226조 9000억 원) 대비 11조 3000억 원 늘어난 1238조 2000억 원으로 집계됐다.

대기업과 중소기업 모두 대출 공급이 늘어나는 기조도 여전했다. 대기업 대출의 경우, 전월 대비 4조 900억 원 늘었는데 이는 올해 1월(6조 6000억 원) 이후 가장 큰 증가폭이었다. 중소기업 대출 또한 전월 대비 6조 4000억 원 증가하며, 지난해 7월(6조 8000억 원) 이후 1년 2개월여 만에 최대 증가 폭 기록을 갈아치웠다.

전체 기업대출의 절반 이상을 공급하는 국내 주요 시중은행으로 비교 범위를 좁혀봐도 비슷한 흐름은 포착된다.

지난 9월 말 기준, 국내 5대 시중은행(KB국민·신한·하나·우리·NH농협)의 기업대출 잔액은 756조 3310억 원 규모로 집계됐다. 이는 전월 대비 약 8조 8000억 원 가량 증가한 수치이자, 9개월 연속 증가세다.

대기업 대출 잔액은 전월 대비 3조 9000억 원 가량 늘어난 132조 9907억 원으로 집계됐다. 중소기업 대출 잔액은 9월 말 기준 623조 3403억 원을 기록, 전월 대비 약 3조 6000억 수준 증가했다.

은행업계 관계자는 "증감을 거듭하는 가계대출과 달리 기업대출은 올 초부터 단 한 번의 감소 없이 꾸준히 증가(월별 기준)해 왔다"며 "지난해 부동산PF(프로젝트 파이낸싱) 사태로 촉발된 유동성 위축의 여파가 장기간 지속된 것으로 보인다"라고 말했다.

이처럼 대기업, 중소기업 대상 대출 공급이 꾸준히 증가하는 사이, 또 다른 기업군인 '벤처' 그리고 '혁신기업' 대상 유동성 공급은 좀처럼 활로를 뚫지 못했다. 기업대출 공급 확대와 함께 건전성 관리도 병행해야 했던 은행권이 상대적으로 신용도가 낮은 벤처·혁신기업 대상 유동성 공급을 조였기 때문이다.

이는 기술력은 보유하고 있지만, 담보나 신용이 떨어지는 혁신·중소기업에 기술력 또는 지식재산권(IP) 등을 담보로 돈을 빌려주는 대출 상품 '기술신용대출'의 공급 현황에서도 확인할 수 있다.

국내 4대 시중은행(KB국민·신한·하나·우리)의 기술신용대출 잔액은 지난 2월 173조 800억 원 규모를 기록한 이후, 지난 7월 말까지 5개월 연속 감소했다. 지난 7월 말 기준 기술신용대출 잔액은 152조 9232억 원으로 집계됐는데, 이는 지난 2월 말 대비 30조 원 가량 줄어든 수치다.

물론, 은행권에서는 이 같은 지적에 대해 별도의 정책금융상품, 벤처캐피탈(VC)을 통한 투자, '관계형금융'과 같은 은행 자체 상품 등을 통해 자금을 공급해 왔다는 입장이다.

다만, 유동성 공급 프로그램의 경우 △거래 기간 및 규모 △회사 운영 기간(최소 2~3년 이상) △자본금 규모 등 대출 요건이 까다로운 탓에 실제 자금이 필요한 초기 기업들은 사실상 이용하기가 쉽지 않다는 단점도 있다.

그러나 지난 8월을 기점으로 기술신용대출 잔액이 소폭 증가세로 돌아섰다는 점은 눈여겨볼 만하다. 실제로 8월 말 기준 4대 시중은행의 기술신용대출 잔액은 154조 2696억 원 수준으로 집계됐다. 이는 전월(152조 9232억 원) 대비 1조 3464억 원 늘어난 규모다.

각 은행 별로 살펴보면 신한은행이 43조 2414억 원으로 누적 잔액이 가장 컸다. 이어 KB국민이 38조 1430억 원, 하나은행이 37조 4730억 원, 우리은행이 35조 4122억 원 가량 공급했다. 전월 대비로는 우리은행이 약 7000억 원 가량 공급규모를 늘리며 4대 시중은행 중 가장 큰 증가폭을 기록했다.

4대 시중은행뿐 아니라 현재 기술신용대출을 공급하는 국내 17개 은행 전체 규모 또한 지난 8월 기준 306조 8107억 원을 기록, 전월(306조 3892억 원) 보다 약 4300여억 원 확대됐다.

은행업계에서는 이러한 기술신용대출의 증가세가 당분간 이어질 가능성이 높을 것으로 보고 있다.

실제로 최근 국회 국정감사에서 주요 금융당국 수장들은 상생 기조에 따른 취약계층 금융 지원 확대를 다시 한번 공언했다. 또 은행채 발행 재개로 회사채를 포함한 기업, 특히 자금 수혈이 상대적으로 쉽지 않은 벤처·혁신기업 대상 유동성 공급이 위축될 수 있다는 점 또한 이 같은 분석을 뒷받침한다.

은행권에서도 기술신용대출을 포함한 벤처·혁신기업 대상 유동성 공급을 확대한다는 방침이다.

한 시중은행 관계자는 데일리임팩트에 "초기 기업을 위한 마중물 공급을 늘려야 한다는 데에는 이견이 없다"며 "기술 보증 심사 등 건전성 관리를 위한 대응은 강화하겠지만, 대출을 무리하게 조이기 위한 목적은 아닐 것"이라고 말했다.

출처: 데일리임팩트 2023.10.27.
https://www.dailyimpact.co.kr/news/articleView.html?idxno=105610

[4] 정부의 창업 지원사업

창업자는 창업지원포털(K-Startup)에서 공고 내용을 확인하고, 신청할 수 있다.

| 그림 10-3 | **창업지원포털** ─────────────────────

① **창업성공패키지(청년창업사관학교)**

만 39세 이하의 예비 및 창업 3년 아내의 우수 기술 창업자에게 최대 1억 원이 창업 자금을 지원하는 사업이다. 중소벤처기업진흥공단의 청년창업사관학교에서 창업 자금 지원과 함께 창업 공간, 교육 및 코칭, 기술 지원 등의 One-Stop 패키지 지원시스템을 운영한다. 또한 이 사업을 완료한 창업자가 글로벌 창업사관학교 사업 등의 후속지원을 받을 수 있다.

② **예비창업패키지**

예비 창업자에게 최대 1억 원의 창업 사업화 자금, 창업 교육 및 멘토링 등을 지원한다. 기술 분야별로 교육과 멘토링을 실시하고, 후속 연계 지원도 한다. 이미 사업자등록을 한 대학생 등은 이 사업에 신청할 수 없으므로, 이 점을 유의해야 한다.

③ **창업도약패키지**

업력 3년 이내의 창업자에게 최대 1억 원의 사업화 자금 및 아이템 집중, 투자 유치 등의 창업기업 수요 기반의 맞춤형 프로그램을 제공함으로써 초기 창업기업의 성장을 지원한다.

④ **창업도약패키지**

3년 이상 7년 이내 창업기업의 성과 창출을 위해, 사업 모델 개선, 사업 아이템 고도화, 분야별 특화 프로그램 등의 사업화 지원과 성장 촉진 프로그램을 지원한다. 창업자에게 최대 3억 원의 사업 모델 개선, 사업 아이템 고도화 등의 사업화 자금, 최대 1억 원의 맞춤형 성장지원을 위한 수출, 유통, 상장 등의 서비스 지원금을 지원한다.

⑤ 민관 공동 창업자 발굴 육성 사업(Tech Incubator Program for Startup)

2014년에 신설된 TIPS 프로그램은 글로벌 시장을 지향하는 유망 기술 창업팀에게 과감한 창업 도전 기회를 제공하기 위해서, 엔젤투자자, 전문투자사 및 기술 대기업을 운영사로 지정하여, 엔젤투자, 보육, 멘토링과 함께 창업 자금을 지원하는 제도이다. 창업 팀당 창업 사업화 및 해외 마케팅 자금 지원 등으로 3년간 최대 10억 원을 지원한다. 즉, 창업자가 민간의 엔젤 투자 등으로 1억 원을 받는 경우, 정부가 R&D 등의 창업 자금으로 최대 9억 원을 지원한다. 2018년부터 검증된 졸업기원의 본격적인 성장을 지원하는 포스트팁스(Post-TIPS)와 지방의 예비 TIPS 창업 기업을 발굴하는 프리팁스(Pre-TIPS)사업을 추가하여 지원하고 있다.

⑥ 기타 정부의 창업 지원사업

중소벤처기업부와 각 부처, 지역 창조경제혁신센터에서 창업 사업화 자금을 지원하는 사업은 매우 많다. 창업자는 업력, 단계, 선정 가능성 등을 고려해서 자신에게 맞는 사업을 신청해야 한다.

지방자치단체의 창업 지금 지원은 지방자치단체별로 지원 대상과 규모가 다르다. 중소벤처기업부 등 정부에 비하여 자금 지원 규모가 작고, 지원대상도 청년, 장년, 여성 등으로 다양하며 지역의 특성에 맞는 창업 지원을 한다. 지방자치단체의 창업 지원은 자금 지원보다는 교육, 컨설팅, 창업 공간 제공 등 창업 저변 확대에 중점을 두고 있다. 지방자치단체의 창업 지원 정보는 창업지원포털(K-Startup)이나 기업마당(www.bizinfo.go.kr)에서 확인하고 해당 기관에 신청, 접수하면 된다.

창업기업의 R&D 지원사업은 창업성장기술개발사업이 대표적인 사업이다. 이 사업은 성장 잠재 역량을 보유하고 있으나, 기술 개발 자금이 부족한 창업기업의 기술 개발을 지원하는 사업으로, 업력 7년 이하이고, 매출액 20억 원 미만의 창업기업을 대상으로 한다. 이 사업은 중소기업기술정보진흥원에서 관리하고, 중소기업기술개발사업종합관리시스템(www.smtech.go.kr)에서 신청, 사업비 집행 등을 해야 한다. 이외에도 정보통신기획평가원의 민관협력기반 ICT 스타트업육성사업 등의 R&D 지원사업이 있다.

2.2 회사 주식을 이용한 자금조달 방법

창업자가 자금을 빌리지 않고, 조달하는 방법은 없을까? 그 방법 중에는, 앞에서 설명한, 상환의무가 없는 정부지원금이나 가족에게서 증여를 받는 방법이 있으나, 가장 일반적인 것은 투자 유치를 통해서 자금을 조달하는 것이다.

(1) 투자

투자는 창업자 자신이 보유하고 있는 회사 주식 또는 신규로 발행한 회사 주식을 가족, 친지, 엔젤투자자 및 전문투자자에게 판매하여 자금을 조달하는 것이다.

창업자가 투자를 받기 위해서는 회사가 주식회사여야 하고, 회사의 자본금이 100원 이상의 액면가를 가진 보통 주식으로 구성돼야 한다. 보통 주식, 즉 보통주를 판매하는 것은 그 지분율만큼의 의결권을 판매하는 것이고, 그 주식을 산 매수자는 그 회사의 주주가 되는 것이다. 배당이나 잔여재산 분배에 대하여 우선권을 가진 우선주를 판매하고 자금을 조달하는 경우도 있다. 이 경우 우선주의 주주는 의결권이 없다.

투자자가 창업자에게 투자하는 경우는 보통주보다 우선주로 투자하는 경우가 훨씬 많고, 대부분의 전문투자자는 상환전환우선주(RCPS; Redeemable Convertible Preference Share)로 투자한다. 그 이유는 상환전환우선주가 채권처럼 만기를 정하여 투자금 상환을 요청할 수 있는 상환권과, 우선주를 보통주로 전환할 수 있는 전환권을 모두 가진 우선주이므로, 투자자에게 매우 유리하기 때문이다. 상환전환우선주의 투자자는 상환권을 통하여 회사채보다 높은 이자를 받을 수 있고, 상장이나 주가가 오를 것으로 예상하는 경우 보통주로 전환할 수 있으며, 회사의 청산이나 인수합병 시, 잔여 재산이나 매각 대금의 분배에서 보통주보다 유리한 우선권을 갖고 있다.

창업자가 투자를 받는 방법은 구주 매출에 의한 방법과 신주 발행에 의한 방법이 있다.

구주 매출은 창업자가 갖고 있는 자신의 지분 중 일부를 가족, 친지 또는 엔젤투자자 등에게 판매하는 것이다. 창업자의 입장에서는, 기존 주식의 판매, 즉 구주 매출이지만, 주식을 산 사람에게는 기존 주식의 매입, 즉 보통의 투자이다. 투자 유치에서 구주 매출은 예외적인 경우이고, 창업자가 회사의 주식을 신규로 발행하여 판매하는 신주 발행에 의한 방법이 일반적이다.

예를 들어 회사 자본금이 5천만 원인 경우, 액면가가 500원인 주식을 주당 1,000원에 1만 주를 판매하였다면, 투자자는 1천만 원에 그 회사의 주식 10%를 취득, 투자한 것이다. 만약 창업자가 자신의 주식을 구주 매출 방식으로 판매한 경우는, 투자금을 창업자 개인이 받아서, 개인적인 용도로도 사용할 수 있고, 이 돈을 회사에 빌려주거나, 회사에 투자할 수도 있다.

반면에 신주 발행의 경우에는 당연히 회사의 계좌로 입금될 것이다. 위의 예에서, 창업자의 회사가 신주 1만 주를 발행하여 이를 투자자에게 1천만 원에 판매한 경우에는, 500만 원은 주식발행금으로, 500만 원은 주식발행금으로, 500만 원은 주식발행초과금으로 회계 처리된다. 주식발행초과금은 액면가의 2배의 가격으로 판매되면서 발생한 것이고, 회사는 투자받은 돈을 필요한 곳에 사용할 수 있다.

창업자가 투자 유치 시 고려해야 할 사항은 다음과 같다.

① 투자금을 어디에, 왜 쓸 것인가?(Where & Why)

② 소요자금은 얼마인가?(How much)

③ 언제 자금을 유치할 것인가?(When)

④ 어떤 형태로 어떻게 받을 것인가?(What & How)

⑤ 누구에서 투자받을 것인가?(Who)

창업자가 투자 유치를 해야겠다고 생각한 경우, 상기 사항을 검토한 후, 어떤 투자자에게 투자를 요청할 것인지를 결정할 것이다. 가족, 친지 등을 제외한 전문적인 투자자는 투자에 있어서 각기 다른 특성이 있다. 따라서 창업자는 투자자의 특성을 이해하고 자신에게 적합한 때에, 적합한 투자를 받아야 한다.

[2] 투자자 종류

① 크라우드펀딩(Crowd Funding)회사

크라우드펀딩은 후원, 기부, 대출, 투자 등의 목적으로 소셜 네트워크 서비스 등을 통해 다수의 개인으로부터 자금을 모으는 것이다. 크라우드펀딩은 기부, 후원, 보상, 대출 등의 목적도 있지만, 지분투자를 목적으로 하기도 한다. 국내 크라우드펀딩 회사들이 투자 자금의 모금을 통해서 창업자의 회사에 지분투자를 공개하고 있다.

② 엔젤투자자

엔젤 투자(Angel Investment)는 개인들이 돈을 모아 창업자에게 필요한 자금을 투자하고, 그 대가로 창업 회사의 주식을 받는 형태이다. 엔젤 투자는 투자 클럽의 형태로 운영되기도 하며, 투자자가 한국엔젤투자협회에 전문 엔젤투자자로 등록하거나, 투자 조합을 결성하여 활동하기도 한다.

③ 창업기획자(액셀러레이터: Accelerator)

창업기획자는 초기 창업자에게 대한 창업 교육, 멘토링, 보육 등과 투자를 주된 업무로 하는, 벤처투자 촉진에 관한 법률에 의해서 중소벤처기업부에 등록한 투자자이다. 창업자에 대한 투자 금액은 대부분 5억 원 이하이다.

④ 창업투자회사 등 전문투자회사

창업투자회사는 중소기업창업지원법에 의하여 설립된 대표적인 벤처캐피탈로서, 창업자에게 전문적으로 투자하는 회사이다. 전문투자회사 중 신기술사업금융회사는 신기술 사업자에게 투자 또는 융자해주는 금융회사로서, 창업투자회사와는 달리 융자도 해줄 수 있다는 점에서 차이가 난다.

엔젤투자자와 창업투자회사 등의 전문투자회사와의 특성을 비교하면 다음과 같다.

구분	엔젤투자자	전문투자회사
투자 단계	주로 초기 단계에서 투자	대부분 성장 단계에서 유지
투자 동기	높은 수익성/감정적 동기	수익성과 안정성을 모두 고려/이성적 동기
투자 재원	자기 자금	자본금/펀드 자금
투자 조건	유연함	까다로움/방어적임
투자 규모	비교적 소액	대부분 규모가 큼
투자 관리	관여하지 않음	경영 참여/경영 감사
투자 행태	형식에 구애받지 않음	대부분 신주 발행 방식
투자 경로	개인적 채널	대부분 회사의 투자 의뢰를 받고 투자 검토함
투자 회사 지원	거의 없음	자금 지원 등 다각적인 지원이 가능함
투자자 성격	개인 또는 엔젤 투자 클럽	법인 또는 조합

[3] 투자 유치 절차

창업자가 창업투자회사 등의 투자 유치를 받기 위한 절차는 ① 상담 및 계획서 제출, ② 투자사의 예비 심사, ③ 사업설명회(IR: Investor Relations), ④ 본 심사, ⑤ 투자심의위원회 최종 결정 및 승인 통보, ⑥ 투자계약 체결 및 투자금 입금의 순서로 진행된다.

창업자는 투자 유치 시, 투자 금액과 주식 수에 관해서 이해해야 한다.

투자 금액과 투자자가 갖는 주식 수는 창업기업의 기업가치에 따라 달라진다. 즉 투자를 위해서는 창업자의 기업가치가 결정되어야 한다. 창업 기업의 가치는 기업 평가에 의하여 결정되는데, 유사한 형태의 평가된 기업이 있다면, 비교를 통해서 기업가치를 평가하기도 한다.

예를 들어, 창업 기업인 A사의 기업가치가 40억 원으로 평가된 경우, 창업투자회사가 A사에게 10억 원을 투자한다면, 창업투자회사는 A사의 지분 몇 %를 받을 수 있을까?

답은 20%로, 계산식은 10억 원÷(40+10)억 원=20%이다.

위 경우, 창업투자회사가 A사의 주식 20%를 갖기 위해서, A사는 신주 몇 주를 발행해수 창업투자회사에게 줘야 할까?(A사의 현재 발행한 주식 수는 10,000주이다.)

발행할 주식 수를 X라고 하면, X÷(10,000+X)=20%이므로, X=2,500주이다. 따라서 A사는 신주 2,500주를 발행해서 창업투자회사에게 줘야 한다.

창업 성장 과정에 따른 투자 유치 단계를 살펴보면 다음과 같다.

① 시드 투자

창업자가 창업 초기자금을 확보하는 단계로서, 엔젤 투자나 크라우드펀딩을 받는 경우가 많고, 투자 자금은 프로토타입의 제품 또는 서비스의 개발 및 제작 등에 사용된다.

② 시리즈 A 투자

창업자가 시장 검증을 마친 시제품이나 서비스를 시장에 출시하기 위하여 자금을 확보하는 단계로서, 창업투자회사 등의 전문투자자들의 참여한다. 투자금은 제품 양산, 서비스 오픈, 초기 시장 마케팅 등에 사용된다.

③ 시리즈 B 투자

창업자가 시리즈 A 투자를 통해 인정받은 제품이나 서비스로 사업을 확장하기 위해, 자금을 확보하는 투자 단계로서, 창업투자회사 등의 전문투자자들이 참여한다. 투자금은 인력 채용, 연구개발, 마케팅의 확대 등에 사용된다.

④ 시리즈 C 이상 투자

시리즈 B 투자를 통해 사업을 확장한 창업자가 시장 점유율을 본격적으로 높이고, 성장을 가속화하기 위해 자금을 확보하는 투자 단계로서, 해외 투자자, 창업투자회사 등의 전문투자자들이 참여한다. 투자금은 비즈니스모델을 해외 시장으로 더 확장하거나, 사업을 관련 분야로 확장하는 데 사용된다. 창업자가 증권시장 상장 또는 인수합병 등의 목적으로 자금 조달을 하기도 한다.

| 그림 10-4 | 창업 성장 과정에 따른 투자 유치 단계

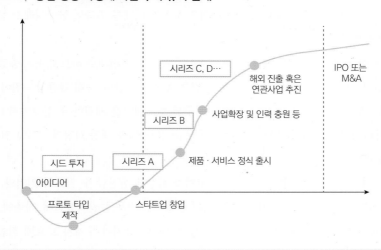

[4] 투자금 회수

창업자가 창업 성장 과정에 따른 투자 유치를 받으면서 큰 기업으로 성장하게 되면, 창업 자는 물론, 그동안 투자해 준 창업투자회사 등 투자자들이 주식시장 상장이나 인수합병(M&A; Merger & Acquition)을 통해서 투자금을 회수하고자 하는데, 이를 투자자의 입장에서, 출구 전략(Exit Strategy)이라고 한다.

인수합병은 인수와 합병을 의미하는데, 인수는 다른 기업의 경영권을 얻는 것이고, 합병은 둘 이상의 기업으로 합치는 것이다. 즉 창업자가 다른 기업에게 인수당하거나, 합병되는 것이므로, 투자자 등 창업 회사의 주주들은 자신의 주식을 높은 가격에 판매할 수 있게 된다.

기업이 인수합병을 하는 이유는 규모의 경제 실현을 통한 비용 절감, 신속한 시장 진입 및 시장 지배력 확대 등이고, 기업 합병을 통하여 새로운 경쟁우위를 창출할 수 있는지가 가장 중요하다. 따라서 창업자가 인수합병 회사의 이러한 요구에 부응할 수 있다면, 인수합병이 이루어질 것이다.

[5] 상장기업

창업자가 자신의 기업을 주식시장에 상장하는 것을 기업 공개(IPO: Initial Public Offering)라고 하는데, 기업 공개와 상장은 사실상 동일한 의미로 사용되고 있다.

기업 공개는 일정 규모의 기업이 상장 절차 등을 밟기 위해 행하는 외부 투자자들에 대한 첫 번째의 주식 공개 매도를 말한다. 즉 창업 기업의 신주 발행과 지분 분산을 통하여 기업의 경영을 공개하는 것이다. 기업 공개를 통해서 공모한 주식은 주식의 매매를 위하여 한국거래소 상장이라는 수단을 이용하게 된다.

기업 공개는 해당 법인의 주식이 한국거래소에 상장되는 것을 전제로 하므로 유가증권상장규정 상의 신규 상장 심사요건 등 여러 가지 제한 요건을 충족해야 한다. 특히 금융감독원이 지정하는 회계 법인으로부터 외부 감사를 받고, 증권사에 주관업무 계약을 체결한 후 상장까지 1년 이상의 소요된다. 따라서 창업자가 코스닥 시장에 등록하는 경우, 등록 예정 시점의 약 3년 전부터 등록 준비를 해야 한다.

최근에는 성장 초기의 중소기업이 원활하게 코넥스 시장에 상장할 수 있도록 기업의 재무 요건을 최소화하였다. 코넥스 시장은 2013년에 개설된 중소기업 전용 증권시장인데, 매출액, 순이익 등의 재무 요건을 상장 요건으로 적용하지 않고, 상장 기업이 공익과 투자자 보호에 적합한지를 심사하므로, 상장이 용이하다. 그러나 거래가 부진하고 활성화되지 못했기 때문에, 창업자가 충분한 자금 조달을 하기 어려울 수 있다.

창업자가 코스닥 시장에 등록하기 위해서는 코스닥 시장에 상장할 수 있는 요건을 검토하고, 미리 준비해야 한다.

③ 창업 성공을 위한 전략

창업자가 성공하기 위해서는 어떤 것들이 필요할까?

일반적으로 창업자는 다음과 같은 성공 과정을 거치게 된다.

① 사업 아이템을 정하여, 제품이나 서비스를 만들고 마케팅을 준비하는 시기

② 초기시장에서 제품을 판매하는 시기

③ 캐즘에 해당하는 정체기

④ 캐즘을 극복하고 전기 다수 시장에서 제품 판매를 시작하는 시기(볼링 앨리)

⑤ 전기 다수 시장에서 매출이 폭발적으로 증가하는 시기(토네이도)

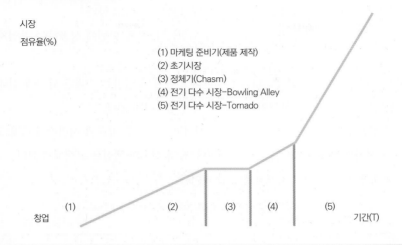

| 그림 10-5 | 창업 성장 과정 단계

시장
점유율(%)

(1) 마케팅 준비기(제품 제작)
(2) 초기시장
(3) 정체기(Chasm)
(4) 전기 다수 시장-Bowling Alley
(5) 전기 다수 시장-Tornado

창업 (1) (2) (3) (4) (5) 기간(T)

창업 과정별로 성공 창업에 필요한 것들을 정리해 보자.

① 마케팅 준비기에는 창업자가 기업가 정신에 대하여 이해하고, 실천해야 한다. 창업자의 기업가 정신은 돈을 벌 수 있는 사업 시스템을 만드는 것이다. 창업자는 목표 고객을 만족시키는 혁신 제품이나 차별화된 제품을 판매하여 수익을 얻고, 이를 관리하는 사업 시스템을 구축해야 한다.

② 창업자가 초기시장의 고객인 선각자에게 제품이나 서비스를 판매하는 경우에는 포지셔닝 전략, 입소문 전략, 장애 요소의 제거 등의 초기시장 전략을 성실히 수행해야 한다.

③ 캐즘으로 인한 정체기에는 창업자가 어려움을 극복하고, 인내심, 자신감을 갖고 새롭게 도전해야 한다. 창업에 성공하느냐 실패하느냐는 난관을 극복하고 도전하느냐, 포기하느냐에 달려있다.

④ 창업자는 전기 다수 시장에 진입하여, 볼링앨리 전략으로 캐즘을 극복해야 한다. 하나의 목표 시장에 집중함으로써, 볼링공이 순차적으로 넘어지듯이, 인접 시장도 공략될 것이다.

⑤ 창업자가 전기 다수 시장의 중간에 들어서면서, 토네이도 국면에 진입하면 쏟아지는 주문으로 정신이 없는 지경에 이르게 된다. 이 시기에 창업자에게 필요한 것은 관리 능력이다. 종업원 자금을 관리하고, 고객의 주문을 빠르게 처리할 수 있는, 고객 관리 및 조직 시스템을 만들어야 한다.

창업자는 성공하기까지 많은 시간이 소요되고, 수많은 난관과 어려움을 극복해야 한다. 국내 기업의 창업에서 기업 공개까지의 소요 기간은 평균 13년 정도라고 한다.

어려움을 겪지 않고 성공한 창업자가 얼마나 되겠는가? 또한 단번에 성공하는 창업자가 얼마나 되겠는가?

창업자가 성공하기까지 평균 2.8 회를 실패한다고 한다. 창업자는 수많은 난관과 실패를 통해서 창업의 원리를 깨닫게 되고, 창업의 이해를 통해서 성공하게 된다.

창업자의 성공은 창업자의 핵심 역량과 혁신적이고 차별화된 제품과 서비스를 목표 고객에게 집중함으로써 시장 폭발(토네이도)를 만드는 것이다. 창업 성공의 핵심은 고객에게 있다.

고객에게 집중하면 운(運)이 열리고 성공할 것이다.

마켓컬리, 자본잠식 회복했지만 … 전환우선주 '리스크'

마켓컬리를 운영하는 컬리의 매출이 1조 5614억 원으로 사상 처음으로 1조 원을 돌파했다. 이처럼 이커머스 업계에서 폭발적인 성장성을 보여줬지만 수익성의 회복은 향후 과제로 남을 전망이다. 지난해 우선주의 보통주 전환을 통해 자본잠식 이슈를 해소했지만 김슬아 컬리 대표의 지분은 5%대로 낮아졌기 때문이다.

1일 컬리에 따르면 지난해 총거래액은 65% 신장한 2조 원, 매출은 63.8% 늘어난 1조 5614억 원을 기록했다. 매출 규모만 본다면 파격적인 성장이다. 쿠팡의 지난해 매출이 전년 대비 54% 성장한 것과 비교해도 돋보이는 규모다.

특히 2020년 완전자본잠식은 지난해 말 기준으로 모두 해소된 상태다. 상환전환우선주(RCPS)의 보통주 전환이 이뤄지며 대규모 자본 확충이 진행됐기 때문이다. 기업공개(IPO)를 본격적으로 추진하면서 상장요건을 갖추기 위한 과정으로 해석된다.

실제 지난해 말 기준 컬리의 자본총계는 1045억 원 규모로 결손금 1조 8425억 원을 감안해도 RCPS를 통해 유입된 자본잉여금이 이를 모두 상회하면서 안정적인 구조가 만들어졌다.

부채비율도 대폭 개선됐다. 지난해 말 기준 컬리의 부채비율은 85.0%로 전년 말 190.6%에서 절반 이하로 줄었다. 이 역시 금융부채로 인식되던 RCPS가 보통주로 편입되면서 가능해진 일이다.

RCPS는 보통주 보다 더 많은 배당을 받는 우선주의 성격과 함께 필요시 투자금을 상환 받을 수 있는 상환권, 의결권이 있는 보통주로 전환이 가능한 전환권을 보유한 증서다. 자산이 많지 않은 스타트업이 자금조달을 위해 RCPS를 발행하는 경우가 많은데, 컬리가 그 경우다.

투자자들은 상장 차익에 대한 기대감으로 투자금 상환 대신 보통주 전환을 선택, 결과적으로 컬리의 투자자 지분은 크게 높아졌다.

지난해 말 기준 김슬아 컬리 대표의 보통주 지분은 5.75%로 전년의 보통주 기준 31.2%(우선주 포함 6.67%)보다 대폭 하락했다. RCPS를 비롯한 우선주가 보통주로 전환되면서 주식 총량이 증가했기 때문이다.

창업자의 의결권이 5.75%에 불과하다는 것은 그만큼 지배력이 약해졌다는 의미이기도 하다. 실제 SCC Growth V Holdco H, Ltd, DST Global VII, L.P, Euler fund, HH SUM-XI Holdings Limited, Aspex Master Fund 등 외국계 펀드 개별 지분은 모두 김 대표를 상회한다. 이 때문에 김 대표는 투자자들과 공동 의결권 행사에 대한 합의를 한 것으로 전해지고 있다.

이커머스 업계 관계자는 "쿠팡은 차등의결권을 보장받을 수 있는 뉴욕거래소에 상장하면서 적은 지분으로 지배구조를 지킬 수 있었지만 컬리는 국내 상장을 추진하면서 경영권 리스크를 짊어지게 됐다"며 "상장 이후에 보호예수기간을 설정하더라도 투자자들의 대규모 엑시트를 피하긴 힘들 것"이라고 전했다.

당장 문제는 수익성의 개선이다. 컬리의 지난해 영업손실은 2177억원으로 전년 대비 적자폭이 87.3% 늘었다.

컬리 관계자는 "지난해 공헌이익이 흑자인 만큼 향후 투자가 마무리되면 흑자 전환이 가능한 구조"라고 말했다.

다만 공헌이익은 매출에서 변동비용만을 제외한 수치로 여기에서 고정비를 빼야해야 영업이익이 된다. 즉, 흑자를 위해서는 고정비 이상의 추가 이익을 달성해야만 가능하다는 이야기다. 이 과정에서 원만한 투자가 이어질지는, 향후 관전포인트가 될 가능성이 높다.

업계 관계자는 "차익 실현이 최우선인 투자자 입장에서 상장 이후에도 이어지는 컬리 시설 투자에 협조적일지는 아직 미지수"라며 "단계적 일상회복이 가시화되는 상황에서 매출이 지금처럼 성장세를 유지할지도 지켜봐야할 것"이라고 전망했다.

출처: 뉴데일리경제 2022.04.01.
https://biz.newdaily.co.kr/site/data/html/2022/04/01/2022040100129.html

윈프레딕트, 300억 원 규모의 시리즈C 투자 유치

바야흐로 스타트업 시대이다. 2010년부터 시작한 국내 스타트업 열풍은 지난 10년 동안 급속도로 성장했다. 대한민국은 어느새 유니콘 기업 11개를 배출한 세계 5위 스타트업 강국으로 자리매김했다. 쿠팡, 우아한형제들, 야놀자, 블루홀 등 경쟁력을 갖춘 스타트업이 우리 실생활

속으로 파고들었고, 지금 이 순간에도 성공을 꿈꾸는 수많은 스타트업이 치열한 경쟁 속에서 도전하고 있는데, 이에 IT동아는 이러한 국내 스타트업의 현장을 [주간투자동향]으로 정리해 제공한다.

원프레딕트, 300억 원 규모의 시리즈C 투자 유치

인공지능(AI) 기반 산업 설비 예지보전 솔루션을 제공하는 원프레딕트가 300억 원 규모의 시리즈C 투자를 유치했다. 이번 투자는 스톤브릿지벤처스, 에이티넘인베스트먼트 등 기존 투자사와 함께 LB인베스트먼트, KDB산업은행, KTB네트워크, 신한은행, KB증권, LG에너지솔루션, GS파워 등이 신규 참여했다. 원프레딕트는 2019년과 2020년에 각각 40억 원, 150억 원 규모의 투자를 받은 바 있으며, 이번 투자를 통해 총 490억 원의 누적 투자 유치 금액을 달성했다.

2016년 설립한 원프레딕트는 산업 AI 알고리즘을 바탕으로 설비 상태를 진단하고, 고장을 사전에 예측하는 'GuardiOne(가디원)' 솔루션을 제공한다. 에너지발전, 석유화학, 유틸리티, 반도체, 배터리 등 다양한 산업군에서 고객사를 확보하고 있다.

최근 산업용 모터 상태를 종합 관리하는 'GuardiOne Motor(가디원 모터)'를 출시, '스마트팩토리+오토메이션월드 2022', '2022 IEEE PES T&D' 등 국내외 전시회에 참여해 고객과 접점을 확대할 계획이다.

이번 투자 유치 자금을 바탕으로 솔루션을 고도화하고, 국내 시장 내 우위 선점을 유지하며 해외 파트너십을 구축해 북미, 중동, 동남아 등 글로벌 시장에서의 경쟁력을 강화할 예정이다.

원프레딕트 이응곤 COO (최고운영책임자)는 "이번 투자 유치는 다양한 산업 현장에서 원프레딕트가 전달하는 제품의 효용성 및 이에 대한 고객의 신뢰도를 다시 한번 증명한 결과"라며, "다양한 지표에서 우위를 점한 것처럼, 글로벌 유니콘으로 도약하는 모습까지 보일 수 있도록 총력을 다하겠다"라고 밝혔다.

출처: IT동아 2022.03.28.
https://it.donga.com/101952/

위메이드, 1367억 들여 '애니팡' 개발사 선데이토즈 인수

위메이드(대표 장현국)가 '애니팡' 개발사 선데이토즈(대표 김정섭)를 인수한다. 위메이드는 이번 인수를 통해 블록체인 플랫폼 '위믹스'의 캐주얼 게임 라인업을 강화하고 소셜카지노 장르까지 확대한다는 계획이다.

20일 선데이토즈는 위메이드이노베이션과 최대주주 변경을 수반하는 주식양수도 계약을 체결했다고 공시했다.

선데이토즈의 최대주주 스마일게이트홀딩스가 보유 주식 339만 9351주(지분율 35.52%) 중 200만주(지분율 20.90%)를 위메이드이노베이션에 주당 4만 2000원씩 총 840억 원에 양도하는 계약이다.

선데이토즈는 위메이드이노베이션을 대상으로 총 527억 2500만 원 규모의 제3자배정 유상증자도 진행해 보통주 190만주(1주당 2만 7750원)를 발행한다.

유상증자까지 완료되면 위메이드이노베이션은 선데이토즈 지분 34%(390만주)를 소유하게 된다.

선데이토즈는 위메이드이노베이션을 대상으로 300억 원 규모의 신주인수권부사채(BW)도 발행할 예정이다.

위메이드이노베이션은 위메이드의 싱가포르 자회사 위메이드트리 PTE의 100% 자회사다. 이날 위메이드트리 PTE는 위메이드이노베이션의 구주 2만주(취득금액 1000만 원) 및 제3자 배정 유상증자 참여을 통한 신주 200만주(취득금액 1000억 원)를 취득해 100% 자회사로 편입할 예정이라고 밝혔다. 유상증자 자금은 선데이토즈 지분 인수에 쓰일 예정이다.

선데이토즈는 모바일 퍼즐게임 '애니팡' 시리즈를 비롯해 각종 캐주얼 게임을 서비스하는 회사다. 자회사 플레이링스를 통해 '슬롯메이트', '일렉트릭 슬롯' 등 소셜카지노 게임도 서비스하고 있다. 특히 플레이링스는 내년에 대체불가토큰(NFT) 기반 소셜카지노 게임으로 글로벌 시장 공략을 선언하기도 했다.

위메이드는 동시접속자 130만 명을 기록한 '미르4' 글로벌 버전 흥행을 앞세워 '위믹스' 플랫폼 생태계 확장에 공을 들이고 있다. 2022년 말까지 위믹스 플랫폼에 100개 게임 서비스를 목표로 여러 개발사들과의 협업을 진행 중이다.

위메이드 장현국 대표는 "위믹스는 모든 장르의 게임이 블록체인 게임으로 신속하게 변혁할 수 있는 플랫폼"이라며 "위믹스 생태계 확장을 위한 M&A를 유례없이 과감하게 글로벌하게 전개해 나갈 것"이라고 말했다.

출처: 매일경제 2021.12.20.
https://www.mk.co.kr/news/it/view/2021/12/1146705/

학습 정리

- 금융은 자금수요자와 자금공급자 사이 돈의 융통이며, 이를 중개하는 역할은 은행과 같은 금융회사가 한다.

- 금융시장은 가계, 기업, 정부의 여유자금이 거래되는 곳이며, 간접금융시장과 직접금융시장으로 나뉜다.

- 금융시장에서 거래되는 금융 상품의 종류에 따라 주식시장, 채권시장, 외환시장이 금융시장의 세 축을 이룬다.

- 금융시장의 기능으로는 자본자원 배분, 투자자의 소비시점 결정, 위험배분이 있다.

- 창업자의 재무관리는 자금조달이며, 이는 자기 자금 자금조달과 부채 자금조달로 나뉜다.

- 창업자가 자금을 빌리지 않고, 조달하는 방법에는 투자가 있다.

  창업자가 투자 유치 시 고려해야 할 사항은 다음과 같다.

  (1) 투자금을 어디에, 왜 쓸 것인가?(Where & Why)

  (2) 소요자금은 얼마인가?(How much)

  (3) 언제 자금을 유치할 것인가?(When)

  (4) 어떤 형태로 어떻게 받을 것인가?(What & How)

  (5) 누구에서 투자받을 것인가?(Who)

- 창업 성장 과정에 따른 투자 유치 단계는 다음과 같다.

  (1) 시드 투자

  (2) 시리즈 A 투자

  (3) 시리즈 B 투자

  (4) 시리즈 C 이상 투자

문제

O, X

1	투자자가 창업자에게 투자하는 경우는 보통주보다 우선주로 투자하는 경우가 훨씬 많다.
2	시리즈 B 투자는 창업자가 시장 검증을 마친 시제품이나 서비스를 시장에 출시하기 위해 자금을 확보하는 단계이다.
3	창업자가 코스닥 시장에 등록하는 경우, 등록 예정 시점의 약 2년 전부터 등록 준비를 해야 한다.
4	경제활동이란 사람에게 필요한 재화나 서비스를 생산, 분배, 소비하는 모든 활동을 의미한다.
5	직접금융시장은 자금수요자와 자금공급자 사이에 은행이 개입하여 은행이 자금공급자인 가계 등에 이자를 주고 돈을 빌려와서 모은 자금을 기업에 이자를 받고 대출해주는 시장을 말한다.

객관식

1 창업자가 투자 유치시 고려해야 할 사항 중 옳지 않은 것을 고르시오. (   )

(1) 투자금을 왜 쓸 것인가?
(2) 언제 자금을 유치할 것인가?
(3) 누구에게 투자할 것인가?
(4) 소요 자금은 얼마인가?
(5) 어떤 형태로 어떻게 받을 것인가?

2 A에 해당하는 것을 고르시오. (   )

〈보기〉 A은/는 후원, 기부, 대출, 투자 등의 목적으로 소셜 네트워크 서비스 등을 통해 다수의 개인으로부터 자금을 모으는 것이다.

(1) 엔젤투자자
(2) 창업기획자
(3) 창업투자회사 등 전문투자회사
(4) 크라우드펀딩
(5) 액셀러레이터

③ 엔젤투자자와 전문투자회사의 차이로 옳지 않은 것은? (   )

구분	엔젤투자자	전문투자회사
(1) 투자 단계	주로 초기 단계에서 투자	대부분 성장 단계에서 유지
(2) 투자 동기	높은 수익성/감정적 동기	수익성과 안정성을 모두 고려/이성적 동기
(3) 투자 재원	자기 자금	자본금/펀드 자금
(4) 투자 조건	까다로움/방어적임	유연함
(5) 투자 규모	비교적 소액	대부분 규모가 큼

④ 다음 중 옳지 않은 것은? (   )

가. 경제활동이란 사람에게 필요한 재화나 서비스를 생산, 분배, 소비하는 모든 활동을 의미한다.

나. 예대시장은 간접금융시장의 대표적인 시장 중 하나이며, 가계의 저축과 기업에게 대출을 행한다.

다. 기업의 가장 중요한 재무의사결정은 자금조달결정과 투자의사결정이다.

라. 정부는 사회 전체의 후생 극대화를 목표로 하며 경제활동에 개입하고, 기업은 사회 간접자본을 생산한다.

⑤ 다음 금융시장에 관한 설명으로 옳지 않은 것은? (   )

가. 자금 수요자가 자금공급자로부터 직접 빌려오느냐 혹은 누군가를 통해서 빌려오느냐에 따라 직접금융과 간접금융을 구분한다.

나. 우리나라는 직접금융을 통한 산업자금조달은 효율성이나 규모에 있어 실물경제를 지원하는 데 한계가 있었기 때문에 양질의 산업 자본 조달을 위한 간접금융의 확충이 절실히 요구된다.

다. 간접 금융시장은 예대시장이 대표적이다.

라. 직접 금융시장은 자금수요자가 주식이나 채권을 발행하여 자금공급자로부터 돈을 직접 조달하는 시장이다.

단답형

1 (   )는 상호저축은행, 신용협동기구, 여신전문금융회사, 우체국으로 나눌 수 있다.

2 (   )는 창업자 자신이 보유하고 있는 회사 주식 또는 신규로 발행한 회사 주식을 가족, 친지, 엔젤 투자자 및 전문투자자에게 판매하여 자금을 조달하는 것이다.

3 (   )는 경제활동의 대가로 획득하는 소득을 가지고 재화와 서비스의 구매 및 소비활동을 하는 경제주체를 말한다.

4 (   )은 자금수요자가 주식이나 채권을 발행하여 자금공급자로부터 돈을 직접 빌려 조달하는 시장이다.

서술형

1. 투자자의 입장에서 출구전략의 개념을 서술하시오.

2. 투자자의 종류 2가지를 서술하시오.

3. 창업 자금조달의 종류를 서술하시오.

4. 한국은행이 A에게 공사대금으로 5,000만 원을 지급하였다고 하자. A는 이 돈을 일반은행인 B은행에 예금하였다. B은행은 지급준비금 20%인 1000만 원을 남겨두고 4,000만 원을 다른 사람인 C에게 대출할 수 있다. C가 4,000만 원을 대출받아 일반은행인 D은행에 모두 예금하였다면 D은행은 지급준비금 20%인 800만 원을 남겨두고 3,200만 원을 다른 사람인 E에게 대출하게 되면 E는 이 돈을 F은행에 모두 예금할 수 있다. 이러한 과정의 무한반복을 통해 예금통화는 최대 (   )까지 늘어나게 된다. 왜냐하면, 총 예금규모는 B은행의 예금 5,000만 원, D은행에 예금 4,000만 원, F은행의 예금 3,200만 원과 같이 지급준비율 (   )의 승수로 예금규모가 무한히 증가하기 때문이다(계산 과정 제시바람).

5. 금융 지식을 아는 것이 창업가에게 중요한 이유는 무엇인지 서술하시오.

창업세무

학습목표

◎ 세금의 종류에 대해 알 수 있다. 개인사업자와 법인사업자를 막론하고 사업을 하다 보면 항상 세금문제가 매주 혹은 매월 중요한 이슈가 된다. 즉, 기업 경영에서 세금문제는 인력 또는 기술개발 그리고 영업 주제와 함께 마찬가지로 매우 중요한 분야다.

◎ 세금은 사업자등록증을 발급받는 순간부터 기업의 가장 주요한 의무사항 중 하나이다. 매출이 발생하면 기업은 순수익, 즉 이익부분 중 일정 부분을 국가와 지방자치단체에 세금으로 납부해야 한다.

◎ 창업 법인 혹은 개입사업자가 납부해야 할 세금의 종류와 세율에 알아봄으로써 세금으로 인해 가산세를 부과받는 일을 방지하고자 한다.

◎ 4대 사회보험에 대해 알 수 있다.

Chapter 11 창업세무

세금은 사업자등록증을 발급받는 순간부터 기업의 가장 주요한 의무사항 중 하나이다. 매출이 발생하면 기업은 순수익, 즉 이익부분 중 일정 부분을 국가와 지방자치단체에 세금으로 납부해야 한다.

① 세금의 종류

기업이 부담해야 하는 세금에는 매달 납부해야 하는 세금과 연중 수회 납부하는 세금이 있다. 또한 부과 주체에 따라 국세와 지방세가 있으며, 회사가 부담하는 세금 외에도 회사의 임직원을 대신하여 납부해야 하는 원천세가 있다. 보다 상세한 세금 관련 설명은 국세청사이트를 참고하기 바란다.

사업자로서 부담하는 세금의 종류는 다음과 같다. 법인의 경우, 국세를 다음과 같이 납부한다.

- 법인세: 1년에 2회 납부하며, 예정과 확정으로 나누어 납부
- 부가가치세: 3개월에 1회, 즉 4, 7, 10, 1월 25일까지 신고 및 납부
- 근로소득세 원천징수: 매달 1회, 급여지급월의 다음 달 10일까지 납부
- 4대사회보험료
- 기타 세금

개인사업자의 경우에는, 법인세가 없으며 대표가 자신의 종합소득세를 1년에 1회(5월말) 납부해야 한다. 종합소득세에는 이자, 배당, 사업, 근로, 연금, 기타소득 6가지로 열거소득에 대한 세금을 부과하게 된다.

Chapter 11 창업세무 **363**

다음으로 지방세는 지역 공공서비스를 제공하는 재원으로 쓰기 위해 지방자치단체별로 각각 과세하는 세금이다. 광역시 소재 법인의 경우 임직원 근로소득세(국세)를 매월 원천징수하고 납부 시 근로소득세 납부 금액의 10%를 지방소득세로 다시 납부해야 한다. 또한 주민세와 자동차세(법인 보유차량 있을 시) 및 등록면허세도 일반적으로 납부해야 한다.

② 부가가치세

2.1 부가가치세 의무사업자

부가가치세는 제품/서비스 생산 및 유통과정에서 생성되는 가치에 대해 부과되는 세금으로서, 제품/서비스 판매가격의 10%를 가격에 부가하여 상품/서비스 구매자가 부담한다. 모든 사업자가 부가세 관련 업무를 처리하는 것은 아니며, <그림 11-1>에서처럼 사업자 유형에 따라 부가가치세법상 의무를 부담하지 않는 경우도 있다. 여기서 부가가치세법상 의무를 진다는 의미는 판매하는 제품/서비스 가격의 10%에 해당하는 가격을 세금계산서 또는 부가가치세가 표기된 영수증을 발행하여 소비자에게 청구하고, 이를 소비자 대신해 관할세무서에 납부하는 것을 말한다.

| 그림 11-1 | **부가가치세법상 사업자 유형 구분**

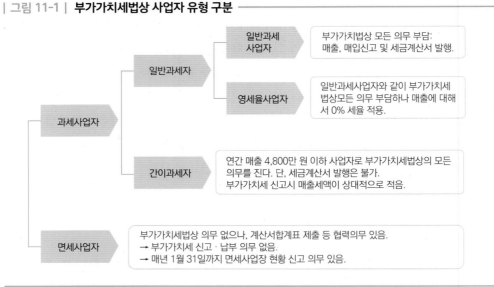

출처: 국세청 홈페이지(www.nts.go.kr).

<그림 11-2>는 사업자 유형별로 부가가치세를 납부하기 위한 신고 및 납부 절차를 설명한 것이다. 부가가치세 신고서를 작성한 후 관할 세무서에 제출하는데 일반적으로 세무사에게 이의 신고를 대행 의뢰하는 경우가 대부분이다. 최근에는 부가가치세 신고서 제출과 납부를 홈택스 (www.hometax.go.kr)를 통해 할 수도 있다.

| 그림 11-2 | **부가가치세의 신고 및 납부**

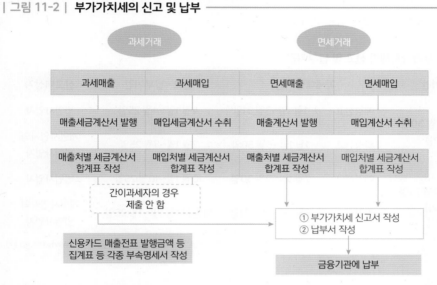

출처: 국세청 홈페이지(www.nts.go.kr).

2.2 부가가치세 면세업종

제품/서비스에 따라 부가가치세를 부과하지 않는 경우도 있다. 즉, 아래와 같이 생활필수품 판매 혹은 의료, 교육 관련 용역 제공에 대해서는 부가가치세가 면제된다.

- 곡물, 과실, 채소, 육류, 생선 등 가공되지 아니한 식료품의 판매
- 연탄·무연탄, 복권의 판매
- 병·의원 등 의료보건용역업
- 허가 또는 인가 등을 받은 학원, 강습소, 교습소 등 교육용역업
- 도서, 신문, 잡지(광고 제외)
- 골프장, 카지노, 투전기 사업장, 경마장, 경륜장, 경정장의 경영자

2.3 부가가치세 신고 및 납부

부가가치세는 6개월을 과세기간으로 하여 신고·납부하게 되며 각 과세기간을 다시 3개월로 나누어 중간에 예정신고기간을 두고 있다. <표 11-1>에서처럼 개인사업자는 6개월에 한 번씩 신고 및 납부를 하여야 하고, 법인사업자는 3개월마다 하도록 의무화되어 있다. 즉, 법인의 경우 4월 25일, 7월 25일, 10월 25일, 차년도 1월 25일에 부가가치세를 신고 및 납부해야 한다. 개인사업자는 7월과 1월 두 차례만 신고 및 납부하면 된다.

| 표 11-1 | **부가가치세의 신고 및 납부기간**

과세기간	과세대상기간		신고·납부기간	신고대상자
1월 1일~6월 30일 (제1기)	예정신고	1월 1일~3월 31일	4월 1일~4월 25일	법인사업자
	확정신고	1월 1일~6월 30일	7월 1일~7월 25일	개인사업자와 법인사업자
7월 1일~12월 31일 (제2기)	예정신고	7월 1일~9월 30일	10월 1일~10월 25일	법인사업자
	확정신고	7월 1일~12월 31일	다음해 1월 1일~1월 25일	개인사업자와 법인사업자

출처: 국세청 홈페이지(www.nts.go.kr).

세금체납 주범 부가가치세 손본다

판매자가 폐업이나 도산 등으로 인해 소비자가 낸 부가가치세를 체납하거나 탈루하는 '배달사고'가 해마다 크게 늘어나고 있는 것으로 나타났다. 올해 최대 50조 원의 세수 결손 사태가 날 것으로 우려되는 등 나라살림의 구멍이 점점 커지는 상황에서 부가세 누락·체납을 막을 수 있는 제도 개편이 필요하다는 목소리가 나온다.

부가세는 납세의무자가 직접 세금을 납부하는 일반적인 세금과는 달리, 납세의무자와 담세자가 다른 간접세다. 소비자가 물건 가격의 10%에 해당하는 금액을 판매자에게 지급하고, 판매자는 정기적으로 이를 신고·납부하게 된다. 체납이 발생했다면 구매자가 지불한 세금을 판매자가 체납하거나 탈루하고 있다는 의미다.

정치권에서는 판매자가 아닌 소비자가 세금을 국고에 바로 납부할 수 있도록 하는 카드 대리납부제·매입자납부제를 확대해 부가세 체납을 원천적으로 막아야 한다고 주장한다. 다만 부가세 체납의 원인이 경기 불황으로 인해 납부여력이 없는 경우가 상당수인 만큼, 전면 확대나 적용 업종을 늘리는데 한계가 있다는 지적이 나온다. 현행 제도 하에서 부가세 납부 전까지 법인은 최대 3개월, 개인사업자는 최대 6개월 동안 부가세를 운영자금으로 활용하고 있다는 점에서 자영업자들의 반발도 우려된다.

출처: 이데일리 2023.05.29.
https://www.edaily.co.kr

③ 소득세

소득세란 법인 또는 개인소득에 대하여 국가에서 과세하는 세금(국세)으로, 창업초기 사업자에게 주로 해당하는 소득세는 법인세와 임직원의 근로소득세 등 두 가지이다.

3.1 법인사업자의 소득세

법인의 경우, 회사의 매출액 및 기타 수입으로 인한 수입에서 인건비, 재료비, 경비 등의 지출분을 제외한 순수입에 대해 법인세를 연 1회 부담(실제로는 중간예납과 확정신고의 2번으로 나눠 납부)해야 하며, 또한 대표이사 및 임직원의 근로소득세를 원천징수하여 납부해야 한다. 즉, 법인세는 주식회사와 같은 법인이 사업에서 생긴 소득에 대한 세금으로 사업연도별 소득계산은 총익금에서 총손금을 차감한 금액이며, 법인의 종류별로 부담하는 소득의 종류와 과세여부는 <표 11-2>와 같다.

| 표 11-2 | **납세의무자별 소득 과세 여부**

구분		각 사업연도 소득	청산소득	토지 등 양도소득
내국법인	**영리법인**	국내외 모든 소득	과세	과세
	비영리법인	국내외의 수입사업소득	비과세	과세
외국법인	**영리법인**	국내원천소득	비과세	과세
	비영리법인	국내원천 수익사업소득	비과세	과세
국가·지방자치단체		비과세		
외국정부·지방자치단체		비영리법인으로 보아 법인세법 적용		

출처: 국세청 홈페이지(www.nts.go.kr).

[1] 법인세 중간예납

12월에 사업연도가 종료되는(12월 결산 법인)은 1월 1일부터 6월 30일까지를 중간예납기간으로 하며 납부기간은 2개월 이내, 즉 8월 31일까지 법인세 중간 예납세액을 신고·납부해야 한다. 이때 납부금액은 직전사업연도 법인세의 1/2을 납부하는 것이 일반적이나 상반기 영업실적을 중간결산(가결산)하여 납부할 수도 있고, 이 경우 직전사업연도 결손(적자실적)법인이라면 반드시 중간결산하도록 되어 있다. 이때, 중간예납이라고 해서 내년에 납부할 세금을 미리 내는 것이 아니라 상반기 사업성과에 대하여 납부하는 것으로 이해해야 하며, 미이행 시 납부불성실가산세(신고불성실가산세는 해당되지 않음)가 부과됨을 명심하여야 한다.

중간결산 시 제출서류로 법인세 중간예납 신고납부 계산서(법인세법 시행규칙 별지 제58호 서식)와 법인세 과세표준 및 세액조정 계산서(법인세법 시행규칙 별지 제3호 서식) 등이며, 중간결산에 의하여 작성한 대차대조표, 손익계산서, 세무조정계산서 및 기타 참고서류를 추가로 제출해야 한다.

국세청 홈페이지(www.nts.go.kr), 홈택스(www.hometax.go.kr)에서 법인세 중간예납세액 신고·납부방법을 자세히 안내하고 있으며, 홈택스의 '신고 전 확인하기' 메뉴 또는 쪽지에서 해당 법인의 직전사업연도 법인세를 기준으로 계산한 중간예납세액을 안내하고 있다.

만약 법인에서 법인세 납부에 부담을 느낄 경우 분할 납부를 신청할 수 있으며, 이때 납부세액이 1천만 원을 초과하면 납부기한이 지난 날로부터 1개월(중소기업의 경우 2개월) 이내 분납할 수 있다. 그리하여 8월에 신고·납부하는 중간예납의 분납기한은 일반기업은 9월 말, 중소기업은 10월 말까지다. 분할납부 가능액은 중간예납세액이 1천만 원 초과 2천만 원 이하의 경우 1천만 원 초과 금액, 중간예납세액이 2천만 원 초과의 경우 중간예납세액의 1/2이하 금액이 가능하다.

[2] 법인세 확정신고

법인세 신고는 법인세 과세표준 및 세액계산서를 작성하여 각 사업연도의 종료일이 속하는 달의 말일부터 3월 이내에 관할세무서에 신고하고 법인세를 납부해야 한다. 즉, 12월 결산법인의 경우 법인세 확정 신고 및 납부 기일은 매년 3월 31일이다. 법인세 확정 신고를 위해 기업회계기준 등에 따른 재무제표를 직접 혹은 세무사사무실 등을 통해 작성하고 법인의 경우 상법에 따라 주주총회를 개최하여 당기순이익 확정 및 이익잉여금 처분방법을 정하게 된다.

홈택스 홈페이지(www.hometax.go.kr)에 접속하여 인터넷을 통해 신고(전송)할 수 있으며 전자신고 대상서식 이외에 당해 법인에게 보관의무가 부여된 제출 제외 서류에 대해서는 신고 시 별도로 제출하지 않아도 된다. 법인세 신고 시 필요한 서류는 다음과 같다.

- 기업회계기준을 준용하여 작성한 개별 내국법인의 재무상태표, 포괄손익계산서 및 이익잉여금처분계산서(또는 결손금처리계산서)
- 법인세 과세표준 및 세액조정계산서
- 기타 부속서류 및 현금흐름표, 표시통화재무제표
- 원화재무제표

| 그림 11-3 | **법인세 신고납부 절차**

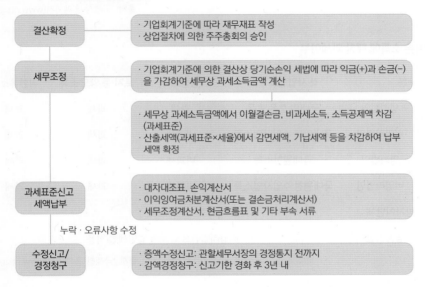

출처: 국세청 홈페이지(www.nts.go.kr).

(3) 법인세율

2018년 기준법인세율은 <표 11-3>과 같다. 확정신고 납부액이 1천만 원을 초과 시 중간예납과 마찬가지로 다음에 해당하는 금액을 납부기한이 지난 날로부터 1개월(중소기업의 경우 2개월) 이내에 분납할 수 있다. 그리하여 3월 말까지 신고·납부하는 확정신고 분납기한은 일반기업은 4월 말, 중소기업은 5월 말까지이다. 법인세 신고와 관련하여 총부담세액이 기납부세액(중간예납세액, 원천징수세액 등)보다 적은 경우에는 법인세 환급세액이 발생할 수 있다.

| 표 11-3 | 법인세율(2023년 기준)   (단위: 원)

과세표준	세율	누진공제
2억 원 이하	9%	
2억 원 초과 200억 원 이하	19%	
200억 원 초과 3,000억 원 이하	21%	
3,000억 원 초과	24%	

출처: 국세청 홈페이지(www.nts.go.kr).

* 구분에 따른 소득에 대한 과세여부

구분		각 사업연도 소득	청산소득	토지 등 양도소득	미환류소득
내국법인	영리법인	국내외 모든 소득	과세	과세	과세
	비영리법인	국내외의 수입사업소득	비과세	과세	과세
외국법인	영리법인	국내원천소득	비과세	과세	과세
	비영리법인	국내원천 수입사업소득	비과세	과세	과세
국가 · 지방자치단체		비과세			
외국정부 · 지방자치단체		비영리법인으로 보아 법인세법 적용			

출처: 국세청 홈페이지(www.nts.go.kr).

구글·애플 등 부가세액 급증 ⋯ 법인세는 쥐꼬리

국내에 진출한 구글, 애플, 넷플릭스, 페이스북 등 해외 아이티(IT)기업들이 지난해 부가가치세 3300억여 원으로, 전년보다 40% 넘게 늘었다. 그만큼 소비자의 사용이 늘었다는 뜻이다. 하지만 이들은 국내에 고정 사업장이 없어 직접세 부담은 미미하다.

29일 박홍근 더불어민주당 의원이 국세청으로부터 받은 자료를 보면, 2020년 해외 아이티기업 168곳의 간편사업자 부가가치세 납부세액은 3319억 원이었다. 구글이나 애플 등 10억원 이상 매출을 올린 49곳은 3301억 원을, 10억 원 미만인 119곳은 18억 원을 납부했다. 2016년 66곳이 612억 원을 납부했고, 2017년(86곳) 925억 원, 2018년(92곳) 1335억 원, 2019년(134곳) 2367억 원을 냈다. 해를 거듭할수록 납부세액이 늘어난 것은 그만큼 이들 기업이 제공하는 서비스 사용자가 증가해서다. 물론 이 세금은 여느 부가세와 마찬가지로 소비자가 부담하는 소비세인 터라, 해당 기업들이 사업으로 번 소득에 기반해 내는 세금과는 거리가 멀다.

소득에 따라 낸 세금인 법인세 부담은 미미하다. 구글은 국내에서 5조 원 안팎의 영업수익(매출)을 올리며 두자릿수 영업이익률을 내는 것으로 추정되지만, 지난해 낸 법인세는 100억 원이 채 되지 않는다. 네이버의 지난해 법인세 부담액이 대략 5300억 원으로 추산되는 점을 염두에 두면 구글의 세부담은 극히 작은 셈이다. 이는 한국에서 발생한 수익과 소득 대부분을 싱가포르에 위치한 구글아시아퍼시픽 몫으로 구글이 회계 처리를 하기 때문이다. 한국에는 2200억 원 수준인 광고수익 정도만 국내 영업수익으로 잡는다. 국내에서 연간 2~3조 원 매출을 올리는 애플 역시 국내 과세당국에 내는 법인세는 거의 없다.

기획재정부 관계자는 "해외 아이티 기업의 경우 국내에 사업장이 없는 경우가 많아, 네이버 등 국내 사업자와 달리 법인세 등과 같은 직접세 부담은 거의 없는 편"이라고 설명했다.

아이티기업들의 조세 회피는 해묵은 과제로, 일부 국가들은 동영상 서비스나 광고 등 디지털 서비스에 과세하는 '디지털 서비스세'(DST)를 마련했다. 영국은 지난해부터 사업장이 없는 아이티 기업의 매출에 2%를, 인도는 올해 4월부터 광고(6%)나 전자상거래(2%) 등에 세금을 부과하고 있다. 여기에 경제협력개발기구(OECD)는 지난 7월 아이티 기업을 포함해 글로벌기업의 조세 회피를 막기 위해 '글로벌 최저한세', '디지털세' 등 과세 강화 방안에 130개국의 합의를 이끌어냈다. 10월 말 이탈리아에서 열리는 주요 20개국(G20) 정상회의에서 최저한세 등을 도입하는데 합의가 이뤄질 전망이다.

박홍근 민주당 의원은 "국내에서 매출을 수조 원을 올리는데도 세금은 턱없이 적어 국내 사업자와 조세 형평성 문제는 물론 조세 정의에도 맞지 않다"며 "국제적으로 이들 기업에 대한 과세 강화 방안이 마련 중인데, 우리도 과세는 물론 매출 공개 등 투명성을 강화하기 위한 조처를 강구해야 한다"고 말했다.

출처: 한겨레, 2021.09.29.
https://www.hani.co.kr/arti/economy/economy_general/1013242.html,

3.2 개인사업자의 소득세

[1] 종합소득세 정의

종합소득세는 개인이 지난해 1년간 경제활동으로 얻은 소득에 대해 납부하는 세금으로 이자, 배당, 사업(부동산 임대), 근로, 연금, 기타소득 등 모든 과세대상 소득을 합산하여 계산하고, 다음 해 5월 1일부터 5월 31일까지 주소지 관할 세무서에서 확정신고 및 세금을 납부해야 한다.

(2) 종합소득세 납부대상자

종합소득세는 근로소득이 한 곳에서만 발생하는 일반 직장인을 제외하고 소득이 있는 대부분 국민들이 납부 의무를 가진다. 즉, 근로소득이 2곳 이상에서 발생하는 경우나 사업소득이 있거나 금융소득이 2천만 원 이상 있는 경우, 그리고 기타 소득이 기준금액(300만 원) 이상인 경우에는 종합소득세를 부담해야 한다. 한편 퇴직소득만 있는 경우에는 종합소득세의 대상이 아니지만 근로소득만 있다고 하더라도 연말정산을 하지 않은 경우에는 종합소득세 확정신고를 해야 한다.

소득세 납부대상자는 1년 동안 얻은 소득에 대하여 다음해 5월 1일부터 말일까지 주소지 관할 세무서에 신고·납부를 하지 않을 경우 신고·납부해야 할 세금에 신고불성실가산세와 납부불성실가산세를 추가하여 부담해야 한다.

| 표 11-4 | 종합소득세 구성항목

구분	산출근거	종합소득금액(과세표준)
이자소득	총수입금액	이자소득금액
배당소득	총수입금액+귀속법인세	배당소득금액
사업소득	총수입금액-필요경비	사업소득금액
근로소득	총수입금액(총급여액)-근로소득공제	근로소득금액
연금소득	총수입금액(총급여액)-연금소득공제	연금소득금액
기타소득	총수입금액-필요경비	기타소득금액
종합소득		종합소득금액합계

출처: 국세청 홈페이지(www.nts.go.kr).

| 표 11-5 | 소득세 신고 시 제출 서류

제출대상서류
1. 종합소득세, 농어촌특별세 과세표준확정신고 및 자진납부계산서(소득자에 따라: 단일소득자용, 복수소득자용)
2. 소득금액계산명세서, 소득공제신고서, 주민등록등본
3. 재무상태표 및 손익계산서와 그 부속서류, 합계잔액시산표 및 조정계산서와 그 부속서류(복식부기의무자), 간편장부 소득금액계산서(간편장부대상자), 추계소득금액계산서(기준-단순경비율에 의한 추계신고자), 성실신고 확인서(성실신고확인대상사업자)
4. 공동사업자별 소득금액 등 분배계산서(공동사업자)
5. 원천징수세액 납부명세서
6. 세액공제신청서, 성실신고확인비용 세액공제신청서
7. 세액감면신청서
8. (일시 퇴거자가 있는 경우) • 일시 퇴거자 동거가족 상황표 • 퇴거 전 주소지와 일시 퇴거지 주민등록등본 • 재학증명서, 요양증명서, 재직증명서, 사업자등록증 사본
9. (장애인공제 대상인 경우) • 「국가유공자 등 예우 및 지원에 관한 법률」에 따른 상이자의 증명을 받은 사람 또는 「장애인복지법」에 따른 장애인등록증을 발급받은 사람: 해당증명서, 장애인등록증의 사본이나 그 밖의 장애사실을 증명하는 서류
10. (위탁아동이 있는 경우)-가정위탁보호확인서
11. (동거 입양자가 있는 경우)-입양관계증명서, 입양증명서

출처: 국세청 홈페이지(www.nts.go.kr).

[3] 종합소득세율과 제출 서류

종합소득은 과세표준에 따라 상이하게 적용되며 누진세율이 특징이다. 일정 과세표준마다 6%, 15%, 24%, 35%, 38%, 38%, 40%, 42%의 세율을 적용하게 된다.

한편 소득세 신고 시 제출 서류는 <표 11-5>와 같으며, 해당사항이 있을 경우 필요서류를 구비하여 신고하면 된다.

신고 시에는 국세인 종합소득세 뿐 아니라 지방소득세 소득분도 함께 신고해야 하며, 홈택스(www.hometax.go.kr) 사이트나 '국세청 모바일 통합 앱'을 통해 신고 및 납부할 수 있다. 종합소득세율은 개인의 종합소득 과세표준에 따라 부과 소득세율이 다르며, <표 11-6>에서 이를 확인할 수 있다.

과세표준	세율	누진공제액
14,000,000원 이하	6%	0
14,000,000원 초과 50,000,000원 이하	15%	1,260,000
50,000,000원 초과 88,000,000원 이하	24%	5,760,000
88,000,000원 초과 150,000,000원 이하	35%	15,440,000
150,000,000원 초과 300,000,000원 이하	38%	19,940,000
300,000,000원 초과 500,000,000원 이하	40%	25,940,000
500,000,000원 초과 1,000,000,000원 이하	42%	35,940,000
1,000,000,000원 초과	45%	65,940,000

출처 : https://www.smart-law.co.kr/view/useful-legal-info/457

3.3 근로소득세 원천징수

개인 혹은 법인 모두 임직원들의 근로소득세에 대해서는 회사가 임직원 개인으로부터 급여 지급 시 소득세를 원천징수하여 납부를 대신해야 하는 의무가 있다. 즉, 급여를 지급할 때 소득세를 공제하고, 급여일이 속한 달의 다음달 10일까지 국세청에 원천징수한 소득세를 신고 및 납부한다. 근로소득세뿐만 아니라 퇴직소득세도 기업이 원천징수 및 납부를 해야 한다.

근로소득세는 국세청 사이트에서 최신 '근로소득간이세액표'를 참고하여 납부하면 되며, 근로소득과 근로소득금액의 관계를 이해하기 위해서는 <그림 11-4>를 참고하면 된다.

| 그림 11-4 | **근로소득금액과 과세표준금액의 개요**

	근로소득
비과세금액	총급여액
근로소득공제	근로소득금액
인적 공제 연금 공제	과세표준금액

韓 근로자 10%가 근소세 74% 낸다

소득 상위 10% 근로자가 전체 근로소득세의 74%를 부담하는 것으로 나타났다. 법인세는 0.4%의 기업이 76%를 책임지는 것으로 파악됐다. 23일 국회예산정책처가 발표한 '2023년 대한민국 조세' 보고서에서다. 세 부담이 고소득층과 일부 대기업에 편중돼 있는 것이다.

보고서에 따르면 2021년 기준 전체 근로소득자(1966만 명)의 10.5%에 해당하는 연봉 8000만 원 초과 소득자 210만 명이 전체 근로소득세(52조 7000억 원)의 74.3%인 39조 1000억 원을 냈다. 이들의 소득 총계는 전체 근로소득의 33% 정도지만 근로소득세에서 차지하는 비중은 이보다 두 배 이상으로 높았다. 반면 근로소득자의 35.3%에 달하는 704만 명은 소득세를 한 푼도 내지 않았다. 종합소득세는 상위 10.6%인 연 6000만 원 초과 소득자가 전체 세금(44조 2000억 원)의 87.4%(38조 6000억 원)를 부담했다.

법인세 '세수 편중'은 더 심했다. 전체 법인(90만 6000개)의 0.01%도 안 되는 70개 기업이 총 법인세(60조 2000억 원)의 36%를 냈고, 0.4%가량인 3400여 개 기업이 76.5%를 납부했다.

국내 기업의 법인세 최고세율은 2012년 24.2%에서 2018년 27.5%로 높아진 뒤 지난해 세제 개편으로 올해 26.4%로 낮아졌지만 OECD 평균에 비해서는 여전히 높은 수준이다. OECD의 법인세 최고세율 평균은 이 기간 25.3%에서 23.1%로 낮아졌다. 미국 프랑스 일본 등 주요국이 기업 유치 등을 위해 법인세를 인하한 결과다.

출처: 한국경제 2023.04.24.
https://www.hankyung.com

'탈세' 준코 창업자 세금 소송 ... 법원 "세금 300억 부과 정당"

프랜차이즈 유흥주점 '준코' 창업자가 탈세 사실이 적발돼 부과받은 수백억 원의 추징금 처분에 불복해 낸 행정소송 2심에서 일부 승소했다.

4일 법조계에 따르면 서울고법 행정11부(배준현·이은혜·배정현 부장판사)는 최근 김모 준코 전 대표가 세무 당국을 상대로 낸 종합소득세 부과 처분 취소 소송을 원고 일부 승소로 판결했다.

재판부는 김 전 대표가 부과받은 추징금 420억 원 중 120억 원 가량의 세금부과는 취소한다고 판결했다. 이에 따라 김 전 대표는 총 300억 원 가량의 세금을 납부해야 한다.

김 전 대표는 1997년 가요주점 형태의 유흥업소 준코의 창업자로, 준코는 2006년부터 별도 법인을 설립해 전국에 100여개 매장을 내는 등 사업을 확장했다.

그는 이 과정에서 내부 직원과 외부 투자자들의 투자를 받아 각 매장마다 사업자 등록을 냈는데, 이 과정에서 사업자 명의나 지분을 사실과 다르게 등록하고 이중장부를 작성해 현금 매출을 누락한 사실이 준코 직원 제보 등으로 드러났다.

세무 당국은 2016년 세무조사를 거쳐 2006년부터 약 5년간 누락된 현금 매출 등에 대한 세금과 함께 부당과소신고가산세 등을 포함한 총 420억 원을 2017년 부과했다.

김 전 대표는 처분에 불복해 이의신청을 냈으나 조세심판원에서 받아들여지지 않자 행정소송을 제기했다.

김 전 대표 측은 재판 과정에서 "공동사업장별로 소득금액을 산정해 약정된 손익 분배 비율에 따라 세금을 부과하지 않아 위법하다"고 주장했다. 또 과세의 근거가 된 매출자료는 직원이 전적으로 작성·관리해 온 만큼 조작 가능성이 있다는 주장도 폈다.

그러나 1심 재판부는 "매장은 김 전 대표가 전적으로 사업을 영위한 단독사업장"이라며 받아들이지 않았다. 또 매장 매출 자료는 매장 관련 지출 내역을 근거로 작성됐을 뿐만 아니라 이런 내용을 김 전 대표가 수시로 보고 받았다며 "이 사건 각 매장의 현금매출 누락 사실을 증명하는 데 적합한 객관성과 신빙성을 갖춘 과세자료에 해당한다고 봄이 상당하다"고 판단했다.

다만 2심 재판부는 세무 당국이 2017년 부가가치세 매출세액을 공제하지 않고 종합소득세를 산정한 점을 이유로 김 전 대표가 내야 할 세금 420억 원 중 120억 원이 감액돼야 한다고 판단했다.

출처: 파이낸셜뉴스 2023.01.04.
https://www.fnnews.com/news/202301041401524831

기업 세금감면 1.9조 원 ··· 절반 이상이 중소기업

중소기업 특별감면 1조 858억 원. 본사 지방 이전 2846억 원

최근 5년 법인세 세액감면 신고 현황

[자료=국세청]

2022년 세금감면을 받은 기업은 24.5만개, 1.9조 원인 것으로 나타났다.

5년 전보다 기업 수는 2.8만 개(12.9%) 늘었지만, 감면액은 0.4조 원(17.4%) 줄었다.

이중 중소기업 비중은 99.9%, 감면세액의 78.9%에 달했다.

국세청이 25일 공개한 '3분기 국세통계'에 따른 집계다.

<최근 5년 법인세 세액감면 법인규모별 신고 현황>

[통계번호 8-3-8]   (단위: 만 개, 조 원)

구분	합계		중소기업		일반법인	
	법인 수	금액	법인 수	금액	법인 수	금액
2018년	21.7	2.3	21.6	1.4	0.04	0.9
2019년	22.5	2.0	22.4	1.3	0.03	0.7
2020년	23.5	2.1	23.5	1.4	0.02	0.7
2021년	23.7	2.0	23.7	1.6	0.02	0.4
2022년	**24.5**	**1.9**	**24.5**	**1.5**	**0.02**	**0.4**

* 공제항목별 사업자 수를 합산한 것으로 다수의 공제·감면을 받은 경우 사업자는 중복 있음

** 중소기업은 조세특례제한법 시행령 제2조에 의한 중소기업이며, 일반법인은 그 외의 법인

세금공제와 세금감면은 세금을 깎아준다는 것은 동일하지만, 적용 유형이 다르다.

세금공제는 연구개발, 고용 등 기업의 특정 행위에 대해서 적용하지만, 세금감면은 창업기업, 사회적 기업, 지방이전기업 등 기업의 형태에 대해 적용한다.

때문에 세금감면은 특정한 사업 또는 자산에서 발생하는 소득에 대한 산출세액 전액을 면제하거나 일정 비율만큼 경감해주는 식으로 진행한다.

적용유형별로는 중소기업의 경우 중소기업 특별 세액감면(1조858억원), 창업 중소기업 세액감면(1672억 원), 창업 벤처중소기업 세액감면(889억 원) 순으로 컸다.

일반법인은 본사 지방 이전 세액감면(2846억 원), 외국인투자지역 내 외국인투자 세액감면(608억 원) 순으로 컸다.

<2022년 법인세 세액감면 현황(합계 상위 5개)>

[통계번호 8-3-8]
(단위: 억 원)

구분	합계	중소기업	일반법인
중소기업에 대한 특별 세액감면	10,858	10,858	-
수도권 외 지역 이전 본사에 대한 세액감면	2,993	147	2,846
창업 중소기업에 대한 세액감면	1,672	1,672	-
창업 벤처중소기업의 세액감면	889	889	-
외국인투자지역 내 외국인투자 세액감면	651	43	608

[자료 = 국세청]

출처: 조세금융신문 2023.09.25.
https://www.tfmedia.co.kr/news/article.html?no=150903

지난해 가업승계·창업자금 등 특례로 증여세 5126억 감면

가업승계 특례 2199억 원… 가장 큰 비중 차지

지난해 가업승계와 창업자금 등에 대한 증여세 특례제도로 5000억 원 이상의 세금이 감면된 것으로 나타났다.

19일 기획재정부가 국회에 제출한 국정감사 자료에 따르면, 지난해 5가지 증여세 특례제도로 인해 총 5126억 원의 증여세가 감면된 것으로 조사됐다.

가장 큰 비중을 차지한 것은 가업 승계에 대한 증여세 과세 특례로 총 2199억 원이 감면

됐다.

조세특례제한법은 가업승계 목적으로 주식 등을 증여받은 자에게 과세가액에서 10억 원을 공제하고 10% 저율 과세를 적용하도록 규정한다.

기재부는 해당 제도의 목적이 가업승계에 대한 세부담을 완화함으로써 기업의 지속적 성장, 안정적인 일자리 창출 등을 이끌어내기 위한 것이라고 설명했다.

창업자금 증여세 과세 특례로는 38억 원의 증여세가 감면됐다. 이는 창업자금을 증여받은 중소기업 창업자가 과세가액에서 5억 원 공제 후 10% 저율 과세를 적용받는 제도다.

뿐만 아니라 영농 자녀가 증여받은 농지 등에 대한 증여세 감면 제도로 712억 원의 증여세가 면제됐다. 영농 자녀에게 농지를 조기 이전하고 농업 인력의 세대교체를 촉진하기 위해 도입됐다.

한편, 기재부는 지난 7월 기업경쟁력 제고를 위해 가업승계 기업의 세 부담을 완화한다는 내용의 세법개정안을 발표한 바 있다.

개정안이 통과되면 증여세 특례 저율 과세(10%)가 적용되는 증여세 재산가액 한도는 60억 원에서 300억 원으로 올라가고, 증여세 연부연납(분할납부) 기간은 현행 5년에서 20년으로 늘어난다.

출처: 신아일보 2023.10.19.
https://www.shinailbo.co.kr/news/articleView.html?idxno=1774243

3.4 4대사회보험

4대사회보험은 건강보험, 연금보험, 고용보험, 산업재해보험 등의 국가에서 관리하는 사회보장제도로 업무상의 재해, 질병, 분만, 폐질(장애), 사망, 유족, 노령 및 실업 등을 다룬다. 즉, 업무상의 재해에 대해서는 산업재해보상보험, 질병과 부상에 대해서는 건강보험 또는 질병보험, 폐질·사망·노령 등에 대해서는 연금보험, 그리고 실업에 대해서는 고용보험 제도가 있다.

(1) 4대사회보험의 특징

4대사회보험의 구체적인 특징은 <표 11-7>을 참고하면 된다.

| 표 11-7 | **4대사회보험의 특징**

구분	국민연금	건강보험	고용보험	산재보험
시행년도	1988년	1977년	1995년	1964년
기본성격	소득보장 장기보험	의료보장 단기보험	실업고용 중기보험	산재보상 단기보험

급여방식	현금급여 소득비례	현물급여 균등급여	현금급여 소득비례	현금-균등급여 현금-소득비례
재정 및 관리	적립방식 전체일괄관리	부과방식 이원화 (직장·지역) 관리	수정적립방식	순부과방식
관리단위	개인별관리	사업장, 세대별 관리	사업	사업장
보험료관장	보건복지부장관	보건복지부장관	고용노동부장관	고용노동부장관
자격관리방식	직장지역 통합관리	직장지역 통합관리	사업별관리 사업자관리	사업별관리
보험료 부과단위	사업장 지역 (개인별)	사업장 지역 (세대별)	사업	사업

출처: 4대사회보험 정보연계센터(www.4insure.or.kr).

[2] 사업장 가입신고

사업장의 4대사회보험 최초가입(적용) 신고방법은 <표 11-8>을 참고한다.

| 표 11-8 | **사업장의 4대사회보험 최초 가입(적용) 신고방법**

구분	국민연금	건강보험	고용/산재보험
처리기관	국민연금공단 관할지사	국민건강보험공단 관할지사	근로복지공단 관할지사
신고의무자	사용자	사용자	사업주
신고기관	해당일이 속하는 달의 다음 달 15일까지	적용일로부터 14일 이내	보험관계가 성립된 날부터 14일 이내
신고서류	① 당연적용사업장해 당신 고서 ② 사업장가입자자격 취득 신고서	① 사업장(기관)적용통보서 ② 직장가입자 자격취득신 고서 (피부양자 적용대상자가 있 는 경우 피부양자자격(취득, 상실) 신고서 제출)	① 보험관계성립신고서(보 험가입신청서) ② 근로자 고용신고서(산 재) 및 피보험자격취득 신고서(고용) * 보험료신고서(건설업 등의 자진신고 사업장에 한하 여 근로복지공단에 제출)

첨부서류	사업장 성립 신고 시 '건설현장 사업자 해당'으로 신고하는 경우, 보험료일괄경정, 전자고지신청서 및 공사계약서	공동대표사업장은 공동대표자를 확인할 수 있는 서류(법인등기부등본, 사업자등록증 등)	근로자 과반수 동의서(고용보험 임의 적용 시)
신고처	4대사회보험 각 기관 지사 및 인터넷(www.4insure.or.kr)[전자민원] 신고		
전자민원신고	민원신고 > 사업장 > 사업장성립신고에서 신고		
유의사항	국민연금 적용일 및 가입자 취득일 확인	① 단위사업장, 영업소가 있을 경우에는 단위사업장, 영업소 현황을 첨부 ② 사업자특성부호는 공무원 및 교직원사업장 이외의 사업장은 일반사업장으로 작성함	①지연신고 기간 중 재해가 발생한 경우 지급결정된 보험 급여액의 50%를 사업주에게 별도 징수함(단, 납부하여야하는 보험료의 5배 이내) ②임의가입 사업장의 보험 적용일은 접수한 날의 다음날
상세내역 문의	국번 없이 1355 국민연금보험공단 사이트 (www.nps.or.kr)	1577-1000 국민건강보험공단 사이트 (www.nhic.or.kr)	1588-0075 고용·산재보험 토탈 서비스 사이트 (http://total kcomwet.or.kr)

출처: 4대사회보험 정보연계센터(www.4insure.or.kr).

(3) 사업장 가입자(근로자) 적용 대상 기준

사업장 가입자의 적용대상 기준에 대해 알고자 할 때는 <표 11-9>를 참고한다.

| 표 11-9 | **사업장 가입자(근로자) 적용대상 기준**

구분	국민연금	건강보험	고용보험	산재보험
적용대상	• 국민연금 적용사업장에 종사하는 16세 이상 60세 미만의 근로자와 사용자 ※ 18세 미만 근로자 및 기초수급자(의료, 생계급여)는 사업장가입자로 당연 적용하되, 본인의 신청에 의해 적용 제외가능	• 상시 1인 이상의 근로자를 사용하는 사업장에 고용된 근로자(연령 제한 없음) • 사용자, 공무원, 교직원, 시간제근로자	• 「근로기준법」에 따른 근로자	

	• 1개월 이상, 월 8일 이상 근로하거나 1개월 동안 소득이 보건복지부 장관이 고시하는 금액 이상인 건설일용근로자, 1개월 이상, 월 8일 이상 또는 월 60시간 이상 근로하거나 1개월 동안 소득이 보건복지부 장관이 고시하는 금액 이상인 일반일용근로자, 1개월 이상, 월 소정 60시간 이상 근로하거나 1개월 동안 소득이 보건복지부 장관이 고시하는 금액 이상인 단시간근로자			
제외 대상	• 타공적연금 가입자 • 노령연금수급권 취득한 자 중 60세 미만의 특수직종근로자 • 조기노령연금 수급권을 취득하고 그 지급이 정지되지 아니한 자 • 퇴직연금 등 수급권자 • 국민기초생활보장법에 의한 수급자 • 일용근로자 또는 1개월 이내의 신고기한부로 사용되는 근로자(1개월 이상 계속 사용되는 경우는 제외)(일용근로자, 시간제 근로자인 경우, 근로계약 여부 또는 근로계약 내용과 관계없이 고용기간이 1개월 이상이고, 근로시간이 월 60시간 또는 주당 평균 15시간 이상인 경우에는 가입대상임)	• 의료급여법에 따라 의료급여를 받는 자 • 독립유공자예우에 관한 법률 및 국가유공자등 예우 및 지원에 관한 법률에 의하여 의료보호를 받는 자 • 1월 미만의 기간 동안 고용되는 일용근로자 • 병역법에 따른 현역병(임용하사 포함) 및 무관후보생 • 선거에 의하여 취임하는 공무원으로서 매월 보수 또는 이에 준하는 급료를 받지 아니하는 자 • 비상근 근로자 또는 1개월 간의 소정 근로시간이 60시간 미만인 단시간근로자(교직원·공무원 포함) • 소재지가 일정하지 아니한 사업장의 근로자 및 사용자	• 65세 이상인 자(다만 고용안정, 직업능력개발사업은 적용) • 1월간 소정 근로시간이 60시간 미만인 근로자(1주가 15시간 미만인 자 포함) – 다만, 생업을 목적으로 근로자를 제공하는 자 중 3개월 이상 계속하여 근로를 제공하는 자와 1개월 미만 동안 고용되는 일용근로자는 적용대상임 • 공무원(별정직, 계약직 공무원은 2008. 9.22.부터 임의가입 가능) – 다만, 임용된 날부터 3개월 이내에 고용센터로 신청(3개월 이내 신청하지 않을 시 가입불가)	• 「공무원연금법」, 「군인연금법」, 「선원법」, 「어선원 및 어선재해보상보험법」 또는 「사립학교 교직원연금법」에 의하여 재해 보상이 행하여지는 자

• 법인의 이사 중 근로소득이 없는 자	• 근로자가 없거나 비상근 근로자 또는 1개월간의 소정 근로시간이 60시간 미만인 단시간 근로자만을 고용하는 사업장의 사업주	• 사립학교교직원연금법 적용자 • 별정우체국 직원 • 외국인 근로자 - 다만 아래의 경우는 당연적용 ※ 거주(F-2), 영주(F-5) 자격의 경우는 당연적용하며 주재(D-7), 기업투자(D-8) 및 무역경영(D-9)의 경우는 상호주의에 따라 적용 ※비전문취업(E-9), 방문취업(H-2) 체류자격인외국인 근로자는 2023.1.1부터 고용안정, 직업능력개발사업고용안정 적용(2021년은 상시 30인 이상, 2022년은 상시 10명 이상 30명 미만의 근로자를 사용하는 사업장으로 단계적 적용)	

출처: 4대사회보험 정보연계센터(www.4insure.or.kr).

(4) 근로자의 4대사회보험 피보험자격 취득시기

4대사회보험 가입자(근로자)의 피보험자격 취득시기에 대해서는 <표 11-10>을 참고한다.

| 표 11-10 | **가입자 취득 시기**

구분	국민연금	건강보험	고용보험	산재보험
처리 기관	국민연금공단 관할지사	국민건강보험공단 관할지사	근로복지공단 관할지사	근로복지공단 관할지사

취득 시기	• 사업장이 1인 이상의 근로자를 사용하게 된 때 • 적용사업장에 근로자 또는 사용자로 종사하게 된 때 • 적용사업장에 종사하는 근로자가 18세 이상이 된 때 - 다만, 18세 미만 근로자는 국민연금 적용사업장에 고용된 때. 이 경우 18세 미만 근로자는 본인 희망에 의해 가입대상에서 제외가능하며, 제외 이후 다시 본인 희망에 따라 재가입하는 경우, 가입사업장의 18세 미만 근로자의 가입신청이 수리된 때(단, 사유발생일의 다음 달 15일까지 신고 시에는 근로개시일로 취득가능) • 일용근로자가 1개월 이상 계속근로하고 1개월 근로일수가 8일 이상 또는 월 60시간 이상, 1개월동안 소득이 보건복지부 장관이 고시하는 금액 이상인 때 • 단시간근로자가 당연적용사업장에 사용된 때 또는 근로자로 된 때 • 적용사업장에 종사하는 근로자 또는 사용자가 기초수급자(의료, 생계급여)에서 중지된 날의 다음날	• 근로자: 적용사업장에 사용된 날 • 사용자: 적용사업장의 사용자가 된 날 • 공무원: 공무원으로 임용된 날 • 교직원: 교원은 해당 학교에 교원으로 임명된 날, 직원은 해당 학교 또는 그 학교 경영기관에 채용된 날 • 일용근로자 - 취득대상: 1개월 이상 근로하면서, 월 8일 이상 근로한 사람 - (최초근로일이 속하는 달) 최초 근로일부터 1개월이 되는 날까지 8일 이상 근무한 경우: 최초근로일 - (최초근로일이 속하는 달 이외)해당 월초일부터 말일까지 8일 이상 근무한 경우: 해당월 초일	• 고용보험이 적용되는 사업장에 고용된 날 • 고용보험 적용제외 근로자였던 자가 고용보험의 적용을 받게 된 경우에는 그 적용을 받게 된 날 • 보험관계성립일 전에 고용된 근로자의 경우에는 그 보험관계가 성립한 날 • 둘 이상의 사업장에 동시에 근로하는 근로자가 나중에 신고된 사업장에서 피보험자격을 취득하는 경우에는 이미 피보험자격을 취득한 사업장에서의 피보험자격 상실일	• 산재보험이 적용되는 사업장에 고용된 날 • 산재보험 적용제외 근로자였던 자가 산재보험의 적용을 받게 된 경우에는 그 적용을 받게 된 날 • 보험관계성립일 전에 고용된 근로자의 경우에는 그 보험관계가 성립한 날 • 사업종류 변경으로 자진신고 대상사업에서 부과고지 대상 사업장으로 변경된 경우 변경된 날 • 해외파견자가 국내 성립된 부과고지 사업장으로 복귀하는 경우 복귀한 날 • 특수형태근로종사자가 고용관계가 변동되어 일반 근로자가 되는 경우 일반 근로자가 된 날 • 산재보험 고용정보신고제외자가 고용관계가 변동되어 신고 대상이 되는 경우 신고 대상이 된 날 • 산재보험 적용제외 사업장이 적용사업장으로 변경되는 경우 보험관계가 성립한 날

출처: 4대사회보험 정보연계센터(www.4insure.or.kr).

(5) 사업장 가입자의 피보험자격 취득 신고

근로자의 4대사회보험 가입신고 방법에 대하여는 <표 11-11>을 참고하면 되는데, 일반적으로 4대사회보험 가입 신고 등 업무에 대해서는 회사에서 직접 하는 방법도 있으나 사무대행기관에 맡기는 방법이 보다 편리하다.

| 표 11-11 | **사업장 가입자의 피보험자격 취득 신고 방법**

구분	국민연금	건강보험	고용보험	산재보험
신고 기한	사유발생일이 속하는 달의 다음달 15일까지	자격취득일로부터 14일 이내	사유발생일이 속하는 달의 다음달 15일까지	사유발생일이 속하는 달의 다음달 15일까지
신고 서류	사업장가입자자격 취득신고서	직장가입자자격 취득신고서	피보험자격 취득신고서	근로자 고용신고서
첨부 서류	특수직종근로자(광원 또는 부원)로 신고하는 경우: 임금대장 또는 선원수첩사본 (1년 경과 지연 취득 신고인 경우: 입사일이 확인 가능한 서류)	6개월 이상 지연 취득 신고 시: 근로자의 입사 시점을 객관적으로 명확히 확인할 수 있는 서류	6개월 이상 지연 취득 신고 시: 근로계약서, 급여대장(혹은 급여이체내역)	해당 없음
신고처	4대사회보험 각 기관 지사 및 인터넷(www.4insure.or.kr)[전자민원] 신고			
전자민원신고	전자민원 > 가입자 > 자격취득신고에서 신고			
유의 사항	• 일용근로자가 1개월 이상 계속 근로하고 1개월 근로일수가 8일 이상 또는 월 60시간 이상이거나 1개월동안 소득이 보건복지부 장관이 고시하는 금액 이상인 때가 자격취득일 임 • (2022.7.1 이후) 착오에 의한 자격상실취소 신고 시, 취득신고서(취득사유15.상실취소)로 신고	피부양자가 있는 경우: 주민등록등본으로 가입자와의 관계를 입증할 수 없는 경우 가족관계증명서 등을 제출	일용근로자는 다음달 15일까지 근로내용확인 신고서를 제출	• 부과고지 대상 사업장만 신고(건설업 및 벌목업 사업장은 신고대상 아님) • 일용근로자는 다음달 15일까지 근로내용확인 신고서를 제출

상세내역 문의	국번 없이 1355 국민연금공단 사이트 (www.nps.or.kr)	1577-1000 국민건강보험공단 사이트 (www.nhic.or.kr)	국번 없이 1350 고용보험EDI 사이트 (www.ei.go.kr)	1588-0075 고용·산재보험 토탈 서비스 사이트 (http://total.kcomwel.or.kr)

출처: 4대사회보험 정보연계센터(www.4insure.or.kr).

(6) 4대사회보험료

4대사회보험 부담은 기본적으로 임직원과 회사가 반반 부담하는 것이라고 생각하면 되는데 근로소득세와 마찬가지로 급여 지급 시 공제하고 급여지급일의 다음달 10일에 회사가 직원 급여 지급 시의 공제금액만큼 회사 부담분을 추가하여 보험공단에 납부한다.

1) 국민연금

1인 이상의 근로자를 사용하는 모든 사업장은 국민연금의 적용대상이 되며, 사업장가입자는 기준소득월액의 9%에 해당하는 금액을 본인과, 사용자가 각각 4.5%씩 부담하여 매월 사용자가 납부하여야 한다. 예를 들어, 표준소득월액이 1,300,000원인 봉급자의 경우 매월 117,000원을 연금보험료로 납부해야 하는데 그중 58,500원은 본인이, 58,500원은 사용자, 즉 회사가 부담한다는 것이다.

사업가입자의 국민연금 기준소득월액 결정을 보면, 자격취득 및 납부 재개 시 기준소득월액의 경우는 당해 종사하는 업무에서 얻은 소득으로서 사용자 공단에 신고한 소득으로 결정한다. 또한 가입기간 중의 기준소득월액 결정은 전년도 중 당해 사업장에서 얻은 소득총액을 근무일수로 나눈 금액의 30배에 해당하는 금액으로 결정하되 전년도 소득을 당해연도 7월부터 다음연도 6월까지 적용하게 된다.

[연금보험료=가입자의 기준소득월액(전년도 소득기준)×납부요율]

2) 건강보험

상시 1인 이상의 근로자를 사용하는 모든 사업장 또는 공무원 및 교직원을 임용 또는 채용한 사업장에서는 모든 근로자의 소득 능력에 따라 건강보험료를 부담하는데 전년도 보수총액을 근무월수로 나눈 보수월액이 해당하는 표준보수월액에 의해 보험료를 부과 후 당해년도 보수 총액을 신고 받아 사후 정산하는 방식을 채택하고 있다.

건강보험료에는 장기요양보험료와 건강보험료 두 가지가 포함되어 있으며, 건강보험료율(2024

년 기준)의 경우 보수월액의 7.09%, 장기요양보험료율(2024년 기준)의 경우 건강보험료의 0.9182%를 부담한다. 국민연금과 마찬가지로 사용자와 가입자 각각 50%씩 부담한다.

$$[건강보험료=가입자의\ 당해연도\ 보수월액\times건강보험료율]$$

$$[장기요양보험료=건강보험료\times장기요양보험료율]$$

3) 고용보험

사업장의 사업주가 신고한 보수자료를 기초로 사업장에 소속된 근로자의 월평균보수의 총액에 보험료율을 곱하여 매월 근로복지공단이 산정하고 국민건강보험공단에서 월별보험료를 부과·고지한다. 고용보험료율은 <표 11-12>를 참고하면 된다.

$$[고용보험료=월평균보수총액\times고용보험료율]$$

| 표 11-12 | **고용보험율**

구분		보험료	부담금
실업급여		1.3%	사업주, 근로자 각각 1/2(0.65%)씩 부담
고용안정사업		0.15%	사업주 전액부담
직업능력 개발사업	150인 미만 기업	0.1%	사업주 전액부담
	150인 이상 우선지원대상 기업	0.3%	사업주 전액부담
	150인 이상~1000인 미만 우선지원 대상 제외업체	0.5%	사업주 전액부담
	1000인 이상 기업	0.7%	사업주 전액부담
계		1.55%~2.15%	기업규모에 따라 다름

출처: 4대사회보험 정보연계센터(www.4insure.or.kr).

4) 산재보험(산업재해보상보험)

산재보험료율은 보험료부담의 공평성 확보를 위하여 매년 9월 30일 현재 과거 3년간의 임금총액에 대한 보험급여총액의 비율을 기초로 보험급여 지급률을 동등하다고 인정되는 사업집단별로 보험요율을 58개로 세분화하여(매년 12월 31일 고시) 적용한다.

$$[산재보험료=당해\ 보험연도의\ 보수(임금)총액\times업종별\ 보험료율(사용자부담)\div1000]$$

산재보험료의 산정방법은 확정보험료 보고·납부 시 이미 납부한 개산보험료보다 확정보험료가 많을 경우에는 그 부족액을 추가 납부하고, 초과 납부한 경우에는 다음연도 개산보험료에 충당할 수 있다.

5) 4대사회보험 월 보수액 변경 신고

- 건강보험: 4대사회보험정보연계센터(www.4insure.or.kr) 사이트의 [전자민원-건강보험 직장가입자 보수월액변경신고]에서 신고한다.
- 고용/산재보험: 고용 및 산재보험 토탈서비스(www.total.kcomwel.or.kr) 사이트의 [자료실-서식자료실] 메뉴에서 "보수월액변경신청서"를 다운로드하여 팩스로 변경 신청하면 된다. 팩스로 신청 시 [자료실-4대사회보험기관 지사 찾기] 메뉴에서 팩스번호 조회가 가능하다.

6) 참고사항

- 국민연금의 '기준소득월액'과 고용/산재보험의 '평균보수월액'에는 비과세금액만큼 제외되나, 건강보험의 '보수월액'에는 근로소득급여 전액 보수에 포함한다.
- 근로자에게 지급하는 [보수]는 [소득세법]에 따른 [총급여액]의 개념과 동일하며, 근로소득에서 비과세 근로소득을 뺀 금액을 말하며, 연말정산에 따른 갑근세 원천징수 대상 근로소득과 동일하다.
- 4대사회보험료의 계산기를 이용하면 대략적인 보험료를 알 수 있다. 4대사회보험 정보연계센터의 자료실에 보면 4대사회보험 모의계산 기능이 있어 간편하게 이용할 수 있다.

◎ 법인이 부담해야 하는 세금은 다음과 같다.

　- 법인세, 부가가치세, 근로소득세 원천징수, 4대 사회보험료, 기타 세금

◎ 부가가치세법상의 의무

　- 판매 제품/서비스 가격의 10%에 해당하는 가격을 부가가치세 표기 영수증을 발행해 소비자에 청구하고 소비자 대신하여 관할세무서에 납부하는 것

◎ 부가가치세 면제 업종: 생활필수품, 의료 및 교육관련 용역제공

◎ 부가가치세는 개인사업자는 6개월, 법인사업자는 3개월마다 납부해야 한다.

◎ 법인사업자의 소득세

　(1) 순수입에 대해 법인세를 연 1회 부담한다.

　(2) 대표이사 및 임직원의 근로소득세를 원천징수하여 납부한다.

　(3) 법인세는 중간예납을 해야하며, 납부금액은 가결산하여 납부할 수 있다.

　(4) 법인세 신고는 각 사업연도의 종료일에 속하는 달의 말일부터 3월 이내에 관할세무서에 신고하고 법인세를 납부하여야 한다. 1천만 원 초과 시 분납 가능하다.

◎ 개인사업자의 소득세

　(1) 종합소득세: 지난해 1년간 경제활동으로 얻은 소득에 대해 납부하는 세금

　(2) 대상: 근로소득이 2곳 이상에서 발생하는 경우, 금융소득이 2천만 원 이상인 경우, 기타소득이 300만 원 이상인 경우

◎ 근로소득세 원천징수

　- 회사는 급여 지급 시, 소득세를 공제하고 급여일이 속한 달의 다음 달 10일까지 국세청에 원천징수한 소득세를 신고 및 납부해야 한다.

◎ 4대사회보험

　(1) 업무상의 재해: 산업재해보상보험

　　질병과 부상: 건강보험 또는 질병보험

　　폐질, 노령 등: 연금보험

　　실업: 고용보험

(2) 회사가 직원 급여 지급 시 공제하고 급여지급일의 다음 달 10일에 회사가 직원 급여 지급 시의 공제금액만큼 회사 부담분을 추가하여 보험공단에 납부한다.

(3) 연금보험료 = 가입자의 기준소득월액 x 납부요율

건강보험료 = 가입자의 당해연도 보수월액 x 건강보험료율

고용보험료 = 월평균보수총액 x 고용보험료율

산재보험료 = 당해 보험연도의 보수 총액 x 업종별 보험요율

문제

O. X

1 부가가치세는 3개월을 과세기간으로 하여 신고·납부하게 되며 각 과세기간을 다시 1개월로 나누어 중간에 예정신고기간을 두고 있다.

2 법인의 경우, 회사의 매출액 및 기타 수입으로 인한 수입에서 인건비, 재료비, 경비 등의 지출분을 제외한 순수입에 대해 법인세를 연 1회(실제로는 중간예납과 확정신고의 2번으로 나눠 납부)해야 한다.

3 종합소득세는 개인이 지난해 1년간 경제활동으로 얻은 소득에 대해 납부하는 세금으로 이자, 배당, 사업(부동산 임대), 근로, 연금, 기타소득 등 모든 과세대상 소득 중 세제혜택을 받을 수 있는 부분을 제외한 후 나머지를 합산하여 계산한다.

객관식

1 다음 중 사업자로서 부담하는 세금이 아닌 것은? ( )

　가. 법인세　　　나. 부가가치세　　　다. 근로소득세 원천징수　　　라. 4대사회보험료　　　마. 소득세

2 다음 중 부가가치세 면세 업종에 해당되지 않는 것은? ( )

　가. 가공되지 않은 식료품의 판매　　　나. 복권판매　　　다. 의료보건용역업　　　라. 교육용역업　　　마. 술

3 다음 중 4대사회보험에 해당되지 않는 것은? ( )

　가. 건강보험　　　나. 연금보험　　　다. 고용보험　　　라. 생명보험　　　마. 산업재해보험

4 다음 중 세무회계에 해당하지 않는 것을 고르시오. ( )

　가. 법인세
　나. 소득세
　다. 부가가치세
　라. 4대 사회보험

단답형

1 다음은 4대사회보험의 특징을 작성한 표이다. 빈칸을 채우시오.

구분	국민연금	건강보험	고용보험	산재보험
시행년도	1988년	1977년	1995년	1964년
기본성격	소득보장 ( )	질병치료 ( )	실업고용 중기보험	산재보상 ( )
급여방식	( )급여 소득비례	( )급여 ( )	현금급여 ( )	현금-균등급여 현금-소득비례
재정 및 관리	적립방식 전체일괄관리	부과방식이원화 [직장·지역] 관리	수정적립방식	순부과방식
관리단위	개인별관리	사업장, 세대별 관리	사업	사업장
자격관리방식	직장지역 ( )	직장지역 통합관리	( )	사업장
보험료 부과단위	사업장지역 ( )	사업장지역 ( )	사업	사업

2 개인 사업자의 경우 부가가치세 신고 및 납부를 언제 해야하는가? (   )

392

3 다음은 종합소득세율을 나타낸 표이다.

과세표준	세율	누진공제
14,000,000원 이하	6%	–
14,000,000원 초과 50,000,000원 이하	15%	1,260,000원
50,000,000원 초과 88,000,000원 이하	24%	5,760,000원
88,000,000원 초과 150,000,000원 이하	35%	15,440,000원
150,000,000원 초과 300,000,000원 이하	38%	19,994,000원
300,000,000원 초과 500,000,000원 이하	40%	25,940,000원
500,000,000원 초과	42%	35,940,000원
1,000,000,000원 이하		

출처: 국세청 홈페이지(2024년 귀속); (단위: 원)
https://www.nts.go.kr/nts/cm/cntnts/cntntsView.do?mi=2227&cntntsId=7667

A의 연소득이 47,000,000원이라고 하면 A의 종합소득세는 얼마인가? [단, 특별공제새액 부분은 고려하지 않는다.]

 서술형

1. 국민연금에 대하여 서술하시오.

2. 부가가치세에 대해 서술하시오.

3. 종합소득세의 정의에 대해 서술하시오.

4. 건강보험에 대하여 서술하시오.

5. 고용보험에 대하여 서술하시오.

창업회계

◎ 회계의 정의와 회계기준의 필요성에 대해 알 수 있다.

◎ 회계의 종류를 파악할 수 있다.

◎ 재무제표의 종류와 작성법을 알 수 있다.

Chapter 12 창업회계

창업은 조달한 자금을 이용하여 미리 준비해 둔 사업계획에 따라 투자한 뒤 영업활동을 통하여 이익을 얻는 과정을 거치게 된다. 이는 재무제표를 통해서 확인할 수 있는데, 흔히 대차대조라고 말하는 재무상태표는 사업에 투자된 자산의 내역을 그 조달원천에 따라 내 것과 빌린 것으로 나누어 보여주는 표이다. 이에 반해 손익계산서는 일정한 기간 동안 회사의 경영성과를 파악하기 위해서 만드는 재무제표인데, 수익에서 비용을 차감하여 이익을 계산한 것이다.

① 회계의 정의

회계는 회사의 재무정보를 전달하는 수단이라고 할 수 있다. 회사의 이해관계자에는 주주, 채권자, 임직원, 거래처 및 고객, 회사가 벌어들인 이익에 대해 세금을 징수하는 국가도 이해관계자가 된다. 주주와 채권자는 투자자금을 언제 어떤 식으로 돌려받을 것인지 지속적으로 살펴보아야 한다. 국가는 그 회사가 번 돈에 대해 제대로 세금을 내고 있는지 계속 감시하는 기능을 한다.

잘못된 재무정보에 근거한 투자는 손실로 이어질 가능성이 높다. 회계라는 정보전달 수단을 통해 한 회사의 재무정보에 체계적으로 접근할 수 있게 된다. 현재 회사의 순자산은 얼마인지, 영업상 발생한 부채를 갚는 데에는 문제가 없는지, 매출규모는 어떠한지 등이 재무제표에 모두 나타나므로 쉽게 확인할 수 있다.

즉, 회계란 일정 기간 동안 한 회사에서 일어난 경제적인 사건들을 기록하고 정리하여 보고하는 것이며, 이러한 과정을 통해 회사는 이해관계자들에게 필요한 재무정보를 제공함으로써 그들의 합리적인 의사결정을 돕는 것이다.

금융위원회가 회계 처리 기준을 위반해 재무제표를 작성·공시한 셀트리온 3개사에 130억 3210만 원의 과징금을 부과했다.

금융위원회는 16일 정례회의를 열고 이 같은 과징금 부과안을 의결했다. 셀트리온은 60억 원, 셀트리온헬스케어는 60억 4000만 원, 셀트리온제약은 9억 9210만 원의 과징금을 각각 부과받았다. 셀트리온 대표이사 등 2명과 셀트리온 외부감사인인 한영회계법인에는 각각 4억 1500만 원과 4억 9500만 원의 과징금이 부과됐다. 셀트리온헬스케어 대표이사 등 3명에게는 4억 8390만 원, 삼정회계법인과 한영회계법인에는 각각 4억 1000만 원과 5억 7000만 원의 과징금이 부과됐다.

셀트리온 3개사는 최근 금융위 산하 증권선물위원회에서 고의 분식회계 혐의를 면했지만, 회계처리 기준 위반으로 담당 임원 해임 권고와 감사인 지정 등의 제재를 받았다. 앞서 금융감독원은 셀트리온 3개사가 고의 분식회계를 했다고 보고, 임직원에 대해 검찰 고발 등 제재를 지난해 10월 사전 통지했다. 증선위는 장기간 매출이 부풀려지고 손실이 축소되는 등 셀트리온 3개사의 회계처리에 중대한 과실이 있다고 판단했다. 하지만 증선위는 고의 분식회계는 아니라고 결론을 내렸다.

출처: 국민일보 2022.03.17.
http://news.kmib.co.kr/article/view.asp?arcid=0924236362&code=11151400&cp=nv

1.1 회계기준 필요성

회계를 통한 재무보고기능에 의해 투자자와 채권자들이 가지고 있는 자원이 좀 더 효율적으로 투자되기 위해서는 재무보고의 분석행위가 미연에 방지되어야 한다. 이를 위해서 공통적으로 적용할 회계기준을 정하는 것이 필요하다. 물론 이의 준수 여부를 사후적으로 검증할 필요도 있다. 이때 기업이 회계처리 및 결산을 포함하여 재무제표를 작성할 때 지켜야 하는 것을 회계기준이라고 한다.

1.2 외부감사의 대상

회계기준은 사전적으로 기업이 회계처리를 할 때 지켜야 하는 규범이다. 사후적으로는 독립된 감사인(공인회계사)이 기업이 작성하여 공시한 재무제표가 회계기준에 따라 적정하게 작성된 것인지 판단하는 절차가 필요하다. 어느 회사의 재무제표가 회계기준에 의해 작성되었는지를 검증하기 위해서 직전 사업연도 말 현재 자산총액이 100억 원 이상인 회사 또는 총자산이 70억 원 이상인 회사로서 부채총액이 70억 원이거나 종업원 수가 300명 이상인 회사는 반드시 공인회계사로부터 외부회계감사를 받아야 한다.

감사인은 기업의 재무제표가 회계기준에 따라 적정하게 작성되었는지를 검토하고 원칙의 위배 정도에 따라 감사의견(적정의견, 한정의견, 부적정의견 또는 의견거절)을 표명한다. 정보이용자는 감사인의 감사의견을 통해 기업이 작성한 재무제표가 믿을 수 있는 것인지를 가늠하게 된다. 이와 같은 절차를 통해 회계정보는 비로소 공공재의 역할을 수행할 수 있게 된다.

회계사에게 ▶▶▶▶ 질문할 사항

1. 납부할 세금 유형과 납부 시한은?
2. 세금 절감 방법: 어떤 항목이 비과세와 감가상각의 대상인가?
3. 회계부정을 방지하기 위한 회계 처리 방법은?
4. 절세를 위해 내 보수를 임금과 인출금 중 어떤 형식으로 받아야 하는가?
5. 현금주의 회계와 발생주의 회계 중 어느 방식을 선택해야 하는가?
6. 재고를 어느 주기로 파악해야 하는가? 어떤 방식을 이용해야 하는가?
7. 직원들의 갑종근로소득세를 어떻게 처리해야 하는가?
8. 부가가치세를 징수해야 하는가? 언제 누구로부터 징수하는가?
9. 나를 위해 어떤 퇴직 연금 프로그램이 적당한가?
10. 직원들을 위해 어떤 퇴직 연금 프로그램이 적당한가?
11. 내 사업 유형을 위해 필요한 회계 또는 세금 처리 방법은 어떤 것들이 있는가?

"회계사가 코딩을 한다고?" "그것도 어플리케이션(앱)을 만든다고?" 처음에 코딩을 배우던 그를 보고 회계사 동료들은 다들 어리둥절해했지만, 직접 만든 앱을 보고는 찬사를 보냈다고 한다. 이성봉 지엔터프라이즈(Z Enterprise) 대표 얘기다. 이 대표는 그 자신이 회계사로 재직하면서 중소상공인들을 위한 회계 서비스 플랫폼의 필요성을 느껴 직접 코딩을 배워 플랫폼을 만든 독특한 이력의 소유자다.

이 대표는 "회계사로 재직하면서 만난 중소상공인들이 세금 관리 및 매출 관리에 어려움을 겪는다는 것을 체감하게 됐다"며 "앞으로 회계, 세무 전문성과 기술력을 바탕으로 중소상공인 상생 플랫폼으로 자리매김하겠다"고 설명했다.

– 회계사이신 것으로 알고 있는데, 비즈넵을 창업하게 되신 계기가 무엇입니까?

"첫 회사였던 회계법인 재직 시절 대기업 및 상장사 중심으로 회계업무 관련 컨설팅을 제공했습니다. 업무 경험을 바탕으로 회계사무소를 창업했는데, 회계법인에서 겪었던 규모 있는 회사와는 다르게 개인사업자는 관련 업무와 정보의 불균형도 심각하다고 느꼈고, 많은 중소상공인들이 세금에 대한 정보와 이를 담당하는 인력 부재로 자금 관리에 어려움이 있었습니다. 이는 사업자의 사업 비용 증대와 세금 폭탄 등으로 피해가 이어졌습니다. 제가 한 명의 회계사로서 도울 수 있는 중소사업자는 많지 않았고, 중소상공인들이 이러한 문제들을 해결하고 사업에만 집중할 수 있는 자동화 서비스를 만들어야겠다는 생각을 했습니다. 많은 고민과 시행착오 끝에 직접 코딩을 배워 서비스 플랫폼을 기획하기로 결심했고, 마침내 '비즈넵'을 만들어 이제 더 많은 중소상공인과 중소사업자를 도울 수 있게 되었다고 생각합니다."

– 코딩 전공이 아니셔서 서비스 기획과 개발 과정에서 어려운 점이 많으셨을 것 같은데요.

"직접 기획부터 개발까지 했기에 끊임없이 검색하고, 공부하고, 현직자에게 물어보면서 배울 수밖에 없었습니다. 처음에는 시행착오도 많았지만 주변 세무 현업 전문가와 IT 전문 기술인력의 도움과 조언으로 조금 더 빠르게 서비스를 론칭할 수 있었던 것 같습니다. 최근에는 스타트업 채용 난항에도 불구하고 지속적인 노력을 통해 금융권, 핀테크 등에서 오랜 노하우와 경험을 보유한 능력 있는 세무, 회계 전문 인력과 개발 인력을 함께 팀으로 영입하였고 조금 더 빠르게, 그리고 더 많은 중소사업자를 돕기 위해 팀원들과 끊임없이 스터디를 하고 있습니다."

– 실제 소규모 사업자들이 실제로 가장 많이 부딪치는 어려움은 무엇입니까?

"사업자라면 실시간으로 돈이 어떻게 흘러가는지 확인하고 더 많은 수익 창출을 위한 비용, 세금 절세를 통해 효율적으로 사업을 운영하고 싶어하지만, 현실적으로 소규모 사업자는 직접

관리할 지식과 시간이 부족합니다. 이 때문에 덜 내도 되는 세금을 더 내거나 받을 수 있는 돈을 놓치는 등 사실상 '자금'과 관련된 모든 업무들에 어려움을 겪고 있습니다. 또 세무 관리는 사람이 일일이 관리할 수밖에 없는 데이터인데, 증빙자료를 수집하고 분석하며 활용하는데 비효율이 생기기도 했습니다. 중소사업자가 물리적으로 부족한 시간과 자원 등을 이유로 실질적인 자금 손실이나, 수익 악화를 예상하고 미리 준비할 수 있도록 하고, 경영 관리를 쉽고 간편하게 할 수 있는 플랫폼이 필요한 이유입니다. 도움이 필요한 시장도 큽니다. 통계청 2019년 데이터 기준, 전체 사업체 수는 417만개로 추정됩니다."

- 구체적으로 비즈넵이 제공하는 서비스의 구체적인 내용이 궁금합니다.

"비즈넵은 사업자가 간단히 홈택스, 사업용 카드 등의 계정정보를 입력해 데이터 연동만 하면 실시간으로 매출매입 결산 분석, 자금 입출금 분석, 사업용 카드 지출분석, 예상세액에 등 거래내역과 리포트를 무료로 제공받을 수 있어 보다 능동적으로 사업 관리가 가능한 서비스입니다. 쇼핑몰이나 음식점을 운영하는 중소사업자들은 자사몰, 오픈마켓, 네이버 스마트스토어 등 주요 온라인 쇼핑몰과 배달의 민족, 쿠팡 등 주요 배달앱에서 판매한 매출과 정산 예정 금액까지 실시간으로 통합 조회가 가능합니다. 또 국세청 홈페이지에 방문하지 않더라도 세금 미납, 환급세액 등을 비즈넵에서 간편하게 확인할 수 있고, 모바일 간편 전자세금계산서 발행 서비스와 세무사, 노무사 1:1 무료 상담 서비스도 받을 수 있습니다. 주기적으로 빠르게 개정되는 세법이나 정부에서 제공하는 다양한 지원사업, 고용지원금 등의 정보와 사업 정책 관련 뉴스 등의 사업 인사이트도 비즈넵을 통해 확인이 가능합니다. 이러한 서비스는 소상공인을 위해 무료로 제공되고 있습니다."

"코딩하는 회계사, 회계 서비스 앱 만들었죠"

- 현재 비즈넵 서비스의 이용자수는 어느 정도이고, 어느 정도의 투자를 받고 계십니까?

"현재 비즈넵 서비스는 약 15만개 이상의 사업자가 사용하고 있으며 꾸준히 늘어나고 있습니다. 올해 50만 개 이상의 사업자가 이용할 것으로 예상하고 있습니다. 저희는 지속가능한 중장기적 사업플랜 구축을 통해 각 사업 모델과 서비스를 단계별로 확장해 나가면서 지속적으로 성장하고 있습니다. 현재는 차별화된 기술력 확보를 위한 기술 개발, 서비스 업그레이드, 조직 성장에 집중하는 시기라고 생각합니다. 현재 매출은 회계사 및 세무사를 위한 구독형 서비스 소프트웨어(SaaS)인 '비즈넵 프로' 제공을 통해 일부 매출을 일으키고 있고, 세무자동화를 포함해 맞춤형 경영관리 서비스를 다양하게 제공하고 수익 모델을 완성해 나갈 예정입니다. 작년 스타트업 최초로 네이버와 네이버파이낸셜 공동 투자를 받았으며, 누적 투자유치 금액은 약 95억 원입니다. 올해 시리즈B 이상의 투자 유치도 앞두고 있습니다."

- 앞으로 비즈넵의 비전과 나아갈 방향을 말씀해 주세요.

"비즈넵 운영사인 '지엔터프라이즈(Z Enterprise)'는 최근 변경된 사명입니다. 2차원을 3차원으로 확장시키는 Z축처럼, 지엔터프라이즈 역시 중소사업자들의 기업 경영을 새로운 차원으로 업그레이드할 수 있도록 돕고자 하는 의미에서 만들어졌습니다. 새로운 사명처럼, 향후 사업 전개 방향을 확대하며 혁신적인 성장에 박차를 가할 예정입니다. 중소사업자를 위한 경영관리 자동화 서비스 시장에서 확고한 시장 지배자로 등극하고자 하는 비전을 갖고 있습니다. 하나의 플랫폼 안에서 원활히 모든 업무를 해결할 수 있도록 서비스를 보급해 2025년까지는 300만 고객사를 확보하고자 합니다. 또 세무, 회계 분야의 독보적인 기술력과 전문성을 바탕으로 소상공인 상생 플랫폼으로 성장할 것입니다. 사장님들이 어려워하는 부분을 원스톱으로 해결하는 서비스 고도화는 물론 맞춤형 상품을 지속 출시할 예정이며, 다양한 여타 중소상인 플랫폼과의 제휴를 통해 서비스 제공을 확대해 나갈 예정입니다."

출처: 매거진한경 2022.02.09.
https://magazine.hankyung.com/business/article/202201281768b

 1분기 실적 오류에 재무제표 엎었다 … 감독당국 심각한 사안

1분기 재무제표, 오류로 2분기에 재작성
투자자들, 1분기 '가짜' 실적 보고 투자한 셈
사측 "흔히 있는 일" 해명했지만 외부선 "심각해"

DB손해보험(이하 DB손보)이 1분기 재무제표를 재작성했다. 회사는 반기보고서를 통해 이를 알렸다. 감사법인이 회계상 오류를 문제 삼고, 회사가 2분기에 반영한 것이다.

1분기 실적을 보고 투자한 투자자는 사실상 잘못된 정보를 기초로 투자 판단을 한 셈이다. 감독당국과 회계업계에서도 '심각한 사안'이라는 평가가 나온다. 연초 시장과 소통하겠다던 경영진의 달라진 태도도 문제로 거론된다.

27일 보험업계에 따르면 DB손보는 2분기 결산하는 과정에서 1분기 재무제표를 재작성했다. 반기보고서에 따르면 재무제표 주석을 통해 "당사는 당반기 중 전환일 공정가치와 이행현금흐름 추정시 사용된 사업비 가정 및 계리산출방법서와 일치하지 않은 이행현금흐름 산출로직의 오류를 수정하였으며 이로 인하여 재무제표를 재작성하였습니다"라고 밝혔다.

이 때문에 1분기 재무제표의 재무상태표의 자산총계, 부채총계, 자본총계가 모두 바뀌었다. 손익계산서상에선 보험수익, 보험비용, 투자손익, 영업이익, 법인세비용을 포함해 최종적으로 순이익이 수정되었다.

이에 따라 DB손보의 별도기준 1분기 순이익은 1분기말 당시 4060억 원에서 2분기 말에는 4452억 원으로 10% 증가했다. 순이익이 10%가 바뀔 정도의 큰 오류가 있었던 셈이다. DB손보는 여기에 2분기 순익 4500억여 원을 얹어 올 상반기 9100억여 원의 순이익을 보고했다. 전년대비 60% 이상 성장한 규모다. DB손보의 감사법인은 삼일회계법인이다.

이에 대해 DB손보는 "흔하게 있는 일이다"라고 해명했다.

하지만 금융감독원과 회계업계에선 해당 사안을 '심각한 사안'으로 인지하고 있다. 한 금융감독원 관계자는 "회계상 문제를 감사법인이 발견했고, 이를 2분기에 일괄적으로 반영해서 재작성한 것으로 안다"라며 "흔하게 있는 일이 아니다"라고 말했다.

이 사안에 정통한 관계자는 "1분기 재무제표에 오류가 있음을 발견했지만, 당시에는 시간 관계상 반영하지 못하고 2분기에 이를 일괄적으로 반영해 재무제표를 재작성했을 것"이라고 분석했다.

새로운 회계기준 도입과정에서 혼란이 있는 상황이지만, 타 손보사에서는 1분기 재무제표를 갈아엎을 정도로 큰 이슈가 없었다는 점에서 논란을 낳고 있다. 1분기에 발표한 재무제표를 믿고 투자한 투자자들은 사실상 '가짜' 재무제표를 보고 투자를 결정했던 셈이다.

경영진의 태도에 대해서도 논란이 나오고 있다.

올해 초 '2022년 결산실적 및 사업설명회'에서 DB손보 경영기획실장인 박재광 부사장을 비롯해 최재붕 경영관리본부장, 이강진 리스크관리본부장 등이 회사 실적에 대한 컨퍼런스 콜 행사를 열었다.

당시 박 부사장은 "시장과의 소통을 (연간 한 번에서) 반기 한 번으로 늘리는 데에 적극 찬성하며 오프라인으로 만날 수 있었으면 한다"라며 "앞으로 DB손보는 시장과 소통, 신뢰, 성과로 보답하겠다"라고 말했다. 다른 상장 보험사들이 분기마다 IR 행사를 개최하는데 반해 DB손보는 그간 연간 1회 IR 행사를 개최해 왔다.

하지만 DB손보는 상반기 실적을 발표하며 컨퍼런스 콜은 증권사 연구원들을 대상으로만, 그것도 온라인 화상회의로 진행한 것으로 전해진다. 금감원이 DB손보에 대한 검사에 들어간 시점이라 회사에 대한 관심이 높았지만, 내용 역시 질의 응답 몇개 정도만 받는 수준이었던 것으로 파악된다.

한 증권사 연구원은 "방어 목적으로 진행한 게 전부였다"라며 "데이터를 받았는데 2022년과 2023년 재무제표가 다 달라서 계정 모델을 맞추느라 고생했다"라고 말했다.

문제는 앞으로도 이런 일이 발생할 수 있다는 점이다. 금감원에서 DB손보의 무저해지 보험 해지율 가정에 대해 문제가 있다고 보고, 이에 대해 반영할 것을 요구한 바 있다. 해당 사안의 재무제표 반영 여부도 회사 실적의 변수로 작용할 것으로 보인다.

한 금감원 관계자는 "금감원에서 (상반기) DB손보에 검사를 나가 문제를 지적한 부분과 1

분기 재무제표 재작성과는 무관하다"라며 "회사와 회계법인이 이야기해서 진행한 부분이다"라고 말했다.

출처: 인베스트조선 2023.08.29.
https://www.investchosun.com/site/data/html_dir/2023/08/28/2023082880262.html

알라메다 전 CEO "샘 뱅크먼 지시로 재무제표 조작"

알라메다 전 CEO이자 SBF 전 연인, 증인 출두
캐롤라인 엘리슨 "SBF 지시 따라 범행 저질러"

알라메다 리서치의 전 최고경영자(CEO)인 캐롤라인 엘리슨이 전 연인이자 동료였던 FTX 거래소 설립자 및 전 CEO인 샘 뱅크맨 프리드의 지시에 따라 사기를 저질렀다고 증언했다.

10일(현지시각) 코인데스크US에 따르면 캐롤라인 엘리슨 전 알라메다리서치 CEO는 이날 법정에서 사기 및 공모 혐의를 인정했으며, 이는 샘 뱅크먼 프리드의 지시에 따른 행위였다고 주장했다. 엘리슨은 지난해 12월 FTX와 알라메다 리서치 사태와 관련한 사기 및 공모 등 7개의 혐의를 인정하고 조사에 협력해 오고 있다.

엘리슨 전 CEO는 "샘의 지시에 따라 알라메다의 잔고가 투자자들에게 덜 위험해 보이도록 재무제표를 (금융기관에) 보냈다"면서 "알라메다가 FTX에서 자금을 받아 자체 투자를 진행했다"고 증언했다.

또 샘의 지시로 알라메다가 FTX로부터 무제한 대출을 통해 FTX의 고객 자금을 이용할 수 있었다고 말했다. 엘리슨은 "샘 뱅크먼이 FTX 자금을 사용하되 인출 요청에 응할 수 있도록 FTX에 돈을 보관하라"고 했다.

엘리슨에 따르면 뱅크먼 프리드는 자신의 측근들에게 FTX 고객 자금을 이용해 대출을 진행해 왔으며, 이는 대부분 투자나 정치기부금으로 사용됐다.

FTX 사태의 장본인으로 지목되는 샘 뱅크먼 프리드에 대한 재판은 지난 4일 미국 뉴욕에서 시작됐다. 뱅크먼 프리드는 현재 7개의 혐의를 받고 있으며, 재판은 향후 6주간 이어질 예정이다. 만약 뱅크먼 프리드가 모든 혐의에 대해 유죄 판결을 받을 경후 최고 형량은 115년으로 예상된다.

출처: 코인데스크 2023.10.11.
https://www.coindeskkorea.com/news/articleView.html?idxno=93036

② 회계의 종류

창업 초기에는 회계라는 개념이 크게 필요하지 않을 수 있다. 그러나 사업규모가 커지면 회사에서는 당장 세금신고가 필요하고 세무신고의 기초가 되는 외부보고용 회계자료가 필요하게 된다. 통상 '회계'라고 부르는 것은 이러한 외부보고용 자료를 만드는 '재무회계'를 뜻한다. 회계정보를 이용하는 집단별로 똑같은 형태의 정보를 필요로 하는 것은 아니다. 경영자와 관리자는 좀 더 효율적인 경영이 가능하도록 사업부 성과평가, 원가절감 등에 필요한 자료가 더 유용하다. 위와 같이 크게 세 가지 범주로 재무정보를 다른 형태로 제공하는 것이 일반적이며, 이를 각각 재무회계, 관리회계 및 세무회계라 한다. 각 회계종류별로 다음과 같은 특성을 가진다.

| 표 12-1 | **회계종류별 특징**

구분	재무회계	세무회계	관리회계
목적	외부보고	세무신고	내부보고
정보이용자	외부정보이용자	세무서	내부정보이용자
산출물	재무제표	세무신고자료	관리보고서

2.1 재무회계

재무회계는 가장 일반적인 목적의 회계로서 주로 회사의 재무상태와 경영성과의 파악에 초점을 둔다. 재무회계에서는 이른바 재무제표라는 것을 주기적으로 작성하여 공시하는데, 주주와 채권자들은 회계기간별로 작성하여 공시되는 재무제표를 통해 그 기업에 대한 재무정보를 얻고 이를 통해 의사결정을 내리게 된다. <표 12-2>는 기업의 규모에 따라 적용되는 회계기준과 재무제표의 작성범위를 보여준다.

| 표 12-2 | **기업의 규모에 따라 적용되는 회계기준과 재무제표의 범위**

구분	비상장·비외감법인	비상장·외감법인	상장법인
적용회계기준	중소기업회계기준	일반기업회계기준	국제회계기준
재무제표의 범위	대차대조표	재무상태표	재무상태표
	손익계산서	손익계산서	포괄손익계산서

	이익잉여금처분계산서	현금흐름표	현금흐름표
	-	자본변동표	자본변동표

기업들의 국제적인 활동이 많아지면서, 국외 정보이용자들에게 국제적으로 공인된 한국채택국제회계기준(K-IFRS: Korean Inertnational Financial Reporting Standards)에 따라 재무제표를 작성할 필요성이 커졌다. K-IFRS는 다양한 국가에서 동일하게 적용될 수 있도록 원칙 중심의 회계기준을 제시하고 있다. 투자자를 위해서 대부분의 자산에 대하여 공정가치측정을 요구하고 있으며, 자회사의 실적이 포함된 연결 재무제표를 주된 재무제표로 한다. 한편, K-IFRS의 도입으로 기업의 재무제표 양식이 다양해져 오히려 정보이용자들이 어려움을 겪기도 한다. 우리나라도 2011년부터 국제적으로 통용되는 국제회계기준(IFSRS)을 도입하여 상장법인은 K-IFRS을 의무적으로 적용해야 한다. 다만, 비상장법인 중 외부감사대상법인은 국제회계기준이 아닌 일반기업 회계기준을 적용하고, 외부감사대상이 아닌 중소규모의 법인은 좀 더 단순한 중소기업회계기준을 적용하고 있다.

2.2 세무회계

세무회계는 주로 기업의 소득에 대한 세금이라고 할 수 있는 법인세를 과세하기 위한 목적이 주가 된다. 법인세는 법인의 소득에 대한 세금이므로 법인세를 과세하기 위해서는 세법기준에 의해 소득금액을 계산해야 하며, 법인의 소득은 세법상의 수익을 의미하는 익금에서 세법상의 비용을 의미하는 손금을 차감하여 구한다.

2.3 관리회계

관리회계는 기업의 재무상태와 경영성과의 표시가 아니라, 기업의 경영효율을 향상시키고 이를 통해 관리적인 성과를 개선시키기 위해 이루어지는 회계라고 할 수 있다. 예를 들어, 제품 또는 사업부별 성과분석이나 원가절감을 위한 표준원가계산제도, 손익분기점분석 등이 있다. 관리회계의 내용 중에서 창업 시 필요한 주요 내용을 간단하게 살펴본다.

(1) 손익분기점 분석

손익분기점 분석이란 원가와 판매량과 이익의 관계를 분석하는 방법이다. 공헌이익은 매출액에서 변동원가를 차감한 금액을 뜻한다. 고정비용을 제품 하나를 팔아서 남은 공헌이익으로 나누면 손익이 영(0)이 되는 손익분기점을 구할 수 있다. 즉, 건물의 임대료가 1,000만 원인 매장에서 공헌이익이 개당 1만 원인 물건을 판다면, 1,000개를 팔면 적어도 밑지지는 않게 된다. 공헌이익은 판매가격에서 변동원가를 빼서 구하므로, 먼저 변동원가를 파악하고 판매가격은 손익분기점을 기준으로 전략적으로 선택하면 된다.

(2) 설비투자를 위해 고려할 점

설비투자를 늘릴 경우에는 원가의 절감을 얻든지, 매출이 늘어나든지 둘 중에 하나를 예상할 수 있어야 한다. 설비투자를 통한 원가절감의 노력은 매출증대를 위한 판매촉진활동이 뒷받침되어야 한다.

(3) 광고의 효과

광고라는 판매활동으로 인해 판매량이 늘어나면 고정비를 포함하고 있는 총원가의 단위당 값은 떨어지게 된다. 따라서 광고비의 지출은 단순히 비용을 발생하게 하는 것이 아니라 매출증대를 통해 이익을 늘리는 수단이 되는 것이 최선이다.

(4) 운전자본의 고려

운전자본이란 회사의 운영을 위해서 사용되는 자본을 뜻하는데, 1년 이내에 현금화가 가능한 유동자산을 뜻하는 경우가 많다. 장사를 하기 위해서는 진열대에 일정 수준의 제품이나 상품이 배치되어야 하듯이 일정한 돈이 사업에 묶여 있을 수밖에 없고, 이러한 돈을 운전자본으로 볼 수 있다. 초기 투자자금을 추정할 경우에는 기본적으로 운전자본의 규모를 누락하는 실수를 범하지 않도록 유의해야 한다.

확대보기

* 일반적으로 인정된 회계원칙(GAAP)

- 재무제표 작성의 지침
- GAAP의 필요성 -> 재무제표의 이해가능성↓, 비교가능성↓ → 신뢰성↓ → 유용성↓
- 가변성
- 제정: 독립적인 제3자(국제회계기준은 IASB, 일반기업회계기준은 KASB)
- '일반적으로 인정된' - 다수의 합의 또는 권위 있는 지지
- 상장기업의 GAAP은 2011년부터 IFRS

  IFRS를 적용하지 않는 비상장기업의 GAAP은 2011년부터 IFRS

  외부감사대상이 아닌 주식회사의 GAAP은 중소기업회계기준

* 국제회계기준의 특징

- 대다수 국가의 협업을 통해 제정되는 기준
- 원칙 중심
- 연결재무제표가 주 재무제표
- 공정가치 측정이 확대 -> 재무상태표 중심적 사고

* 회계주체이론

1) 자본주이론(지배기업개념에 영향)

   (1) 등식: 자산-부채 = 자본

   (2) 주인으로 보지 않는 채권자(이자비용), 정부(법인세비용)에게 지급하는 것은 비용

2) 실체이론(실체개념에 영향)

   (1) 등식: 자산 = 지분 = 채권자지분 + 주주지분 = 부채 + 자본

   (2) 주인으로 보는 채권자(이자비용)에게 지급하는 것은 비용이 아니라 이익분배

   (3) 주인으로 보는 정부(법인세비용)에게 지급하는 것은 비용이 아니라 이익분배(기관이론)

3) 잔여지분이론

   (1) 등식: 자산 - 채권자지분 - 우선주지분 = 잔여지분(보통주지분)

4) 이익개념과 회계주체이론

이익개념	이익의 계산방법	이익의 청구권자	회계주체이론
부가가치이익	수익-(매출원가+기타 외부거래비용) = 당기순이익+이자+법인세+임금	주주, 채권자, 정부, 종업원	기업체이론
기업이익	부가가치이익-임금 = 당기순이익+이자+법인세	주주, 채권자, 정부	실체이론
투자자이익	기업이익-법인세 = 당기순이익+이자	주주, 채권자	실체이론
주주이익	투자자이익-이자 = 당기순이익	주주 (보통주, 우선주)	자본주이론
잔여지분이익	주주이익-우선주배당금 = 당기순이익-우선주배당금	보통주주	잔여지분이론

③ 재무제표의 종류

재무제표는 회사의 재무적인 정보를 정보이용자들이 경제적인 의사결정을 할 수 있도록 일정한 양식에 따라 작성한 것을 뜻한다. 금융감독원 전자공시시스템(dart.fss.or.kr)에 가면 외부감사대상 주요 기업들의 재무제표를 확인할 수 있다. 재무제표에는 재무상태표와 손익계산서, 현금흐름표 등이 있다. 재무상태표가 일정한 시점의 재산상태를 나타내 주는 반면(stock), 손익계산서와 현금흐름표는 일정한 시점 사이의 회사 이익의 변화나 현금의 변화를 보여준다(flow).

일정 규모 이상의 회사들은 연간, 반기, 분기보고서로 불리는 보고서에 각각의 시점에 해당되는 재산상태와 부채상태를 수치로 정리한 재무상태표와 연간, 반기, 분기 동안의 경영성과를 나타내 주는 손익계산서, 현금흐름의 변동을 보여주는 현금흐름표, 자본의 변동을 보여주는 자본변동표를 일반인들이 볼 수 있도록 공시한다.

재무제표를 볼 때에는 큰 숫자를 기준으로 큰 그림을 그리는 것이 중요한데, 먼저, 손익계산서로 어느 정도 수익을 내는지 보고, 재무상태표로 주주에게 귀속되는 재산이 어느 정도인지 파악하는 방식으로 재무제표를 분석하게 된다.

3.1 재무상태표

재무상태표는 회사의 재무상태를 보여준다. 재무상태란 회사의 결산일 현재 자산, 부채, 자본의 잔액을 뜻한다. 회사의 자산, 부채 및 자본의 잔액은 매일 변하는데, 재무상태표에 표시된 금액은 결산일 현재의 잔액이다.

[회계등식: 자산=부채+자본]

재무상태표	
I. 유동자산	**I. 부채**
1. 당좌자산	1. 유동부채
2. 재고자산	2. 비유동부채
II. 비유동자산	**II. 자본**
1. 투자자산	1. 출자금
2. 유형자산	2. 이익잉여금
3. 무형자산	
4. 기타 비유동자산	

재무상태표는 차변(왼쪽)의 자산과 대변(오른쪽)의 부채 및 자본으로 구성되어 있다. 먼저 대변의 부채와 자본은 조달된 자금의 원천을 보여준다. 먼저, 주주로부터 출자받은 돈을 자본이라고 하고, 주주가 아닌 자들로부터 빌린 돈을 부채라 한다. 이렇게 부채와 자본의 형태로 조달된 자금이 어떠한 투자처에 쓰이고 있는지 보여주는 것이 차변의 각 자산계정이다. 부채는 반드시 갚아야 하는 자금으로서 타인자본이라고도 하며, 자본은 주주로부터 조달된 자금으로서 상환할 필요가 없다는 측면에서 자기자본이라고 한다. 총자본은 부채와 자본을 포함한 전체 조달자금을 뜻한다.

3.2 손익계산서

[수익 – 비용 = (당기)순이익]

창업을 하여 이익을 내고 있는지 보고 싶다면 손익계산서를 보면 된다. 손익계산서는 일정 기간 동안에 회사에서 어느 정도 이익을 냈는지 경영의 성과를 보여준다. 이익의 크기뿐만 아니라 어떤 활동에서 어떤 종류의 이익이 발생했는지도 나눠서 보여준다. 즉, 손익계산서에는 다양한 이익이 등장하는데, 매출총이익, 영업이익, 법인세비용차감전순이익, 당기순이익으로 구분할 수 있다. 손익계산서에서 이익을 매출총이익, 영업이익, 법인세비용차감전순이익과 당기순이익의 4단계로 나누어서 표시하는 것은 이익과 관련된 다양한 정보를 이용자들이 자신의 목적에 따라 골라서 쓸 수 있도록 하기 위해서이다.

(1) 영업이익의 중요성

매출총이익은 본연의 활동을 통해서 회사가 어느 정도의 수익을 창출했는지 알 수 있게 해준다. 그러나 영업을 하는 데 들어가는 비용에는 제품원가말고도 다양한 판매비와 관리비 등이 있다. 판매비와 관리비는 판매활동과 관리활동에서 발생하는 비용으로서 매출원가에 속하지 않는 영업비용을 모두 포괄한다. 영업이익은 전체영업활동을 통해 벌어들인 돈이므로 손익계산서에서 가장 중요한 수익성지표가 된다.

(2) 법인세비용차감전순이익과 당기순이익

영업외수익은 기업의 주된 영업활동이 아닌 활동으로부터 발생한 수익이다. 예를 들면, 이자수익, 임대료, 자산처분이익 등이 있다. 영업외비용은 기업의 주된 영업활동이 아닌 활동으로부터 발생한 비용이다. 예를 들면, 이자비용 또는 자산처분손실 등이 포함된다. 영업이익에 영업외수익과 영업외비용을 가감하면 법인세비용차감전순이익이 계산된다. 마지막으로 법인세비용차감전순이익에서 법인세비용을 차감하면 당기순이익이 나온다.

(3) 비용과 원가차이

기계설비는 시간이 흐름에 따라 가치가 계속 감소하며, 이러한 기계설비의 가치감소분은 매출활동을 위해서는 반드시 필요한, 즉 불가피하게 발생하는 손해를 볼 수 있는데, 이러한 손해를 '비용'이라고 한다. 이러한 비용 중에서 수익의 창출에 기여한 비용은 '원가'로 부른다.

(4) 현금주의와 발생주의

창업초기에는 현금을 기준으로 수익을 측정할 수 있지만, 사업규모가 커지면 보이지 않는 비용을 간과하여 경영성과를 정확하게 인식하지 못할 수 있다.

3.3 현금흐름표

회계를 통해 전달하는 재무정보의 종류 중에서 가장 중요한 것은 경영의 성과를 보여주는 이익에 대한 정보일 것이다. 이러한 이익은 손익계산서를 통해서 파악된다. 이러한 이익이 기업의 현금흐름과 같은 것은 아니다. 즉, 당기의 이익이 1억 원이라는 것은 영업의 결과 1억 원의 현금이 늘어났다는 뜻은 아니다. 흔히, 흑자부도가 발생하는 경우를 보면, 경영성적이 좋은 회사가 현금이 부족하여 부도를 맞곤 한다. 비록 경영성과의 측정에는 손익계산서가 우수할지 몰라도 기업의 현금흐름상태를 관찰하기 위해서는 현금흐름표가 반드시 있어야 한다. 현금수입과 발생주의에 기초한 손익계산서의 이익이 차이가 나는 이유는 다음과 같은 것을 들 수 있다.

손익계산서

매출액

(-) 매출원가

I. 매출총이익(매출총손실)

(-) 판매비와 관리비

II. 영업이익(영업손실)

(+) 영업외수익

(-) 영업외비용

III. 세차감전순손익

(-) 세금 등

IV. 당기순이익(당기순손실)

손익계산서의 이익은 현금수령 여부와는 무관하게, 발생주의기준으로 측정된다. 제품을 외상으로 매출한 경우 현금기준에 의하면 당기의 수익은 없는 것이나, 발생기준으로 현금의 수입과는 관계없이 당기 수익(매출액)에 포함된다. 따라서 손익계산서의 매출액에는 현금매출뿐만 아니라 당기 말 현재 회수하지 못한 외상매출액도 포함되어 있음을 알 수 있다.

회사의 현금흐름표에 영향을 미치는 요인에는 영업활동 이외에도 투자활동과 재무활동 등이 있다. 투자활동에 의해 새로 비품을 사거나, 재무활동에 의해 은행에서 돈을 빌린 경우를 보면, 수익이나 비용이 발생한 것이 아니어서 손익계산서에는 반영할 것이 없다. 그러나 두 거래는 회사의 현금흐름표에 있어서 많은 영향이 있다.

재무상태표의 현금잔고의 변화는 최종결과일 뿐, 어느 활동에서 비롯된 것인지 말해주지 않는다. 가장 중요한 현금흐름의 원천은 영업활동으로 인한 현금흐름이다. 이와 같은 현금흐름정보의 중요성에도 불구하고 중소기업회계기준에 따르면, 이를 재무제표의 범위에서 제외하고 있다. 따라서 외부감사를 받지 않은 중소기업은 대부분 현금흐름표를 작성하지 않고 있다. 그러나 창업을 생각한다면, 현금흐름표를 정교하게 작성하여 현금의 움직임도 살펴보는 것이 필요하다.

전자 자동차 정유 건설 등 11개 업종 대표기업 30개사 현금흐름을 분석한 결과 지난해에 비해 재무활동을 통한 현금확보가 줄어든 데는 영업이익 증가 등 경기회복에 대한 전망이 밝아졌기 때문으로 풀이된다.

특히 지난해 코로나19 대유행으로 경영실적이 악화된 업종일수록 이같은 현금흐름이 뚜렷했다.

이는 4일 내일신문이 이들 기업 2019~2021년 1분기 연결현금흐름표를 분석한 결과다.

조사대상 기업은 전자(삼성전자 · LG전자 · SK하이닉스) 자동차(현대차 · 기아 · 현대모비스) 조선(한국조선해양 · 대우조선해양 · 삼성중공업) 철강(포스코 · 현대제철 · 동국제강) 정유(SK에너지 · GS칼텍스 · 에쓰오일 · 현대오일뱅크) 화학(SK종합화학 · LG화학 · 롯데케미칼) 항공(대한항공 · 아시아나항공) 해운(HMM) 건설(현대건설 · 대우건설 · GS건설) 통신(KT · SKT · LG유플러스) 백화점(신세계 · 롯데쇼핑 · 현대백화점)이다.

이들 기업 전체 현금수지는 지난해보다 8조 7900억 원 늘어난 19조 687억 원을 기록한 데는 영업활동에 따른 현금순유입액이 13조 3700억 원이나 증가했기 때문이다.

전자업종 현금수지가 11조 1773억 원으로 11개 업종 가운데 가장 컸다. 삼성전자와 SK하이닉스의 영업활동에 따른 현금유입이 지난해 비해 4조 원 이상 늘어났다. 투자활동을 통해서도 현금유출이 4조 4000억 원 줄었다. 재무활동에서는 현금유입이 2조 원 정도 늘었다.

통신 3사 현금수지는 11개 업종 가운데 유일하게 마이너스(–4850억 원)를 기록했다.

11개 업종 모두 영업활동에 따른 현금흐름이 플러스를 기록했다. 지난해는 조선 정유 화학 항공 백화점 등이 마이너스를 기록했다. 자동차와 철강은 지난해보다 현금순유입액이 감소했다.

투자활동에 따른 현금흐름은 대부분의 업종이 마이너스를 기록했다. 지난해에 비해 단기금융상품 투자가 줄어들면서 전체적인 현금순유출은 전년도에 비해 2조 2800억 원 감소했다.

이같은 흐름 속에서 지난해보다 투자활동이 활발한(현금순유출이 큰) 업종은 자동차 항공 해운 건설 등이다. 다만 유형자산 증가와 같은 설비투자 증대보다는 단기금융상품 증가에 따른 현금순유출이 늘어 현금흐름에 영향을 미쳤다.

대한항공은 단기금융상품이 9000억 원 정도 증가했다. HMM은 금융상품 취득에 7400억 원의 현금이 들어갔다.

재무활동에 따른 현금흐름은 11개 업종 가운데 6개 업종이 플러스이고 5개 업종은 마이너스다.

조선 해운 건설 통신 백화점이 마이너스에 해당한다. 한국조선해양은 단기금융부채 상환에

1조 6300억 원을 사용하면서 재무활동에 따른 현금흐름이 마이너스를 기록했다.

이 업종에 해당하는 기업들은 대부분 부채상환에 나서 현금순유출을 기록했다.

개별기업 가운데 현금수지가 가장 큰 곳은 삼성전자다. 11조 6311억 원을 기록, 전체 61%를 차지했다. 영업활동에 따른 현금순유입이 13조 8000억 원에 이른다. LG화학 현금수지는 1조 7116억 원으로 두 번째로 컸다.

현금수지가 가장 작은 기업은 SK하이닉스다. –7779억 원을 나타냈다. 영업활동에서 3조 원 이상, 재무활동에서 1조 9000억 원 현금이 들어왔으나 투자활동에서 5조 8800억 원이 유출 돼 전체적으로 마이너스를 기록했다. 유형자산 취득에 4조 원 가량을 사용했다.

출처: 내일신문 2021.06.04.
http://www.naeil.com/news_view/?id_art=388260

3.4 자본변동표

자본변동표는 자본의 변동에 관한 정보를 제공한다. 재무상태표의 자본을 구성하는 자본금, 자본잉여금, 자본조정, 기타포괄손익누계액 및 이익잉여금이 어떤 요인으로 증감되었는지를 보여 준다.

3.5 이익잉여금처분계산서

중소기업회계기준에서 이익잉여금처분계산서를 재무제표로 열거하고 자본변동표와 선택적으로 작성하도록 하고 있다. 그런데 외부감사를 받지 않는 대부분의 중소기업에서는 자본의 변동이 없는 경우가 많고, 법인세 신고 시 이익잉여금 처분계산서를 필수적으로 제출해야 하기 때문에 자본변동표 대신 이익잉여금처분계산서를 작성하는 것이 일반적이다. 반면에 상장기업을 비롯한 외부감사대상기업의 경우에는 이익잉여금처분계산서가 회계기준상 재무제표에 해당하지 않는다.

 재무제표의 작성

4.1 회계정보의 작성과정

회계의 목적이 재무정보의 전달에 있다면 이런 회계정보는 어떻게 만들어지는 것인가?

먼저, 복식부기와 분개의 뜻에 대해 알아보자. 부기는 장부를 적는 것을 뜻한다. 장부기재방법은 가계부를 적는 방식과 유사한 '단식부기'와 단일한 사항이 자산 및 비용에 미치는 영향과 부채, 자본 및 수익에 미치는 영향으로 구분하여 기재하는 '복식부기'로 구분된다. 복식부기가 대부분의 기업이 채택하고 있는 장부기록방법이며, 복식부기를 위해 회사의 재무상태에 영향을 주는 이벤트를 장부에 반영하는 것을 '분개'라고 한다. 회계과정을 통해 장부가 만들어지고 이 장부를 토태로 결산을 하여 재무제표가 만들어진다.

| 표 12-3 | **단식부기와 복식부기의 비교**

구분	단식부기	복식부기
원칙	일정한 원칙이 없음	일정한 원칙이 있음
기록	현금의 출납	모든 변화를 기록
특징	오류 검증 불가	오류 검증 가능
적용	비영리 및 소규모 회사	영리 및 대규모 회사

회계기록의 대상이 되는 경제적인 사건을 '거래'라고 한다. 거래란 기업의 재무상태, 즉 자산과 부채 및 자본에 어떤 변화를 가져다주는 모든 종류의 것으로 일컫는다. 제품을 팔기로 하고 계약금을 미리 받는 경우를 예를 들면, 현금이라는 자산이 늘었고, 미래에 제품을 인도해 주어야 할 부채도 동시에 늘어난 경우이다. 다른 예로, 종업원에게 임금을 지급하면 인건비라는 비용이 발생하고, 현금자산이 감소한 것으로 볼 수 있다. 은행에서 차입하는 경우에는 현금이 증가하였으나, 차입에 따른 부채가 동시에 증가하므로 회사의 재무상태에 변화를 가져와 거래에 해당하는 것이다.

• 1단계: 거래를 분개하여 전표를 만든다

T계정

계정과목	
차변 (항상 왼편)	대변 (항상 오른편)

먼저 거래가 발생하면 이들을 인식하여 전표에 기록하는 것을 분개라고 한다. 분개는 거래를 정리하여 자산, 부채, 자본의 변동을 왼쪽(차변)과 오른쪽(대변)에 배열하는 것을 말한다. 분개를 하는 원칙은 생각보다 간단하다. 즉, 자산이 늘어나면 왼쪽에, 부채와 자본이 늘어나면 오른쪽에 기입하고, 반대로 금액이 줄어든 경우에는 반대쪽에 기입한다. 결국, 자산의 감소는 대변에, 부채와 자본의 감소는 차변에 적게 된다. 이와 같은 분개의 법칙은 재무상태표의 차변에는 자산이, 대

변에는 부채와 자본이 표시되는 것에 기인한다.

요즘은 손으로 전표나 장부를 작성하는 대신에 컴퓨터 프로그램을 이용하여 회계작업을 하는 것이 대부분이다. 전표를 직접 손으로 작성하는 대신에 모든 계정과목을 코드화해서 컴퓨터에 입력만 하면 알아서 분개가 이뤄지기 때문에 편리하다. 물론, 그 이면의 회계흐름이나 절차는 차이가 없다. 손익계산서의 비용과 수익도 마찬가지로 원래 비용의 자리가 차변이고 수익의 자리가 대변이므로 비용의 발생은 차변에, 수익의 발생은 대변에 적는다.

실제로 분개를 할 때 차변과 대변에 적는 것은 자산, 부채, 자본, 수익, 비용이 아니라 구체적인 계정과목(현금, 급여)이다. 거래에 대한 더 자세한 정보를 주기 때문이다.

모든 거래는 예외 없이 항상 차변의 한 요소와 대변의 한 요소의 결합으로 구성되는데, 앞서 설명한 바와 같이 차변은 투자처를 나타내고, 대변은 자금의 조달처를 보여주기 때문에 당연한 결과이다. 따라서 차변(왼쪽)과 대변(오른쪽)에 항상 같은 금액이 기록된다.

• 2단계: 장부에 옮겨 적는다

모든 거래가 전표작성을 통해 분개가 되었다면, 매일의 분개들은 전부 장부에 옮겨 적는다. 이러한 절차를 거치면 비로소 장부가 만들어지는 것인데, 장부에는 주요장부와 보조장부가 있다. 주요장부란 회사의 모든 계정과목을 망라한 총 계정원장을 말하며 보조장부는 특정계정을 좀 더 상세하게 기록한 것이다. 거래처별 원장 등이 보조장부에 해당한다. 회계프로그램을 사용하는 경우에는 거래자료가 컴퓨터에 입력되면 자동으로 장부에 전기되고 시산표 등이 만들어진다.

• 3단계: 시산표를 만든다

매월 말 장부를 마감하면 전표로부터 모든 거래가 정부에 옮겨져서 기재되었는지 확인하기 위해서 시산표라는 것을 작성한다. 월말 현재 왼쪽과 오른쪽 숫자의 합이 항상 같아야 한다는 점에 기초하여 검증하는 것이다. 만약 시산표의 대차금액이 맞지 않는다면 이는 원장에 전기하는 과정에서 잘못이 있었다는 것을 뜻한다. 요즈음은 거의 컴퓨터로 작업하기 때문에 이러한 검증의 기능은 큰 의미가 없다. 시산표의 주된 기능은 오류검증보다는 회계연도 중에 각 계정과목의 수치를 확인하는 데에 있다.

[자산=부채+(자본+수익-비용-배당)]

• 4단계: 결산하고 재무제표를 만든다

회계연도의 끝이 되면 결산을 하게 된다. 결산이란 회사의 회계기간 단위별로 경영성과 및 재무상태를 측정하기 위한 것이다. 결산작업을 통해 비로소 재무제표가 완성된다. 회계기간은 보통 1년이지만 상장법인은 투자자들에게 재무정보를 더 자주 제공할 필요가 있어 분기별로 결산하고 재무제표를 작성하여 공시한다.

결산을 위해서는 제일 먼저 결산일 현재의 시산표가 만들어져야 한다. 그 후 결산정리사항에 대한 수정절차가 필요하다. 결산수정사항에는 다음에 같은 것을 예로 들 수 있다. 즉, 매출원가를 확정하기 위해 기말에 남아 있는 재고자산이 얼마인지 평가해야 하며, 전체재고금액 중에서 기말재고를 제외한 금액을 매출원가로 대체하게 된다.

학습 정리

◎ 회계란 일정 기간동안 한 회사에서 일어난 경제적인 사건들을 기록, 정리, 보고하는 것이다. 이를 통해 회사는 이해관계자들에게 필요한 재무 정보를 제공할 수 있다.

◎ 회계기준은 사전적으로 기업이 회계처리를 할 때 지켜야 하는 규범이다. 사후적으로는 감사인이 재무제표가 회계기준에 따라 적정하게 작성되었는지 검토하고, 원칙의 위배 정도에 따라 감사 의견을 표명한다.

◎ 회계의 종류는 하기와 같다.

(1) 재무회계

- 가장 일반적인 목적의 회계로, 회사의 재무상태 및 경영성과의 파악에 초점을 둔다.

- 재무제표를 주기적으로 작성해 공시해야 할 필요가 있다.

- 국제활동이 많아지면서 K-IFRS에 따라 재무제표를 작성할 필요성이 커졌다.

(2) 세무회계

- 법인세를 과세하기 위한 목적이며, 세법기준에 의해 소득금액을 계산한다.

(3) 관리회계

- 기업의 관리적인 성과를 개선시키기 위해 이루어지는 회계이다.

- 손익분기점 분석을 하거나, 관리회계를 통해 설비투자, 광고, 운전자본을 고려할 수 있다.

◎ 재무제표는 회사의 재무적인 정보를 정보이용자들이 경제적 의사결정을 할 수 있도록 일정한 양식에 따라 작성한 것이다. 이에는 재무상태표, 손익계산서, 현금흐름표 등이 있다.

- 재무상태표는 회사의 재무상태 (자산 = 부채+자본) 를 보여준다.
- 손익계산서는 경영의 성과를 보여준다. 따라서 이익을 매출총이익, 영업이익, 법인세비용차감전순이익과 당기순이익의 4단계로 표시한다.
- 현금흐름표는 기업의 현금흐름상태를 관찰하기 위한 것이다.
- 그 외, 자본변동표는 자본의 변동에 관한 정보를 제공하며, 이익잉여금처분계산서는 중소기업회계기준에서 자본변동표와 선택적으로 작성할 수 있다.

◎ 회계정보의 작성 과정은 4단계가 있다.

(1) 거래를 분개하여 전표를 만든다.

(2) 장부에 옮겨 적는다

(3) 시산표를 만든다.

(4) 결산하고 재무제표를 만든다.

아파트 관리비 비리, "비전문가의 회계점검 문제"

"입대위–관리업체–주택관리사 삼각 견제가 핵심"

최근 사회적 문제로 떠오른 아파트 관리 비리 문제를 막기 위해 정부가 불투명하게 부과되는 '깜깜이 관리비' 손질에 나선다. 다만 전문가들은 아파트 내부 · 외부 회계감사에서 걸러지지 않는 부실감사와 입주민, 관리소장 그리고 주태관리업체의 견제 기능 개선이 선행돼야 한다고 조언한다.

6일 국토부에 따르면 지난해 기준 우리나라 전체 가구의 62.6%는 관리비가 부과되는 아파트와 다세대 · 연립주택 등 공동주택에 거주 중이다. 연간 관리비는 23조 원에 달한다. 세대당 월평균 18만 원, 연 216만 원을 관리비로 지출하는 셈이다.

다만 공개된 관리비 정보가 미흡해 적정한지 검증이 어렵다는 지적이 이어졌다. 관리비 정보 공개 의무가 없는 허점을 이용해 세부내역이 불투명한 관리비 징수 사례도 있기 때문이다.

실제로 아파트관리비를 관리하는 소장, 경리직원이 아파트 관리사무소 각종 경비 청구서를 조작하는 등 아파트 관리비 횡령, 부정사용한 사례가 심심치 않게 발생되고 있다.

서진형 경인여대 교수(공정주택포럼 공동대표)는 "통상 외부회계감사보고서에는 부정과 비리 적발사항은 빠져있고 기껏 계정과목 오류나 장기수선충당금 수립 등 지엽적인 사항만 담고 있는 경우가 많은데 이에 세후 감사보다는 세무사도 참여하는 사전 기장지도가 훨씬 효과적이다"면서 "관리소장이나 입주자대표회의에 대한 지나친 신뢰도 관리비 운영에 독이 될 수 있다"고 말했다.

그러면서 "전문성을 갖춘 관리소장이 업무에 있어 원리·원칙을 지키는 것이 횡령 사고를 줄이는 근본적인 방법이다"면서 "관리소장이 지출결의서와 통장, 송금영수증 등을 재무제표와 통장을 살펴 횡령을 사전에 차단해야 한다"고 말했다. 이어 "관리비 흐름을 감시해야 할 입주자대표회의는 회계 전문가가 아니기에 지자체에서 관련 회계 교육을 실시한다면 좋은 방법이 될 수 있다"고 전했다.

마지막으로 서 교수는 "결국 사회적으로 논란이 되고 있는 아파트 비리 근절을 위해서는 아파트 입주자대표회의와 주택관리업체 그리고 해당 단지를 관리하는 주택관리사(관리소장)의 삼각 견제 기능이 가장 중요하다"며 "세 주체 간 힘의 균형이 맞지 않으면 감시와 견제의 기능이 사라져 비리가 발생할 수 있는 환경이 조성된다"고 설명했다.

출처: 매일일보 2023.09.06.
https://www.m-i.kr/news/articleView.html?idxno=1046654

스타트업을 위한 '가상자산 회계처리 기준' 기초 상식

지난 1월 이복현 금융감독원장은 "향후 가상자산 발행·보유와 관련한 회계상 주석공시 의무를 신설하고, 모니터링 툴도 개발하겠다"라고 밝혔다. 최근 가상자산 업계에서 잇따라 발생하고 있는 여러 사고가 배경이 됐다. 건전한 시장조성과 투자자 보호를 위한 규율 체계를 마련하는 것뿐만 아니라, 가상자산 시장 리스크 관리에 대한 역량 제고도 필요한 상황임이 나타났다.

금융감독원의 움직임은 가상자산의 파급효과가 글로벌 경제와 시장 참여자에게 중대한 영향을 미칠 정도로 시장 성장이 급격했단 것의 방증이다. 하지만 이를 반영해야 할 회계기준은 여전히 명확하게 정립되지 않은 아이러니한 상황이다. 기업과 정보이용자들에게 실무적인 어려움은 계속 발생하는 것이 현실이다.

보유목적	적용기준서
통상적인 영업 과정에서 판매를 위하여 보유	IFRS IAS 2 (K-IFRS 제1002호 [재고자산])
이 외의 목적으로 가상자산을 보유	IFRS IAS 38 (K-IFRS 제1038호 [무형자산])

현재 국내 상장사들이 적용하고 있는 한국채택국제회계기준(K-IFRS)에는 가상자산에 대한 기준이나 별도의 기준서가 마련되어 있지 않다. 이로 인해 그동안 가상자산의 발행(개발)부터 보유(취득)·매각(처분)에 이르기까지, 일련의 거래 과정을 회계처리함에 있어 어떤 기준서를 적용해야 하는지가 불분명했다. 관련 기준서가 없는 것으로 보아 각 기업들 스스로 적절한 회계 정책을 개발해야 하는 것인지 의문도 있었다. 그러던 중 지난 2019년 6월 국제회계기준 해석위원회에서 가상자산 보유 시 IFRS 적용에 대한 논의 결과를 발표했다.

국제회계기준 해석위원회는 가상자산이 갖는 특성에 근거해, 가상자산을 보유하는 목적에 따라 재고자산 또는 무형자산으로 회계처리하도록 결론을 내렸다. 이런 결론은 가상자산의 '보유'에 관해서는 현행 IFRS 상 기준서를 적용할 수 있는 것으로 판단한 내용이다. 금융당국 입장에서는 새로운 기준서를 제정할 부담, 그리고 기업 입장에서 적용 가능한 기준서가 없어 기업 스스로 회계정책을 개발해야 하는 부담을 덜어낸 셈이다.

이에 발맞춰 한국회계기준원 또한 지난 2019년 12월 관련 질의회신을 통해 국제회계기준 해석위원회와 동일한 입장을 표명했다. 다만 기준서 제·개정을 통한 보완이 여전히 필요한 실정이다. 가상자산은 일반적으로 공정가치의 변동이 크고, 특히 활성화된 시장이 존재하는 경우에는 그 가치 변동 효과를 재무제표에 반영할 필요가 있다. 일부 예외적인 상황을 제외하고는 재고자산 기준서 상 취득원가 이상의 가치 상승이 인정되지 않기 때문이다.

투자자 구분	투자자들과의 계약 및 백서상 의무 구분	적용 기준서
고객 정의 충족	수행의무에 해당하는 부분	K-IFRS 제1115호 [고객과의 계약에서 생긴 수익]
	수행의무에 해당하지 않는 부분	K-IFRS 제1037호 [충당부채, 우발부채, 우발자산]
고객 정의 불충족		K-IFRS 제1008호 [회계정책, 회계추정의 변경 및 오류] 문단 10~12: 회계정책을 개발 및 적용하여 회계정보를 작성[6]

대략 2년 뒤인 2021년 10월 한국회계기준원은 가상자산의 '매각'에 대하여 다음과 같은 내용의 질의회신을 발표한다. 이에 따라 가상자산 매각에 대한 회계처리의 방향도 일정 부분 정립되는 듯 했다. 하지만 가상자산의 투자자들이 기준서 제1115호에 따른 '고객'의 정의를 충족하는지, 투자자들과의 계약과 백서상 의무가 기준서 제1115호에 따른 '수행의무'에 해당하는지 등은 사실과 상황을 고려하여 각 기업이 판단할 사항이기 때문에 다소 모호한 쟁점들이 남아 있는 상황이다.

한편, 한국회계기준원은 해당 질의회신 상 '블록체인 플랫폼을 론칭함에 따라 발행(개발)자가 갖게 되는 가상자산이 재무제표상 자산의 정의 및 인식 요건을 충족하는지'에 대해선 검토하지 않았다고 밝혔다. 따라서 가상자산의 '발행'에 대한 회계처리는 여전히 명확하게 정리되지 않은 상태다. 한국회계기준원의 발표에 따르면 자체 개발한 가상자산의 자산화 여부에 대해서는 엄격한 무형자산의 자산화 요건으로 인해 해당 기업들이 보수적인 관점에서 전액 비용처리하고 있는 상황도 확인됐다. 이 또한 가상자산이 통상의 무형자산과는 다른 점을 감안하여 가상자산의 특성에 맞게 자산화 요건을 달리 정하는 기준서 제·개정 작업이 필요하다.

주체	구분	관련 기준서 및 회계처리
발행 (개발)자		K-IFRS 제1038호 [무형자산] : 자산성에 따라 자산화 또는 비용처리
보유 (취득)자	통상적인 영업과정에서 판매 목적 보유	K-IFRS 제1002호 [재고자산]
	그 외의 목적 보유	K-IFRS 제1038호 [무형자산]
매각 (처분)자	고객 정의 충족	K-IFRS 제1115호 [고객과의 계약에서 생긴 수익] K-IFRS 제1037호 [충당부채, 우발부채, 우발자산]
	고객 정의 불충족	K-IFRS 제1008호 [회계정책, 회계추정의 변경 및 오류] : 회계정책 개발 및 적용

국내 기업들은 실제로 가상자산 회계처리를 어떻게 진행하고 있을까? 우선 위메이드는 주요 종속회사와 함께 PC 온라인과 모바일 게임의 개발·유통·판매를 주된 사업으로 영위하고 있는 시가총액 약 1조 5597억 원 규모의 코스닥시장 상장사다. '미르의 전설' 시리즈가 대표적인 게임이다. 위메이드는 지난 2020년 11월 출시한 '미르 4'의 흥행에 힘입어 이듬해인 2021년 8월에 블록체인 기술을 접목한 '미르 4 글로벌'을 전 세계 170여 개국에 출시했다. 본격적으로 블록체인 사업을 영위하게 된 시기다.

구분	해당 법인	회계처리 현황 요약
발행(개발)	Wemix Pte. Ltd.	자산화 요건 미충족에 따라 자산 인식 불가
보유(취득)	위메이드	K-IFRS 제1038호에 따라 무형자산으로 인식(원가법)
매각(처분)	위메이드	K-IFRS 제1115호[11]에 따라 계약부채 인식 후 수익인식

위메이드가 미르 4 글로벌의 블록체인 생태계에 활용한 가상자산은 '위믹스'다. 위믹스는 위메이드의 해외(싱가포르) 자회사인 Wemix Pte. Ltd.가 발행한 코인으로, 위메이드는 자회사로

부터 위믹스를 현물배당받거나 민팅보상 등을 통해 위믹스를 취득하여 보유하고 있는 '보유(취득)자'에 해당한다.

위믹스의 발행(개발)자에 해당하는 Wemix Pte. Ltd.가 내국법인이 아니기 때문에 Wemix Pte. Ltd.가 가상자산의 발행 시에 적용한 회계처리를 직접적으로 확인할 수는 없다. 다만 위메이드의 연결재무제표상 주석 내용을 통해 '무형자산의 자산화 요건 미충족으로 전액 비용처리'하였음을 간접적으로 확인할 수는 있다.

② Wemix Token의 발행
Wemix Token은 전기 중 연결실체 내 종속기업인 Wemix PTE. LTD에 의해 발행이 되었습니다. 발행된 Wemix Token은 연결실체가 보유하고 있으며, 발행 당시 연결 실체는 Wemix Token으로부터의 미래경제적 효익을 확신할 수 없어 자산으로 인식하지 아니하였습니다.

보유(취득)자에 해당하는 위메이드는 위믹스를 비롯해 보유 중인 디지털 자산을 '무형자산'으로 인식하고 있으며, 후속 측정은 원가모형을 적용하여 매 보고 기간마다 손상검사를 수행하고 있다. 그리고 위믹스를 고객에게 매각(처분)할 경우, 계약부채로 인식한 후 실제 서비스(수행의무)를 제공하였을 때 '수익을 인식(상품권 판매 회계처리와 유사)'한다.

두나무는 어떨까? 두나무는 국내 1호 가상자산 사업자로서 국내 최대 디지털 자산 거래소인 업비트 운영을 주된 사업으로 영위한다. 앞서 살펴본 기업과는 사업의 성격에 상당한 차이가 있는 만큼 가상자산에 대한 회계처리 또한 유의미한 차이를 보이고 있을까? 이를 명확하게 확인하기 위해서는 시점을 나누어 살펴볼 필요가 있는데, 그 이유는 두나무가 2022 사업연도 반기 재무제표를 기점으로 가상자산에 대한 회계처리를 변경하였기 때문이다.

위메이드는 가상자산을 통상적인 영업과정상 판매 목적으로 보유한 것이 아니었던 반면, 두나무는 가상자산 거래소 운영사업의 특성을 고려하여 가상자산을 판매할 목적 하에 보유하는 것으로 판단했다. 따라서 보유 중인 가상자산을 무형자산으로 인식했던 기업의 회계처리와는 달리 두나무는 K-IFRS 제1002호에 따라 '재고자산'으로 인식했다.

재고자산은 취득원가와 순실현가능가치 중 낮은 금액으로 측정(저가법)하는 것이 일반적이다. 하지만 중개기업의 경우에는 타인을 위하여 또는 자기의 계산으로 재고자산을 매입한 후 단기간 내에 매도함으로써 가격변동이익이나 중개이익을 얻을 목적으로 재고자산을 취득한다. 예외상 공정가치에서 처분부대원가를 뺀 금액(순공정가치)으로 재고자산을 측정하고, 순공정가치 변동분은 변동이 발생한 기간의 손익으로 인식할 수 있는 것이다. 두나무 역시 가상자산 중개기업에 해당하므로 위와 같이 재고자산을 순공정가치로 측정하고, 가상자산의 평가손익을 영업외손익으로 인식했다. 그리고 고객으로부터 가상자산을 위탁받아 보관하는 것은 가상자산에 대한 위험과 효익이 두나무에 의해 지배되지 않기 때문에, 별도의 자산으로 인식하지 않았다.

시점	해당 법인	회계처리 현황 요약
발행(개발)	해당 없음	해당 없음
보유(취득)	두나무	K-IFRS 제1002호에 따라 재고자산으로 인식
	두나무 외 연결실체	K-IFRS 제1038호에 따라 무형자산으로 인식
매각(처분)	두나무	매각차익(손)을 영업외손익으로 인식

두나무가 '매각'하는 가상자산은 재고자산을 판매하는 보통의 기업들처럼 K-IFRS 제1115호에 따른 수익으로 인식하고 있을까? 두나무는 가상자산의 매각에 대해 K-IFRS 제1115호를 적용하지 않는 것으로 보인다. △두나무의 영업수익은 서비스 수입과 수수료 수입으로 구성되며, 가상자산 매각과 관련된 수익은 표시되지 않음 △포괄손익계산서상 매출원가나 영업비용 내역상 매각한 가상자산에 대한 비용이 표시되지 않음 △포괄손익계산서상 가상자산이익(손실)에는 평가 및 거래와 관련된 손익이 모두 포함되어 있음이 근거다.

즉, 두나무는 재고자산으로 인식한 가상자산을 매각함에 있어 수익(매출)과 비용(매출원가)을 총액으로 인식하지 않는다. 대신 유가증권 등의 처분처럼 차익(손)만을 가상자산이익(손실)으로 순액 인식한 것이다. 이 같은 회계처리가 기준서에 부합하는 것인지 따져보는 것은 차치하더라도, 일관성이 다소 부족한 회계처리로 보인다. 가상자산의 보유가 통상적인 영업과정 상의 판매 목적임을 두나무 스스로 인정하였음에도 가상자산의 매각 시 관련 수익을 인식하지 않았기 때문이다.

시점	해당 법인	회계처리 현황 요약
발행(개발)	해당 없음	해당 없음
보유(취득)	두나무	K-IFRS 제1038호에 따라 무형자산으로 인식(재평가)
매각(처분)	두나무	K-IFRS 제1038호에 따라 무형자산으로 제거(영업외손익)

일관성 부족이 문제 된 것인지 알 수는 없지만, 두나무는 2022 사업연도 반기 재무제표부터 보유 중인 가상자산이 '무형자산'에 해당하는 것으로 회계정책을 변경한다. 즉, 과거의 판단과는 달리 두나무가 더 이상 가상자산을 통상적인 영업과정상 판매를 위해 보유하지 않는 것으로 본 것이다. 이는 결국 가상자산을 분류함에 있어서는 앞선 두 기업과 동일한 판단을 내린 것이다. 다만 위메이드는 가상자산의 후속 측정으로 원가모형을 채택한 반면, 두나무는 재평가모형을 적용하였다는 점에서 일부 차이는 존재한다.

이들 기업 사례를 보면 가상자산 회계처리의 방향이 어느 정도 정립되긴 했지만, 급성장하는 가상자산 시장과 그 다양성을 모두 아우르기에는 부족한 점이 많은 것이 현실이다. 상황 개선을 위해 금융감독원, 한국회계기준원 등 유관기관이 지속적인 논의를 이어갈 예정이다. 따라서 각 기업의 관계자들은 가상자산에 대한 회계 이슈와 기준의 변화에 지속적인 관심과 주의를 기울여야 할 것이다.

출처: 와우테일 2023.07.19.
https://wowtale.net/2023/07/19/60582/

O. X

1	비상장·비외감법인에게 적용하는 중소기업회계기준의 재무제표의 범위는 대차대조표, 손익계산서, 현금흐름표이다.
2	회계를 통한 재무보고기능에 의해 투자자와 채권자들이 가지고 있는 자원이 좀 더 효율적으로 투자되기 위해서는 재무보고의 분석행위가 진행되어야 한다.
3	재무회계는 주로 기업의 소득에 대한 세금이라고 할 수 있는 법인세를 과제하기 위한 목적이 주가 된다.
4	손익분기점 분석이란 원가와 판매량과 이익의 관계를 분석하는 방법이다.
5	회사의 이해관계자에는 주주, 채권자, 임직원, 거래처 및 고객, 그리고 국가 등이 있다.
6	통상 회계라고 부르는 것은 내부보고용 자료를 만드는 재무회계를 뜻한다.
7	관리회계는 기업의 재무상태와 경영성과의 표시한다.

객관식

1 다음 중 차변에 해당되지 않는 것은? ( )

가. 비용의 발생   나. 수익의 발생   다. 부채의 감소   라. 자본의 감소   마. 자산의 증가

2 다음 중 옳지 않은 것은? ( )

가. 재무회계는 가장 일반적인 목적의 회계로서 주로 회사의 재무상태와 경영성과의 파악에 중점을 둔다.

나. 세무회계는 주로 기업의 소득에 대한 세금이라고 할 수 있는 법인세를 과세하기 위한 목적을 가지고 있다.

다. 관리회계는 기업의 경영효율을 향상시키기 위해 이루어지는 회계이다.

라. 기업의 국제적인 활동이 많아지면서 한국채택국제회계기준에 따라 재무제표를 작성할 필요성이 커졌고 이는 비상장법인과 중소규모의 법인 모두에게 적용된다.

3 다음 중 재무제표의 작성 순서로 옳은 것은? ( )

가. 결산하고 재무제표 만들기	나. 거래를 분개하여 전표 만들기
다. 장부에 옮겨 적기	라. 시산표 만들기

가. 가 – 나 – 다 – 라
나. 가 – 다 – 나 – 라
다. 나 – 다 – 라 – 가
라. 다 – 나 – 가 – 라

4 다음 창업 회계에 관한 설명으로 옳지 않은 것은? ( )

가. 회계는 회사의 재부 정보를 전달하는 수단이다.
나. 회계라는 정보 전달 수단을 통해 한 회사의 재무정보에 체계적으로 접근할 수 있다.
다. 대차대조표는 수익에서 비용을 차감하여 이익을 계산한다.
라. 손익계산서는 일정 기간 동안 회사의 경영성과를 파악하기 위해서 만드는 제무제표이다.

5 다음 중 재무제표에 관하여 옳지 않은 것은? ( )

가. 재무제표에는 손익계산서, 현금흐름표, 재무상태표 등이 있다.
나. 재무상태표에서 회사의 자산, 부채 및 자본의 잔액은 매일 변하는데, 재무상태표에 표시된 금액은 회사가 매 분기 시작될 때 보유하고 있는 총자산이다.
다. 손익계산서는 일정 기간 동안에 회사에서 어느 정도 이익을 냈는지 경영 성과를 보여 준다.
라. 현금흐름표에 영향을 미치는 요인에는 영업활동 이외에도 투자활동과 재무활동 등이 있다.

6 기업에 규모에 따라 적용되는 재무제표의 작성범위에서 비외감 법인의 경우 이에 포함하지 않는 것은? ( )

가. 대차대조표
나. 손익계산서
다. 이익잉여금처분계산서
라. 현금흐름표

7 간접법으로 영업활동현금흐름을 작성할 때 당기순이익에 가산하는 항목이 아닌 것은? ( )

가. 감가상각비
나. 매출채권의 증가

다. 매입채무의 증가

라. 유가증권처분손실

8 **손익분기점에 대한 설명 중 틀린 것은? ( )**

가. 손익분기점 분석이란 원가와 판매량과 이익의 관계를 분석하는 방법이다.

나. 공헌이익은 매출액에서 변동원가를 차감한 금액이다.

다. 고정비용을 제품 하나를 팔아서 남은 공허익으로 나누면 손익이 0이 되는 손익분기점을 구할 수 있다.

라. 손익분기점을 구하기 위해서는 변동원가를 구할 필요가 없다.

9 **다음 중 재무상태표에 대한 설명으로 옳은 것은? (,)**

가. 재무상태란 회사의 결산일 현재 자산, 부채, 자본의 잔액을 뜻한다.

나. 비유동자산으로 당좌자산, 유형자산, 무형자산, 기타 비유동자산이 있다.

다. 부채는 자기자본이라고도 하며, 자본은 타인자본이라고 한다.

라. 주주로부터 출자받은 돈은 자본, 주주가 아닌 자들로부터 빌린 돈을 부채라 한다.

10 **다음 중 현금흐름표에서 가장 중요한 지표로 적절한 것은? ( )**

가. 매출총이익

나. 영업이익

다. 세차감전손순익

라. 당기순이익

11 **다음 중 회계정보의 작성과정 중 적절하지 않은 것은? ( )**

가. 모든 거래는 예외 없이 항상 차변의 한 요소와 대변의 한 요소의 결합으로 구성된다.

나. 주요장부란 회사의 모든 계정과목을 망라한 총계정원장을 말한다.

다. 시산표의 주된 기능은 오류검증이다.

라. 결산을 위해서는 제일 먼저 결산일 현재의 시산표가 만들어져야 한다.

12 **일정 기간 동안에 회사에서 어느 정도 이익을 냈는지 경영 성과를 보여주는 재무제표는? ( )**

가. 재무상태표

나. 손익계산서

다. 현금흐름표

라. 이익잉여금처분계산서

13 재무제표 검토에 대한 감사의견으로 옳지 않은 것은? ( )

가. 적정

나. 기각

다. 부적정

라. 한정

14 다음 중 회계 등식을 올바르게 표시하지 않은 것은? ( )

가. 자산 − 부채 = 자본

나. 자산 = 부채 + 자본

다. 자본 − 부채 = 자산

라. 자산 − 자본 = 부채

15 다음 중 손익계산서에서 영업이익을 계산할 때 포함되지 않은 것은? ( )

가. 영업외비용

나. 판관비

다. 매출원가

라. 매출 총이익

16 다음 중 옳지 않은 것은? ( )

가. 창업 초기에는 회계라는 개념이 크게 필요하다.

나. 재무회계, 관리회계, 및 세무회계의 형태로 제공하는 재무정보는 유용하다.

다. 재무회계는 가장 일반적인 목적의 회계이다.

라. 세무회계는 주로 기업의 소득에 대한 세금이라고 할 수 있는 법인세를 과세하기 위한 목적이 주가 된다.

마. 손익분기점 분석이란 원가와 판매량과 이익의 관계를 분석하는 방법이다.

17 다음 중 복식부기의 성격과 다른 것은? ( )

가. 원칙: 일정한 원칙이 있음

나. 기록: 현금의 출납

다. 특징: 오류검증 가능

라. 적용: 영리 및 대규모 회사

18 시산표의 특징 중 옳지 않은 것은? ( )

가. 월말 현재 왼쪽과 오른쪽 숫자의 합이 항상 같아야 한다.

나. 시산표와 대차금액이 맞지 않는다면 이는 원장에 전기하는 과정에서 잘못이 있었다는 뜻이다.

다. 시산표의 주된 기능은 회계연도 중 각 계정과목의 수치를 확인하는 것이 아닌, 오류검증이다.

라. 컴퓨터 작업의 활성화로 인해 이러한 검증의 기능은 큰 의미가 없다.

19 다음 중 비유동자산에 속하지 않는 것은? ( )

가. 재고자산

나. 투자자산

다. 유형자산

라. 무형자산

20 기업의 규모에 따라 적용되는 회계기준 중 옳지 않은 것은? ( )

가. 비상장 & 비외감법인 – 중소기업회계기준

나. 상장법인 – 국제회계기준

다. 비상장 & 외감법인 – 일반기업회계기준

라. 비상장 & 외감법인 – 국제회계기준

21 다음의 설명 중 옳지 않은 것은? ( )

가. 재무보고의 주된 수단은 재무제표이다.

나. 재무제표는 일정한 규정에 따라 작성되고, 일정한 기간 내에 정보이용자에게 제공되어야 한다.

다. 정태적 재무제표에는 재무상태표, 동태적 재무제표에는 포괄 손익계산서, 현금흐름표, 자본변동표가 있다.

라. 재무제표는 상호 간에 연관성이 없이 독립적으로 작성된다.

22 상장법인의 재무제표 범위 중 해당하지 않는 것은? ( )

가. 포괄손익계산서

나. 이익잉여금처분계산서

다. 현금흐름표

라. 자본변동표

23 외부감사 대상에 대한 설명으로 옳지 않은 것은? ( )

가. 직전 사업연도 말 현재 자산총액이 100억 이상인 기업을 대상으로 한다.

나. 총자산이 70억 이상인 기업 중 부채 총액이 70억이거나 종업원 수가 300명 이상인 기업을 대상으로

한다.

다. 감사인은 재무제표가 회계기준에 따라 적정하게 작성되었는지에 따라 감사의견을 표명한다.

라. 감사인이 표명한 감사의견은 해당 지역 법인의 허가를 받음으로써 공공재로서의 역할을 수행할 수 있게 된다.

24 재무제표 종류에 대한 설명으로 옳지 않은 것은? ( )

가. 재무상태표는 회사의 결산일 현재 자산, 부채, 자본의 잔액을 보여준다.

나. 손익계산서는 회사의 결산일 현재에 회사에서 어느 정도 이익을 냈는지 경영의 성과를 보여준다.

다. 현금흐름표는 경영성과를 보여주는 이익에 대한 정보를 보여주며 손익계산서상의 이익과 다르다.

라. 자본의 변동에 관한 정보를 제공하는 자본변동표가 재무제표에 포함된다.

25 재무상태표를 구성하는 자산, 부채, 자본에 대한 설명으로 옳지 않은 것은? ( )

가. 자산은 재무상태표에서 차변에 유동성이 높은 자산에서 낮은 자산 순으로 기록한다.

나. 유동자산과 고정자산을 나누는 기준은 1년 이내에 현금화가 가능한지의 여부이다.

다. 재무상태표의 오른쪽 대변에 자산의 소유권을 청산순서에 따라 부채, 자본 순으로 기록한다.

라. 기업의 단기적 영업활동에 소요되는 자금을 보여주는 순운전자본은 고정자산에서 고정부채를 차감하여 구한다.

26 다음 중 관리회계의 내용 중에서 창업 시 필요한 주요 내용에 해당되지 않는 것은? ( )

가. 손익계산서 나. 손익분기점 분석 다. 설비투자를 통한 원가절감

라. 광고 마. 운전자본의 고려

27 다음 시산표 등식에서 빈 칸에 들어갈 항목으로 옳은 것은? ( )

자산 = 부채 + [( ) + 수익 – 비용 – 배당]

가. 매출액 나. 자본 다. 법인세 라. 미지급금 마. 감가상각비

28 다음 중 옳은 것은? ( )

가. 재무회계의 목적은 내부보고이다.

나. 세무회계의 정보이용자는 외부정보이용자이다.

다. 관리회계의 산출물은 세무신고자료이다.

라. 관리회계의 정보이용자는 내부정보이용자이다.

29 다음 중 옳지 않은 것은? (   )

가. 공헌이익은 변동원가에서 매출액을 차감한 금액을 뜻한다.

나. 설비투자를 통한 원가절감의 노력은 매출증대를 위한 판매촉진활동이 뒷받침되어야 한다.

다. 광고로 인해 판매량이 늘어나면 고정비를 포함하고 있는 총원가의 단위당 값은 떨어진다.

라. 운전자본이란 회사의 운영을 위해서 사용되는 자본을 뜻하는데, 1년 이내에 현금화가 가능한 유동자산을 뜻하는 경우가 많다.

30 복식부기에 대한 설명으로 옳지 않은 것은? (   )

가. 일정한 원칙이 있다.

나. 모든 변화를 기록한다.

다. 오류 검증이 불가능하다.

라. 영리 및 대규모 회사에서 적용한다.

 단답형

1 기업들의 국제적인 활동이 많아지면서, 국외 정보이용자들에게 국제적으로 공인된 (   )에 따라 재무제표를 작성할 필요성이 커졌다.

2 (   ) 분석이란 원가와 판매량과 이익의 관계를 분석하는 방법이다.

3 회계정보의 작성과정: 거래를 분개하여 전표를 만든다 – 장부에 옮겨 적는다 – 시산표를 만든다 – 결산하고 (   )를 만든다.

4 (   )는 사업에 투자된 자산의 내역을 그 조달 원천에 따라 내 것과 빌린 것으로 나누어 보여주는 표이다.

5 (   )는 일정한 기간 동안 회사의 경영성과를 파악하기 위해서 만드는 재무제표이다.

6 복식부기를 위해 회사의 재무상태에 영향을 주는 이벤트를 장부에 반영하는 것을 무엇이라고 하는가?
(   )

7 다양한 국가에서 동일하게 적용될 수 있도록 원칙 중심의 회계 기준을 제시하는 용어는?
(   )

8 기업이 회계처리 및 결산을 포함하여 재무제표를 작성할 때 지켜야 하는 것을 (   )이라 한다.

9   재무상태표는 일정한 시점의 재산상태를 나타내 주는 반면, (   )는 일정한 시점 사이의 회사 현금
      의 변화를 보여준다.

10   다음은 재무상태표이다. 빈 칸에 알맞은 답을 채우시오.

재무상태표			
I. ( )		I. ( )	
1. 당좌자산		1. 유동부채	
2. 재고자산		2. 비유동부채	
II. 비유동자산		II. ( )	
1. ( )		1. 출자금	
2. 유형자산		2. 이익잉여금	
3. ( )			
4. 기타 비유동자산			

11   다음은 손익계산서의 등식이다. 빈 칸을 채우시오.
      수익 − (   ) = (   )

12   (   ) : 원가와 판매량과 이익의 관계를 분석하는 방법이다.
      (   ) : 회사의 운영을 위해서 사용되는 자본을 뜻한다.

  서술형

1. 회계 기준의 필요성에 대해 서술하시오.

2. 재무회계와 세무회계, 관리회계의 목적, 정보이용자 산출물에 대해 서술하시오.

3. 회계의 정의에 대해 서술하시오.

4. 재무제표의 작성과정에 대해 서술하시오.

5. 재무상태표에 대해 서술하시오.

6. 단식부기와 복식부기를 비교하여 서술하시오.

7. 회계정보를 작성하는 과정을 서술하시오.

8. 재무상태표 양식을 그리시오.

9. 손익계산서 양식을 그리시오.

10. 발생주의의 필요성에 대해 서술하시오.

11. 재무상태표, 손익계산서, 현금흐름표에 대해 서술하시오.

12. 자본변동표에 대해 서술하시오.

13. 재무제표의 종류 5가지를 서술하시오.

14. 자산, 부채, 자본, 수익, 비용, 배당의 관계를 등식으로 표현해 보시오.

15. 회계 외부감사 대상에 대해 설명하시오.

16. 기업 규모에 따른 회계기준과 재무제표의 범위에 대해 설명하시오.

17. 손익계산서의 매출액에는 현금매출뿐만 아니라 당기말 현재 회수하지 못한 외상매출액도 포함되어있다. 그 이유에 대해 서술하시오.

18. 영업이익의 중요성에 대해 서술하시오.

19. 재무상태표의 특징과 자금의 원천이 어떻게 분류되어야 하는지 서술하시오.

20. 비용과 원가의 차이에 대하여 서술하시오.

재무제표 분석

학습목표

◎ 재무상태표, 손익계산서, 현금흐름표 등 재무제표는 기업이 어떤 자산을 활용하여 어떻게 수익을 창출하고 있는지, 자산을 구입한 자금은 어떻게 조달하였는지 등 기업 경영상의 주요 문제들에 대한 정보를 제공해 준다.

◎ 제무제표의 구체적인 항목들은 산업의 특성에 따라 조금씩 달라지기는 하지만 서로 비슷한 형식으로 작성되기 때문에 서로 다른 기업 간의 비교를 가능하게 한다.

◎ 경영진과 주주 및 외부 투자자들은 기업의 현 경영 상태를 재무제표의 분석을 통해 파악한다. 기업의 이해관계자가 재무제표를 통해 유용한 의사결정을 할 수 있도록 각 재무제표를 분석하는 방법을 학습하는 것이 목표이다.

◎ 재무비율을 이해하고, 계산법 및 재무비율을 통해 얻을 수 있는 정보를 알 수 있다.

Chapter 13

재무제표 분석

재무제표는 기업이 어떤 자산을 활용하여 어떻게 수익을 창출하고 있는지, 자산을 구입한 자금은 어떻게 조달하였는지 등 기업 경영상의 주요 문제들에 대한 정보를 제공해 준다. 또한, 재무제표의 구체적인 항목들은 산업의 특성에 따라 조금씩 달라지기는 하지만 서로 비슷한 형식으로 작성되기 때문에 서로 다른 기업 간의 비교를 가능하게 한다. 따라서 경영진과 주주 및 외부 투자자들은 기업의 현 경영 상태를 재무제표의 분석을 통해 파악한다. 재무제표를 통해 제공하는 기업정보가 왜곡될 경우 금융시장에서 형성되는 기업가치도 함께 왜곡되고 이는 투자자들의 손해로 연결된다.

① 재무상태표

재무상태표는 어느 한 시점에 기업의 자산과 그 자산에 대한 자금조달 방법에 의해 결정된 소유권을 보여주는 것이다. 따라서 재무상태표에는 반드시 어느 시점에 작성되었는지가 표시되며 보통 분기 말 또는 회계연도 말 등에 주기적으로 작성된다. <표 13-1>은 ㈜X의 2023년도 기말의 재무상태표이다. 재무상태표는 대차대조표라고도 부르는데 이 명칭은 자산은 왼쪽인 차변에 표시가 되고 소유권은 오른쪽인 대변에 표시가 됨에 따른 것이다. 자산은 크게 구분했을 때 채권자 또는 주주에게 귀속되며 소유권 없이 존재하는 자산이란 없다. 달리 표현하자면 모든 자산은 반드시 채권자로부터 빌린 부채 또는 주주가 납입한 자본으로 매입한다. 이를 회계의 기초가 되는 다음의 회계 등식으로 표현할 수 있다.

$$자산 = 부채 + 자본$$

<표 13-1>의 재무상태표에서 ㈜X의 자산은 1억 5,000만 원, 부채는 5,000만 원, 자본은 1억 원으로 위의 등식이 성립한다. 기업의 자산은 기업이 영업활동을 할 때 투입되는 요소들로 현금, 단기금융상품, 재고자산, 외상매출금인 매출채권, 토지, 건물, 설비 등을 포함한다. 부채는 외상매입금인 매입채무와 채권자에게서 차입한 금액을 포함한다. 회계 등식에 의거하여 주주의 몫인 자본은 자산에서 부채를 뺀 나머지 금액이 된다.

| 표 13-1 | **재무상태표**

(주)X
2023년 재무상태표

(단위: 만 원)

자산:		부채:	
현금및현금성자산	800	매입채무	1,200
매출채권	1,500	단기차입금	800
재고자산	1,200	총유동부채	2,000
총유동자산	3,500		
		장기차입금	3,000
		부채총계	5,000
		자본:	
		자본금	2,500
		자본잉여금	6,000
		이익잉여금	1,500
순고정자산	11,500	자본총계	10,000
자산총계	15,000	부채와 자본총계	15,000

재무상태표를 보면 회사가 어느 자산에 얼마를 투자하고 있는지 회사의 규모와 투자처를 알수 있다. 또한 투자된 금액 중 얼마가 채권자로부터 차입되었고 얼마가 주주로부터 조달되었는지를 알 수 있으며 부채의 규모가 적정한지 판단할 수 있다. 그리고 여러 기간에 걸쳐 한 기업의 재무상태표를 비교해 봄으로써 그 전과 대비하여 그 기업의 규모가 얼마나 성장하였는지, 부채비율은 적정한지와 같은 기업의 경영성과를 파악할 수 있다.

② 자산

재무상태표에서 자산은 왼쪽에 유동성이 높은 자산에서 낮은 자산의 순으로 기록한다. 유동성은 자산이 얼마나 빠르게 원래 가치로 현금화될 수 있는지를 나타낸다. 자산은 크게 유동성이 높은 유동자산과 유동성이 낮은 고정자산으로 나눌 수 있다. 유동자산과 고정자산을 나누는 기준은 1년 안에 현금화가 가능한지의 여부이다. 유동자산에는 현금및현금성자산, 매출채권, 재고자산 등이 포함된다. 고정자산에는 대표적으로 토지, 건물, 설비와 같은 유형자산과 영업권이나 특허권과 같은 무형자산이 있다. <표 13-1>에서 ㈜X의 유동자산은 3,500만 원이고 고정자산은 1억 1,500만 원이다.

토지를 제외한 건물이나 설비 등의 다른 고정자산들은 시간이 지남에 따라 유지 및 보수를 위한 비용이 들며 차차 그 가치가 떨어지게 된다. 이러한 가치의 하락을 자산에 대한 비용으로 보아 감가상각비라고 부르며 감가상각누계액으로 매기마다 발생한 감가상각비를 누적 합산하여 고정자산 취득 당시의 가치에서 차감한다. 이 차감된 가치가 고정자산의 장부상 현재가치가 된다.

기업의 영업권이나 특허권 같은 무형자산은 보통 다른 기업의 인수합병 과정에서 발생하는데 어떤 기업을 인수할 때 공정시장가액 이상으로 매입하였을 경우 그 차액을 영업권으로 표시하여 자산에 기록하게 된다.

마지막으로 유동자산과 고정자산의 합계를 자산 총계라고 한다. <표 13-1>에서 ㈜X의 자산 총계는 1억 5,000만 원이다.

③ 부채와 자본

재무상태의 오른쪽 대변은 왼쪽 차변에 기록된 자산의 소유권을 자산의 청산 순서에 따라 부채를 먼저, 그 다음 자본을 기록한다. 기업의 자산은 우선적으로 채권자의 몫으로 채무를 갚는 데 쓰이며 채무를 갚은 후 남는 것들은 모두 주주의 몫이 되어 자본에 귀속된다. 예를 들어 <표 13-1>의 ㈜X와 같이 기업의 채무가 5,000만 원이 있을 경우 기업 자산의 가치가 5,000만 원이 될 때까지는 기업 청산 시 모든 자산이 채권자에게 귀속되며 주주의 몫인 자본은 0원이 된다. 그러나 기업 자산의 가치가 5,000만 원을 초과하게 되면 기업 자산의 가치에 상관없이 부채의 가치는 계속 5,000만 원이 되고 채무 5,000만 원을 제한 나머지는 모두 주주에게 귀속되어 자본의 가치는(기업 자산의 가치 -5,000만 원)이 된다. <그림 13-1>은 ㈜X의 예에서 기업 자산의 가치가 증가함에 따라 부채 및 자본의 가치가 어떻게 변하는지를 그래프를 통해 보여 준다.

　정상적으로 운영되는 성숙 기업의 자산 가치는 대부분 부채보다 충분히 크다. 이러한 경우 기업이 영업활동을 통해 이익을 창출하여 자산을 증가시키면 그 증가분은 주주의 몫으로 주주에게 귀속된다. 반면에 영업활동에서 손해가 발생하여 자산이 감소할 경우 손실 역시 주주에게 귀속된다. 자본의 이러한 속성 때문에 자본을 잔여청구권(residual claim)이라고 한다.

　부채 중에서는 1년 이내에 채권자에게 상환해야 하는 유동부채가 제일 먼저 기록된다. 유동부채에는 단기차입금, 매입채무, 미지급비용, 장기차입금 중 1년 내 만기가 도래하는 부분이 포함된다. 유동자산과 유동부채의 차이를 순운전자본이라고 한다.

$$순운전자본 = 유동자산 - 유동부채$$

| 그림 13-1 | **기업자산의 가치와 부채 및 자본의 가치**

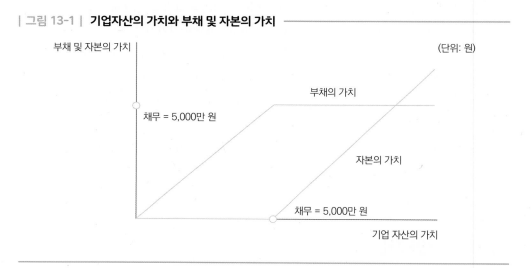

　순운전자본은 기업의 단기적 영업활동에 소요되는 자금을 보여주며 영업의 규모가 커질수록 순운전자본은 함께 커지고 폐업할 때는 회수된다.

　고정부채로는 회사채, 장기차입금, 장기성 매입채무가 있다. <표 13-1>의 ㈜X의 경우 유동부채는 2,000만 원, 고정부채는 3,000만 원으로 부채총계는 5,000만 원이다. 총자산에서 부채를 제한 나머지는 자본이다. ㈜X의 경우 자본총계는 1억 원으로 이는 자산총계 1억 5,000만 원에서 부채 총계 5,000만 원을 제한 금액과 일치한다. 자본은 크게 기업이 주식을 발행하여 조달한 납입자본금과 기업의 영업활동으로 축적되고 배당되지 않은 순이익인 이익잉여금으로 구성된다.

㈜X의 자본금은 2,500만 원이다. 주식 발행 당시 액면가가 500원이었다고 가정하면 발행 주식 수는 5만 주이다. 주식 발행 당시 주식은 주당 1,700원으로 발행되어 실제 조달한 금액은 8,500만 원이었다. 이 중 실제 조달한 금액(8,500만 원)과 자본금(2,500만 원)의 차액 6,000만 원 {(1,700원-500원)×5만 주}은 자본잉여금으로 인식하였다. ㈜X가 그동안 배당하지 않고 누적한 순이익인 이익잉여금은 1,500만 원이다.

확대보기

* 자산의 정의

자산은 과거사건의 결과로 기업이 통제하는 현재의 경제적자원이다. 경제적자원이란 경제적효익을 창출한 잠재력을 지닌 권리를 의미한다. 권리가 기업의 자산이 되기 위해서는, 해당 권리가 그 기업을 위해서 다른 모든 당사자들이 이용가능한 "경제적효익을 초과하는" 경제적 효익을 창출할 잠재력이 있고, 그 기업에 의해 통제되어야 한다. 기업은 기업 스스로부터 경제적효익을 획득하는 권리를 가질 수 없다.
 경제적효익을 창출할 잠재력에 대해 알아보자면 잠재력이 있기 위해서 권리가 경제적 효익을 창출할 것이라고 확실할 필요는 없다. 경제적효익을 창출할 가능성이 낮더라도 권리가 경제적자원의 정의를 충족하면 자산이 될 수 있다. 경제적자원은 그 잠재력을 포함한 현재의 권리이지, 그 권리가 창출할 수 있는 미래 경제적효익은 아니다.

* 부채의 정의

부채는 과거사건의 결과로 기업이 경제적자원을 이전해야 하는 현재의무이다. 의무란 기업이 회피할 수 있는 실제 능력이 없는 책무나 책임을 의미한다. 제3자에 대한 의무이면 충분하며, 그 제3자가 누구인지 특정될 필요는 없다. 기업이 청산하는 것만으로 이전을 회피할 수 있는데, 기업의 재무제표를 계속기업 기준으로 작성해야 한다는 결론은 그러한 이전을 피할 수 없다는 결론이 된다. 이전을 회피할 수 있도록 취하는 행동이 이전하는 것보다 유의적으로 더 불리한 경제적 결과를 가져온다면, 의무가 있는 것이다.
의무에는 기업이 경제적자원을 다른 당사자에게 이전하도록 요구받게 될 잠재력이 있어야 한다. 의무가 이미 존재하고, 적어도 하나의 상황에서 기업이 경제적자원을 이전하도록 요구되기만 하면 된다. 경제적자원의 이전가능성이 낮더라도 의무가 부채의 정의를 충족할 수 있다.
과거 사건으로 생긴 현재의무에는 기업이 이미 경제적효익을 얻었거나 조치를 취했고, 기업이 이전하지 않아도 되었을 경제적자원을 결과적으로 이전해야 하거나 이전하게 될 수 있는 경우이다.

4 손익계산서

손익계산서를 살펴봄으로써 어느 특정 기간 동안의 기업의 성과를 살펴볼 수 있다. 손익계산서는 기업이 어느 기간 동안 수익을 발생시키기 위해 얼마나 많은 비용을 지출하였는지를 보여 주며 그 결과 기업이 이익을 창출하고 있는지의 여부를 알 수 있다. 손익계산서의 중요 공식은 다음과 같다.

$$수익 - 비용 = 순이익(또는 순손실)$$

<표 13-2>는 2023 동안 발생한 수익과 비용을 기록한 ㈜X의 손익계산서이다.

| 표 13-2 | 손익계산서

㈜X 2023년 손익계산서	(단위: 만 원)
매출액	23,000
매출원가	14,950
매출총이익	8,050
판매비	5,200
감가상각비	1,300
영업이익(EBIT)	1,550
이자비용	240
법인세비용차감전순이익(EBT)	1,310
법인세비용	460
당기순이익(NI: Net Income)	850
[주당순이익(EPS: Earnings per Share) 170원]	
배당	300
유보이익	550

손익계산서는 기업의 주된 영업활동과 관련된 수익과 비용을 제일 먼저 보여 주고 그 다음 금융활동과 관련한 수익과 비용을, 마지막으로는 세금을 기록한다. 이러한 순서에 따라서 기업이 제품이나 서비스를 판매하여 생긴 매출액은 손익계산서의 제일 위에 위치한다. <표 13-2>에서 2023년에 발생한 기업 ㈜X의 매출액은 2억 3,000만 원이다. 그 다음에는 매출을 발생시키기 위해 소요된 매출원가와 각종 비용이 기록된다. 제품의 원자재비에 해당하는 매출원가와 판매비, 임금과 소요된 고정자산의 감가상각비 등과 같은 관리비가 여기에 해당하며 매출액에서 영업 관련 비용을 차감하면 영업이익(EBIT: Earnings before Interest and Tax, 또는 이자 및 법인세비용차감전순이익)이 된다. <표 13-2>에서 기업 ㈜X의 매출원가는 1억 4,950만 원이며 매출액에서 매출원가를 차감한 매출총이익은 8,050만 원이다. 매출총이익에서 판매비 5,200만 원과 감가상각비 1,300만 원을 차감한 영업이익은 1,550만 원이다.

감가상각비는 직접적인 현금유출이 있는 항목은 아니지만 고정자산의 수명을 고려하여 차차 손실이 되어가는 고정자산의 가치를 반영하고 있다. 여기에는 고정자산의 유지 보수나 대체에 필요한 비용을 미리 설정해 놓으려는 의도가 있다.

영업이익에서 기업이 투자로 얻은 이자수익이 있으면 이자수익을 더하고 차입에 대한 이자비용을 차감하여 법인세비용차감전순이익(EBT: Earnings before Tax)을 구한다. 기업 ㈜X는 2023년도에 이자비용으로 240만 원을 지급하였고 영업이익에서 이자비용을 차감한 법인세비용차감전순이익은 1,310만 원이다.

마지막으로 법인세비용차감전순이익에서 법인세비용을 차감하면 당기순이익(NI: Net Income)을 얻는다. 손익계산서의 가장 마지막 항목은 당기순이익이다. 당기순이익은 한 주당 순이익으로 표시하여 주당순이익(EPS: Earnings per Share)으로 표시하기도 한다. ㈜X의 경우 법인세비용은 460만 원이 발생하였고, 법인세 비용차감전순이익에서 법인세비용을 차감한 당기순이익은 850만 원이다. ㈜X의 발행주식수는 5만 주이므로 주당순이익은 170원이다. 당기순이익의 일부는 배당금으로 사용되고 나머지는 유보되어 재무상태표의 이익잉여금에 더해진다. ㈜X의 경우 2023년에 발생한 당기순이익 850만 원 중 300만 원은 배당하였고 550만 원은 유보하였다.

손익계산서 역시 재무상태표를 분석할 때와 마찬가지로 다기간의 손익계산서를 비교해 봄으로써 회사의 경영 상태를 평가할 수 있다. 매출액의 성장률과 각종 비용의 크기 그리고 순이익의 규모를 비교해 봄으로써 기업의 성과를 측정할 수 있다.

삼성전자 13조 4000억 원 … 전년보다 3조 5000억 원 증가

삼성전자의 2021년 귀속 법인세액이 13조 원을 넘어섰다. 이는 2020년 귀속 법인세 9조 9000억 원에 비해 3조 5000억 원(35%) 늘어난 수치다.

지난 8일 발표된 삼성전자의 제53기 사업보고서(사업연도 2021년 1월 1일~12월 31일)에 따르면 지난해 삼성전자는 연결재무제표 기준 13조 4000억 원의 법인세를 공시했다. 2018년 16조 8000억 원을 기록한 뒤 2년 연속 10조 원을 하회했는데, 지난해 어느 정도 회복된 수치다.

연도별 법인세를 보면 2016년 8조 원에서 2017년 14조 원으로 훌쩍 늘어난 뒤, 2018년 16조 8000억 원으로 최고점을 찍었다. 이후 2019년에는 8조 7000억 원으로 줄었는데, 2020년 9조 9000억 원, 지난해 13조 4000억 원으로 점차 증가세를 보이고 있다.

지난해 법인세 유효세율은 25.2%를 기록했다. 삼성전자는 매년 25% 안팎의 법인세 유효세율을 기록하고 있다. 최근 6년 간 가장 유효세율이 가장 높았던 해는 2019년으로 28.57%였다. 가장 낮은 해는 2017년으로 24.93%였다.

삼성전자의 매출은 연결 기준 역간 최대인 280조 원, 영업이익은 52조 원을 달성했다. 별도 기준은 매출 200조 원, 영업이익 32조 원이다.

매출액은 Neo QLED TV, 비스포크(BESPOKE) 등 프리미엄 제품과 플래그십 휴대폰, 고용량 메모리와 OLED 패널 등의 판매 확대로 전년 대비 42조 7978억 원(18.1%) 증가했다. 영업이익은 전년 대비 15조 6400억 원(43.5%) 증가했다.

법인세비용차감전순이익은 전년 대비 17조 67억 원(46.8%) 증가한 53조 3518억 원, 당기순이익은 전년 대비 13조 4996억 원(51.1%) 증가한 39조 9075억 원을 기록했다.

삼성전자는 "글로벌 업계의 리더로서 선제적으로 대응하고, 소비자들의 새로운 경험을 창출하려는 노력을 지속해 나가기 위해 2021년 연말 조직개편을 단행, 기존 CE(Consumer Electronics), IM(Information technology & Mobile communications) 부문을 통합해 DX(Device eXperience) 부문으로 새롭게 출범했다"고 밝혔다.

이어 "이를 통해 TV, 가전, 스마트폰, 통신장비 등 다양한 제품은 물론 고객 니즈(Needs)를 반영한 서비스와 솔루션을 제공해 소비자들이 최적화된 경험을 편하게 즐길 수 있도록 하고, 제품 간 시너지 창출은 물론 차별화된 제품과 서비스 기반을 구축하기 위해 총력을 기울이겠다"고 강조했다.

자산은 전년 대비 48조 3854억 원(12.8%) 증가한 426조 6212억 원을 기록했다. 부채는 전년 대비 19조 4335억 원(19%) 증가한 121조 7212억 원, 자본은 전년 대비 28조 9519억 원(10.5%) 증가한 304조 8999억 원을 기록했다.

삼성전자는 "재무비율 측면에서는 자기자본비율이 전년 대비 1.5%p 감소한 71.5%, 부채비율이 전년 대비 2.8%p 증가한 39.9%로 견실한 재무구조를 지속적으로 유지했다"고 설명했다.

한편 지난해 삼성전자 감사를 맡은 안진회계법인은 삼성전자의 모든 종속회사에 대해 '적정' 의견을 내놓았다. 안진은 분·반기 재무제표 검토, 별도 및 연결 재무제표에 대한 감사, 내부회계관리제도 감사 등에 총 7만 6999시간을 투입해 79억 원을 감사보수로 받았다.

개인별 보수 지급액은 대표이사에서 고문으로 물러난 고동진 전 사장이 118억 원으로 가장 많은 보수를 받은 것으로 나타났다. 역시 지난해부터 고문을 맡고 있는 김현석 전 사장이 103억 원으로 뒤를 이었으며, 현직 중엔 김기남 삼성전자종합기술원 회장이 86억 원으로 가장 높은 보수를 받았다.

출처: 조세일보 2022.03.21.
http://www.joseilbo.com/news/htmls/2022/03/20220321449427.html

⑤ 현금흐름표

현금흐름표는 어느 특정 기간 동안 재무상태표상의 현금및현금성자산 항목의 변화분을 설명해준다. 이는 회계상의 현금으로 기업이 실제로 보유하고 있는 현금 보유고나 기업의 가치 평가에 쓰이는 현금흐름과는 다소 차이가 있다.

<표 13-3>은 ㈜X의 2023년 기초와 기말의 현금잔액 차이를 설명해주는 현금흐름표이다. 현금흐름표는 기업이 어느 항목에서 현금의 유입이 있었고 어느 항목에서 현금의 지출이 발생하였는지를 크게 기업의 영업활동, 투자활동, 재무활동에 의한 현금흐름으로 나누어 순차적으로 기록한다. 그리고 이러한 활동에 의한 현금의 증감액을 기초의 재무상태표상의 현금및현금성자산 금액과 합산하여 기말(즉, 다음 기초) 재무상태표상의 현금및현금성자산 금액이 얼마가 되는지를 알려 준다. 현금의 유입은 양(+)으로 현금의 유출은 음(-)으로 표기한다. 성숙 기업의 경우에도 현금흐름표는 다음 기 예산 작성에 참고가 되는 유용한 자료이지만 자금 압박에 시달리는 벤처창업기업의 경우 현금흐름표의 의미는 그 이상이다. 현금흐름표는 기업이 매출채권을 얼마나 효과적으로 현금화할 수 있는지를 보여 주며 이는 기업의 지불능력과 직결된다.

먼저 영업활동에서 발생한 현금흐름의 시작은 손익계산서의 제일 하단에 위치한 당기순이익이다. 어떤 기간에 이익이나 손실이 발생하더라도 현금의 유출입이 없으면 현금흐름표에는 반영되지 않는다. 따라서 현금흐름표는 이 당기순이익을 몇 단계에 거쳐서 현금 기준으로 전환하게 된다. 우선 손익계산서에서 비용으로 잡혔지만 현금의 유출이 없는 비현금 항목은 차감한다. <표

11-3>에서 ㈜X의 경우 당기순이익 850만 원과 손익계산서에서 비용으로 잡혔지만 현금의 유출이 없는 비현금 항목인 감가상각비 1,300만 원을 더해 주었다. 다음으로 현금 및 현금성자산을 제외한 영업활동으로 인한 자산과 부채의 변동에 따른 현금의 유출입을 더한다. 기업은 현금을 지급하고 자산을 매입하므로 자산의 증가는 현금의 유출을 의미한다. 기업은 채권자에게 현금을 지급하고 부채를 상환하므로 부채의 감소는 현금의 유출을 의미한다. 따라서 영업활동으로 인한 자산과 부채의 변동 중 매출채권의 감소, 재고자산의 감소와 매입채무의 증가는 현금의 유입이므로 더해 주고 매출채권의 증가, 재고자산의 증가와 매입채무의 감소는 현금의 유출이므로 차감한다. ㈜X의 경우 매출채권은 1,000만 원 증가하였으므로 차감해 주고 재고자산의 경우 60만 원 감소하였으므로 더해 주며 매입채무의 경우 110만 원 감소하였으므로 차감해 주었다. 당기순이익에서 시작하여 이 모든 조정을 거친 ㈜X의 영업활동에 의한 순현금흐름은 1,100만 원이다.

| 표 13-3 | **현금흐름표**

㈜X 2023년 현금흐름표	
	(단위: 만 원)
영업활동으로 인한 현금흐름	
당기순이익	850
영업활동으로 인한 자산, 부채의 변동	
현금의 유출이 없는 비용의 가산 : 감가상각비	1,300
매출채권의 증가	-1,000
재고자산의 감소	60
매입채무의 감소	-110
영업활동에 의한 순현금흐름	1,100
투자활동에 의한 현금흐름	
고정자산의 매입	-200
투자활동에 의한 순현금흐름	-200
재무활동으로 인한 현금흐름	
장기차입금의 상환	-210

배당금의 지급	-300
재무활동에 의한 순현금흐름	-510
현금의 증감	390
기초의 현금	410
기말의 현금	800

　　그 다음은 고정자산의 매입과 매각으로 인한 투자활동에 따른 현금흐름이다. 고정자산을 매입하면 현금의 유출이 있고 고정자산을 매각하면 현금의 유입이 있다. ㈜X의 경우 2023년 고정자산을 매입하여 200만 원의 현금유출이 있었다.

　　마지막으로 재무활동에 따른 현금흐름의 경우 회사가 금융자산에 투자를 하거나 투자자들에게 현금을 돌려주는 경우 현금의 유출이 있고 금융시장을 통해 자본을 조달할 경우 현금의 유입이 있다. 즉, 부채를 상환하거나 자사주를 매입하거나 배당을 하는 행위는 기업의 입장에서 현금의 유출이며 단기차입금이나 장기부채, 보통주가 증가하는 것은 현금의 유입에 해당한다. ㈜X는 2023년 장기차입금을 상환하여 210만 원의 현금유출이 있었으며 배당금을 300만 원 지급하여 300만 원의 현금유출이 있었다. 따라서 재무활동에 의한 순현금흐름은 총 510만 원의 현금유출이다.

　　영업활동, 투자활동, 재무활동에 의한 순현금흐름을 합산한 현금의 증감액을 기초의 현금에 더해 주면 기말의 현금을 도출할 수 있다. ㈜X의 경우 영업활동, 투자활동, 재무활동에 의한 순현금흐름을 합산하면 2023년 동안 현금이 390만 원 증가하였고 이를 기초의 현금 410만 원에 더해 주면 기말의 현금 800만 원을 구할 수 있다. 이는 <표 11-3>의 2023년 말 현재 재무상태표의 현금 및 현금성자산 800만 원과 일치한다.

확대보기

* 현금흐름 유형의 구분

(1) 영업활동 현금흐름

영업활동 현금유입	영업활동 현금유출
• 재화의 판매와 용역 제공에 따른 현금유입 • 로열티, 수수료, 중개료 및 기타수익에 따른 현금유입	• 재화와 용역의 구입에 따른 현금유출 • 종업원과 관련하여 직·간접으로 발생하는 현금유출
• 법인세의 환급. 다만, 재무·투자활동에 명백히 관련되는 것은 제외 • 단기매매목적으로 보유하는 계약에서 발생하는 현금유입	• 법인세의 납부. 다만, 재무·투자활동에 명백히 관련되는 것은 제외 • 단기 매매목적으로 보유하는 계약에서 발생하는 현금유출

(2) 투자활동 현금흐름

투자활동 현금유입	투자활동 현금유출
• 유형자산, 무형자산 및 기타 장기성 자산의 처분에 따른 현금유입 • 다른 기업의 지분상품, 채무상품, 조인트벤처 투자지분 처분(현금성자산과 단기매매금융자산에 속하는 것은 제외) • 제3자에 대한 선급금 및 대여금의 회수(금융회사의 현금 선지급과 대출채권은 제외) • 선물계약, 선도계약, 옵션계약 및 스왑계약에 따른 현금유입(단기매매목적으로 계약을 보유하거나 현금유입이 재무활동으로 분류되는 경우는 제외)	• 유형자산, 무형자산 및 기타 장기성 자산의 취득에 따른 현금유출. 자본화된 개발원가와 자가건설 유형자산에 대한 지출포함 • 다른 기업의 지분상품, 채무상품, 조인트벤처 투자지분 취득(현금성자산과 단기매매금융자산에 속하는 것은 제외) • 제3자에 대한 선급금 및 대여금의 지급(금융회사의 현금 선지급과 대출채권은 제외) • 선물계약, 선도계약, 옵션계약 및 스왑계약에 따른 현금유출(단기매매목적으로 계약을 보유하거나 현금유출이 재무활동으로 분류되는 경우는 제외)

(3) 재무활동 현금흐름

재무활동 현금유입	재무활동 현금유출
• 주식이나 기타 지분상품의 발행에 따른 현금유입 • 담보·무담보부사채 및 어음의 발행과 기타 장·단기차입에 따른 현금유입	• 주식의 취득이나 상환에 따른 소유주에 대한 현금유출 • 차입금의 상환에 따른 현금유출 • 리스이용자의 금융리스부채 상환에 따른 현금유출

(4) 이자수익, 이자비용, 배당금수익, 배당금지급
- 국제회계기준: 회사가 활동구분 선택하여 일관성 있게 적용
- 일반기업회계기준: 이자수익, 이자비용, 배당금수익은 영업활동, 배당금지급은 재무활동

(5) 법인세
- 법인세로 인한 현금흐름은 별도로 공시하며, 재무활동과 투자활동에 명백히 관련되지 않는 한 영업활동 현금흐름으로 분류한다.

이익을 창출하는 기업이 왜 부도날까요

이익이 많은데 어느 날 갑자기 부도나는 기업이 있다. 이를 흑자도산이라고 한다. 분명히 영업이익이 좋고 몇 년 연속 흑자였는데 왜 이런 일이 생기는 걸까. 이 기업에 투자한 투자자나 자금을 빌려준 채권자는 이런 일을 미리 알 수 없을까.

Q. 흑자도산이란 무엇인가

A. 흑자도산이란 기업이 이익을 창출하고 있어서 장부상에는 흑자로 기록되어 있는데, 빌린 돈을 갚지 못하는 상태인 것을 말한다. 여기서 빌린 돈을 채무라고 하며, 이 채무는 다양한 형태로 존재한다. 예를 들어 은행이나 개인으로부터 빌린 돈, 외상으로 물건을 사고 갚기로 한 돈, 납부해야 할 세금 등이다. 이러한 채무는 모두 만기가 존재한다. 이달에 외상으로 물건을 사면서 12월 31일까지 대금을 주겠다고 약속했다면 그날이 만기일이다. 이날에 채무를 갚지 못하면 채무를 이행하지 못했다는 뜻으로 채무불이행이라고 하며 이를 도산했다고 한다. 채무를 못 갚은 이유는 '돈이 없어서'이다. 이 말은 곧 기업 내에 현금이 없다는 뜻이다.

재무제표를 보면 매년 이익이 발생하고 있어서 은행이나 거래처에서 이 기업이 만기일에 당연히 채무를 상환할 수 있을 것이라고 생각하고 돈을 빌려주거나 외상거래를 한 것인데, 만기일에 갚을 수 있는 돈이 없다고 하니 은행이나 거래처는 황당할 수밖에 없다. 왜 이런 일이 일어나는 것일까.

Q. 흑자도산은 왜 발생하나

A. 지난 호에서 회사의 자산상태를 보여주는 재무상태표, 영업실적을 보여주는 손익계산서는 발생주의에 의해서 작성한다고 했다. 즉 현금흐름과 관계없이 수익이 실현되었다고 보면 수익으로 작성하고, 비용은 수익비용대응의 원칙에 의해 작성한다. 그러므로 장부상 수익이 발생했다고 해서 실제 현금이 들어온 것은 아니다. 이 차이에 의해서 흑자도산이 발생한다. 현실에서 흑자도산의 이유는 매우 다양하지만 대표적인 사례를 살펴보자.

스마트폰 액정을 판매하는 B기업은 A기업에 매일 액정을 납품하는데 두 기업은 서로 합의하에 매년 2월에 대금을 결제하기로 하였다. B기업은 2021년에 100억 원어치 액정을 판매하고, 이 대금은 2022년 2월에 받는 것이다. 그리고 B기업은 액정을 만들기 위한 원재료를 C기업으로부터 구입하는데 C기업과는 매년 1월에 대금을 결제하기로 하였으며, 2021년에 C기업으로부터 원재료를 80억 원어치 구입했다. 이와 별도로 B기업은 은행으로부터 빌린 돈이 50억 원 있는데 이 채무의 만기가 2021년 12월이다.

B기업이 2021년 12월에 현금을 60억 원 보유하고 있다면 은행의 채무를 갚는 데에는 문제가 없다. 그러나 다음 해 1월에 C기업으로부터 매입한 원재료의 대금 80억 원은 지불할 현금이 없다. 이런 상황을 부도가 났다고 한다.

그러면 장부에는 어떻게 기록되어 있을까. 발생주의로 작성하는 손익계산서는 2021년 매출 100억 원, 매입 80억 원으로 이익 20억 원이 발생한 것으로 기록되어 있다. 즉 B기업의 장부를 보면, 이익이 20억 원이나 발생한 안전한 기업으로 판단할 수 있다.

이렇게 장부는 발생주의로 작성하지만 모든 거래는 최종적으로 현금이 있어야 하니 장부의 이익과 현금보유액의 차이로 흑자도산이 생길 가능성이 있다.

Q. 흑자도산의 위험성을 미리 알 수는 없나

A. 기업은 경영 활동을 통해 이익(또는 손실)이 발생하였는지 보여주는 것도 중요하지만 위의 사례처럼 현금흐름과 보유액을 알려주는 것도 매우 중요하다. 그래야 투자자나 채권자가 이 기업에 돈을 투자하거나 빌려줘도 되는지 판단할 수 있기 때문이다. 그래서 재무제표 중에는 '현금흐름표'가 있다. 현금흐름표(statement of cash flow)는 말 그대로 현금의 흐름을 보여주는 표로, 현금의 유입·유출과 이를 통해 연말의 현금이 연초에 비해 증가했는지 감소했는지

보여준다.

기업은 여러 가지 이유로 현금흐름이 발생하는데 이를 세 가지로 분류한다. 영업활동, 투자활동, 재무활동으로 나누어 어떤 활동을 통해 현금흐름이 생겼는지 보여준다.

영업활동(operating activities)은 기업의 주요 수익창출 활동이다. 영업활동 현금흐름의 대표적인 예는 제품을 판매하여 받는 대금, 원재료 구입이나 종업원 급여로 지출한 현금 등이다. 영업활동에서 발생하는 현금흐름은 기업의 주요 활동을 통해 현금을 창출하는 정도에 대한 중요한 지표가 된다.

투자활동(investing activities)은 미래수익을 창출할 자산의 구입과 처분에 관련된 활동이다. 예를 들어 새로운 기계 구입, 중고차 판매 등의 활동이다.

재무활동(financing activities)은 투자금이나 차입금의 변동을 말한다. 주식을 새로 발행하여 유입된 현금, 은행에서 돈을 차입하거나 상환하여 현금이 들어오거나 나가는 활동을 말한다. 현금흐름표의 숫자가 모두 양수(+)이어야 하는 것은 아니다. 기업이 새로운 기계를 사는 것은 향후 영업활동의 현금 유입을 위한 것이므로 투자활동 현금흐름이 음수(−)여도 나쁜 것으로 보지 않는다.

현금흐름표는 기업의 현금 유입, 유출 정보를 알려줌으로써 현금 창출 능력을 평가하는 데 유용한 재무제표이다.

출처: 매일경제 2021.09.17.
https://www.mk.co.kr/news/economy/view/2021/09/897872/

⑥ 재무제표 작성의 원칙

재무제표상의 수치는 기업의 회계시스템을 통하여 도출되었고 한국 상장기업의 회계시스템은 K-IFRS에 따라 운영된다. 회계정보는 동일한 원칙에서 작성되었기 때문에 정보이용자에게 신뢰를 줄 수 있고, 특히 회계감사를 통하여 재무제표의 내용이 합리적인 수준에서 양질의 재무정보를 제공하고 있음을 확인한다.

6.1 발생주의와 수익-비용 대응의 원칙

현금기준 회계는 현금이 거래된 내역이 있을 때 그 거래내역을 기록한다. 반면 발생주의 회계는 현금의 거래와 관계없이 거래가 이루어졌을 때(예: 제품의 판매가 이루어져서 제품의 가치를 알 수 있을 때) 그 거래내역을 기록한다. 발생주의는 수익과 비용을 잘 대응시킨다는 장점이 있다. 발생주의 회계에 따르면 수익은 영업활동이 일어난 기간 중에 인식하고 그 수익을 창출하기 위해 발생한 관련 비용 역시 같은 기간에 인식하여 기업 활동의 원인과 결과를 잘 표현해 준다.

6.2 시장가치와 장부가치

전통적으로 재무상태표상에 나타나는 자산의 장부가치는 대부분 그 자산을 취득할 때의 가치인 역사적 원가에 기초하였다. 현금이나 매출채권과 같은 유동자산의 경우 그 자산의 실제가치와 역사적 원가가 거의 비슷하지만 토지나 건물 같은 고정자산의 경우 자산을 취득한 지 오래될수록 자산의 시장가치는 역사적 원가와 점점 차이가 나게 된다. 그런데 회계 정보 이용자의 입장에서는 재무제표가 알려 주는 회계정보가 자산의 현재 시장가치를 잘 반영할수록 회사의 경영상태에 대하여 올바른 평가를 내릴 수 있다.

그러면 왜 회계시스템은 전통적으로 역사적 원가기준의 재무제표를 작성하였을까? 한 가지 이유는 객관성 때문이다. 토지나 건물과 같이 거래가 자주 일어나지 않는 고정자산의 시가는 쉽게 얻을 수 있는 정보가 아니고 매번 전문가의 감정을 필요로 하게 된다. 이것은 막대한 비용을 수반하며 전문가의 감정의 신뢰성 역시 의문이 제기된다. 그러나 최근 회계 정보의 유용성을 강조하는 추세에 따라 K-IFRS의 경우 역사적 원가보다는 시장가치 반영을 중시하여 토지 등 고정자산의 공정가치 평가를 확대해 적용하고 있다.

재무제표에 들어오는 가상자산 … 투명성 강화 취지, 업계 "환영"

[가상자산 회계·공시 지침 제정]

① 가상자산 '수익' 인식 까다로워진다 … 회계지침 제정, 주석 의무화

가상자산 회계처리 감독지침

가상자산 발행자	판매 목적이면 가상자산 보유자에 대한 의무 모두 완료 후 수익 인식 가상자산·플랫폼 개발 과정에서 지출된 원가, 명확한 근거 없으면 비용 처리 발행 후 발행 유보한 가상자산도 자산으로 계상하지 않아야
가상자산 보유자	토큰증권이 금융상품 정의를 충족하면 금융자산·부채로 분류
가상자산 사업자	가상자산 '경제적 통제권' 고려해 자산·부채 인식 여부 결정

가상자산 주석공시 의무화

가상자산 발행자	가상자산 수량·특성 등 일반정보, 수익 인식 등 회계정책, 의무이행 경과 등 기재 자체 유보 가상자산 보유정보·사용내역도 공시
가상자산 보유자	가상자산 분류기준 회계정책, 장부금액 및 시장가치 정보(물량 포함) 기재
가상자산 사업자	고객위탁 가상자산 물량, 시장가치 정보 가상자산별 공시 가상자산 보유에 따른 물리적 위험(해킹 등), 보호수준 정보 제공

*자료: 금융위원회

정부가 가상자산(암호화폐) 회계·공시 투명성 제고에 나섰다. 가상자산 발행사가 프로젝트를 완료하기 전까지 가상자산 매각 대가를 부채로 인식하도록 강제한다. 지난해 초 발생한 위메이드의 위믹스 유동화 사태 재발을 막기 위한 조치다. 가상자산거래소가 투자자 위탁 가상자산을 재무제표에 반영하는 회계처리기준도 신설해 해킹, 전산장애 등으로 가상자산 유출 사고발생 시 거래소의 보상 책임을 명확하게 부과하는 효과가 기대된다.

금융위원회는 11일 가상자산 회계처리 감독지침과 주석공시 의무화 공개초안을 발표했다. 최근 가상자산이용자보호법 제정에 발맞춰 가상자산 거래와 관련한 기업 회계투명성을 제고하자는 취지다. 감독지침은 올해 10~11월 중, 주석 의무화는 2024 회계연도부터 시행될 예정이다.

금융위의 회계지침에 따르면 발행사는 보유자에 대한 의무를 다하기 전까지 가상자산 매각대가를 부채로 인식해야 한다. 발행사가 플랫폼 구현이나 재화·용역 이전 등 의무를 다하면 매각 대가를 수익으로 인식할 수 있다. 그동안 수익인식 시기에 대한 구체적인 지침이 없어 판단 기준이 주체마다 달랐던 문제점을 보완하는 조치다.

또 가상자산과 가상자산 플랫폼을 무형자산으로 인식할 수 없거나 관련 개발 활동이 무형자산 기준서의 지침에 맞지 않으면 비용으로 회계 처리하도록 했다. 만약 회계 기준상 엄격한 요건을 충족해 무형자산으로 인식하는 경우에는 본질적 가치 손상 여부를 회계연도마다 검토해야 한다.

가상자산사업자는 경제적 통제권을 고려해 고객이 위탁한 가상자산의 자산·부채인식 여부를 결정해야 한다. 고객위탁 가상자산 인식 여부 결정을 위한 고려 요소가 불분명한 문제점을 보완했다.

가상자산의 공정가치 측정을 위한 통일된 기준과 절차도 마련된다. 그동안 가상자산의 공정가치는 회사나 감사인의 통일된 기준이 없어 단순히 기준서만으로는 실무에 적용하기 어려웠다. 금융당국은 공정가치 등의 개념에 대한 구체적 조건을 사례와 함께 제공해 회사와 감사인이 재무제표 작성과 감사 절차 수행 시에 참고할 수 있도록 한다는 방침이다.

가상자산 주석공시 의무화 조치도 이뤄진다. 가상자산 발행사는 가상자산의 수량과 특성 등 일반 정보를 포함해 가상자산 매각 대가에 대한 수익 인식 등 회계정책과 의무이행 경과에 대한 회사의 판단까지 상세하게 기재해야 한다. 특히 가상자산 발행 이후 자체 유보한 가상자산에 대해 보유정보와 기중 사용내역까지 공시가 의무화된다.

② 위믹스 유령매출 논란 없어진다…게임화폐, 실제 사용돼야 매출로 인식

지난해 초 발생한 위메이드의 가상자산 위믹스 유동화 논란은 금융당국이 가상자산 회계·공시 투명성 제고를 단행한 핵심 배경으로 꼽힌다. 당시 위메이드는 2021년 4분기 매출이 전년 동기보다 656% 증가했다고 밝혔다. 게임 매출도 있었지만 게임에서 채굴해 게임에서 아이템을 구매하는 데 쓸 수 있도록 하겠다는 위믹스를 발행해 투자자들에게 판매한 게 결정적인 영향을 미쳤다. 위믹스 유동화 매출만 2255억 원에 달했다. 매출 중 상당액을 이익으로 잡아 주당 650원의 배당금 지급도 결정했다.

위메이드는 이듬해 3월 2021년 연간 매출의 40%에 달하는 2234억 원을 매출에서 제외한다고 공시를 번복했다. 회계법인에서 해당 실적을 당해 매출로 볼 수 없다고 판단해서다. 당초 위메이드는 위믹스를 게임에서 쓸 수 있도록 하겠다고 했는데, 위믹스가 적용된 게임이 별로 없었다. 상품권은 팔았는데 물건을 살 매장이 없었던 셈이다. 이에 따라 위메이드의 2021년 영업이익도 기존 3259억 원에서 1009억 원으로 변경되면서 3분의 1토막 났다.

위믹스라는 가상자산을 판매한 대금을 매출이 아닌 선수수익(일종의 선매출, 회계상부채)으로 바꿔야 한다는 게 회계법인의 판단이었다. 위믹스 사용자들이 가상화폐를 사용하고 나면 선수수익은 본래의 매출로 인식하면 된다.

발행사 의무 모두 완수해야 '수익'

금융당국이 정비에 착수한 가상자산 회계기준 변경도 위메이드 회계법인의 입장과 비슷하다. 한국채택국제회계기준(K-IFRS)에도 이런 원칙(제1115호)이 있는데 '판매→가상화폐를 사용할 수 있는 플랫폼 마련→가상화폐 사용'이라는 단계를 제시하고, 기업이 어느 단계에서 매출을 잡을지 기준을 명확히 하도록 하고 있다. 예컨대 구두 상품권을 팔았을 때 매출을 잡을 것인지, 상품권이 돌아와 실제 구두가 팔렸을 때 매출을 인식할지 객관적인 기준을 마련해야 한다는 것이다.

송병관 금융위 기업회계팀 과장은 "게임상의 유틸리티 토큰을 개발하는 회사가 개발하고 (이용자에게) 넘겨주면 끝이라고 생각한다면 매출로 처리할 수 있다"며 "그러나 (사용처가 없는) 토큰에 과연 투자자가 투자할지 의문"이라고 말했다. 구두 상품권이 구두로 교환돼야 매출로 잡는게 맞다는 뜻이다. 송 팀장은 "(토큰) 개발비 역시 자산이 아니라 원칙적으로 모두 다 비용으로 회계처리해야 한다"고 말했다.

다만 가상자산이나 플랫폼이 무형자산 정의를 충족하고 개발 활동에 해당한다는 6가지 요건을 충족하면 개발비 자산으로 처리할 수 있도록 한다는 게 당국의 방침이다. 개발된 가상자산이 향후 시장에서 거래돼 가치가 충분히 형성될 수 있다는 등의 객관적 증거를 제시해야 하는 어려움이 있긴 하다.

"국제회계기준 제정 속도, 시장 변화 못 따라가"

금융당국이 가상자산 회계처리 지침을 만든 건 정확한 정보가 제공되지 않고 있다고 판단해서다. 법률적 측면에서 소유권이 명확하게 확립돼야 하는데 그동안에는 가상자산 관련 법적 지위도 확립되지 못했다.

국제적으로 보면 독자적 회계기준을 사용하는 미국과 일본은 가상자산 사업자의 고객위탁 가상자산 회계처리 지침을 내놨지만 국제회계기준위원회(IASB)는 회계처리기준 제정에 상대적으로 미온적인 상태다. IASB는 향후 5개년(2022~2026년) 업무계획 수립에서도 가상자산 거래를 제외했다.

IFRS 제정속도가 시장 변화를 따라가지 못하는 상황에서 지난달 '가상자산 이용자 보호 등에 관한 법률'이 국회 본회의를 통과했다. 가상자산 관련 규율체계가 마련된 만큼 국제회계기준과 상충하지 않는 범위에서 현실적인 대안을 마련하자는 취지다.

다만 송 팀장은 "가상자산 회계처리기준이 마련됐다고 해서 가상자산 자체가 지닌 변동성이나 불확실성이 줄어드는 건 아니다"라며 "가상자산 투자는 본인 책임하에 신중하게 판단해야 한다"고 강조했다.

③ 가상자산거래소, 투자자가 맡긴 코인도 재무제표에 반영한다.

고객위탁 가상자산을 가상자산사업자 재무제표에 반영하는 회계처리기준이 신설되는 배경에는 해킹, 전산장애 등 사고에 대한 사업자의 대비를 강화하려는 금융당국의 의도가 깔렸다. 가상자산거래소가 자산으로 인식한 자체 보유 가상자산과 달리 고객위탁 가상자산의 경우 재무제표에서 빠져 있는 문제를 해결하려는 조치이기도 하다. 당국은 고객위탁 가상자산의 거래소 재무제표 반영은 탈취 사고 발생 시 보상 근거로 활용될 수 있다는 해석을 내놨다.

가상자산 회계기준 제정으로 거래소 등 가상자산사업자는 고객위탁 가상자산을 재무제표에 반영해야 한다. 고객위탁 가상자산을 자산·부채로 잡을지 여부는 가상자산에 대한 경제적 통제권을 고려해 사업자가 판단한다. 금융위는 고객위탁 가상자산의 자산·부채 여부 판단을 위한 구체적인 기준을 제정할 방침이다.

감사인이 금융위가 제시한 기준을 고려해 자체적으로 자산·부채 여부를 결정하고, 당국 판단이 다를 경우 회계처리 수정을 요구할 방침이다. 다만 개별 가상자산의 소유자를 식별할 수 없다면 사업자 재무제표에 반영해야 한다는 게 금융당국의 입장이다.

금융위 관계자는 "비트코인 100개 중 5개가 탈취됐으면 누구 것인지 식별할 수 있어야 한다. 그래야 고객 자산으로 인정할 수 있고 구분이 안 되면 사업자 것으로 잡아야 한다"며 "고객 위탁 가상자산이 사업자 재무제표에 들어가면 탈취될 경우 무조건 사업자가 물어줘야 한다"고 설명했다. 그러면서 "(사업자가) 고객 지시에 의해서만 운용된다고 주장하나 사업자가 마음대로 이체하고 교환할 수 있다"며 "그렇게 보인다면 사업자 자산으로 처리하란 것"이라고 했다.

지금까지 국내 5대 원화거래소들은 재무제표 주석에 고객위탁 가상자산 내역을 공시하면서도 재무제표 계정과목에 반영하진 않았다. 고객위탁 가상자산이 자산 정의와 인식기준을 충족하지 않는다고 판단한 데 따른 것이다. 자체보유 가상자산의 경우 무형자산 또는 유형자산으로 반영했다. 금융위에 따르면 2022년 말 기준 5대 거래소의 고객위탁, 자체보유 가상자산은 각각 18조 3067억 원, 3710억 원으로 집계됐다. 고객위탁 가상자산은 비트코인 3조 6484억 원(19.9%), 리플 3조 2244억 원(17.6%), 이더리움 2조 3902억 원(13.1%) 등 순으로 비중이 크다.

고객위탁 가상자산에 대한 재무제표 주석공시도 의무화된다. 가상자산별 물량과 시장가치, 가상자산 보유에 따른 물리적 위험과 예방을 위한 보호수준 등 정보를 기재해야 한다. 그동안 5대 거래소의 가상자산 보유 내역 공개는 회계처리 의무에 따른 정보 공개 차원에서 자발적으로 이뤄졌다. 일부 거래소의 경우 비트코인 등 주요 가상자산 내역만 기재하는 사례가 있었다. 주석공시 의무화로 상세한 정보 공개가 이뤄질 전망이다. 금융위 관계자는 "원칙적으로 사업자가 보유한 모든 가상자산 정보를 공개해야 한다"며 "사업자들이 실무적 어려움이 있다고 하면 투자자에게 제대로 정보가 제공될 수 있는 수준에서 조정될 여지가 있다"고 말했다.

④ '코인 러그풀' 사라질까…가상자산 회계지침에 업계는 "환영"

가상자산 업계에서는 금융당국의 회계지침으로 비용 부담이 커질 수 있으나 가상자산 시장의 투명성이 강화되는 계기가 될 수 있을 것이란 반응을 내놨다.

업계 관계자 A씨는 "그동안 가상자산 관련 회계 공시가 다소 불명확해 투자자들에게 혼란을 초래한 부분이 있었다"라며 "이번 방안에 따라 시장 참여자들에게 보다 일관적이고 명확한 정보가 제공돼 투명한 시장환경 조성에 도움이 될 것"이라고 했다.

업계 관계자 B씨는 "최근 통과된 가상자산 이용자 보호법과 마찬가지로 업계에 긍정적"이라며 "회계 지침이 명확하게 정해지면 업계 내 다른 업체의 리스크를 판단정하기도 쉬워지기 때문에 불안 요소를 제거하는 것이나 마찬가지"라고 말했다.

이번 회계처리 감독지침은 오는 10~11월 중, 주석 의무화는 2024 회계연도부터 시행된다. 시행이 얼마 남지 않은 만큼 일부 업계 관계자는 준비기간이 필요하다는 반응이다. 업계 관계자 C씨는 "준비 시간 부족이 가장 우려된다"라며 "소수 최상위 사업자를 제외하고는 회계 인력이 부족해 새로운 지침을 분석하고 적용하기 위한 시스템 개편에 착수하는 데 부담이 있다"고 토로했다.

B씨도 "국내 가상자산 거래소는 은행이나 증권사처럼 거래를 정산할 수 있는 중간 허브가 있는 게 아니"라며 "지침에 따르기 위해 자료를 정리하면 시스템과 연동을 하더라도 수기로 확인해야 하는 요소들이 있을 텐데 금융당국이 제시한 방안의 완전한 적용은 예정보다 더 시간이 걸리지 않을까 싶다"고 말했다.

금융당국이 혼란을 최소화하기 위해 조속하게 구체적인 기준을 내놔야 한다는 의견도 있었다. 업계 관계자 D씨는 "초안에선 고객이 위탁한 가상자산을 어떻게 분류할 것인지에 대한 판단 기준에 모호한 측면이 있다"며 "이외에도 가상자산의 시장 가치 산정 관련 사항 등이 더 명확해져야 시행 초기의 혼란이 덜할 것"이라고 봤다.

이번 지침으로 가상자산 발행사는 보유자에 대한 의무를 다하기 전까지 매각대금을 부채로 인식하게 됐다. 발행사가 가상자산을 통한 플랫폼 구현이나 재화·용역 이전 등 의무를 다하면 매각 대가를 수익으로 인식할 수 있다. 그동안 수익 인식 시기에 대한 판단 기준이 주체마다 달랐던 문제점을 보완하기 위해서다.

업계에서는 해당 지침이 가상자산 발행사의 러그풀(rug pull · 가상자산 개발자의 투자 회수 사기 행위)업계에서 러그풀하는 업체가 많았기 때문에 발행사에 대한 관리가 필요했다"라며 "코인 매 예방에 도움이 될 것이라는 평도 나왔다. A씨는 "그동안 코인 매각대금을 부채로 관리하면 비용 집행에 좀 더 신중해지지 않을까 싶다"고 했다.

출처: 머니투데이 2023.07.11.
https://news.mt.co.kr/mtview.php?no=2023071111145373485

재무비율의 이해

재무제표상에 나타나는 항목 간의 관계를 살펴보거나 규모가 서로 다른 기업 간에 비교를 할 때는 비율분석을 많이 사용한다. 재무비율분석을 통해 경영상에서 나타나는 약점이나 강점을 파악할 수 있다. 재무비율은 내부적으로는 운영의 효율성을 높이는 경영 통제의 지표로 사용되며 외부적으로는 경영자와 투자자 사이의 중요한 의사소통수단이 된다.

재무비율로써 알아보고자 하는 바는 크게 다섯 가지로 구분된다.

① 기업의 유동성(단기지불능력)

② 장기지불능력(재무레버리지)

③ 기업의 활동성(회전율)

④ 기업의 수익성

⑤ 기업의 시장가치

여기서는 특히 자주 사용되는 재무비율들을 위주로 하여 각 비율이 어떻게 계산되며 무엇을 측정하려고 하는지, 비율의 변화가 기업의 경영상태에 대해 어떠한 정보를 알려 주는지를 소개한다. 그리고 앞서 나온 ㈜X의 재무제표 정보에 기반하여 각 비율 계산의 예를 살펴보려 한다. 비율 분석에 있어서 유의할 점은 어떤 비율이 좋고 나쁜지를 가르는 절대적 기준치는 존재하지 않는다는 것이다. 재무비율은 다만 기업의 특성에 따라 어떠한 방향성을 제시해준다. 또한 같은 명칭의 재무비율이라도 여기서 소개하는 방식과 정확하게 같은 방식으로 구해지는 것은 아니기 때문에 재무비율 정보를 활용할 때는 항상 그것이 어떠한 정의에 따라 도출되었는지를 확인해야 한다.

7.1 기업의 유동성(단기지불능력)

기업은 채무를 이행하지 못하면 파산을 하게 된다. 따라서 투자자와 채권자는 기업의 채무불이행 위험을 철저하게 관리한다. 유동비율과 당좌비율이 기업의 단기 채무 지불능력을 측정한다. ㈜X는 유동자산이 3,000만 원이고 유동부채가 2,000만 원이므로 유동비율은 다음과 같이 계산된다.

$$유동비율 = 유동자산 / 유동부채 = 3,000 / 2,000 = 1.75$$

㈜X의 유동비율은 1.75로 '유동자산이 유동부채의 1.75배다' 또는 '유동부채 1원당 1.75원의 유동자산을 보유하고 있다'고 표현한다. 기업은 어느 정도의 유동비율을 유지하는 것이 바람직할까? 우선 일반적으로 유동자산이 유동부채보다 많아서 유동비율이 1보다 크기를 기대한다.

유동비율보다 기업 자산의 현금화 능력에 대한 더 엄격한 척도는 당좌비율이다. 이것은 유동자산에서 단기적으로 현금화할 수 없는 요소를 모두 제거한 당좌자산을 유동부채와 비교한 수치이다. ㈜X의 경우 유동자산은 3,000만 원, 재고자산은 1,200만 원, 그리고 유동부채는 2,000만 원이므로 당좌비율은 다음과 같이 계산된다.

$$당좌비율 = 당좌자산 / 유동부채 \ 또는 \ (유동자산 - 재고) / 유동부채$$
$$= (3,000-1,200) / 2,000 = 1.15$$

유동자산 중에서 특히 재고자산은 유동성이 떨어지고 그 질이 반영되지 않기 때문에 장부가치와 시장가치의 차이가 있을 수 있다. 따라서 당좌비율을 구할 때에는 이를 제외하고 계산한다. 재고자산이 많은 기업의 경우 유동비율과 당좌비율의 차이가 많이 날 수 있다.

7.2 장기지불능력(재무레버리지)

기업의 자금 중 주주의 자본금이 아닌 장기부채에 의해 조달되는 비율을 재무레버리지라고 하며 재무레버리지는 기업의 장기지불능력에 대한 척도로 활용된다. 재무레버리지는 부채 대비 총자산의 비율 또는 부채 대비 자본의 비율로 측정한다. ㈜X의 경우 장기부채는 3,000만 원, 총자산 1억 5,000만 원, 그리고 총자본은 1억 원이므로 부채비율과 부채대자본비율은 각각 다음과 같이 계산된다.

$$부채비율 = 장기부채 / 총자산 = 3,000 / 15,000 = 0.2$$
$$부채대자본비율 = 장기부채 / 총자본 = 3,000 / 10,000 = 0.3$$

부채비율이나 부채대자본비율을 이야기할 때 부채나 자기자본의 정의가 다양하기 때문에 주의를 요한다. 재무레버리지는 장기지불능력을 측정하기 때문에 여기서의 부채는 보통 유동부채를 제외하고 장기부채만을 대상으로 한다. 여기서는 간략한 재무제표를 예로 들어서 장기부채가 명확해 보이지만 실제 기업의 재무제표를 분석할 때는 장기부채에 해당하는 항목에 대한 정의가 다양하다. 재무레버리지가 늘어나면 주주의 입장에서는 투자한 돈에 비해 수익성이 커진다. 그러나 이는 그만큼 파산의 위험성이 커진 대가이다. 예를 들어, 어떠한 자산에 4,000만 원을 투자하면 이 자산의 가치가 50%의 확률로 1년 후 5,000만 원으로 늘어나고 나머지 50%의 확률로는 3,000만 원이 된다고 하자. 이때, 4,000만 원을 모두 자기자본으로 투자(부채비율=0%)한다면 기대수익률은 {50%×1,000+50% (-1,000)}/4,000=0%이다. 이번에는 4,000만 원 중 3,000만 원을 부채로 조달하고 1,000만 원을 자기자본으로 투자(부채비율=75%)한다고 하자. 주주의 입장에서는 자산의 가치가 5,000만 원이 되면 부채인 3,000만 원을 상환한 나머지 2,000만 원을 받지만 자산의 가치가 3,000만 원이 되면 부채를 상환하고 나면 0원을 받게 되어 처음에 투자한 1,000만 원 모두를 잃게 된다. 따라서 기대수익률은 {50%×2,000+50%×0}/1,000=100%가 된다. 재무레버리지가 높아짐에 따라 기대수익률이 높아졌지만 주주가 부담하는 위험도 커졌다. 부채비율이 0%였을 때는 각 경우의 수익률이 25%와 −25%였는 데 반해 부채비율이 75%가 되면 각 경우의 수익률이 200%와 0%가 되기 때문이다.

또한 재무레버리지가 높아지면 이자비용의 부담이 커지며 채무불이행의 위험성이 높아진다. 이자를 지급하지 못하는 채무불이행이 발생하게 되면 채권자는 기업의 청산을 요구할 수 있다. 따라서 현금흐름이 불확실한 벤처창업기업의 경우 되도록 재무레버리지를 낮게 가져갈수록 좋다.

재무레버리지와 관련하여 기업이 이자비용을 감당할 만큼 충분한 이익을 창출하는지를 측정하는 재무비율로는 이자보상비율이 있다. (주)X의 경우 영업이익은 1,550만 원이고 이자비용은 240만 원이므로 이자보상비율은 다음과 같이 계산된다.

$$\text{이자보상비율} = \text{영업이익(EBIT)} / \text{이자비용} = 1,550 / 240 = 6.46$$

영업이익이 이자비용의 몇 배인지를 측정하는 이자보상비율을 통해서 이익이 하락하는 위기가 닥쳤을 경우 어느 정도까지 지불능력을 유지할 수 있는지 알 수 있다.

7.3 기업의 활동성(회전율)

기업의 활동성과 관련된 재무비율은 기업이 매출을 창출하기 위해 자산을 얼마나 효율적으로 사용하는지의 척도이다. 동일한 매출에 대해 자산을 효율적으로 활용할수록 자금조달의 필요성이 적어지기 때문에 기업의 활동성 관련 재무비율은 자금부족에 시달리는 초기 벤처창업기업이 중요하게 관리해야 할 지표이다. 활동성 지표는 어떤 자산이 정해진 기간(통상적으로 1년) 동안 몇 번 회전하는지를 측정하는 회전율 또는 어떤 자산이 한 번 회전하는 데 얼마나 걸리는지를 표시하는 회수기간으로 표현된다.

우선 매출채권과 관련하여 매출이 발생한 후 외상매출금인 매출채권을 얼마나 빨리 현금으로 회수할 수 있는지 측정하는 매출채권평균회수기간(ACP: Average Collection Period)이 있다. 회수기간이 길수록 더 많은 운전자본이 소요되고 운전자본 조달비용은 수익에 악영향을 미친다. 매출채권평균회수기간은 다음과 같이 구할 수 있다. 먼저 모든 매출이 외상 판매되었다는 가정하에 (주)X의 매출액은 2억 3,000만 원이고 매출채권은 1,500만 원이므로 매출채권회전율은 다음과 같다.

$$\text{매출채권회전율} = \text{매출액} / \text{매출채권} = 23,000 / 1,500 = 15.33$$

매출채권회전율은 기업이 1년에 총 몇 번 외상매출금을 회수하여 다시 외상을 주었는지를 측정한다. 이를 활용하여 매출채권평균회수기간을 구하면 다음과 같다.

$$매출채권평균회수기간 = 365일/매출채권회전율$$
$$= 매출채권 / 일일평균매출액$$
$$= 365 / 15.33 = 1,500 / 63.01 = 23.8일$$
$$일일평균매출액 = 매출액 / 365일 = 23,000 / 365 = 63.01$$

매출채권평균회수기간을 동종업계의 다른 기업과 비교하거나 한 기업의 추세를 살펴봄으로써 기업의 경영상태를 진단할 수 있다.

다음으로 재고자산회전율과 평균재고일이 있다. ㈜X의 매출원가는 1억 4,950만 원이고 재고자산은 1,200만 원이므로 재고자산회전율은 다음과 같다.

$$재고자산회전율 = 매출원가 / 재고자산 = 14,950 / 1,200 = 12.46$$

재고자산회전율은 한 해 동안 몇 번이나 재고자산이 다 팔리고 새로운 재고자산으로 대체되는지를 나타낸다. 이 비율이 높을수록 재고를 현금화하는 능력이 커서 보다 적은 자본이 재고에 묶여 있음을 나타낸다. 재고자산회전율을 계산할 때 만약 재고자산이 기초와 기말에 큰 차이를 보인다면 그 기간의 평균재고자산(통상적으로 기초와 기말의 재고자산의 합계액의 1/2로 계산)을 사용하는 것이 좋다. 만약 현재 재고의 회전율이 주된 관심사라면 가장 큰 최근의 매출원가와 기말 재고 자산을 활용하는 것이 좋다.

$$평균재고일 = 365일 / 재고자산회전율 = 재고자산 / 일일평균매출원가$$
$$= 365 / 12.46 = 1,200 / 40.96 = 29.3일$$
$$일일평균매출원가 = 매출원가 / 365일 = 14,950 / 365 = 40.96$$

평균재고일은 전체 재고자산이 한 번 판매되기까지 얼마나 걸리는지를 측정한다. 잘 팔리는 상품일수록 평균재고일이 짧고 잘 안 팔리는 상품일수록 평균재고일이 길게 나타난다. 평균재고일은 산업별로 다르기 때문에 동종업계의 비슷한 제품이나 서비스를 기준으로 서로 비교하거나 같은 제품 및 서비스의 평균재고일 추세를 살펴보며 경영상태를 점검할 수 있다.

㈜X의 매출액은 2억 3,000만 원이고 총자산은 1억 5,000만 원이므로 총자산회전율(total asset turnover ratio)은 다음과 같다.

$$\text{총자산회전율} = \text{매출액} / \text{총자산} = 23,000 / 15,000 = 1.53$$

총자산회전율은 자산 1원당 매출을 얼마나 발생시켰는지 측정한다. 참고로 총자산회전율의 역수인 자본집중도(capital intensity ratio)도 자주 사용되는 개념이다. 자본집중도는 다음과 같다.

$$\text{자본집중도} = \text{총자산} / \text{매출액} = 15,000 / 23,000 = 0.65$$

자본집중도는 매출액을 1원 발생시키기 위해 필요한 자산이 얼마인지를 측정한다.

7.4 기업의 수익성

수익성 관련 비율은 기업이 얼마나 효율적으로 투자를 사용하여 수익을 창출하는지 나타낸다. 대표적인 수익성 관련 비율로는 투자한 자산 대비 이익이 얼마나 나는지를 측정하는 총자산수익률(ROA), 주주의 입장에서 투자한 자본 대비 이익이 얼마나 발생하였는지를 측정하는 자기자본수익률(ROE), 매출액 대비 순이익의 비율을 측정하는 매출액순이익률이 있다.
㈜X의 당기순이익은 850만 원이고 총자산은 1억 5,000만 원이므로 총자산수익률은 다음과 같이 구할 수 있다.

$$\text{총자산수익률(ROA)} = \text{당기순이익} / \text{총자산} = 850 / 15,000$$
$$= 0.056 \text{ 또는 } 5.6\%$$

총자산수익률은 자금의 조달 방법(부채 또는 자본)에 관계없이 투자한 자산이 얼마나 효율적으로 순이익을 발생시키는지 살펴본다. ㈜X의 당기순이익은 850만 원이고 총자본은 1억 원이므로 자기자본수익률(ROE)의 정의에 따라 다음과 같이 구할 수 있다.

$$\text{자기자본수익률(ROE)} = \text{순이익} / \text{총자본} = 850 / 10,000$$
$$= 0.085 \text{ 또는 } 8.5\%$$

자기자본수익률은 주주의 입장에서 투자한 자본이 얼마의 순이익을 발생시켰는지 알려준다.
기업의 수익성과 관련하여 많이 쓰이는 용어로 투자수익률(ROI: Return on Investment)이 있다. 투자수익률은 개념적으로 투자에 대한 수익을 투자로 나누는 것으로 정의할 수 있는데 문제는 용어를 쓰는 사람마다 '투자'에 대한 정의와 '투자에 대한 수익'의 정의가 다르다는 것이다. 예를 들어, 어떤 프로젝트를 대상으로 투자수익률을 구할 경우 '투자'는 그 프로젝트에 투입된 자산을 지칭할 수도 있고 주주 입장에서는 투입된 자산으로부터 프로젝트를 위해 조달한 부채를 차감한 금액을 지칭할 수도 있다.

㈜X의 당기순이익은 850만 원이고, 매출액은 2억 3,000만 원이므로 매출액순이익률은 다음과 같다.

$$\text{매출액순이익률} = \text{당기순이익} / \text{매출액} = 850 / 23{,}000 = 0.04$$

매출액순이익률은 매출액 1원당 얼마의 순이익이 발생하는지를 측정하는 것으로 기업 영업활동에 대한 수익성을 측정한다.

7.5 기업의 시장가치

기업의 시장가치 비율은 재무제표 장부상의 가치가 주식시장에서는 어떻게 받아들여지는지를 보여 준다. ㈜X의 2023년 말 현재 주가가 2,200원이라고 가정한다. ㈜X의 경우 2023년 말 현재 주가는 2,200원이고 당기순이익이 850만 원, 발행 주식수가 5만 주이므로 주가순이익비율(PER: Price Earnings Ratio)은 다음과 같이 계산된다.

$$\text{주가순이익비율} = \text{주가} / \text{주당순이익} = 2{,}200 / 170 = 12.9$$
$$\text{주당순이익} = \text{순이익} / \text{발행 주식 수} = 850\text{만 원} / 5\text{만주} = 170\text{원}$$

주가순이익비율이 높을수록 주식시장이 기업의 현재 순이익 대비 주가를 높이 평가하고 있다는 것을 의미한다. 이는 투자자들이 기업의 성장성을 높게 평가하여 미래에 더 높은 순이익이 발생할 것을 기대한다는 것을 의미하거나 그렇지 않을 경우 기업이 고평가되었을 가능성을 의미한다.

의미 있는 주가순이익비율을 계산하기 위해서는 양(+)의 순이익이 필요하다. 그러나 벤처창업기업의 경우 양(+)의 순이익에 이르기까지 상당히 오랜 시간이 필요하다. 매출액은 순이익보다 먼저 발생하기 때문에 주가매출액비율(PSR: Price-Sales Ratio)이 벤처창업기업에게는 더 유용할 수 있다. ㈜X의 경우 2023년 말 현재 주가가 2,200원이고, 매출액이 2억 3,000만 원, 발행 주식수가 5만 주이므로 주가매출액비율은 다음과 같이 계산된다.

$$주가매출액비율(PSR) = 주가 / 주당매출액 = 2,200 / 4,600 = 0.48$$
$$주당매출액 = 매출액 / 발행\ 주식\ 수 = 2억\ 3,000만\ 원 / 5만\ 주 = 4,600원$$

시장가치 대 장부가치비율(M/B: Market-to-Book Ratio 또는 PBR: Price on Book-value Ratio)은 주식의 시장가치 대비 장부가치의 비율을 살펴본다. ㈜X의 경우 2023년 말 현재 주가가 2,200원이고, 자본이 1억 원, 발행 주식수가 5만 주이므로 시장가치 대 장부가치비율은 다음과 같다.

$$시장가치\ 대\ 장부가치비율(M/B) = 주가 / 주당장부가치$$
$$= 2,200 / 2,000 = 1.1$$
$$주당장부가치 = 자본 / 발행\ 주식\ 수 = 1억\ 원 / 5만\ 주 = 2,000원$$

시장가치 대 장부가치비율이 높은 기업의 주식은 성장성이 높다고 해석하여 성장주(growth stock)라고 하고 시장가치 대 장부가치비율이 낮은 기업의 주식은 가치주(value stock)라고 한다.

기업가치(EV: Enterprice Value) 대 이자, 법인세비용 및 감가상각비 차감 전 순이익(EBITDA: Earnings before Interest, Tax, Deprecation, and Amortization) 비율(EV/EBITDA)은 다음과 같이 구한다. ㈜X의 영업이익(EBIT)은 1,550만 원, 감가상각비는 1,300만 원, 2017년 말 현재 주가는 2,200원, 발행 주식수는 5만 주, 부채총계는 5,000만 원, 그리고 현금은 800만 원이므로 EV 대 EBITDA 비율은 다음과 같다.

$$EV\ 대\ EBITDA\ 비율 = 15,200 / 2,850 = 5.33$$
$$EV = 주식의\ 시가총액 + 모든\ 부채의\ 장부가치 - 현금$$
$$= 주식의\ 시가총액 + 순부채$$
$$= (2,200원 \times 5만\ 주) + 5,000만\ 원 - 800만\ 원 = 1억\ 5,200만\ 원$$
$$EBITDA = 영업이익(EBIT) + 감가상각비 = 1,550만\ 원 + 1,300만\ 원 = 2,850만\ 원$$

EV 대 EBITDA 비율은 기업 영업자산의 시장가치인 EV가 기업의 영업현금흐름의 지표인 EBITDA의 몇 배로 형성되는지를 보여준다.

국내 렌털 1위 기업인 코웨이는 넷마블에 인수된 후 꾸준히 부채를 줄이고 사상 최대 실적을 경신하고 있다. 해외 매출도 덩달아 오름세다. 현재 이해선 대표는 경영 전반을 총괄하고 서장원 대표는 미래전략과 해외 경쟁력 강화에 적극 나서며 두 대표의 협업이 회사 성장에 기여했다는 평가다. 이처럼 각자대표 체제로 이뤄진 코웨이는 넷마블을 업고 상품, 서비스, 디자인 등의 혁신과 디지털 전환을 시도해 국내는 물론 해외 시장까지 선도하겠다는 방침이다.

24일 금융감독원 전자공시시스템에 따르면 코웨이의 지난해 부채비율은 99.5%로 나타났다. 이는 전년 대비 3.2%포인트 감소한 수치다. 최근 코웨이의 부채비율을 살펴보면 2017년 119.8%, 2018년 118.7%. 2019년 165.0%, 2020년 103.2%으로 집계됐다. 특히 코웨이가 넷마블에 인수된 2020년부터 부채가 크게 줄면서 안정적인 재무건전성을 확보했다는 평가를 받는다.

실적도 매년 증가하고 있다. 코웨이의 지난해 매출은 3조 6643억 원, 영업이익은 6402억 원을 기록했다. 이는 전년 대비 각각 13.2%, 5.6% 늘어난 규모다. 한 해 실적 추이를 보면 2018년 매출과 영업이익은 2조 7073억 원 · 4514억 원, 2019년은 3조 189억 원 · 6476억 원, 2020년은 3조 2374억 원 · 8961억 원으로 증가했다. 총계정 수도 2019년 779만개에서 지난해 908만개로 올랐다. 올해는 1000만 계정을 달성할 것으로 전망된다.

코웨이가 준수한 성적을 거둘 수 있던 것은 대표들의 공이 컸다는 분석이다. 이해선 대표는 2016년 9월부터 코웨이의 수장을 맡아 히트 제품 마케팅으로 꾸준히 성과를 올려 '매출 3조 원'이라는 포문을 열었다. 이러한 공로를 인정받아 이 대표는 지난달 3일 회사 정기 임원인사에서 부회장으로 승진했다. 코웨이에 부회장 임원이 탄생한 건 10년 만이다.

서장원 대표도 코웨이 정기 임원인사에서 사장에 올랐다. 서 대표는 지난해 코웨이 각자 대표로 선임된 이후 회사의 미래 전략을 발굴하고 해외시장 공략에 집중해왔다. 그 결과 말레이시아 법인의 경우 매출이 2020년 8961억 원에서 지난해 1조 2151억 원으로 35% 이상 뛰었다. 해외사업은 코웨이 전체 매출의 25%를 차지하는 만큼 그의 역할이 막중하다.

실적 상승에 힘입은 코웨이는 올해 넷마블과 함께 디지털 전환에도 나서고 있다. 코웨이는 정보통신기술(IT) 전담조직인 DX센터를 출범했고 인력을 2배 확충했으며 '온라인 자사몰 코웨이닷컴'과 '가상현실(AR) 카탈로그 앱 서비스' 등 혁신 서비스 강화에 집중했다. 코웨이닷컴은 제품 렌털 및 구매를 돕는 커머스 기능을 높인 온라인 공식 자사몰이다. AR 카탈로그는 휴대전화 앱을 통해 상품을 미리 배치해 볼 수 있는 3D 체험형 서비스다.

디지털 전환과 함께 '아이콘 정수기', 환경가전 '노블 컬렉션' 등 혁신 제품 개발에도 매진했다. 특히 노블 정수기, 노블 공기청정기 등의 노블 컬렉션은 감각적인 디자인 및 혁신 기술 등을 통해 주력 제품군으로 자리를 잡았다.

코웨이 관계자는 "넷마블에 인수된 이후 국내는 물론 해외로 보폭을 넓히며 확고한 글로벌 환경가전 리더로 성장 중"이라며 "안정적인 매출구조에 머물지 않고 혁신 제품 개발을 늘리고 다양한 분야에서 디지털 전환을 지속 추진할 것"이라고 말했다.

출처: 아시아투데이 2022.2.24.
https://www.asiatoday.co.kr/view.php?key=20220224010013583

학습 정리

◎ 재무상태표(대차대조표)는 어느 한 시점에 기업의 자산과 이에 대한 자금조달 방법에 의해 결정된 소유권을 보여준다. 재무상태표를 통해 회사의 규모, 투자처, 경영성과 그리고 부채비율 등의 정보를 파악할 수 있다.

   (1) 자산은 유동성의 정도에 따라 재무상태표의 왼쪽에 기록한다. 자산은 유동자산과 고정자산으로 나눌 수 있으며, 고정자산의 경우 가치하락을 고려해 감가상각을 한다.

   (2) 부채와 자본은 재무상태표의 오른쪽에 기록한다. 부채는 유동부채, 고정부채로 나뉘며, 성숙 기업의 자산 가치는 대부분 부채보다 충분히 크다.

◎ 손익계산서의 맨 위에는 매출액이 있다. 따라서 어느 특정 기간 동안의 기업의 성과를 살펴볼 수 있다. 이후 기업의 주된 영업활동과 관련된 수익/비용을 먼저 보여주고, 금융활동 관련 수익/비용, 마지막으로는 세금을 기록한다.

◎ 현금흐름표는 어느 특정 기간 동안 재무상태표상의 현금 및 현금성자산 항목의 변화분을 설명한다. 이는 기업이 매출채권을 얼마나 효과적으로 현금화할 수 있는지를 보여주며, 기업의 지불능력과 직결된다. 영업활동, 투자활동, 재무활동에 의한 순현금흐름을 합산한 현금의 증감액을 기초의 현금에 더해 주면 기말의 현금을 도출할 수 있다.

◎ 재무제표 작성 시, 현금기준 회계는 현금이 거래된 내역이 있을 때 그 거래내역을 기록한다. 반면 발생주의 회계는 거래가 이루어졌을 때 그 거래내역을 기록한다.

- 회계시스템은 전통적으로 역사적 원가기준의 재무제표를 작성하였다. 그러나 최근 K-IFRS의 경우 시장가치 반영을 중시하여 고정자산의 공정가치 평가를 확대해 적용하고 있다.

- 재무비율분석을 통해 경영상 약점, 강점을 파악할 수 있다. 내부적으로는 경영 통제의 지표로 사용되며, 외부적으로는 경영자와 투자자 사이 의사소통 수단이 된다.

- 재무비율을 통해, 하기 다섯 가지를 알 수 있다.

  기업의 유동성은 유동비율과 당좌비율을 통해 기업의 단기 채무 지불능력을 측정한다.

  (1) 유동비율 = 유동자산/유동부채

  (2) 당좌비율 = 당좌자산/유동부채 또는 (유동자산-재고)/유동부채

- 장기 지불 능력의 경우 재무레버리지가 척도로 활용되며, 여기서 부채는 장기부채만을 대상으로 한다. 재무레버리지가 높으면 채무불이행의 위험성도 높아진다. 재무레버리지는 부채비율(장기부채/총자산)과 부채대자본비율(장기부채/총자본)로 측정한다.

- 기업의 활동성 관련 재무비율은 기업이 자산을 얼마나 효율적으로 사용하는지의 척도이다. 크게 세 가지로 볼 수 있다.

  (1) 매출채권회전율 (매출채권회전율 = 매출액/매출채권)

    : 매출채권을 얼마나 빨리 현금화할 수 있는지를 측정한다.

  (2) 재고자산회전율 (재고자산회전율 = 매출원가/재고자산)

    : 한 해 몇 번이나 재고자산이 다 팔리고 새로운 재고자산으로 대체 되는 지이다.

  (3) 총자산회전율 (총자산회전율 = 매출액/총자산)

    : 자산 1원당 매출을 얼마나 방생시켰는지 측정한다.

- 기업의 수익성은 기업이 얼마나 효율적으로 투자를 사용하여 수익을 창출하는지 나타낸다. 대표적으로 총자산수익률, 자기자본수익률, 매출액순이익률이 있다.

(1) 총자산수익률(ROA) = 당기순이익/총자산

(2) 자기자본수익률(ROE) = 순이익/총자본

(3) 매출액순이익률 = 당기순이익/매출액

◎ 기업의 시장가치 비율은 재무제표 장부상의 가치가 주식시장에서는 어떻게 받아들여지는지를 보여준다. 매출액이 순이익보다 먼저 발생하기에 벤처창업기업에게는 주가매출액비율이 더 유용하다.

(1) 주가매출액비율 = 주가/주당매출액

(2) 주당매출액 = 매출액/발행 주식 수

◎ 시장가치 대 장부가치 비율은 주식의 시장가치 대비 장부가치의 비율을 보여준다. 이것이 높은 기업은 성장주, 낮은 기업은 가치주라고 한다.

문제

O, X

1	재무제표를 통해 제공하는 기업 정보가 왜곡된다고 해서 투자자들의 손해로 이어지지는 않는다.
2	비율분석에 있어 절대적인 기준치가 존재한다.
3	순운전자본은 기업의 장기적 영업활동에 소요되는 자금을 보여주며 영업의 규모가 커질수록 순운전자본은 함께 커진다.
4	재무제표는 기업이 어떤 자산을 활용하여 어떻게 수익을 창출하고 있는지, 자산을 구입한 자금은 어떻게 조달하였는지 등 기업 경영상의 주요 문제들에 대한 정보를 제공해 준다.
5	재무상태표에서 자산은 오른쪽에 유동성이 낮은 자산에서 높은 자산의 순으로 기록한다.
6	현금흐름표는 어느 특정 기간 동안 재무상태표상의 현금 및 현금성자산 항목의 변화분이다.

객관식

1 기업 A의 당기순이익은 900만 원, 총 자본은 1억 5천, 총자산은 2억, 매출액은 3억, 현재 주가 2500원, 발생주식수 5만 주라고 한다. 이를 통해 계산한 것 중 옳지 않은 것은? ( )

가. 기업 A의 총자산수익률은 4.5%이다.

나. 기업 A의 자기자본수익률은 6%이다.

다. 기업 A의 매출액순이익률은 0.03이다.

라. 기업 A의 주가순이익비율은 12.9이다.

2 기업 B의 유동자산은 4000만 원, 유동부채는 2000만 원, 재고자산은 1100만 원, 장기부채는 5000만 원, 총자산 1억 5천만 원, 총자본은 1억 2천만 원이다. 이를 통해 계산한 것 중 옳지 않은 것은? ( )

가. 기업 B의 유동비율은 2이다.

나. 기업 B의 당좌비율은 1.45이다.

다. 기업 B의 부채비율은 0.33이다.

라. 기업 B의 부채대자본비율은 0.6이다.

③ 어느 회사의 유동자산이 9,000만 원이고, 재고자산은 3,600만 원이다. 유동부채가 6,000만 원이다. 이 회사의 유동비율과 당좌비율은 얼마인가? ( )

가. 유동비율 1.75, 당좌 비율1.15
나. 유동비율 1.75, 당좌 비율 0.9
다. 유동비율 1.25, 당좌 비율1.15
라. 유동비율 1.25, 당좌 비율 0.9

④ 어느 회사의 영업이익(EBIT)은 3,000만 원이고, 법인세비용차감전순이익(EBT)은 1,310원이다. 이자비용은 600만 원이다. 그렇다면 이 회사의 이자 보상비율은 얼마인가? ( )

가. 5
나. 2.18
다. 6.46
라. 2.29

⑤ (교재 p.370 표 11-3 참고) (주)X에 대한 설명으로 옳지 않은 것은? ( )

가. 2023년 동안 총 현금이 390만 원 증가하였다.
나. 기말의 현금 800은 2017년 증가한 현금과 기초한 현금의 합이다.
다. 배당금은 300만 원 지급하였다.
라. 2017년 장기차입금을 상환하여 200만 원의 현금유출이 있었다.

⑥ (주)X는 유동자산이 3,000만 원이고, 유동부채가 2,000만 원이다. 재고자산은 1200만 원이다. 유동비율과 당좌비율로 옳은 것은?

유동비율/당좌비율
가. 1.75/1.75
나. 1.15/1.15
다. 1.15./1.75
라. 1.75/1.15

⑦ 다음 중 활동성지표에 속하지 않는 것은? ( )

가. 비유동자산회전율
나. 재고자산회전율
다. 이자보상비율
라. 평균회수기간

⑧ ROE에 대한 설명이다. 설명 중 가장 거리가 먼 것은? ( )

가. PER은 ROE와 정(+)의 관계가 있다.
나. 자기자본을 근거로 하여 이익을 창출하는 능력을 나타낸다.
다. 부채비율이 하락하면 ROE가 상승한다.
라. 기업의 마진, 활동성을 복합적으로 나타낸다.

⑨ 재무상태표에 대한 설명으로 틀린 것은? ( )

가. 재무상태표를 통해 회사가 어느 자산에 얼마를 투자하고 있고 회사의 규모와 투자처를 알 수 있다.
나. 외부정보이용자는 재무상태표를 통해 투자된 금액 중 얼마가 채권자로부터 차입되었고 얼마가 주주로부터 조달되었는지를 알 수 있다.
다. 재무상태표는 기업이 그 전과 비교하여 규모가 얼마나 성장했고 부채비율이 적정한지를 파악할 수 없다.
라. 소급재작성은 전기오류가 처음부터 발생하지 않은 것처럼 재무제표 구성요소의 인식, 측정 및 공시를 수정하는 것이다.

⑩ 다음 중 틀린 것은? ( )

가. 유동비율=유동자산/유동부채로 기업이 보유하는 단기지불능력 또는 신용능력을 판단하는데 사용된다.
나. 이자보상비율=영업이익/이자비용으로 이익이 하락하는 위기가 닥쳤을 경우 어느 정도까지 지불능력을 유지할 수 있는지를 알 수 있다.
다. 재고자산회전율=매출원가/재고자산으로 한 해 동안 몇 번이나 재고자산이 다 팔리고 새로운 재고자산이 대체되는지를 나타내는데 이 비율이 낮을수록 재고를 현금화하는 능력이 크다는 것을 뜻한다.
라. 총자산수익률=당기순이익/총자산으로 자금의 조달 방법에 관계없이 투자한 자산이 얼마나 효율적으로 순이익을 발생시키는지 알 수 있다.

⑪ 다음 중 부채와 자본에 대한 설명으로 옳지 않은 것은? ( )

가. 청산 순서는 자본 → 부채 순이다.
나. 부채 중에서는 유동부채가 제일 먼저 기록된다.
다. 순운전자본은 유동자산과 유동부채의 차이로, 기업의 단기적 영업 소요자금을 보여준다.
라. 정상적으로 운영되는 성숙기업의 자산 가치는 대부분 부채보다 충분히 크다.

⑫ 다음 중 자산에 대한 설명으로 옳은 것은? ( )

가. 유동성이 따라 유동자산, 고정자산으로 나뉘며, 기준은 6개월 안에 현금화가 가능한지의 여부이다.
나. 유동성이 높은 자산에서 낮은 자산의 순으로 기록한다.

다. 유형자산과 무형자산은 가치하락을 반영해 감가상각비가 발생한다.

라. 재무상태표에서 오른쪽에 기록된다.

13 다음 중 재무비율로써 알아볼 수 있는 요소 중 적절하지 않은 것은? ( )

가. 기업의 유동성(단기지불능력)

나. 장기지불능력(재무레버리지)

다. 기업의 활동성(회전율)

라. 기업의 미래 가치

마. 기업의 수익성

14 ㈜세종의 2023년 말 현재 주가가 3000원이고 당기순이익이 900만 원, 발행 주식수가 5만 주일 때 주가순이익비은? ( )

가. 17.65

나. 18

다. 16.78

라. 19.2

15 재무비율의 종류에 대한 것으로 옳지 않은 것은? ( )

가. 유동성

나. 활동성

다. 수익성

라. 생산성

16 장기지불능력에 대한 설명 중 옳지 않은 것은? ( )

가. 재무레버리지라고도 부른다.

나. 기업의 자금 중 주주의 자본금이 아닌 장기부채에 의해 조달되는 비율이다.

다. 성장기업에는 불리하나, 쇠퇴기업에게는 유리하다.

라. 장기지불능력이 클수록 파산의 위험성이 높다.

17 현금흐름표에 대한 설명으로 옳지 않은 것은? ( )

가. 영업활동에서 발생한 현금흐름의 시작은 손익계산서의 제일 하단에 위치한 법인세비용차감전순이익 당기순이익이다.

나. 현금흐름표는 기업이 매출채권을 얼마나 효과적으로 현금화할 수 있는지를 보여준다.

다. 현금흐름표는 크게 기업의 영업활동, 투자활동, 재무활동에 의한 현금흐름으로 나누어 순차적으로 기록한다.

라. 재무활동에 따른 현금흐름의 경우 회사가 금융시장을 통해 자본을 조달할 경우 현금의 유입이 있다.

18 재무비율을 설명한 내용으로 알맞지 않은 것은? ( )

가. 재무레버리지가 높아지면 이자비용이 커지며 채무불이행의 위험성이 높아진다.

나. 기업의 자금 중 주주의 자본금을 재무레버리지라고 하고, 기업의 장기지불능력에 대한 척도로 활용된다.

다. 일반적인 기업들은 유동비율 1보다 크게 유지하려고 노력한다.

라. 재고자산회전율이 높을수록 재고를 현금화하는 능력이 크기 때문에 적은 자본이 재고에 묶여 있음을 알 수 있다.

19 다음 중 틀린 것은? ( )

가. 유동비율 =유동자산 + 유동부채

나. 재고자산회전율=매출원가/재고자산

다. 총자산회전율=매출액/총자산

라. 주가순이익비율 =주가/주당순이익

20 다음 중 기업의 활동성을 평가할 때 고려하지 않는 항목은? ( )

가. 매출채권회전율

나. 이자보상비율

다. 매출채권평균회수기간

라. 일일평균매출액

21 비용이 발생했을 때, 그 비용을 지급하지 않게 되면 자산, 부채, 비용에 어떠한 변화를 가져오는지 고르시오. ( )

가. 자산의 감소와 비용 발생

나. 자산의 증가와 부채의 증가

다. 비용의 발생과 부채의 증가

라. 자본의 증가와 비용의 발생

22 어느 특정 기간 동안의 기업의 성과를 살펴볼 수 있는 자료로 가장 올바른 것은? ( )

가. 손익계산서

나. 재무상태표

다. 현금흐름표

라. 거래기록표

23 재무상태표에 대한 설명으로 옳지 않은 것은? ( )

가. 재무상태표는 일정 시점의 현재 기업의 자산, 부채, 자본에 대한 정보를 제공한다.
나. 자산은 유동자산과 비유동자산으로 구분된다.
다. 자본은 자본금, 자본잉여금, 자본조정, 기타포괄손익누계액 및 이익잉여금(또는 결손금)으로 구분한다.
라. 자산과 부채는 유동성이 작은 항목부터 배열하는 것을 원칙으로 한다.

24 현금흐름표의 구성으로 옳지 않은 것은? ( )

가. 영업활동에 의한 현금흐름
나. 투자활동에 의한 현금흐름
다. 재무활동에 의한 현금흐름
라. 생산활동에 의한 현금흐름

25 다음은 재무상태표에 대한 설명으로 옳지 않은 것은? ( )

가. 재무상태표의 오른쪽 대변은 왼쪽 차변에 기록된 자산의 소유권을 자산의 청산 순서에 따라 자본을 먼저, 그다음 부채를 기록한다.
나. 영업활동에서 손해가 발생하여 자산이 감소할 경우 손실 역시 주주에게 귀속되는데 이러한 속성때문에 자본을 잔여청구권이라고 한다.
다. 순운전자본은 기업의 단기적 영업활동에 소요되는 자금을 보여주며 영업의 규모가 커질수록 순운전자본은 함께 커진다.
라. 기업의 채무가 5천만 원일 시 기업 자산의 가치가 5천만 원이 될 때까지는 기업 청산시 모든 자산이 채권자에게 귀속되고 주주의 몫인 자본은 0원이다.

26 다음 중 옳지 않은 것은? ( )

가. 회사 A의 유동자산이 4천만 원이고 유동부채가 2천만 원일 시 유동비율은 4천만 원/2천만 원으로 2이다.
나. 일반적으로 유동자산 〉 유동부채이므로 유동비율이 1보다 크기를 기대한다.
다. 유동비율이 기업 자산의 현금화 능력을 측정할 때 당좌비율보다 더 엄격하다.
라. 유동자산 중 특히 재고자산은 유동성이 떨어져 그 질이 반영되지 않기 때문에 장부가치와 시장가치의 차이가 있다.

27 재무제표 작성 원칙에 관한 설명으로 옳지 않은 것은? ( )

가. 발생주의는 수익과 비용을 잘 대응시킨다는 장점을 가진다.
나. 자산의 현재 시장가치를 잘 반영할수록 회사의 경영상태를 잘 나타낼 수 있다.

다. 발생주의는 현금의 거래와 관계없이 거래가 이루어졌을 때 그 거래내역을 기록한다.

라. 제품의 판매가 이루어졌지만 제품의 가지를 알 수 없을 때도 그 거래내역을 기록한다.

28 추정손익 계산서에서 매출액(추정)이 30000이고 비용이 25000일 때 영업이익은(EBIT)? ( )

가. 4000

나. 4500

다. 5000

라. 5500

29 (주)고려의 당기순이익은 500만 원, 총자산은 3억, 매출액은 1억 5000만 원, 총 자본은 5000만 원이다. 이때 매출액순이익률은? ( )

가. 0.3333

나. 0.0389

다. 0.0167

라. 0.1000

마. 0.0417

30 다음 설명 중 옳지 않은 것은? ( )

가. 재무상태표에서 자산은 왼쪽에 유동성이 높은 자산에서 낮은 자산의 순으로 기록한다.

나. 재무상태표의 오른쪽 대변은 왼쪽 차변에 기록된 자산의 소유권을 자신의 청산 순서에 따라 부채를 먼저, 그다음 자본을 기록한다.

다. 손익계산서에 들어가는 내용 중 감가상각비는 직접적인 현금유출이 있는 항목이다.

라. 현금흐름표는 어느 특정 기간 동안 재무상태표상의 현금 및 현금성자산 항목의 변화분을 설명해 준다.

31 유동자산이 유동부채를 초과하고 있는 상황에서 유동비율을 더욱 증가시키는 방법으로 옳은 것은? ( )

가. 외상외출금을 현금으로 회수한다.

나. 외상으로 투자유가증권을 취득한다.

다. 예금을 인출하여 단기차입금을 상환한다.

라. 당좌차월을 통하여 보유현금을 늘린다.

32 다음 중 당좌비율의 정의로 옳은 것은? ( )

가. 유동자산/유동부채

나. (유동자산-재고)/유동부채

다. 장기부채/총자산

라. 매출액/매출채권

33 다음 중 옳지 않은 것은? ( )

가. 재무상태표는 어느 한 시점에 기업의 자산과 그 자산에 대한 자금조달 방법에 의해 결정된 소유권을 보여준다.

나. 재무상태표에서 자산은 왼쪽에서 유동성이 높은 자산에서 낮은 자산의 순으로 기록한다.

다. 기업의 자산은 우선적으로 채권자의 몫으로 채무를 갚는 데 쓰이며 채무를 갚은 후 남는 것들은 모두 주주의 몫이 되어 자본에 귀속된다.

라. 손익계산서를 살펴봄으로써 특정 시점의 기업의 성과를 살펴볼 수 있다.

34 다음 중 옳지 않은 것은? ( )

가. 순이익 = 수익 − 비용

나. 영업이익 = 매출원가 − 영업 관련 비용

다. 당기순이익 = 법인세비용차감전순이익 − 법인세비용

라. 법인세비용차감전순이익 = 영업이익 +이자수익(−이자비용)

35 다음 중 옳지 않은 것은? ( )

가. 재고자산이 많은 기업의 경우 유동비율과 당좌비율의 차이가 거의 나지 않는다.

나. 현금흐름이 불확실한 벤처창업기업의 경우 재무레버리지를 낮게 가져갈수록 좋다.

다. 동일한 매출에 대해 자산을 효율적으로 활용할수록 자금조달의 필요성이 적어진다.

라. 매출채권평균회수기간 = 365일 / 매출채권회전율

36 다음은 주(K)의 2023년 현금흐름표의 일부이다. (단위: 만 원)

영업활동으로 인한 현금흐름	
당기순이익	900
영업활동으로 인한 자산, 부채의 변동	
현금의 유출이 없는 비용의 가산: 감가상각비	2,000
매출채권의 증가	1,400
재고자산의 감소	50

매입채무의 감소	200
영업활동에 의한 순현금흐름	( )

다음 중 괄호에 들어갈 값으로 옳은 것은? ( )

가. 1,350   나. 1,300   다. 1,450   라. 1,400   마. 1,500

37 다음은 당좌비율의 등식을 나타낸 것이다. 괄호에 들어갈 것으로 옳은 것은? ( )

당좌비율 = 당좌자산/( )

가. 유동자산   나. 유동부채   다. 재고   라. 장기부채   마. 총자본

38 다음은 매출채권평균회수기간의 등식을 나타낸 것이다. 괄호에 들어갈 것으로 옳은 것은? ( )

매출채권평균회수기간 = 365일/매출채권회전율 = ( )/( )

가. 일일평균매출액–매출채권
나. 매출채권–매출액
다. 매출액–매출채권
라. 매출채권–일일평균매출액
마. 매출원가/재고자산

 단답형

1 경영진, 주주 및 (   )들은 기업의 현경영 상태를 재무제표의 분석을 통해 파악한다.

2 (   ) = 유동자산 – 유동부채

3 기업의 자금 중 주주의 자본금이 아닌 장기부채에 의해 조달되는 비율을 (   )라고 한다.

4 다음 재무상태표에서 A에 들어갈 것으로 알맞은 것은? (   )

자산		부채	
현금 및 현금성 자산	500	매입채무	1000
매출채권	1500	단기차입금	500

재고자산	1000		
		장기차입금	2500
		자본	
순고정자산	17000	자본금	2000
		자본잉여금	7000
		이익잉여금	A

5 (주)A는 매출액이 5000억이며, 매출원가는 2000억 원이다. 이 기업의 총자본은 1000억 원, 총부채는 1500억 원이다. 이 경우 (주)A의 총자산회전율은 (　　　　)이다.

6 ROA가 12%이고, 총부채가 400억원, 총자산이 1,000억 원일 경우 ROE는 얼마인가? (　　　　)

7 창업기업의 법인세비용차감전순이익은 2,620만 원이고 법인세비용은 920만 원이다. 그리고 총자산은 3억이다. 이 경우 총자산수익률은 얼마인가? (　　　　)

8 창업기업의 영업이익은 3,000만 원, 감가상각비는 2,600만 원, 현재 주가는 4,400원, 발행주식수는 5만 주, 부채총계는 5,000만 원, 그리고 현금은 800만 원이다. 이때 EV 대 EBITDA비율은 얼마인가? (　　　　)

9 일정 기간 성과를 보고하는 재무제표는? (　　　　)

10 창업기업의 유동자산이 3,000만 원이고 유동부채가 2,000만 원이면 유동비율은 얼마입니까? (　　　　)

11 위와 같은 (주)A의 유동자산은 3,000만 원, 재고자산은 1,200만 원, 그리고 유동부채는 2,000만 원일 경우 당좌비율은 얼마입니까? (　　　　)

12 (　　　　) 회계에 따르면 수익은 영업활동이 일어난 기간 중에 인식하고 그 수익을 창출하기 위해 발생한 관련 비용 역시 같은 기간에 인식하여 기업 활동의 원인과 결과를 잘 표현해 준다.

13 (주)X는 유동자산이 3,000만 원이고 재고자산이 1,200만 원, 유동부채가 2,000만 원이라고 한다. 이때 (주)X의 유동비율과 당좌비율을 구하시오. (　　　　)

14 (　　　　)은(는) 어느 특정 기간 동안 재무상태표상의 현금 및 현금성자산 항목의 변화분을 설명해 준다.

15 재무상태표의 오른쪽 대변은 왼쪽 차변에 기록된 자산의 소유권을 자산의 청산 순서에 따라 (　　　)을(를) 먼저, 그 다음 (　　　)을(를) 기록한다.

16 재무상태표에서 자산은 왼쪽에 (　　　)이 높은 자산에서 낮은 자산의 순으로 기록한다.

17 (주)K의 영업이익은 3,650만 원이고 이자비용은 146만 원일 때 이자보상비율은 얼마인가? (   )

18 (주)K의 매출액은 3억 4560만 원이고 매출채권은 1,200만 원일 때 매출채권회전율은 얼마인가? (   )

 서술형

1. 잔여청구권에 대해 서술하시오.

2. 재무제표 작성의 원칙에 대해 서술하시오.

3. 기업의 유동성, 장기지불능력, 기업의 활동성, 기업의 수익성, 기업의 시장가치에 대해 서술하시오.

4. 기업자산의 가치가 증가함에 따라 부채 및 자본의 가치가 어떻게 변하는지 그래프를 그려 설명하시오.

5. 다음은 H회사의 재무상태표이다. (단위: 만 원)

자산:		부채:	
현금및현금성자산	1,000	매입채무	2,000
매출채권	16,500	단기차입금	500
재고자산	500	총유동부채	2,500
총유동자산	18,000		
		장기차입금	4,000
		부채총계	6,500
		자본:	
		자본금	1,000
		자본잉여금	5,000
		이익잉여금	1,500

| 순고정자산 | 10,000 | 자본총계 | 7,500 |
| 자산총계 | 28,000 | 부채와 자본총계 | 14,000 |

H회사가 부실기업인지 아닌지 여부와 이유를 설명하시오.

6. 재무상태표의 구성에 대해 서술하시오.

7. 손익계산서를 통해 알 수 있는 점을 간략히 서술하시오.

8. ㈜창업이 자기자본이 10억 원과 은행으로부터 10억 원을 빌려 총 20억으로 투자를 했는데 1억 원의 순이익을 기록했다면, ㈜창업의 ROE와 ROA는 무엇이고 둘의 차이점은 왜 나타나는 것인가?

9. 다음은 A, B, C기업의 2023년의 손익계산서다. 증권시장에서 A기업은 성장성이 높아 주가순이익비율이 10배 수준에서 거래된다고 한다. B기업은 이보다 낮은 7배, C기업은 5배 수준이다. 3개의 기업을 시가총액 순으로 정리해라.

   A기업: 매출 50억 원, 영업이익 10억 원, 계속사업이익 8.5억 원, 순이익 12억 원
   B기업: 매출 70억 원, 영업이익 12억 원, 계속사업이익 10억 원, 순이익 15억 원
   C기업: 매출 130억 원, 영업이익 30억 원, 계속사업이익 23억 원, 순이익 18억 원

10. 현금흐름표를 정의하고, 그 구성에 대해 서술하시오.

11. 발생주의와 수익−비용 대응의 원칙에 대해 서술하시오.

12. 재무제표가 중요한 이유에 대해 서술하시오.

13. 재무 레버리지에 대해 서술하시오.

14. 재무비율로 알 수 있는 사실에 대해 서술하시오.

15. 손익분기점에 대해 서술하시오.

16. 이자보상비율의 정의와 계산법에 대해 서술하시오.

17. 기업의 활동성, 즉 회전율에 대해 이론적 특징에 대해 서술하시오.

CHAPTER

14

재무계획

학습목표

◎ 벤처창업기업의 사업계획서에서 빠지지 않는 것이 바로 재무계획이다. 재무계획은 중장기(보통 3~5년)에 거쳐서 회사의 재무상 목표를 보여 준다. 재무계획의 시작은 추정재무제표의 작성이다.

◎ 추정재무제표의 작성이 왜 필요한지와 추정재무제표를 작성할 때 필요한 순서에 대해 알아본다.

◎ 손익분기점을 분석하여 예상 판매량을 추정해 적절한 투자 의사결정을 내릴 수 있게 한다.

재무계획

벤처창업기업의 사업계획서에서 빠지지 않는 것이 바로 재무계획이다. 재무계획은 중장기(보통 3~5년)에 거쳐서 회사의 재무상 목표를 보여 준다. 재무계획의 시작은 추정재무제표(pro forma statement)의 작성이다.

① 추정재무제표의 작성

성숙기업의 경우 기존의 사업 활동에 기초하여 추정재무제표를 작성할 수 있기 때문에 추정재무제표의 작성이 비교적 수월하다. 그러나 초기 벤처창업기업의 경우 추정에 참고로 삼을 만한 과거 자료가 부족하며 미래의 불확실성이 성숙기업보다 훨씬 크다. 비용구조의 경우 고정적으로 지출되는 비용이 있기 때문에 비교적 정확한 예측이 가능하지만 수익의 기초가 되는 매출액의 예측은 수많은 가정을 동반하게 된다. 따라서 벤처창업기업이 제시하는 추정재무제표는 어디까지나 미래에 대한 바람직한 한 가지 시나리오일 뿐이며, 기업의 경영 관련 의사 결정을 위한 분석의 시작점에 불과하다.

여기서 소개할 추정재무제표의 작성법은 기업에서 수익의 근원인 추정 매출액에서 시작하여 추정손익계산서를 작성하고 이를 바탕으로 추정재무상태표를 작성하는 순서를 따른다. 추정재무제표를 작성하면서 추정매출액을 달성하기 위해 필요한 자산의 증감(고정자산과 순운전자본의 증감)을 예측할 수 있고 이에 대한 자금조달 계획을 반영하여 재무상태표의 대차를 맞추어야 한다. 기업은 철저한 시장 조사를 통하여 매출액이 어느 시점에서 어느 규모로 발생할 것인지를 추정하여야 한다. 이는 제품 개발까지 얼마나 시간이 걸릴 것인지, 잠재 시장 규모와 시장 점유율이 어떠한 속도로 늘어날 것인지에 대한 가정을 필요로 한다.

그 다음으로 매출을 발생시키기 위한 비용을 추정한다. 초기 벤처창업기업의 경우 한동안 매출은 없이 비용만 발생하게 된다. 이때 직원들에 대한 월급이나 임대료 등 매출과 관계없이 발생하는 고정비용을 빠짐없이 포함하여야 한다. 매출액과 함께 증가하는 매출원가 및 판매 및 관리비의 계산은 동종업계 유사 기업들의 사례를 고려하여 추정한다. 보통 매출원가나 판매 및 관리비의 계산은 매출액의 백분율에 의거하여 계산하기 때문에 이러한 방법을 매출액백분율법 (percentage of sales approach)이라고 한다. 그리고 이자비용과 법인세를 차감하여 당기순이익을 도출한다. 여기서 도출한 순이익의 규모나 총자산수익률(ROA), 자기자본수익률(ROE) 및 매출액순이익률 등의 수익성 비율이 투자자들의 투자를 보상할 만한 규모인지 검토하여 사업의 수익성을 확인할 수 있다.

<표 14-1>은 제13장의 사례기업인 ㈜X의 2024년 추정손익계산서이다. ㈜X는 2024년에 매출액이 2억 7,000만 원으로 성장할 것으로 예상하였고 각종 비용은 매출액의 88%가 될 것으로 예상하고 있다. 이자비용은 현재의 부채 규모와 자금조달 계획을 고려하여 540만 원으로 예상하였고 법인세비용은 법인세차감전순이익의 35%를 예상하여 945만 원으로 추정하였다. 이렇게 추정한 당기순이익은 1,755만 원이다.

| 표 14-1 | **추정손익계산서**

㈜X 2024년 추정손익계산서	(단위: 만 원)
매출액(추정)	27,000
비용(매출액의 88%)	23,760
영업이익(EBIT)	3,240
이자비용	540
법인세비용차감전순이익(EBT)	2,700
법인세비용(35%)	945
당기순이익(NI)	1,755
배당	500
유보이익	1,255

성숙기업이라면 그 다음에 순이익 중 얼마를 배당하고 얼마를 투자할 것인지에 대한 결정을 해야 한다. 배당을 하고 기업에 유보시키는 이익은 기업의 성장을 위한 투자에 사용된다. ㈜X의 경우 당기순이익 1,755만 원 중 500만 원을 배당하고 1,255만 원을 유보하는 의사 결정을 하였다. 벤처창업기업은 초기 상당 기간 동안 순손실을 기록한다. 그리고 한창 성장을 하는 벤처창업기업의 경우 투자를 위한 자금이 항상 부족하기 때문에 많은 경우 양(+)의 순이익이 발생하더라도 배당을 하지 않고 모든 순이익을 유보한다.

추정손익계산서의 작성이 끝나면 이를 바탕으로 추정재무상태표를 작성한다. 순운전자본과 관련된 항목들과 고정자산의 경우 매출액과 연동되는 항목들이다. 그러나 다른 항목들은 자본 조달 계획이나 배당 의사결정과 같은 경영진의 의사결정을 반영한다.

매출이 없고 비용만 발생하는 초기 벤처창업기업의 경우 손익계산서에서 추정된 매입채무 및 재고자산의 발생, 그리고 고정자산의 투자 계획을 고려하여 자산에서 해당 항목을 채워야 하며 그에 따른 현금의 증감을 반영하여 추정재무상태표를 작성해 나가기 시작한다.

유동자산 중 현금, 매출채권 및 재고자산 그리고 유동부채 중 매입채무는 매출의 규모가 늘어나면 함께 증가하는 항목들이다. 이들 항목은 매출이 있을 경우 매출액백분율법을 적용할 수 있다. 또한 매출액이 늘어나면 생산설비 등 고정자산에 대한 투자도 함께 늘어나야 하기 때문에 이 역시 매출액백분율법을 적용할 수 있는 항목이다. <표 14-2>는 ㈜X의 2024년 기말 추정재무상태표에서 매출액백분율법을 적용할 수 있는 항목과 적용할 수 없는 항목을 보여준다.

| 표 14-2 | **매출액백분율법에 따른 추정재무상태표의 작성**

(주)X
2024년 말 추정재무상태표

(단위: 만 원)

자산:	매출액백분율	부채:	매출액백분율
현금 및 현금성자산	10%	매입채무	15%
매출채권	17%	단기차입금	미정
재고자산	13%	총유동부채	미정
총유동자산	40%	장기차입금	미정
		부채총계	미정

순고정자산	50%	자본:	
		자본금	미정
		자본잉여금	미정
		이익잉여금	미정
		자본총계	미정
자산총계	90%	부채와 자본총계	자산 총계와 일치

　　<표 14-2>의 ㈜X의 경우 현금은 매출액의 10%, 매출채권 및 재고자산은 각각 매출액의 17%와 13%, 매입채무는 매출액의 15%가 될 것으로 예상하고 있다. 또한 고정자산의 경우 매출액의 50% 규모로 성장할 것을 예상한다. 추정재무상태표를 작성한 후 총자산을 매출액으로 나눈 자본집중도를 점검해 보면 매출액 1원을 발생시키기 위해 자산이 얼마나 소요되는지를 알 수 있다. ㈜X의 추정재무상태표상 자본집중도는 0.9이다. 일반적으로 벤처창업기업들은 성숙기업보다 자본집중도가 낮기 때문에 매출액이 증가하여도 자산에 대한 투자는 상대적으로 적게 증가한다.

　　차변의 자산을 추정하고 나면 대변의 부채와 자본을 추정해야 한다. 유동부채의 매입채무는 앞으로의 생산계획에 따라 또는 매출이 있을 경우에 매출액백분율법을 통해 도출하고 자본 중 이번 기의 유보이익 증감은 추정손익계산서에서 추정한다. 벤처창업기업의 경우 순이익이 모두 유보되기 때문에 매출액이 있는 경우 때에 따라서는 매출액백분율법에 따라 추정매출액순이익률을 이용하여 유보이익의 증감을 도출할 수 있다.

　　<표 14-3>은 ㈜X의 2024년 기말 추정재무상태표이다. ㈜X의 경우 손익계산서에서 계산된 유보이익은 1,255만 원으로 전기의 이익잉여금 1,500만 원에 더해져 2018년 말 이익잉여금은 2,755만 원으로 추정되었다. 그리고 부채 및 자본의 총계는 재무상태표의 회계등식에 의해 앞서 추정된 총자산의 규모와 일치해야 한다. ㈜X의 2024년 말 자산총계는 매출액의 90%인 2억 4,300만 원으로 추정되었다. 이 규모를 일치시키기 위해서 단기차입금, 장기부채, 자본(보통주나 우선주)으로 각각 얼마씩을 충당할 것인지 결정해야 한다. 만일 전기 대비 이번 기에 자산의 규모가 증가하였다면 그중 매입채무의 증감과 유보이익의 증감을 제외한 나머지는 추가적인 자금조달을 요한다. 이처럼 추정재무제표의 작성은 기업이 목표로 하는 매출액의 달성을 위해 필요한 소요자금의 규모와 함께 경영진의 자금조달 계획을 반영한다. ㈜X의 경우 자산이 전기 대비 9,300만 원 증가하였는데 이 중 매입채무가 2,850만 원 증가하였고 이익잉여금이 1,255만 원이 증가하여 나머

지 5,195만 원에 대한 외부자금 조달이 필요하다. ㈜X는 이 중 195만 원을 단기차입하고 600만 원을 장기차입하여 나머지 4,400만 원은 신주를 발행하여 차입할 계획이다. 2017년 말 기준 주가가 2,200원이라고 가정하여 이 가격으로 주식을 발행한다고 했을 때 이는 2만 주의 신주 발행을 뜻한다. 액면가를 500원으로 하여 새로 조달된 자본은 자본금 1,000만 원(500원×2만 주)과 자본잉여금 3,400만 원(4,400만 원-1,000만 원)으로 추정된다.

이렇게 작성된 추정재무제표는 기업의 미래에 대한 한 가지 시나리오를 제시한다. 성숙기업의 경우 추정재무제표에 근거하여 기업의 가치평가를 위한 현금흐름을 도출하고 이를 적정한 할인율로 할인하는 현금흐름할인법(DCF: Discounted Cash Flow)을 통해 기업가치를 계산할 것이다. 그러나 벤처창업기업의 경우 추정재무제표의 정확도가 떨어지기 때문에 현금흐름할인법에 의한 가치평가는 한 가지 참고자료에 그칠 뿐이다. 벤처창업기업의 경우 추정재무제표를 바탕으로 매출액의 발생 규모나 발생 시기, 원가의 비율이나 필요한 고정자산의 투자 규모 등에 대한 가정을 보다 보수적으로 설정해 볼 필요가 있다. 그리고 민감도 분석(Sensitivity Analysis)을 통하여 필요한 자금의 조달이 어려운 상황을 가정해 보고 이러한 경우 기업의 생존과 미래의 성장성이 어떠한 영향을 받는지도 검토해 볼 필요가 있다.

| 표 14-3 | **추정재무상태표**

㈜X
2024년 말 추정재무상태표

(단위: 만 원)

자산:	추정	전기대비증감	부채:	추정	전기대비증감
현금	2,700	1,900	매입채무	4,050	2,850
매출채권	4,590	3,090	단기차입금	995	195
재고자산	3,510	2,310	총유동부채	5,045	3,045
총유동자산	10,800	7,300			
			장기차입금	3,600	600
			부채총계	8,645	3,645
순고정자산	13,500	2,000	자본:		

			자본금	3,500	1,000
			자본잉여금	9,400	3,400
			이익잉여금	2,755	1,255
			자본총계	15,655	5,655
자산총계	24,300	9,300	부채와 자본총계	24,300	9,300

외부자금조달 필요분	5,195
외부자금 조달계획	
단기차입금	195
장기차입금	600
자본금	1,000
자본잉여금	3,400

KRX 헬스케어 평균 영업이익률 13% ··· 휴마시스 1위

지난해 국내 주요 제약바이오 기업들의 평균 영업이익률은 13.3%인 것으로 나타났다. 매출 100원이 발생했을 때 매출원가 및 판매관리비 등을 제외하고 13.3원이 남았다는 얘기다.

영업이익률은 매출액 대비 영업이익의 비중이다. 매출액에서 매출원가를 감산하면 매출총이 익이고, 여기서 다시 판매관리비를 제하면 영업이익인데, 이를 매출액으로 나눈 백분율이다. 영 업이익률은 기업의 영업활동에 대한 수익성을 보여주는 지표다.

본지가 KRX 헬스케어 지수에 포함된 92개 종목 중 2월 27일 기준 실적 미발표, 지난해 매출 50억원 및 2020년 매출 1억 원 미만 기업 등을 제외한 50개 기업의 평균 영업이익률을 분석한 결과, 13.33%인 것으로 나타났다.

50개 기업 중 가장 높은 영업이익률을 기록한 기업은 휴마시스로 59.91%에 달했다. 휴마시 스는 2020년에 이어 2년 연속 영업이익률 50%대를 기록했다.

또 진단키트 및 의료기기 기업들의 약진이 두드러졌다. 휴마시스 외에도 이들 기업 3곳이 영 업이익률 5위권 안에 포진했다. 의료기기 업체 클래시스가 51.39%로 2위를 차지했고 씨젠과 에 스디바이오센서가 각각 48.64%, 46.73%로 4~5위에 올랐다.

이밖에 ▲SK바이오사이언스 ▲셀트리온 ▲휴젤 ▲인트론바이오 ▲파마리서치 ▲삼성바이오로직스 등이 영업이익률 상위 10개 기업에 포함됐다. 이들의 평균 영업이익률은 44%다.

2020년과 비교했을 때 증가폭이 가장 큰 기업은 SK바이오팜이다. SK바이오팜의 2021년 영업이익률은 22.77%로 전년(마이너스 921.15%) 대비 943.92%p 개선됐다. 이는 뇌전증 치료제 세노바메이트의 미국 상업화 이후 지속적인 실적 향성과 글로벌 진출에 따른 계약금 및 마일스톤 등이 매출에 반영됐기 때문이다.

SK형제 기업인 SK바이오사이언스도 지난해 전년 대비 34.33%p 상승한 51.04%의 영업이익률을 기록했다.

반면 전통제약사의 영업이익률은 한미약품을 제외하고 10%를 넘은 곳이 드물었다. 녹십자(4.79%), 일양약품(4.66%), 에스티팜(3.5%), 부광약품(2.36%) 등은 전년 보다 영업이익률이 개선됐지만 5% 벽도 넘지 못했다.

지난해 마이너스(-) 영업이익률을 기록한 기업은 제일약품을 비롯 ▲에이프로젠제약 ▲영진약품 ▲신풍제약 ▲삼천당제약 ▲메디포스트 ▲크리스탈지노믹스 ▲코미팜 ▲HLB생명과학 등 9곳이다.

영업이익률이 마이너스를 기록한 기업들은 경상연구개발비 증가를 주요 원인으로 꼽았다.

신풍제약은 신약임상 진행으로 인한 연구비 지출 및 헬스케어 제품 신규 런칭으로 광고비가 증가로 영업이익이 감소했다고 설명했다. 삼천당제약도 바이오시밀러 관련 연구개발비용 증가에 따라 판관비가 증가했다.

출처: PRESS9 2022.03.02.
http://www.press9.kr/news/articleView.html?idxno=50744

카페 사업 적자 운영 실태

보훈단체인 광복회(회장 김원웅)의 수익사업 중 하나인 경기 포천 국립수목원 내 헤리티지 815 카페 2호점이 지난해 11월 오픈 이후 올해 9월까지 적자 상태인 것으로 드러났다. 광복회는 수목원에 제출한 사업계획서에서 '수익금을 회원·유가족 생계 지원을 위해 사용하겠다'고 약속했지만 국민 세금과 기부금이 주된 재원인 운영자금을 회원 복지가 아닌 카페사업 적자를 메꾸는 데 사용하고 있다는 지적이 나온다.

"광복회가 경기 포천에 위치한 수목원에서 카페를 운영하고 있다는 말은 들었어요. 하지만 수목원에 (카페를 운영하고) 있다는 얘기만 들었지 누가 관리하는지, 발생한 수익금은 얼마인지, 임대료는 얼마를 내고 있는지 우리에게 일절 알려주지 않고 있습니다. 광복회 당국에서 먼저 말해주지 않는 이상 우리 회원들은 (광복회 운영진이) 어떤 일을 하는지 알 수가 없어요. 회원들의 생계를 지원하기 위해 수익사업을 한다는데, 나는 땡전 한 푼 받은 게 없어요."

광복회에서 적지 않은 기간 동안 고문으로 활동해온 원로 회원이 월간중앙에 한숨 섞인 푸념을 털어놨다. 제보를 받고 월간중앙이 수목원을 찾았을 때는 지난 7월, 정문을 지나자 곧바로 '헤리티지 815'라는 카페 간판이 눈에 띄었다. 커피를 주문하고 건네받은 영수증에서 낯익은 이름을 확인할 수 있었다. 사업자명에 '김원웅'(광복회장)이라고 적혀 있었다. 광복회는 지난해 11월 26일 수목원에서 김 회장과 수목원 관계자 등이 참석한 가운데 수목원과 업무협약을 체결하고, 헤리티지 815 2호점 개업식을 열었다.

회원복지에 쓰겠다며 카페 운영권 따내

헤리티지 815 카페 2호점의 추정 손익계산서. 광복회는 사업계획서에 "연 6000만 원의 당기순이익을 회원·유가족 생계 지원에 사용하겠다"며 국가보훈처로부터 수익사업 승인을 받았다.

광복회가 지난해 10월 23일 보훈처 등에 제출한 카페 2호점 사업계획서를 입수해 검토해 봤다. 사업추진 배경은 '수목원 내 카페 운영을 통해 수익을 발생시킴으로써 단체 운영 및 복지사업 재원을 마련하기 위함'으로 돼 있었다.

광복회 계획서 내 추정손익계산서를 보면 연간 총매출액은 3억 9600만 원(월매출로 환산 시 3300만 원)이다. 여기에 매출원가 1억 7400만 원을 제하면 광복회가 카페 2호점을 운영함으로써 발생하는 연간 매출총이익을 2억 2200만 원이라고 추산했다. 여기에 직원급여, 복리후생비, 전력비, 보험료, 소모품비 등 판매비와 일반관리비 1억 6200만 원을 추가로 제외하면 광복회가 계획서를 통해 밝힌 추정 당기순이익은 6000만 원이다.

광복회는 애초 카페 2호점 수익금을 회원들의 복지에 사용하겠다는 계획을 세웠다. 광복회가 회원들에게 밝힌 수익금 연간 사용계획안을 보면 카페사업 등의 수익금을 토대로 회원의 자활정착 및 복지증진에 3600만 원(당기순이익의 60%), 단체운영비 지원에 2400만 원(당기순이익의 40%)을 사용하겠다는 계획을 밝혔다. 세부적으로 보면 생존애국지사 및 회원·유가족 생계지원, 주거환경개선, 대학생유자녀학자금지원, 민족정기선양사업(행사), 단체 본부 운영비(인건비, 업무추진비, 복리후생비, 예비비 등), 기타 광복회원 복지 등에 지출하겠다고 적시했다. 이를 합산하면 총 6000만 원으로, 당기순이익을 모두 회원 복지와 단체운영비에 쓰겠다는 것이다.

하지만 카페 2호점은 개업일부터 관련 답변을 받은 9월 9일까지인 10개월여 동안 만성 적자 상태인 것으로 드러났다. 기자가 광복회에 카페 영업으로 발생한 수익금 및 지출 상세 현황을 문의했더니 담당자가 "적자로 수익금 발생이 없다"고 알려왔다. 이어서 "적자 규모는 밝힐 수 없다"면서도 "인건비·물품대금 등을 조금씩 광복회 예산으로 메꾸고 있다"고 말했다. 광복회는 계획서 사업개요에서 '소요자금은 광복회 자체 조달'이라고 명시했다. 보훈단체인 광복회는 수십억 원 규모의 국고보조금, 민간기부금 등의 사업비로 운영된다. 최근 [시사저널]이 보도한 내용에 따르면 지난해 광복회는 '단체운영비' 목적으로 국고보조금 22억 원을 받았고, 기부금 수익은 7억 원 규모다. 결국 국민 세금과 선의의 기부금이 카페 2호점 적자를 메꾸는 데 사용되고 있는 셈이다.

이토록 개업 후 계속 적자가 나는 이유는 무엇일까. 수목원 측은 "다른 식물원에 비해 제약이 많은 곳이 수목원"이라며 "수목원은 관람객을 자유롭게 받는 곳이 아니다. 하루에 사람을 제한해서 받고, 특히 겨울에는 관광객이 거의 없다. 거기다 코로나19 여파로 관람객이 더 줄었다"고 설명했다. 과연 코로나19가 적자에 영향을 미친 걸까. 올해 수목원 누적 입장객 수는 8월까지 약 19만 명이다. 코로나19 이전인 2019년 8월까지 누적 입장객 수는 22만 명으로, 3만 명가량 줄었지만, 지난해 같은 기간보다는 6만 명가량 늘었다(2020년 8월 기준 누적 입장객 수는 13만 명). 6000만 원 당기순이익이 만성 적자로 나타날 만큼 입장객 수 변화가 크다고 말하기는 힘들어 보인다.

사업을 시작한 시기가 코로나19가 한창때였던 만큼 광복회가 카페사업에서 적자가 발생할 것을 충분히 예상할 수 있었던 셈이다. 국내에서 코로나19 최초 확진자가 나온 건 카페를 개업한 11월보다 10개월가량 앞선 지난해 초였다. 더구나 1년 중 방문객이 가장 적은 겨울에 영업을 시작했다는 점도 경영이 악화된 이유로 보였다.

수목원의 '국유재산 사용·수익허가 운영조건'을 보면 동절기인 12~2월에 입장객 수가 가장 적음을 명시하고 있다. 보훈단체인 광복회가 손쉽게 계약을 따내는 데만 급급했다고 볼 수 있는 대목이다.

광복회가 이 같은 상황을 배제한 채 계획서에 연간 6000만 원을 순이익으로 올릴 수 있다고 장담한 이유는 무엇일까. 하지만 계획서 어디에도 예상 수익을 산출한 구체적인 근거는 확인할 수 없었다. 이와 관련해 창업 컨설팅 업체 관계자는 "구체적인 수치를 근거로 예상 수익을 산출하는 것은 창업의 가장 기초적인 준비"라며 "예상 수익 산출 근거가 불명확하면 사업이 제대로 될 리 없다는 건 지극히 상식적인 일"이라고 말했다.

기자가 만난 광복회원들 역시 광복회 운영진의 카페 2호점 사업에 대해 이해할 수 없다는 반응을 보였다. 익명을 요구한 한 회원은 9월 10일 "적자가 계속된다면 (카페 2호점 사업에서) 철수하는 게 맞다"며 "수익성 없는 수익사업을 왜 하나. 광복회 예산은 적자를 메꿀 정도로 넘쳐나지 않는다"고 일갈했다. 이어서 그는 "(광복회는) 수익사업이라고 해서 형편이 어려운 회원에게 도움을 주겠다고 말만 하지, 실질적으로 우리에게 주는 건 전무하다"고 말했다.

광복회가 운영하는 카페 1호점은 서울 여의도 국회 소통관 앞에 입점해 있다. 1·2호점 모두 야외 카페이며, 설립 목적과 판매품목, 외관 등 유사한 점이 많다. 지난해 5월 25일 카페 1호점 개업식이 열린 가운데 행사에 참석한 국회사무처 관계자는 "좋은 목적으로 시작한 사업인 만큼 그 취지가 훼손되지 않도록 수익금이 공정하고 투명하게 집행되어야 할 것"이라고 말했다. 광복회 측은 "카페 운영을 통해 발생한 수익은 전액 독립유공자 후손의 장학사업에 집행될 예정"이라고 밝혔다.

하지만 좋은 취지에도 불구하고 카페 1호점은 지난해 8월 특혜 논란으로 구설에 휘말렸다. 1호점은 지난해 5월부터 운영을 시작했는데, 국회 홈페이지에 업체 선정을 위한 입찰공고 없이 국회사무처-광복회 간 수의계약을 맺었다. 당시 이 문제를 제기한 김성원 미래통합당(현 국민의힘) 의원은 지난해 8월 "아무리 선의로 한 일이고 적법한 단체라고 해도 선정 과정이 불투명하고 부적절했다면 그 자체로 큰 문제"라며 "사업자 선정 과정의 문제점을 파악해 잘못을 바로잡고, 장학생 선발 과정에 대한 공정성도 확보해야 한다"고 했다.

뒤이어 형평성 논란도 일었다. 국회 소통관에 입점한 다른 업체들은 광복회와 달리 공고와 공개입찰 등의 선정 절차를 거쳤기 때문이다. 또 지난해 5월 기준 국회에 입점한 다른 제과점은 3년간 총 2억 4500만 원을 임대료로 내고 있다는 점이 드러나면서 뒷말을 낳았다. 국회사무처는 광복회에 카페 1호점 계약 기간인 3년간 임대료 없이 국유재산을 무상으로 사용하도록 허가했기 때문이다.

이 같은 특혜·형평성 시비에 국회사무처는 광복회와의 계약 목적과 절차에 하자가 없었다고 밝혔다. 국회사무처 관계자는 "수의계약 성격으로 계약을 추진했기 때문에 공고를 낼 필요는 없다고 판단했다"고 말했다.

이어서 국회사무처는 "운영자 선정 등에 어려움이 있어 국회사무총장실에 해당 사항을 보고한 결과, 개인이 아닌 광복회 등 단체에 사용 허가가 가능한지에 대한 검토 지시가 있었다"며 "다만 외부에서 볼 때는 특정 단체와 계약하려는 목적으로 수익사업을 낸 것이라 볼 수도 있을 것 같다"고 해명했다.

광복회가 운영하는 카페 2호점의 계약을 살펴보면 1호점의 그것과 유사하다. 카페 1호점 특혜 논란이 일었던 지난해 8월부터 두 달여 후 광복회는 수목원과 별도의 공고 없이 카페 2호점 계약을 맺었는데, 이는 카페 1호점과 마찬가지로 수의계약이었다. 수목원이 그간 수의계약을 맺은 사례는 광복회가 최초다. 수목원 측은 9월 9일 "광복회 쪽에서 먼저 수목원에 카페 2호점을 내고 싶다고 요청해 계약이 이뤄졌다"며 "국회에 출장을 자주 가는데, 거기에 카페 1호점이 있어서 광복회 사업이라는 것을 알고 벤치마킹했다"고 말했다.

하지만 2호점 역시 1호점과 마찬가지로 형평성 논란에서 자유로울 수 없을 것으로 보인다. 수목원 내 카페는 두 곳인데, 카페 2호점 개업 두 달여 앞서 공개 입찰을 통해 입점한 민간업체 카페보다 광복회가 훨씬 적은 사용료를 내고 있기 때문이다. 민간업체는 5588만 원(189.30㎡)을 써내 입찰을 따냈지만, 광복회가 운영하는 카페 2호점의 연간 사용료는 19만 원(13.27㎡) 수준이다.

월간중앙은 광복회 카페사업과 관련한 논란에 광복회·보훈처·수목원에 여러 차례 질의하고 답변을 요청했지만 명쾌하게 설명해주는 곳은 없었다. 수목원 측은 "카페 2호점에서 수익이 나는지 아닌지는 우리(수목원)와는 상관없는 일이라 알 필요도 없었는데, 최근에 광복회에 문의해 적자라는 사실을 알게 됐다"고 말했다. 보훈처 측은 "(카페 2호점) 계약의 주체가 수목원과 광복회이기 때문에 자세한 건 그쪽에 문의를 해봐야 안다"고 해명했다. 광복회 역시 "이미 (수익사업) 승인이 나서 카페 (2호점) 사업을 하는 건데, 그것과 관련해서는 보훈처에 알아봐야 한다"며 보훈처에 떠넘겼다.

충분한 사업성 검토와 경영 능력 검증 없이 보훈단체 지위를 활용해 손쉽게 계약을 따내고 보자는 식의 접근, 그리고 관련 기관의 무관심과 책임회피 속에 카페 2호점은 지금도 방만하게 운영되고 있다. 카페 적자를 광복회 운영비로 메꾸느라 그만큼 지원받고 보호받아야 할 광복회 일반 회원의 복지예산이 줄어들고 있는 것이다.

출처: 중앙일보 2021.10.01.
https://www.joongang.co.kr/article/25011384

② 손익분기점 분석

벤처창업기업의 성장에 있어서 중요한 분기점 중 하나는 바로 부(-)의 순이익(순손실)에서 양(+)의 순이익으로 넘어가는 지점, 즉 0의 순이익을 달성하는 손익분기점(BEP)이다. 손익분기점 분석은 판매량과 순이익의 관계를 분석하는 기법으로 손익분기점은 보통 0의 순이익이 실현되는 판매량 또는 매출액을 나타낸다.

손익분기점은 생산에 필요한 고정비용과 변동비용의 비율에 의해 영향을 받는다. 변동비용(variable cost)은 생산량의 변화와 함께 변하는 비용으로 생산량이 없으면 변동비용도 발생하지 않는다. 변동비용의 예로는 원재료 비용이나 영업사원에게 지급하는 판매수당 등이 있다. 고정비용(fixed cost)은 적어도 일정한 기간 동안(예: 1년 동안) 생산량과 관계없이 고정적으로 지출되는 비용이다. 임대료, 감가상각비, 이자 비용, 직원의 월급 등이 이에 해당한다. 고정비용은 생산량이 크게 변하면 함께 변하게 되지만 비교적 큰 구간에 대해서 일정하게 지출된다는 특성이 있다. 현실의 많은 비용들은 변동비용과 고정비용 중간의 성격을 띤다. 가령 전화 요금의 경우 요금제에 따라 사용량의 어떠한 구간까지는 정액으로 요금이 매겨지다가 그 이상에 대해서는 사용량에 비례하여 요금이 매겨진다. 보다 엄밀한 방법으로 손익분기점을 분석할 때에는 이러한 비용들을 고정부분과 변동부분으로 구분하여 각각 고정비용과 변동비용으로 포함시켜 계산을 한다. 여기서는 비용구조를 단순화하여 변동비용의 경우 생산량 한 단위당 발생되는 비용이 v라고 가정하고, 고정비용은 생산량과 관계없이 F가 발생한다고 가정하자.

이때 손익분기점인 생산량(판매량) Q를 구하는 공식은 다음과 같다.

$$Q = F / (P-v)$$

Q: 생산량(판매량)　　　　F: 고정비용

P: 단위당 판매 가격　　　　v: 단위당 변동비용

이 손익분기점에 판매비용을 곱하면(Q×P) 손익분기점을 달성하는 매출액이 된다. 이 공식은 다음의 과정을 통해 도출되었다.

$$순이익 = (총매출액 - 총변동비용 - 고정비용) \times (1 - 세율)$$

순이익을 0으로 놓으면,

$$순이익 = (Q \times P - Q \times v - F) \times (1-세율) = 0$$
$$Q \times (P-v) - F = 0$$
$$Q = F / (P-v)$$

예를 들어, 기계 부품을 생산하는 어느 중소기업의 고정비용이 2,000만 원이고 부품은 개당 1만 원에 팔리며 부품의 개당 변동비용은 6,000원이라고 하자. 그러면 이 부품의 손익분기점은 2,000만 원/(1만 원-6,000원) = 5,000개가 된다. 이때의 손익계산서는 <표 14-4>와 같다.

| 표 14-4 | **기계부품의 손익계산서**

매출액	50,000,000원
변동비용	30,000,000원
고정비용	20,000,000원
영업이익(EBIT)	0원
세금(34%)	0원
순이익	0원

<그림 14-1>은 이 벤처창업기업의 생산량(판매량)에 따른 매출액, 고정비용과 변동비용의 합인 총비용, 그리고 순이익의 관계를 보여 주고 있다. <그림 14-1>에서 볼 수 있듯이 고정비용은 생산량이 많을수록 총비용에서 차지하는 비중이 작아진다. 초기 벤처창업기업은 생산량이 많지 않기 때문에 고정비용의 비중이 변동비용의 비중보다 높으면 상대적으로 생산단가(=총비용/생산량)가 높아지게 되며 손익분기점이 커져서 이 손익분기점의 달성이 어려워진다. 위의 예에서 기계 부품을 생산하는 기업의 고정비용이 2,000만 원이 아니라 4,000만 원일 경우, 이 부품의 손익분기점은 4,000만 원/(10,000원-6,000원)=10,000개로 늘어나게 된다.

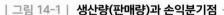

| 그림 14-1 | **생산량(판매량)과 손익분기점**

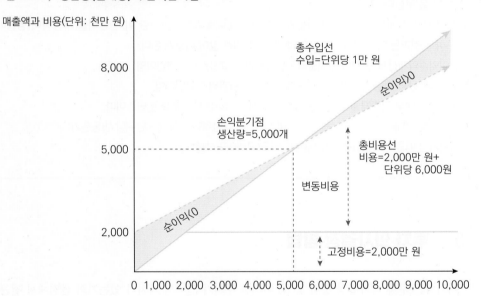

벤처창업기업은 손익분기점의 계산을 통해서 사업의 수익성을 점검해볼 수 있다. 예를 들어, 손익분기점이 보여주는 시장점유율이 전체 시장 규모의 10%라고 했을 때 이 시장점유율이 현실적으로 달성하기 어려운 목표라면 사업을 다시 생각해 보아야 한다. 그리고 손익분기점을 언제 달성할 수 있을지도 생각해 보아야 한다. 손익분기점의 달성이 늦어질수록 누적되는 손실이 커지기 때문이다. 마지막으로 기회비용의 측면에서 보았을 때 손익분기점은 투자자 입장에서는 사실상 손해를 보는 지점이라는 것을 기억해야 한다. 투자자는 같은 투자액을 은행에 예금했을 경우 이자수익을 올릴 수 있는데 손익분기점에서는 0의 수익을 올렸으므로 기회비용의 측면에서 손해를 보고 있는 것이다.

확대보기

* 공헌이익

- 정의: 단위당 판매가격에서 단위당 변동비를 뺀(P-v)는 기업의 고정비를 보상함으로써 기업의 이익에 공헌하는 것을 나타내므로 공헌이익금이라 한다.
- 공헌이익 손익계산서는 매출액에서 변동원가를 차감해 공헌이익을 먼저 구한 다음, 고정원가를 차감하여 영업이익을 구한다.
- 포괄손익계산서에서 매출액에서 매출원가를 차감해 매출총이익을 구한 뒤, 판관비를 차감하여 영업이익을 구하는 것과는 다른 방식이지만, 영업이익은 동일한 값이 나오게 된다.
- 공헌이익손익계산서: 공헌이익(매출액 - 변동원가) - 고정원가 = 영업이익
- 포괄손익계산서: 매출총이익(매출액 - 매출원가) - 판관비 = 영업이익
- 공헌이익은 내부 관리자들이 변동원가를 어떻게 관리하는지가 중요한 변수이다.
- 손익분기점 판매수량 = 총고정원가 / 단위당 고정이익(단위당 판매액 - 단위당 변동원가)
- 손익분기점 매출액 = 총고정원가 / 공헌이익률(공헌이익/매출액)

③ 투자 의사결정 방법

여기서는 투자 의사결정 방법 중 ① 어떠한 투자가 얼마의 가치가 있는가의 관점에서 접근하는 순현재가치법, ② 어떠한 투자가 얼마의 수익률을 내는가의 관점에서 접근하는 내부수익률법(IRR: Internal Rate of Return), ③ 어떠한 투자가 얼마나 빨리 투자 금액을 회수할 수 있는가의 관점에서 접근하는 회수기간법(payback period)을 간략히 소개한다.

투자 의사결정 방법 중 이론적으로 가장 정확한 방법은 현금흐름할인법(DCF)에 따라 투자의 순현재가치를 구하여 순현재가치가 0이상이면 투자를 하고 0보다 작으면 투자를 하지 않는 것이다. 투자의 순현재가치는 어떤 투자 프로젝트의 기대현금흐름(기대현금유출입액과 그 시점)을 구한 후 이를 요구되는 수익률(자본비용)로 할인하여 구한다. 예를 들어, 어떤 프로젝트가 현재 시점(t=0)에 1,000만 원을 투자할 경우 1년 후(t=1)에 400만 원, 2년 후(t=2)에 600만 원, 3년 후(t=3)에 200만 원의 현금 유입이 기대된다고 가정하자. <그림 14-2>는 이 프로젝트의 기대현금흐름을 보

여 준다.

　여기서 미래의 현금흐름의 경우 불확실성이 존재할 수 있기 때문에 미래의 현금흐름은 기댓값을 사용한다. 기대현금을 현재가치로 할인할 때 사용되는 요구수익률은 기다림에 대한 보상인 무위험이자율과 불확실성에 대한 보상인 위험 프리미엄(risk premium)의 합이다. 즉, 미래현금의 불확실성이 클수록 요구되는 수익률은 커지게 된다. 예를 들어, 1년 후에 들어올 현금이 50%의 확률로 380만 원이고 나머지 50%의 확률로 420만 원인 경우와 50%의 확률로 350만 원이고 나머지 50%의 확률로 450만 원인 경우를 비교했을 때 두 경우 모두 현금흐름의 기댓값은 400만 원이다. 그러나 후자의 경우 불확실성이 더 크기 때문에 요구되는 수익률도 더 크다. 앞 예시의 요구수익률이 10%라고 가정했을 때 프로젝트의 순현재가치는 다음과 같다.

$$\text{NPV}_{10\%} = -1{,}000 + \frac{400}{1.1} + \frac{600}{1.1^2} + \frac{200}{1.1^3}$$

$$= -1{,}000 + 363.63 + 495.87 + 150.26 = 9.76$$

| 그림 14-2 | **투자 프로젝트의 기대현금흐름** ────────────

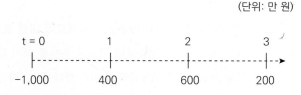

(단위: 만 원)

　만약 프로젝트의 불확실성이 더 커서 요구수익률이 15%라 가정하면 프로젝트의 순현재가치는 다음과 같다.

$$\text{NPV}_{15\%} = -1{,}000 + \frac{400}{1.15} + \frac{600}{1.15^2} + \frac{200}{1.15^3}$$

$$= -1{,}000 + 347.83 + 453.69 + 131.50$$

$$= -66.98$$

　여기서 요구수익률이 클수록 순현재가치가 작아지는 것을 알 수 있다. 요구수익률 10%를 가정했을 때 이 프로젝트의 순현재가치는 0보다 크므로 이 프로젝트에는 투자를 해야 한다.

| 그림 14-3 | **투자 프로젝트의 기대현금흐름(2)**

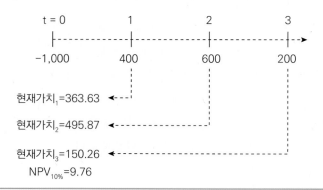

내부수익률(IRR)은 투자의 순현재가치를 0으로 만드는 수익률이다. 즉, 다음 고차방정식의 해이다.

$$\text{NPV}_{\textbf{IRR}} = -1{,}000 + \frac{400}{(1+IRR)} + \frac{600}{(1+IRR)^2} + \frac{200}{(1+IRR)^3} = 0$$

내부수익률법에 따르면 이렇게 구한 내부수익률(IRR)을 프로젝트에 대한 요구수익률과 비교하는데 요구수익률보다 크면 투자를 하고 요구수익률보다 작으면 투자를 하지 않는다. 앞선 방정식에서 투자프로젝트의 내부수익률은 10.6%로 요구수익률 10%보다 크기 때문에 투자를 해야한다.

회수기간은 투자된 금액을 회수할 때까지 걸리는 기간을 의미한다. 회수기간법에 의해 어떤 정해진 기간보다 회수기간이 짧으면 투자를 하고 회수기간이 길면 투자하지 않는다. 위의 프로젝트는 2년 안에 회수해야 한다고 가정하자. 위의 프로젝트는 1,000만 원을 투자하여 1년 후 400만 원을 회수하고 2년 후 600만 원을 회수하여 누적 1,000만 원을 회수하므로 이 프로젝트의 회수기간은 2년이다. 따라서 이 프로젝트는 회수기간법에 따르면 투자에 적합하다.

회수기간법의 단점은 회수기간 이후의 수익을 무시한다는 것이다. 만약 2년 후에 600만 원이 아니라 500만 원만 회수할 수 있는 대신 3년 후에는 1,000만 원을 회수할 수 있다고 해도 회수기간법에 따르면 2년 안에 투자금액인 1,000만 원을 회수할 수 없으므로 이 투자 프로젝트는 기각된다. 그러나 자금 압박에 시달리는 초기 벤처창업기업의 경우 이러한 회수기간법의 단점은 오히려 현실적일 수 있다. 투자자들이 정해 놓은 기간 이후에 아무리 큰 현금 유입이 예상되어도 투자자들이 그때까지 기다려 줄 의사가 없다면 기업은 운영을 할 수 없기 때문이다.

회수기간법의 또 다른 단점은 할인을 하지 않는다는 점이다. 위의 예시에서 이 프로젝트는 2년 후에 1,000만 원을 회수한다고 하지만 요구수익률이 10%일 때 이 1,000만 원의 현재가치는 약 860만 원(= $\frac{400}{1.1} + \frac{600}{1.1^2}$)에 불과하다.

확대보기

* 순현재가치법과 내부수익률법의 비교

- NPV법과 IRR법은 독립적 투자안의 경우 의사결정이 동일하나, 상호배타적인 투자안의 경우 의사결정이 불일치 할 수 있다.
- 의사결정이 다른 이유는 다음과 같다.
  1) NPV법은 자본비용을 재투자수익률로 가정한다. 결과는 절대적인 금액기준이다.
  2) IRR법은 내부수익율을 재투자수익률로 가정한다. 결과는 상대적인 비율기준이다.

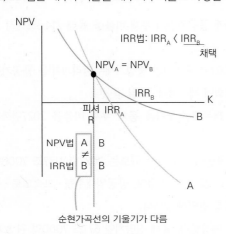

피셔R: NPV를 같게 해주는 수익률
R 〈 NPV의 경우 차이가 생긴다

A: 기울기 大/후기집중 CF/큰 투자규모/긴 내용연수
B: 기울기 小/초기집중 CF/작은 투자규모/짧은 내용연수

- IRR은 항상 B를 채택하는 반면, NPV법은 자본비용은 낮은 경우 A투자안을, 높은 경우에는 B투자안을 채택한다.
- 두 투자안의 NPV가 같게 나오는 자본비용의 수준을 피셔수익률이라 하는데, 자본비용이 피셔수익률보다 높은지 낮은지에 따라 NPV법에 의한 의사결정이 달라진다.

1) 독립적 투자안: 의사결정 일치
2) 상호배타적 투자안: K>피셔R일 경우 의사결정 일치, K<피셔R일 경우 의사결정 불일치
- IRR법으로 순현재가치법과 동일한 의사결정을 도출하기 위해서는 차액현금흐름을 이용한 증분내부수익률을 이용할 수 있다.
- 증분내부수익률(IIRR)은 포기하는 투자안의 현금흐름을 기회비용으로 보아 이를 현금흐름에서 차감하면 두 투자안의 현금흐름의 차이를 나타내는 차액현금흐름이 계산되는데, 이 차액현금흐름의 내부수익률이다. 두 투자안의 NPV를 같게 만드는 할인율인 피셔수익률과도 동일하다. 의사결정은 NPV법과 일치한다.

빚 많은 14개 공공기관, 2026년까지 부채 42조 원 줄인다

공공기관 중장기 재무관리계획 발표…부채비율 2027년까지 188.8%로
14개 기관 재정건전화 목표치 8조 1000억 원 상향…"경영평가에 실적 반영"

정부가 한국전력공사, 한국가스공사 등 부채가 많은 14개 재무위험기관을 대상으로 2026년까지 42조 원 규모의 부채감축을 추진한다.

또 자산매각 등 재정건전화 노력으로 총 35개 공공기관의 부채 비율을 올해 214.3%에서 오는 2027년 188.8%로 낮출 계획이다.

기획재정부는 이같은 내용이 담긴 '2023~2027년 공공기관 중장기재무관리계획'을 공공기관의 운영에 관한 법률 및 국가재정법에 따라 국회에 제출했다고 1일 밝혔다.

35개 공공기관이 자산매각, 사업 조정 등 재무개선 노력을 통해 부채 비율을 2027년까지 2023년 대비 25.5%포인트 낮추는 내용이다.

2027년 기준 35개 중장기 재무관리 대상 공공기관의 자산 규모는 2027년 1137조 7000억 원으로 2023년 대비 152조 6000억 원 늘어날 것으로 전망됐다. 공공임대주택·고속도로·원자력발전소 투자, 정책금융 확대 등 정책 소요를 반영한 것이다.

2027년 부채 규모는 743조 7000억 원으로 예상했다. 올해 전망치인 671조 7000억 원 보다 72조 원 늘어난다. 한전 누적적자와 공공주택 공급 확대 등 영향이 클 것으로 분석했다.

2027년 자산 대비 부채비율은 188.8%를 기록할 것으로 예상했다. 자산과 부채 모두 늘지만 부채가 더 적게 늘어난 영향으로 부채 비율이 낮아진다.

분야별 재정 건전화 목표를 보면 자산 매각 7조 5000억 원, 사업조정 15조 7000억 원, 경영

효율화 6조 8000억 원, 수익 확대 1조 4000억 원, 자본확충 10조 7000억 원 등이다.

기재부는 목표에 따라 한전과 가스공사, 한국수력원자력 등 14개 재무위험 기관의 부채비율이 2022~2026년 26.6%포인트 하락할 것으로 예상했다. 지난해 발표한 전망치(21.5%포인트 하락)보다 5.1%포인트 개선된 결과다.

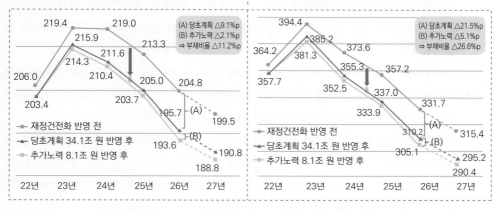

전체 중장기 대상기관 재정건전화 효과(%)

- (A) 당초계획 △9.1%p
- (B) 추가노력 △2.1%p
- ⇒ 부채비율 △11.2%p

206.0 / 203.4 / 219.4 / 215.9 / 214.3 / 219.0 / 211.6 / 210.4 / 213.3 / 203.7 / 205.0 / 204.8 / 195.7 (A) / 193.6 (B) / 199.5 / 190.8 / 188.8

- 재정건전화 반영 전
- 당초계획 34.1조 원 반영 후
- 추가노력 8.1조 원 반영 후

22년 / 23년 / 24년 / 25년 / 26년 / 27년

재무위험기관 재정건전화효과(%)

- (A) 당초계획 △21.5%p
- (B) 추가노력 △5.1%p
- ⇒ 부채비율 △26.6%p

364.2 / 357.7 / 394.4 / 385.2 / 381.3 / 373.6 / 355.3 / 352.5 / 357.2 / 337.0 / 333.9 / 331.7 / 310.2 (A) / 305.1 (B) / 315.4 / 295.2 / 290.4

- 재정건전화 반영 전
- 당초계획 34.1조 원 반영 후
- 추가노력 8.1조 원 반영 후

22년 / 23년 / 24년 / 25년 / 26년 / 27년

*'27년 재정건전화 규모는 '26년의 재정건전화 규모('22~'26 누적분)와 동일

눈에 띄는 부분은 에너지 공기업이다. 에너지 부문의 올해 예상 부채 비율은 673.8%로 2027년까지 414.1% 수준으로 낮추는 것이 정부 목표다.

기재부는 2022~2026년 재정 건전화 목표를 기존 34조 1000억 원에서 42조 2000억 원으로 8조 1000억 원 확대했다. 지난 5월 발표한 한전·가스공사의 자구 노력 방안과 재정 건전화 계획 발표 이후 추진한 실적 등을 반영한 결과다.

한전은 부채 비율이 2023~2027년 779%에서 459%, 가스공사는 432.8%에서 203.9%로 각각 하락할 것으로 예측했다.

기획재정부 관계자는 "재무위험기관의 재정건전화계획 등 자구노력 이행실적을 주기적으로 점검하고, 공공기관의 실질적인 재무지표 개선 정도, 다각적인 재정건전화 노력을 경영평가에 반영할 것"이라며 "공공기관의 지속적인 재무개선 노력을 유도하고 공공기관 부채를 안정적으로 관리하겠다"고 밝혔다.

출처: 대한민국 정책브리핑 2023.09.01
https://www.korea.kr/news/policyNewsView.do?newsId=148919683

공공기관 부채 비상, 재무 건전성 높여야

정부가 지방공공기관의 재무 건전성을 강화하기 위해 그동안 부채만 보고 관리 대상 여부를 결정해온 부채중점관리 제도를 10년만에 손질한다. 지금까지 전년도 결산기준 부채 규모가 1000억 원 이상이거나 부채비율이 200% 이상인 공사 및 출자·출연기관을 '부채중점관리기관'으로 지정하던 것을 앞으로는 부채가 적더라도 영업적자가 심하면 부채중점관리기관으로 지정한다.

이에 따라 울산시와 산하 4개 공공기관, 10개 출자·출연기관도 재무 건전성을 강화를 위해 강도 높은 채무 감축 등 지출 구조조정이 다급해졌다. 울산시는 빠르게 증가하는 지방공공기관의 채무 악화를 막기 위해 재정 건전화에 박차를 가해야 할 것이다.

행안부는 내년부터 1차 부채중점관리 대상에 오른 기관 중 재무리크스 관리 필요성이 큰 부채중점관리기관은 2차로 '부채감축대상기관'으로 지정해 특별관리하기로 했다. 부채감축대상기관으로 지정되면 재무부채관리계획의 적정성, 이행 노력도, 이행실적 등을 경영평가에 반영되고, 지방공사채 발행 사전 승인 시 그 실적이 반영된다.

울산지역에는 지방공사인 울산도시공사(부채 3835억 원·부채비율 134%)와 출연기관인 울산관광재단(부채 63억 원·부채비율 359%), 울산일자리재단(부채 59억 원·부채비율 379%) 등 3곳이 '부채중점관리기관'으로 지정돼 있다. 정부의 이번 조치로 지역 공공기관들도 부채감축이 발등에 떨어진 불이 됐다.

울산시의 부채는 최근 수년간 급증추세를 보이고 있다. 총 부채는 민선 7기가 시작되던 2018년 말 6802억 원에서 2022년 말 9737억 원 규모로 급증했다. 주민 1인당 갚아야할 공적 채무액은 87만 7000원에 달한다. 세부적으로 상·하수도를 포함한 4개 지방공기업 부채는 5564억 원에 달하며, 10개 출자·출연기관도 637억 원의 부채를 보유 중이다.

부채가 계속 늘어나면서 지방 재정운용의 건전성도 취약해졌다. 울산시의 2023년 당초예산 기준 재정자립도는 45%, 재정자주도 63%로 지자체 평균(57%와 66%)보다 낮다. 재정운영의 자립능력과 '재정운용의 자율성'이 타 시도보다 떨어진다.

김두겸 울산시장은 민선 7기 정부의 확장 재정으로 취약해진 시 재정의 체질 개선을 위해 재정 건전화 방안을 강력 추진 중이다. 지방 재정은 시민들의 미래와 직결돼 있는만큼 울산시는 나빠질대로 나빠진 재정 건전성 확보에 강도를 높여야 한다. 행정과 공공기관의 유사 중복 기능을 조정해 효율성·책임성을 높이고 재무구조 개선에도 박차를 가해야 할 것이다.

출처: 경상일보 2023.10.26.
https://www.ksilbo.co.kr/news/articleView.html?idxno=983045

수도권 부동산 매각 · 인력 재배치 · 임금 인상분 반납키로
'사퇴 압박' 정승일 사장 사의 표명...15일 요금 확정 전망

한전이 기존에 수립했던 전력그룹 재정건전화 종합 계획(5개년 20조 1000억 원)에 신규로 5조 6000억 원을 더해 2026년까지 총 25조 원 이상의 재무개선을 추진한다. 수도권 부동산 매각 및 임대, 업무 디지털화를 통한 인력 재배치와 함께 임금 인상분도 반납키로 했다.

한전은 사상 초유의 경영위기를 조기 타개하고, 경영혁신을 통한 근원적 체질개선을 위해 전력그룹 차원의 다각적인 고강도 자구노력 대책을 확대 시행한다고 12일 밝혔다.

우선 안정적인 전력공급 및 안전에 지장이 없는 범위 내에서 전력설비 건설의 시기와 규모를 추가로 이연 · 조정해 1조 3000억 원을 절감하고, 업무추진비 등 일상적인 경상경비도 1조 2000억 원을 줄일 예정이다.

또 정부와의 협의를 통해 운영예비력 기준 및 수요입찰 예측정확도 개선, 공기업 석탄발전상한제 탄력적 운영 등 전력시장제도를 추가로 개선해 영업비용의 90%를 차지하는 구입전력비를 2조 8000억 원 절감할 계획이다. 시설부담금 단가 조정, 발전자회사 재생에너지 발전량 예측 정확도 개선 등 수익 확대(3000억 원)도 지속 추진할 방침이다.

기존 재정건전화 계획상 매각대상 44개소(전력그룹사 포함) 외에 매각가능한 모든 부동산을 매각한다는 원칙하에 수도권 대표자산인 여의도 남서울본부 매각에 나선다. 이 과정에서 '지자체 지구단위계획과 연계한 매각', '제안공모' 등 혁신적 매각방식을 도입해 매각가치를 획기적으로 제고한다는 계획이다.

또한 강남 핵심 교통 요충지에 입지한 한전아트센터 및 서인천지사 등 10개 사옥의 임대를 우선 추진하고 추가적인 임대자산도 지속적으로 발굴한다.

한전은 지난해 8월 발표한 자체 조직 · 인력 효율화 계획에 의거, 지난 1월 업무통합 · 조정 등으로 에너지 공기업 최대 규모인 496명의 정원을 감축했으며 향후 전력수요 증가와 에너지 신산업 확대 등에 따른 필수 증가 소요인력 1600여 명을 업무 디지털화 · 사업소 재편 · 업무 광역화 등을 통해 재배치 인력을 확보, 자체적으로 흡수한다고 밝혔다.

고객창구 및 154kV 변전소 무인화, 설비관리 자동화(로봇 · 드론 활용), 345kV 변전소와 급전분소 통합 관제 등 '일하는 방식의 디지털화'를 확대, 약 210명의 기존 인력을 신규 원전 수주 · 에너지 효율개선 사업 등 미래성장 분야로 재배치할 예정이다.

이와 함께 1980년대 후반부터 유지해온 행정구역 기준의 지역본부(15개) 및 지사(234개) 구

성을 주요 거점 도시 중심으로 조정하고, 지역 단위 통합업무센터 운영을 통한 단계적인 업무 광역화를 추진한다.

이를 위해 2026년까지 조직 구조조정과 인력 효율화를 단계적으로 추진하고, 진정성 있는 실행을 담보하기 위해 에너지효율 등 미래 핵심사업 및 취약계층 지원 등을 총괄하는 전담부서를 신설한다고 밝혔다.

한전과 전력그룹사는 지난해 경영진과 1직급 이상 간부의 성과급·임금을 반납하는 등 2008년부터 총 7차례에 걸쳐 자발적으로 임직원 임금 반납한 바 있다. 올해도 임직원의 임금 인상분을 반납하기로 결정했으며, 반납한 임금 인상분은 취약계층 지원에 활용할 계획이다.

한전·전력그룹사 2직급 이상 임직원의 임금 인상분을 전액 반납하고, 한전은 추가로 3직급 직원 임금 인상분의 50%를 반납하기로 결정했다. 성과급의 경우 경영평가 결과가 확정되는 6월경 1직급 이상은 전액, 2직급은 50% 반납할 계획이다.

한전에 따르면 임금 인상분 및 성과급 반납은 전 직원의 동참을 추진한다는 계획이나, 노조원인 직원의 동참은 노조와의 합의가 필요한 상황이다. 따라서 노조 측에도 동참을 공식 요청했다는 게 한전의 설명이다.

한편 그간 여권으로부터 사퇴를 요구받았던 정승일 한전 사장은 이날 자구책 발표 직후 사의를 표명했다. 당정은 한전의 추가적인 자구책을 검토한 후 이르면 15일 전기요금 인상안을 확정 발표할 전망이다.

출처: 에너지신문 2023.05.12.
https://www.energy-news.co.kr/news/articleView.html?idxno=87705

◎ 재무계획의 시작은 추정재무제표의 작성이다. 이는 추정매출액, 추정손익계산서, 추정 재무상태표를 작성하는 순서를 따른다.

◎ 추정재무제표는 기업의 미래에 대한 한가지 시나리오를 제시한다. 단, 벤처창업기업의 경우 추정재무제표를 바탕으로 매출액의 발생 규모나 시기, 원기의 비율 등에 대한 가정을 보수적으로 설정해야 한다.

◎ 손익분기점은 0의 순이익을 달성하는 지점이며 벤처창업기업의 성장에 있어 중요하다. 이는 고정비용과 변동비용의 비율에 영향을 받고, 구하는 공식은 하기와 같다. Q(생산량) = F/(P-v) [F: 고정비용, P: 단위당 판매가격, v: 단위당 변동비용]

◎ 벤처창업기업은 손익분기점 계산을 통해 사업의 수익성 점검을 할 수 있고, 달성 기한도 생각해야 한다.

◎ 투자 의사 결정 방법은 세 가지가 있다.

    (1) 순현재가치법: 현금흐름할인법에 따라 투자의 순현재가치를 구해 0 이상이면 투자하는 것

    (2) 내부수익률법: 내부수익률을 요구수익률에 비교해 이보다 크면 투자를 하는 방법

    (3) 회수기간법: 투자된 금액을 회수할 때까지 걸리는 기간을 보고, 정해진 기간보다 짧다면 투자를 하는 것

문제

 O. X

1	손익분기점분석은 판매량과 순이익의 관계를 분석하는 기법으로, 손익분기점은 보통 0의 순이익이 실현되는 판매량 또는 매출액을 나타낸다.
2	초기 벤처창업기업의 경우 기존의 사업 활동에 기초하여 추정재무제표를 작성할 수 있기 때문에 추정 재무제표의 작성이 성숙기업보다 비교적 수월하다.
3	손익분기점에 판매비용을 곱하면 손익분기점을 달성하는 매출액이 된다.
4	손익분기점은 생산에 필요한 고정비용과 변동비용의 비율에 의해 영향을 받지 않는다.
5	재무계획은 단기에 거쳐서 회사의 재무상 목표를 보여 준다.
6	일반적으로 벤처창업기업들은 성숙기어보다 자본집중도가 낮다.
7	임대료, 감가상각비, 이자비용, 직원의 월급 등은 고정비용에 해당한다.

 객관식

1 어떤 프로젝트가 현재시점 (t=0)에 1,000만 원을 투자할 경우 t+1년에는 400만 원, t+2년에는 600만 원, t+3년에는 200만 원의 현금 유입이 기대된다고 가정하자. 이 프로젝트의 불확실성으로 인해 요구수익률이 15%라 가정하면 프로젝트의 순현재가치는? (   )

가. -66.98   나. -67.89   다. 66.98   라. 67.89   마. 78.09

2 프로젝트 C는 현재시점 1000만 원을 투자할 경우 1년 후 500만 원, 2년 후 500만 원, 3년 후 300만 원의 현금 유입이 기대된다고 가정하자. 이때 요구수익율은 10%라고 가정할 때 이 프로젝트의 순현재가치는? (   )

가. 160
나. 167.80
다. 170
라. 175.80

3 기업 D의 고정비용은 3000만 원이고, 부품은 개당 1만 원에 팔리며, 부품의 개당 변동비용은 6000원이라고 하자. 이때 손익분기점은? ( )

가. 7500개

나. 7000개

다. 6500개

라. 6000개

4 (교재 p.484 표 14-1 참고) 다음은 (주)X의 2024년 추정손익계산서이다. 설명으로 적절하지 않은 것은? ( )

가. 법인세 비용은 법인세 차감전순이익의 35%를 예상하여 945만 원으로 추정하였다.

나. 이자 비용은 540만 원이다.

다. 추정 당기순이익은 1755만 원이다.

라. 비용은 전기 매출액의 88%로 추정하였다.

5 어떤 프로젝트에 1000만 원을 투자하려고 한다. 투자할 경우 1년 후 400만 원, 2년후 600만 원, 3년 후 200만 원의 현금유입이 기대된다고 할 때, 요구수익률이 10%일 경우 투자를 해야 하는가, 만약 15%라면 NPV는? ( )

가. 해야 한다. / 66.98

나. 하지 않아야 한다. / 66.98

다. 하지 않아야 한다. / −66.98

라. 해야 한다. / −66.98

6 추정재무제표의 작성에 관한 설명이다. 다음 중 옳지 않은 것은? ( )

가. 초기 벤처창업기업은 미래의 불확실성이 성숙기업보다 크다.

나. 벤처창업기업은 초기 상당 기간 동안 순손실을 기록한다.

다. 벤처창업기업은 성숙기업보다 자본집중도가 낮다.

라. 벤처창업기업은 추정재무제표를 바탕으로 예상자금의 정확도가 높다.

마. 벤처창업기업의 추정재무제표는 미래에 대한 바람직한 한 가지 시나리오이다.

7 투자의사결정에 관한 설명이다. 다음 중 옳지 않은 것은? ( )

가. 투자의사결정 방법 중 이론적으로 가장 정확한 방법은 현금흐름할인법이다.

나. 어떤 투자가 얼마의 가치가 있는가의 관점에서 접근하는 방법은 순현재가치법이다.

다. 회수기간법은 회수기간이 길면 투자한다.

라. 회수기간법의 단점은 할인을 하지 않는다는 점이다.

마. 내부수익률이 요구수익률보다 작으면 투자를 하지 않는다.

8 추정재무제표와 관련된 내용 중 옳지 않은 것은? ( )

가. 초기 벤처창업기업과 성숙기업은 모두 미래가 불확실하기 때문에 추정재무제표를 작성하는 것은 의미가 없다.

나. 추정재무제표는 추정매출액을 시작으로 추정손익계산서를 작성하고 이를 바탕으로 작성된다.

다. 벤처창업기업은 초기에 매출은 발생하지 않고 비용만 발생하게 된다.

라. 추정재무제표는 기업의 미래에 대한 방향을 제시해주는데, 성숙기업의 경우 기업의 가치평가를 계산하는 데 도움을 주고 벤처창업기업은 추정재무제표의 정확도가 떨어지기 때문에 현금흐름할인법에 의한 가치평가는 참고자료에 그칠 뿐이다.

9 (주)창업이 자동차 부품을 생산하는 데 고정비용이 1,000만 원이고 부품은 개당 5천원에 팔리며 부품의 개당 변동비용이 3,000원이라고 하자. 다음 중 옳지 않은 것은? ( )

가. (주)창업의 손익분기점은 1,000만 원 / (5천원 − 3천원) = 5,000개다.

나. (주)창업의 고정비용이 2,000만 원일 경우 손익이 발생하지 않기 위해서는 10,000개를 팔아야 한다.

다. 손익분기점에서는 손해가 발생하지 않았기 때문에 기회비용의 측면에서 투자자는 이익을 보고 있는 것이다.

라. 손익분기점을 달성하는 속도가 늦어질수록 손실이 커지기 때문에 달성 속도가 느리면 다른 사업을 알아보는 게 좋다.

10 벤처기업의 추정재무제표 활용으로 옳지 않은 것은? ( )

가. 자금조달이 어려운 상황을 가정한다.

나. 기업의 생존과 미래의 성장성을 검토한다.

다. 매출액의 발생규모나 발생시기, 고정자산에 대한 투자규모 등에 대한 가정을 보다 보수적으로 설정해 분석한다.

라. 현금흐름할인법으로 가치를 평가한다.

11 손익분기점에 대한 설명으로 옳지 않은 것은? ( )

가. 부(−)의 순이익(순손실)에서 양(+)의 순이익으로 넘어가는 지점이다.

나. 생산에 필요한 고정비용과 변동비용의 비율에 따라 영향을 받는다.

다. 손익분기점이 달성 가능한 목표라면 사업이 가능하다.

라. 손익분기점 달성이 늦어질수록 손실이 커진다.

12 (주)성공은 가구를 제조하는 제조업 중소기업이다. 이 기업의 고정비용이 4,000만 원이고 가구는 개당 20,000원에 팔리며, 가구의 개당 변동비용은 8,000원이라고 가정하자. 이때 (주)성공의 손익분기점은 얼마인가. (소수점 값이 나올 경우 반올림하여라) (   )

가. 2500개

나. 3333개

다. 4200개

라. 3500개

13 매출원가나 판매 및 관리비 계산 시 매출액의 백분율에 의거하여 계산하는 방법은? (   )

가. 매출액백분율법

나. 회귀분석법

다. 계정흐름추정법

라. 판매비백분율의거법

14 기계부품을 생산하는 (주)하늘의 고정비용이 5,000만 원이고 부품은 개당 만 원에 팔리며 개당 변동 비용은 5000원이라고 할 때 이 부품의 손익분기점은 몇 개 인가? (   )

가. 12,000개

나. 20,000개

다. 10,000개

라. 10,500개

15 기계부품을 생산하는 어느 중소기업의 고정비용이 5,000만 원이고 부품은 개당 5만 원에 팔리며 부품의 개당 변동비용은 15,000원이라고 하자. 이때, 이 부품의 손익분기점은 얼마 인가? (단, 소수점 첫째자리에서 반올림하며, 요구수익률은 10%이다.) (   )

가. 1,429

나. 1,000

다. 3,334

라. 4

16 다음 중 고정비용에 포함되지 않은 것은? (   )

가. 원재료 비용

나. 임대료

다. 감가상각비

라. 이자비용

17 투자의사결정법 중 어떠한 투자가 얼마의 수익률을 내는가의 관점에서 접근하는 방법은 무엇인가? ( )

가. 순현재가치법
나. 외부수익률법
다. 내부수익률법
라. 회수기간법

18 다음 투자의사결정 방법 중 옳지 않은 것은? ( )

가. 순현재가치법
나. 내부수익률법
다. 수익정밀분배법
라. 회수기간법

19 다음 학생들 중에서 틀린 의견을 말하고 있는 학생은? ( )

가. 17학번: 고정비용의 비중이 변동비용의 비중보다 높으면 상대적으로 생산단가가 높아져 손익분기점의 달성이 어려워집니다.
나. 18학번: 손익분기점은 고정비용과 변동비용의 비율에 영향을 받지 않는다고 알고 있습니다.
다. 19학번: 손익분기점을 분석할 때에는 비용들을 고정부분과 변동부분으로 구분해 계산을 한다고 알고 있습니다.
라. 20학번: 손익분기점의 달성이 늦어질수록 누적되는 손실이 커지기에 손익분기점은 사업의 수익성을 점검할 수 있는 도구가 됩니다.

20 다음 중 옳지 않은 것은? ( )

가. 손익분기점은 생산에 필요한 고정비용과 변동비용의 비율에 영향을 받는다.
나. 변동비용은 생산량이 없으면 변동비용도 발생하지 않는다.
다. 고정비용은 생산량이 크게 변하면 함께 변하고 비교적 큰 구간에 대해서 일정하게 지출된다.
라. 현실의 많은 비용들은 변동비용의 성격을 띤다.

21 다음 중 옳은 것은? ( )

가. 미래의 현금흐름의 경우 불확실성이 존재하므로 미래의 현금흐름은 기댓값을 사용한다.
나. 미래현금의 불확실성이 클수록 요구되는 수익률은 커진다.
다. 1년 후의 들어올 현금이 50% 확률로 480만 원 나머지 50% 확률로 520만 원이면 후자의 경우가 불확실성이 크므로 요구되는 수익률도 더 크다.
라. 회수 기간법은 회수기간 이후의 수익도 반영해야 한다.

22 다음 중 옳지 않은 것은? ( )

가. 초기 벤처창업기업은 고정비용을 빠짐없이 포함해야 한다.

나. 이자비용과 법인세를 차감하여 당기순이익을 도출한다.

다. 추정손익계산서의 작성이 끝나면 이를 바탕으로 추정재무상태표를 작성한다.

라. $Q=F/(P-V)$

마. 변동비용은 생산량의 변화와 함께 변하는 비용으로 생산량이 없으면 변동비용이 발생한다.

23 다음 재무계획에 관련된 내용으로 옳지 않은 것은? ( )

가. 재무계획은 중장기(3~5년)에 거쳐서 회사의 재무상 목표를 보여준다.

나. 재무계획의 시작은 추정재무제표의 작성이다.

다. 초기 벤처창업기업은 추정에 참고로 삼을만한 과거 자료가 부족해서 재무계획의 난관을 겪을 수 있다.

라. 매출액백분율법을 이용하여 매출액을 추정하여 추정손익계산서를 작성한다.

24 성숙기업과 벤처기업의 특징으로 옳지 않은 것은? ( )

가. 벤처창업기업은 순이익이 발생하더라도 배당을 하지 않고 모든 순이익을 유보한다.

나. 벤처기업의 경우 추정재무제표의 정확도가 높다.

다. 성숙기업의 경우 현금흐름할인법(DCF)으로 기업가치를 계산한다.

라. 벤처창업기업들은 성숙기업보다 매출이 증가해도 자산에 대한 투자는 상대적으로 적게 증가한다.

25 컴퓨터 부품을 생산하는 (주)A의 고정비용이 5000만 원이고 부품은 개당 5만 원에 팔리며 부품의 개당 변동비용은 1만 원이다. (주)A의 해당 부품이 지니는 손익분기점은 얼마인가? ( )

가. 1250만 원

나. 1300만 원

다. 1350만 원

라. 1400만 원

26 벤처창업기업의 손익분기점 해석에 대해 옳지 않은 것은? ( )

가. 벤처창업기업은 손익분기점의 계산을 통해서 사업의 수익성을 점검해볼 수 있다.

나. 금전적인 측면을 생각해서 손익분기점을 언제 달성할 수 있을지 생각해야 한다.

다. 손익분기점은 투자자 입장에서는 사실상 손해를 보는 지점이다.

라. 변동기준이 고정비용의 비중보다 높으면 상대적으로 생산단가가 높아진다.

27 매출액백분율에서 자산에 해당하지 않는 것은? ( )

가. 매출채권
나. 순고정자산
다. 장기차입금
라. 자산총계

28 다음의 경우 손익분기점(a)과 그 때의 매출액(b)으로 알맞은 것은? ( )

고정비용= 1,000만원
단위당 판매가격= 15,000원
단위당 변동비용= 5,000원

가. a=1,000개, b=10,000,000원
나. a=1,000개, b=15,000,000원
다. a=2,000개, b=10,000,000원
라. a=2,000개, b=15,000,000원

29 어떤 프로젝트가 t 시점에 2,000만 원을 투자할 경우 t+1년에는 600만 원, t+2년에는 800
만 원, t+3년에는 900만 원의 현금 유입이 기대된다고 가정하자. 이 프로젝트의 불확실성
으로 인해 요구수익률이 10%라 가정하면 프로젝트의 순현재가치는? ( )

가. −116.205   나. −117.205   다. 116.205   라. 117.205   마. 117.250

30 (주)A의 추정매출액이 45,000만 원이고 해당 매출액의 85%가 비용일 때, 비용은? ( )

가. 38,520   나. 37,250   다. 38,225   라. 36,520   마. 38,250

31 다음 중 매출액백분율법을 적용할 수 없는 항목은? ( )

가. 현금
나. 자본잉여금
다. 매입채무
라. 재고자산

32 기계 부품을 생산하는 어느 중소기업의 고정비용이 5,000만 원이고 부품은 개당 1만 원에
팔리며 변동비용은 8,000원이라고 할 때의 손익분기점은? ( )

가. 20,000개   나. 25,000개   다. 30,000개   라. 35,000개

1 다음은 S회사의 추정손익계산서이다. 빈 칸에 알맞은 답을 채우시오.

(단위: 만 원)

매출액[추정]	35,000
비용[매출액의 80%]	( )
영업이익[EBIT]	( )
이자비용	500
법인세비용차감전순이익[EBIT]	1,500
법인세비용[30%]	( )
당기순이익[NI]	( )
배당	450
유보이익	( )

2 기계 부품을 생산하는 회사 S의 고정비용이 5,600만 원이고 부품은 개당 1만 원에 팔리며 부품의 개당 변동비용은 3,000원이다. 이때 이 부품의 손익분기점을 구하시오.

3 다음은 K회사의 추정재무상태표이다. 빈 칸을 채우시오.

(단위: 만 원)

	추정	전기대비 증감		추정	전기대비 증감
자산:			**부채:**		
현금	2,700	1,200	매입채무	4,000	2,850
매출채권	2,300	1,300	단기차입금	( )	195
재고자산	3,500	2,000	총유동부채	4,850	( )
총유동자산	( )	( )			
			장기차입금	4,150	( )
			부채총계	( )	4,000

순고정자산	13,500	2,000	**자본:**		
			자본금	3,500	1,000
			자본잉여금	9,400	3,400
			이익잉여금	2,755	1,255
			자본총계	( )	( )
자산총계	( )	( )	부채와 자본 총계	( )	( )
			외부자금조달 필요분	5.195	
			외부자금 조달계획		
			단기차입금	195	
			장기차입금	600	
			자본금	1,000	
			자본잉여금	3,400	

4 재무계획의 시작은 (   )의 작성이다.

5 총자산을 매출액으로 나눈 (   )를 통해 매출액 1원을 발생시키기 위해 자산이 얼마나 소요되는 지를 알 수 있다.

6 (   )이란 부의 순이익에서 양의 순이익으로 넘어가는 지점, 즉 0의 순이익을 달성하는 지점이다. (   )은 판매량과 순이익의 관계를 분석하는 기법이다.

7 추정재무제표에 근거하여 기업의 가치평가를 위한 현금흐름을 도출하고 이를 적정한 할인율로 할인하는 것은 (   )이라고 한다.

8 ㈜창업에서 새로 판매하기 시작한 제품의 가격이 개당 3,000원으로 책정했다. 만약 100만 원의 고정비용이 들고 상품 1개당 2,500원의 변동비용이 들었다면 손익분기점은 몇 개일 때 발생하는가? (   )

9 매출원가나 판관비의 계산은 매출액의 백분율에 의거하여 계산하기 때문에 이러한 방법을 무엇이라 하는가? (   )

10 어떤 제품을 판매하는 기업의 고정비용이 3천만 원이고 개당 2만 원에 팔리며 제품의 개당 변동비용은 1만 원이면 이 제품의 손익분기점은? (   )

11 다음 조건을 이용해 손익분기점인 생산량과 이때의 매출액을 구하시오. (   )

고정비용: 3,000만 원

부품 판매가: 단위당 17,000원

단위당 변동비용: 9,500원

12 로봇를 생산하는 (주)고려의 고정비용이 5000만 원이고 부품은 개당 5만 원에 팔리며 부품의 개당 변동비용은 1만 원이라고한다. 이 부품의 손익분기점은 어떻게 되는가? (   )

 ## 서술형

1. 다음은 투자 프로젝트의 기대현금 흐름을 나타낸 것이다.

만약 프로젝트의 불확실성이 더 커서 요구수익률이 10%라 가정하였을 때 이 프로젝트의 투자 여부에 대하여 서술하시오.

2. 벤처창업기업의 생산량(판매량)에 따른 매출액, 고정비용과 변동비용의 합인 총비용, 그리고 순이익의 관계를 그래프를 그려 설명하여라.

3. 어떤 프로젝트가 t 시점에 2,000만 원을 투자할 경우 t+1년에는 600만 원, t+2년에는 800만 원, t+3년에는 900만 원의 현금 유입이 기대된다고 가정하자. 이 프로젝트의 불확실성으로 인해 요구수익률이 5%라 가정하였을 때 프로젝트의 순현재가치를 구하시오.

4. 초기 벤처창업기업의 경우 추정재무제표 작성이 어려운 이유를 서술하시오.

5. 투자 의사결정 방법의 종류에 대해 서술하시오.

6. 현금흐름할인법을 사용해 다음 프로젝트에 대한 투자의사 결정을 내리시오.

   – 투자비용: 1,200만 원

   – 요구수익률: 8%

   – 1년 후 400만 원, 2년 후 700만 원, 3년 후 300만 원 유입 기대

7. 회수기간법의 단점을 1가지 이상 설명하시오.

8. 다음의 자료를 참고하여 손익분기점을 구하시오.

   – 매출액: 50,000,000

   – 변동비용: 30,000,000

   – 고정비용: 10,000,000

9. 손익분기점 분석에서 순이익은 어떻게 구하는지 쓰시오.

10. 추정재무제표의 작성 방법에 대해 자세히 서술하시오(매출액백분율법).

재무관리

학습목표

◎ 초기 벤처창업기업의 경우 Death Valley를 극복하는 것이 중요하다. Death Valley는 초기 벤처창업기업에게는 피할 수 없는 숙명처럼 다가온다. 벤처창업기업이 Death Valley라는 위기를 극복하기 위해서는 자금의 관리가 중요하다.

◎ 자금의 관리 즉, 재무관리를 학습하면서 자금에 대한 불확실성의 관리를 학습하며 리스크를 줄이는 법에 알아간다.

◎ 재무관리를 함으로써 현금 유·출입에 대한 관리와 이를 반영한 기업가치평가를 함으로써 투자유치 기회와 자금 조달에 대한 가능성을 높일 수 있도록 한다.

Chapter 15 재무관리

① 불확실성의 관리

충분히 긴 기간 동안 존속할 가능성이 높은 성숙기업에 대해 가치평가를 할 때는 계산의 단순화를 위해 일반적으로 기업이 영원히 존재한다는 가정 하에서 기업의 가치를 평가한다. 그러나 이러한 가정은 초기 벤처창업기업의 가치평가에 있어서는 유효하지 않다. 대다수의 초기 벤처창업기업은 충분히 긴 기간 동안 생존하지 못하기 때문이다. 벤처창업기업은 성숙기업과 대비해 비용구조는 비교적 정확한 예측이 가능하지만 매출액에 대한 불확실성이 크고, 매출액순이익률이 80~100%에 달하는 수익성 높은 사업이며, 기업의 현금흐름은 J형태의 곡선을 그리며 성장하며, 기업의 성장 단계에 따라 단계적으로 자금을 조달한다. 또한, 설립 후 1-2년 동안 자금 압박에 시달리며 이때 일시적인 자금 압박과 사업 실패의 판별이 어렵고, 기업 설립 후 이익이 안정되는 성숙 단계에 접어들어 회수가 가능한 시점까지 5~7년 정도 걸리며, 벤처창업기업에 투자할 때 성공적인 회수의 경우 수익률이 매우 높지만 대부분의 투자는 손실을 본다는 재무적 특성을 갖는다.

모든 기업은 불확실성을 가지고 있지만 벤처창업기업이 직면하는 불확실성은 성숙기업보다 훨씬 더 크다. 투자자들은 이러한 불확실성에 대한 보상으로 벤처창업기업에게 성숙기업보다 더 많은 수익률을 요구하기 때문에 5년 후 똑같은 기업가치를 기대하더라도 벤처창업기업에 대한 오늘의 가치평가는 성숙기업에 비해 낮을 수밖에 없다. 투자자들은 보통 벤처 창업기업에게 투자금액 대비 더 많은 지분을 요구하는 방식으로 높은 수익률을 얻는다. 따라서 기업가는 불확실성을 줄이는 전략을 채택하여 오늘의 기업가치를 높이고 투자자의 몫으로 돌아가는 지분을 줄일 수 있다.

기업의 불확실성을 줄이는 한 가지 좋은 방법은 정보를 모으는 것이다. 시장에 대한 정보, 기술에 대한 정보, 경쟁사에 대한 정보 등을 수집하고 사업을 보다 객관적으로 평가하여 보다 예측력 높은 사업계획서를 작성할 수 있다면 투자자들과의 협상에서 보다 높은 가치평가를 받을 수 있을 것이다. 둘째로 기업은 자산에 대한 투자를 할 때 실패 가능성을 염두에 두고 의사결정을 해야 한다. 예를 들어, 손실이 생길 경우에 추가적으로 자금을 조달하여 그 손실을 해결하기보다는 기존 자산을 매각하는 등 되도록 추가적 자금조달 없이 손실을 해결하는 것은 사업 실패의 규모를 줄이는 한 가지 방법이다. 또한 되도록 처분가치가 낮은 맞춤형 설비보다는 처분가치가 높은 표준화된 장비를 활용하여야 한다. 처분가격의 불확실성이 더 큰 구매보다는 리스(lease)를 활용하는 것이 불확실성을 관리하는 데 유리하다. 또한 생산에 있어서 고정비용보다는 변동비용의 비중을 높게 가져가는 것이 좋다. 손익분기점 분석에서 살펴보았듯이 변동비용에 대해 고정비용의 비중이 높으면 생산량이 적은 초기 벤처창업기업의 경우 상대적으로 높은 생산단가를 부담하게 된다. 또한 추정 생산량의 변화에 따라 영업이익의 규모가 민감하게 변하게 되어 불확실성이 커진다. 고정비용을 줄이기 위한 방법으로는 생산설비나 판매망의 아웃소싱(outsourcing)이 있다. 또한 생산방식에 있어서도 광범위한 제품의 대량생산이 아니라 단일제품 소량생산으로 시작해서 차차 생산 라인을 확장해 나가는 방식으로 접근해야 한다.

마지막으로 시장의 변화에 대처하여 유연하게 피봇을 할 수 있어야 한다. 많은 벤처창업기업들이 처음의 사업계획과는 다른 사업을 진행하는 피봇을 한다. 카카오의 경우도 카카오톡으로 성공하기 전 아이위랩 시절에 웹 사이트의 정보를 자신의 방식으로 정리하여 보관할 수 있는 부루닷컴(buru.com)과 어떤 질문에 대해 여러 사람의 의견을 모아 답을 찾아가는 위지아(wisia)의 실패를 거쳤다. 벤처창업기업의 경우 피봇의 가능성이 열려 있어야 기업의 생존 가능성이 높아지는 것이다.

사실 전문적인 투자자에게서 투자를 받는 것 자체가 기업가의 입장에서는 금융시장을 이용하여 위험을 분담하고 불확실성을 줄이는 방법이라고 볼 수 있다. 인적자산을 포함하여 사실상 자신의 거의 모든 개인자산이 본인이 경영하는 기업에 묶인 기업가와는 달리 전문적인 투자자들은 한 기업에 그들이 보유한 자산의 일부만을 투자한다. 전문적인 투자자들은 위험관리에 있어 전문성을 갖추고 있으며 분산투자를 통해 각 기업의 개별적인 위험을 상쇄할 수 있다. 따라서 금융시장의 전문적인 투자자가 부담하는 위험은 기업가 개인의 위험보다 적기 때문에 투자에 대해 상대적으로 적은 보상을 필요로 한다.

"비즈니스 위험 요인, 과소평가되고 있다"

한국 기업 65%, 위험 과소평가…철저한 데이터 보안 전략 필요

베리타스테크놀로지스는 전세계 기업·기관들이 비즈니스 리스크의 심각성을 과소평가하고 있다는 조사결과를 발표했다. 전세계 45% 기업이 위험 심각성을 과소평가했으며, 한국은 더 높은 65%가 위험을 과소평가하고 있다고 조사됐다.

20일 베리타스 조사결과에 따르면, 높은 금리, 인플레이션 등의 경제적 요인뿐 아니라 랜섬웨어 공격과 같은 사이버위협, 멀티클라우드 복잡성 등도 비즈니스를 위협하는 난제로 꼽혔다.

설문조사 응답자들에게 자신의 기업 혹은 기관이 보안 관련 위험에 노출돼 있는지 처음 질문했을 때 거의 절반(48%). 한국 응답자의 71%가 그렇지 않다고 응답했지만, 개별 위험 요인을 응답자들에게 제시했을 때에는 경영진과 실무진 위험 상황이라고 답했다. 이는 위험에 대한 인지가 잘 이뤄지지 않고 있음을 의미한다.

전체 응답자 중 97%(한국 94%)는 그 중에서 어떤 요인이 자신의 기업 혹은 기관에 해당되는지 구체적으로 언급했는데, 응답자의 15%(한국 8%)가 속한 기업 혹은 기관이 향후 12개월 이내에 심각한 비즈니스 위기에 처할 수도 있다고 답변한 점도 눈에 띈다.

경영진과 실제 보안 업무를 담당하는 실무진간 인식차이도 뚜렷하게 나타났다. 경영진의 경우, 23%가 소속 기업 및 기관이 내년 자신이 속한 기업 및 기관이 심각한 위기 상황에 처할 수도 있다고 예측한 반면, 분석이나 기술 업무 등을 담당하는 실무진은 단 6%만 동일한 답변을 내놓았다.

이러한 인식차는 직급 간 소통 부재에서 비롯됐을 가능성이 있다고 베리타스는 지적했다.

조사결과 기업·기관의 38%(한국 29%)가 데이터 복구 전략이 없거나 일부만 갖추고 있다고 답변했다. 전세계 기업의 48%(한국 38%)가 지난 2년간 데이터 유실을 경험한 것을 고려하면 데이터 복구 전략의 부재는 위험에 대한 과소평가를 단적으로 보여준다고 말할 수 있다.

한편 응답자들은 자신이 속한 기업 혹은 기관이 직면한 가장 큰 위험 요인으로 '데이터 보안'(46%, 한국 36%), '경제적 불확실성'(38%, 한국 35%), 인공지능(AI) 등 '신기술'(36%, 한국 36%)을 꼽았다.

특히 국내 응답자들의 경우에는 '지속가능한 비즈니스 운영을 위한 조치 미흡'(35%)과 '컴플라이언스 실패'(29%) 또한 큰 위험 요인으로 꼽았다.

AI는 양날의 검이다. 최근 몇 달 동안 해커들이 AI를 활용해 기업 및 기관에 더욱 정교하고

체계적인 랜섬웨어 공격을 가하는 다양한 사례가 발견됐으며, 부적절한 생성AI 툴 사용 등 개인 정보 보호 규정 위반을 막을 수 있는 조치가 미비해 위험에 노출되기도 했다.

물론 기업이 AI를 활용해 악의적 활동을 탐지하고 대응을 자동화해 잠재적 해커들에게 대항하기 위한 최선의 방안이 AI이기도 하다. 응답자들은 AI와 신기술을 보안의 최대 위험 요인으로 손꼽는 한편, AI/머신러닝을 통해 보안을 강화할 방법을 모색 중이라고 답변(68%, 한국 74%)했다.

또 응답자의 87%(한국 77%)는 평판 및 재정적 피해 등 위험 요인으로부터 실질적인 피해를 입었다고 답변했다. 기업과 기관에 실질적인 피해를 입힌 위험 요인으로는 '데이터 보안'이 40%(한국 28%)로 가장 높았으며, '경제적 불확실성' 36%(한국 28%), '경쟁' 35%(한국 28%), AI 등 '신기술' 33%(한국 31%)이 뒤를 이었다.

아울러 상당수의 기업·기관(65%, 한국 50%)은 지난 2년 동안 최소 한 번 해커가 사내 시스템에 침투하는 등 랜섬웨어 공격을 받았다고 답했으며, 랜섬웨어 공격을 받은 기업·기관의 26%(한국 25%)는 이 사실을 보고하지 않았다고 답변했다.

이는 데이터 보안 규정 위반 시 심각성을 보여주는 수치로, 데이터 보안 규정을 준수하지 않은 데에 따른 벌금은 지난해 기준 평균적으로 33만 6000달러(한국 20만 4500달러)에 달했다.

상당수의 응답자들이 데이터 보안 관련 위험도가 증가했다고 인식하고 있다는 점도 주목할 부분이다.

지난 12개월 동안 데이터 보안 위험도가 증가했다는 응답자(54%, 한국 36%)는 감소했다는 응답자(21%, 한국 35%)보다 많지만, 여전히 자신이 얼마나 위험에 노출돼 있는지에 대해서는 충분히 인지하지 못했다.

인지된 위험도와 실제 위험도 사이의 간극은 각 위험 수준을 어느 정도로 평가하는지에 대한 응답과 '위험 수준' 척도를 기반으로 보안 관련 질문에 대한 답변을 평가한 결과를 대조한 것으로, 공공기관이 보안 위험에 가장 많이 노출된 상태로 나타났지만, 공공기관에서 근무하는 응답자의 48%만이 높은 취약성을 인지했으며, 석유/가스 업계에 근무하는 응답자 중 52%의 응답자만 취약성을 인지하고 있다고 답했다.

출처: ITBIZNEWS 2023.10.20.
https://www.itbiznews.com/news/articleView.html?idxno=114352

② 현금흐름의 관리

성숙기업의 경우 기업의 영업활동에서 안정적으로 양(+)의 현금흐름, 곧 현금의 유입이 발생되고 있으며 과거의 이익에서 기업 내부에 유보한 현금이 있기 때문에 단기 재무계획에 해당하는 현금과 재고자산의 관리가 비교적 안정적으로 이루어지고 있다. 그러나 벤처창업기업의 경우 현금 유출에 비해 현금유입이 불확실하기 때문에 현금흐름의 관리는 재무관리의 핵심에 있다. 또한 벤처창업기업의 매출이 급격히 성장할 때 매출의 성장에 따라 재고 등 운전자본에 대한 투자가 늘어나고 새로운 인력 고용과 설비 투자 등이 발생하면서 현금의 유출 또한 크게 늘기 때문에 자칫 현금의 대량 유출이 대량 유입 이전에 발생하는 위기에 직면할 수 있다. 더군다나 벤처창업기업의 경우 갑작스럽게 자금을 조달해야 할 경우 그 비용이 매우 높기 때문에 앞으로 있을 투자나 예측 못할 상황에 대비하여 현금을 여유 있게 보유해야 한다.

현금흐름을 접근할 때 자칫 발생하는 현금의 액수를 정확하게 추정하는 데에만 집중하기 쉽다. 그러나 벤처창업기업의 경우 현금 유출입의 정확한 시점 추정이 정확한 액수의 추정 못지않게 중요하다. 당장 내일 아무리 많은 현금의 유입이 있어도 그것이 오늘의 지불의무를 해결해 주지 못한다면 회사는 파산 위기에 처하게 된다. 물론 내일 확실한 현금유입이 예상되는 상황이고 채무자도 그것을 안다면 채무자가 하루 정도 지불을 연기해 주도록 협상을 하거나 아니면 단기차입을 하여 오늘의 지불의무를 해결할 수 있을 것이다. 그러나 이런 식으로 부도의 상황을 모면하더라도 이자비용은 발생하게 된다. 채무자는 지불을 연기하는 대가로 오늘보다 내일 더 많은 금액을 지불하도록 할 것이며 단기차입을 할 경우에도 오늘 빌린 돈보다 내일 갚아야 할 돈이 더 클 것이다.

현금흐름의 관리는 기업의 운영에 소요되는 현금의 크기를 예상하고, 채권을 회수하고, 채무를 이행하고, 보유하고 있는 현금을 투자하는 것을 포함한다. 이상적인 금융환경일 경우 지불능력이 확실한 기업은 현금의 보유를 최소화하고 지불의무가 발생할 때마다 기존의 투자를 회수하거나 차입을 하여 지불하면 된다. 그러나 현실의 모든 투자자산은 유동성 위험이 있다. 유동성이 높은 자산은 빠른 속도로 본래 가치만큼 현금화되지만 유동성이 낮은 자산은 제 가치로 현금화되지 못한다. 유동성이 높은 대표적인 자산은 은행의 자유입출금 예금이다. 유동성이 낮은 대표적인 자산은 부동산이다. 어느 날 갑자기 부동산을 현금화하려면 원래 가치보다 한참 할인된 헐값에 팔 수밖에 없을 것이다. 대개 유동성이 높은 자산은 수익성이 낮고 유동성이 낮은 자산은 수익성이 높다. 은행 예금만 하더라도 입출금이 자유롭지 않은 정기예금의 이자율이 자유입출금 예금의 이자율보다 높다. 따라서 기업은 여유 현금을 운용할 때 유동성과 수익성의 상충 관계를 고려하여 투자를 해야 한다.

차입 역시 거래비용을 수반한다. 정보비대칭이 없고 거래비용이 낮다면 투자자의 요구수익률 이상의 수익률이 기대되는 좋은 투자기회는 반드시 투자를 받을 수 있어야 한다. 그러나 현실에서 는 좋은 투자기회도 투자를 받기 여의치 않을 때가 있다. 기업이 현금을 유보하는 이유 중 하나는 외부 투자환경의 문제로 인해 좋은 투자기회를 놓치지 않기 위해서이다. 그러므로 기업은 수익성 을 높이기 위해 지나치게 많은 현금을 보유해서도 안 되지만 지불의무를 행하거나 투자기회를 놓 치지 않기 위해서는 일정량의 현금을 보유해야 한다. 기업은 현금 예산을 작성하며 미래의 현금흐 름을 계획한다.

2.1 현금주기

본격적인 현금예산 수립에 앞서 기업의 현금흐름을 계획하기 위해서는 먼저 기업의 현금주기 를 이해해야 한다. 현금주기는 원자재 공급자에게 대금을 지불한 시기부터 고객에게 현금을 받 을 때까지의 기간을 일컫는다. 즉, 재고자산을 획득하여 판매에 이르기까지의 기간인 평균재고일 (=365일/재고자산회전율)과 매출 발생 이후 고객이 현금을 입금하기까지의 기간인 매출채권평균회 수일(=365일/매출채권회전율)의 합인 영업주기에서 재고자산을 획득하여 대금을 지불하기까지의 기간인 매입채무기간(=365일/매입채무회전율, 단, 매입채무회전율=매출원가/매입채무)을 제한 기간이 다. 이 현금주기를 단축시키는 것이 현금흐름 관리의 주목적이다.

| 그림 15-1 | **현금주기**

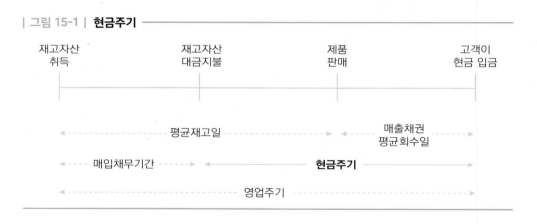

현금주기의 구성 요소를 살펴보면 매출채권(외상매출금), 매입채무(외상매입금) 및 재고의 관리 가 현금흐름 관리의 핵심인 것을 알 수 있다. 매입채무에 대한 지출은 최대한 늦게, 매출채권의 회 수는 최대한 빠르게, 재고는 최소한으로 가져가는 것이 현금흐름을 개선하는 방법이다.

| 그림 15-2 | **현금주기의 구성요소**

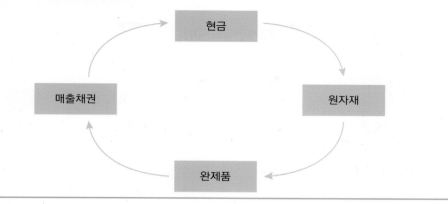

기업의 현금흐름을 개선하기 위해서는 그 밖에도 되도록 고정적으로 나가는 지출을 줄이고, 현금의 유입과 유출 시점을 잘 맞추어서 기업에 현금이 부족한 시기(가령 설비투자를 한 직후나 원자재 가격을 지불한 직후)에 대출 상환과 같은 현금 유출이 발생하는 것을 막아야 한다.

재고 관리 ▶▶▶▶

당신의 재고 통제 절차를 평가하기 위해 아래의 워크시트를 이용한다.

1. 재고 통제를 누가 책임지는가?

2. 지속적 생산을 위한 최소 재고 수준은 어느 정도인가?

3. 공급업체로부터 원재료를 제공받기 위한 최소 소요 시간은 얼마인가?

4. 주문을 받은 후 생산에 필요한 최소 소요 시간은 얼마인가?

5. 생산된 제품의 배송에 필요한 최소 소요 시간은 얼마인가?

6. 판매 정보는 제조와 구매부서에 어떻게 전달되는가?

7. 기업은 어떤 경영정보시스템을 이용하는가?

8. 재고의 도난을 막기 위해 어떤 절차를 갖는가?

9. 기타 어떤 재고 통제 절차를 갖는가?

2.2 현금예산

　　현금예산은 다른 회계 예산이 발생주의에 따라 작성되는 것과 달리 실제 현금이 들어오고 나가는 시점을 중심으로 작성하는 현금주의에 따라 작성된다. 따라서 외상으로 매출이 발생했을 경우 발생주의에 따르면 그날이 바로 매출발생일이지만 현금주의에 따르면 매출채권이 회수되어 입금되는 날이 현금유입일이다. 마찬가지로 매입채무는 외상으로 매입이 발생한 날이 아니라 매입채무를 실제로 지급한 날이 현금유출일이다. 그리고 감가상각비와 같은 비현금 항목은 현금예산에서 제외된다.

　　초창기 기업은 일별, 주별, 월별로 현금예산을 작성하여 관리해야 하며 기업이 성숙함에 따라 월별 또는 분기별로 현금예산을 작성할 수 있을 것이다. 그러나 매출액이 급격히 변하는 등 어떠한 변화에 직면하면 보다 짧은 기간 단위로 현금예산을 작성해야 한다.

　　재무상태표상에서 현금은 다음과 같다.

$$현금 = 장기부채 + 자기자본 + 유동부채 - 현금 외 유동자산 - 고정자산$$

　　따라서 장기채권의 발행, 주식의 발행, 유동부채의 증가, 재고자산 감소, 조정자산의 매각은 현금을 증가시키고 채권의 상환, 배당, 자사주 매입, 단기차입금의 상환, 재고자산의 증가, 고정자산의 매입은 현금을 감소시킨다. 현금예산은 영업으로 인한 예상 현금뿐만 아니라 자본조달과 관련된 현금흐름(부채 및 자기자본의 증감, 즉 이자비용의 지급, 차입금 유입, 자본금 유입 등)을 포함하여 현금유출입의 수준과 시기를 예측하고 계획하여야 한다.

<표 15-1>은 현금예산의 예이다. <표 15-1>과 같이 현금예산은 매달 모든 현금의 유입 및 유출 상황을 보여 준다. 그 전달의 기말잔액은 이번 달의 기초잔액이 되고, 이번 달의 순현금유출 또는 유입(현금과부족)과 기초잔액의 합은 기말잔액이 된다. 이것은 다음 달의 기초잔액으로 이어진다. 그리고 기업은 불확실성에 대비하여 최소현금보유액을 설정하는데 기말잔액과 이 최소현금보유액의 차이가 누적현금과부족이 된다. 누적현금과부족이 양(+)의 값을 가지면 단기자금 투자계획을 세우고 누적현금과부족이 음(-)의 값을 가지면 단기자금 조달계획을 세워야 한다.

현금예산은 다음과 같은 방식으로 작성된다.

[1] 매출액 예측

[2] 현금유입의 예측

매출액 발생 이후 실제로 현금이 들어올 때까지의 기간, 즉 회수기간을 염두에 두어야 한다. 회수기간의 단축을 위해 지불기한이 아닌 매출채권의 회수 방편을 마련해야 한다. 때로는 채권추심전문가의 도움을 받을 수 있다.

<표 15-1>에서 ㈜Y의 경우 매출은 모두 외상매출로 발생하여 매출채권으로 인식되는데 매출채권의 경우 당기에 70%가 회수되고 그 다음 기에 30%가 회수된다고 가정하였다. 따라서 2/4분기의 경우 2/4분기 매출 1,100만 원의 70%인 770만 원과 그 전기인 1/4분기의 매출 1,200만 원의 30%인 360만 원의 합 1,130만 원이 2/4분기의 매출채권 회수에 따른 현금유입으로 예상된다.

매출채권 계정의 경우 기초의 매출채권에 당기의 매출을 더하고 당기 매출채권의 회수금액을 차감하면 기말 매출채권이 되며, 이는 그 다음 기의 기초 매출채권이 된다.

| 표 15-1 | **현금예산**

(주)Y 2018년 현금예산				
				(단위: 만 원)
	1/4분기	2/4분기	3/4분기	4/4분기
매출채권 회수의 예측:				
기초 매출채권	200	310	280	220
매출	1,200	1,100	900	1,350
매출채권의 회수				
전기 매출(30%)	250	360	330	270
당기 매출(70%)	840	770	630	945
계	1,090	1,130	960	1,215
기말 매출채권	310	280	220	355
현금예산				
현금유입:				
매출채권 회수	1,090	1,130	960	1,215
기타	50	–	–	–
총유입	1,140	1,130	960	1,215
현금유출:				
매입채무의 지급	700	650	800	400
임금, 임대료 및 보험료	150	120	150	120
자본 지출	20	80	10	5
세금, 이자 및 배당	60	960	60	100
총유출	930	1,810	1,020	625
순현금유입	210	-680	-60	590
기초현금	800	1,010	330	270
순현금유입	210	-680	-60	590
기말현금(A)	1,010	330	270	860

최소현금보유액(B)	400	400	400	400
누적현금과부족(A-B)	610	-70	-130	460

　　매출채권의 회수에 따른 현금유입과 장기채권의 발행, 주식의 발행, 유동부채의 증가, 재고자산의 감소, 고정자산의 매각 등에 따른 기타 현금유입을 합하면 그 기의 현금유입이 된다. (주)Y의 경우 2/4분기에 기타 현금유입은 발생하지 않을 것으로 예상하여 총유입은 매출채권의 회수 금액과 동일한 1,130만 원을 예측하였다.

[3] 현금유출의 예측

　　원자재 구입비, 판매비 및 간접비, 임대료, 차입금 상환, 보험료, 세금 등을 최대한 정확히 추정한 후 약 25~50%의 여유분을 더해 주는 것이 안전하다. 어떠한 지출은 예산 기간마다 고르게 분배되지만 어떠한 지출은 생산과 연동하여 주기성을 가지고 변동한다. <표 15-1>의 (주)Y의 경우 임금, 임대료, 보험료가 주기성을 가지고 발생하는 것을 알 수 있다. 즉, 1/4분기와 3/4분기에는 150만 원이 발생하고 2/4분기와 4/4분기에는 다소 적은 120만 원이 발생한다. 그리고 자본지출과 세금, 이자 및 배당의 항목은 분기별로 고르게 분배되지 않고 변동성이 큰 것을 알 수 있다. (주)Y의 2/4분기 현금유출은 매입채무의 지급에 따른 650만 원과 임금, 임대료 및 보험료 120만 원, 자본지출 80만 원, 그리고 세금, 이자 및 배당으로 지출된 960만 원의 합인 1,810만 원으로 예측되었다.

[4] 기말현금 잔액 추정

　　당기의 현금유입에서 유출을 차감하여 현금과부족을 계산한 후 기초현금 잔액에서 현금과부족을 합하면 기말현금 잔액이 된다. 여기에 최소현금보유액을 추가적으로 고려하여 차감한 후 그 잔액인 누적현금과부족이 양(+)이면 투자 계획을, 잔액이 부(-)이면 자본조달 계획을 세우거나 혹은 회수시기를 앞당기거나 지급 시기를 미룰 방편을 모색한다. 만일 대출을 통해 추가적인 자본조달을 할 경우 이번 기의 대출로 인한 현금유입은 다음 기의 현금유출과 연결된다.

　　산업에 따라서 현금흐름은 계절성을 지니기도 한다. 이러한 경우 기업의 현금잔액은 주기적으로 크게 변동한다. 현금예산에서 여유 현금이 생기는 경우에는 은행의 양도성 예금증서(CD)나 기업 어음 단기채권 등과 같이 이자가 있는 금융 상품에 현금을 투자할 수 있다. 현금이 부족할 때에는 이러한 투자자산을 현금화하거나 신용대출, 단기 은행대출을 받아 부족분을 채울 계획을 세워야 한다.

　　(주)Y의 경우 2/4분기에 기초현금은 1,010만 원으로 예상되며 2/4분기의 현금 총유입은 1,130

만 원을, 총유출은 1,810만 원을 예측하여 순현금유입은 680만 원의 순유출을 예상한다. 따라서 기말현금 잔액은 1,010만 원에서 680만 원을 차감한 330만 원을 예상한다. ㈜Y는 최소 400만 원의 현금을 보유하고자 하므로 2/4분기에는 330만 원과 400만 원의 차액인 70만 원(누적현금과부족)을 추가로 조달해야 3/4분기에 최소 현금 보유액은 400만 원을 유지할 수 있다.

또한 ㈜Y의 누적현금과부족을 살펴보면 1/4분기와 4/4분기에는 양(+)의 값으로 여유 현금이 발생하고, 2/4분기와 3/4분기에는 음(-)의 값으로 현금 부족이 발생할 것으로 예상한다.

③ 벤처창업기업의 가치평가

벤처창업기업들은 고성장 기업인데다 전통적인 제조업에 비해 설비와 재고, 운전자본으로 소요되는 자금이 상대적으로 작으며(즉, 자본집중도가 낮으며), 매출액순이익률이 80~100%에 달할 정도로 높다. 벤처창업기업은 이러한 특성 때문에 투자자들에게 좋은 투자 기회가 된다. 기업의 총자산수익률(ROA)은 다음과 같이 나타낼 수 있다.

$$\text{총자산수익률(ROA)} = \text{당기순이익} / \text{총자산} = (\text{당기순이익}/\text{매출액}) / (\text{총자산}/\text{매출액})$$
$$= \text{매출액순이익률}/\text{자본집중도}$$

즉, 매출액순이익률이 높을수록 그리고 자본집중도가 낮을수록 총자산수익률은 높아진다. 또한 기업의 성장성이 높을수록 시장가치 대 장부가치 비율(M/B)이 높다. 즉, 성공적인 벤처창업기업은 높은 수익성을 갖는다는 것이다.

이렇게 매력적인 투자처인 벤처창업기업에 대한 가치평가는 어떻게 이루어질까? 성숙 기업가치평가의 정석은 현금흐름할인법(DCF)이다. 이를 위해 앞서 살펴본 추정재무제표의 작성을 통해 기업가치평가를 위한 기대현금흐름을 추정하고 시장의 무위험이자율과 위험 그리고 기업의 자본구조를 고려하여 적정 할인율을 계산할 것이다. 따라서 현금흐름할인법을 적용하기 위해서는 회사의 안정적인 성장 시나리오가 필요하다. 성숙기업의 경우 기대주당순이익과 주가순이익비율 또는 기대주당매출액과 주가매출액비율을 이용하여 간단하게 주가를 어림짐작해 볼 수도 있다. 그러나 앞서 살펴본 것처럼 벤처창업기업의 추정재무제표는 신뢰성이 크게 떨어지며 초기 벤처창업기업의 대부분이 오랜 기간 순손실을 기록하고 안정적인 매출이 있기 전 단계에 있는 경우도 많기 때문에 이러한 통상적인 방법은 사용하기 어렵다.

통상적인 가치평가기법들이 적용되지 않음에도 불구하고 숙련된 투자자들은 주어진 벤처창업기업에 대해 비슷한 가치평가를 내린다. 그리고 벤처창업기업에 대한 투자의사결정은 미래에 벤처창업기업이 성공했을 때의 가치에 대한 기대를 바탕으로 다음과 같은 과정을 거쳐 진행된다.

① 오늘의 투자금액은 얼마인가?

② 회수가치는 얼마인가?

③ 목표투자배수는 얼마인가?

④ 기대유보율은 얼마인가?

⑤ 총기업가치의 현재가치=회수가치×기대유보율/목표배수

⑥ 오늘 제안된 지분율은 얼마인가?

⑦ 투자의 가치=총기업가치의 현재가치×제안된 지분율

⑧ 투자 여부의 결정: ⑦에서 구한 투자의 최대가치와 ①의 투자금액을 비교하여 투자의 가치가 더 크면 투자한다. ①의 투자금액은 다른 투자자와의 경쟁에서 이길 수 있는 최저 투자금액 및 기업가의 기대투자금액을 고려하여 결정한다.

예를 들어, 회수가치는 1,000억 원, 목표투자배수는 10배, 기대유보율은 50%인 투자가 있다고 하자. 오늘 총기업가치의 현재가치는 ⑤의 공식에 따라 1,000억 원×50%/10=50억 원이다. 오늘 제안된 지분률이 30%이면 투자의 가치는 50억 원×30%=15억 원이다. 따라서 오늘의 투자금액이 15억 원보다 작으면 이 투자는 적합한 투자이며 오늘의 투자금액이 15억 원보다 크면 투자를 반려한다.

위의 과정에서 등장한 벤처창업기업 가치평가의 주요 요소는 다음과 같다.

- **회수가치**: 성공적인 회수가 일어나는 그 시점의 기업가치이다. 벤처창업기업이 기업공개(IPO)를 하거나 기업공개를 했을 때와 비슷하게 높은 가치로 다른 기업에 인수될 때 성공적인 회수가 일어났다고 본다.

- **성공적인 회수에 대한 목표투자배수**(target multiple of money): 목표투자배수는 회수가치/투자금액으로 정의되며 보통 5년 안에 10배 회수, 20배 회수와 같은 형식으로 목표투자배수를 설정한다. 목표투자배수가 내포하는 투자에 대한 자본비용 r(현금흐름할인법을 적용할 때의 할인율)은 다음과 같이 도출할 수 있다.

먼저 실패한 회수의 기대가치를 0으로 놓았을 때 회수 시점의 기대가치는 다음과 같다.

$$회수\ 시점의\ 기대가치 = 회수가치 \times 성공\ 확률\, p$$

만약 회수의 기대 시점이 T년 이후이고 향후 기업의 추가적인 자금 조달이 없다면 회수의 현재가치는 회수 시점의 기대가치를 자본비용 r로 할인하여 다음과 같이 구할 수 있다.

$$\text{회수의 현재가치} = (\text{회수가치} \times p) / (1+r)^T$$

오늘 회수의 현재가치만큼 투자를 한다고 가정할 때 목표투자배수 M과 자본비용 r의 관계는 다음과 같다.

$$1 / M = p / (1+r)^T$$

- 기대유보율: 투자자의 입장에서는 현재 투자시점부터 성공적인 회수까지 지분율을 유지하려면 기업이 새로 주식을 발행하여 추가적 자금조달을 할 때마다 투자에 참여해야 한다. 기대유보율은 이러한 추가적인 자금투자를 제외하였을 경우 회수시점에 현재투자의 지분율이 얼마나 희석되는지에 대한 예상 수치이다. 미국의 Sand Hill Econometrics 데이터베이스에 의하면 첫 번째 라운드(A라운드) 투자의 유보율은 약 50%이다. 즉, 첫 번째 투자 시 지분율이 30%였으면 회수시점의 지분율은 약 15%로 희석되어 있다.

따라서 회수가치가 투자에 적합한 것으로 판단되었을 때 그 다음 고려해야 할 것은 다음 라운드 투자 때의 기업가치이다. 다음 라운드의 투자가 진행되면 필연적으로 현재의 투자로 확보한 지분은 희석되는데, 초기 평가 때보다 기업이 충분히 성장하지 못하면 손해를 입게 된다. 두 번째 라운드(B라운드)에서 투자자들의 목표투자배수는 약 6~7배 정도 되고 기업공개(IPO) 전 투자 라운드에서는 3~5배 정도 된다. 따라서 A라운드 투자자의 경우 보통 12~18개월 후 진행된 다음 라운드에서 기업의 가치가 100% 이상 성장하지 않으면 문제가 된다. 기업가는 어느 시점에서나 본인의 기업이 최대의 가치로 평가받기를 원하지만 초기에 너무 높은 가치를 평가받으면 다음 라운드의 자금 조달에 걸림돌이 될 수 있는 것이다.

증시 빙하기에 … IPO로 투자회수 노리던 PE '난기류'

지난해 말까지 호황을 이어가던 국내 증시가 올들어 급변하면서 기업공개(IPO)를 통한 투자회수(exit)를 노리던 사모펀드(PEF) 운용사들의 발걸음이 무거워지고 있다. '대어' LG에너지솔루션 IPO 이후 공모시장 열기가 급격히 식으면서 줄줄이 예정된 상장 예비 기업들이 상장 일정을 다시 저울질하면서다.

21일 투자은행(IB) 업계 등에 따르면 빠르면 올 상반기 IPO를 준비하던 컬리, SSG닷컴 등은 상장 일정을 보수적으로 전망하고 있다. 현대엔지니어링은 상장을 공식 철회했고 SM상선도 IPO 일정을 잠정 연기하는 결론을 내린 것으로 알려졌다.

상장으로 투자회수를 준비하던 PEF 운용사들도 발목이 잡히는 모습이다. 일반적으로 상장 전 지분투자(프리IPO) 등으로 투자한 기업이 주식시장에 공개되면, 운용사들은 블록딜(시간외 대량매매) 또는 장내매도 등 방식으로 투자 차익을 회수한다.

섹터별로 공모시장 열기 차이는 있지만 PE가 투자한 컬리, SSG닷컴 등 일정이 다소 변경되는 등 보수적 기류가 감지되는 모습이다. 유니콘 상장 선두주자인 컬리는 지난 1월을 시한으로 상장예비심사 청구를 준비했지만 아직 움직임을 보이지 않고 있다.

앞서 앵커에쿼티파트너스는 컬리에 2500억 원 가량의 프리IPO 투자를 단행했다. 컬리는 이 투자로 4조 원 가량의 기업가치를 인정받고 IPO에도 청신호가 켜졌다고 자평했다. 업계도 상장 일정을 반년 남짓 앞두고 단행된 투자에 대해 '빠르고 확실한' 투자건에 베팅했다고 분석하기도 했다.

하지만 증시 상황 급변과 함께 컬리 창업자인 김슬아 대표의 경영권 방어 지분율 확보 이슈가 해소되지 않으면서 상장이 지연되고 있고, 이어 재무적투자자(FI)의 회수 계획까지도 늦춰지는 모습이다.

컬리와 함께 이커머스 플랫폼 IPO 양대 주자로 꼽히는 SSG닷컴도 영향을 받을지 주목된다. 신세계그룹 이마트가 2018년 온라인 쇼핑몰 사업을 물적분할해 설립한 SSG닷컴에 어피너티에쿼티파트너스, 블루런벤처스가 1조 원 가량을 투자해 주요 주주로 올라섰다.

이후 SSG닷컴은 신세계그룹이 잇따라 인수한 이베이코리아, 더블유컨셉코리아 등 타 플랫폼과 시너지를 예고하며 상장시 최대 10조 원 기업가치를 기대하기도 했다. FI의 투자 이후 4년여가 지나면서 회수 시점이 다가오는 가운데 금리 인상, 유동성 축소 등 증시 불확실성이 짙어지면서 상장 모멘텀을 잃을 지 여부가 주목된다.

CJ그룹 경영권 승계와 맞물려 있는 CJ올리브영도 상장 일정에 촉각을 곤두세우고 있다. 글랜우드프라이빗에쿼티(PE)는 현재 CJ올리브영 2대 주주이다. CJ올리브영 측은 우선 온라인 판매 실적 향상으로 상장 전까지 체력을 다져놓겠다는 전략이다.

출처: 헤럴드경제 2022.02.01.
http://news.heraldcorp.com/view.php?ud=20220221000233

3.1 회수가치

위의 벤처창업기업 가치평가의 주요 요소 중에서 가장 중요한 요소는 바로 회수가치이다. 초기 투자자들은 기업의 회수 시점에 보통 10~20배 수준의 목표투자배수를 염두에 두고 그에 부합하는 할인율을 적용한다. 즉, 추산된 회수가치를 목표투자배수인 10~20으로 나누어 현재의 투자를 결정하기 때문에 정확한 회수가치 추산보다는 대략적 규모의 추정이 더 중요하다. 반면 목표투자배수가 작은 후기 투자자들에게는 보다 정확한 가치평가가 요구된다.

투자자들은 우선 회사가 성공하였을 때 회수 시 최대 가치가 5,000억 원인지 1,000억 원인지 아니면 500억 원인지 경험에 의해 그 규모를 판단하는데 숙련된 투자자들의 경우 대개의 평가 결과는 서로 일치한다. 이는 그 기업과 유사한 기술을 갖추고 있거나 유사한 시장을 목표로 하는 다른 기업들에 투자한 경험을 바탕으로 회수가치를 추정하기 때문이다. 투자자들은 기업을 평가할 때에 기업이 독립적으로 자생할 수 있는지의 여부도 중요하게 본다. 만일 어떤 기업의 생존이 기존 대기업에 의존한다면 그 기업의 가치는 대기업의 지배를 받게 되어 회수시점에 시장에서 가치를 높게 평가받기 어렵다. 이 때문에 기업공개가 가능한 기업만이 투자할 가치가 있다. 투자한 기업이 결과적으로 다른 기업에 인수 합병되더라도 투자 당시에 기업공개의 가능성이 없어서는 안 된다. 따라서 회수가치를 판단할 때는 기업의 자체 경쟁력과 인수 프리미엄을 결정하는 다음의 요소를 고려한다.

- 유사한 상장 기업의 가치 또는 인수 합병된 유사한 기업의 가치
- 시장의 규모
- 사업의 장기 성장성
- 유사한 기업의 매출액순이익률 및 자본집중도
- 잠재적 인수자에게 갖는 전략적 가치(인수자의 경쟁사에 넘어갈 경우 위협이 되거나 인수자의 제품을 대체할 가능성이 있거나 반대로 판매를 촉진할 때)
- 경쟁사와의 제품 및 서비스의 차별화 수준
- 잠재적 인수자의 수
- 독보적 기술력

초기 투자자는 회수가치가 큰 규모의 투자에만 투자를 한다. 회수가치가 1,000억 원일 경우 목표투자배수가 10~20배라 하고 기대유보율 50%를 적용하면 총기업가치의 현재가치는 25~50억 원 수준이다. 첫 번째 라운드 투자의 지분율이 보통 30% 정도인 것을 감안하면 초기 투자금액은 7.5~15억 원 수준이 된다. 미국 벤처캐피탈의 경우 보통 1,000~2,500억 원 규모의 회수가치가

있는 기업을 대상으로 투자하고 회수가치가 500억 원 이하인 투자는 투자 규모가 너무 작은 것으로 본다.

한국의 경우도 주로 기업의 발전 단계 중 2단계(베타 테스트~본격적인 판매 증가 이전)에 행해지는 A라운드 투자의 경우 수억 원 내외의 수준에서 이루어지며 지분율은 15~30% 정도이다. 목표투자배수와 기대유보율이 미국과 비슷한 수준이라면 한국의 초기 투자자가 투자 대상으로 하는 기업의 회수가치도 미국과 비슷한 1,000~2,000억 원 규모로 추정된다.

골드만삭스, 지피클럽 투자 원금만 건지고 회수

국내 화장품 회사 지피클럽에 투자했던 골드만삭스가 투자금을 모두 회수했다. 최근 지피클럽의 실적이 하향세를 걸으면서 골드만삭스는 투자 당시 기대와 달리 원금만 건진 채 거래를 마무리하게 됐다.

17일 투자은행(IB)업계에 따르면 글로벌 사모펀드 운용사 골드만삭스 아시아스페셜시추에이션그룹(ASSG)은 지피클럽에 투자했던 750억 원을 최근 회수했다.

골드만삭스ASSG는 2018년 10월 750억 원을 투자해 지피클럽 지분 5%를 매입했다. 이 지분은 창업자인 김정웅 대표의 부인 박옥 이사가 보유했던 구주 일부로, 투자 후 골드만삭스ASSG는 김 대표와 박 이사, 김리원 씨에 이어 지피클럽의 4대 주주에 올랐다.

당시 지피클럽의 기업가치는 1조 5000억 원으로 평가돼 지피클럽은 투자 유치와 함께 국내 9번째 유니콘 기업에 등극했다. 골드만삭스ASSG는 지피클럽이 특정 시기까지 상장하지 못할 경우 투자 원금에 5% 이자를 적용한 금액에 보유 지분을 매도할 수 있는 풋옵션 권리를 보장받았다.

지피클럽은 화장품 브랜드 JM솔루션으로 잘 알려진 화장품 전문회사다. 김 대표가 중국에서 게임 유통업체로 출발했다가 2016년 현지에서 런칭한 화장품 브랜드 JM솔루션이 대박을 터뜨리면서 본격적으로 사업을 확장했다. 특히 '꿀광 마스크'가 중국 현지에서 선풍적인 인기를 끌면서 6억 만장 이상의 판매고를 올리기도 했다.

지피클럽 투자는 카버코리아 인수로 큰 수익을 낸 골드만삭스ASSG가 집행한 두 번째 'K-뷰티' 투자여서 더욱 주목받았다. 골드만삭스ASSG는 2016년 카버코리아를 4300억 원에 인수한 뒤 1년 만에 1조 9000억 원에 팔아 내부수익률(IRR) 400%라는 전무후무한 투자 성과를 냈었다.

골드만삭스 투자 후 지피클럽의 실적은 사드 악재와 코로나 영향 등이 겹치며 지속적으로 하락했다. 골드만삭스ASSG는 기대했던 수준의 기업가치로 상장하기 어렵다고 판단되자 조기에 투자금을 회수하기로 결정한 것으로 알려졌다. 5%의 이자를 보장받는 풋옵션 권리를 행사한 것이다. 3년 5개월 정도인 투자 기간을 감안하면 원금만 겨우 보존한 셈이다.

지피클럽은 최근 2000억 원 규모의 상장 전 지분투자(프리IPO) 유치에 나섰다가 거래가 불발되기도 했다. 국내 사모펀드 운용사 PS얼라이언스와 스톤브릿지캐피탈 등이 투자를 검토했으나 자금 모집에 실패해 결국 무산됐다. 당시 투자자들은 지피클럽의 기업가치가 골드만삭스ASSG 투자 당시 때보다 낮아졌다고 평가한 것으로 알려졌다. 골드만삭스ASSG가 투자했던 2018년 매출 5137억 원, 영업이익 2038억 원이었던 지피클럽 실적은 2020년 말 기준 매출이 4044억 원, 영업이익은 974억 원으로 줄어들었다.

출처: 마켓인사이트 2022.03.21.
https://marketinsight.hankyung.com/article/202203172379r

3.2 회수가치의 추정-현금흐름할인법

보다 엄밀하게 회수가치를 추정하는 한 가지 방법은 현금흐름할인법이고 다른 한 가지 방법은 비율분석이다. 현금흐름할인법이 절대적 가치평가 방법이라면 비율분석은 상대적 가치평가 방법이다.

현금흐름할인법은 기업의 기대현금흐름(기대현금유출입액과 그 시점)을 구한 후 자본비용으로 할인하여 현재가치를 구한다. 앞서 논의한 것처럼 벤처창업기업의 가치를 현금흐름할인법으로 구하는 데에는 무리가 있다. 그러나 회수가치는 벤처창업기업이 성공적으로 성장하여 사업이 안정되었다는 전제하의 기업가치이기 때문에 현금흐름할인법을 적용할 수 있다. 먼저 현금흐름할인법에서 기업의 (자산으로부터의) 현금흐름은 다음과 같이 정의된다.

현금흐름(CF: Cash Flow) = 영업이익(EBIT) + 감가상각비 − 세금 − 순자본지출 − 순운전자본 변화

순자본지출 = 고정자산의 매입에 따른 (세후) 현금유출-고정자산 매각에 따른 (세후) 현금유입

순운전자본변화 = 기말 순운전자본 − 기초 순운전자본

할인율이 r일 때 t기 초에 발생하는 현금흐름 의 현재가치(PV: present value)는 다음과 같다.

$$PV = CF_t / (1+r)^t$$

그러면 회수 이후의 기업은 어떻게 성장하는가? 기업은 기업공개(IPO) 이후에도 약 3~10년 정도의 고성장 시기를 거친 이후에 안정적인 성장을 하게 된다. 따라서 기업공개 이후 고성장 기간 동안은 각 기마다 기업의 현금흐름을 예측한 후 각각 할인하여 현재가치를 구하고 그 이후의 현금흐름은 영구성장 현금흐름의 계산법을 통해 계산한다. 다음 기 초에 X의 현금흐름이 발생하고 그 이후에 성장률 g로 성장하는 영구성장 현금흐름을 가정할 때 이 영구성장 현금흐름의 현재가치는 다음과 같다. 단, 할인율 r은 현금흐름의 성장률 g보다 크다.

$$PV = X / (r\text{-}g)$$

따라서 고성장이 끝나는 n기 말 기준 기업이 현재가치는 $X / (r\text{-}g)$ 이다. 이를 고성장 시기 현금흐름의 현재가치와 함께 합산하면 회수시점을 T기 초라고 할 때 T시점의 기업가치, 즉 회수가치는 다음과 같다.

$$PV_t = \frac{CF_{t+1}}{1+r} + \frac{CF_{t+2}}{(1+r)^2} + \cdots + \frac{CF_{t+n}}{(1+r)^n} + \frac{X/(r-g)}{(1+r)^n}$$

사실 현금흐름할인법에 사용된 모든 변수들 – 고성장기간의 현금흐름 규모, 예상 고성장기간, 고성장기간 이후의 성장률 및 자본비용 – 의 추정은 쉽지 않다. 보다 현실성 있는 현금흐름할인법의 적용을 위해 다음 사항을 검토해보아야 한다.

- 회수시점의 기업 예상수익을 성공적으로 회수된 다른 기업들의 평균수익과 비교해 본다.
- 예상 현금흐름을 도출하기 위한 회계상의 비율을 동종업계 평균이나 통상적인 상식과 비교해 본다.
- 할인율을 산업평균이나 비교 대상기업들과 비교해 본다.
- 저성장 단계에서의 성장률은 기대 인플레이션율과 같다고 본다. 즉, 실질 성장률은 0으로 설정한다.
- 저성장 단계에서의 매출액순이익률과 자본비용을 산업평균으로 지정해본다.
- 고성장 시기는 평균적으로 5~7년이다.
- 고성장 시기의 성장률은 같은 업종에서 기업의 통계를 활용하되 보수적으로 상위 75백분위수 정도의 수준으로 설정한다.
- 기업공개 이후 고성장 시기에서 저성장 시기로 넘어갈 때까지 매출순이익률, 세율 및 자본비용이 매년 조금씩 동일하게 변화하도록 설정한다.

3.3 회수가치의 추정-비율분석

비율분석을 위해서는 비교 대상기업의 선정이 중요하다. 되도록 안정기에서의 투자기회와 할인율, 세율이 비슷한 기업을 찾는 것이 좋다. 즉, 동종 산업에서 비슷한 투자 기회를 갖고 있으며 장기 매출액순이익률과 생산성이 비슷한 기업을 찾아 보아야 한다. 비율분석에서 널리 사용하는 배수들은 다음과 같다.

① 기업가치(EV)/영업이익(EBIT)
② 기업가치(EV)/이자, 법인세비용 및 감가상각비 차감 전 순이익(EBITDA)
③ 기업가치(EV)/매출액
④ 주가순이익비율(PER)
⑤ 시장가치 대 장부가치 비율(M/B)
⑥ 기업가치(EV)/피고용인 수

회수시점에 각 배수의 분모에 해당하는 항목의 추정치에 비교 대상기업의 비율을 적용하여 분자에 해당하는 항목 – 기업가치(EV), 주가, 주식의 시가총액 – 을 구할 수 있다.

3.4 기업가의 투자 협상 전략

투자를 유치하려는 기업들은 투자자와 협상을 준비할 때 어떻게 하면 기업의 가치를 높게 평가받을 수 있을까? Berkery(2013)는 다음과 같은 전략을 제안하였다.

우선 정보를 모아 불확실성을 줄이는 것이 기본이다. 장기 재무계획을 잘 짜야 하고 특히 1~2년 사이의 단기계획을 상세하게 보여 주어야 한다. 투자자들은 수익에 대한 계획은 믿지 못하더라도 지출계획은 이후에 있을 투자 라운드에 대한 대비를 위해 꼼꼼히 검토할 것이다.

또한 높은 회수가치를 예상하게 하는 좋은 사례를 구성하여야 하고 기업의 목표를 달성하기 위해 어떠한 팀 구성을 해야 하는지, 현재의 팀 구성과 비교했을 때 부족한 점이 어떤 것이며 투자 이후 구체적으로 어떤 사람을 영입할 것인지를 명확히 해야 한다. 이는 투자를 받은 이후에 인재 영입이 수월해지기 때문이다. 그리고 상장된 기업이나 어느 정도 자리를 잡은 기업의 가치에 대해 연구하여 시장에서의 포지셔닝과 보유 기술 등에서 그들과 차별화되는 점이 어떤 것인지 집중적으로 표현할 수 있어야 한다. 마지막으로 다른 투자자들도 관심을 보이는 투자라는 인상을 줄 수 있어야 한다.

3.5 현금예산과 기업가치

　신생기업의 사업계획서에 있는 재무계획은 보통 3~5년 사이의 예상 매출, 비용, 현금예산을 제시한다. 기업은 J모양의 곡선을 그리고 성장하여 손익분기점을 3~4년 안에 통과하고 5년 정도 후에는 어느 정도 규모의 매출을 달성하는 것을 목표로 한다. 이때 매출액에 대한 예측은 근거가 미약하지만 비용지출에 대한 근거는 비교적 분명하다. 기업가는 현금예산에 근거하여 최대 소요 자금에 여유분을 더해 자금을 조달하려고 한다.

　기업의 사업계획서를 접하는 투자자들은 <그림 15-3>과 같이 보통 기업들에 비해 더 보수적인 J형태의 곡선을 설정한다. 즉, 최대소요자금은 더 크고 손익분기점은 더 천천히 달성하는 J형태의 곡선을 그리는 것이다. 매출이 발생하기 전까지의 소요시간과 손익분기점까지의 소요시간이 조금만 조정되어도 최대소요자금은 유의미하게 증가할 수 있다.

　초기 투자자는 투자금액의 최소 10배 이상 수익을 요구하기 때문에 회수가치는 최소한 최대소요자금의 10배가 되어야 한다. 기업은 여러 차례에 거쳐 단계적으로 자금을 조달하는데 이때마다 기업가치가 충분히 커지지 않으면 초기 투자자는 손해를 보게 된다.

| 그림 15-3 | **기업가와 투자자의 J 곡선**

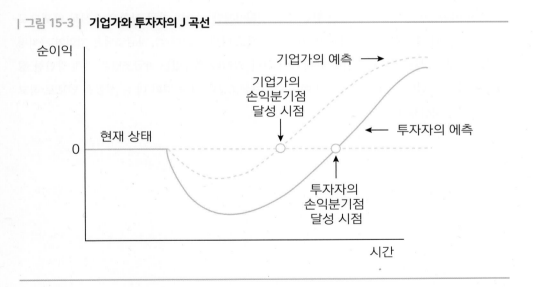

　이상적인 시나리오에서는 기업이 각각의 성장 단계를 지연 없이 성공적으로 달성해 가면서 12~18개월마다 새로운 투자를 유치하고 성장해 나가는 것이다.

　투자자 입장에서 가장 안 좋은 투자는 기업의 발전 단계에서 후반부에 회사가 실패하는 경우이다. 다행히 실패하는 대부분의 기업들은 비교적 일찍 실패를 한다. 그러나 성공적인 회사들도 초기에는 제품 개발이 지연되거나 시장 점유율이 빠르게 올라가지 않거나 주요 인력이 이탈하는 등 어려움을 겪기 마련이다. 투자자와 기업가는 실패하는 사업과 일시적 자금 압박에 시달리는 사업을 객관적으로 판단할 수 있어야 손실을 최소화할 수 있다.

현실에서 다음 성장단계로 발돋움하기 위해 일차적으로 필요한 자금을 조달한 이후 다음 자금조달까지의 12~18개월을 버티기 쉽지 않다. 종종 다음 성장 단계로의 도약은 지연되고 당장 직원의 월급이나 임대료 등 고정비용을 지급할 자금도 부족하게 된다. 이때 기업가는 바로 다음 라운드를 준비할 것인지, 아니면 외부용역이나 정부과제 등을 통해 현금을 발생시키거나, 상황이 나아지기를 좀 더 기다릴 것인지 선택해야 한다. 이 문제에 정답은 없다. 기업이 불리한 상황에서 자금을 조달할 경우 높은 가치평가를 받을 수 없으며 계약에는 기업가에게 불리한 조항들이 붙을 수 있다. 이는 이 위기를 넘긴 후 다음 라운드 자금조달 및 앞으로의 기업성장에 걸림돌이 될 수 있다. 한국에서는 많은 벤처창업기업들이 외부용역을 수행하며 위기 상황을 버틴다. 그러나 외부용역의 수행은 기업의 핵심역량의 분산을 가져와 다음 단계로의 도약을 더욱 지연시킬 수 있으며, 처음 비전과 다른 사업의 전개로 인해 인력의 이탈을 가져올 수 있는 등 기업에 적지 않은 부담을 줄 수 있다.

또한 자금조달은 필요한 자금만 받는 것이 원칙이지만 시장의 자금 상황은 수시로 바뀌므로 시장이 좋을 때 되도록 자금을 많이 조달해 두는 것도 나쁘지 않다. 즉, 자금조달은 기업의 가치평가와 외부시장 상황에 대한 고려를 함께 해야 한다. 그러나 여유있는 자금조달은 자칫 방만한 경영을 불러올 수 있다. 기업가는 오늘의 여유로운 자금조달이 다음 기의 더 큰 성공을 담보로 하고 있다는 것을 명심해야 한다.

확대보기

* 프리머니 밸류와 포스트머니 밸류

투자 전 기업 가치는 프리머니 밸류(Pre-Money Valuation), 투자 후 기업가치는 포스트머니 밸류(Post-Money Valuation)라고 한다. 쉽게 말해 프리머니 밸류에 투자금을 더하면 포스트머니 밸류가 된다.

| 프리머니 밸류 | + | 투자금 | = | 포스트머니 밸류 |

초기 스타트업의 가치는 대부분 투자사와의 협상 과정에서 나온다. 초기 스타트업은 매출, 영업이익 등 계산식에 활용할 수 있는 뚜렷한 성과지표가 없기 때문이다.

* 투자사와의 협상 과정에서 기업가치의 결정

1) 특정 기간(12~18개월)에 회사가 이뤄낼 다음 중대 목표 결정
2) 위 목표를 실제로 달성하기 위해 필요한 투자금의 규모 산출
3) 투자사에 투자금에 대한 지분을 얼마나 줄 것인지 협상

투자금과 지분율이 정해지면 포스트머니 밸류 도출 가능하다.
투자금/지분율 = 포스트머니 밸류

| 투자금 | ÷ | 지분율 | = | 포스트머니 밸류 |

구한 포스트머니에서 투자금을 빼면 프리머니 밸류이다.

| 포스트머니 밸류 | – | 투자금 | = | 프리머니 밸류 |

오킨스전자, 벤처기업부 → 우량기업부 변경 "실적도 매년 성장"

코스닥 상장사 오킨스전자 (4,140원 ▲300 +7.81%)가 주식시장에서 우량기업부로 등록됐다. 한국거래소에서 정한 기업규모와 재무상태 등의 기준을 모두 충족했다는 의미다. 2일 한국거래소 코스닥시장본부에 따르면 지난 4월 28일 오킨스전자 소속부는 벤처기업부에서 우량기업부로 변경됐다.

한국거래소는 상장종목을 △우량기업부 △기술성장기업부 △벤처기업부 △중견기업부 등으로 나눠 관리하고 있다. 기업규모, 재무상태, 경영성과, 기업경영의 건전성 등을 기준으로 삼아 소속부를 구분하고 있다. 다만 국내소재 외국지주회사나 투자주의 환기종목, 관리종목으로 지정된 기업은 소속부에서도 제외하고 있다.

소속부를 지정하거나 변경하는 시기는 매년 5월 최초 매매거래일이다. 그 이전에 한국거래소는 해당 기업의 최근 사업연도 사업보고서를 기준으로 심사한다.

한국거래소가 코스닥시장 상장규정에 명기한 소속부 지정 요건 중 기업규모는 △자기자본 700억 원 이상이거나 6개월 동안 시가총액 평균이 1000억 원 이상 △최근 3년 동안 자기자본이익률 평균이 5% 이상이거나 당기순이익 평균이 30억 원 이상, 매출액 평균이 500억 원 이상 등이다. 오킨스전자는 이 같은 요건을 충족해 우량기업부로 변경 등록됐다.

오킨스전자는 반도체 검사장비 업체로 검사용 소켓을 제조해 판매하고 있다. 설정한 온도에서 일정 시간 반도체 동작 여부를 검사하기 위한 소켓과 반도체 칩에 대한 성능 테스트를 위한 소켓을 반도체 제조사 등에 납품하고 있다. 반도체 제조 업체에 반드시 필요한 부품이다.

오킨스전자 매출 실적은 지속적으로 오르고 있다. 매출액 별도기준 2019년 366억 원, 2020년 431억 원, 2021년 577억 원을 기록했다. 지난해 매출액은 631억 원으로 꾸준히 상승 추세다. 지난해 영업이익과 당기순이익은 각각 31억 원, 30억 원을 달성했다.

출처: 머니투데이 2023.05.02.
https://news.mt.co.kr/mtview.php?no=2023050209592290959

(주)넘버트랙(대표 문지성)은 인공지능(AI)기반 재무관리 솔루션인 '오케이씨이오(OKCEO. co.kr)'를 만든 스타트업이다. 경영지원팀을 구성하거나 전담직원을 고용하기 어려운 스타트업과 중소기업들을 위해 만들어진 서비스이다. 챗GPT의 등장으로 프로그래밍도 인공지능의 도움을 많이 받는 상황에서 그 다음 적용될 수 있는 영역은 재무회계영역이라고 늘 이야기가 되어 왔다. 사람이 눈으로 봤을때 알기 어려운것이 바로 기업의 재무상황인데, 이러한 기업의 재무는 생각보다 패턴화 되어있기 때문에, 인공지능으로 그 패턴을 읽어내는것이 가능하다. OKCEO 는 이렇게 인공지능 기술에 기반해 재무분석, 미수금 관리, 자금 계획, 사업자 대출 예상 서비스 등을 제공하고 있다. 생각보다 많은 CEO들은 이미 받았어야 하는 돈을 못받고 있는 경우가 많다. 그리고 대부분은 '받아야 할 시기'가 지났는지 인지하지 못해서 그렇다. 또한, 세금이 언제 얼마나 나올지 알고 있는 CEO들도 많은데, 이러한 기업가들은 막상 거액의 세금이 나온후, 납부해야 할 세금을 구하느라 돈을 빌리는 경우도 많다. OKCEO는 이러한 세금예측, 급여명세서, 현금흐름, 송수금 리포트, 데일리 재무제표 등 재무관리에 관한 모든 사항을 대시보드로 제공한다. 다수의 계좌정보가 하나로 통합되며 카드, 세금계산서, 현금영수증 등의 비용관리사 한 화면에서 이루어진다. 은행, 홈텍스, 카드사, 카드매출 등도 1번만 연동하면 재무데이터가 매일 업데이트 되므로 사용자 편의성이 매우 높다. 아침마다 카카오톡으로 보내주는 자금리포트도 사용자 친화적이다. 세부 업종별로 빅데이터 학습을 통해 통장을 분석하므로, 거래내역이 자동으로 정리되며 여러개의 회사를 관리해야하는 CEO들도 한 화면에서 그 회사들을 관리할 수 있다. 나갈 돈, 받아야 할 돈을 한 눈에 살피면서 세금관리까지 편리하게 할 수 있어서, 사용자들의 호평이 이어지고 있다. 다수의 특허를 확보하였으며, 이를 기반으로 그라운드업벤처스, 더인벤션랩 등으로부터 투자유치에 성공했다.

출처: 스포츠경향 2023.08.10
https://sports.khan.co.kr/bizlife/sk_index.html?art_id=202308100600003&sec_id=563101&pt=nv

10년 기다리던 '스톡옵션', 주식처럼 당장 사고팔게 했더니

• A스타트업에서 3년간 근무한 B씨는 2019년 스톡옵션(주식매입선택권)을 행사하면서 퇴사했다. B씨는 A사 주식을 손에 쥐었지만 처분할 길이 없어 그저 보관만 했다. 그러다 지난해 비상장주식 플랫폼을 알게 됐다. 일반 주식처럼 간편하게 거래할 수 있다는 소식에 자신이 갖고 있던 주식 모두를 올렸다. 매매계약이 성사됐고 B씨는 퇴사한 지 2년 만에 주식을 처분했다. 이렇게 현금화한 자금은 창업자금으로 썼다. B씨는 현재 어엿한 스타트업 대표가 됐다.

비상장주식 플랫폼 도입효과

1세대 비상장주식 커뮤니티	비상장주식 플랫폼	효과
- 별도 자격조건 없이 매수/ 매도 게시글 올릴 수 있음	- 증권계좌에 주식을 보유하고 있거나 대금을 보유하고 있어야 매수/매도 게시글을 올릴 수 있음	- 허위매물 근절 - 매수자와 매도자 간 원활한 매칭
- 대금 결제와 주식 입고 간 시간 차이 존재	- 증권계좌와 연동돼 거래 진행 - 대금 결제와 함께 주식 즉시 입고	- 투자자 보호 및 거래안정성 강화
- 기준가 없이 매수자와 매도자 간 거래로 가격 결정	- 거래 내역을 토대로 기준가 표기	- 비상장주식에 대한 적정 평가
- 거래 절차서 개인정보 공개 및 직접 확인	- 거래 절차서 개인정보 보호	- 개인정보 유출 방지

• C씨는 지난해 전세계약 연장이 어렵다는 집주인의 통보에 난감했다. 아이 학교 때문에 인근 지역으로 이사해야 하지만 대출로도 어림이 없었다. C씨는 2년 전 회사에서 받은 스톡옵션이 떠올랐다. C씨는 스톡옵션을 행사하고 비상장주식 플랫폼을 통해 주식을 현금화했다. 이렇게 얻은 현금을 전세금에 보태 인근 지역으로 이사하고 남은 돈으로 여행까지 갔다.

비상장주식 플랫폼이 등장한 후 스타트업 생태계에도 변화가 생겼다. 그동안 현금화할 도리가 없어 '계륵' 신세였던 비상장주식은 당장 주머니를 채워줄 알짜자산이 됐고 벤처·스타트업 투자자들은 새로운 투자금 회수창구를 찾게 됐다. 2020년 혁신금융서비스로 지정된 비상장주식 플랫폼이 이달말 서비스 연장을 앞뒀다. 비상장주식 플랫폼은 지난 2년 동안 스타트업 생태계에 어떤 영향을 미쳤을까.

• '계륵' 스톡옵션로 주택 구매…스타트업 생태계 활력

198억 9000만 원, 지난해 8월 IPO(기업공개)를 진행한 크래프톤의 김효섭 전 대표가 스톡옵션을 행사하면서 얻은 소득이다. 스타트업에 입사한 누구라도 꿈꾸는 상황이지만 현실은 다르다. 우선 스타트업 임직원의 근속연수와 IPO까지 걸리는 기간의 괴리가 문제다. 스타트업의 평균 근속연수는 2년 미만인 반면 코스닥 신규 상장기업들의 평균 IPO 기간은 10년이 넘는다. 초창기에 입사해 스톡옵션을 받고 2년 만에 퇴사하는 경우 최소 8년은 묵혀둬야 한다는 얘기다.

잘 기다린다 해도 IPO에 성공할지도 미지수다. 중소벤처기업부에 따르면 연간 약 1만개 스타트업이 탄생한다. 그러나 최근 5년간 코스닥 평균 신규 상장건수는 78건, IPO를 통해 스톡옵션으로 소위 대박을 터뜨릴 수 있는 비중은 0.8% 수준에 불과하다. 이 때문에 비상장주식을 안전하고 편리하게 거래할 수 있는 창구가 필요하다는 지적이 꾸준히 이어졌다. 비상장주식 플랫폼은 이런 시장의 요구를 충족했다. 과거 커뮤니티에서 중고거래 방식으로 진행된 비상장주식 거래를 체계화했고 거래 안정성도 대폭 높였다.

기존 비상장주식은 매도자, 혹은 매수자가 게시글을 올려 1대1 협상을 하는 방식으로 이뤄졌다. 이 과정에서 허위매물부터 대금 미결제 사기범죄 등 부작용이 만만치 않았다. 비상장주식 플랫폼은 증권계좌와 연동해 해당 계좌에 주식이 있는지, 결제대금은 있는지를 확인하는 방식으로 허위매물과 사기범죄 문제를 해결했다.

거래 안전성을 높인 비상장주식 플랫폼은 스타트업 생태계 활성화에 긍정적인 역할을 하고 있다. 자금력이 부족한 스타트업들은 인재확보 수단으로 스톡옵션을 활용하는 경우가 많은데 유동화 창구인 비상장주식 플랫폼의 등장으로 스톡옵션을 보다 적극적으로 활용할 수 있게 된 것이다. 한 스타트업 관계자는 "업계 내 인재확보 경쟁이 치열해지면서 파격적인 스톡옵션을 제시하는 곳이 늘고 있다"며 "현금화가 가능하다면 스타트업들은 IPO에 대한 부담을 덜고 인재확보에 보다 적극적으로 스톡옵션을 활용할 수 있을 것"이라고 말했다.

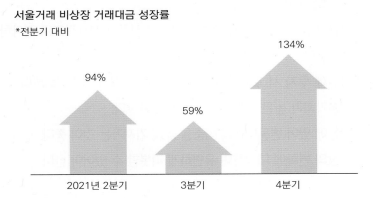

서울거래 비상장 거래대금 성장률
*전분기 대비

94%   59%   134%

2021년 2분기   3분기   4분기

• 법인계좌 서비스도 개시…펀드자금 회수창구 역할 기대

비상장주식 플랫폼은 벤처투자 시장의 새로운 투자금 회수창구 역할도 할 것으로 기대된다. PSX가 운영하는 비상장주식 플랫폼 '서울거래 비상장'은 지난 1월 법인계좌 거래서비스를 개시했다. 개인계좌로만 거래되던 비상장주식을 법인계좌로도 거래가 가능하게 한 것이다.

법인계좌 거래서비스 개시와 관련해 김세영 PSX 대표는 "초기 스타트업 투자자 중엔 법인이 많다"며 "법인계좌 거래서비스를 통해 목표수익을 달성한 법인들의 투자회수가 더욱 용이해질 것"이라고 설명했다. 벤처캐피탈(VC)과 액셀러레이터(AC) 등도 거래 가능하다.

서비스 오픈과 함께 법인계좌 서비스 1호 거래도 성사됐다. 영어회화 교육서비스 '리얼클래스'를 운영하는 퀼슨에 투자한 법인이 투자회수 목적으로 서울거래 비상장에 보유주식을 내놨다. 이렇게 내놓은 퀼슨 주식은 다른 스타트업이 매수했다. 아직 걸음마 단계지만 플랫폼을 통해 법인간 비상장주식이 거래됐다는 데 의미가 있다. 만기도래하는 벤처펀드가 늘어나는 만큼 자금회수 창구는 다양하면 다양할수록 좋다.

중소기업창업투자회사 전자공시에 따르면 실제 만기도래하는 벤처펀드 규모는 올해 4조 7304억 원에서 5년 뒤인 2026년 5조 8202억 원으로 급증한다. 유동성에 출렁이는 IPO시장과 경직된 국내 M&A(인수·합병) 시장만으로는 투자금 회수가 쉽지 않다.

출처: 머니투데이 2022.03.28.
https://news.mt.co.kr/mtview.php?no=2022032306571419744&type

학습 정리

◎ 벤처창업기업이 직면하는 불확실성은 성숙기업보다 훨씬 크다. 기업의 불확실성을 줄이는 방법은 다음과 같다.

(1) 시장/기술/경쟁사 등에 대한 정보를 수집하고 객관적으로 평가하여 사업계획서를 작성한다.

(2) 자산에 투자 시, 실패 가능성을 염두에 두고 의사결정을 한다.

(3) 처분가치가 높은 표준화된 장비를 활용한다.

(4) 생산에 있어 변동비용의 비중을 높게 가져가는 것이 좋다.

(5) 시장의 변화에 대처하여 유연하게 피봇할 수 있어야 한다.

◎ 벤처창업기업의 경우 현금유출에 비해 현금유입이 불확실하다. 따라서 현금흐름의 관리는 재무관리의 핵심에 있다. 이는 현금의 크기를 예상하고, 채권을 회수하고, 채무를 이해하고, 보유하고 있는 현금을 투자하는 것을 포함한다.

◎ 현금 주기는 원자재 공급자에게 대금을 지불한 시기부터 고객에게 현금을 받을 때까지의 기간을 일컫는다.

◎ 현금흐름 관리의 핵심은 매출채권, 매입채무 및 재고의 관리이다.

◎ 현금예산은 실제 현금이 들어오고 나가는 시점을 중심으로 작성하는 현금주의에 따라 작성된다. 초창기 기업은 일별, 주별, 월별로 현금예산을 작성하여 관리해야 한다. 현금예산은 다음과 같이 작성된다.

(1) 매출액 예측

  * 매출액 발생 이후 회수기간을 염두에 두어야 한다.

(2) 현금유입의 예측

(3) 현금유출의 예측: 추정치에 약 25%~50%의 여유분을 더하는 것이 안전하다.

(4) 기말현금 잔액 추정

◎ 벤처창업기업 가치평가의 주요 요소는 다음과 같다.

(1) 회수 가치

: 성공적인 회수가 일어나는 그 시점의 기업가치이다.

: 추산된 회수가치를 목표투자배수인 10~20으로 나누어 현대의 투자를 결정하기에, 대략적 규모의 추정을 해야 한다.

: 회수 가치의 추정 방법은 두 가지이다.

: 현금흐름할인법(절대적 가치평가), 비율분석(상대적 가치평가)

(2) 현금흐름할인법: 기업의 기대현금흐름을 구한 후 자본비용으로 할인하여 현재가치를 구함

(3) 비율분석: 동종산업에서 생산성, 장기 매출액순이익률 등 비슷한 기업을 찾는 것이 중요

(4) 성공적인 회수에 대한 목표투자배수

: 회수가치/투자금액 으로 정의된다.

: 보통 5년 안에 10배 회수, 20배 회수와 같은 형식으로 목표투자배수를 설정한다.

(5) 기대유보율

: 추가적 자금투자를 제외하였을 경우, 회수시점에 현재투자의 지분율이 얼마나 희
  석되는지에 대한 예상 수치이다.

문제

O. X

1 회수가치란 성공적인 회수가 일어나는 그 시점 이후의 기업가치이다.

2 원자재 구입비, 판매비 및 간접비, 임대료, 차입금 상환, 보험료, 세금 등을 최대한 정확히 추정한 후 추정치만큼 가지고 있는 것이 제일 안전하다.

3 벤처창업기업들은 고성장 기업인데다 전통적인 제조업에 비해 설비와 재고, 운전자본으로 소요되는 자금이 상대적으로 크며, 매출액 순이익률이 0~20%에 달할 정도로 낮다.

4 성숙기업에 대해 가치평가를 할 때에는 일반적으로 기업이 영원히 존재하지 않는다는 가정 하에서 기업의 가치를 평가한다.

5 벤처창업기업의 경우 현금유입에 비해 현금유출이 불확실하다.

6 자본집중도가 낮을수록 총자산수익률은 높아진다.

객관식

1 재무계획에 관한 설명으로 옳지 않은 것은? (   )

가. 매출원가나 판매 및 관리비의 계산은 매출액의 백분율에 의거하여 계산하는 방법을 매출액 백분율법이라고 한다.

나. 이자비용과 법인세를 차감하여 당기순이익을 도출할 수 있다.

다. 초기 벤처창업기업의 경우 추정에 참고로 삼을 만한 과거 자료가 부족하며 미래의 불확실성이 성숙기업보다 훨씬 크다.

라. 재무계획의 마무리는 추정재무제표라고 할 수 있다.

2 손익분기점에 관한 설명으로 옳지 않은 것은? (   )

가. 벤처창업 기업의 성장에 있어서 가장 중요한 분기점은 0의 순이익을 달성하는 손익분기점이라고 할 수 있다.

나. 손익분기점은 생산에 필요한 고정비용과 변동비용의 비율에 의하여 영향을 받는다.

다. 고정비용은 적어도 일정한 기간 동안 생산량과 관계없이 고정적으로 지출되는 비용이다.

라. 변동비용의 예로는 임대료, 감가상각비, 이자비용, 직원의 월급 등이 이에 해당한다.

③ 다음은 회수 시점의 기대가치 등식을 나타낸 것이다. 빈 칸에 들어갈 것으로 옳은 것은?

[회수 시점의 기대가치 = ( ) * ( )] ( )

가. 회수가치–성공확률P
나. (회수가치*P)–(1+r)
다. 성공확률P–회수가치
라. (1+r)–(회수가치*P)
마. 회수가치/(1+r)–성공확률P

④ 다음 중 회수가치를 판단할 때 기업의 자체 경쟁력과 인수 프리미엄을 결정하는 요소가 아닌 것은? ( )

가. 시장의 규모
나. 사업의 장기 성장성
다. 독보적 기술력
라. 독과점 유무
마. 경쟁사와의 제품 및 서비스의 차별화 수준

⑤ 당기순이익이 3,400만 원이며 총자산이 68,000만 원인 S회사의 총자산수익율(ROA)은? ( )

가. 20   나. 0.05   다. 2   라. 0.5   마. 200

⑥ 다음 중 옳지 않은 것은? ( )

가. 벤처창업기업은 성숙기업보다 비용구조적 측면에 있어서 비교적 정확한 예측이 가능하다.
나. 벤처창업기업은 성숙기업보다 불확실성이 크다.
다. 벤처창업기업은 성숙기업보다 수익성이 낮다.
라. 벤처창업기업의 대부분의 투자는 손실을 본다는 재무적 특성을 갖는다.

⑦ 다음 중 고정비용을 줄일 수 있는 방법으로 옳은 것은? ( )

가. 리스   나. 아웃소싱   다. 피봇   라. 전문가의 투자

⑧ 다음 중 옳지 않은 것은? ( )

가. 평균재고일 = 재고자산회전율 / 365일
나. 매출채권평균회수일 = 365일 / 매출채권회전율
다. 매입채무기간 = 365일 / 매입채무회전율
라. 매입채무회전율 = 매출원가 / 매입채무

1 ㈜A 기계 부품을 생산하는 고정비용이 4,000만 원이고 부품 1개당 1만 원에 팔리며 부품의 개당 변동
   비용은 2,000원이라고 하자. 그렇다면 이 부품의 손익분기점은 얼마인가? (   )

2 현금흐름[CF:Cash Flow] = 영업이익 + (   ) – (   ) – 순자본지출 – 순운전자본 변화

3 순자본지출 = 고정자산의 (   )에 따른 [세후] 현금유출 – 고정자산 (   )에 따른 [세후] 현금유입

4 $(PV) = CF_t / ((1+r)^t)$

5 초기 벤처창업기업의 현금흐름은 (   )의 곡선을 그리며 성장한다.

6 현실의 모든 투자자산은 (   ) 위험이 있다.

7 (   )는 원자재 공급자에게 대금을 지불한 시기부터 고객에게 현금을 받을 때까지의 기간을
   일컫는다.

1. 기업의 불확실성을 줄이는 방법에 대하여 서술하시오(3가지 이상).

2. 현금예산이 작성되는 방식에 대하여 서술하시오.

3. 투자자와 기업가의 J 곡선의 차이에 대하여 그래프를 그려 서술하시오.

4. 투자의사결정 방법에 대해 서술하시오.

5. 현금예산 작성 방식에 대해 서술하시오.

CHAPTER 01 답지

[O/X 문제]

1. O

2. X

3. X

4. O

5. X

6. X

[객관식]

1. 라

2. 가

3. 다

4. 나

5. 마

6. 가, 마

7. 다

[단답형]

1. 중소기업

2. 기술적 환경

3. 경제적 부

4. 조직구조

5. Schumpeter, 탄생

6. Vesper, 가치

7. Ronstadt, 부가적 부, 개인

8. 경제적 환경, 정치·사회적 환경, 시장환경, 기술적 환경

[서술형]

1. 창업의 4가지 요소는 창업자, 사업 아이디어, 자본, 사업장이다.

2. 개인적 관점에서는 부의 축적, 일터의 창출을 위한 창조적 활동이고, 국가조직 및 사회적 관점에서는 경제적 부의 창출, 일자리 창출, 건전한 기업 경쟁환경 조성, 자원의 활용, 삶의 영역을 창조, 국제수지의 개선, 과학기술의 발달촉진, 환경에 대한 영향이다.

3. 창업에 영향을 미치는 내부환경 요인으로는 기업의 조직구조와 창업자, 그리고 기업의 전략을 들 수 있으며, 이 요인들은 기업의 경영성과에 영향을 미치게 된다.

[O/X 문제]

1. O

2. X

3. O

4. X

5. X

6. O

[객관식]

1. 다

2. 다

3. 다

4. 가

5. 라

6. 마

7. 다

[단답형]

1. 위험감수적

2. 사내기업가정신

3. 창업가

4. 재무적 경쟁력

5. 기업가정신

6. 기술창업자

7. 일반창업자, 사업의 관리능력

8. 사내창업자, 혁신

9. 품질경쟁력

10. 가격경쟁력

11. 서비스경쟁력, 봉사

12. 혁신성, 진취성, 위험감수성

[서술형]

1. 창업가의 특성에는 개인적 특성, 심리적 특성, 행동적 특성(위험감수적 성향)이 있다.

2. 창업가는 크게 기술창업자, 일반창업자, 그리고 사내창업자로 구분할 수 있다. 기술창업자는 기술적 경험과 아이디어를 중심으로 사업을 시작하는 창업자이다. 일반창업자는 기술 중심의 창업보다는 사

업의 관리능력 위주의 창업자를 말하며, 기회창업자라 불리기도 한다. 사내창업자는 조직 내의 실험실, 컴퓨터 기자재 등의 확보된 제반 지원을 활용하여 조직 내에서 혁신을 창출하는 창업자를 말한다.

3. 기업가정신의 가장 핵심적인 요소는 바로 혁신성이다. 혁신은 새로운 기회와 새로운 해결을 찾아내는 기업의 노력에서 많이 보이며, 기업가적 전략에 주요한 구성요소 중 하나이다. 진취성은 기업 내 조직원들이 시장 내의 경쟁자에 대한 적극적인 경쟁의지를 보여 우월한 성과를 내기 위한 의욕을 보이거나 시장 내에서 지위를 바꾸기 위해 경쟁자들에 대해 직접적이고 강도 높은 수준으로 도전하는 자세이다. 기업의 경쟁우위를 달성하는 주요 요인으로 위험감수성은 기업이 새로운 사업 성공의 확신이 없을지라도 과감하게 활동해서 기꺼이 새로운 사업기회를 포착하는 능력을 의미한다. 그 외에도 자율성, 리더십, 책임감이 있다.

4. 재무적 경쟁력이란 자금의 통제를 통한 경영관리 경쟁력을 의미한다. 창업자가 자금통제를 소홀히 하거나 올바른 지식을 가지고 있지 않게 되면 효율적인 자금통제를 저해하고, 사업체 운영과정에서 다양한 문제를 일으키는 원인이 될 수 있다.

비재무적 경쟁력이란 전통적인 기업 경쟁력 요소를 의미하며, 이는 품질경쟁력과 가격경쟁력, 서비스 경쟁력에 의해 결정된다.

5. a. 경영전략: 경영전략이란 창업자의 경영 목표를 달성하기 위한 의사결정, 또는 지침을 의미하며 각종 의사결정은 기회주의적 요인에 의한 수단선택의 성격을 갖는다.

b. 환경적응: 환경적응이란 기업운영에 있어서 경영환경의 중요성을 인정하고, 이에 적응하기 위한 포괄적이며 거시적인 경영을 의미한다.

c. 조직관리: 조직관리란 기업의 생산성을 제고하기 위하여 구조를 재설계하고 조직원들이 더욱 열심히 봉사하게 하며, 또 업무처리 과정을 개선하는 과정이다.

d. 혁신성: 혁신성이란 신시장이나 신제품의 개발, 신자원의 획득, 생산조직의 개선 또는 신제도의 도입 등도 포함하는 넓은 개념으로 창업자가 기업가정신을 발휘하는 특유 수단을 의미한다.

CHAPTER 03 답지

[O, X]

1. O
2. X
3. O
4. X
5. X
6. X
7. X

[객관식]

1. 나
2. 가

3. 라

4. 나

5. 다

6. 나

7. 가

[단답형]

1. 15, 29

2. 경력개발형

3. 1인 창조기업

4. 사회적 협동조합

5. 아이디어 보호하기, 기술금융 투자받기

6. 재택 소호, 회사 소호 창업, 사원 소호 창업, 독립 소호 창업, 인터넷 비즈니스 소호 창업

7. 조직, 시장, 사회적 목적, 사업적 요소, 생산

8. 구분 → 합명, 합자, 협동조합 / 사업목적 → 이윤극대화, 공익 / 설립방식 → 신고제, 인가제 / 책임범위 → 유한책임, 무한책임 / 영리법인, 비영리법인

[서술형]

1. 1) 고졸 이상의 높은 학력을 보유하고 다양한 직장생활의 경험을 지니고 있다.

   2) 직장생활의 경험과 창업업종과의 관련성에 있어서 60% 정도가 무관한 상태를 보여주고 있다.

   3) 여성창업가는 세심한 성격으로 소비자의 다양한 욕구에 대하여 이해 및 파악을 잘하고 신용에 대한 책임감이 강하다.

   4) 문제점에 대한 포용력과 인내심이 강하다.

   5) 자금조달 및 기술인력 확보와 기업에 대한 사회적 인식의 불리함 속에서도 창업활동에서는 가족의 적극적 협조가 이루어지는 것으로 나타나고 있다.

2. 1) 경력개발형: 전문직, 대기업 관리직, 중소기업 경영진 등으로 근무를 하다가 퇴직한 후 창업을 하는 유형

   2) 생계유지형: 전문적인 지식과 기술, 자본이 모두 부족한 시니어가 창업하는 유형

   3) 사회봉사형: 사회봉사, 공익실현에 관련된 창업아이템을 선택하는 유형

   4) 취미연계형: 취미활동이나 관심분야에 대한 것들을 보다 높은 전문가 수준으로 승화시켜 하나의 사업으로 발전시키는 형태

3. 1인 창조기업 창업 전략에는 정부나 관련기관의 창업강좌 활용, 창업 관련 전문지식과 경험의 축적, 최적의 분야와 업종의 선택, 창업 및 운영 자금의 최소화가 있다.

4. 사회적 기업에 대한 정의는 국가마다 다양하다. 우리나라에서는 사회적 기업을 우선적으로 사회적 목적을 추구하면서 재화의 서비스의 생산과 판매 등의 영업활동을 수행하는 기업이다.

5. 사회적 기업은 일반 영리기업과 마찬가지로 기업적 체계를 갖춤과 동시에 이익의 사회적 환원을 위한 체계를 갖추고 있다. 반면 협동조합은 공동의 경제, 사회, 문화적 필요와 욕구를 충족하기 위해 자발적으로 모인 사람들이 만드는 공동소유와 지역사회 기여 등을 특성으로 하는 기업모델이다.

6. a. 서울시 글로벌 비즈니스 센터: 글로벌비즈니스센터에서는 서울에서 비즈니스를 하고 있는 외국인에게 종합적 서비스와 체류 관련 상담,지원 및 비즈니스 교육 세미나 등 다양한 서비스들을 무료로 제공하고 있다.

   b. 외국인 창업대학: 외국인 창업대학 프로그램은 서울글로벌비즈니스센터에서 운영 중에 있는 프로그램이다. 서울시가 전국 지자체 최초로 외국인의 창업을 돕기 위해 개발한 창업 교육 프로그램으로 서울에서 창업하기 위한 기초지식 습득부터 분야별 심화정보까지 다양한 커리큘럼으로 구성되어 있다.

7. a. 소호는 컴퓨터 관련 사업이라는 잘못된 생각이다. 소호라고 하면 인터넷이나 컴퓨터와 관련된 일반이 소호인 것처럼 오해를 받기도 한다. 하지만 소호는 컴퓨터와 인터넷을 활용하면서 사업을 하는 것일 뿐 거기에 한정된 것은 아니다.

   b. 소호는 전업으로만 가능하다는 생각이다. 소호는 전업도 가능하지만 부업으로도 가능한 사업이다.

   c. 소호는 첨단 중소기업만을 위한 개념이라는 오해이다. 소호는 Small Office 라는 용어 때문에 이러한 오해를 불러일으키기도 한다.

   d. 소호는 오로지 혼자서 일하는 것으로 생각하는 것이다. 소호 창업은 창업자가 자신의 일에 전적으로 책임을 지게 되지만 일 자체를 혼자서 하는 것은 아니다.

8. a. 일자리 제공형: 조직의 주된 목적이 취약계층에게 일자리를 제공 (취약계층 고용 비율이 50% 이상인 경우)

   b. 사회서비스형: 조직의 주된 목적이 취약계층에게 사회서비스를 제공 (사회서비스를 제공하는 취약계층 비율이 50% 이상인 경우)

   c. 혼합형: 일자리 제공형 + 사회서비스 제공형(취약계층 고용비율이 30% 이상, 사회서비스 제공받는 취약계층 비율이 30% 이상인 경우)

   d. 기타형: 사회적 목적의 실현 여부를 고용비율과 사회서비스 제공비율 등으로 판단하기 곤란한 사회적 기업

   e. 지역사회공헌형: 지역사회 주민의 삶의 질 향상에 기여

CHAPTER 04 답지

[O, X]

1. X

2. X

3. X

4. X

5. O

6. X

7. X

8. O

9. O

10. X

11. O

[객관식]

1. 다

2. 라

3. 라

4. 라

5. 마

6. 라

7. 라

8. 나

[단답형]

1. 기존 제품−기존 시장 / 기존 제품−새로운 시장 / 변경 제품−기존 시장, 변형 / 변경 제품−새로운 시장 / 신제품−기존 시장, 신제품 / 신제품−새로운 시장

   a. 자기자본, 차입 가능 금액 b. 적정자금, 가계 c. 자기 경험, 적성 d. 사업 타당성 e. 금전적, 외부환경, 창업아이템 f. 샛길 효과

2. 트렌드

3. 소비자신뢰지수

[서술형]

1. 트렌드 예비분석이란 비즈니스에 영향을 미칠 수 있는 환경요인이 개별 기업이 통제할 수 없거나, 설령 통제가 가능하다 할지라도 통제하기가 매우 어렵다. 하지만 능동적으로 환경요인들을 일일이 파악하고 관찰함으로써 기회를 사업화할 수 있으며, 자신에게 닥칠 위협을 미리 예측하여 적절하게 대응할 수 있다.

2. a. 인구통계적 환경요인: 인구통계적 요인은 통계청에서 주기적으로 발간하는 통계연보에 수록되어 있는 인구수, 가구 수, 연령, 성별 비교, 결혼통계, 직업 및 소득 같은 변수들이 포함된다.

   b. 사회문화적 환경요인: 사회문화적 요인은 사회전반에 걸친 가치관과 밀접한 관련을 갖고 있다. 이러한 사회문화적 가치관의 변화는 새로운 시장을 탄생시키기도 한다.

   c. 경제적 환경요인: 국민총생산, 이자율, 인플레이션 같은 경제적 요인은 기업의 수익성에 큰 영향을 준다.

d. 법적·정치적 환경요인: 기업에 대한 법적·정치적 환경의 영향은 정부뿐만이 아니라 정당, 사회단체, 시민단체 등에서 올 수 있다.

e. 기술 환경요인: 기술의 진보는 한 기업 또는 한 산업을 부흥시킬 수도 몰락시킬 수도 있다.

f. 경쟁 환경요인: 경쟁자가 여러 업체이며 각 업체들이 낮은 점유율을 가지고 있는 독점적 경쟁시장에서는 시장진입이 쉬운 편이며, 경쟁자 수가 아주 많은 완전경쟁시장도 시장진입이 용이하다.

g. 소비심리 환경요인: 소비자신뢰지수가 기준치를 넘는 경우에는 소비자들의 현재 경제에 대한 판단 및 향후 경제에 대한 예상이 긍정적인 것을 의미하며 소비가 늘어날 것을 간접적으로 예측한다.

3. a. 성장 가능성: 창업 아이디어는 잠재적 성장 가능성이 큰 것이어야 한다. 또한 관련 사업과 연계하여 발전가능성이 큰 창업 아이디어라면 시너지 효과를 기대할 수 있다.

b. 창업자의 적성: 창업자의 적성과 능력은 창업 아이디어 선정 시 가장 중요한 것이라할 수 있다. 창업자의 적성으로는 사업가적 적성뿐만 아니라 사업 분야에 대한 적성이 함께 고려되어야 한다.

c. 창업자의 경험이나 지식의 활용: 선정된 창업 아이디어가 창업자의 경험, 지식, 기술 등과 결합될 때 창업의 성공 가능성이 높아진다.

d. 트렌드의 반영: 창업의 성공 가능성을 높이기 위해서는 시대의 흐름에 맞는 업종을 선택해야 한다.

e. 자본규모에 적합한 창업아이템: 적정한 창업 자본이 뒷받침되지 않은 창업 아이디어의 구상은 실패로 돌아갈 수밖에 없다. 그러므로 조달 가능한 자본규모와 연결하여 창업 아이디어의 선택을 검토해야 한다.

f. 시장의 수요: 성공 가능성이 높은 제품 또는 서비스란 욕구 충족적이며, 경쟁력이 있으며, 성장성이 있어야 한다. 이러한 성공형 제품이 유망한 아이디어가 되기 위해서는 목표시장과 조화를 이루어야 한다.

g. 허가 또는 인가: 법적인 허가, 인가, 면허등록 등이 없으면 창업을 할 수 없는 업종이 있기 때문에 창업자는 해당 업종의 법적 요건을 사전에 확인해야 한다.

4. 창업아이템의 선정은 사업의 핵심요소를 결정하는 것으로써, 즉 무엇(what)을 할 것인가를 결정하는 것이다. 이는 창업의 성공과 실패의 방향을 결정하게 되므로 사업을 구상하는 단계에 있어서 가장 중요하다고 할 수 있다.

5. 소비자를 리드하는 트렌드를 이해하게 되면 어떤 상품이 성공할 것인지, 아니면 실패할 것인지를 가늠해 볼 수 있다. 그리고 아이디어나 계획을 트렌드에 비추어 평가해 볼 수 있으며, 계획을 좀 더 정교하게 다듬거나 확장시킬 수 있다.

CHAPTER 05 답지

[O, X]

1. X

2. X

3. O

4. X

5. X

6. X

7. O

[객관식]

1. 라

2. 나

3. 나

4. 나

5. 마

6. 가

7. 나

8. 라

9. 가

[단답형]

1. 경영의사결정, 타당성

2. 시장성: 소비자조사, 총수요, 점유율, 매출액 / 기술성: 제품의 기술적 특징 / 경제성: 추정재무제표, 현금흐름, 위험분석

3. 소비자요인

4. 사업타당성 분석

5. 시장성 분석

6. 추정 손익계산서, 추정 대차대조표

[서술형]

1. 경제성 분석의 범위는 매출 및 비용분석, 손익분기점 분석, 재무적 타당성 분석이다. 판매계획과 비용 계획에 따른 예상매출과 예상수익추정은 매출 및 비용분석에 해당하고, 운영자금 흐름을 파악하기 위한 현금흐름표, 손익분기점 분석, 수정 재무제표의 작성, 제무상태 및 경영성과 분석은 손익분기점 분석에 해당하고, 자금수지 분석, 할인율의 추정, 순현가법, 회수기간법에 의한 투자수익비용의 분석은 재무적 타당성 분석에 해당한다.

2. a. 구매의향 조사: 구매의향조사는 설문조사를 근거로 하며 설문지에 창업아이템의 개요를 설명하고 그에 대하여 구매의향을 갖고 있는지 여부를 질문하여 구매의향을 갖고 있는 소비자의 비율을 파악하는 방법이다.

   b. 대체 및 유사제품으로부터 추정: 적절한 유사제품과 대체제품을 상정할 수 있는 경우라면 그러한 제품을 근거로 하여 신제품의 수요를 예측할 수 있다.

   c. 테스트 마케팅: 테스트 마케팅에 의한 예측방법이란 본격적인 판매에 들어가기 앞서서 시험시장을

설정하고 그 지역 내에서 실제로 판매해 보는 방법이다.

    d. 인터뷰: 인터뷰에 의한 수요 예측 방법도 수요자의 의향을 직접적으로 확인하는 방법인데, 구매의 향조사에 의한 방법과 다른 점은 직접 수요자를 면담하고 의향을 확인하는 것이다.

3. 기능/성능, 가격, 용도, 구매형태, 규격, 상표/포장/디자인, 제품 이미지와 메이커의 이미지

4. 사업타당성 분석은 사업계획서의 필요 요소를 명확하게 파악할 수 있도록 해준다. / 창업자는 사업타당성 분석을 통해 해당 사업분야와 관련하여 운영능력을 향상시킬 수 있다. / 사업타당성 분석은 사업계획의 수립과 개선의 기회를 제공한다.

5. 기술성 분석대상은 크게 네 가지 요소로 나누어진다. 첫째, 계획 제품의 용도, 품질, 경쟁성 분석이다. 둘째, 입지조건과 환경 분석이다. 셋째, 계획시설의 적정성 및 장래성 분석이다. 넷째, 생산 및 재고분석이다.

6. 점포창업의 경우 공장입지의 적합성분석 대신 점포의 입지선정 및 상권분석이 추가된다. 입지선정과 상권분석은 상품성과 시장성에 적합하다고 예상되는 아이템의 예정입지에 대한 조사와 사업의 타당성을 검토하는 과정으로서 입지분석, 상권분석, 점포선정, 점포계획을 통해 사업장의 위치를 선정한다.

CHAPTER 06 답지

{O/X 문제}

1. X
2. O
3. O
4. O
5. O
6. O
7. O
8. X
9. X
10. X

[객관식]

1. 가
2. 나
3. 나
4. 라
5. 다
6. 라
7. 라

8. 다

9. 나

10. 다

11. 가

12. 라

13. 가

14. 라

15. 다

16. 가

17. 가

[단답형]

1. 외부기관 제출용, 창업자 자체용

2. 계획사업의 타당성

3. 투자자

4. 국제거래

5. 수익 잠재성, 경쟁 우위

6. 리드타임

7. 3년

8. 창업계획을 구체화, 자금조달, 공장설립 및 인허가

9. 소정양식 검토

10. 사업계획서

11. 대내적

12. 1/2

13. 사업계획

14. 기본방향, 필요자료, 작성형태, 목적

15. 채무자의 신용도, 융자금 상환 일정

16. 외부 관계기관 제출용 사업계획서, 창업자 자체용 사업계획서

[서술형]

1. a. 계획사업의 청사진 제시: 창업에 앞서 사업계획서를 작성하는 것은 계획사업을 실제로 시작하기 전에 계획사업의 전반적인 사항을 조명해 보는 중요한 과정이다.

   b. 사업성공의 지침서: 창업자는 사업계획서를 바탕으로 계획사업의 타당성을 검토할 수 있으며,이를 통해 사업 성공의 가능성을 높일 수 있다.

   c. 창업지원 기본신청서류: 정부의 각종 지원을 받기 위해서는 사업계획서의 제출이 필요한 경우도 있다.

2. a. 자신감을 가지고 작성해야 한다.

   b. 객관성을 유지해야 한다.

   c. 사업의 핵심내용을 부각시켜야 한다.

   d. 전문용어 사용은 피해야 한다.

   e. 실현 가능성을 토대로 작성해야 한다.

   f. 향후 발생 가능한 문제점과 그에 대한 해결책을 제시해야 한다.

3. 사업계획서는 사업을 시작하는 데 있어서 필수적인 것으로서 계획 중인 사업의 사업성을 평가하는 종합적인 판단자료이며, 향후 기업경영의 방향을 제시해주는 이정표 역할을 한다.

4. a. 대내적 용도: 대내적 용도의 사업계획서란 자체검토용 사업계획서로 엄격한 형식을 요구하지 않기 때문에 상황에 맞게 수정하여 작성, 이용하면 된다.

   b. 대외적 용도: 자체검토용 외에 대외적 용도로 쓰이는 사업계획서이다. 이는 외부자금 조달과 신용 확보를 위해 작성되는 것으로 중소벤처기업부 등 공공기관의 자금조달을 희망하는 창업자가 작성하는 사업계획서가 여기 해당된다.

5. 첫째, 창업자의 자금조달 능력을 고려해야 한다. 둘째, 업종에 따른 사업규모와 동종 업종의 평균자본 규모에 대한 파악이 필요하다. 셋째, 취급하고자 하는 제품을 고려하여 결정하여야 한다.

6. 창업자가 주안점을 둬야 할 것은 채무자의 신용도, 자금의 운용 방법, 융자금 상환 일정, 담보 설정 가능성과 부채 비율, 회계 정보 처리의 신뢰성이다.

7. 사업계획서 준비서류 중 필요한 서류에는 연봉근로계약서, 대표자 및 경영진 이력서, 사업자 및 거주 주택, 등기부등본, 견적서, 사업자등록증, 카탈로그 등이다.

8. 사업추진일정계획의 본문에는 일반적으로 요약, 회사, 제품 및 서비스, 시장, 경쟁상황, 영업 및 마케팅, 운영, 재무, 부록 등의 내용이 기술된다.

9. a. 주문 전 현금 고갈

   b. 경쟁사의 가격 할인 정책

   c. 부정적인 산업 동향

   d. 기대 이상의 개발비나 생산비용

   e. 예상 판매 미달

   f. 제품 개발 일정 지연

   g. 자재 및 부품 조달상의 문제나 지연

   h. 주문 쇄도 후 현금 고갈

CHAPTER 07 답지

[O, X]

1. O

2. O

3. X

[객관식]

1. 나

2. 다

3. 가

[단답형]

1. 무체

2. 출원

3. 품질 보증 기능

[서술형]

1. 창업자가 지식재산권을 확보함으로써 갖는 이점은 경쟁 업체에 대한 시장 진입 장벽 구축, 지식재산권에 의한 공격으로부터의 보호, 광고/홍보 등 마케팅상의 이전, 재산적 가치이다.

2. 특허 라이센싱의 종류는 다음과 같다.

(1) 특허권 전체 또는 일부를 파는 방법: 특허권 전체를 파는 것은 비교적 간단하나 일부를 파는 경우에는 기술 노하우, 가격 특정에 대한 철저한 계약이 필요하다.

(2) 특허권에 대한 독점적 배타적 사용권을 주는 경우: 전용실시권이라고 불리기도 하는데, 이를 설정하면 특허권자도 전용실시권을 설정한 기간 내에는 발명을 사용할 수 없다.

(3) 통상실시권: 특허권을 사용할 수 있는 권리이지만 독점적인 사용권이 아닌 경우이다. 이는 시간, 지역, 내용에 대해 자유롭게 지정하여 줄 수 있다.

3. 회사들이 특허를 개방하는 이유는 첫째, 특허기술의 시장을 넓히기 위함이다. 예를 들어 전기자동차 시장의 경우 테슬라가 전기자동차 관련 특허를 공유하며 5년 동안 시장이 커진 생태계가 조성되었다. 이는 결국 시장의 성장을 유도했다. 두 번째, 후발 주자로 산업에 진출 했을 때 선두주자에 대응하여 후발주자의 시장 점유율을 높이기 위함이다. 구글은 안드로이드 OS를 무료로 공개함으로써 fist mover였던 애플과 맞설 수 있는 경쟁력을 확보했다.

CHAPTER 08 답지

[O, X]

1. X

2. O

3. X

4. X

5. O

6. X

[객관식]
1. 라
2. 라
3. 마
4. 라
5. 가
6. 마

[단답형]
1. 가치교환
2. 가치제안
3. 가치제안, 고객 관계, 파트너십
4. 비즈니스 모델
5. 핵심 활동, 고객 관계, 유통 경로
6. 린 스타트업

[서술형]
1. 비즈니스 모델은 창업자의 고객가치, 즉 제품이나 서비스를 목표 고객에게 전달하고 판매하는 가치교환의 구조가 수익을 낼 수 있는지를 표현한 것이다.
2. 린 스타트업의 개념을 활용함으로써, 고객의 문제를 정의하고, 이에 대한 해결 방안을 집중적으로 분석하도록 하여, 목표 고객에게 경쟁자가 쉽게 흉내낼 수 없는 경쟁 우위 요소(고객가치)를 제시하고, 이를 통하여 수익을 내는 구조이다.

CHAPTER 09 답지
[O, X]
1. X
2. X
3. O
4. X
5. O
6. O
7. X
8. X

[객관식]
1. 나
2. 라
3. 가
4. 가
5. 라
6. 나
7. 나
8. 라
9. 라
10. 나
11. 가
12. 다
13. 가
14. 나
15. 라
16. 다
17. 라
18. 가
19. 라
20. 나
21. 나
22. 라
23. 가
24. 가

[단답형]
1. SWOT 분석
2. 기본 견제: 지속가능한, 지향성: 객관적/지속성, 창조성, 내용: 떠오르는 시장, 마케팅 관리자 역할: 브랜드 개발자/새로운 카테고리 창시자, 시장 접근: 조정적인/진취적인 접근, 역동적, 위험 관점: 위험 최소화/위험감수, 자원 관리: 효율적 사용/창조적인 활용. 고객의 역할: 활동적 참여자
3. 외부요인, 외부, 내부요인, 내부, 마케팅 성과
4. 2차적 욕구
5. SWOT
6. 시장세분화

7. 고객지향성, 관계지향성

8. 시장세분화

9. 인적판매

10. 3C 분석

11. 관계지향성관점

12. 마케팅

13. 고객지향성관점, 관계지향성관점

14. 경쟁사

[서술형]

1. STP 분석이란 다양해진 소비자의 요구에 대응하여 대량 마케팅을 포기하고 시장의 특정변수를 설정해 시장을 카테고리별로 세세하게 구분함으로써 새로운 시장을 탐색하려는 시장세분화를 통해 표적시장을 선정한 다음 고객이나 잠재고객이 그 산업 내에서 다른 경쟁자와 자사를 식별할 수 있도록 자리매김하려는 전략을 수립하는 것을 말한다.

2. SWOT 분석이란 기업의 환경분석을 통해 강점과 약점, 기회와 위협요인을 찾아내고 이를 토대로 마케팅 전략을 수립하는 경영기법을 말한다.

3. 창업마케팅이란 가치창조, 자원배분, 위험관리에 대한 혁신적인 접근을 통해 신규 고객 확보와 기존 고객 유지를 위해 기회추구와 진취적인 규명이다.

4. 마케팅 믹스는 제품, 가격, 유통, 촉진으로 구성한다. 제품이란 잠재적 구매자의 욕구를 충족시키기 위해 판매자가 제공하는 유무형의 가치를 말한다. 가격이란 상품과 서비스의 효용 및 가치를 금액으로 표시한 것으로서 상품과 화폐의 교환비율을 말한다. 유통이란 상품과 서비스가 생산자로부터 최종 소비자에게 전달되는 구조적인 과정을 의미한다. 촉진활동이란 기업의 제품이나 서비스를 소비자가 구매하도록 유도할 목적을 가진다.

5. STP 포지셔닝에 사용되는 전략은 시장 세분화, 표적시장 선정, 포지셔닝이다.

6. 마케팅의 기본적인 개념은 시장에서의 교환을 통해 인간의 필요와 요국 충족, 그리고 1차적 욕구는 결핍된 상태이고 2차적 욕구는 인간에게 만족을 제공해주는 보다 구체적인 요구라고 할 수 있다. 반대로 창업마케팅은 가치창조, 자원배분, 위험관리에 대한 혁신적인 접근을 통해 신규 고객 확보와 기존 고객 유지를 위해 기회추구와 진취적인 규명이다.

7. a. 고객: 시장규모, 시장성장률—성장 가능성은 높은가? 등

   b. 경쟁사: 현재의 경쟁사, 잠재적 경쟁사—현재 시장의 경쟁 강도는 어느 정도 인가? 등

   c. 기업: 기업 목표, 자원, 시너지 효과—목표로 하고 있는 시장인가? 등

8. a. 외부요인: 기업외부에서 통제할 수 없는 일반적인 시장 여건으로 수요, 경쟁 경제적 여건 등을 분석한다.

   b. 내부요인: 기업내부에서 통제할 수 있는 내부자원으로 인적자원, 재무적 자원 등을 분석한다.

   c. 내외부요인: 기업 내외부에서 마케팅 성과에 영향을 미치는 요소로 제품 수명주기, 산업의 원가구

조, 법적 제약 등을 분석한다.

9. 마케팅믹스는 세분화된 시장의 고객을 대상으로 활용되기 때문에 가장 우선적으로 표적 시장을 선정할 필요가 있다. 마케팅의 효과를 높이기 위해서는 이러한 모든 요소들을 마케팅 목표에 결합시키고, 그 목표에 입각하여 각 부문의 기능을 유기적으로 결합하면서, 전체적인 마케팅 활동을 실시해야 한다.

10. 첫째, 세분화된 소비자들의 욕구를 파악하여 마케팅 전략을 구사하기 때문에 제품 및 서비스 개발 시 소비자의 욕구를 충족시킬 수 있는 결과를 얻게 되어 소비자의 만족을 높일 수 있다. 둘째, 세분화된 시장을 요구하는 소비자의 요구에 부응하여 기업 및 브랜드에 대한 인식의 증가와 애호도의 제고를 통해 충성고객을 확보할 수 있다. 셋째, 시장의 세분화를 통해 기업의 정확한 경쟁적 포지션을 파악할 수 있고, 자사의 강점과 약점을 파악하여 강점을 최대한 활용할 수 있는 시장을 선택할 수 있다. 이를 통해 경쟁회사 대비 시장에서 유리한 위치를 선점할 수 있다. 넷째, 정확한 시장의 규모와 소비자의 세분화된 욕구를 파악할 수 있으므로 마케팅 자원을 효과적으로 배분할 수 있다.

11. a. 자사의 제품이 경쟁 제품과 비교하여 차별적 속성 및 특징을 지니고 있으므로 소비자에게 보다 많은 편익을 제공한다고 소비자에게 인식시키는 것이다. 제품의 속성과 관련된 것으로는 제품의 무게, 색깔, 브랜드, 성능 등이 있다.
    b. 광고 시 제품의 적절한 사용 상황을 묘사 또는 제시함으로써 포지셔닝하는 것이다.
    c. 특정한 제품 사용자들이 가지는 가치관, 라이프스타일 등을 고려하여 그들에게 가장 잘소화할 수 있는 제품 속성이나 광고 메시지를 통해 이루어지게 된다.
    d. 경쟁 제품과 명시적 혹은 묵시적으로 비교함으로써 자사 제품의 차별화된 혜택을 강조하는 방법이다.
    e. 기존의 제품이 충족시키고 있지 못하는 시장기회를 이용하는 방법으로 비교적 소규모 기업이 사용된다.
    f. 소비자들이 특정 제품군에 대해서 좋게 평가하고 있는 경우에 자사의 제품을 그 제품군과 동일한 것으로 포지셔닝하고, 소비자들에게 나쁜 평가를 받는 특정 제품에 대해서는 자사의 제품을 그 제품군과 다른 것으로 포지셔닝하는 방법이다.

12. a. 외부 환경분석(기회와 위협분석): 외부환경은 거시적 환경과 미시적 환경으로 나뉜다. 거시적 환경 요인에는 인구 통계적, 경제, 기술, 정치, 법률, 사회, 문화적 환경 등이 있다. 미시적 환경요인에는 시장, 경쟁사, 고객, 유통업자, 공급업자 등이 있다. 특징 제품이 대중화의 단계에 있다 하더라도 거시적인 환경을 제대로 파악하지 못하면, 기업은 장기적인 관점에서 수익창출이 어려워 지게 된다.
    b. 내부 환경분석(강점과 약점분석): 환경 내에서 매력적인 기회를 발견하는 것과 성공할 수 있는 역량을 보유하고 있는 것은 별개의 것이다. 각 사업부는 주기적으로 강점과 약점을 평가해야 한다. 또한 사업의 마케팅, 재무, 제조 및 조직 능력을 검토하며 또한 각 요인들을 아주 강함, 강함, 중간 수준, 약함, 아주 약함 등에 따라서 평가한다.

CHAPTER 10 답지

[O/X 문제]

1. O
2. X

3. X

4. X

5. X

[객관식]

1. 3

2. 4

3. 4

4. 라.

5. 라

[단답형]

1. 비은행 금융회사

2. 투자

3. 가계

4. 직접금융시장

[서술형]

1. 창업자가 창업 성장 과정에 따른 투자 유치를 받으면서 큰 기업으로 성장하게 되면, 창업자는 물론, 그동안 투자해 준 창업투자회사 등 투자자들이 주식시장 상장이나 인수합병(M&A; Merger & Acquition)을 통해서 투자금을 회수하고자 하는데, 이를 투자자의 입장에서, 출구 전략(Exit Strategy)이라고 한다.

   기업이 인수합병을 하는 이유는 규모의 경제 실현을 통한 비용 절감, 신속한 시장 진입 및 시장 지배력 확대 등이고, 기업 합병을 통하여 새로운 경쟁우위를 창출할 수 있는지가 가장 중요하다. 따라서 창업자가 인수합병 회사의 이러한 요구에 부응할 수 있다면, 인수합병이 이루어질 것이다.

2. (1) 엔젤투자자

   엔젤 투자(Angel Investment)는 개인들이 돈을 모아 창업자에게 필요한 자금을 투자하고, 그 대가로 창업 회사의 주식을 받는 형태이다. 엔젤 투자는 투자 클럽의 형태로 운영되기도 하며, 투자자가 한국엔젤투자협회에 전문 엔젤투자자로 등록하거나, 투자 조합을 결성하여 활동하기도 한다.

   (2) 창업기획자(액셀러레이터: Accelerator)

   창업기획자는 초기 창업자에게 대한 창업 교육, 멘토링, 보육 등과 투자를 주된 업무로 하는, 벤처투자 촉진에 관한 법률에 의해서 중소벤처기업부에 등록한 투자자이다. 창업자에 대한 투자금액은 대부분 5억 원 이하이다.

3. 자금 조달은 자기 자금 자금 조달과 부채 자금 조달로 나눌 수 있다.

   자기 자금 자금 조달은 기존 주주에게서 자본금의 형태로 자금을 조달하거나, 타인에게 주식을 판매하는 투자 유치, 상환 의무가 없는 저웁 또는 지방자치단체의 창업 지원 자금 및 R&D 자금을 받는 경우로 나눌 수 있다.

부채 자금 조달은 금융기관 등에서 자금을 빌리고 나중에 다시 갚는 것이다. 부채 자금 조달에는 신용 또는 담보 제공 여부, 이자율과 상환 기간, 중도 상환 가능 여부, 특약이 있는 지 등을 검토하여 차입 여부를 결정해야 한다. 부채 자금 조달의 상대방은 가족, 친지, 지인 중소벤처기업진흥공단, 일반은행 등이다.

4. 25,000만원, 공식 ∨

$$|r| < 1 일때,$$
$$\lim_{n \to \infty} r^n = 0 \text{ 이므로}, \lim_{n \to \infty} S_n = \lim_{n \to \infty} \frac{a(1-r^n)}{1-r} = \frac{a}{1-r}$$
$$a = 5,000, r = 0.8$$
$$\text{따라서 예금통화의 최대 규모는 } \frac{5000}{1-0.8} = 25000$$

5. 금융 지식을 아는 것이 창업가에게 중요한 이유는 무엇인지 서술하시오.

투자자들이 자금을 운용할 수 있는 금융자산을 잘 활용하여 투자 수익성이 높은 기업으로 자본이 효율적으로 배분되도록 도움이 되기 때문이다.

CHAPTER 11 답지

[O, X]

1. X

2. O

3. X

[객관식]

1. 마

2. 마

3. 라

4. 나

[단답형]

1. 국민연금-장기보험, 현금, 통합관리, 개인별 / 건강보험-단기보험, 현물, 균등급여, 세대별 / 고용보험-소득비례, 사업 / 산재보험-단기보험

2. 7월 신고, 1월 납부

3. 47,000,000*15%-1,260,000 = 5,790,000

[서술형]

1. 1인 이상의 근로자를 사용하는 모든 사업장은 국민연금의 적용대상이 되며, 사업장가입자는 기준소득월액의 9%에 해당하는 금액을 본인과, 사용자가 각각 4.5%씩 부담하여 매월 사용자가 납부해야 한다. [연금보험료=가입자의 기준소득월액 × 납무요율]

2. 부가가치세는 제품/서비스 생산 및 유통과정에서 생성되는 가치에 대해 부과되는 세금으로서, 제품/서비스 판매가격의 10%를 가격에 부가하여 상품/서비스 구매자가 부담한다.

3. 종합소득세는 근로소득이 한 곳에서만 발생하는 일반 직장인을 제외하고 소득이 있는 대부분 국민들이 납부 의무를 가진다. 한편 퇴직소득만 있는 경우에는 종합소득세의 대상이 아니지만 근로소득만 있다고 하더라도 연말정산을 하지 않은 경우에는 종합소득세 확정신고를 해야 한다.

4. 건강보험은 상시 1인 이상의 근로자를 사용하는 모든 사업장 또는 공무원 및 교직원을 임용 또는 채용한 사업장에서는 모든 근로자의 소득 능력에 따라 건강보험료를 부담하는데 전년도 보수총액을 근무월수로 나눈 보수월액이 해당하는 표준보수월액에 의해 보험료를 부과 후 당해년도 보수 총액을 신고 받아 사후 정산하는 방식을 채택하고 있다.

5. 고용보험은 사업장의 사업주가 신고한 보수자료를 기초로 사업장에 소속된 근로자의 월평균보수의 총액에 보험료율을 곱하여 매월 근로복지공단이 산정하고 국민건강보험공단에서 월별보험료를 부과, 고지한다.

CHAPTER 12 답지

[O, X]

1. X
2. X
3. X
4. O
5. O
6. X
7. X

[객관식]

1. 나
2. 라
3. 다
4. 다
5. 나
6. 라
7. 나
8. 라

9. 가, 라

10. 나

11. 다

12. 나

13. 나

14. 다

15. 가

16. 가

17. 나

18. 다

19. 가

21. 라

22. 나

23. 라

24. 나

25. 라

26. 가

27. 나

28. 라

29. 가

30. 다

[단답형]

1. 한국채택국제회계기준 또는 K-IFRS

2. 손익분기점

3. 재무제표

4. 재무상태표

5. 손익계산서

6. 분개

7. 한국채택국제회계기준 또는 K-IFRS

8. 회계기준

9. 현금흐름표

10. (왼) 유동자산, 투자자산, 무형자산 / (오) 부채, 자본

11. 비용, 당기순이익

12. 손익분기점 분석, 운전자본

[서술형]

1. 회계를 통한 재무보고기능에 의해 투자자와 채권자들이 가지고 있는 자원이 좀 더 효율적으로 투자되기 위해서는 재무보고의 분석행위가 미연에 방지되어야 한다. 이를 위해서 회계기준이 필요하다.

2.

구분	재무회계	세무회계	관리회계
목적	회부보고	세무신고	내부보고
정보이용자	외부정보이용자	세무서	내부정보이용자
산출물	재무제표	세무신고자료	관리보고서

3. 회계는 회사의 재무정보를 전달하는 수단이다.

4. 1단계: 거래를 분개하여 전표를 만든다.

   2단계: 장부에 옮겨 적는다.

   3단계: 시산표를 만든다

   4단계: 결산하고 재무제표를 만든다.

5. 재무상태표는 회사의 재무상태를 보여준다. 재무상태표는 차변의 자산과 대변의 부채 및 자본으로 구성되어 있다. 먼저 대변의 부채와 자본은 조달된 자금의 원천을 보여준다.

6.

구분	단식부기	복식부기
원칙	일정한 원칙이 없음	일정한 원칙이 있음
기록	현금의 출납	모든 변화를 기록
특징	오류 검증 불가	오류 검증 가능
적용	비영리 및 소규모 회사	영리 및 대규모 회사

7. 4번 참고

8. 생략

9. 생략

10. 발생주의가 필요한 이유는 미래의 현금 흐름을 보다 정확히 예측할 수 있으며, 실질적인 경제적 거래가 발생하는 시점을 기준으로 회계처리를 함으로써 사업성과를 그때그때 잘 나타내 준다는 장점을 지니고 있기 때문이다.

11. a. 재무상태표: 회사의 재무상태를 보여줌.

    b. 손익계산서: 일정 기간 동안에 회사에서 어느 정도 이익을 냈는지 경영의 성과를 보여줌.

    c. 현금흐름표: 회계를 통해 전달하는 재무정보의 종류 중에서 가장 중요한 것을 포함.

12. 자본변동표는 자본의 변동에 관한 정보를 제공한다. 재무상태표의 자본을 구성하는 자본금, 자본잉

여금, 자본조정, 기타포괄손익누계액 및 이익잉여금이 어떤 요인으로 증감되었는지를 보여준다.

13. 재무제표의 5가지 종류는 회사의 재무상태를 보고하는 재무상태표, 일정기간의 재무성과를 보고하는 손익계산서, 일정기간의 현금 유출입 내역을 보고하는 현금흐름표, 자본의 크기와 그 변동에 관한 정보를 보고하는 자본 변동, 재무제표상에 필요한 추가적인 정보를 보고하는 주석이다.

14. 자산 = 부채 + (자본 + 수익 − 비용 − 배당)

15. 어느 회사의 재무제표가 회계기준에 의해 작성되었는지를 검증하기 위해서 직전 사업연도 말 현재 자산총액이 100억 원 이상인 회사 또는 총자산이 70억 원 이상인 회사로서 부채총액이 70억 원이거나 종업원 수가 300명 이상인 회사는 반드시 공인회계사로부터 외부회계감사를 받아야 한다.

16.

구분	비상장·비외감법인	비상장·외감법인	상장법인
적용회계기준	중소기업회계기준	일반기업회계기준	국제회계기준
재무제표의 범위	대차대조표	재무상태표	재무상태표
	손익계산서	손익계산서	포괄손익계산서
	이익잉여금처분계산서	현금흐름표	현금흐름표
	–	자본변동표	자본변동표

17. 이익과 관련된 다양한 정보를 이용자들이 자신의 목적에 따라 골라서 쓸 수 있도록 하기 위해서이다.

18. 매출총이익은 본연의 활동을 통해서 회사가 어느 정도의 수익을 창출했는지 알 수 있게 해준다. 그러나 영업을 하는 데 들어가는 비용에는 제품원가말고도 다양한 판매비와 관리비 등이 있다. 판매비와 관리비는 판매활동과 관리활동에서 발생하는 비용으로서 매출원가에 속하지 않는 영업비용을 모두 포괄한다. 영업이익은 전체영업활동을 통해 벌어들인 돈이므로 손익계산서에서 가장 중요한 수익성 지표가 된다.

19. 생략

20. 기계설비는 시간이 흐름에 따라 가치가 계속 감소하며, 이러한 기계설비의 가치감소분은 매출활동을 위해서는 반드시 필요한, 즉 불가피하게 발생하는 손해를 볼 수 있는데, 이러한 손해를 '비용'이라고 한다. 이러한 비용 중에서 수익의 창출에 기여한 비용은 '원가'로 부른다.

CHAPTER 13 답지

[O/X 문제]

1. X
2. O
3. X
4. O
5. X
6. O

[객관식]

1. 라 풀이)

    라. 주당순이익 = 순이익/발행 주식 수 = 900만원/5만주 = 180

        주가순이익비율 = 주가/주당순이익 = 2,500/180 = 13.9

    가. 총자산수익률 = 당기순이익/총자산 = 900/20,000 = 4.5%

    나. 자기자본수익률 = 순이익/총자본 = 900/15,000 = 6%

    다. 매출액순이익 = 당기순이익/매출액 = 900/30,000 = 0.03

2. 라 풀이)

    라. 부채대자본비율 = 장기부채/총자본 = 5000/12000 = 0.42이다

    가. 유동비율 = 유동자산/유동부채 = 4000/2000 = 2

    나. 당좌비율 = (유동자산-재고)/유동부채 = (4000-1100)/2000 = 1.45

    다. 부채비율 = 장기부채/총자산 = 5000/15000 = 0.33

3. 나 풀이)

    유동비율: 유동자산/유동부채=9000/6000=1.75

    당좌비율: 당좌자산/유동부채 또는 (유동 자산-재고)/유동부채 = (9000-3600)/6000 = 0.9

4. 가 풀이)

    이자 보상비율 = 영업이익/이자비용 = 3000/600 = 5

5. 라

6. 라 풀이)

    유동비율 = 유동자산/유동부채 = 3000/2000 = 1.75

    당좌비율 = 당좌자산/유동부채 또는 유동자산-재고/유동부채 = (3000-1200)/2000 = 1.15

7. 다

8. 다

9. 다

10. 가

11. 나

12. 라

13. 가

14. 라

15. 다

16. 가

17. 나

18. 가

19. 나

20. 다

21. 라

22. 라

23. 라

24. 가

25. 다

26. 라

27. 다

28. 가

29. 다

30. 다

31. 나

32. 라

33. 나

34. 가

35. 가

36. 나

37. 라

[단답형]

1. 외부투자자

2. 순운전자본

3. 재무레버리지

4. 6,000

5. 2

6. 20%

7. 0.056 또는 5.6%

8. 4.67

9. 포괄손익계산기

10. 1.75

11. 1.15

12. 발생주의

13. 1.75, 1.15

14. 현금흐름표

15. 부채, 자본

16. 유동성

17. 25

18. 28.8

[서술형]

1. 영업활동에서 손해가 발생하여 자산이 감소할 경우 손실 역시 주주에게 귀속된다. 자본의 이러한 속성 때문에 자본을 잔여청구권이라고 한다.

2. 재무제표상의 수치는 기업의 회계시스템을 통하여 도출되었고 한국 상장기업의 회계시스템은 K–IFRS에 따라 운영된다.

3. a. 기업의 유동성: 유동비율=유동자산/유동부채, 당좌비율=당좌자산/유동부채 또는 (유동자산–재고)/유동부채

   b. 장기지불능력: 부채비율=장기부채/총자산, 부채대자본비율=장기부채/총자본

   c. 기업의 활동성: 매출채권회전율=매출액/매출채권, 매출채권평균회수기간=365일/매출채권회전율, 재고자산회전율=매출원가/재고자산, 평균재고일=365일/재고자산회전율=재고자산/일일평균매출원가(=매출원가/365일)

   d. 기업의 수익성: 총자산수익률=당기순이익/총자산, 자기자본수익률(ROE)=순이익/총자본

   e. 기업의 시장가치: 주가순이익비율=주가/주당순이익, 주당순이익=순이익/발행주식 수, 주가매출액비율=주가/주당매출액, 주당매출액=매출액/발행 주식 수, 시장가치 대 장부가치비율=주가/주당장부가치, 주당장부가치=자본/발행 주식 수, EV=주식의 시가총액+모든 부채의 장부가치–현금=주식의 시가총액+순부채, EBITDA=EBIT+감가상각비

4. A회사의 기업의 채무가 n만 원 있을 경우 기업 자산의 가치가 n만 원이 될 때까지는 기업 청산 시 모든 자산이 채권자에게 귀속되며 주주의 몫인 자본은 0이 된다. 그러나 기업 자산의 가치가 n만 원을 초과하게 되면 기업 자산의 가치에 상관없이 부채의 가치는 계속 n만 원이 되고 채무 n만 원을 제한 나머지는 모두 주주에게 귀속되어 자본의 가치는 기업 자산의 가치 – n만 원이 된다. 그림은 p.440 참조

5. 부실기업이라고 생각한다. 매출채권 및 기타유동채권 등이 H기업 총 자산에 40%가 넘어서 현금자산 보유 및 현금화할 수 있는 유동 자산이 확연히 적기 때문이다. 또한 자금의 대부분이 순고정자산에 묶여 있기 때문에 지급능력이 약화되어 부도위험이 높아지기 때문에 부실기업이라고 판단된다.

6. 자산(현금및현금성자산, 매출채권 등), 부채(매입채무, 단기차입금, 장기차입금 등), 자본(자본금, 자본잉여금, 이익잉여금 등)

7. 손익계산서를 살펴봄으로써 어느 특정 기간 동안의 기업의 성과를 살펴볼 수 있다.

8. ROE는 10%, ROA는 5%

9. A기업 시가총액=120억 원, B기업 시가총액=105억 원, C기업 시가총액=90억 원
   시가총액 순서는 A기업〉B기업〉C기업이다.

10. 현금흐름표는 어느 특정 기간 동안 재무상태표상의 현금및현금성자산 항목의 변화분을 설명해준다. 그리고 현금흐름표는 영업활동으로 인한 현금흐름(당기순이익, 영업활동으로 인한 자산, 부채의 변동, 영업활동에 의한 순현금흐름 등), 투자활동에 의한 현금흐름(고정자산의 매입 등), 재무활동으로

인한 현금흐름(장기차입금의 상환, 현금이 증감 등)으로 구성된다.

11. 현금기준 회계는 현금이 거래된 내역이 있을 때 그 거래내역을 기록한다. 반면 발생주의 회계는 현금의 거래와 관계없이 거래가 이루어졌을 때 그 거래내역을 기록한다. 발생주의는 수익과 비용을 잘 대응시킨다는 장점이 있다. 발생주의 회계에 따르면 수익은 영업활동이 일어난 기간 중에 인식하고 그 수익을 창출하기 위해 발생한 관련 비용 역시 같은 기간에 인식하여 기업 활동의 원인과 결과를 잘 표현해준다.

12. 이는 재무제표를 통해 제공하는 기업 정보가 왜곡될 경우 금융시장에서 형성되는 기업가치도 함께 왜곡되고 이는 투자자들의 손해로도 연결되기 때문이다.

13. 재무 레버리지란 기업이 자본조달을 위해 타인자본을 사용할 때 수반되는 이자비용등의 재무고정비인 이자비용의 부담 정도를 의미한다.

14. 기업의 유동성, 장기지불능력, 기업의 활동성, 기업의 수익성, 기업의 시장가치

15. 손익분기점이란 이익도 손실도 발생하지 않는 어떤 경계점이다. 변동비, 고정비의 정보를 이용하여 어느 정도 판매량이라면 기업의 손익이 균형을 이루는가 하는 점을 계산하기 위한 분석 도구로써, 수입과 비용과의 관계를 표시한 것이다.

16. 이자보상배율은 기업의 한 해 수입에서 이자비용으로 쓰는 비용이 얼마나 되는지 나타내는 수치이다. 이는 기업이 부채에 대한 이자를 지급할 능력이 있는지 판단하는 지표이다. 이자보상배율=영업이익/이자비용

17. a. 재고자산회전율: 한 해 동안 몇 번이나 재고자산이 다 팔리고 새로운 재고자산으로 대체되는지를 나타냄.

    b. 총자산회전율: 자산 1원당 매출을 얼마나 발생시켰는지 측정함.

    c. 매출채권회전율: 기업이 1년에 총 몇 번 외상매출금을 회수하여 다시 외상을 주는지 측정

CHAPTER 14 답지

[O/X문제]

1. O

2. X

3. O

4. X

5. X

6. O

7. O

[객관식]

1. 가

2. 라 풀이)

순현재가치 = −1000 + 500/1.1 + 500/(1.1)^2 + 300/(1.1)^3

   = −1000 + 454.54 + 495.87 + 225.39 = 175.80

3. 가 풀이)

 3000만 원/(1만원−6000원) = 7500개

4. 라

5. 라 풀이)

 NPV = −1000 + 400/(1+0.1) + 600/(1.1)^2 + 200/(1.1)^3 = 9.76

 0보다 크기 때문에 해야 한다.

 같은 방법으로 요구수익률이 15%일 때 −66.98이다.

6. 라

7. 다

8. 다

9. 나

10. 라

11. 다

12. 나

13. 가

14. 다

15. 가

16. 가

17. 다

18. 다

19. 나

20. 라

21. 라

22. 마

23. 라

24. 나

25. 가

26. 라

27. 다

28. 나

29. 나

30. 마

31. 나

32. 나

[단답형]

1. 28000, 7000, 450, 1050, 600

2. 5,600만 원/(1만 원－3,000원)=80개

3. (좌) 추정－8500, 22000 / (좌) 전기대비－4500, 6500 / (우) 추정－850, 9000, 15655, 24655 / (우) 전기대비－3045, 955, 5655, 9655

4. 추정재무제표

5. 자본집중도

6. 손익분기점, 손익분기점 분석

7. 현금흐름할인법

8. 2,000개

9. 매출액백분율법

10. 3,000개

11. 68,000,000원

12. 1,250개

[서술형]

1. $NPV_{10\%} = -1,000 + \dfrac{400}{1.1} + \dfrac{600}{1.1^2} + \dfrac{200}{1.1^3} = 9.76$

2. 고정비용은 생산량이 많을수록 총비용에서 차지하는 비중이 작아진다. 초기 벤처창업기업은 생산량이 많지 않기 때문에 고정비용의 비중이 변동비용의 비중보다 높으면 상대적으로 생산단가(=총비용/생산량)가 높아지게 되며 손익분기점이 커져서 이 손익분기점의 달성이 어려워진다. 그림은 p.495 참조

3. $NPV_{5\%} = -2,000 + \dfrac{600}{1.05} + \dfrac{800}{(1.05)^2} + \dfrac{900}{(1.05)^3} = 74.506$

4. 초기 벤처창업기업의 경우 추정에 참고로 삼을 만한 과거 자료가 부족하며 미래의 불확실성이 성숙기업보다 훨씬 크기 때문이다.

5. a. 순현재가치법: 어떠한 투자가 얼마의 가치가 있는가의 관점에서 접근함.

   b. 내부수익률법: 어떠한 투자가 얼마의 수익률을 내는가의 관점에서 접근함.

   c. 회수기간법: 어떠한 투자가 얼마나 빨리 투자 금액을 회수할 수 있는가의 관점에서 접근함.

6. −1200 + (400/1.08) + (700/1.08^2) + (300/1.08^3) = 8.66

   요구수익률 8%를 가정했을 때 이 프로젝트의 순현재가치가 0보다 크므로 이 프로젝트에 투자한다.

7. 1) 회수기간 이후의 현금흐름을 고려하지 않기 때문에 회수기간 이후 큰 CF 무시함.

   2) 화폐의 시간가치를 무시함.

   3) 회수기간만 고려하기 때문에 투자안의 수익성 자체가 무시되어 단기 프로젝트 위주로 선택될 가능성이 상승함.

   4) 독립적인 투자안에 있어서 투자결정의 기준이 되는 목표 회수기간의 선정이 자의적임.

8. 50,000,000−30,000,000=20,000,000

   20,000,000/50,000,000=0.4

X(손익분기점 매출액)*0.4-10,000,000=0

0.4X=10,000,000

X=25,000,000

9. 순이익=(총매출액-총변동비용-고정비용) x (1-세율)

10. 매출 추정 → 투자 계획 → 비용 계획 → 잉여 현금 흐름에 따른 자금 조달 계획 순서로 작성한다.

매출 계획	목표 판매량과 목표 판매 가격의 곱
목표 판매량	목표 시장의 크기와 목표 시장에서 사업 전략을 통해 달성 가능한 시장 점유율의 곱
목표 판매가격	고객이 실제로 지불할 의사가 있는 가격으로 설정
목표 매촉	목표 판매량 X 목표 판매 가격

CHAPTER 15 답지

[O, X]

1. X

2. X

3. X

4. X

5. X

6. O

[객관식]

1. 라

2. 라

3. 가

4. 라

5. 가

6. 다

7. 나

8. 가

[단답형]

1. 5,000개

2. 감가상각비, 세금

3. 매입, 매각

4. PV, $(1+r)^t$

5. J형태

6. 유동성

7. 현금주기

[서술형]

1. a. 정보를 모은다.

   b. 기업은 자산에 대한 투자를 할 때 실패 가능성을 염두에 두고 의사결정을 해야한다.

   c. 되도록 처분가치가 낮은 맞춤형 설비보다는 처분가치가 높은 표준화된 장비를 활용해야 한다.

   d. 생산에 있어서 고정비용보다는 변동비용의 비중을 높게 가져가는 것이 좋다.

   e. 추정 생산량의 변화에 따라 영업이익의 규모가 민감하게 변하게 되어 불확실성이 커진다. 고정비용을 줄이기 위한 방법으로는 생산설비나 판매망의 아웃소싱이 있다.

   f. 시장의 변화에 대처하여 유연하게 피봇을 할 수 있어야 한다.

2. a. 매출액 예측   b. 현급유입의 예측   c. 현금유출의 예측   d. 기말현금 잔액추정

3. 기업은 J모양의 곡선을 그리고 성장하여 손익분기점을 3~4년 안에 통과하고 5년 정도 후에는 어느 정도 규모의 매출을 달성하는 것을 목표로 한다. 이때 매출액에 대한 예측은 근거가 미약하지만 비용 지출에 대한 근거는 비교적 분명하다. 기업가는 현금예산에 근거하여 최대 소요자금에 여유분을 더해 자금을 조달하려고 한다. 초기 투자자는 투자금액의 최소 10배 이상 수익을 요구하기 때문에 회수가 치는 최소한 최대소요자금의 10배가 되어야 한다. 기업은 여러 차례에 거쳐 단계적으로 자금을 조달 하는데 이때마다 기업가치가 충분히 커지지 않으면 초기 투자자는 손해를 보게 된다. 즉 최대소요자 금은 더 크고 손익분기점은 더 천천히 달성하는 J 형태의 곡선을 그리게 된다.

4. a. 오늘의 투자금액은 얼마인가?

   b. 회수가치는 얼마인가?

   c. 목표투자배수는 얼마인가?

   d. 기대유보율은 얼마인가?

   e. 총기업가치의 현재가치=회수가치x기대유보율/목표배수

   f. 오늘 제안된 지분율은 얼마인가?

   g. 투자의 가치=총기업가치의 현재가치x제안된 지분율

   h. 투자여부의 결정: h에서 구한 투자의 최대가치와 a의 투자금액을 비교하여 투자의 가치가 더 크면 투자한다.

5. a. 매출액 예측

   b. 현금유입의 예측

   c. 현금유출의 예측

   d. 기말현금 잔액 추정

김흥수

약력
고려대학교 융합경영학부 교수

주요 논문

2022년 9월 "Research on technology contribution evaluation model for commercialization", International Journal of Advanced and Applied Sciences, 9(9)

2022년 8월 "Technology valuation for intellectual property commercialization", International Journal of Advanced and Applied Sciences, 9(8)

2018년 10월 "Valuation of Strategic Objectives for Estimating Transaction Value for Licensing and Enhancing Corporate Value", International Journal of Pure and Applied Mathematics, Volume 120(6)

2017년 12월 "Trademark Valuation for Revitalization", International Journal of Applied Business and Economic Research, Volume 15(20)

2017년 12월 "Valuation of Intellectual Property for Investment in Kind", International Journal of Applied Business and Economic Research, Volume 15(25)

2016년 12월 "Process-oriented Algorithm Entrepreneurship Curriculum Design", Indian Journal of Science and Technology, Vol 9(46)

2016년 9월 "지식재산권 활성화를 위한 기업상표권 가치평가 모형 개발", 디지털융복합연구, 14(9) 외 다수

저서
경제금융의 이해, 2024, 박영사
캡스톤디자인의 이해, 2023(개정판), 박영사
기술경영과 전략, 2014, 조선대학교
창업과 비즈니스, 2013, 한국학술정보
감정평가론, 2008, 시그마프레스
자산경제론, 2008, 시그마프레스
무형자산가치평가론, 2005, 부연사

제2판

성공창업과 금융

초판발행	2019년 1월 11일
제2판발행	2024년 5월 20일
지은이	김홍수
펴낸이	안종만·안상준
편 집	탁종민
기획/마케팅	정연환
표지디자인	권아린
제 작	고철민·조영환
펴낸곳	(주) **박영사**
	서울특별시 금천구 가산디지털2로 53, 210호(가산동, 한라시그마밸리)
	등록 1959.3.11. 제300-1959-1호(倫)
전 화	02)733-6771
f a x	02)736-4818
e-mail	pys@pybook.co.kr
homepage	www.pybook.co.kr
ISBN	979-11-303-1956-8 93320

정 가   40,000원